# Die Akquisition betriebswirtschaftlichen Wissens zum Aufbau von wissensbasierten Entscheidungsunterstützungssystemen

# Europäische Hochschulschriften

Publications Universitaires Européennes

European University Studies

**Reihe V**

**Volks- und Betriebswirtschaft**

Série V Series V

Sciences économiques, gestion d'entreprise

Economics and Management

**Bd./Vol. 2273**

PETER LANG

Frankfurt am Main · Berlin · Bern · New York · Paris · Wien

Detlev Frick

# Die Akquisition betriebswirtschaftlichen Wissens zum Aufbau von wissensbasierten Entscheidungsunterstützungs-systemen

PETER LANG
Europäischer Verlag der Wissenschaften

Die Deutsche Bibliothek - CIP-Einheitsaufnahme

Frick, Detlev:

Die Akquisition betriebswirtschaftlichen Wissens zum Aufbau von wissensbasierten Entscheidungsunterstützungssystemen / Detlev Frick. - Frankfurt am Main ; Berlin ; Bern ; New York ; Paris ; Wien : Lang, 1998
(Europäische Hochschulschriften : Reihe 5, Volks- und Betriebswirtschaft ; Bd. 2273)
Zugl.: Duisburg, Univ., Diss., 1997
ISBN 3-631-32853-2

D 464
ISSN 0531-7339
ISBN 3-631-32853-2

## Vorwort

Expertensysteme bzw. Wissensbasierte Systeme werden in der betrieblichen Praxis seit Anfang der 80er Jahre eingesetzt. Zunächst wurden ihre Potentiale in der Praxis, aber auch in der Forschung, sehr euphorisch eingeschätzt. Probleme beim Einsatz zeigten aber sehr schnell ihre Grenzen und Schwachstellen auf. Trotz zahlreicher Mängel versprechen die Expertensysteme jedoch immer noch eine bessere Leistungsqualität für viele Problemstellungen, so auch für betriebswirtschaftliche Entscheidungsunterstützungssysteme. Voraussetzung für den erfolgreichen Einsatz der Expertensysteme ist ihre systematische Entwicklung im Rahmen eines Knowledge Engineering-Prozesses (ähnlich dem Software Engineering-Prozeß bei der Erstellung von konventionellen Software-Systemen). Hierbei spielt die Akquisition des Problem- bzw. Anwendungswissens eine wichtige Rolle.

An dieser Stelle setzt die vorliegende Arbeit an. Ziel des Autors ist es, die Akquisition betriebswirtschaftlichen Wissens auf eine methodische Grundlage zu stellen und damit eine erfolgreiche Entwicklung von Entscheidungsunterstützungssystemen für den jeweils ausgewählten Anwendungsbereich zu gewährleisten. Diese Zielsetzung wird von drei unterschiedlichen wissenschaftlichen Disziplinen, der Betriebswirtschaftslehre, der Psychologie und der Künstlichen Intelligenz, aus angestrebt.

Aus der Betriebswirtschaftslehre heraus wird der Diskursbereich, die betrieblichen Entscheidungsunterstützungssysteme, definiert. Bei der Betrachtung werden die Ansätze der Entscheidungstheorie, insbesondere der Theorie der Individualentscheidung, untersucht. Aus der Psychologie werden die kognitionswissenschaftlichen Befunde zur Bearbeitung der Thematik herangezogen. Die Künstliche Intelligenz liefert die Methoden, Techniken und Vorgehensmodelle der Wissensakquisition.

Die Grundannahme der Arbeit ist, daß die Wissensakquisition sehr stark domänenspezifisch ausgerichtet sein sollte, um den Erfolg der Systementwicklung sicherzustellen. Dabei wird besonderer Wert auf eine methodisch fundierte modell- bzw. objektorientierte Vorgehensweise gelegt. Dabei werden insbesondere die Vorgehensmodelle KADS (Knowledge Acquisition and Design Structuring) und SOM (Semantisches Objekt-Modell) untersucht und bewertet.

Die Arbeit zeigt anschaulich, wie die Akquisition betriebswirtschaftlichen Wissens für die Entwicklung von wissensbasierten Entscheidungsunterstützungssystemen gestaltet werden sollte, um den Projekterfolg sicherzustellen. Die Arbeit liefert damit einen wertvollen Beitrag für die Erstellung von Expertensystemen zur Entscheidungsunterstützung, die erfolgreich in der Praxis eingesetzt werden sollen.

Bochum, im Dezember 1997 Prof. Dr. Roland Gabriel

## Danksagung

Die vorliegende Arbeit wurde vom Fachbereich Wirtschaftswissenschaft der Gerhard-Mercator-Universität -GH- Duisburg als Dissertation angenommen. Sie ist im wesentlichen während meiner Zeit als wissenschaftlicher Mitarbeiter an der Gerhard-Mercator-Universität Duisburg und an der Ruhr-Universität Bochum entstanden.

Die Dissertation wäre sicherlich nicht zustande gekommen, wenn der Betreuer der Arbeit, Herr Prof. Dr. Roland Gabriel, Inhaber des Lehrstuhls für Wirtschaftsinformatik an der Ruhr-Universität Bochum, nicht beständig motivierend den Fortgang der Arbeit begleitend hätte. Ihm habe ich auch für diejederzeitige Bereitschaft zu fachlichen Diskussionen und die rasche Erstellung des Erstgutachtens zu danken. Herrn Prof. Dr. Bernd Rolfes, Inhaber des Lehrstuhls für Bankbetriebslehre an der Gerhard-Mercator-Universität Duisburg, möchte ich meinen Dank für die Übernahme des Zweitgutachtens aussprechen.

An dieser Stelle möchte aber auch vor allem diejenigen würdigen, die mit dazu beigetragen haben, daß die vorliegende Arbeit entstehen konnte und die mich bei der ausdauernden Verfolgung dieses Ziels unterstützt und motiviert haben. Dazu gehört in erster Linie meine Familie, die mir stets in den richtigen Momenten den Rücken frei gehalten und geduldig die lange Entstehungszeit überstanden hat. Darüber hinaus habe ich die volle Unterstützung und den Ansporn von einigen ehemaligen Kollegen und Freunden gerne in Anspruch genommen. Zu nennen sind hier insbesondere Dr. Ralf Bendig, Dr. Holger Taday und Günter Panzlaff, die das Manuskript unermüdlich Korrektur gelesen haben. Daneben haben mich die Kollegen und studentischen Hilfskräfte am Lehrstuhl für Wirtschaftsinformatik der Ruhr-Universität Bochum tatkräftig unterstützt.

Duisburg, im Dezember 1997 Detlev Frick

## Inhaltsverzeichnis

# 0 Einleitung

Der Prozeß der betrieblichen Leistungserstellung wird seit vielen Jahren durch den Einsatz von rechnergestützten Informationsverarbeitungssystemen wirksam unterstützt. Diese Unterstützung findet nicht allein auf der Ebene operativer Tätigkeiten statt. Auch zur strategischen Unternehmensplanung versucht man, rechnergestützte Planungs- und Entscheidungsunterstützungssysteme einzusetzen.

Zur Erschließung dieser neuen Anwendungsfelder für Planungs- und Entscheidungsunterstützungssysteme werden verstärkt neue Techniken eingesetzt, von denen die Wissensbasierten Systeme (WBS) sicherlich sehr große Erwartungen geweckt haben. Die Künstliche Intelligenz (KI) ist keine neue Disziplin[1]. In Deutschland hat sie allerdings erst in den 80er Jahren ihren Durchbruch erreicht. Die KI orientiert sich an den theoretischen Konzepten des menschlichen Problemlösens und versucht, diese kognitiven Prozesse mit Hilfe eines Computersystems abzubilden. Dabei lassen sich zwei wesentliche Forschungsrichtungen unterscheiden:

1. Der *Simulationsansatz* versucht, eine möglichst strukturerhaltende Abbildung der kognitiven Leistungen menschlicher Problemlöser vorzunehmen. Es soll also eine möglichst realitätsnahe Simulation des biologischen Vorbilds erfolgen.
2. Der *Performanzansatz* ist allein am Ergebnis mentaler Prozesse interessiert. Diese sollen möglichst mit der Leistung menschlicher Problemlöser vergleichbar sein.

Der erste Ansatz wird meist innerhalb der Kognitionswissenschaft (Denkpsychologie) verfolgt, während der zweite stärker im Mittelpunkt der anwendungsorientierten KI steht.

Die Relevanz des Einsatzes von Techniken der KI zur Lösung betriebswirtschaftlicher Problemstellungen läßt sich durch einige Praxiserfolge belegen.[2] Dennoch sind in diesem Gebiet weitere Forschungsanstrengungen notwendig, um insbesondere ein stärkeres methodisches Vorgehen bei der Planung, Gestaltung, Einführung und dem Betrieb neuer wissensbasierter Planungs- und Entscheidungsunterstützungssysteme sicherstellen zu können. Dieser gesamte Erstellungs- und Wartungsprozeß wird als *Knowledge Engineering* bezeichnet. Für die ersten

---

1 Als Gründungsveranstaltung der KI gilt die "Dartmouth Conference on Artificial Intelligence" im Jahre 1956. Zur Historischen Entwicklung der KI vgl. z.B. Jackson (1987), S. 2ff.; Kurbel (1992), S. 2; Gabriel (1992), S. 1ff.
Winston definiert KI als "the study of the computations that make it possible to perceive, reason, and act"; Winston (1992), S. 5. Rich benutzt eine Definition die weniger operational ist, indem sie sagt: "Artificial Intelligence (AI) is the study of how to make computers do things at which, at the moment, people are better"; Rich (1983), S. 1.

2 Eine Übersicht über den Praxiseinsatz von WBS wird im Abschnitt 1.4.2 gegeben.

Phasen dieses Knowledge Engineering-Prozesses, der *Wissensakquisition*, will diese Arbeit eine methodische Grundlage anbieten.

## 0.1 Problemstellung und Zielsetzung

Die Problemstellung dieser Arbeit, die Akquisition betriebswirtschaftlichen Wissens zum Aufbau von Expertensystemen zur Entscheidungsunterstützung, setzt sich inhaltlich mit einem Untersuchungsgegenstand auseinander, der sich im wesentlichen auf drei wissenschaftlichen Disziplinen gründet:

- *Betriebswirtschaftslehre (BWL):*
  Anwendungsgegenstand dieser Arbeit sind Expertensysteme zur betrieblichen Entscheidungsunterstützung. Grundlage ist also das Wissenschaftsprogramm der entscheidungsorientierten Betriebswirtschaftslehre[3]. Das Ziel der entscheidungsorientierten Betriebswirtschaftslehre "ist letztlich darauf gerichtet, Mittel und Wege aufzuzeigen, die zur Verbesserung der Entscheidungen in der Betriebswirtschaft führen."[4] Diesem pragmatischen Wissenschaftsziel der *Gestaltungsaufgabe* vorgelagert ist die *Erklärungsaufgabe*, die nomologisches Wissen über empirische Regelmäßigkeiten, insbesondere Ergebnisse der Verhaltenswissenschaft, bereitstellt.[5] Für die Akquisition von Wissen für den Aufbau von Expertensystemen, die das Entscheidungsverhalten von Menschen in Organisationen abbilden sollen, bilden diese Erkenntnisse eine wichtige Grundlage.
- *Psychologie:*
  Expertensysteme sollen die Problemlösungsperformanz menschlicher Experten in einem abgegrenzten Problembereich nachbilden. Dies ist jedoch nur möglich, wenn menschliche Problemlösungsvorgänge genügend verstanden werden, damit eine zumindest strukturerhaltende Modellierung der maschinellen Problemlösungskompetenz erfolgen kann. Die Psychologie, insbesondere die kognitive Psychologie, und die Kognitionswissenschaft untersuchen diese menschlichen Problemlösungsvorgänge, wobei sich die Kognitionswissenschaft

---

3 "Die Betriebswirtschaftstheorie ist damit vor allem ein Aussagesystem über betriebliche Planung zur Vorbereitung von Entscheidungen, die im Hinblick auf die Ziele des Unternehmens optimal sind. Im weiteren Sinne ist sie somit eine spezielle Entscheidungstheorie ..."; Busse von Colbe/Laßmann (1991), S. 10. Zum entscheidungsorientierten Ansatz der Betriebswirtschaftslehre vgl. z.B. Heinen (1971), S. 429ff.; Pfohl (1977), S. 29ff. und die Aussagen im Kapitel 2.

4 Heinen (1976b), S. 369.

5 Vgl. Hundt/Liebau (1972), S. 234.

durch ihre Nähe zur KI auszeichnet. Es sind daher auch die kognitionswissenschaftlichen Befunde zur Bearbeitung der Problemstellung heranzuziehen.[6]

- *Künstliche Intelligenz (KI):*
  Expertensysteme (XPS), die auch als Wissensbasierte Systeme (WBS) bezeichnet werden, bilden eine Teildisziplin der Künstlichen Intelligenz-Forschung[7] und sind rechnergestützte Informations- und Planungssysteme zur Entscheidungsunterstützung bzw. Problemlösung.[8] In der Vergangenheit wurden eine Vielzahl von Methoden, Techniken und Vorgehensmodellen zum Aufbau von Expertensystemen im Rahmen des sog. Knowledge Engineering-Prozesses entwickelt. Eine wichtige Teilaktivität in allen Vorgehensmodellen ist jedoch immer die Wissensakquisition, also die Lokalisierung, Erhebung, Strukturierung und Formalisierung von Wissen der abgegrenzten Domäne. Die Wissensakquisition ist dabei, neben einer Reihe anderer Probleme beim Aufbau Wissensbasierter Systeme, zum eigentlichen Engpaß bei der Entwicklung[9] geworden und ist deshalb für den erfolgreichen Einsatz dieser WBS außerordentlich wichtig.

Diese drei Forschungsbereiche bilden die Grundlage für die Bearbeitung der Problemstellung dieser Arbeit. Auf diesen drei Säulen bauen die Aussagen in dieser Arbeit auf. Sie bilden damit die Ausgangspunkte für eine bessere Handhabung des Engpaßbereichs der *Akquisition betriebswirtschaftlichen Wissens*. Die Abbildung 0.1 zeigt die beteiligten Disziplinen im Überblick.

Zielsetzung der Arbeit ist es, die Akquisition betriebswirtschaftlichen Wissens auf eine methodische Grundlage zu stellen und damit eine erfolgreiche Entwicklung von Entscheidungsunterstützungssystemen für den jeweils ausgewählten Anwendungsbereich zu gewährleisten. Grundgedanke ist dabei, daß die Wissens-

---

6 "Knowledge-based systems are immersed in cognitive theory, which constitutes a psychological approach to human knowledge. Thus, KEs [knowledge engineers, Anm. d. Verf.] must have an understanding of cognitive theories in order to produce a quality knowledge base"; Tuthill (1990), S. 46 und im gleichen Sinne Winston (1992), S. 172. Vgl. dazu auch die Kritik, die Strube wegen der Nichtbeachtung psychologischer Begrifflichkeiten äußert; vgl. Strube (1992), S. 23ff.

7 Eine Übersicht über die verschiedenen Teildisziplinen der KI geben z.B. Siekmann (1989), S. 111; Kurbel (1992), S. 4ff. und Gabriel (1992), S. 12f.

8 Vgl. Gabriel/Frick (1991), S. 545.

9 "[...] one current bottleneck in constructing large expert systems is the problem of knowledge acquisition: extracting knowledge from a human expert and representing it for a program." Lenat (1982), S. 195. Vgl. dazu auch Feigenbaum (1980), S. 7; Buchanan/Barstow et al. (1983), S. 129; Jackson (1987), S. 1987; Cullen/Bryman (1988), S. 216.

akquisition, ähnlich wie die Problemlösung in einem WBS, sehr stark domänen- oder diskursbereichsspezifisch ausgerichtet sein muß.[10]

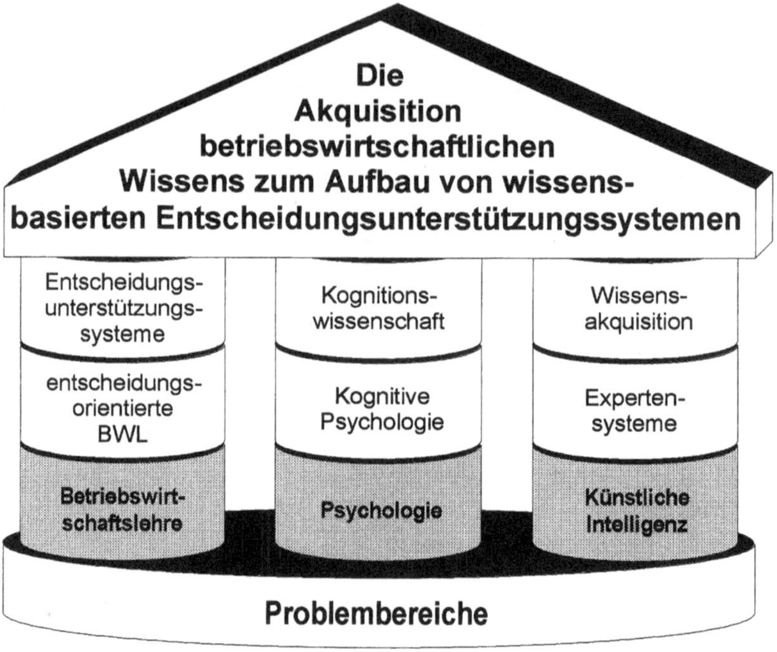


Abb. 0.1: Die an der Akquisition betriebswirtschaftlichen Wissens beteiligten Disziplinen

Die klassischen Methoden und Verfahren der Wissensakquisition sind ursprünglich für psychologische Aufgaben konzipiert und mit nur kleinen Modifikationen für den Aufbau von Expertensystemen übernommen worden. Sie bieten daher keine besondere Unterstützung bei der Akquisition betriebswirtschaftlicher Expertise an.

Die neueren modellbasierten (z.B. KADS[11]) und objektorientierten (z.B. SOM[12]) Ansätze sind bereits in sich geschlossene Vorgehensmodelle. KADS ist

---

10 "Da Fachsprache und Problemlösungsmethoden anwendungsspezifisch sind, kann man nicht erwarten, ein universell einsetzbares Werkzeug bauen zu können. Statt dessen gilt: je stärker ein Werkzeug spezialisiert ist, desto nützlicher ist es für seinen Anwendungsbereich"; Puppe (1990), S. 4.

jedoch zunächst nicht für domänenspezifische Aufgaben konzipiert worden. Allerdings enthält KADS bereits den wesentlichen Grundgedanken eines Werkzeugkastens oder einer Bausteine-Bibliothek, die domänenspezifische Lösungsmodelle für bestimmte Aufgaben enthält. Diese Lösungsmodelle werden quasi als Schablone für die konkrete Problemlösung genutzt. SOM ist ein Ansatz zur objektorientierten Entwicklung von Informationssystemen. Dieser Ansatz wurde nicht zur Entwicklung von Expertensystemen entwickelt.

Es fehlt ein betriebswirtschaftlich-orientiertes Vorgehensmodell zum Zweck der Wissensakquisition für betriebliche Expertensysteme. Dazu müssen die bisherigen Ansätze und Modelle zunächst auf ihre Adäquatheit hin untersucht und Anforderungen für den Gegenstandsbereich formuliert werden. Auf der Grundlage der modellbasierten und objektorientierten Ansätze soll aufgezeigt werden, wie eine methodisch fundierte Vorgehensweise bei der Wissensakquisition zu gestalten ist.

## 0.2 Aufbau der Arbeit

Der Aufbau dieser Arbeit folgt dem oben beschriebenen inhaltlichen Konzept (vgl. Abbildung 0.1). Der Einleitung, die die Problemstellung und die Zielsetzung der Arbeit beschreibt, folgt im 1. Kapitel zunächst eine grundlegende Darstellung der Wissensbasierten Systeme zur Lösung betriebswirtschaftlicher Probleme. Dazu werden betriebswirtschaftliche Problemstellungen und ihre Lösungsansätze vorgestellt. Anschließend werden besonders geeignete betriebswirtschaftliche Problemstellungen benannt und ein kurzer Überblick über den derzeitigen Stand des Einsatzes der Expertensystemtechnologie in der betrieblichen Praxis gegeben.

Abschließend werden Informationssysteme zur Entscheidungsunterstützung vorgestellt. Bei der Darstellung dieser "konventionellen" Systeme, wie z.B. Management Information Systems (MIS), Decision Support Systems (DSS) und Executive Information Systems (EIS), wird besonderer Wert auf die Herausarbeitung gemeinsamer Grundstrukturen gelegt, um einen Vergleich mit den neueren Wissensbasierten Systemen (WBS) zu erleichtern. Abschließend sollen die

---

11 KADS ist ein Akronym für *Knowledge Acquisition and Design Structuring* oder *Knowledge Acquisition and Documentation Structuring* und wird im Abschnitt 6.2.2 dargestellt. Vgl. zu KADS z.B. Wielinga/Schreiber et al. (1992), S. 5ff.; Wielinga/Schreiber (1990), S. 322ff.; Breuker/Wielinga (1989), S. 273; Alberti/Cheesman (1989), S. 500ff.; Schreiber/Breuker et al. (1988), S. 2ff.; Wielinga/Bredeweg et al. (1988), S. 104ff.; Breuker/Wielinga et al. (1987).

12 SOM ist eine Abkürzung für Semantisches Objektmodell und wird im Abschnitt 6.3 dargestellt. Vgl. zu SOM z.B. Ferstl/Sinz (1993a); Ferstl/Sinz (1993b), S. 136ff.; Ferstl/Sinz (1991), S. 481ff.; Ferstl/Sinz (1990), S. 566ff.

Synergieeffekte einer Kombination von konventionellen und wissensbasierten Techniken aufgezeigt werden.

Im Kapitel 2 erfolgt eine Einführung in die Konzepte der Expertensystemtechnologie und es werden deren Leistungspotentiale aufgezeigt. Zielsetzung der Arbeit ist es, eine methodisch-orientierte Gestaltung des Knowledge Engineering-Prozesses vorzustellen. Der Knowledge Engineering-Prozeß wird daher in diesem Kapitel besonders herausgestellt. Die verschiedenartigen Definitionsansätze für die Begriffe *Knowledge Engineering, Wissensakquisition* und *Wissensrepräsentation* werden für den weiteren Fortgang der Arbeit geordnet und systematisiert.

Im 3. Kapitel wird als erster inhaltlicher Schwerpunkt die betriebswirtschaftliche Problemstellung bearbeitet. Dieses Kapitel befaßt sich mit der Entscheidungsfindung als zentrales betriebswirtschaftliches Problem. Auf der Grundlage der entscheidungsorientierten BWL werden hier die Erkenntnisse der Entscheidungstheorie in Bezug auf die Problemstellung der Arbeit untersucht. Eine wichtige Stellung nimmt dabei die deskriptive Entscheidungstheorie der Individualentscheidung ein, da es bei der Entwicklung von Expertensystemen insbesondere um die Modellierung des Problemlösungsverhaltens eines Experten geht. Hier geht es vor allem um die Ansätze zur Beschreibung der menschlichen Problemlösung und Entscheidungsfindung. Daneben werden jedoch auch wichtige Aspekte der normativen Entscheidungstheorie und der deskriptiven Entscheidungstheorie der kollektiven Entscheidungen behandelt, soweit sie für die Problemstellung nutzbringend erscheinen.

Das 4. Kapitel widmet sich dem zweiten inhaltlichen Schwerpunkt der Arbeit. Im Mittelpunkt der Betrachtung stehen hier die kognitionspsychologischen Grundlagen der Wissensakquisition. Unabhängig vom betriebswirtschaftlichen Problembereich werden wichtige psychologische Befunde für die Gestaltung der Wissensakquisition diskutiert. Neben der kognitiven Repräsentation von Wissen spielen der Problemlösungsprozeß und die Funktion der Sprache eine wichtige Rolle bei der allgemeinen Formulierung von Forderungen an die Wissensakquisitionsmethoden und Vorgehensmodelle.

In den Kapiteln 5 und 6 wird der dritte inhaltliche Schwerpunkt der Arbeit dargestellt. Zunächst werden im 5. Kapitel einige wichtige klassische Methoden und Techniken der Wissensakquisition vorgestellt und anhand der im 4. Kapitel aufgestellten Forderungen bewertet. Die Auswahl der Verfahren und Techniken orientiert sich dabei an der gegenwärtigen Relevanz im Knowledge Engineering-Prozeß. Den Abschluß bildet in diesem Kapitel eine Beschreibung von rechnergestützten Wissensakquisitionssystemen, mit denen eine sinnvolle Integration und Unterstützung von Wissensakquisitionsmethoden erfolgen soll. Zu den einzelnen Klassen sollen, soweit vorhanden, bestehende Ansätze bzw. konkrete Systeme benannt und kurz beschrieben werden. Zielsetzung dieses Teils ist eine Darstellung des "State of the Art" der Wissensakquisition. Damit wird auch von dieser

Seite die Relevanz für eine Weiterentwicklung der beschriebenen Methoden und Verfahren deutlich.

Im Anschluß an diese deskriptive Untersuchung der klassischen Wissensakquisitionsmethoden werden im Kapitel 6 Vorgehensmodelle mit ihren verschiedenartigen Ausgestaltungsmöglichkeiten im Vergleich dargestellt. Dabei werden u.a. die modellbasierten Wissensakquisitionsverfahren (insbesondere KADS) und das Semantische Objektmodell (SOM) sowie einige wichtige Vorgehensmodelle aus der deutschsprachigen Literatur vorgestellt.

Die drei Problembereiche (Betriebswirtschaftslehre, Psychologie und Künstliche Intelligenz) werden in der Zusammenfassung im 7. Kapitel wieder zusammengebracht. Die Probleme der Wissensakquisition des speziellen Diskursbereichs (BWL) werden zusammengefaßt und aufgearbeitet. Die dargestellten Ergebnisse werden daraufhin untersucht, ob allgemeingültige Aussagen zu der Entscheidungsunterstützung von Expertensystemen in den betriebswirtschaftlichen Anwendungsbereichen existieren. Weiterhin sollen die Leistungspotentiale Wissensbasierter Systeme mit denen der konventionellen Entscheidungsunterstützungssysteme verglichen werden. Dieser Vergleich konzentriert sich dabei stark auf die Akquisition und Darstellung von betriebswirtschaftlichem Wissen.

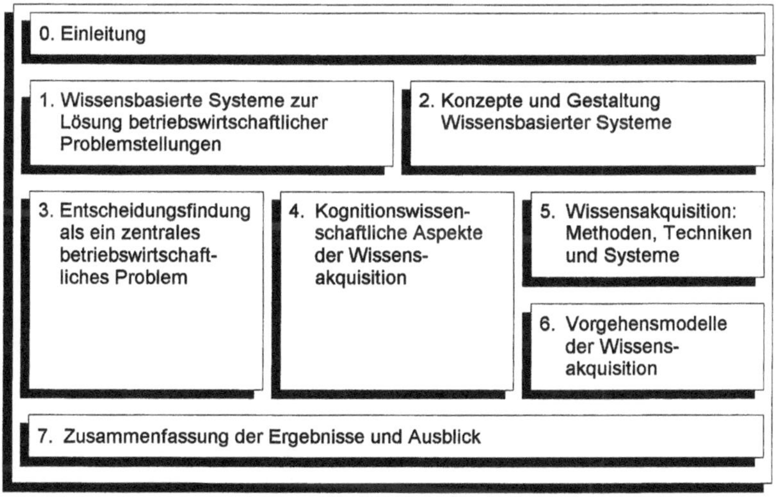


Abb. 0.2: Aufbau der vorliegenden Arbeit

Der Aufbau der Arbeit ist in der Abbildung 0.2 als Übersicht dargestellt. Darin werden zunächst in den Kapiteln 1 und 2 eine allgemeine Darstellung der Wissensbasierten Systeme zur Lösung betriebswirtschaftlicher Problemstellungen sowie deren Konzepte und Gestaltung gegeben. Anschließend werden die drei

Problembereiche in den Kapiteln 3, 4, 5 und 6 bearbeitet und die Ergebnisse im Kapitel 7 zusammengeführt.

# 1 Wissensbasierte Systeme zur Lösung betriebswirtschaftlicher Problemstellungen

Das betriebswirtschaftliche Interesse an Konzepten der Künstlichen Intelligenz (KI) wird angeregt durch zwei voneinander unabhängige Thesen:[1]

- Die *Markt-These* geht von der Behauptung aus, daß die Anwendungen der KI bereits ein beachtliches Umsatzpotential erreicht haben und begründet damit unmittelbar die wirtschaftliche Bedeutung einer Auseinandersetzung der Betriebswirtschaftslehre (BWL) mit den Konzepten der KI.
- Die *Transfer-These* geht davon aus, daß sich Erkenntnisse der KI auf die Bewältigung von betriebswirtschaftlichen Fragestellungen in befruchtender Weise übertragen lassen.

Beide Thesen unterstreichen die Relevanz dieser Arbeit. Zum einen läßt sich durch den Einsatz von Produkten der KI ein direkter wirtschaftlicher Vorteil erzielen und es ist daher lohnend, Entwicklungsbarrieren (insbesondere im Bereich der Wissensakquisition) abzubauen. Zum anderen erscheint es möglich, daß sich durch den Prozeß der Wissensakquisition in den betrachteten Anwendungsbereichen neue epistemologische Aussagen ergeben.

Seitens des Operations Research (OR) werden z.B. bislang solche Problemstellungen, die sich nicht durch formale Modelle beschreiben lassen und deren Bewältigung zu erheblichen Schwierigkeiten führt, als schlecht-strukturierte Probleme bezeichnet.[2] Die KI erlaubt dagegen u.a. durch ihre vielfältigen Formen der Wissensrepräsentation[3], die auch nicht-formale (semantische und pragmatische) Problemdimensionen erfassen können, den Bereich der sog. wohl-strukturierten Probleme auszuweiten.[4]

Die KI-Forschung beschäftigt sich darüber hinaus mit heuristischen Konzepten zur effizienten Suche in sehr großen Problemräumen. Diese Konzepte bieten sich an, um sie hinsichtlich ihrer Eignung für kombinatorische Problemstellungen zu untersuchen.[5] Sie könnten auch einen Beitrag zur Bewältigung betriebswirtschaftlicher Entscheidungsmodelle liefern, deren Variablen nur ganzzahlige

---

1 Vgl. Bendig (1988), S. 7f.; Zelewski (1986a), S. 42f.

2 Vgl. Zelewski (1986b), S. 631ff.

3 Zu den Leistungspotentialen der Wissensrepräsentation vgl. Abschnitt 2.1.3.1.

4 Vgl. Weissenfluh (1990), S. 3; Heilmann (1987), S. 4f.; Zelewski (1986b), S. 638f.

5 Vgl. z.B. Zelewski (1986b), S. 674ff. Zelewski hat dort versucht, die Entscheidungsbaumtechnik des Operations Research mit Suchkonzepten der KI zu kombinieren. Seine Ausführungen konzentrieren sich zwar nicht auf die Aspekte der heuristischen Lösungsuche, schließen sie aber implizit mit ein.

(insbesondere binäre) Werte annehmen können.[6] Weiterhin können die heuristischen Problemlösungskonzepte der KI einen Beitrag zur Strukturbildung in abstrakten Lösungsräumen leisten. Durch eine strukturschaffende Dekomposition läßt sich die Problemkomplexität reduzieren.[7]

Ein weiteres Argument für die Transfer-These ist die Fähigkeit Wissensbasierter Systeme (WBS), ein korrekt beschriebenes Problem bewältigen zu können, ohne daß dazu eine bestimmte Vorgehensweise (Algorithmus) vorgegeben werden muß.[8] Dieser Aspekt wird die strukturbildende Modellierung realer Probleme noch stärker in den Vordergrund betriebswirtschaftlichen Forschungsinteresses rücken. Dadurch wird das Primat der Gestaltung problemlösender Algorithmen, das lange Zeit die Untersuchungen des OR beherrschte[9], durch eine stärker problemorientierte Sichtweise verdrängt. Dieser Prozeß der Problemwahrnehmung, der mittels Problemabbildung durch Modelle in strukturbildender Weise wirkt, ist von zentraler Bedeutung in der Wissensakquisition.

In diesem Kapitel sollen WBS zur Lösung betriebswirtschaftlicher Problemstellungen vorgestellt werden. Zunächst werden die betriebswirtschaftlichen Problemstellungen und ihre Lösungsansätze im Abschnitt 1.1 beschrieben, bevor im Abschnitt 1.2 einige Aussagen zu den betrieblichen Anwendungsbereichen von WBS gemacht werden. Anschließend wird im Abschnitt 1.3 eine Systematik von verschiedenartigen Planungs- und Entscheidungsunterstützungssystemen gegeben, um die WBS besser einordnen zu können. Abschließend werden die Ergebnisse im Abschnitt 1.4 zusammengefaßt.

## 1.1 Betriebswirtschaftliche Problemstellungen und deren Lösungsansätze

Zunächst werden im folgenden die betrieblichen Problemstrukturen genauer analysiert, bevor auf den Einsatz von Expertensysteme (XPS) in den betrieblichen

[6] Vgl. Zelewski (1986a), S. 84 und die Abbildung logischer Beziehungen in Entscheidungsmodellen bei Gabriel (1982), S. 15ff.

[7] Vgl. hierzu die Überlegungen von Witte (1979), S. 42ff.

[8] Vgl. Zelewski (1986a), S. 153ff.

[9] So definiert Dinkelbach (1984), Sp. 1384 z.B. Operations Research als "[...] die Lehre von Verfahren zur numerischen Lösung von Entscheidungsmodellen [...]" und räumt mehr am Rande das Interesse an einer Problemformulierung (-modellierung) ein.
Zimmermann und Müller-Merbach betonen im Gegensatz dazu, daß zum Operations Research nicht nur die mathematischen Methoden zur Lösung von Realproblemen gehören, sondern auch die isomorphe Problemformulierung(-modellierung); vgl. Zimmermann (1987), S. 10 oder Müller-Merbach (1970), S. 14ff.
Gabriel weist aber auch darauf hin, daß der Schwerpunkt des Operations Research bisher eindeutig in der Algorithmenlehre lag; vgl. Gabriel (1982), S. 23.

Funktionsbereichen eingegangen wird. Ausgehend von einer Darstellung der unterschiedlichen betrieblichen Zielsetzungen und der entsprechenden Aufgabenbereiche sollen Kriterien entwickelt werden, die letztlich die betrieblichen Problemstrukturen bestimmen. Abschließend werden unterschiedliche Methoden zur Lösung der betrieblichen Problemstellungen vorgestellt.

### 1.1.1 Betriebliche Ziele und Aufgabenbereiche

"Der Gegenstand der Betriebswirtschaftslehre kann [...] umschrieben werden als die **Summe aller wirtschaftlichen Entscheidungen** [...]"[10]. Erkenntnisobjekt der BWL ist der Betrieb als organisierte Wirtschaftseinheit und der Prozeß der wirtschaftlichen Leistungserstellung und -verwertung, d.h. die Kombination von Produktionsfaktoren (dispositive und ausführende Arbeit, Betriebsmittel und Werkstoffe) mit dem Ziel, Sachgüter zu produzieren und Dienstleistungen bereitzustellen. Ökonomische Basisfragen sind dabei von folgender Art: *Wer* trifft in *welcher Weise*, zu *welchen Zweck*, *wann*, und unter *welchen Bedingungen*, *welche Entscheidungen* über wirtschaftliche Güter, die zu *welchen Resultaten* führen? Und mit welchen *methodischen Hilfsmitteln* sollten *Entscheidungen* rational getroffen werden?[11]

Der Begriff *Betrieb* wird als Obergriff für die Unternehmungen (Produktionsbetrieb) und die Haushalte (Konsumtionsbetrieb) verwendet. Die Unternehmung ist als Produktionsbetrieb durch drei Merkmale charakterisiert: durch die Deckung fremden Bedarfs, die wirtschaftliche Selbständigkeit und die freiwillige Übernahme des Marktrisikos.[12] Kosiol gliedert Betriebe nach der Bedarfsdeckung folgendermaßen:[13]

- *Haushalte* (Ziel: Deckung eigenen Bedarfs).
  - *Private* (ursprüngliche oder abgeleitete) *Haushaltungen* (Ziel: individuelle Deckung des Eigenbedarfs).
  - *Öffentliche* (abgeleitete) *Haushaltungen* (Ziel: kollektive Deckung des Eigenbedarfs).
- *Unternehmungen* (Ziel: individuelle Deckung fremden Bedarfs).
  - *Private Unternehmen.*
  - *Öffentliche Unternehmen.*

---

10 Wöhe (1976), S. 2; Hervorhebungen im Original.

11 Vgl. Busse von Colbe/Laßmann (1991), S. 1f.

12 Vgl. Wöhe (1976), S. 5.

13 Vgl. Kosiol (1968), S. 24ff., insbesondere S. 27 oder Kosiol (1962), Sp. 5540ff. Schierenbeck benutzt *Wirtschaftseinheiten* als Obergriff für *private Haushalte* und *Betriebe*. Betriebe unterteilt er in *Unternehmungen* und *öffentliche Betriebe und Verwaltungen*; vgl. Schierenbeck (1993), S. 23.

Wie differenziert auch immer die Unterteilung der Wirtschaftseinheiten ausfällt, es läßt sich generell feststellen, daß die Unternehmungen in marktwirtschaftlichen Ordnungssystemen eine herausragende Rolle bei der Produktion und marktlichen Verwertung von Sachgütern und Dienstleistungen spielen. Die BWL beschäftigt sich mit ihnen seit jeher besonders intensiv.[14]

Wirtschaftliches Handeln ist immer eine spezifische Form zielgerichteten Handelns. Unternehmungen werden sich daher bei rationalem Vorgehen an klar umrissenen Zielvorgaben orientieren. Die strategische Gesamtzielkonzeption der Unternehmung läßt sich über mehrere Ebenen bis zu konkreten Maßnahmen der operativen Bereiche herunterbrechen. Dadurch wird versucht, eine optimale Steuerung des Güter- und Geldstroms in der Unternehmung zu erreichen. Kriterium für die Optimalität ist dabei die Erreichung der Gesamtzielkonzeption.

Die Aktivitäten der Unternehmensführung sind zumindest von dem Ziel getragen, die langfristige Überlebens- und Entwicklungsfähigkeit der Unternehmung in einer komplexen und varianten Umwelt zu sichern.[15] Die zweckorientierte, auf die Funktion der Unternehmung in seiner Umwelt abgestimmte Harmonisierung der Leistungsprozesse ist originärer Inhalt der Unternehmungsführung (Management).[16] Schierenbeck umschreibt die umfassende Managementfunktion mit "*Entscheiden und Durchsetzen*".[17] Er hat zur Systematisierung der komplexen Funktion "Management" folgende Aufspaltung vorgenommen:

- Eine *prozessuale* Dimension,
- eine *strukturelle* Dimension und
- eine *personelle* Dimension.

*Planung und Kontrolle* komplettieren dabei "Entscheiden und Durchsetzen" zum Managementprozeß. *Organisation* tritt bei Hervorhebung der strukturellen Dimension in den Vordergrund. Die personelle Dimension wird durch den Begriff *Führung* betont. Diese Abgrenzung der Managementfunktionen ist an dieser Stelle sinnvoll, weil sich die weitere Darstellung in dieser Arbeit auf die Entscheidungsunterstützung im Rahmen des Managementprozesses konzentriert. Die strukturelle und die personelle Dimension des Managements bleiben also weitgehend unberücksichtigt.

---

14 Vgl. Schierenbeck (1993), S. 22.

15 Vgl. z.B. Ulrich (1968), S. 194. Das Streben nach "Überleben" bestimmt seiner Meinung nach das Mindestniveau eines Basisziels und hängt von der dauernden Aufrechterhaltung einer ausreichenden *Zahlungsbereitschaft* ab. Vgl. dazu auch Heinen (1976a), S. 70ff.

16 Vgl. Bleicher (1991), S. 112.

17 "Ausgehend von der Erkenntnis, daß Wirtschaften im Kern stets Entscheidungen bedingt, die dann zielgerichtet durchgesetzt werden müssen, umschreibt '**Entscheiden und Durchsetzen**' also die umfassendste Managementfunktion"; Schierenbeck (1993), S. 82. Hervorhebungen im Original.

## 1.1.2 Betriebliche Problemstrukturen

Mit der Hervorhebung der prozessualen Dimension von Managementaktivitäten ist die Erkenntnis verbunden, daß das Fällen von Entscheidungen in der Regel kein punktueller Wahlakt ist, sondern als zyklischer Entscheidungsprozeß zu deuten ist.

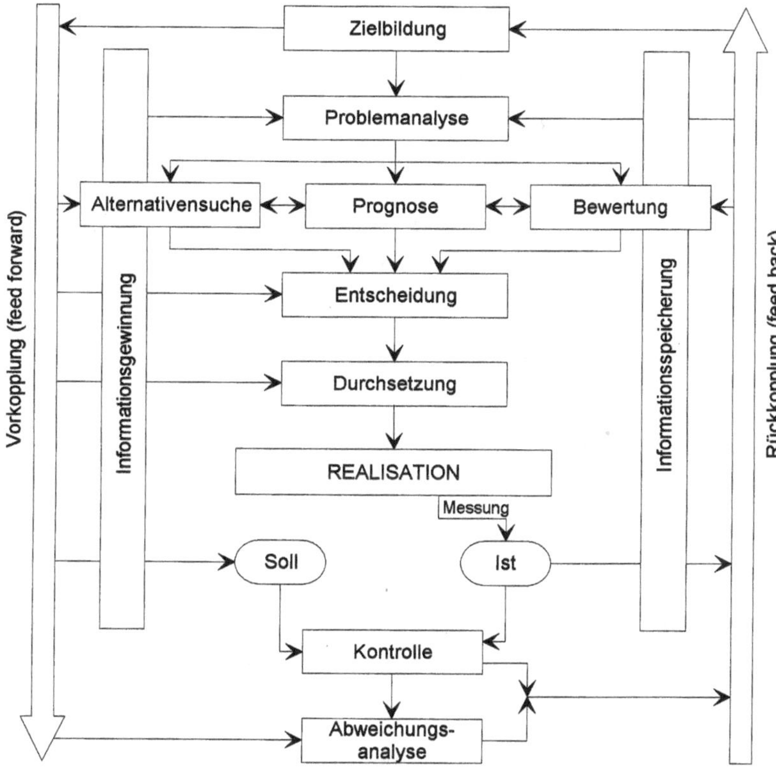


Abb. 1.1: Phasenstruktur des Managementprozesses (Managementzyklus)
Quelle: Wild (1982), S.37.

Die Abbildung 1.1 zeigt die Phasenstruktur dieses Managementprozesses. Die einzelnen Phasen dieses Prozesses zeigen dabei einen logisch-genetischen Zusammenhang und bilden einen komplexen, sich ständig wiederholenden

Managementzyklus, der durch Vor- und Rückkopplungsbeziehungen gekennzeichnet ist.[18]

Die Strukturen der betrieblichen Problemstellungen, die im Rahmen des Managementzyklus gelöst werden sollen, sind aufgrund der bereits beschriebenen vielfältigen Aufgabenbereiche ausgesprochen uneinheitlich. Sie weisen ein breites Spektrum von sehr einfachen bis hoch komplexen Strukturen auf. Die übliche Einteilung in gut-strukturierte bzw. schlecht-strukturierte Probleme zeigt meist nicht die vielfältigen Kriterien auf, die für eine solche Klassifikation herangezogen werden können.

Gabriel hat eine ganze Reihe von Kriterien zusammengetragen, die bei der Klassifikation von betrieblichen Problemstellungen herangezogen werden können:[19]

- der *Umfang* des Problems bzw. die *Größe* des Problembereichs,
- die *Abgrenzbarkeit* und *Isolierbarkeit* des Problems,
- die *Häufigkeit des Auftretens* des Problems,
- der *Erfahrungsstand der Kenntnisse* über die Problemstellung,
- der *Informationsstand* über das Problem,
- der *Wissensstand* bzw. das *Know-How über die Lösungsverfahren* zur Bewältigung des Problems,
- die *Wertigkeit der Problemdaten*,
- die *Komplexität der Zusammenhänge der Problemelemente*,
- die *Zielsetzung der Problemlösung* (optimale oder zufriedenstellende Lösung),
- die *Fristigkeit der Problemstellung*,
- die *Fristigkeit der Problemlösung* bzw. *Entscheidung*,
- die *Erkennung des Problems* und
- die *betriebliche Wichtigkeit* bzw. der *Stellenwert* des Problems.

Weiterhin zeigt Gabriel, daß sich betriebliche Problemstrukturen auch bezüglich

- des *Anwendungsbereichs* (Branche und/oder Funktionsbereich),
- des *Stadiums des betrieblichen Entscheidungsprozesses* und
- des *Entscheidungsgegenstandes*

klassifizieren lassen. Die angeführten Kriterien weisen eine hohe Abhängigkeit bei den in der betrieblichen Praxis auftretenden Problemen auf und bestimmen in ihrer Gesamtheit die Komplexität bzw. den Strukturierungsgrad der Problemstellungen.

---

[18] Vgl. Schierenbeck (1993), S. 83; Wöhe (1976), S. 110ff.

[19] Vgl. Gabriel (1992), S. 137ff.

### 1.1.3 Ansätze zur betrieblichen Problemlösung

Zur Lösung betrieblicher Problemstellungen werden von der Betriebswirtschaftslehre (BWL) verschiedene, sehr unterschiedliche Lösungsansätze angeboten. Diese zahlreichen Modelle und Methoden stammen aus der entscheidungsorientierten BWL und der Unternehmensforschung (OR). Durch den Einsatz immer leistungsfähigerer Computer können immer mehr betriebliche Problemstellungen durch numerische Lösungsverfahren, die auf hoch komplexen Algorithmen und umfangreichen Datenbeständen basieren, optimal gelöst werden. Diese computergestützten Planungs- und Entscheidungsunterstützungssysteme werden später noch genauer dargestellt.[20] Zunächst wird der benutzte Planungsbegriff[21] erläutert und der Planungs- und Entscheidungsprozeß dargestellt. Abschließend werden drei grundlegende Lösungsansätze zur Bewältigung des Planungsproblems vergleichend gegenüber gestellt.

#### 1.1.3.1 Planungsbegriff

In der betriebswirtschaftlichen Literatur werden eine Reihe von Planungsdefinitionen vorgeschlagen, die einander im Kern ähnlich sind. Hier soll nur eine kleine Auswahl dieser Definitionen wiedergegeben werden.[22] Wild bezeichnet Planung als "systematisch-methodischer Prozeß der Erkenntnis und Lösung von Zukunftsproblemen"[23]. Für Wöhe bedeutet Planung "das Treffen von Entscheidungen, die in die Zukunft gerichtet sind"[24]. Raffée definiert Planung "als die gedankliche Vorwegnahme zukünftiger Aktivitäten"[25]. Nach Schweitzer ist Planung ein "geordneter, informationsverarbeitender Prozeß zur Erstellung eines Entwurfs, welcher Größen für das Erreichen von Zielen vorausschauend festlegt"[26].

Trotz vorhandener Unterschiede in den Definitionen lassen sich gemeinsame Merkmale des Planungsbegriffs festhalten. Demnach ist Planung

- ein *geordneter Prozeß*,
- ein *informationsverarbeitender Vorgang*,
- auf die *Erreichung von Zielen* ausgerichtet und

---

20 Im Abschnitt 1.3.

21 Auf den Entscheidungsbegriff wird noch im 3. Kapitel eingegangen.

22 Weitere Planungsdefinitionen sind z.B. bei Schweitzer (1991), S. 19 zusammengetragen worden.

23 Wild (1982), S. 13.

24 Wöhe (1976), S. 128.

25 Raffée (1974), S. 97.

26 Schweitzer (1991), S. 19.

- *zukunftsbezogen.*

Schweitzer unterscheidet folgende Zwecke (Funktionen) der Planung:[27]

- *Zielausrichtung:* Durch Planung werden Unterziele und Vorgehensweisen von Personen sowie Institutionen auf Oberziele abgestimmt.
- *Frühwarnung:* Planung ermöglicht es, durch das Erkennen prognostischer Problemlagen frühzeitig Lösungs- bzw. Gegenmaßnahmen zu ergreifen.
- *Koordination von Teilplänen:* Durch Planung werden Lösungen von Teilproblemen aufeinander abgestimmt, und eine unvorhergesehene wechselseitige Beeinträchtigung ihrer Realisierung wird vermieden.
- *Entscheidungsvorbereitung:* Im Planungsprozeß werden die erkannten Probleme analysiert und diejenigen Alternativen untersucht, welche zu einer Problemlösung (Zielerreichung) führen können. Auf diese Weise wird die Entscheidung über eine günstige Alternative zweckmäßig und systematisch vorbereitet.
- *Vorbereitung der Kontrolle:* Durch die Planung werden die gewollten Sollgrößen sowie die getroffenen Prognosen für einen Vergleich mit den realisierten Größen (Istgrößen) festgelegt. Zugleich ist auch eine Überwachung der Prämissen der Planung möglich.
- *Mitarbeiterinformation:* Die Mitarbeiter können durch die Planung angemessen über Ziele, Alternativen, Mittelverwendung, Restriktionen und Termine unterrichtet werden.
- *Mitarbeitermotivation:* Durch die Partizipation der Mitarbeiter am Prozeß der Planerstellung und durch akzeptierte Planvorgaben können die Mitarbeiter zu plankonformen Verhaltensweisen angeregt werden.[28]

Die Arten der Planung lassen sich nach einer Reihe von Merkmalen unterscheiden. Eine erste Möglichkeit der Klassifikation können die *Bezugsgrößen der Planung* sein. Mögliche Bezugsgrößen sind der *Zeitraum,* der *Funktionsbereich,* die *Leitungshierarchie* oder die *Planungshierarchie.* Die Pläne für die einzelnen Bezugsebenen müssen selbstverständlich aufeinander abgestimmt oder koordiniert werden. Die Koordination kann dabei prinzipiell auf zwei unterschiedliche Arten erfolgen: Entweder man plant die einzelnen Teilperioden, Teilbereiche usw. *schrittweise* (sukzessiv) und verdichtet danach die entstandenen Einzelpläne zu einem Gesamtplan oder man plant *gleichzeitig* (simultan) alle Perioden, Funktionsbereiche etc. Ein weiteres Merkmal zur Unterscheidung von Planungsarten läßt sich anhand der Mechanismen zur Anpassung von Plänen feststellen. Pläne müssen an zukünftige Ereignisse verschiedenster Art, die von den Prognosen abweichen, anpassungsfähig sein. Der *Anpassungsrhythmus* ordnet die regel-

---

27 Vgl. Schweitzer (1991), S. 21.

28 Hinsichtlich der Partizipation lassen sich verschiedene Führungskonzeptionen unterscheiden. Das Modell des *Management by Objectives,* als ergebnisorientiertes Führungsprinzip, hat dabei wohl die größte Beachtung gefunden. Vgl. dazu Kupsch (1979), S. 104ff.

mäßige Fortschreibung und Konkretisierung der Teilpläne. Die *Anpassungsfähigkeit (Flexibilität, Verbindlichkeit)* besagt, ob eine Änderung der Teilpläne innerhalb der Planungszeiträume überhaupt möglich ist. Die Tabelle 1.1 zeigt die genannten Merkmale zur Unterscheidung von Planungsarten im Überblick.

| **Merkmal:** | **Planungsarten:** |
|---|---|
| Bezugszeitraum | *kurzfristige, mittelfristige oder langfristige Planung* |
| Funktionsbereich | *Absatz-, Fertigungs-, Lagerhaltungs-, Beschaffungs-, Finanz- oder Investitionsplanung* |
| Leitungshierarchie | *Gesamt-, Bereichs- oder Stellenplanung* |
| Planungshierarchie | *strategische, taktische oder operative Planung* |
| Koordination | *sukzessive vs. simultane Planung* |
| Anpassungsrhythmus | *rollende (rollierende, gleitende) vs. Nicht-rollende Planung* |
| Anpassungsfähigkeit | *flexible (bedingte) vs. starre Planung* |

Tab. 1.1: Einige Merkmale zur Unterscheidung von Planungsarten

Diese definitorischen Abgrenzungen des Planungsbegriffs zeigen schon recht anschaulich die Komplexität des Managementprozesses, der durch starke Interdependenzen und Rückkopplungen der einzelnen Elemente und Tätigkeiten gekennzeichnet ist.[29] Die Realität demonstriert jedoch, daß dieses komplexer Vorgang vielfach "verkürzt" wird. Auf Anregungsinformationen reagiert der Entscheidungsträger häufig mit einem *routinemäßigen Verhalten*, das sich bei ähnlichen Problem in der Vergangenheit als zweckmäßig erwiesen hat.[30]

### 1.1.3.2 Planungs- und Entscheidungsprozeß

Der Planungs- und Entscheidungsprozeß läuft in der Regel in zeitlich aufeinanderfolgenden Bearbeitungsphasen ab.[31] Der Planungsprozeß dient der Entscheidungsvorbereitung, d.h. er wird durch die Zusammenstellung und Bewertung von Handlungsalternativen als Entscheidungsvorschläge beendet. Fortgesetzt wird dieser Prozeß durch die Entscheidung, die Realisierung (Durchsetzung) und die

29 Vgl. Wöhe (1976), S. 111.

30 Vgl. Busse von Colbe/Laßmann (1991), S. 34; Heinen (1985), S. 23f.

31 Die weitgehende Identität von Planungs- und Entscheidungsprozeß soll nicht an dieser Stelle diskutiert werden. Vgl. dazu die Anmerkungen im Abschnitt 3.1.

Kontrolle. Wöhe hat diese Tätigkeiten zu den Aufgaben des dispositiven Faktors (Betriebsführung) zusammengefaßt.[32]

Die Ausführung dieser Managementfunktionen basieren auf informatorischen und kommunikativen Prozessen. Die Information spielt dabei eine sehr wesentliche Rolle.[33] Schierenbeck schreibt, daß der komplexe Managementprozeß, der inhaltlich auch als Planungs- und Kontrollprozeß interpretiert werden kann, so gut wie ausschließlich aus Tätigkeiten besteht, deren gemeinsamer Zweck die Gewinnung, Verarbeitung, Speicherung und Übertragung von Informationen ist. Planungs- und Kontrollsysteme sind seiner Meinung nach stets auch als Informationssysteme zu deuten.[34]

Die Lösung komplexer Planungs- und Entscheidungsprobleme wird in der betrieblichen Praxis nicht notwendigerweise immer nur von einem Entscheidungsträger (*Individualentscheidung*) durchgeführt. Häufig werden mehrere Personen (*Gruppenentscheidung*) beteiligt sein. Eine solche Arbeitsteilung erfordert die Aufspaltung des Planungs- und Entscheidungskomplexes vertikal in unter- und übergeordnete Teilprobleme (*Strukturierung*) und horizontal in gleichrangige Teilprobleme (*Segmentierung*). Strukturierung und Segmentierung führen zu Interdependenzen zwischen den betroffenen Planungs- und Entscheidungseinheiten, und damit zu einer höheren Komplexität des Planungs- und Entscheidungsprozesses.[35]

Das Planungsproblem läßt sich nach Newell/Simon mittels zweier allgemeiner Problemlösungsverfahren angehen.[36] Im mengentheoretischen Ansatz (*"set representation"*) wird das Planungsproblem als Wahlproblem dargestellt. Das Wahlproblem wird durch die drei Komponenten Ziele, Handlungsalternativen und Umweltzustände spezifiziert. Die Lösung des Planungsproblems bedeutet dann die systematische Analyse und Bewertung der möglichen Handlungsalternativen zur Lösung eines Problems und die begründete Auswahl einer (optimalen) Handlungsalternative. Mit der Wahl der Handlungsalternative wird ein Plan als Lösung

---

32 Vgl. Wöhe (1976), S. 111.

33 "Für die Planung ist umfassendes Wissen unerläßlich"; Schweitzer (1991), S. 25. Für Schweitzer ist dabei Information *entscheidungsrelevantes Wissen*; vgl. Schweitzer (1991), S. 26. Mag bezeichnet Information als *entscheidungsorientiertes Wissen*; vgl. Mag (1977), S. 5. Vgl. dazu auch Zimmermann (1993), S. 800.

34 Vgl. Schierenbeck (1993), S. 128. Informationssysteme zur betrieblichen Planungs- und Entscheidungsunterstützung werden im Abschnitt 1.3 behandelt.

35 Vgl. dazu z.B. Frese (1988), S. 187ff. Die besonderen Bedingungen der Gruppenentscheidung werden noch im Abschnitt 3.4 eingehender vorgestellt.

36 Vgl. Newell/Simon (1972), S. 73f. "Hence, in set-theoretical terms, a problem may be characterized as follow: Given a set U, to find a member of a subset of U having specified properties (called the goalset, G)"; Newell/Simon (1972), S. 74.

des Problems festgelegt.[37] Dieses Problemlösungsverfahren ist Grundlage der entscheidungsorientierten BWL und des OR.[38]

Im suchtheoretischen Ansatz (*"search representation"*) werden die Probleme als Entwurfsprobleme aufgefaßt. Das Planungsproblem wird durch drei Komponenten beschrieben: dem Anfangs- oder Ausgangszustand, dem End- oder Zielzustand und Barrieren, die eine unmittelbare Überführung des Anfangs- in den Endzustand verhindern.[39] Der Prozeß der Problemlösung besteht in der Suche nach einer Folge von Transformationsschritten, die eine Überführung des Anfangs- in den Endzustand herbeiführen. Diese Handlungsfolge repräsentiert den Plan.[40] Dieser Ansatz findet vor allem in der Kognitionspsychologie, der deskriptiven Entscheidungstheorie und der KI Anwendung.[41]

#### 1.1.3.3 Problemlösungsansätze

Zur Bewältigung des betrieblichen Planungsproblems lassen sich in der betrieblichen Praxis verschiedenartige Lösungskonzepte erkennen. Eine Gegenüberstellung solcher Lösungskonzepte wurde im wesentlichen von Gabriel vorgelegt.[42] Er hat drei alternative Problemlösungskonzepte unterschieden:

- *Lösungsweg A:*
  Sehr häufig läßt sich in der betrieblichen Praxis bei der Problemlösung ein direkter Weg beobachten. Der Problemlöser bzw. Entscheidungsträger leitet "direkt" aus der Problemstellung eine Handlungsalternative ab. Dieses Lösungskonzept basiert dabei weitgehend auf mentalen Prozessen (menschliches Wissen und Problemlösungsverhalten) des Entscheidungsträgers, wobei mögliche technische Unterstützungsinstrumente weitgehend unberücksichtigt bleiben. Je nach Komplexitätsgrad des Problems muß der Problemlöser dabei über entsprechendes Wissen, Erfahrung (Heuristiken,

37 Vgl. Bendig (1988), S. 16.

38 Vgl. Hofmann (1985), S. 3. Eine Darstellung der entscheidungsorientierten BWL, insbesondere der Entscheidungstheorie erfolgt im 3. Kapitel.

39 Vgl. Dörner (1974), S. 20; Pfohl (1977), S. 22; Dörner (1987), S. 10f.; Bendig (1988), S. 17; Sell (1991), S. 1.

40 Vgl. Bendig (1988), S. 17.

41 Vgl. Hofmann (1985), S. 4f. Der suchtheoretische Ansatz des Problemlösens wird im Zusammenhang mit den kognitionswissenschaftlichen Aspekten (3. Kapitel) noch genauer dargestellt (vgl. Abschnitt 3.4).

42 Vgl. Gabriel (1992), S. 146ff.; Gabriel/Frick (1991), S. 553ff.; Reinersmann-Rescheleit/Gabriel et al. (1990), S. 11ff.

"rules of thumb")[43] und Können (Fertigkeiten, "skills") verfügen. Diese Vorgehensweise bietet sich insbesondere für Problemstellungen an, die schlechtstrukturiert und nicht sehr umfangreich sind und wo es auf Intuition und Fingerspitzengefühl ankommt.

- *Lösungsweg B:*
  Zur Lösung komplexer betrieblicher Planungsprobleme werden häufig in der Praxis quantitative Methoden aus dem OR herangezogen.[44] Die Anwendung solcher mathematischer Methoden setzt voraus, daß das zu lösende Problem (Realproblem) über einen Abstraktions- und Reduktionsprozeß in ein äquivalentes mathematisches Modell (Formalproblem)[45] übertragen wird. Das Modell ist eine idealisierende Beschreibung der Realität, d.h. die Realität ist darin nur in Bezug auf die problemrelevanten Tatbestände wiedergegeben.[46] Die Formulierung angemessener Entscheidungsmodelle für zu lösende Problemstellungen ist eine Voraussetzung für das Finden optimaler oder befriedigender Problemlösungen.[47] Auf das konkretisierte Formalproblem lassen sich zu seiner Lösung die verschiedensten mathematischen Methoden (Verfahren oder Algorithmen)[48] anwenden. Die Lösung muß auf das Realproblem zurückübertragen werden, um die Lösung für das Realproblem zu erhalten.

  In der Praxis ergeben sich vielfach Schwierigkeiten bei der Abbildung des Realproblems in ein formales Modell. Die Schwierigkeiten ergeben sich aus der Unfähigkeit des Entscheidungsträgers, ein Modell exakt definieren zu können, oder aus dem Problem der Realität, welches nur eine unscharfe Beschrei-

---

43 Vgl. Lenat (1982), S. 189ff.

44 Vgl. Zimmermann (1976), Sp. 4043.

45 Damit man nicht für jede Problemsituation ein "maßgeschneidertes" mathematisches Modell formulieren und dann noch nach mathematischen Verfahren für die Lösung suchen muß, bietet das Operations Research eine Reihe von vorhandenen Modelltypen für Standardsituationen an. Zimmermann nennt z.B. Programmierungsmodelle (für Zuteilungs- bzw. Mischungsprobleme, Transportprobleme, Knapsackprobleme, Zuordnungsprobleme), Engpaßmodelle, Konkurrenzmodelle und Lagerhaltungsmodelle; vgl. Zimmermann (1976), Sp. 4045ff.

46 Vgl. Müller-Merbach (1970), S. 14.

47 Vgl. Zimmermann (1987), S. 10; Gabriel (1982), S. 21f.

48 Z.B. Lineares Programmieren, Nichtlineares Programmieren, Entscheidungsbaumverfahren, Graphentheoretische Verfahren, Simulation, Heuristische Verfahren, Spieltheorie usw. Zu den einzelnen Methoden und Verfahren des OR vgl. z.B. Zimmermann (1987) oder Müller-Merbach (1970).

bung des Sachzusammenhangs zuläßt.[49] Für die Entscheidungsfindung in schlecht-strukturierten Situationen kann das OR nicht entsprechend vielfältige Modell- und Verfahrensvorschläge machen.[50]

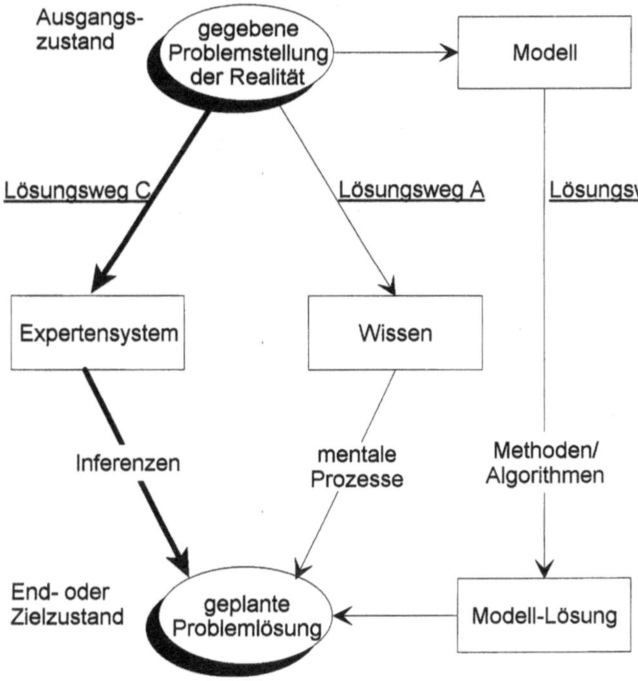


Abb. 1.2: Die alternativen Problemlösungsansätze im Vergleich
Quelle: in Anlehnung an Gabriel/Frick (1991), S. 555.

- *Lösungsweg C:*
  Dieses neue Lösungskonzept basiert auf dem Ansatz der WBS, die in der vorliegenden Arbeit im Mittelpunkt stehen. Während der Problemlöser sein Wissen, seine Erfahrung und sein Können bei überwiegend manueller und mentaler

---

49 Vgl. Gabriel (1982), S. 23. Auf die Probleme mathematischer Entscheidungsmodelle (fehlende Isomorphie, keine Quantifizierbarbeit, Meßproblematik, unvollkommene Information) geht auch Kosiol (1968), S. 257ff. ein.

50 Ein relativ neuer Ansatz zur Problemlösung in schlecht-strukturierten Bereichen ist z.B. die Theorie der Unscharfen Mengen ("*Fuzzy Set Theory*") von Zadeh; vgl. dazu z.B. Brunner (1994), S. 44ff.; Zimmermann (1987), S. 42ff.; Graham/Jones (1988), S. 117ff.

Vorgehensweise direkt bei der Lösungsfindung einsetzt oder umfangreiche Methodenkenntnisse und Modellierungserfahrung beim Einsatz von OR-Verfahren notwendig sind, wird bei diesem Ansatz das gesamte Problemlösungswissen durch ein Softwaresystem, dem XPS, verwaltet und ausgewertet. Dieses Lösungskonzept basiert also direkt auf dem Wissen und der Erfahrung eines oder mehrerer menschlicher Experten. Es erfordert aber keine mathematische korrekte und vollständige Problemformulierung. Entsprechend werden als Lösungsvorschläge nicht nur optimale, sondern auch befriedigende Lösungen angeboten. Dieses Problemlösungsverhalten orientiert sich nicht an einer objektiven Rationalität im Sinne der normativen Entscheidungstheorie, sondern mehr an einer subjektiven oder beschränkten Rationalität menschlichen Verhaltens.[51]

## 1.2 Möglichkeiten des Einsatzes Wissensbasierter Systeme in der betrieblichen Praxis

Für den erfolgreichen Einsatz Wissensbasierter Systeme (WBS) in der betrieblichen Praxis müssen die Anwendungsbereiche einige wichtige Charakteristika aufweisen. Der folgende Abschnitt 1.2.1 beschreibt, welche Merkmale die Probleme des betrachteten Anwendungsbereichs aufweisen sollten, damit der Einsatz eines WBS sinnvoll erfolgen kann. Im Abschnitt 1.2.2 wird der Versuch einer kurzen Bestandsaufnahme des Einsatzes von WBS in der betrieblichen Praxis unternommen. Wichtig für die Einschätzung der XPS-Technologie ist eine kritische Würdigung der Gründe für die vielen XPS-Projekte, die nicht bis zum praktischen Einsatz fortgeführt wurden. Die Gründe für diese erfolglosen Projekte werden im Abschnitt 1.2.3 systematisch zusammengefaßt.

### 1.2.1 Anwendungsbereiche für einen sinnvollen Einsatz Wissensbasierter Systeme

Eine in der Praxis gegebene Problemstellung kann als aussichtsreich für eine XPS-Entwicklung angesehen werden, wenn sie zumindest eines der Kriterien erfüllt:[52]

- *Das Expertenwissen ist teuer.*
  Menschliche Spezialisten (Experten) sind knapp und daher teuer. Man möchte daher die Experten von täglichen Routineaufgaben entlasten.

---

51 Auf diese Punkte wird im 3. Kapitel noch detailliert eingegangen.

52 Vgl. Prerau (1985), S. 26ff.; Leonard-Barton/Sviokla (1988), S. 94ff.; Scheer (1988), S. 16ff.; Kurbel (1992), S. 166f.; Gabriel (1992), S. 168f.

- *Das Expertenwissen ist knapp bzw. nicht vorhanden.*
  Die menschlichen Experten sind nicht in gewünschter Anzahl vorhanden. Das Spezialwissen der wenigen Experten soll breiter gestreut werden.
- *Der Problemlösungsprozeß läßt sich schrittweise darstellen, mit Worten beschreiben und ist anderen Personen vermittelbar.*
  Bestimmte Fähigkeiten, wie z.B. die handwerkliche Geschicklichkeit, lassen sich nicht durch ein XPS abbilden.
- *Die Problemlösungsverfahren sind nicht standardisiert.*
  Expertensysteme können zu einer gewissen Vereinheitlichung der Ergebnisse von Problemlösungsprozessen führen (z.B. bei der Kreditwürdigkeitsprüfung)
- *Das Expertenwissen ist vergänglich.*
  Obwohl menschliche Experten dem Unternehmen nicht unbegrenzte Zeit zur Verfügung stehen, soll ihr Wissen erhalten bleiben.
- *Die Zeit für Expertenentscheidungen ist knapp.*
  Im Massengeschäft (z.B. Kreditwürdigkeitsprüfungen bei einer Kreditkartengesellschaft) steht manchmal nur eine sehr kurze Zeitspanne für korrekte Expertisen zur Verfügung.
- *Der Aufgabenumfang soll sich in einem mittleren Bereich befinden.*
  Zu umfangreiche und anspruchsvolle Aufgabenstellungen lassen sich derzeit nicht mit einem XPS befriedigend lösen. Andererseits ist die XPS-Technologie zu kostenintensiv, um triviale Aufgabenstellungen wirtschaftlich zu lösen.

Neben diesen angeführten Kriterien, die eine erfolgreiche XPS-Anwendung versprechen, sollte der Anwendungsbereich noch folgende Voraussetzungen erfüllen:[53]

- *Mittlere Größe und Abgrenzbarkeit des Wissensgebiets*
  Die Problemstellung sollte überschaubar sein und sich von "Nachbardisziplinen" abgrenzen lassen.
- *Gute Strukturierbarkeit des Wissensgebiets*
  Völlig unstrukturierte Wissensgebiete sind mit der derzeitigen XPS-Technologie nicht mit vertretbaren Aufwand darstellbar.
- *Zerlegbarkeit des Problems in Teilprobleme*
  Eine Zerlegung des Problems in Teilprobleme erleichtert die Entwicklung eines XPS.
- *Erprobte Strategien für die Problemlösung*
  Ein XPS kann keine ungelösten Probleme lösen, sondern nur bekannte Problemlösungen nachempfinden.
- *Integration in die Einsatzumgebung*
  Es ist eine technische, organisatorische und personelle Integration in den Anwendungsbereich sicherzustellen.

---

53 Vgl. Schmidt (1993), S. 850; Schliep (1989), S. 61f.; Schliep/Womann (1989), S. 19f.

Die erfolgreiche Entwicklung eines WBS wird weiterhin durch folgende organisatorische Rahmenbedingungen unterstützt:[54]

- *Realistische Einschätzung der wissensbasierten Systemtechnik*
  Um überhöhte Erwartungshaltungen und damit verbundene Enttäuschungen zu vermeiden, sollte eine realistische Einschätzung der XPS-Technologie vermittelt werden.
- *Motivierter Experte*
  Je mehr der Experte vom Nutzen bzw. der Sinnhaftigkeit des Systems überzeugt ist, desto motivierter und engagierter ist die Zusammenarbeit und desto größer sind die Erfolgsaussichten des Projekts.
- *Engagiertes Management*
  Ohne engagierte Fach- und Machtpromotoren läßt sich eine aufwendige XPS-Entwicklung kaum bewältigen.
- *Kompetenter Knowledge Engineer*
  Eine zentrale Rolle im Entwicklungsprozeß hat der Knowledge Engineer. Er muß über entsprechende System- und Methodenkenntnisse verfügen.
- *Informierte und geschulte Benutzer*
  Die späteren Benutzer sollten möglichst frühzeitig in den Entwicklungsprozeß einbezogen werden (Partizipation), um die notwendige Akzeptanz zu erreichen.[55]
- *Wartung und Pflege der Wissensbasis*
  Ein WBS "lebt" von der Aktualität der Wissensbasis. Die Wartung- und Pflegeaktivitäten sind daher rechtzeitig zu planen.[56]

Die oben genannten Kriterien, Voraussetzungen, Anwendungsbereiche und Rahmenbedingungen sollten für eine erfolgreiche XPS-Entwicklung gegeben sein.

## 1.2.2 Wissensbasierte Systeme in der betrieblichen Anwendung

Mertens/Borkowski et al.[57] haben im Bayerischen Forschungszentrum für Wissensbasierte Systeme (FORWISS) eine Datenbasis aufgebaut, in der alle XPS, seien es Prototypen oder laufende Systeme ("Running Systems"), soweit sie veröffentlicht wurden, gespeichert sind.

---

[54] Vgl. Gabriel (1992), S. 171; Schliep (1989), S. 63; Schliep/Womann (1989), S. 20f.

[55] Vgl. Daniel (1990), S. 22.

[56] Zur Wartungs- und Pflegeproblematik von Wissensbasierten Systemen vgl. z.B. Timm (1994), S. 210ff.

[57] Mertens/Borkowski et al. (1993).

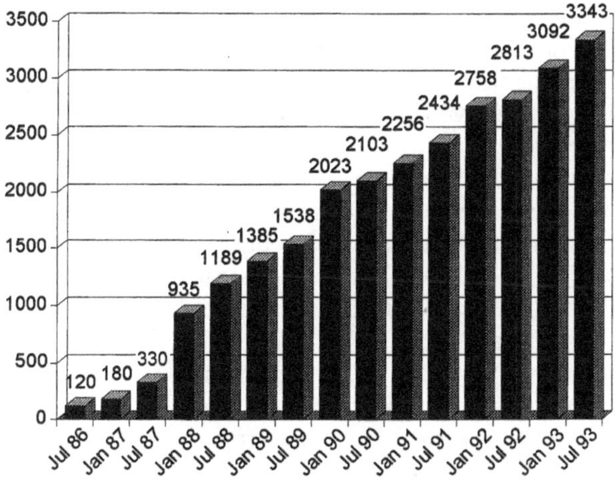


Abb. 1.3: Entwicklung der Prototyp-XPS (weltweit)
Quelle: Mertens/Borkowski et al. (1993), S. 22.

Die Abbildung 1.3 zeigt, daß die Zahl der XPS-Prototypen über den betrachteten Zeitraum kontinuierlich zugenommen hat. Expertensysteme (XPS) lassen sich unter Berücksichtigung der Kriterien und Voraussetzungen für einen sinnvollen Einsatz zur Unterstützung in verschiedenen betrieblichen Aufgabenbereichen einsetzen.[58] Eine mögliche Klassifikation der Aufgabentypen stammt von Mertens/Borkowski et al.:

"• *Diagnosesysteme* klassifizieren Fälle oft auf der Grundlage einer Reduktion umfangreichen Datenmaterials, ggf. unter Berücksichtigung unsicheren Wissens. Beispiel: Aufdeckung von Schwachstellen im Fertigungsbereich
• *Expertisesysteme* formulieren unter Benutzung der Diagnosedaten Situationsberichte, die auch schon Elemente einer Beratung ("Therapie") enthalten können. Beispiel: Erstellung von Jahresabschlußanalysen.
• *Beratungssysteme* geben im Dialog mit dem Menschen eine auf den vorliegenden Fall bezogene Handlungsempfehlung. Beispiel: Anweisungen zur Fehlerbeseitigung in der Produktion.
• *Intelligente Checklisten* dienen bei Entscheidungsprozessen als Gedächtnisstütze und der Vollständigkeitssicherung; sie können Teile von Beratungs- und Diagnosesysteme sein. Beispiel: Steuerung von Vorgängen durch Verwaltungen.

---

58 Eine Übersicht über XPS-Entwicklungen in den USA geben z.B. Harmon/Maus et al. (1989), S. 243ff. Einige Projekte und Anwendungen werden auch bei Loewenheim (1987b), S. 39 und Hürlimann (1992), S. 36ff. beschrieben.

- *Selektionssysteme* helfen bei der Auswahl von Elementen aus einer meist großen Zahl von Alternativen; sie können Komponenten von Konfigurations- und Diagnosesystemen darstellen. Beispiel: Auswahl eines bestimmten Verfahrens zur Produktion von Gußeisen.
- *Konfigurationssysteme* stellen auf der Basis von Selektionsvorgängen unter Berücksichtigung von Schnittstellen, Unverträglichkeiten und parametrierten Benutzerwünschen komplexe Gebilde zusammen. Beispiel: Konfiguration von Rechnersystemen nach Kundenanforderungen.
- *Planungssysteme* übernehmen ähnliche Aufgaben wie Selektions- und Konfigurationssysteme, berücksichtigen aber darüber hinaus Reihenfolgen. Beispiel: Planung von Arbeitsabläufen.
- *Zugangssysteme* stellen in der Regel Hüllen zu konventionellen Entscheidungs- und Planungshilfen dar. Sie sollen weniger geschulten Benutzern den Umgang mit den konventionellen Methoden erleichtern. [...] Beispiel: Unterstützung bei der Simulation von Fertigungsabläufen.
- *Aktive Hilfesysteme* leisten in Mensch-Maschine-Dialogen aktive, d.h. vom Benutzer nicht angeforderte Hilfen, um den Anwender vor Fehlern zu bewahren und den Problemlösungsprozeß effizienter zu machen. [...] Beispiel: Hilfen im Umgang mit Betriebssystemen.
- *Unterrichtssysteme* sind eine Weiterentwicklung des Computerunterstützten Unterrichts um wissensbasierte Elemente (z.B. Benutzermodell, Intelligente Checkliste, Zugangssysteme, Aktive Hilfe). Beispiel: Schulung von Außendienstmitarbeitern über neue Produkte.
- *Entscheidungssysteme* übernehmen die Entscheidung automatisch, solange bestimmte parametrierte Grenzen nicht verlassen werden. Beispiel: Klassifikation von Eingangspost und automatische Zuteilung an Sachbearbeiter."[59]

Die Arbeitsgruppe um Mertens hat eine sehr umfangreiche Erhebung über den XPS-Einsatz im betrieblichen Bereich durchgeführt. Die Materialsammlung gibt den Stand bis Mitte 1993 wieder und umfaßt derzeit 3343 Einträge von XPS-Prototypen. Die Abbildung 1.4 zeigt das nach den o.g. Aufgabentypen klassifizierte Ergebnis dieser Materialsammlung.

Diese von Mertens/Borkowski et al. benutzte Klassifizierung ist sehr detailliert und führt dazu, "daß Zuweisungen nicht immer eindeutig sind und Überschneidungen auftreten können"[60]. Eine andersartige Einteilung konkreter Problemtypen haben Hayes-Roth/Waterman et al. ("generic categories of knowledge engineering applications") und Stefik/Aikins et al. ("generic expert tasks") vorge-

---

59 Mertens/Borkowski et al. (1993), S. 6f. Hervorhebungen im Original.

60 Mertens/Borkowski et al. (1993), S. 7.

schlagen.[61] Diese Einteilung ist jedoch auch nicht optimal, da verschiedene Problemtypen mit denselben Strategien gelöst werden können.

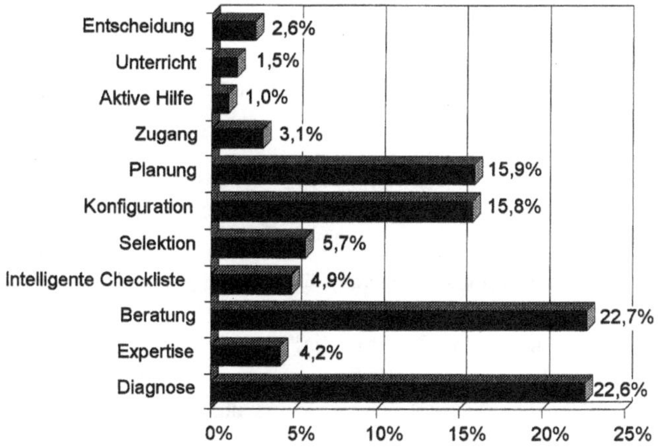


Abb. 1.4: XPS-Einsatz gegliedert nach Aufgabenklassen
Quelle: Mertens/Borkowski et al. (1993), S. 8.

Eine völlig andere Herangehensweise an eine Typisierung findet sich bei Clancey[62]. Sie ist interessant, weil sie zum ersten Mal verschiedene Problemlösungstypen hierarchisch systematisiert und damit auf sog. generische Problemlösungsverfahren[63] aufmerksam macht. Clancey führt die verschiedenen Problemtypen auf zwei generische Problemlösungstypen (*"construct"* und *"interpret"*) zurück. Diese beiden Problemlösungstypen erklären auch die häufig zu findende Einteilung in *synthetische* und *analytische* Systeme.[64] Dieser Einteilung fehlt aber auch eine Zuordnung der einzelnen Problemlösungsstrategien zu den Problembereichen. Die Abbildung 1.5 zeigt die Hierarchie der Problemlösungstypen nach Clancey.

---

61 Vgl. Hayes-Roth/Waterman et al. (1983), S. 13ff. und Stefik/Aikins et al. (1983), S. 82ff.

62 Vgl. Clancey (1985), S. 315ff.

63 Solche generischen Modelle sind die Grundlage der modellbasierten Wissensakquisition, auf die im Abschnitt 5.2.2 noch näher eingegangen wird.

64 Vgl. z.B. Tuthill (1990), S. 113ff.; Gabriel (1992), S. 171.

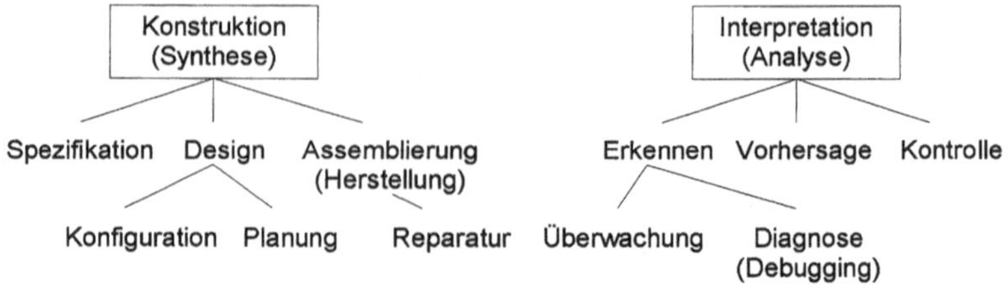


Abb. 1.5: Einteilung der Problemlösungstypen
Quelle: in Anlehnung an Clancey (1985), S. 315f.

Puppe schlägt als Problemlösungstypen für Expertensysteme die beiden Typen *Diagnostik*[65] und *Konstruktion*[66] vor. Zusätzlich unterscheidet er noch die *Simulation*[67], weil hierbei kein vorgebendes Ziel erreicht werden soll, sondern nur die Auswirkungen von Handlungen oder Ereignissen simuliert werden. Seine Klassifikation enthält also nur die folgenden drei Klassen:[68]

- *Diagnostik:* Die Lösung wird aus einer Menge vorgegebener Alternativen ausgewählt.
- *Konstruktion:* Die Lösung wird aus kleinen Bausteinen zusammengesetzt.
- *Simulation:* Aus dem Ausgangszustand werden Folgezustände hergeleitet.

Deutlich wird auch hier die Fokussierung auf analytische und synthetische Systeme. Eine ähnliche Klassifikation hat auch Karst vorgelegt.[69] Bei ihm findet sich ebenfalls die Unterscheidung in analytische und synthetische Systeme. Daneben bildet er allerdings noch eine eigene Klasse für Instruktionssysteme. Die Simulation ordnet er den synthetischen Systemen zu. Die Abbildung 1.6 zeigt seine Klassifikation von Anwendungstypen.

Diese grundsätzliche Einteilung der XPS wird auch durch die Erhebung von Mertens/Borkowski et al. bestätigt. Reine analytische Systeme (Diagnose und Beratung) machen 45,3 % der XPS-Prototypen aus. Außerdem lassen sich 31,7 % eindeutig den synthetischen Systemen (Konfiguration und Planung) zuordnen. Die

---

65 Synonyme sind: Auswahl, Selektion und Klassifikation. Vgl. dazu z.B. Zelewski (1989c), S. 64ff.; Puppe (1990), S. 42ff.; Puppe (1991), S. 74ff.

66 Synonyme sind: Konfiguration, Design und Planung. Vgl. dazu z.B. Tank (1993), S. 7ff.; Puppe (1990). S. 128ff.; Puppe (1991), S. 94ff.

67 Vgl. dazu Puppe (1990), S. 182ff.; Puppe (1991), S. 102ff.

68 Vgl. Puppe (1991), S. 10.

69 Vgl. Karst (1992), S. 13ff.

deutliche Mehrzahl der bisherigen XPS-Anwendungen liegt also in unmittelbarer Nähe o.g. generischen Problemlösungstypen.[70]

| Analyse | Synthese | Instruktion |
|---|---|---|
| ☐ Diagnose<br>- Diagnose<br>- Fehleranalyse<br>- Interpretation | ☐ Entwurf<br>- Konfiguration<br>- Konstruktion<br>- Design | ☐ Unterricht<br>- Einarbeitung<br>- Ausbildung<br>- Training |
| ☐ Kontrolle<br>- Überwachung<br>- Steuerung<br>- Intelligente Checklisten | ☐ Vorhersage<br>- Planung<br>- Prognose<br>- Simulation | ☐ Hilfesysteme<br>- Einweisung<br>- Beratung<br>- Intelligente Hilfe |
| ☐ Auswahl<br>- Selektion<br>- Entscheidungssysteme | | |

Abb. 1.6: Klassifikation von Anwendungstypen
Quelle: Karst (1992), S. 13.

Mertens/Borkowski et al. haben die erhobenen XPS-Prototypen auch nach Wirtschaftszweigen (Branchen) geordnet. Die Auswertung zeigte, daß die XPS-Anwendungen in der Industrie mit immerhin ca. 80 % der Prototypen überwiegen. Der Finanzsektor (Banken und Versicherungen) hat im Vergleich zur letzten Erhebung von 1990 zwar seine Zahlen verdoppeln können, bleibt jedoch mit einem Anteil von 7 % noch deutlich hinter der Industrie zurück.[71] "Die zuweilen in der Fachwelt geäußerte Vermutung, daß langfristig der Finanzsektor im weiteren Sinne zum Schwerpunkt der XPS-Anwendungen werden könnte, läßt sich [...] bisher nicht belegen."[72] Die übrigen Branchen (Landwirtschaft, Verkehr, Handel, Beratungs- und Prüfungsbetriebe sowie Versicherungen) erreichen jeweils einen Anteil zwischen 1,5 % und 3,5 %.

70 Eine Übersicht der bisherigen Ansätze zur Einteilung von Problemklassen findet sich z.B. bei Bullinger/Kornwachs (1990), S. 31ff. und Puppe (1990). S. 18ff.

71 XPS-Anwendungen im Finanzsektor werden u.a. beschrieben bei: Siebdrat (1994); Kirn/Weinhardt (1994); Frick/Gabriel et al. (1991); Minnemann (1991), S. 204ff.; Piel (1990), S. 249ff.; Mertens (1989), S. 282ff.

72 Mertens/Borkowski et al. (1993), S. 23.

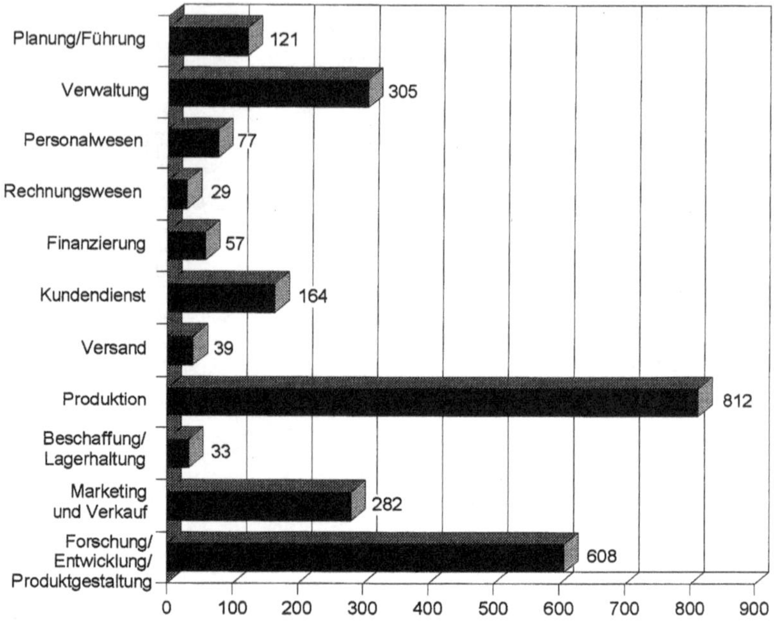


Abb. 1.7: XPS in der Industrie
Quelle: Mertens/Borkowski et al. (1993), S. 24.

Wegen der starken Besetzung des Industriebereichs haben Mertens/Borkowski et al. auch eine differenzierte Betrachtung für diesen Wirtschaftszweig vorgelegt, um die verschiedenen Schwerpunkte in den betrieblichen Funktionsbereichen erkennbar zu machen.[73] Die Abbildung 1.7 zeigt das Ergebnis dieser Untersuchung.

Deutlich dominieren in der Industrie die XPS-Anwendungen in der Produktion (32,1 %) und in der Forschung/Entwicklung/Produktgestaltung (24,1 %). Es folgen der Vertrieb (Marketing/Verkauf, Versand und Kundendienst mit insgesamt 19,2 %) und die Verwaltung (12,1 %). Merklich geringer sind die übrigen Funktionsbereiche vertreten, obwohl sich auch hier zeigt, daß die XPS-Technologie bereits in alle Bereiche vorgedrungen ist.[74]

---

[73] Eine weitere Untersuchung über XPS-Einsatz in den betrieblichen Funktionsbereichen hat Weissenfluh (1990), S. 79ff. vorgelegt. Sie umfaßte 182 betriebliche Expertensysteme.

[74] Vgl. Weissenfluh (1990), S. 82ff. Eine knappe Darstellung von beispielhaften Prototypen in den betrieblichen Funktionsbereichen eines Industriebetriebs geben Mertens/Borkowski et al. (1993), S. 25ff.

In der *Forschung/Entwicklung/Produktgestaltung* überwiegen eindeutig die XPS-Anwendungen im CAD-Bereich.[75] Weiterhin handelt es sich in der Regel um Beratungssysteme, die z.B. Konstruktionsalternativen anbieten oder die Werkstoffauswahl unterstützen.[76]

XPS werden im *Vertrieb* sehr häufig bei der Konfiguration vom komplexen Produkten unter Beachtung von Restriktionen (z.B. Zusammenstellung von Hardware- und Software-Komponenten nach technischen Erfordernissen)[77] eingesetzt. Vertriebsbeauftragte können solche Konfigurationssysteme auf einem Laptop direkt beim Kundengespräch einsetzen und unmittelbar eine Angebotserstellung durchführen (z.B. als Teil eines CAS-Systems).[78] XPS werden außerdem häufig als Diagnosesysteme im Kundendienst eingesetzt.[79] Weitere Ansätze von XPS-Anwendungen sind auch im Marketing zu finden.[80]

Bei der *Lagerhaltung/Beschaffung* haben sich bisher erst wenige Anwendungen ergeben (nur 1,3 % aller der Industrie zugeordneten Prototypen). Ein Anwendungsbereich ist z.B. die Unterstützung von Einkäufern bei der Bewertung und Auswahl von Lieferanten sowie die Ermittlung optimaler Liefermengen und die

---

75 Vgl. dazu z.B. VDI (1989) und Bullinger (1990), S. 53ff.

76 Zur Werkstoffauswahl vgl. z.B. die Darstellung bei Fischer (1990), S. 213ff.

77 Das System XCON der Firma DEC ist in diesem Aufgabenbereich sehr erfolgreich eingesetzt worden. Leonard-Barton/Sviokla sprechen davon, daß durch den Einsatz von XCON 25 Millionen Dollar pro Jahr eingespart worden sind; vgl. Leonard-Barton/Sviokla (1988), S. 92. In der wissenschaftlichen Literatur wurde das System unter dem Namen R1 veröffentlicht; vgl. dazu z.B. McDermott (1982), S. 39ff.; McDermott (1984), S. 14ff.; Harmon/King (1986), S. 175ff.; Feigenbaum/McCorduck et al. (1988), S. 216ff.; Puppe (1991), S. 98f. Als weitere Unterstützung des Vertriebsbeautragten wurde das System XSEL entwickelt; vgl. McDermott (1984), S. 17ff. Einen Gesamtüberblick über XCON und seine Satellitensysteme wie z.B. XSEL, XSITE, XTEST usw. gibt Schieferle (1986), S. 53ff. und Wendt (1988), S. 123ff. Ein anderes System für diesen Aufgabenbereich wird bei Fehsenfeld (1990), S. 189ff. beschrieben.

78 Mertens/Ponader beschreiben z.B. ein System, das einen Verkäufer in einem iterativen Prozeß durch alle Phasen der Angebotserstellung führt: Erfassung der relevanten Informationen, Selektion und Präsentation von Produkten, Konfiguration funktional geeigneter und technisch konsistenter Systeme, Angebotskalkulation und -bearbeitung sowie Beratung des Kunden bei der Finanzierung der Investitionssumme abhängig von seiner individuellen betrieblichen Situation; vgl. Mertens/Ponader (1990), S. 1721ff. Ein anderes System zur Angebotserstellung und Risikokalkulation wird bei Eckerlein (1989), S. 129ff. beschrieben.

79 Vgl. z.B. Zelewski (1989c), S. 71ff.; Horrix/Mohr (1990), S. 145ff. oder Mertens (1990), S. 118ff.

80 Vgl. z.B. Piontek (1991), S. 225ff. Eine Übersicht über realisierte Expertensysteme für das Marketing gibt Neibecker (1989), S. 55ff.

Materialdisposition.[81] Ein anderes Beispiel ist die Unterstützung bei der Frachtdisposition.[82] Im Logistikbereich versucht man, z.B. klassische OR-Anwendungen (Transport- und Bevorratungsprobleme) durch ein XPS zu ergänzen oder zu ersetzten.[83]

XPS werden in der *Produktion*[84] häufig eingesetzt, um die komplexen PPS-Systeme in bestimmten Bereichen zu unterstützen.[85] Z.B. kann ein XPS eingesetzt werden, um die vielen Parameter eines PPS-Systems günstig zu konfigurieren.[86] Es existieren aber auch XPS-Anwendungen, bei denen aus CAD-Daten selbständig Arbeitspläne generiert werden.[87] Beim Einsatz komplexer PPS-Systeme können intelligente Benutzeroberflächen (Zugangs- und/oder Abgangssysteme) helfen.[88]

XPS werden im *Finanzierungsbereich* meist in der Investitions- und Finanzierungsplanung eingesetzt. Es handelt sich dabei in der Regel um Beratungssysteme, die in komplexen Aufgabenstellungen unterstützend wirken sollen. Solche Systeme werden z.B. zur Anlage-[89] oder der Finanzierungsberatung[90] eingesetzt.

Im *Rechnungswesen/Controlling* werden sehr gute Ansatzpunkte in der wissensbasierten Unterstützung der Instrumentarien Kostenplanung/Soll-Ist-Kosten-

---

81 Vgl. z.B. Krallmann (1986a), S. 565ff.; Krallmann (1986b), S. 73ff. oder Blumberg (1991), S. 173ff.

82 Vgl. z.B. König/Behrendt et al. (1987), S. 67ff.; König (1988), S. 137ff. oder Wolf (1990), S. 263ff.

83 Vgl. dazu z.B. Klingman/Phillips (1988), S. 293ff. oder Gabriel/Reinersmann (1993), S. 20ff.

84 Eine Untersuchung über den XPS-Einsatz in der Produktion haben Kurz/Thines et al. (1989), S. 45ff. vorgelegt. Sie haben eine Stichprobe von 253 Expertensystemen untersucht.

85 Vgl. dazu z.B. Blumberg (1991), S. 91ff.

86 Vgl. dazu z.B. Mertens (1988a), S. 271ff.

87 Vgl. dazu z.B. Trum (1986), S. 69ff.; Smith (1988), S. 113ff.; Mertens (1990), S. 73ff. oder Schmidt (1993), S. 863ff.

88 Vgl. dazu z.B. Mertens (1992), S. 271ff.

89 Vgl. dazu z.B. Deckert (1990), S. 1667ff. oder Gabriel (1992), S. 325ff.

90 Vgl. dazu z.B. Gabriel/Terlinden (1990); Gabriel (1992), S. 347ff.; Buhl/Weinhardt (1990), S. 1629ff.; Kalefeld (1991), S. 198ff.

vergleich, Kennzahlensysteme sowie Finanzplanung und -kontrolle gesehen.[91] So existieren z.B. XPS-Anwendungen im DV-Projektcontrolling.[92]

In der *Personalwirtschaft* liegt das Haupteinsatzgebiet der XPS in der Schulung von Mitarbeitern in komplexen Aufgabenbereichen.[93] Daneben ist der XPS-Einsatz auch in der Personalplanung und Personalzuordnung denkbar.[94]

XPS werden im *Verwaltungsbereich* naturgemäß verstärkt in der DV-Abteilung für den Rechenzentrumsbetrieb eingesetzt.[95] Im "Büro der Zukunft" lassen sich für ein WBS eine Reihe von Anwendungsfeldern aufzeigen.[96] Im Bereich der Datenfernübertragung (DFÜ) existieren mehrere Dienste, so daß die Auswahl eines oder mehrerer DFÜ-Dienste eine anspruchsvolle Aufgabe für ein XPS ist.[97]

In der *Planung und Führung* dominieren die XPS-Anwendungen in der strategischen Planung.[98] Häufig bilden Portfolio-Ansätze die Grundlage solcher XPS-Prototypen.[99] Mertens beschreibt einige prototypische XPS-Ansätze in der Unternehmensberatung.[100] In diesem Zusammenhang sind auch die Systeme zur Gründungsberatung zu nennen.[101] Ein weiterer XPS-Anwendungsbereich ist die Vorhersage von Umweltdiskontinuitäten, also die Erkennung sog. schwacher Signale mit Hilfe eines Frühwarnsysteme für die Unternehmensführung.[102]

Anhand dieser knappen Übersicht läßt sich deutlich erkennen, daß XPS in allen Funktionsbereichen eines Industriebetriebs eingesetzt werden. Die Anwendung der XPS-Technologie in der betrieblichen Praxis sollte sich in der Zukunft

---

91 Vgl. dazu z.B. Kraemer/Scheer (1989), S. 6ff.; Kraemer/Spang (1989), S. 77ff. und Kraemer/Scheer (1991), S. 211ff.

92 Vgl. dazu z.B. Krallmann/Suhr (1987), S. 53ff.

93 Vgl. dazu z.B. Harmon/King (1986), S. 264ff. oder Lusti (1987), S. 12ff.

94 Vgl. dazu z.B. Bardens/Karagiannis (1988), S. 71ff.

95 Vgl. dazu z.B. Huy (1991), S. 14ff.

96 Vgl. dazu z.B. Krallmann/Papaioannou (1991), S. 6ff.; Zelewski (1989b), S. 177ff.; Zelewski (1989d), S. 18ff.

97 Vgl. dazu z.B. Wermser/Schachter-Radig (1986), S. 60ff. oder Mertens (1988a), S. 275ff.

98 Vgl. Müller-Wünsch (1989), S. 26ff.

99 Vgl. dazu z.B. Gabriel (1989); Borgards/Gabriel et al. (1989) oder Gabriel/Gräff et al. (1990), S. 245ff.

100 Vgl. Mertens (1988a), S. 250ff. Dort geht er auf das System GUVEX (XPS zur Analyse der GuV-Rechnung), TAXADVISOR (XPS zur Steuerplanung) und STAKNETEX (XPS zur Subventionsberatung) ein.

101 Vgl. dazu z.B. Kirchhoff (1990), S. 433ff. und Müller-Böling/Kirchhoff (1991), S. 231ff.

102 Vgl. dazu z.B. Gabriel/Richter (1991).

weniger in Richtung dedizierter XPS bewegen, sondern integriert mit konventionellen Methoden der Entscheidungsunterstützung (z.B. OR-Systemen, DSS) eine Erweiterung der Problemlösungskapazität bewirken.[103] Gabriel hat z.B. die Architektur eines zukünftigen *intelligenten Planungssystem* entworfen, welches die Komponenten Datenbanksystem, OR-System und XPS umfaßt. Das gesamte Planungssystem wird durch intelligentes Managementsystem gesteuert und kontrolliert.[104] Die Forschung, die sich mit der Entwicklung leistungsfähiger Planungs- und Entscheidungsunterstützungssysteme ("Intelligent Decision Support Systems - IDSS") beschäftigt, wird u.a. durch folgende technologische Entwicklungen motiviert:[105]

- *leistungsfähige Hardware* auf der Basis von Mehrprozessorsystemen und parallelen Architekturen (z.B. Transputer, Neuronale Netze);
- *anspruchsvolle Software-Entwicklungssysteme* (z.B. CASE und XPS-Shells);
- *komfortable Programmiersprachen* (z.B. 4GL-Systeme, objektorientierte Ansätze);
- *benutzerfreundliche Dialogsysteme* (z.B. Graphical User Interface - GUI, Benutzermodellierung, intelligente und robuste Zugangssysteme);
- Fortschritte in der *Wissensakquisition*, der *-modellierung* und der *-repräsentation* (z.B. Wissensakquisitionssysteme, umfassende Vorgehensmodelle);
- erfolgreiche Ansätze für *lernende Systeme*.

Für die Zukunft sind daher weiterhin richtungsweisende Entwicklungen im Bereich der Planungs- und Entscheidungsunterstützungssysteme zu erwarten.

### 1.2.3 Risiken des Expertensystemeinsatzes

Mertens/Borkowski et al. haben bei der Untersuchung ihres Datenmaterials über Jahre hinweg die Erfahrung gemacht, daß "ein sehr hoher Prozentsatz der Prototypen nicht zu in der Praxis routinehaft verwendeten Systemen ("Running Systems") weiterentwickelt worden ist"[106]. Abgesehen von den Fällen, bei denen eine Überführung in die Praxis von vornherein nicht beabsichtigt war, sehen sie im wesentlichen drei Kategorien von Gründen, die zum Scheitern des Projekts geführt haben:[107]

---

[103] Vgl. Mertens/Borkowski et al. (1993), S. 340.

[104] Vgl. Gabriel (1992), S. 193ff.

[105] Vgl. Gabriel (1992), S. 197.

[106] Mertens/Borkowski et al. (1993), S. 334.

[107] Vgl. Mertens/Borkowski et al. (1993), S. 335ff.; VDI (1992), S. 37f.

1. *Personelle und organisatorische Gründe*
   Eine fehlende Partizipation der Beteiligten führte zu einer Behinderung des Projekts, z.B. aus Angst um den Arbeitsplatz, oder zu einer unzureichenden Akzeptanz. Umorganisation oder die fehlende organisatorische Integration führten zum Abbruch des Projekts. Ebenso kritisch ist die Fluktuation der Fach- und Machtpromotoren zu beurteilen.
2. *Schlechte Auswahl des Anwendungsgebiets*
   Der Problembereich erfüllte nicht die Kriterien für eine sinnvolle XPS-Anwendung. Insbesondere wurde häufig der Wartungsaufwand unterschätzt. Ein weiteres Problem ist die Haftung für die Folgen eines XPS-induzierten Fehlers.[108]
3. *Technische und ökonomische Gründe*
   Die Kosten für eine XPS-Entwicklung dürfen nicht unterschätzt werden.[109] Die dem gegenüber stehenden Nutzeffekte wurden bereits benannt.[110] Technische Gründe für den Mißerfolg eines XPS-Projekts liegen häufig in den noch vorhandenen Unzulänglichkeiten der wissensbasierten Systemtechnik. Dazu gehören z.B. schlechtes Laufzeitverhalten, zu lange Antwortzeiten, keine ausreichende Rechner- bzw. Speicherkapazität und unzureichende technische Integrationsmöglichkeiten.

Eine weitere Analyse gescheiterter XPS-Projekte hat Bullinger vorgenommen.[111] Auch er unterscheidet zunächst drei Hauptfaktoren: *"Der Mensch und das Expertensystem"*, *"die Organisation des Unternehmens"* und *"die eingesetzte Technik"*. Die personellen Faktoren unterteilt er nach den einzelnen Projektphasen *"Entwicklung"*, *"Validierung"*, *"Wartung"* und *"Betrieb"*. Innerhalb des Teilgebiets Organisation hat er die drei Schwerpunkte *"Management"*, *"Projekt"* und *"Anwendungsgebiet"* identifiziert. Bei dem Teilgebiet Technik hält er eine Gliederung in die beiden Punkte *"Hardware/Software"* und *"Integration in die EDV-Umgebung"* für sinnvoll. Die Abbildung 1.8 zeigt die von Bullinger erkannten Schwachpunkte im Überblick. Es lassen sich eine Reihe von Überdeckungen mit der Analyse von Mertens/Borkowski et al. erkennen.

---

108 Vgl. dazu z.B. Kornwachs (1992), S. 47.

109 Vgl. dazu z.B. Kurbel (1992), S. 184ff.; Harmon/King (1986), S. 224; Waterman (1986), S. 183ff.

110 Vgl. dazu z.B. auch die Kosten-/Nutzen-Überlegungen zum Einsatz Wissensbasierter Systeme bei Holzapfel (1992) und Bechtolsheim/Derndinger (1990), S. 26ff. Einige Verfahren zur Kosten-Nutzen-Analyse werden bei Timm (1994), S. 108ff. dargestellt.

111 Vgl. Bullinger (1990), S. 15ff.

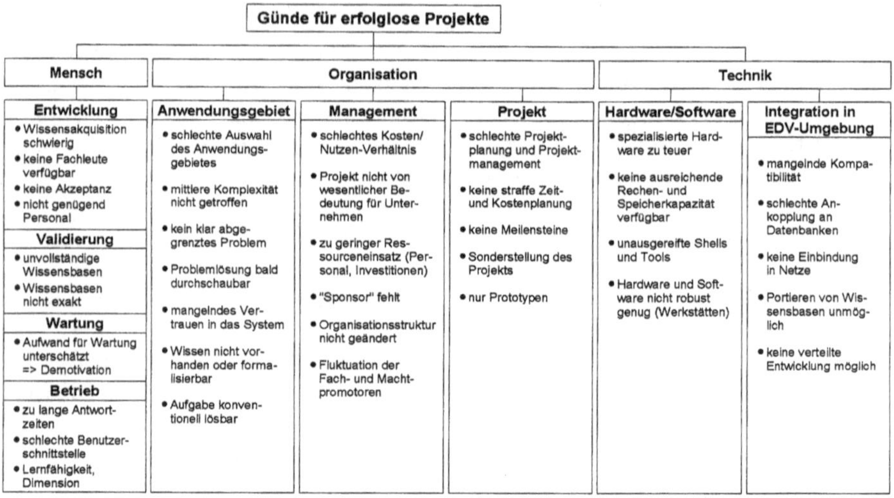


Abb. 1.8: Gründe für erfolglose Projekte
Quelle: Bullinger (1990), S. 14.

Die bisherigen Analysen basierten im wesentlichen auf den Erfahrungen der Autoren. Eine empirische Analyse von Expertensystemprojekten hat Krcmar vorgelegt.[112] Er kommt zu ähnlichen Ergebnissen, wie die o.g. Studien. Wesentliche Kriterien für den Erfolg zukünftiger XPS-Projekte sind nach seiner Untersuchung folgende neun Punkte:[113]

- ein geeigneter Problemtyp,
- ein begrenzter Problemumfang,
- ein kontextunabhängiges und stabiles Wissen,
- die technische und organisatorische Integration,
- die potentielle Erfaßbarkeit des Wissens,
- die Wartbarkeit,
- das Managementbewußtsein,
- die Benutzerakzeptanz,
- die erwarteten Nutzeffekte.

Diese Untersuchungen zeigen deutlich, daß eine XPS-Entwicklung nicht nur geeigneter technischer und organisatorischer Maßnahmen im Rahmen des Projektmanagements bedarf. Darüber hinaus ist eine ganzheitliche "aus den Wettbewerbsstrategien abgeleitete integrierte Technologieplanung der Informations-

---

112 Vgl. Krcmar (1990b), S. 337ff.

113 Vgl. Krcmar (1990b), S. 349.

systeme im Büro und in der Fertigung"[114] erforderlich, um die notwendige organisatorische, technische und personelle Integration sicherzustellen. Dies wird auch durch Krüger bestätigt, der den Erfolg von Investitionen in neue Informationstechnologien generell dann gefährdet sieht, "wenn ihr Einsatz keinem strategischen Konzept folgt und ihre Handhabung keine organisatorische Unterstützung erfährt"[115].

Die in der Literatur aufgezeigten Gründe für ein Scheitern von XPS-Projekten zeigen aber auch deutlich, daß die Probleme der Wissensakquisition, neben anderen Sachverhalten, kritische Punkte beim Entwurf eines XPS darstellen. Sie zeigen nicht, daß WBS ineffektiv sein müssen oder XPS keine nutzbare Verwendung finden können. Für die weitere Entwicklung der XPS-Technologie ist es daher äußerst wichtig, diese Wissensakquisitionsaktivitäten auf eine methodisch fundierte Basis zustellen. Dies ist ein Anliegen dieser Arbeit.

## 1.3 Informationssysteme zur betrieblichen Planungs- und Entscheidungsunterstützung

In der betriebswirtschaftlichen Forschung und Praxis ist es mittlerweile unumstritten, daß Information zu einem entscheidenden Wettbewerbsfaktor geworden ist. Ansatzweise läßt sich sogar zeigen, daß erfolgreiche Unternehmen - gemessen an überdurchschnittlicher Kapitalverzinsung, Produktinnovation und Wachstumsrate - mehr für Informationsverarbeitung ausgeben als weniger erfolgreiche.[116] DV-gestützte Informationssysteme können den Wettbewerb auf den Märkten auf dreifache Weise beeinflussen:[117]

1. Die Informationstechnologien können die Branchenstruktur verändern (z.B. die Marktmacht der Anbieter/Nachfrager, die Markteintrittsschranken, die Substituierbarkeit von Produkten und die Wettbewerbsintensität) und beeinflussen somit die Regeln des Wettbewerbs,
2. die Unternehmen können neue Wettbewerbsvorteile erreichen (z.B. durch niedrigere Kosten, größerer Kundennutzen und Veränderung der Wettbewerbsbreite gegenüber der Konkurrenz) und

114 Bullinger (1990), S. 25.

115 Krüger (1991), S. 286. Er ist nämlich der Meinung, daß sich erst nach organisatorischen Veränderungen das Nutzenpotential der Technik im vollen Umfang erreichen läßt; vgl. Krüger (1991), S. 298. Aus diesem Grunde sollten auch Investitionen in Wissensbasierte Systeme einem strategischen und organisatorischen Konzept folgen.

116 Vgl. Meyer-Piening (1987), S. 17ff.

117 Vgl. Porter/Millar (1986), S. 31ff.; Picot (1990), S. 11f. Eine Analyse der quantitativen und qualitativen Nutzeffekte von Informationssystemen zur Sicherung und zum Ausbau der Wettbewerbsposition haben Schumann/Hohe (1988), S. 515ff. vorgelegt.

3. es können neue Märkte (Geschäftsbereiche) aus den bisherigen Geschäftsfeldern entstehen (z.B. durch Innovationen, abgeleitete Nachfrage nach neuen Produkten und neue Märkte in alten Branchen).

Information wird bereits als neuer Produktionsfaktor oder gar als neuer Rohstoff bezeichnet, der als internes oder externes Wissen beschafft und zielgerichtet verarbeitet werden muß.[118] Dementsprechend wird das Management der Informationsbeschaffung und -verwertung Informationsmanagement[119] genannt. "Mit dem Konstrukt 'Informationsmanagement' wird also das Leitungshandeln (Management) in einer Betriebswirtschaft in bezug auf Information und Kommunikation bezeichnet, folglich alle Führungsaufgaben, die sich mit Information und Kommunikation in der Betriebswirtschaft befassen."[120] Picot geht noch etwas weiter. Für ihn "ist Unternehmensführung immer auch und zugleich Informationsmanagement."[121] Im einzelnen lassen sich folgende Aufgaben des Informationsmanagements angeben:[122]

- *strategische Aufgaben*, also die Führungsaufgaben der Informationsfunktion, welche für die Organisation als Ganzes von grundsätzlicher Bedeutung sind, insbesondere die Planung der Informationsinfrastruktur,
- *administrative Aufgaben*, also die Führungsaufgaben der Realisierung und der Aufrechterhaltung der Informationsinfrastruktur, dies schließt den gesamten Bereich der Systemplanung ein und
- *operative Aufgaben*, also die Führungsaufgaben des Betriebs und der Nutzung der Informationsinfrastruktur.

Die Relevanz dieser Aufgaben wird um so deutlicher, wenn man die Tatsache betrachtet, daß sich heute in vielen Industrieunternehmen bis zu 75 % der Mitarbeiter mit der Erfassung und Verarbeitung von Informationen und dem Vorbereiten und Treffen von Entscheidungen befassen und nicht mehr mit der traditionel-

---

118 Vgl. z.B. Gabriel/Begau et al. (1994), S. 11f.; Gabriel/Chamoni (1993), S. 13; Heinrich (1992), S. 9; Gabriel (1992), S. 134; Greschner/Zahn (1992), S. 9; Piechota (1992), S. 60; Zahn (1991), S. 222; Zahn (1990), S. 501; Picot (1990), S. 6; Düsing/Scheffler et al. (1990), S. 1; Heilmann (1987), S. 3.
Für Kosiol ist der Informationsstrom ein spezieller Realgüterstrom, bei dem die Informationen als immaterielle Realgüter auftreten; vgl. Kosiol (1968), S. 207.

119 Vgl. dazu Heinrich (1992), S. 18ff.; Zahn (1991), S. 272ff.; Düsing/Scheffler et al. (1990), S. 7ff.

120 Heinrich (1992), S. 8.

121 Vgl. Picot (1990), S. 7.

122 Vgl. Heinrich (1992), S. 20f.; Düsing/Scheffler et al. (1990), S. 8ff.; Heinrich/Roithmayr (1989), S. 10f. Vgl. auch die Aufgabenauflistung bei Gabriel/Chamoni et al. (1995), S. 27. Eine empirische Untersuchung von Stand des Informationsmanagements in deutschsprachigen Unternehmen hat Hildebrand (1992), S. 465ff. vorgelegt.

len "physikalischen" Produktion der Produkte.[123] Dieser Trend wird sich in der Zukunft eher noch verstärken.

Als Institution vereinigt das Management alle leitenden Instanzen einer Unternehmung, also alle Aufgaben- bzw. Funktionsträger, die Entscheidungs- und Anordnungskompetenz haben. Je nach der Stellung in der Unternehmenshierarchie werden in der Regel drei Managementebenen unterschieden:[124]

- Top-Management (mit überwiegend strategische Entscheidungen),
- Middle-Management (mit überwiegend dispositive Entscheidungen) und
- Lower-Management (mit überwiegend Überwachungsfunktionen).

Aufgrund dieser unterschiedlichen Entscheidungsschwerpunkte werden auf den verschiedenen Management- bzw. Entscheidungsebenen auch verschiedenartige Informationen benötigt. Ein Planungs- und Entscheidungsunterstützungssystem muß diese Unterschiede berücksichtigen.

| Informations-charakter | Lower-Management | Middle-Management | Top-Management |
|---|---|---|---|
| Typ | quantitativ | ⟷ | qualitativ |
| Quelle | intern | ⟷ | extern |
| Umfang | definiert, begrenzt | ⟷ | undefiniert, unbegrenzt |
| Genauigkeit | hoch | ⟷ | gering |
| Aggregationsgrad | detailliert | ⟷ | verdichtet |
| Reichweite der Entscheidung | klein | ⟷ | groß |
| Zeithorizont, Fristigkeit | Gegenwart, kurzfristig | ⟷ | Zukunft, langfristig |

Tab. 1.2: Informationscharakter der Managementebenen
Quelle: in Anlehnung an Keen/Scott Morton (1978), S. 82 und Gorry/Scott Morton (1971), S. 59.

Das betriebliche Informationsmanagement soll also dafür sorgen, daß die notwendigen Informationen möglichst zur richtigen Zeit an der richtigen Stelle vorhanden sind. Der *Informationsbedarf* ist dabei eine schwierige, nur unscharf zu fassende Kategorie. Nur für wohlstrukturierte Aufgaben läßt sich der *objektive Informationsbedarf* angeben. Der *subjektive Informationsbedarf* des Aufgabenträgers weicht nicht selten davon ab und nur ein Teil davon äußert sich in seiner

123 Vgl. Augustin (1990), S. 9.

124 Vgl. Schierenbeck (1993), S. 81. Vgl. auch Gabriel/Chamoni et al. (1995), S. 4ff.

*tatsächlichen Informationsnachfrage*. Das *Informationsangebot* ist in der Regel nur in der Lage, einen Teil des objektiven und subjektiven Informationsbedarfs sowie der tatsächlichen Nachfrage zu decken.[125]

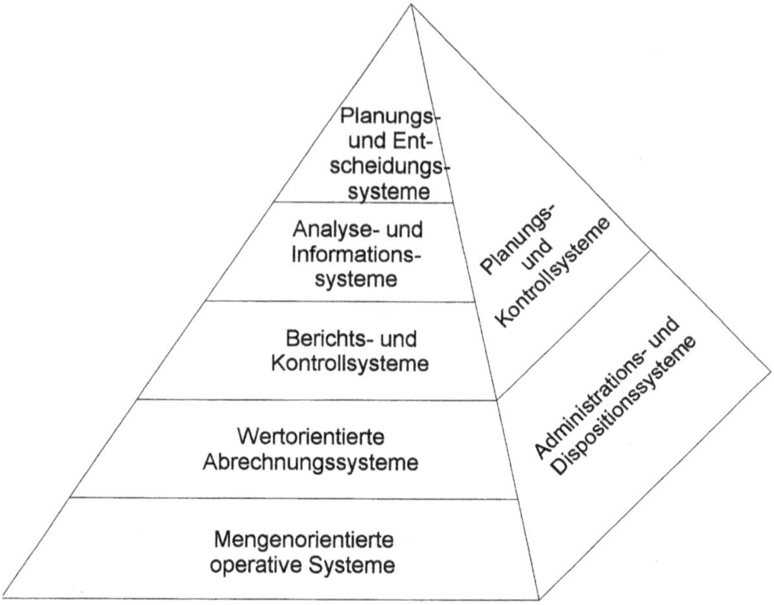


Abb. 1.9: Informationspyramide eines Unternehmens

Betriebliche Informationssysteme werden in der Regel entsprechend ihrer vertikalen und horizontalen Einordnung in die Unternehmung klassifiziert. Die vertikale Einordnung bestimmt sich aus der Unternehmenshierarchie und die horizontale Einordnung orientiert sich an der funktionalen Gliederung der Unternehmung. Entsprechende Klassifikationen von betrieblichen Informationssystemen haben Scheer und Mertens/Griese vorgelegt. Scheer unterscheidet nach der vertikalen Einordnung mengenorientierte operative Systeme, wertorientierte Abrechnungssysteme, Berichts- und Kontrollsysteme, Analysesysteme sowie langfristige Planungs- und Entscheidungssysteme.[126] Mertens/Griese unterschei-

[125] Vgl. Greschner/Zahn (1992), S. 17f.; Picot (1990), S. 9; Gabriel/Chamoni et al. (1995), S. 18ff.

[126] Vgl. Scheer (1994), S. 5; Scheer (1990), S. 27.

den Administrations-, Dispositions-, Planungs- und Kontrollsysteme.[127] Die Abbildung 1.9 zeigt die Einordnung dieser verschiedenen Systeme in die Informationspyramide einer Unternehmung.

*Management Support Systems (MSS)* oder *Managementunterstützungssysteme (MUS)* stellen den Oberbegriff zu jeglichen kombinierten Einsatz von Informations- und Kommunikationssystemen zur Unterstützung des Managements dar.[128] Krallmann unterscheidet nach dem Kriterium der Unterstützungsart drei Klassen von MSS:[129]

- *Data Support:* Hierunter wir die reine Bereitstellung von Informationen verstanden. Technologisch gesehen wird der Data Support durch Datenbank- und Kommunikationstechnologien realisiert und zeichnet sich durch komfortable Abfragesprachen und Verdichtungs- bzw. Verküpfungsoperatoren aus. In diese Klasse fallen die Management Information Systems (MIS) und die Executive Information Systems (EIS).
- *Decision Support:* Diese Unterstützungsart konzentriert sich auf eine bestimmte, konkrete Entscheidung oder Klasse von Entscheidungen. Decision Support basiert auf formalen Modellen und erlaubt die Beantwortung von What-if- und How-to-achieve-Fragestellungen. In diese Klasse fallen die Decision Support Systems (DSS).
- *Executive Support:* Diese dritte Unterstützungsklasse ist nicht auf bestimmte Entscheidungen, sondern auf bestimmte Entscheidungsträger oder -gruppen und deren Informationsbedarf ausgerichtet. Ein Executive Support System (ESS) ist also die arbeitsplatzindividuelle Kombination von mehreren Decision Support Systems (DSS).[130]

Kleinhans/Rüttler et al. fanden bei ihren Untersuchungen eine "Babylonische Begriffswelt" im Zusammenhang mit MUS. Die erhobenen Definitionsversuche deckten einen weiten Interpretationsbereich ab.[131] Im Abschnitt 1.3.2 sollen daher die "konventionellen" MUS kurz vorgestellt werden. Danach erfolgt im Abschnitt 1.3.3 eine Einordnung der WBS in diese Landschaft. Außerdem sollen Integrationsmöglichkeiten von "konventionellen" MUS und WBS aufgezeigt werden.

---

127 Vgl. Mertens/Griese (1993), S. 10ff. Vgl. auch Mertens (1993).

128 Vgl. Gabriel/Chamoni (1993), S. 116; Werner (1992), S. 31; Krallmann/Rieger (1987), S. 29. Gabriel/Chamoni et al. haben eine Reihe von Anforderungen an MSS formuliert; vgl. Gabriel/Chamoni et al. (1995), S. 48ff.

129 Vgl. Krallmann (1990), S. 165. Vgl. auch Hummeltenberg (1992), S. 76.

130 Vgl. Krallmann/Rieger (1987), S. 30.

131 Vgl. Kleinhans/Rüttler et al. ( 1992), S. 3.

## 1.3.1 "Konventionelle" Planungs- und Entscheidungsunterstützungssysteme

Die betrieblichen Planungs- und Entscheidungssysteme basieren auf der Abbildung des Leistungsprozesses einer Unternehmung in einem Informationssystem. Die operativen Systeme und die Datenbanksysteme der Unternehmung liefern die Basisdaten für die darauf aufbauenden Konzepte. Die Abbildung 1.10 zeigt die Einordnung verschiedener "konventioneller" MUS in die Informationspyramide aus Abbildung 1.9.

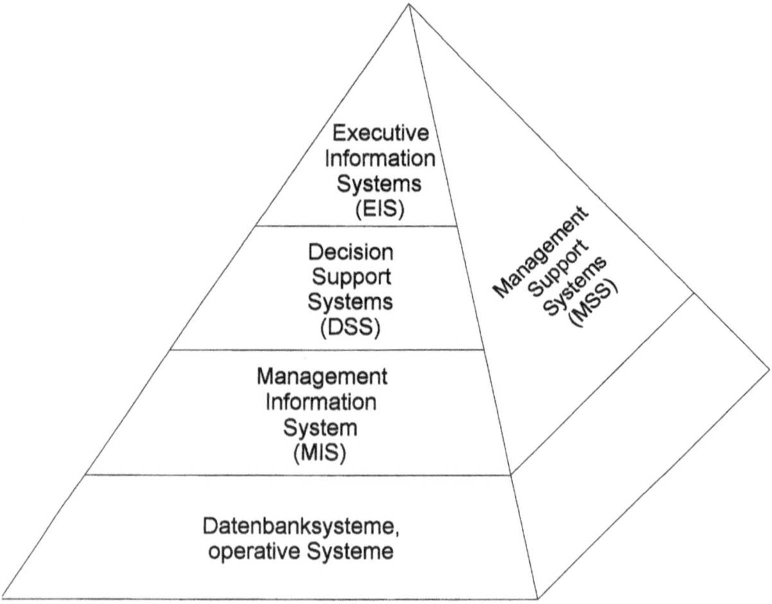


Abb.1.10: Einordnung der "konventionellen" MUS in die Informationspyramide
Quelle: in Anlehnung an Gabriel/Chamoni (1993), S. 95.

### 1.3.1.1 Management Information Systems

Aus historischer Sicht stellen Management Information Systems (MIS) Mitte der 60er Jahre die ersten Bemühungen um eine Computer-Unterstützung des Managements dar.[132] Auf der Basis von operativen Systemen und/oder Datenbanken sollen MIS den Führungsprozeß auf verschiedenen Hierarchieebenen durch rechtzeitige Bereitstellung detaillierter oder aggregierter Informationen unterstützen, ohne dabei auf exakt definierten Algorithmen und Modellen zu beruhen.[133]

Das MIS setzt direkt auf den Administrations- und Dispositionssystemen auf und liefert üblicherweise periodische, standardisierte Berichte von vergangenheitsbezogenen Geschäftsprozessen. Die Anforderungen des Managements konnten allerdings nur in den Grundzügen erfüllt werden, so daß es sehr schnell zu einem Scheitern des MIS-Gedanken kam. Ackoff bezeichnete schon 1967 diese Systeme als "Miß-Informationssysteme" und hat seine Kritikpunkte an den frühen MIS folgendermaßen zusammengefaßt:[134]

- Es herrscht kein Mangel an Informationen, sondern ein Überfluß.
- Ein Informationsbedarf kann a priori nicht bestimmt werden.
- Ein bloßes Bereitstellen von Informationen genügt nicht.
- Es gilt, die sozialen Gesichtspunkte von Entscheidungsprozessen zu beachten.

Daneben sieht Werner das Scheitern früher MIS vor allem in drei Ursachen begründet, und zwar:[135]

1. die damals existierenden DV-Rahmenbedingungen (Hard- und Software-Technologien),
2. inadäquate Realisierungsstrategien (fehlende Methodenorientierung und falsche Zielsetzung) und
3. eine überzogene Erwartungshaltung.

Das Scheitern der MIS mündete sogar in einer weitgehenden Diskreditierung dieses Begriffs. Dies ist sicherlich einer der Gründe, warum heute kaum noch von einem MIS gesprochen wird. Die neueren Ansätze versuchen, die erkannten Nachteile eines MIS zu beheben. Ein wichtiger Unterschied zu den nachfolgenden Decision Support Systeme (DSS) besteht darin, daß die MIS eher als datenorientiert bezeichnet werden können, während DSS (auch) modell- und methodenorientiert sind.[136]

---

132 Vgl. Gabriel/Chamoni (1993), S. 68; Kleinhans/Rüttler et al. (1992), S. 2; Stahlknecht (1990), S. 265.

133 Vgl. Werner (1992), S. 32.

134 Vgl. Ackoff (1967), S. 147ff.

135 Vgl. Werner (1992), S. 36. Im gleichen Sinne äußert sich auch Zahn (1991), S. 264.

136 Vgl. Werner (1992), S. 38f.

### 1.3.1.2 Decision Support Systems

Eine Managementunterstützung erfordert neben dem reinen Informieren vor allem eine Entscheidungsunterstützung. Gorry/Scott Morton führten 1971 den Begriff der *Decision Support Systems (DSS)* ein. Sie bezeichneten die DSS als Systeme, die Entscheidungsträger in unstrukturierten oder semistrukturierten Entscheidungssituationen unterstützen.[137] Eine weitere klassische Definition stammt von Keen/Scott Morton:

> *"Decision Support Systems (DSS) represent a point of view on the role of the computer in the management decisionmaking process. Decision support implies the use of computers to:*
> *1. Assist managers in their decision processes in semistructured tasks.*
> *2. Support, rather than replace, managerial judgment.*
> *3. Improve the effectiveness of decisionmaking rather than its efficiency."*[138]

Decision Support Systems oder *Entscheidungsunterstützungssysteme (EUS)* sind also interaktive DV-gestützte Systeme, die den Entscheidungsträger mittels logischer Modelle und passender Methoden sowie den problembezogenen Daten in ihrem Entscheidungsprozeß in schlecht-strukturierten Entscheidungssituationen unterstützen.[139] Stabell beschreibt vier unterschiedliche, grundlegende DSS-Forschungsansätze.[140]

1. *Decision Analysis:* Dieser Ansatz basiert auf der normativen Entscheidungstheorie und untersucht Entscheidungen unter Unsicherheit und/oder multikriterieller Zielsetzungen.
2. *Decision Calculus:* Diese Schule ist stark modellorientiert und basiert auf dem Operations Research. Außerdem stehen Akzeptanzuntersuchungen im Vordergrund.
3. *Decision Research:* Diese Forschungsrichtung beschäftigt sich vor allem mit dem Entscheidungsprozeß und der Person des Entscheidungsträgers. Sie besitzt eine stark verhaltenswissenschaftliche bzw. psychologische Ausrichtung.
4. *Implementation Process:* Dieser Ansatz untersucht hauptsächlich den Prozeß der Entwicklung, Einführung und Nutzung eines DSS und beschäftigt sich mit den Anforderungen der Benutzer.

---

[137] Vgl. Gorry/Scott Morton (1971), S. 61.

[138] Keen/Scott Morton (1978), S. 1.

[139] Eine Übersicht über historische Entwicklung der DSS-Definitionen geben Gabriel/Chamoni (1993), S. 78; Ginzberg/Stohr (1982), S. 11.

[140] Vgl. Stabell (1987), S. 243ff. Eine ausführliche Diskussion verschiedener Forschungsansätze findet sich auch bei Ginzberg/Stohr (1982), S. 22ff.

Werner hat einige Anforderungen an DSS zusammengestellt. Demnach sollen DSS:[141]

- den betrieblichen Entscheidungsträger bei der Lösung bzw. Handhabung von Problemen[142] unterstützen.
- alle Phasen des Entscheidungsprozesses unterstützen.
- auf allen Unternehmensebenen eingesetzt werden können.
- in allen Tätigkeitsbereichen eines Managers (operativer, taktischer und strategischer Bereich) eingesetzt werden können.
- sowohl Individuen als auch Gruppen (sog. *Group Decision Support Systems - GDSS*)[143] unterstützen.
- evolutionär (weiter-)entwickelt werden, und zwar unter Einbeziehung der Nutzer (Partizipation).
- flexibel und anpassungsfähig sein.
- eine Vielzahl unterschiedlicher Entscheidungsstile ("*cognitive style*") unterstützen.[144]
- einfache Mensch-Computer-Kommunikation (MCK) erlauben.
- hinsichtlich der MCK vom Benutzer eingestellt werden können.

Als allgemeingültiges Architekturmodell eines DSS hat sich in der Literatur die Aufgliederung in die Kernkomponenten

- Datenbankmanagement,
- Modell- und Methodenbankmanagement und
- Dialogmanagement

durchgesetzt.[145] Daneben können weitere Komponenten angesiedelt werden. Gabriel/Chamoni nennen z.B.. noch ein eigenes Reportbasismanagement.[146] Die Abbildung 1.11 zeigt die Kernkomponenten eines DSS.

---

141 Vgl. Werner (1992), S. 53. Eine ähnliche Aufstellung findet sich auch bei Gabriel/Chamoni (1993), S. 81; Hummeltenberg (1992), S. 81; Krcmar (1990a), S. 406; Turban (1990), S. 110.

142 Grundlegende Aspekte des Problemlösens werden im Abschnitt 4.4 behandelt.

143 Je nach Unterstützung des Entscheidungsprozesses in der Gruppe lassen sich verschiedene Arten von GDSS unterscheiden; vgl. dazu Sage (1991), S. 26ff.

144 Vgl. die kritischen Anmerkungen zu diesem Thema bei Huber (1983), S. 567ff. und den Kommentar zu diesem Aufsatz bei Robey (1983), S. 580ff.

145 Vgl. z.B. Gabriel/Chamoni (1993), S. 82; Werner (1992), S. 46; Sage (1991), S. 7; Krallmann (1990), S. 165f.; Krcmar (1990a), S. 408ff.; Turban (1990), S. 111; Ginzberg/Stohr (1982), S. 14ff.; Bonczek/Holsapple et al. (1980), S. 345. Vgl. aber auch Bonczek/Holsapple et al. (1982), S. 62ff.

146 Vgl. Gabriel/Chamoni (1993), S. 87. Desgleichen auch Hummeltenberg (1992), S. 82.

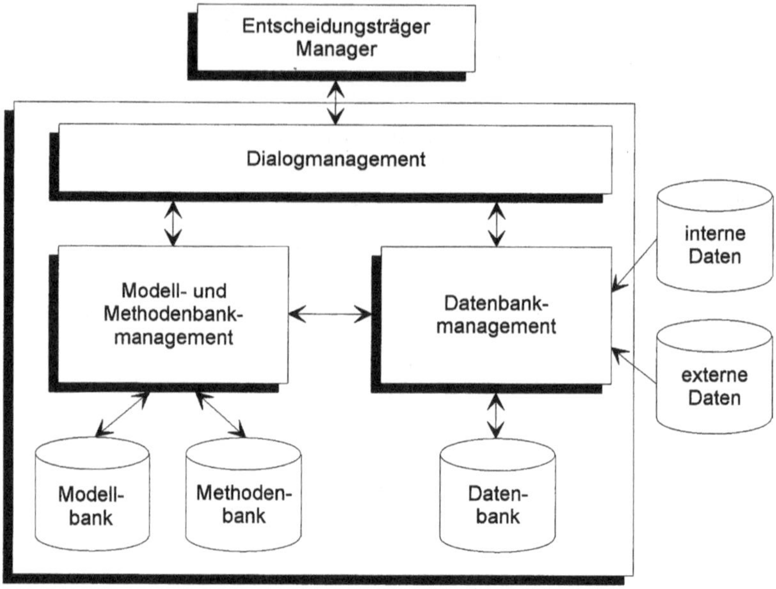


Abb.1.11:Kernkomponenten eines DSS

**a) Datenmanagementkomponente**

Das Datenbankmanagement überwacht die Erstellung, Modifizierung, Selektion und Sicherung der problemrelevanten Daten. Im Gegensatz zum MIS kann ein DSS auf interne *und* externe Daten zugreifen. Interne Daten werden aus den vorgelagerten Administrations- und Dispositionssystemen übernommen. Externe Daten, wie z.B. Marktforschungsberichte, werden dem System über Schnittstellen zur Verfügung gestellt.

**b) Modell- und Methodenbankkomponente**

Ein wesentliches Merkmal von einem DSS ist die Verfügbarkeit einer Modell- und einer Methodenbank.[147] Modelle sind ein Mittel zur Reduktion der Komplexität. Sie sind eine vereinfachende, zielgerichtete Abbildung eines Realitätsausschnitts.[148] Modelle beschreiben also die relevanten Zusammenhänge einer spezifischen Entscheidungssituation und die Annahmen, unter denen das Modell gültig ist. Modellbanken sind der Ort, an denen die für den Entschei-

---

147 Vgl. Bonczek/Holsapple et al. (1980), S. 355.

148 Vgl. z.B. Werner (1992), S. 96.

dungsprozeß benötigten Modelle und Hypothesen zur Verfügung gehalten und gewartet werden.[149] Hruschka nennt folgende Aufgaben einer Modellbank:[150]

- Formulierung von Modellen.
- Modifikation von Modellen.
- Wartung von Modellen.
- Verknüpfung von Modellen.
- Retrieval von Modellen.

Unter einer Methode versteht man im allgemeinen eine systematische Vorgehensweise zur Lösung von bestimmten Aufgaben.[151] Methode wird in der Regel mit den Begriffen "Algorithmen" bzw. "Verfahren" gleichgesetzt.[152] Das Modell ist also die Abbildung der Entscheidungssituation und die Methoden beschreiben die Vorgehensweise der Verarbeitung bzw. Manipulation des Modells, um die gegebenen Ziele zu erreichen. Methodenbanken bestehen aus einer Menge von Methoden (Verfahren des OR sowie statistische, mathematische und finanzmathematische Methoden), die zur Lösung von Entscheidungsmodellen eingesetzt werden können.[153] Mertens/Griese nennen folgende Aufgaben einer Methodenbank:[154]

- Dokumentation der Methoden.
- Selektives Angebot von Methoden.
- Auswahl von Methoden.
- Evtl. Warnung vor der Benutzung ungeeigneter Methoden.
- Verknüpfung der ausgewählten Methode zu Modellen.
- Versorgung der Methoden und Modelle mit Parametern und Daten.
- Methodendurchrechnung.
- Hilfeleistungen.
- Methodenbezogener Datenschutz.

Eine strenge organisatorische Trennung zwischen Modell- und Methodenbank fällt allerdings oft schwer. In der englisch-sprachigen Literatur wird in der Regel nicht explizit in eine Modell- und Methodenbank unterschieden. Die Methoden werden den Modellen zugeordnet ("decision models").[155]

---

149 Vgl. Zahn (1991), S. 242.

150 Vgl. Hruschka (1988), S. 160. Dort werden insbesondere neuere Ansätze zur Repräsentation von Modellwissen in einem EUS dargestellt. Zu den Aufgaben eines Modellbankmanagementsystems vgl. auch Sage (1991), S. 82.

151 Vgl. z.B. Werner (1992), S. 97.

152 Vgl. Gabriel (1984), S. 102.

153 Vgl. Zahn (1991), S. 243.

154 Vgl. Mertens/Griese (1993), S. 24f.

155 Vgl. z.B. Sage (1991), S. 93ff.; Turban (1990), S. 119ff.

**c) Dialogmanagement**

Die Steuerung und Kontrolle der Interaktion mit dem Entscheidungsträger übernimmt das Dialogmanagement.[156] Die Qualität und Leistungsfähigkeit des Systems hängt wesentlich von der Qualität der Mensch-Computer-Kommunikation und damit von der Gestaltung der Dialogkomponente ab.[157] Weder aus Sicht der systemtechnischen Seite, noch von der Anwenderseite her, können die DSS-Kapazitäten vollkommen ausgeschöpft werden, wenn die Datenzugriffsroutinen oder die Modell- und Methodenbank schwer zu bedienen sind.[158] Die Dialogkomponente leistet somit einen strukturierten, überwachten Austausch von Symbolen (Bezeichnungen, mathematische Formeln und/oder Grafiken) und Aktionen zwischen Mensch und Computer.[159] Folgende Anforderungen sind an das Dialogmanagement zu stellen:[160]

- Unterstützung diverser Dialogstile.[161]
- Anpassungsfähigkeit an die speziellen Benutzerbedürfnisse.
- Adäquate Fehlerbehandlung und kontextsensitive Hilfesysteme.
- Kommunikationsmöglichkeiten mit anderen Benutzern.
- Unterstützt "training by examples".
- Umsetzung der Eingaben in den internen DSS-Programmcode.
- Unterstützung verschiedener Ausgabeformen (Berichte, Grafiken usw.).

Benutzerunfreundliche Dialogkomponenten sind einer der Hauptgründe, warum Manager den Computer und quantitative Analysen in der Vergangenheit nicht genutzt haben.[162]

Neben der Betrachtungsweise von DSS als Kombination von funktionalen Komponenten, läßt sich eine Einordnung nach der Software-Technologie vornehmen. Schon Sprague/Carlson unterscheiden zwischen DSS-Werkzeugen, DSS-Generatoren und spezifischen DSS.[163]

---

156 Einige Autoren sprechen auch von einem "*Dialog Generation and Management System (DGMS)*"; vgl. Sprague/Carlson (1982), S. 28ff.; Sage (1991), S. 131ff.

157 Vgl. Werner (1992), S. 102.

158 Vgl. Sprague/Carlson (1982), S. 29.

159 Vgl. Sage (1991), S. 133.

160 Vgl. Turban (1990), S. 123; Sprague/Carlson (1982), S. 199ff.

161 Vgl. Sage (1991), S. 134ff.

162 Vgl. Sage (1991), S. 15; Turban (1990), S. 122.

163 Vgl. Sprague/Carlson (1982), S. 10. Vgl. aber auch Gabriel/Chamoni (1993), S. 88; Werner (1992), S. 44f.; Hummeltenberg (1992), S. 79; Krcmar (1990a), S. 414.

**a) DSS-Werkzeuge**

Auf der untersten Ebene der DSS-Software-Technologie stehen die DSS-Werkzeuge oder -Tools. Dabei kann es sich um allgemeine Basistechnologien handeln, wie die höheren Programmiersprachen (FORTRAN, COBOL, Pascal, C, etc.), spezielle problemorientierte Sprachen (Simula, GPSS, etc.) oder mathematische Sprachen (APL, GPSS, etc.). Dazu gehören auch spezielle Module für die Grafikgenerierung und die Kommunikation. Ein DSS-Designer wird eine für seine Aufgabenstellung optimale Kombination der Werkzeuge zusammenstellen und zu einem lauffähigen DSS zusammenfügen.

**b) DSS-Generatoren**

Die DSS-Werkzeuge lassen sich zu problemspezifischen Werkzeugkästen zusammenfassen, die dann DSS-Generatoren genannt werden, weil man mit ihnen auf einfache Art und Weise einsatzfähige EUS erstellen kann. Gabriel/Chamoni gliedern die DSS-Generatoren in zwei Klassen:[164]

- *Planungssprachen* sind endbenutzerorientierte, interpretative Programmiersprachen mit mächtigen Befehlsvorrat, um eine interaktive Modellrechnung mit beliebigen Änderungen an Daten, Variablen und Beziehungen zu gestatten. Beispiele für Planungssprachen sind FCS der Fa. Pilot, IFPS und System W der Fa. Comshare, AS der Fa. IBM und INFPLAN der Fa. Siemens.[165]
- *Tabellenkalkulationsprogramme* ("Spreadsheets") repräsentieren das Arbeitsblatt eines Entscheidungsträger in Tabellenform und bieten eine Vielzahl von mathematischen Grundfunktionen, Datenmanipulationen, Grafikdarstellungen an. Vorteil ist die Integration in grafische Benutzungsoberflächen (z.B. Windows) und die Anbindung an Kommunikations- und Textverarbeitungssystemen. Nachteil ist die fehlende Trennung von Logik und Daten sowie die "versteckte" Programmierung, die einen Einsatz von Tabellenkalulationsprogrammen für größere oder komplexere Problemstellungen nicht ratsam erscheinen lassen. Beispiele für Tabellenkalkulationsprogramme sind Excel der Fa. Microsoft, Lotus 1-2-3 der Fa. Lotus, Quattro Pro der Fa. Borland.

Hummeltenberg zählt zu den DSS-Generatoren zusätzlich noch aus Simulationssprachen hervorgegangene *Simulationsumgebungen*, *statistische Analysesysteme* und *Methodenbanken* (z.B. SPSS) sowie die *Expertensysteme*.[166]

---

164 Vgl. Gabriel/Chamoni (1993), S. 88.

165 Zu der Systementwicklung mit Planungssprachen vgl. Hummeltenberg (1992), S. 83ff.

166 Vgl. Hummeltenberg (1992), S. 77.

**c) Spezifische DSS**

Spezifische DSS (SDSS)[167] sind Anwendungssysteme mit konkreter Problemausrichtung, die den Entscheidungsträger in seinem Aufgabenbereich unterstützen sollen. Sie wurden mit DSS-Werkzeugen oder DSS-Generatoren entwickelt, um die spezifische Problemstellung anwendergerecht zu bearbeiten.

Ein Leistungsmerkmal von DSS, vor der Konstruktion und Auswertung von Modellen, ist der Zugang zu Informationen ("data support"). In diesem Zusammenhang sprechen Klein/Methlie von Unterstützung durch Erweiterung des Gedächtnisses ("extension of memory").[168] DSS greifen auf interne *und* externe Datenbanken zu, während MIS nur den Zugang zu internen Informationen ermöglichten.

Der entscheidende Vorteil der DSS liegt sicherlich in der Verwendung einer Modell- und Methodenbank begründet. Schon Hax hat festgestellt, daß Entscheidungen mit Modellverwendung grundsätzlich rein intuitiven Entscheidungen vorzuziehen sind, weil die Ausgaben des Modells mit den eigenen Annahmen verglichen werden können und allein dadurch schon eine Verbesserung der Entscheidung zu erwarten ist.[169] Die Vorteile eines DSS resultieren aus der komfortablen Untersuchbarkeit von Modellen mittels der Methodenbank und Simulationsmöglichkeiten. In der Literatur werden besonders in der Phase der Modellauswertung (-exploration) wünschenswerte Lerneffekte festgestellt.[170] Soll das Modell z.B. ein Problem abbilden, das Gegenstand von Konflikten zwischen Personen oder Gruppen ist, so müssen sich die Betroffenen auf ein Modell einigen. Der Konfliktfaktor "unterschiedliche Wahrnehmungen" wird damit reduziert. Klein/Methlie berichten von bemerkenswerten "klimatischen" Verbesserungen in einer solchen Konfliktsituation durch den Einsatz eines DSS.[171]

Annahmen, die in den Entscheidungsprozeß einfließen, werden durch das DSS dokumentiert. Die Simulationsmöglichkeiten können frühzeitig Klarheit über vorliegende Schwierigkeiten und ihre Lösungsmöglichkeiten verschaffen. Das Problem kann sukzessive mit allen Interdependenzen modelliert werden. Das DSS kann jedoch nicht verhindern, daß ein Problem unvollständig abgebildet wird. Es dokumentiert die Sicht des Entscheidungsträgers, mag diese nun falsch oder richtig sein. Das Modell ist eine Art kritischer Instanz, die Entscheidungen

---

167 Vgl. Turban nennt sie "*ready-made DSS*"; vgl. Turban (1990), S. 248.

168 Vgl. Klein/Methlie (1990), S. 161.

169 Vgl. Hax (1974), S. 15.

170 Vgl. Klein/Methlie (1990), S. 203ff.; Zwicker (1990), S. 677f.

171 Vgl. Klein/Methlie (1990), S. 202f.

objektivieren, einer Diskussion zugänglich machen und somit das Risiko vermindern kann.[172]

Der Einsatz von DSS und die damit verbundenen technologischen Restriktionen beinhalten die latente Gefahr, daß nur solche Aspekte in den Entscheidungsprozeß einfließen, die mit dem DSS modelliert werden können. Dabei kann es zu einer perspektivischen Verengung des Entscheidungsträgers kommen. Wenn das DSS die Aufmerksamkeit des Anwenders steuert, dann sind seine Entscheidungen nicht mehr souverän, was sicher nicht das Ziel von DSS ist.[173] Auch relativ gut abbildbare Probleme haben regelmäßig soziale und emotionale Dimensionen, die sich meist der Darstellung in einem DSS entziehen. In diesem Zusammenhang wird auf die Gefahr des Realitätsverlustes durch den Einsatz von DV-gestützten Entscheidungsunterstützungssystemen hingewiesen.[174]

#### 1.3.1.3 Executive Information Systems

Auch die DSS haben nicht alle Erwartungen erfüllt. Es ist nicht gelungen den Top-Manager mit diesen Systemen an den Bildschirm zu holen. Die oft praktizierte Lösung ist, daß die kognitiv mehr heuristisch-orientierten Manager ihre stärker analytisch-orientierten Mitarbeiter als Mittler zu den DV-gestützten DSS einsetzen.[175] Der Rückzug in die Stabsstelle hat den DSS das Schicksal der MIS erspart. Diese wiederum erlangen derzeit einen Auftrieb unter neuem Namen.[176] *Executive Information Systems (EIS)*[177] sollen den oberen Führungsebenen direkten Zugang zu erfolgskritischen Informationen aus internen und externen Datenquellen verschaffen.[178] Sie dienen mehr dem explorativen Data Support und weniger der modellbasierten Analyse von Entscheidungssituationen, wie z.B. mit Planungsmodellen in DSS. Chamoni/Zabel definieren ein EIS folgendermaßen:

> *"Executive Information Systems dienen zur EDV-gestützten flexiblen Selektion, Analyse, Präsentation von aktuellen, entscheidungsrelevanten Informationen sowie entsprechender Interaktionsunterstützung für*

---

172 Vgl. Hinterhuber/Popp (1987), S. 88.

173 Vgl. Klein/Methlie (1990), S. 206f.

174 Vgl. Heilmann (1987), S. 12.

175 Vgl. Turban (1990), S. 366; Heilmann (1987), S. 13.

176 Vgl. Gabriel/Chamoni (1993), S. 93; Al-Ani (1992), S. 103.

177 Sie werden auch *Chef-*, *Führungs-* oder *Vorstandsinformationssysteme* bzw. *Executive Decision Support Systeme* genannt; vgl. Bullinger/Koll (1992), S. 50ff.; Müller-Wünsch (1992), S. 114; Back-Hock/Rieger (1990); S. 172.

178 "An EIS offers us a very real oppertunity to contribute to executive effectiveness on virtually every level."; Burkan (1991), S. 6.

*Entscheidungsträger in intuitiv bedienbaren und individuell gestaltbaren Benutzeroberflächen."*[179]

Der Grundgedanke der EIS liegt also in der managementgerechten Aufbereitung von Informationen zum Status der unternehmensspezifischen *kritischen Erfolgsfaktoren (KEF)* bzw. *"critical success factors (CSF)"*.[180] Diese Methode geht davon aus, daß es in jedem Unternehmen drei bis sechs den Erfolg bestimmende Schlüsselfaktoren gibt. Die KEF werden in Interviews von der Führungskraft ermittelt und Indikatoren zur Messung dieser KEF festgelegt. Die Flut von isolierten Berichten wird beseitigt, da der Informationsfluß auf wenige, relevante und miteinander in Beziehung gesetzte Informationen begrenzt ist, wobei ausdrücklich tages-aktuelle, externe und "weiche" Informationen mit ausgewertet werden.[181] Es kann allerdings Schwierigkeiten bereiten, objektiv meßbare Indikatoren für die KEF zu finden. Außerdem bilden die KEF nicht zwangsläufig tatsächliche kausale Zusammenhänge ab, da sie auf subjektiven Annahmen basieren.[182]

Bei der Reduktion der Informationsflut und -komplexität helfen außerdem Ausnahmeberichte ("*exception reporting*"), die z.B. durch optische Markierung ("*color coding*") oder Vorselektion auf Überschreitung individuell definierbarer Toleranzgrenzen für Daten(-gruppen) hinweisen. Die *Drill-Down-Technik* ermöglicht den gezielten Abruf von detaillierten Informationen in Stufen vordefinierter Abhängigkeiten.[183] Gabriel/Chamoni weisen zusätzlich auf die Notwendigkeit einer Navigationshilfe hin, um den EIS-Benutzer bei seinen Informationsrecherchen in die Tiefe und in die Breite des verfügbaren Informationsraumes zu unterstützten.[184]

Für eine erfolgreiche Einführung von EIS sind ein motiviertes Management, organisatorische Regelungen zur stetigen Informationsaktualisierung sowie Maßnahmen zur Schaffung von Akzeptanz notwendig.[185] Akzeptanzbarrieren können sich aus "Machtverschiebungen" oder "organisatorischen Konservatismus" erge-

---

179 Chamoni/Zabel (1994), S. 13.

180 Vgl. Paller/Laska (1990), S. 103f.

181 Vgl. Al-Ani (1992), S. 105; Müller-Wünsch (1992), S. 114.

182 Vgl. Back-Hock (1990), S. 109.

183 Vgl. Gabriel/Chamoni (1993), S. 98ff.; Back-Hock/Rieger (1990), S. 172.

184 Vgl. Gabriel/Chamoni (1993), S. 102.

185 "Delivering information to the executive has its share of technical challenges, but they pale when compared to the political issues surrounding such an endeavor. We need to identify the issues, stakes, and stakeholders, and to plan specific courses to diminish the chance to conflict."; Burkan (1991), S. 13.

ben.[186] Zur Akzeptanzverbesserung kommt es insbesondere auf eine komfortable, und dennoch einfache Benutzungsoberfläche an. Dies sind in der Regeln grafische Benutzungsoberflächen mit einer Integration von Präsentationsgrafik, Text und Kommunikationssytemen. Typische Softwaresysteme zur Entwicklung eines unternehmensspezifischen EIS sind z.B. Commander EIS der Fa. Comshare, Executive Decision der Fa. IBM und Lightship der Fa. Pilot.[187] Einen Vergleich ausgewählter EIS-Softwaresysteme haben Rieger und Chamoni/Zabel durchgeführt.[188]

### 1.3.1.4 Executive Support Systems

Der Begriff *Executive Support System (ESS)* wird in der Literatur in verschiedener Bedeutung benutzt. Krallmann/Rieger bezeichnen z.B. die "jeweils arbeitsplatzindividuellen Kombinationen von DSS"[189] als ESS. Dabei wird davon ausgegangen, daß einzelne DSS nicht alle Entscheidungssituationen abdecken, so daß für eine effektive Unterstützung von Arbeitsplätzen in Unternehmen in der Regel eine Kombination mehrerer DSS notwendig ist. Diesen Anspruch versuchen die auf einen individuellen Arbeitsplatz bezogenen ESS gerecht zu werden.[190] Krallmann/Rieger gingen bei ihrer Definition eines ESS allerdings auch von einer Integration konventioneller und wissensbasierter DSS aus.[191] Auf die Synergieeffekte einer Integration dieser Technologien wird in den nächsten Abschnitten noch eingegangen.

Eine andere Begriffsbestimmung erfolgte durch Rockart/DeLong.[192] Sie verstehen unter einem ESS die Erweiterung eines EIS um eine verstärkte Analyseunterstützung. Executive Support kann daher als Zusammenfassung von Data Support und Decision Support aufgefaßt werden. Es umfaßt also EIS und DSS.[193]

---

186 Vgl. Al-Ani (1992), S. 107f.

187 Vgl. Gabriel/Chamoni (1993), S. 105ff.; Back-Hock/Rieger (1990), S. 173. Weitere Anbieter von Softwaresystemen zur Entwicklung von EIS werden bei Paller/Laska (1990), S. 151ff. genannt.

188 Vgl. Rieger (1990b), S. 503ff. und Chamoni/Zabel (1994).

189 Vgl. Krallmann/Rieger (1987), S. 30.

190 Vgl. Müller-Wünsch (1992), S. 115f.

191 Vgl. Krallmann/Rieger (1987), S. 32, insbesondere Abb. 3.

192 Vgl. Rockart/DeLong (1988).

193 Vgl. Gabriel/Chamoni (1993), S. 114. Vgl. auch Probst/Valicek et al. (1986), S. 161. Sie bezeichnen allerdings die Zusammenführung von EIS und DSS als MSS.

Manche Quellen benutzen die Begriffe ESS und EIS auch synonym.[194] Die Abbildung 1.12 versucht eine Einordnung der ESS in die Landschaft der MSS vorzunehmen.

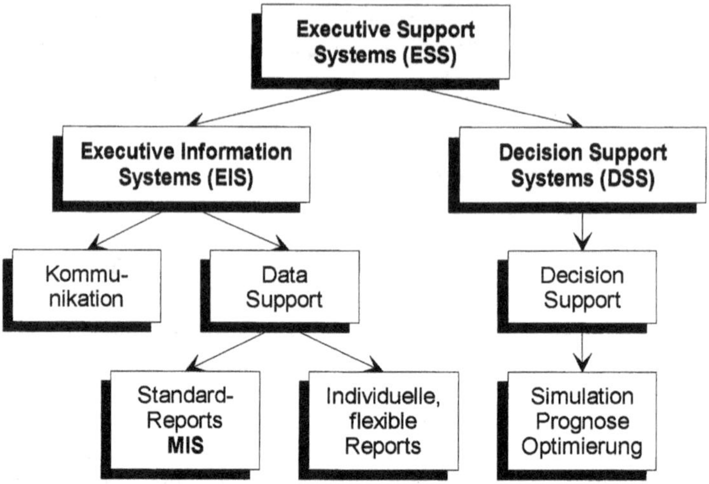


Abb.1.12: Typologie von Executive Support Systems
Quelle: in Anlehnung an Gabriel/Chamoni (1993), S. 115.

Die terminologischen Abgrenzungen sind in der Praxis nicht in voller Schärfe aufrechtzuerhalten und eher von akademischen Interesse. Den Praktiker interessiert eine eindeutige Definition eines Entscheidungsunterstützungssystem weniger als die Funktionalität und die Benutzerfreundlichkeit, um die aktuellen Probleme möglichst schnell lösen zu können.

Der Aufbau und die Entwicklung von ESS erfolgt analog der schon behandelten DSS und EIS. Neben der Modellierungsproblematik für den gezielten DSS-Einsatz ist eine managementgerechte Datenversorgung sicherzustellen und zwar in Bezug auf die Abfolge logisch zusammenhängender Arbeitsabläufe des Arbeitsplatzes, den es zu unterstützen gilt. Die Gestaltungsaufgabe eines ESS-Designers ist damit deutlich komplexer.

### 1.3.1.5 Zusammenfassung

Die Darstellung der verschiedenen MSS zeigt deutlich, daß im Laufe der Zeit das Niveau der Managementunterstützung gestiegen ist. Die MIS konnten bereits die

194 Vgl. z.B. Turban (1990), S. 366.

operativen Daten filtern und problembezogen aggregieren, sie lieferten allerdings nur standardisierte Berichte. Ihnen fehlte die notwendige Flexibilität, so daß sie für die Managementaufgabe unangemessen waren.

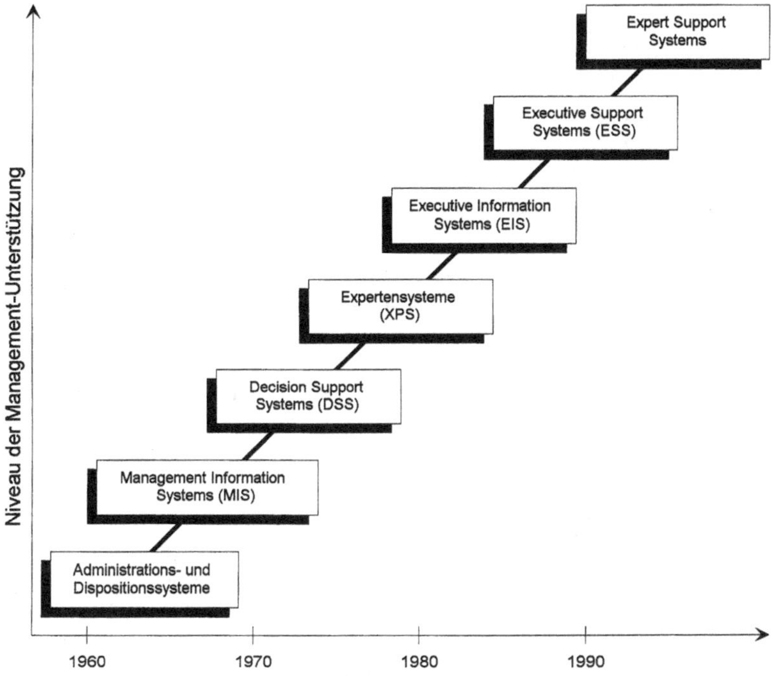


Abb.1.13: Historische Entwicklung von MSS
Quelle: in Anlehnung an Bullinger/Koll (1992), S. 52; Turban (1990), S. 17; Heilmann (1987), S. 6.

Die DSS brachten durch ihre Modell- und Methodenunterstützung einen großen Vorteil für eine analytisch fundierte Entscheidungsunterstützung. Ihre Handhabung war allerdings zu stark auf den Analytiker ausgerichtet, so daß ihre Anwendung auf der Ebene des Middle-Management bzw. den Stabs- und Fachabteilungen beschränkt blieb. Den Durchbruch für die Entscheidungsunterstützung des Top-Managements können die EIS erreichen. Durch geeignete Benutzungsoberflächen und ihre Flexibilität sollen nun Führungskräfte von den Vorteilen einer DV-gestützten Entscheidungsunterstützung überzeugt werden. Der letzte Schritt in der Entwicklung der "konventionellen" Entscheidungsunterstützungssysteme stellen die ESS dar. Sie sollen die Vorteile der EIS und DSS bündeln und damit das Top-Management erreichen. Das ESS ist kein Produkt, sondern vielmehr eine Strategie zum Aufbau von Unterstützungssystemen, die methodisch-technisch und organisatorisch-gestaltend eingesetzt werden muß.[195] Die Abbildung 1.13 gibt einen Überblick über die historische Entwicklung der vorgestellten Systeme.

In der Abbildung 1.13 sind allerdings nicht nur die "konventionellen" MSS dargestellt, sondern auch die Wissensbasierten Systeme bzw. Expertensysteme[196] und die Systeme, die sich aus einer Integration der konventionellen und wissensbasierten Technologien ergeben könnten, nämlich die Expert Support System[197]. Auf diese Weiterentwicklung wird im nächsten Abschnitt noch eingegangen.

Die wachsende Bedeutung der *individuellen Datenverarbeitung*, die hohe Rechnerleistung an den Arbeitsplatz bringt und die damit verbundenen dezentralen Organisationsstrukturen der Informationssysteme, wird zu einer weiteren Verbreitung von Planungs- und Entscheidungsunterstützungssystemen in der Praxis sorgen. Die zunehmende Vernetzung im öffentlichen Bereich ("*Wide Area Network - WAN*") sorgt für eine Flut von externen Informationen, die potentiell für MUS zur Verfügung stehen. Unternehmensintern wird durch die durchgängige Vernetzung ("*Local Area Network - LAN*") die Kommunikation zum computergestützten kooperativen Arbeiten (*"Computer Supported Cooperative Work - CSCW"*)[198] erweitert. In diesem Zusammenhang bekommen die Group Decision Support Systems (GDSS) eine wesentliche Bedeutung.[199]

Ein weiterer wichtiger Aspekt für zukünftige MSS liegt in der multimedialen Unterstützung von Führungskräften. Die hierfür notwendigen Technologien besitzen zum großen Teil heute bereits Marktreife, werden jedoch meist nicht in ausreichendem Maße bei der Entwicklung von MSS berücksichtigt. Multimediale Systeme ergänzen die traditionellen Darstellungsformen - wie Text, Grafiken und Daten - um Video- und Audiosequenzen, Animation, Bilder, gescannte Schriftstücke (z.B. Zeitungsartikel) u.ä. Wenn die Informationsobjekte über sog. Hyper-Links vernetzt werden, dann spricht man von einem Hypermediasystem.[200] Gerade Hypermediasysteme können die vielfältig verknüpften, oft assoziativen Strukturen komplexer betriebswirtschaftlicher Zusammenhänge besser abbilden als die traditionellen Anwendungen. Kemper/Marwyk haben z.B. ein multimediales

---

[195] Vgl. Gabriel/Chamoni (1993), S. 115.

[196] Eine vergleichende Darstellung von DSS und Expertensysteme findet sich z.B. bei Pfeifer/Lüthi (1987), S. 41ff. und Ford (1985), S. 21ff.

[197] Das Akronym ESS soll in dieser Arbeit nur für Executive Support Systems benutzt werden, um eine bessere Unterscheidbarkeit zu erhalten.

[198] Vgl. dazu z.B. Gappmeier/Heinrich (1992), S. 340ff.

[199] Vgl. Krcmar (1990a), S. 417.

[200] Vgl. z.B. Nastansky (1992), S. 124ff.

MSS-Demonstrationsssystem vorgestellt, das neben den EIS-Funktionen auch eine Personen-, Termin- und Projektverwaltung beinhaltet.[201] Dieses multimediale "Persönliche Informations-Management - PIM" erlaubt es z.B. verbale Anmerkungen zu den angezeigten Informationen im System zu hinterlegen. Multimediale bzw. hypermediabasierte Technologien können also dabei helfen, daß MSS stärker an den Belangen der Führungskräfte ausgerichtet werden.

Beschleunigt wird diese Entwicklung durch den Trend zum Lean Management. Der Abbau von Hierarchien im Unternehmen, d.h. die vertikale Zusammenfassung von Funktionen führt zwangsläufig zu einer Verlagerung von Tätigkeiten. Der Wegfall der mittleren Führungskräfte führt also dazu, daß die bisherigen Aufgaben, Daten zu sammeln, zu verdichten und für die Entscheidungsfindung durch das Top-Management aufzubereiten, nunmehr von Top-Management selbst durchgeführt werden müssen. Die oberen Führungskräfte müssen also jetzt in die Lage versetzt werden, Entscheidungen anhand entsprechender, vom Informationsmanagement bereitgestellter Informationen direkt vorzunehmen.[202]

### 1.3.2 "Intelligente" Planungs- und Entscheidungsunterstützungssysteme

Krcmar sieht aufgrund der Betrachtung aktueller Forschungsrichtungen im Bereich der DSS u.a. die Tendenz, den engen Entscheidungsfokus zu verlassen.[203] Er meint damit vor allem die Fragestellung, inwieweit Expertensysteme im Bereich der Entscheidungsunterstützung einsetzbar sind. Expertensysteme werden in dieser Arbeit als Entscheidungsunterstützungssysteme[204] aufgefaßt, so daß also mehr die Fragestellung zu klären ist, welche Intergrationsformen von DSS und XPS sinnvoll sind. Da die wesentlichen Leistungspotentiale Wissensbasierter Systeme erst im Abschnitt 2.1.3 beschrieben werden, muß sich die Darstellung hier auf grobe Konzepte beschränken.

Im Abschnitt 1.3.2.1 wird zunächst die mögliche wissensbasierte Unterstützung aufgezeigt, bevor im Abschnitt 1.3.2.2 dann konkrete Integrationsmodelle dargestellt werden. Ziel ist die Integration von konventionellen, quantitativ-orientierten DSS und qualitativ-orientierten WBS zu einem von Luconi/Malone et al. als *Expert Support System* bezeichneten System.[205]

---

201 Vgl. Kemper/Marwyk (1994), S. 143ff. Beispiele für Hypermediaumgebungen beschreibt auch Nastansky (1992), S. 134ff.

202 Vgl. Teufel (1992), S. 546.

203 Vgl. Krcmar (1990a), S. 416.

204 Vgl. auch Gabriel (1992), S. 22 und S. 182.

205 Vgl. Luconi/Malone et al. (1986), S. 14f.

### 1.3.2.1 Integrationsaspekte

Turban unterscheidet zwei Integrationsarten, eine funktionale und eine physikalische Integration.[206] Bei der *funktionalen Integration* werden die Softwaresysteme (DSS und XPS) lose gekoppelt, d.h. die beiden Systeme bleiben zwar selbständig, sie können jedoch Daten austauschen und der Benutzer interagiert über eine gemeinsame Benutzungsoberfläche mit den Systemen. Unter der *physikalischen Integration* versteht Turban die weitgehende Zusammenfassung der Hardware-, Software- und Kommunikationsmerkmale zu einem System. Dabei ist besonders die Einbettung der Funktionalität eines XPS in einem DSS interessant und umgekehrt.[207]

Diese Sprachregelung ist zumindest ungewöhnlich. Ein anderes Begriffspaar ist die Kopplung bzw. Integration von Systemen. Die Kopplung entspricht der funktionalen Integration im Sinne von Turban, die Integration kann allerdings auf verschiedenen Ebenen und in verschiedenen Richtungen erfolgen. Heilmann unterscheidet z.B. verschiedene *Integrationsbereiche* (technische Integration, organisatorische Integration, Integration im Entwicklungsprozeß) und verschiedene *Integrationsformen* (Datenintegration, Funktionsintegration, Integration der Benutzerschnittstellen).[208] Bechtolsheim unterscheidet eine Integration der Systemelemente (*horizontale Integration*), der Entwicklungsphasen (*vertikale Integration*) und der Wissensquellen (*laterale Integration*).[209]

Aufgrund des Architekturkonzeptes eines DSS, also die Aufteilung in Datenbankmanagement, Modell- und Methodenbankmanagement sowie Dialogmanagement, sind auch die entsprechenden Ansatzpunkte gegeben, um hier durch eine Kopplung oder Integration von wissensbasierten Technologien den Einsatznutzen zu erhöhen.

**a) Datenbankmanagement**

Die Unterstützung von Datenbanksystemen mittels wissensbasierten Technologien kann über verschiedene Kopplungsmechanismen erfolgen, die in ihrer Anbindung bis zur vollständigen Integration führt.[210]

---

[206] Vgl. Turban (1990), S. 678.

[207] Vgl. Turban (1990), S. 680.

[208] Vgl. Heilmann (1989), S. 48ff.

[209] Vgl. Bechtolsheim (1991), S. 26; Bechtolsheim/Derndinger (1990), S. 30ff.

[210] Zu den Kopplungsmechanismen vgl. die Darstellung bei Timm (1994), S. 189ff.; Fritsch/Weimann (1992), S. 44ff.; Preiß/Stucky (1988), S. 197; Jarke/Vassiliou (1984), S. 70ff.

Wissensbasierte Systeme zeichnen sich durch vielfältige, z.T. komplexe Formen der Daten bzw. Wissensrepräsentation, umfassende Inferenzmöglichkeiten und verhältnismäßig kleine Daten- bzw. Wissensbasen aus. Datenbanken sind dagegen eher durch einfache Datenstrukturen und fehlende Inferenzmöglichkeiten gekennzeichnet.[211] Sie enthalten nur Faktenwissen über konkrete Objekte und Beziehungen zwischen diesen. Ihnen fehlt z.B. Wissen in der Form von allgemeinen Beschreibungen oder Abstraktionen[212], Metawissen, unsicheres und nicht verifizierbares Wissen, oder auch Wissen über Ereignisse und deren zeitliche und kausale Zusammenhänge.[213] Sie können aber sehr große Datenbestände effizient verwalten und bieten zudem Mechanismen für den Mehrbenutzerbetrieb sowie der Erhaltung der Datenintegrität an.

Durch eine Integration beider Ansätze erhofft man sich vor allem:

- Eine Weiterentwicklung von Datenbanksystemen zu deduktiven Systemen.[214]
- Eine Reduzierung der Datenmengen, da durch die Einbeziehung von Ableitungsregeln nicht alle Daten explizit gespeichert werden müssen.
- Eine Optimierung von Anfragen an das Datenbanksystem ("query optimization")[215] bzw. eine Erweiterung der Mächtigkeit von Datenbankabfragesprachen z.B. durch Prädikatenlogik 1. Ordnung.[216]
- Mehr Benutzerfreundlichkeit z.B. durch natürlichsprachliche Schnittstellen.[217]

**b) Modell- und Methodenbankmanagement**

Die Erstellung von Modellen, die Auswahl von Methoden, die Durchführung von Berechnungen und die Interpretation der Ergebnisse ist bei "konventionellen" DSS weitestgehend Aufgabe des Benutzers. Die sinnvolle und effektive Nutzung dieses Unterstützungspotentials hängt dabei im wesentlichen von den

---

211 Vgl. Werner (1992), S. 173.

212 Abstraktionen werden im Datenbankbereich für den Schemaentwurf verwendet. Dieses Wissen wird in der Regel im Data Dictionary abgebildet, es steht aber nicht für die Verarbeitung zur Verfügung.

213 Vgl. Lausen/Seib et al. (1989), S. 54.

214 Zu deduktiven Datenbanksystemen vgl. z.B. Freitag/Schütz et al. (1992), S. 1ff

215 Vgl. Turban (1990), S. 681; Graham/Jones (1988), S. 74f.; Jarke/Vassiliou (1984), S. 79f.

216 Vgl. Lausen/Seib et al. (1989), S. 58ff.

217 Vgl. Graham/Jones (1988), S. 75ff.

Kenntnissen des Benutzers ab.[218] Für den erfolgreichen Einsatz eines DSS ist daher oft ein analytisch versierter Vermittler notwendig, der die Benutzerprobleme DSS-gerecht abbildet und die Ergebnisse des DSS wiederum Benutzer-gerecht aufbereitet.[219]

Eine Unterstützung des Modell- und Methodenmanagements durch wissensbasierte Technologien könnte folgendermaßen aussehen:[220]

- Dem Benutzer soll die Möglichkeit gegeben werden, sein Problem in deskriptiver Weise zu beschreiben, ohne explizit auf benötigte Modelle und/oder Methoden einzugehen.[221]
- Ein wissensbasiertes Beratungssystem kann den Benutzer bei der Selektion der Modelle und Methoden aus der Modell- und Methodenbank unterstützen.[222]
- Die Entwicklung neuer bzw. die Modifikation bekannter Modelle und Methoden kann durch ein wissensbasiertes DSS soweit unterstützt werden, daß der Benutzer nicht selbst OR-Spezialist sein muß.[223]
- Die von Expertensystemen bekannten Erklärungskomponenten können bei der Integration in einem DSS den Benutzer bei der Interpretation der Analyseergebnisse unterstützen.[224]

**c) Dialogmanagement**

Ein wesentliches Merkmal Wissensbasierter Systeme sind "intelligente" Benutzerschnittstellen, die aus einer Erklärungs- und Dialogkomponente bestehen. Die wissensbasierte Unterstützung der Mensch-Computer-Kommunikation bietet eine Erweiterung der bisherigen traditionellen Ansätze zur Gestaltung von Benutzerschnittstellen. Diese neuen Konzepte können durch folgende Ansatzpunkte zu einer Erhöhung der Akzeptanz von DSS führen:

- Die Nutzung des impliziten Kommunikationskanals, d.h. die Verwendung von gemeinsamen Wissen als Kommunikationsbasis, wurde bisher nicht ausgenutzt.[225]

---

218 Vgl. Werner (1992), S. 176.

219 Vgl. Elam/Konsynski (1987), S. 487.

220 Eine Reihe von Ansatzpunkten für eine wissensbasierte Unterstützung haben Elam/Konsynski (1987), S. 491 zusammengestellt. Vgl. auch Turban (1990), S. 682ff.

221 Vgl. Bonczek/Holsapple et al. (1980), S.345.

222 Vgl. Werner (1992), S. 177.

223 Vgl. Busch (1991), S. 20f. Er hat dazu ein "*Modellierungsexpertensystem*" konzipiert. Vgl. auch Binbasioglu/Jarke (1986), S. 214ff.

224 Vgl. Rieger (1990a), S. 259ff.

- Durch die Benutzermodellierung, d.h. die Anpassung des Systems an persönliche Wünsche und Bedürfnisse, werden dem Benutzer gezielt Gestaltungsspielräume bereitgestellt.[226] Ein solches Benutzermodell bietet eine gute Grundlage für Erklärungen, Hilfen und tutorielle Zielsetzungen.
- *Flexible Systeme*, die auch ungeübten Anwendern durch geeignete Hilfefunktionen die Bearbeitung bestimmter Problembereiche ermöglichen und darüber hinaus inkrementelle Lernprozesse unterstützen .
- Ein weiteres wichtiges Merkmal der Kommunikation liegt in der Erklärungsfähigkeit. Die Erklärungsfähigkeit unterstützt diejenigen Anwender, die aus den Analysen des Systems lernen wollen (*tutorielle Aspekte*), die eine Rechtfertigung für die Analysen des Systems verlangen (*Akzeptanzförderung*) oder die einfach nach Fehlern im System suchen (*Debugging-Aspekt*).[227]

### 1.3.2.2 Integrationsmodelle

Im folgenden werden exemplarisch zwei mögliche Formen der Verbindung von Wissensbasierten Systemen und DSS vorgestellt. Diese beiden Konzeptionen zeigen nur einige grundlegende Anbindungsstrategien, wobei selbstverständlich nicht der Anspruch erhoben werden soll, daß damit eine vollständige Systematik vorgenommen wurde.

**a) Decision Support Systems und Expertensysteme als autonome Komponenten**

"Wegen ihres begrenzten Einsatzbereiches werden wissensbasierte Systeme sich nur selten als eigenständige, unabhängige Systeme behaupten können, in den meisten Fällen ist eine Integration mit bereits vorhandenen Systemen vorteilhaft bzw. notwendig."[228] Die Abbildung 1.14 zeigt das Konzept einer Kopplung eines Wissensbasierten System und eines DSS als selbständige Komponenten.

---

225 Vgl. Fischer (1986), S. 40; Fischer/Herczeg (1986), S. 111ff.

226 Zur Benutzermodellierung vgl. z.B. Mitschke/Timm (1992) und Bodendorf/Wittmann (1988), S. 30ff.

227 Vgl. Puppe (1991), S. 134f.

228 Werner (1992), S. 180.

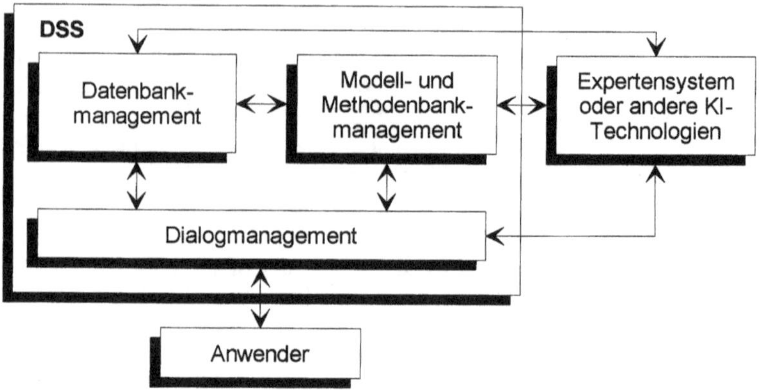


Abb.1.14: DSS und Expertensystem als selbständige Komponenten
Quelle: in Anlehnung an Turban (1990), S. 690.

Turban sieht für diese Anbindungslösung insbesondere zwei Möglichkeiten der Aufgabenunterstützung:[229]

1. *Die Ausgaben des Expertensystems werden vom DSS weiterverarbeitet:* Das Expertensystem fungiert als Anwendungsberater für das DSS. Es unterstützt den Anwender bei der Selektion des Modells und der Methoden sowie bei der Erhebung der notwendigen Parameter. Die aufbereitete Problemformulierung kann nun vom DSS quantitativ verarbeitet werden.
2. *Die Ausgaben des DSS werden vom Expertensystem weiterverarbeitet:* Das Expertensystem kann den Anwender bei der Interpretation der DSS-Ergebnissse unterstützen.

Turban betont, daß sich bei dieser Anbindung beide Systeme die selbe Benutzerschnittstelle teilen.[230]

**b) Integrationsmodell von Executive Information System, Decision Support System und Expertensystem**

Eine Integration wissensbasierter Technologien kann in DSS, aber selbstverständlich auch in allen anderen Formen von MSS erfolgen. Im folgenden soll daher die Konzeption eines intelligenten ESS kurz vorgestellt werden. Ein ESS ist - wie schon gezeigt wurde - eine Integration von EIS und DSS. Zielgruppe eines ESS ist das Top-Management. Es kommt hier also darauf an, den besonderen Informationsbedarf und die besondere Informationsnachfrage adäquat zu

229 Vgl. Turban (1990), S. 690.

230 Vgl. Turban (1990), S. 690.

unterstützen . Die Abbildung 1.15 zeigt die Konzeption eines solchen intelligenten ESS.

Die Systemkomponenten EIS, DSS und Expertensystem (XPS) können jeweils die Vorteile der anderen Systeme nutzen. Das EIS sorgt für den optimalen Data Support, das DSS bietet sich für Simulationsaufgaben, Prognose und Optimierung an und das XPS bietet dem Anwender seine Beratungs- und Interpretationsdienste an. Durch die Integration dieser drei Systemkomponenten kann es zu deutlichen Synergieefffekten kommen. Zumindest wird das intelligente ESS insgesamt "smarter".[231]

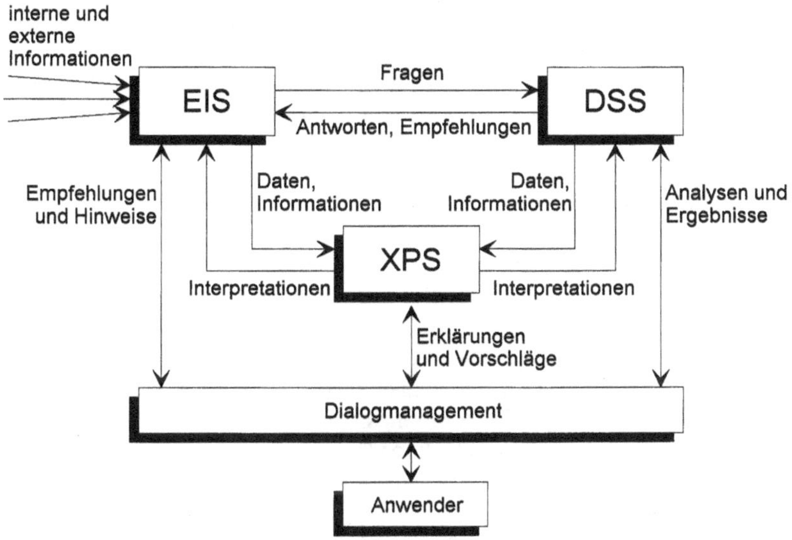


Abb.1.15: Konzeption eines intelligenten ESS
Quelle: in Anlehnung an Turban (1990), S. 693.

## 1.4 Zusammenfassung

Dieses erste Kapitel hat die Bedeutung von Planung und Entscheidung zur betrieblichen Problemlösung aufgezeigt. Dazu wurden zunächst im Abschnitt 1.1 die betriebswirtschaftlichen Problemstellungen und ihre möglichen Lösungsansätze aufgezeigt. Ein zentraler Punkt dabei ist der Planungs- und Entscheidungsprozeß, der in den nachfolgenden Kapiteln detaillierter aufgearbeitet wird. Neben

231 Vgl. Turban (1990), S. 693.

den konventionellen Lösungsansätzen bieten sich als eine neue Technologie die Wissensbasierten Systeme zur Planungs- und Entscheidungsunterstützung an.

Der Abschnitt 1.2 hat die Möglichkeiten des Einsatzes dieser Wissensbasierten Systeme in der betrieblichen Praxis aufgezeigt. Dazu wurden zunächst einige wichtige Kriterien für den sinnvollen Einsatz benannt. Nicht jeder Anwendungsbereich eignet sich für den Einsatz von Wissensbasierten Systemen. Die Analyse des Anwendungsbereichs ist für die Sicherstellung des Projekterfolgs und des Einsatznutzens von großer Wichtigkeit. Aus den Ausführungen zum bisherigen praktischen Einsatz von Expertensystemen kann man zum einen die Relevanz dieses Themas und zum anderen die zentralen Problemtypen erkennen. Es ist deutlich, daß Expertensysteme einige Problembereiche besser erschließen als andere. Außerdem ist erkennbar, daß es einige wenige generische Problemtypen gibt und daß sich die konkrete Problemstellung in der Regel auf eine Kombination solcher generischer Problemtypen zurückführen läßt. Zum Einsatz der Wissensbasierten Systeme in der Praxis gehört natürlich auch eine Untersuchung gescheiterter Projekte. Dabei ist deutlich geworden, daß ein Hauptgrund für das Scheitern von XPS-Projekten in der schlechten Auswahl des Anwendungsbereichs lag. Daneben führen Unzulänglichkeiten in der Hard- und Software-Technik zu Grenzen der Machbarkeit. Einen entscheidenden Einfluß haben aber auch personelle Probleme. Es ist daher eine möglichst weitgehende Partizipation der späteren Systemnutzer zu fordern.

Abschließend wurde im Abschnitt 1.3 eine Einordnung der WBS in die Landschaft der Planungs- und Entscheidungsunterstützungssysteme vorgenommen. Es lassen sich sehr schön die Entwicklungslinien der verschieden Systemkonzeptionen verfolgen, die zu einer stetigen Erhöhung des Niveaus der Managementunterstützung geführt haben. Dies ist auch notwendig, weil der internationale Wettbewerb und die veränderten Organisationsstrukturen die Informationsauswertung und -verarbeitung zu einem wichtigen strategischen Instrument gemacht haben. Information wird immer mehr zu einem Produktionsfaktor. Neue Technologien und ein besseres Verständnis der Arbeitsweise des Top-Management erhöhen die Erfolgsaussichten zukünftiger MSS-Projekte.

# 2 Konzepte und Gestaltung Wissensbasierter Systeme

Nachdem im 1. Kapitel die Relevanz der Wissensbasierten Systeme (WBS) zur Lösung betriebswirtschaftlicher Problemstellungen gezeigt wurde, sollen nun die Konzepte und der Gestaltungsprozeß dieser Systeme dargestellt werden. Zunächst werden im Abschnitt 2.1 die besonderen Leistungspotentiale von WBS vorgestellt. Die Vorgehensweise bei der Erstellung von WBS, der sog. Knowledge Engineering-Prozeß, steht im Abschnitt 2.2 im Mittelpunkt der Betrachtung. Abschließend werden im Abschnitt 2.3 die Ergebnisse zusammengefaßt.

## 2.1 Konzepte und Leistungspotentiale Wissensbasierter Systeme

Im folgenden sollen nun die WBS näher eingeordnet und ihre Leistungspotentiale aufgezeigt werden. Dazu wird zunächst im Abschnitt 2.1.1 ein Überblick über die Künstliche Intelligenz (KI) gegeben. Eine definitorische Abgrenzung der Wissensbasierten Systeme (WBS) bzw. Expertensysteme (XPS) erfolgt im Abschnitt 2.1.2. Im Abschnitt 2.1.3 werden die besonderen Leistungspotentiale eines WBS explizit herausgearbeitet. Die entwicklungsbedingten Grenzen dieser Technologie werden im Abschnitt 2.1.4 zusammenfassend dargestellt.

### 2.1.1 Künstliche Intelligenz

"*Künstliche Intelligenz (KI)*", die deutsche Übersetzung des amerikanischen Begriffs "*Artificial Intelligence (AI)*", erscheint vielen als unglückliche Namensgebung dieses Forschungsbereichs innerhalb der Informatik.[1] Es gibt eine lange philosophische Tradition in der Rekonstruktion des menschlichen Geistes, die bis in die Antike zurückreicht. Die Reduktion des Geistes auf *Berechnung*, seine *Rationalisierung* einerseits und die *physische Implementation* von Konzepten in Rechnern andererseits, führte eine Situation herbei, in der die Idee des künstlichen Geistes, der künstlichen Intelligenz, in den Bereich des Machbaren rückte.[2]

Die Vertreter der sog. *starken KI*[3] gehen davon aus, daß Intelligenz bloß eine Sache materieller Symbolmanipulation ist und daß kein wesentlicher Zusammen-

---

1 Vgl. z.B. Gabriel (1992), S. 11 oder Strube (1992), S. 22. Der Name "Artificial Intelligence" ist John McCarthy zu verdanken. Er hat diesen Ausdruck erstmals 1956 anläßlich der Einladung zur heute als Gründungsveranstaltung gerühmten "Dartmouth Conference on Artificial Intelligence" verwendet; vgl. Coy/Bonsiepen (1989), S. 13; Schubert/Krebsbach-Gnath et al. (1987), S. 6; Zelewski (1986a), S. 30f.

2 Vgl. Schefe (1986), S. 11.

3 Vertreter der "starken KI" oder der "starken KI-These" sind z.B. Marvin Minsky, Herbert A. Simon, Alan Newell, John McCarthy und im deutschsprachigen Bereich Jörg Siekmann.

hang zwischen irgendeiner speziellen Art der biologischen oder materiellen Realisierung besteht.[4] Sie gehen davon aus, daß es nur eine Frage der Zeit ist, bis die Informatik und die KI schließlich Hardware und Programme entwickeln, die einem menschlichen Hirn und Geist entsprechen. Das werden dann künstliche Hirne und Geister sein, die nach ihrer Meinung den menschlichen in jeder Hinsicht gleichwertig sind.

Diese extreme Vorstellung hat selbstverständlich einige Kritik erfahren. Dies äußert sich zunächst in einigen philosophischen Artikeln zum sog. *Leib/Seele-* oder *Körper/Geist-Problem*, also der Frage, ob der menschliche Geist unabhängig vom übrigen Universum, insbesondere auch von der biologischen Hülle, existiert.[5] Denn erst auf der Basis der Prämisse, daß mentale Vorgänge beschrieben werden können, ohne auf die physischen Grundlagen geistiger Prozesse eingehen zu müssen, gewinnt die symbolorientierte Modellierung kognitiver Vorgänge einen potentiellen Erklärungswert auch für die menschliche Informationsverarbeitung.

Diese Prämisse führte zu einer zentralen Arbeitsthese der Kognitionswissenschaft, dem *Informationsverarbeitungsansatz (IV-Ansatz)*, der in Verbindung mit der sog. "*Physical Symbol Systems Hypothesis (PSSH)*" von Newell/Simon[6] fast als KI-Paradigma bezeichnet werden kann. Während Kritiker der KI wie beispielsweise Dreyfus/Dreyfus und Searle dieses Paradigma seit langem vehement attackieren, erheben sich im KI-Lager und der Kognitionswissenschaft selbst erst in jüngster Zeit Stimmen, die die Gültigkeit anzweifeln.[7] Die Kritiker aus dem KI-Lager führen statt dessen eine neue These ins Feld, indem sie Kognition durch die massiv-parallele Interaktion einer großen Anzahl hochgradig vernetzter sehr einfacher Prozessoren erklären.[8] Diese neue Auffassung wird mit den Begriffen *Konnektionismus* oder *Neuronale Netzwerke* bezeichnet. Diese Netzwerke orientieren sich am biologischen Vorbild und sollen die Neuronenvernetzung im menschlichen Gehirn simulieren. Das Wissen ist in diesen Neuronalen Netzwerken nicht spezifischen symbolischen Repräsentationsstrukturen zuge-

---

4 "The brain happens to be a meat machine", Minsky zitiert nach Luft (1988), S. 68. Die Originalquelle ist dort nicht angegeben.

5 Einige Diskussionen zu diesem Thema finden sich z.B. bei Searle (1986), S. 12ff.; Becker (1992), S. 140ff. Auf die Einzelheiten dieser Diskussionen soll hier nicht eingegangen werden.

6 Vgl. Newell/Simon (1976), S. 116.

7 Vgl. Dreyfus/Dreyfus (1987) und Searle (1986)

8 Vgl. Diederich (1988), S. 6. Vertreter dieser These sind z.B. Rumelhart/McClelland (1986); Diederich (1988); Kemke (1988); Hecht-Nielsen (1989); Ritter/Martinetz et al. (1990); Bechtel/Abrahamsen (1991); Dorffner (1991); Poddig (1991), S. 183ff.; Schürmann/Schütt (1989), S. 146ff.

ordnet, sondern es ist in Form von Aktivitätsmustern über Knoten (Neuronen) und deren Konnektionen *subsymbolisch* verteilt.[9] Es wird auch nicht mehr vom Knowledge Engineer in das WBS implementiert, sondern vom Neuronalen Netz eigenständig gelernt. Für die Problemstellung dieser Arbeit ist der konnektionistische Ansatz weniger interessant, da seine Vorteile nur bei bestimmten Aufgabenstellungen zum Ausdruck kommen und ihm die insbesondere bei der Entscheidungsunterstützung notwendige Erklärungsfähigkeit fehlt.[10] In dieser Arbeit wird daher vom klassischen KI-Paradigma ausgegangen.

Ein wichtiges Merkmal der KI ist die Interdisziplinarität dieses Forschungsbereichs. Die Begriffe *Wissen* und *Intelligenz* werden auch in einigen anderen Disziplinen, wie z.B. Philosophie, Psychologie, Pädagogik, Soziologie, Informatik usw. diskutiert und eröffnen ein breites Feld für gemeinsame Arbeiten.[11] Da der Austausch von Wissen über Sprache erfolgt, ist die Notwendigkeit, die Linguistik in die beteiligten Disziplinen einzubeziehen, offensichtlich. Von der Psychologie war es vor allem der Begriff *Intelligenz*, der von der KI aufgegriffen und z.T. spezifisch abgewandelt wurde. Herbert A. Simon, einer der wichtigsten Vertreter der AI, bringt es auf eine Formel:

*"Intelligenz is mind implemented by any patternable kind of matter".*[12]

Simon hält damit den Ausdruck *Artificial Intelligence* für tautologisch: Die Wissenschaft von der Intelligenz ist eine Wissenschaft des Künstlichen, eine *Science of the Artificial*.[13]

Der KI wird seit Beginn der achtziger Jahre seitens der BWL zunehmend Beachtung geschenkt. Insbesondere der Bereich der XPS verspricht dem betrieblichen Anwender neuartige Leistungspotentiale. Nachdem in den letzten Jahren die technophile Euphorie von einer eher ernüchternden Betrachtung des tatsächlich Erreichbaren abgelöst wurde, kann nun eine Konsolidierung dieses Forschungsbereichs stattfinden und noch offene Felder in den theoretischen Grundlagen können geschlossen werden.

Zu den Markterwartungen für die Produkte der KI läßt sich feststellen, daß in der Vergangenheit stark differierende Prognosen vorgelegt wurden.[14] Diese frü-

---

9 Vgl. Freksa (1988a), S. 8.

10 Vgl. die Gegenüberstellung dieser beiden Ansätze im Abschnitt 4.1. Das über das Netzwerk verteilte Aktivitätsmuster ist für den Menschen nur schwer nachvollziehbar; vgl. Kemke (1988), S. 147. Die mangelnde Erklärungsfähigkeit beklagt auch Schumann (1991), S. 37. Eine umfassende Übersicht über die verschiedenen Kritikpunkte am konnektionistischen Ansatz geben Bechtel/Abrahamsen (1991), S. 210ff.

11 Vgl. Gabriel (1992), S. 11; Schefe (1986), S. 12; Coy/Bonsiepen (1989), S. 13.

12 Simon zitiert nach Schefe (1986), S. 12. Die Quelle ist dort nicht angegeben.

13 Vgl. dazu Simon (1969).

hen Prognosen waren besonders von der vorherrschenden technophilen Euphorie geprägt und haben die Entwicklung des tatsächlichen KI-Marktes völlig überschätzt.[15] Der Weltmarkt für KI-Tools, einsatzfertige Anwendungen sowie den externen und internen Aufwand zur Anwendungsentwicklung, erreichte 1993 die Größenordnung von 835 Mio. US-$. Für die Zukunft wird von einem weiteren stetigen Wachstum ausgegangen. Zwei Drittel des Weltmarktes entfielen auf die USA, 15 % auf Europa, 13 % auf Japan und 6% auf die übrigen Länder. Von den 550 Mio. US-$, die auf den KI-Markt der USA entfielen, verteilten sich 60% auf WBS, 24 % auf Neuronale Netze und Fuzzy-Systeme, 13 % auf Natürlichsprachliche Systeme und 3 % auf KI-Sprachen.[16] Insgesamt wird damit ein beachtliches Umsatzpotential erreicht. Neuere Untersuchungen belegen zudem, daß die KI nach Einschätzung von Entscheidungsträgern der Informationswirtschaft weiterhin zu den Schlüsseltechnologien gezählt wird.[17] Das Langfristpotential dieser Technologie ist keineswegs zu leugnen.[18]

Die KI umfaßt fünf große Teildisziplinen, die in toto die Breite dieses Forschungsbereichs dokumentieren:[19]

1. Verarbeitung natürlicher Sprache (*"natural language processing"*)[20],
2. Bildverarbeitungssysteme (*"image processing systems"*)[21],
3. Deduktionssysteme (*"deductive systems"*)[22],
4. Robotersysteme (*"robotics"*)[23] und
5. Expertensysteme (*"expert systems"*)[24].

---

14 Vgl. dazu die Gegenüberstellungen in Coy/Bonsiepen (1989), S. 83 f. und Zelewski (1989a), S. 4ff.

15 Die Arthur D. Little Inc. hat z.B. den US-Markt im Jahre 1990 für Produkte der KI auf insgesamt 11,8 Mrd. US-$ prognostiziert.

16 Vgl. o.V. (1994), S. 90f.

17 Vgl. Grover/Goslar (1993), S. 17ff.; insbesondere Table 1: "Ranked List of Key Information Technologies", S. 18.

18 Vgl. Hoch/Schirra (1993), S. 38.

19 Vgl. Siekmann (1989), S. 111; Gabriel (1992), S. 12f.; Kurbel (1992), S. 4ff.

20 Vgl. z.B. Cullingford (1986).

21 Vgl. z.B. Ballard/Brown (1982).

22 Vgl. z.B. Bibel (1982).

23 Vgl. z.B. Brady/Hollerbach et al. (1982).

24 Vgl. z.B. Hayes-Roth/Waterman et al. (1983); Harmon/King (1986); Puppe (1986), S. 1ff; Waterman (1986); Jackson (1987); Savory (1988); Zelewski (1989a); Richter (1989), S. 185ff.; Puppe (1991); Hansen (1992), S. 452ff.; Gabriel (1992).

Diese Arbeit konzentriert sich auf die fünfte Teildisziplin. Eine Darstellung und Einordnung der verschiedenen Definitionsversuche zum Begriff XPS erfolgt im nächsten Abschnitt.

### 2.1.2 Konzepte Wissensbasierter Systeme

Für den Begriff Expertensysteme (XPS) existiert keine einheitliche Auffassung über seine inhaltliche Bedeutung und Abgrenzung. Im folgenden werden einige Definitionsversuche vorgestellt, die das breite Spektrum wiedergeben:

Raulefs bezieht sich in seinem Definitionsversuch auf die Zielsetzung eines XPS, in dem er sagt: "Expertensysteme sollen die Tätigkeit von (menschlichen) Experten unterstützen bzw. teilweise mechanisieren[25]. Expertensysteme werden also durch das bestimmt, was Experten machen [...]. Ein Expertensystem ist ein Rechensystem, der[26] die [...] bezeichnete Tätigkeit[27] teilweise mechanisiert."[28] Im folgenden bezieht sich sein Definitionsversuch auf die Einsatzgebiete[29] eines XPS und dessen Architektur: "Ein als Beratungssystem ausgebautes Expertensystem besteht aus folgenden Komponenten: [...] Wissensbasis [...], Problemlösungskomponente [...], Erkärungskomponente [...], Wissensakquisitionskomponente [...], Dialogkomponente."[30]

Puppe hebt den Aspekt der Nachahmung menschlicher Fähigkeiten hervor: "Expertensysteme sind Computerprogramme, die Fähigkeiten von Experten simulieren sollen."[31] Und an anderer Stelle: "Expertensysteme sind Programme, mit

---

25 Er meint damit wohl "automatisieren".

26 Der Autor meint wohl "das". Eine sicherlich unbeabsichtigte Anthromorphisierung, die im Zusammenhang mit Expertensystemen, die ja menschliches Handeln nachbilden sollen, recht interessant erscheint.

27 Raulefs meint damit die Tätigkeiten eines Experten in einem bestimmten, eingegrenzten Gebiet, die sich auf das Lösen entstehender Probleme und die Beratung bei der Anwendung von Lösungen beziehen; vgl. Raulefs (1982), S. 62.

28 Raulefs (1982), S. 62.

29 Er nennt als die wichtigsten z.Zt. bearbeiteten Aufgabengebiete die Interpretation, die Diagnose, das Planen, die Konstruktion, das (automatische) Beweisen und das Tutoring. Diese Aufgaben werden seiner Meinung nach bearbeitet von *eingebetteten Systemen* oder *Beratungssystemen*; vgl. Raulefs (1982), S. 62.

30 Raulefs (1982), S. 63; vgl. auch dort die Strukturdarstellung in Abb. 1.1.

31 Puppe (1986), S. 1.

denen das Spezialwissen und die Schlußfolgerungsfähigkeit qualifizierter Fachleute auf eng begrenzten Aufgabengebieten nachgebildet werden soll."[32]

Gabriel benutzt bei seiner Definition eher implementationsspezifische Aspekte, indem er sagt, "daß Expertensysteme **Programmsysteme** darstellen, die das **Wissen von Experten** speichern und dieses auch nutzen können."[33]

Für Zelewski läßt sich ein XPS auffassen "als ein informationsverarbeitender Automat ('Computer') [..], der sich - im Vergleich zu seinem konventionellen Pendant - dadurch auszeichnet, daß:

- der Benutzer den Automaten beauftragen kann, ein Problem zu bewältigen, ohne hierbei zu beschreiben, wie der Automat bei seiner Problembewältigung vorgehen soll [...];
- der Automat bei seiner Problembewältigung Wissen [...] anwendet, das in einer separaten Wissensbasis explizit dargestellt wird".[34]

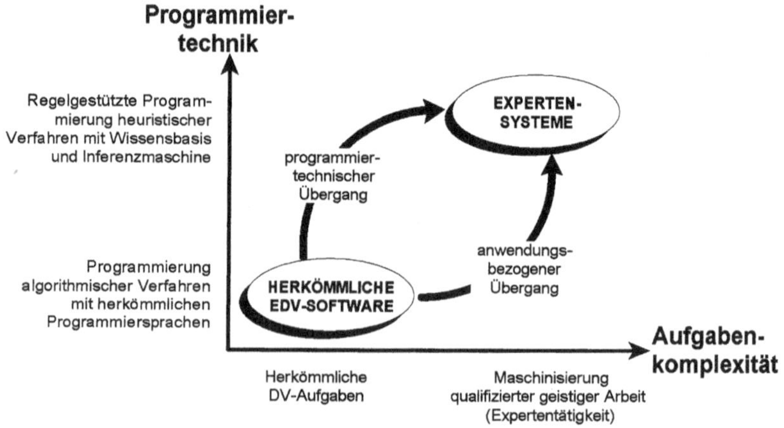


Abb. 2.1: Herkömmliche DV-Systeme und Expertensysteme
Quelle: Coy/Bonsiepen (1989), S. 27.

Coy/Bonsiepen unterscheiden eine *technische* und eine *anwendungsorientierte Definition.* Nach technischen Definition sind XPS als eine "besondere Form von

---

32 Puppe (1991), S. 2. Kurbel benutzt fast den gleichen Wortlaut: "Ein *Expertensystem* ist ein Programm, das in einem eng abgegrenzten Anwendungsbereich die spezifischen Problemlösungsfähigkeiten eines menschlichen Experten zumindest annähernd erreicht oder übertrifft." Kurbel (1992), S. 22; Kurbel (1990), S. 483. Hervorhebung im Original.

33 Gabriel (1992), S. 22; Hervorhebungen im Original.

34 Zelewski (1989a), S. 16.

Programmen definierbar, die sich durch die Trennung der anwendungsspezifischen Methoden [...] und der anwendungsunabhängigen Programmsteuerung [...] unterscheiden"[35]. Daneben ist auch eine Definition aus den *Anwendungsgebieten* heraus möglich. Danach unterstützt ein XPS "Entscheidungen auf dem Kenntnis- und Wissensstand von Fachleuten [= Experten, Anm. d. Verf.]"[36]. Dieser orthogonale Definitionsversuch ist in der Abbildung 2.1 dargestellt.

Schon aus diesen beispielhaften Definitionen läßt sich die Vielfalt der begrifflichen Konzepte in der KI-Literatur erkennen[37]. In diesen Definitionen werden in der Regel mehrere Aspekte miteinander vermengt, die der Klarheit halber getrennt werden sollten. Aus den unterschiedlichen Sichtweisen lassen sich folgende wesentliche Gesichtspunkte herausfiltern:[38]

- Die *leistungs-(anwendungs-)bezogenen* Ansätze heben bestimmte Fähigkeiten von einem XPS - vor allem die Nachahmung von menschlichem Verhalten oder die Lösung von Problemen - hervor.
- Die *qualifizierenden* Zusätze schränken den Gültigkeitsbereich des Begriffs XPS auf Fähigkeiten mit einer bestimmten Mindest-Anspruchshöhe ein (Expertenniveau). Es handelt sich um Ergänzungen zu den leistungsorientierten Ansätzen.
- Die *strukturorientierten* Konzepte kennzeichnen ein XPS durch charakteristische Komponenten, die im Rahmen der konventionellen Informationsverarbeitung als Softwaremodule nicht explizit unterschieden werden.
- Die *ressourcenbezogenen* Varianten heben einen bestimmten Input, das Wissen, bei der Informationsverarbeitung hervor.
- Der *objektorientierte* Ansatz stellt Symbole anstelle von konventionellen Daten als Objekte der Informationsverarbeitung heraus.
- Die *programmierbezogene* Variante erweitert den objektorientierten Ansatz in der Weise, daß sie unterstellt, die Realisierung eines XPS beruhe auf spezifischen, nicht-konventionellen Programmiertechniken (z.B. nonprozedurale Programmierung).
- Die *methodenorientierten* Konzepte heben die Anwendung KI-spezifischer Vorgehensweisen bei der Informationsverarbeitung hervor (z.B. heuristisches Problemlösen).
- Die *funktionsbezogenen* Ansätze charakterisieren ein XPS durch die Aufgaben (Anwendungsgebiete), zu deren Erfüllung sie (hauptsächlich) entwickelt wurden (z.B. Beratungs- und Diagnosesysteme).

---

35 Coy/Bonsiepen (1989), S. 26.

36 Coy/Bonsiepen (1989), S. 26.

37 Weitere Definitionen sind z.B. bei Gabriel (1992), S. 21f. zu finden.

38 Vgl. Zelewski (1989a), S. 109f.

Von diesen definitorischen Dimensionen sind für diese Arbeit die leistungs- (einschließlich ihrer Zusätze), die struktur- und die funktionsbezogene Variante relevant. Ein XPS wird im folgenden insbesondere hinsichtlich seiner anwendungsbezogenen Leistungsmerkmale betrachtet.

Da Wissen bei der Problemlösung eines XPS eine herausragende Rolle spielt, wird das XPS oft auch als WBS bezeichnet.[39] Kurbel sieht die beiden Begriffe jedoch auf unterschiedlichen Ebenen angesiedelt: "Ein *wissensbasiertes System* ist ein Softwaresystem, bei dem das Fachwissen über ein Anwendungsgebiet (»domain knowledge«) explizit und unabhängig von allgemeinem Problemlösungswissen dargestellt ist."[40] Er versteht unter dem Begriff WBS eher den Aspekt der software-technischen Realisierung, während beim Begriff XPS die Anwendungsseite und die Leistungsfähigkeit des menschlichen Experten als Bewertungsmaßstab im Vordergrund stehen. Für diese Arbeit muß diese Abgrenzung nicht notwendigerweise vorgenommen werden. Innerhalb dieser Arbeit werden diese beiden Begriffe daher synonym benutzt.

### 2.1.3 Leistungspotentiale Wissensbasierter Systeme

Welchen (betriebswirtschaftlichen) Nutzen ein WBS erbringen kann, ist sicherlich nicht pauschal beschreibbar. Für viele XPS-Projekte wurde keine explizite Nachkalkulation durchgeführt,[41] so daß die nachfolgenden Angaben von Nutzeffekten daher mehr erwartungs- als erfahrungsorientiert zu verstehen sind. Mertens/Borkowski et al. sehen die Nutzeffekte eines WBS im strategischen, administrativen und dispositiven Bereich. Bisher überwiegen noch die Nutzeffekte im administrativen und dispositiven Bereich, die sich folgendermaßen darstellen:[42]

- *Akzeptanzverbesserung* durch intelligente Zugangssysteme.
- *Berücksichtigung von mehr Alternativen möglich*, d.h. WBS bieten ähnliche Möglichkeiten wie die Simulation.
- *Arbeitsvereinigung* durch Zusammenführung von bisher arbeitsteilig bewältigter Aufgaben.

---

39 Vgl. z.B. Gabriel (1992), S. 1. Dort wird explizit darauf hingewiesen, das beide Begriffe als synonym betrachtet werden können.

40 Kurbel (1990), S. 484. Hervorhebungen im Original.

41 Vgl. Maßler (1993), S. 28. Timm hat zwar verschiedene Schätzmodelle für die Kosten-Nutzen-Analyse beschrieben. Sie beziehen sich allerdings alle auf die Kalkulation des Entwicklungsprojektes; vgl. Timm (1994), S 103ff.

42 Vgl. Mertens/Borkowski et al. (1993), S. 10ff.; Mertens (1988b), S. 40ff. Kosten-Nutzen-Überlegungen zum Einsatz Wissensbasierter Arbeitsplatzunterstützungssysteme haben auch Bechtolsheim/Derndinger (1990), S. 26ff. zusammengetragen.

- *Verkürzung von Durchlauf- und Reaktionszeiten* als Folge der Arbeitsvereinigung und der besseren Entscheidungsunterstützung.
- *Individualisierung* durch stärkere Berücksichtigung von Einzelwünschen, im Gegensatz zu einer Schematisierung durch konventionelle Rationalisierungstechniken.
- *Berücksichtigung von mehr Komplexität* bei der Entscheidungsunterstützung (das WBS als sog. "brain amplifier").
- *Normierung*, weil durch ein WBS eine einheitliche Behandlung gleicher Vorgänge in verschiedenen Abteilungen oder Filialen erreicht werden kann.
- *Rationalisierung* durch Zeiteinsparungen und damit verbundene Kostensenkungen.
- *Sicherheit/Vollständigkeit/Fehlerfreiheit* aufgrund einer sichereren Beurteilung von Zuständen und Abläufen.
- *Wettbewerbsvorteile* z.B. durch intelligente Produkte oder Verkürzung der Durchlauf- und Reaktionszeiten.
- *Wissenssicherung* indem das Wissen von Experten konserviert wird.
- *Wissensmultiplikation* indem das Wissen von Spezialisten mehreren Mitarbeitern zugänglich gemacht wird.
- *Weniger qualifizierte Mitarbeiter notwendig*, da mehr Aufgaben von Spezialisten delegiert werden können.
- *Weniger Schulung des Personals nötig*, weil die Wartung z.B. durch ein Diagnosesystem unterstützt wird.

Die Nutzeffekte von WBS im strategischen Bereich überschneiden sich teilweise mit den vorher genannten Nutzeffekten. Mertens/Borkowski et al. haben zunächst zwei Zielrichtungen herausgestellt:[43]

1. Verbesserung der Position des Unternehmens im Wettbewerb durch den Einsatz von WBS.
2. Einsatz von WBS zur Entscheidungsunterstützung bei strategischen Fragen.

Neben diesen strategischen Nutzeffekten von WBS lassen sich aus der Art der Problembeschreibung und -lösung sowie der Kommunikation mit der Umwelt einige spezielle Leistungspotentiale aufzeigen.[44] Selbstverständlich lösen auch konventionelle Planungs- und Entscheidungsunterstützungssysteme Probleme. Die Art und Weise der Problemlösung ist bei einem WBS jedoch von grundsätzlich anderer Qualität und führt zu besonderen Leistungspotentialen der Wissensrepräsentation und der Wissensauswertung. Im Gegensatz zu konventionellen Systemen lassen sich das Wissen aus dem Anwendungsbereich und das allgemeine, formale Problemlösungswissen sauber voneinander trennen. Das

---

43 Vgl. Mertens/Borkowski et al. (1993), S. 14.

44 Vgl. dazu die Darstellung bei Gabriel (1992), S. 91ff., auf die sich die folgenden Abschnitte im wesentlichen beziehen.

eigentliche Anwendungswissen ist explizit repräsentiert und damit transparent. Hieraus ergeben sich Leistungspotentiale der *Wissensrepräsentation*, die im Abschnitt 2.1.3.1 dargestellt werden.

Die Wissensauswertung läßt sich einteilen in Inferenz- und Suchprozesse. Unter Inferenz werden die Operationen verstanden, die einen Problemzustand in einen neuen Problemzustand überführen und damit hoffentlich näher an eine Lösung heranführen. Die Suche soll aus den verschiedenen möglichen neuen Problemzuständen denjenigen auswählen, der am aussichtsreichsten erscheint, um eine möglichst optimale Problemlösung zu erhalten. Die Leistungspotentiale der *Wissensauswertung* werden im Abschnitt 2.1.3.2 beschrieben.

WBS unterscheiden sich deutlich in der Art der Kommunikation mit der Umwelt. Insbesondere wird ein viel komplexer konzipiertes Modell der Mensch-Computer-Kommunikation (MCK) ermöglicht.[45] Dies wird durch die Bereitstellung einer besonderen Erklärungskomponente deutlich. Die damit vorhandenen Leistungspotentiale der *Kommunikation* werden im Abschnitt 2.1.3.3 vorgestellt.

#### 2.1.3.1 Leistungspotentiale der Wissensdarstellung

In der Wissensrepräsentationsforschung geht man davon aus, daß Computersysteme mit Wissen ausgestattet werden können. Grundlage für diese Annahme ist die bereits - einschließlich der Kritik - dargestellte "*Physical Symbol System Hypothesis*". Grundsätzlich besteht Einigkeit darüber, daß weite Bereiche des Wissens eines Anwendungsbereichs symbolisch repräsentiert und in strukturierter Form in einer Wissensbasis hinterlegt werden können.

Ausgehend von dieser Vorstellung ergeben sich bereits folgende Vorteile der Wissensrepräsentation:[46]

- *Wissensmultiplikation, Kumulierung von Wissen, Wissenssicherung:* In einem XPS kann das Fachwissen einer größeren Zahl von Spezialisten kumuliert und Nutzung des Wissens für alle Mitarbeiter sichergestellt werden. Das Wissen bleibt auch nach Ausscheiden der Mitarbeiter dem Unternehmen erhalten.
- *Wissenssystematisierung:* Mit der Entwicklung eines XPS werden Problemfelder vielfach erstmals strukturiert und durch die vom System gebotene Darstellung des Wissens auch für Laien nachvollziehbar.
- *Wissensverfügbarkeit:* Wissen wird durch den Einsatz eines XPS unabhängig von Ort und Zeit. Darüber wird die Qualität des Wissens konstant gehalten.[47]

---

45 Vgl. Gabriel (1992), S. 115.

46 Vgl. Kurz/Thines et al. (1989), S. 46f.

Folgt man der oben erläuterten Vorstellung, daß Wissen Struktur hat, so liegt die Schlußfolgerung nahe, daß verschiedene Repräsentationsschemata Wissen unterschiedlich adäquat repräsentieren können. Die Adäquatheit einer Repräsentation zeigt sich vor allem in der strukturellen Ähnlichkeit zwischen Repräsentierendem, d.h. dem formalen Stellvertreter in der Wissensbasis, und Repräsentiertem, d.h. dem realen Objekt aus dem Anwendungsbereich. Diese Forderung nach struktureller Ähnlichkeit läßt sich beispielhaft wie folgt konkretisieren:

1. Syntax und Semantik des Repräsentationsschemas sollen so beschaffen sein, daß das Wissen des Anwendungsbereichs in Form von Begriffen, Vorgehensweisen, Regeln etc. so abgebildet werden kann, daß es nahe an dem Anschauungsvermögen des Anwenders liegt.
2. Die Unschärfe und Vagheit von Wissen, soweit sie im Anwendungsbereich begründet sind, sollten weitgehend erhalten bleiben. Wissen sollte daher nicht über dasjenige Maß hinaus bestimmt werden, welches als Bestimmtheitsgrad vom Anwendungsbereich verlangt bzw. ermöglicht wird.

Die Forderung nach einer adäquaten Repräsentation von Wissen führt dazu, daß verschiedenartiges Wissen auch verschiedenartig zu repräsentieren ist. Daraus ergibt sich wiederum die Forderung, mehr als ein Repräsentationsschema zur Repräsentation von Wissen eines Anwendungsbereichs heranzuziehen. Moderne XPS-Shells bieten daher eine hybride, d.h. mehrere Repräsentationsschemata umfassende Wissensrepräsentation an.[48] Das Leistungspotential der Wissensrepräsentation ist damit vor allem im Formulierungsreichtum hybrider Wissensbasen zu sehen, die ein umfassendes Modell eines komplexen Anwendungsbereichs in Form symbolischer und strukturierter Wissenseinheiten erlauben.

Eine so konzipierte Wissensbasis repräsentiert dementsprechend auch das Wissen über Bildung, Veränderung, funktionale Abhängigkeit, Kontextbezogenheit sowie Konsistenz- und Integritätsbedingungen der Wissenseinheiten. Dieses Metawissen kann im Verlaufe des Problemlösungsprozesses steuernde und kontrollierende Aufgaben übernehmen. Dieser Ansatz steht im direkten Gegensatz zum Prozeß der Verarbeitung von Daten bei "konventionellen" DV-Systemen, der als formaler Prozeß völlig losgelöst vom semantischen Inhalt des Dargestellten vollzogen wird.

Diese Herangehensweise ist vergleichbar mit der wissenschaftstheoretischen Betrachtung des Gegenstandsbereichs "Betriebswirtschaft", d.h. der Formulierung

---

47 In diesem Zusammenhang muß ausdrücklich auf die Wartungs- und Pflegeproblematik von Wissensbasierten Systemen hingewiesen werden; vgl. dazu Timm (1994), S. 210ff. Zur Sicherstellung eines langfristigen Einsatznutzens reicht eine bloße "Wissenskonservierung" nicht aus.

48 Wichtig ist dabei, daß das Wissen, welches in einem Formalismus repräsentiert ist, auch von anderen Formalismen benutzt werden kann; vgl. Furbach (1988), S. 264.

von Aussagenkategorien über die "Betriebswissenschaft". Auch in der Wissenschaftstheorie werden verschiedene Sprachebenen (Objekt- und Metasprache) unterschieden.[49] Die Grundlage der Lösung betriebswirtschaftlicher Problemstellungen ist eine möglichst exakte Beschreibung des Anwendungsbereichs, z.B. in Form von Aussagensystemen über seine Elemente, Beziehungen sowie deren Eigenschaften.

Die Leistungspotentiale der Wissensdarstellung kommen daher besonders zum Tragen, wenn das Wissen des Anwendungsbereichs möglichst problemorientiert, d.h. auf einer erkenntnistheoretischen (epistemologischen) Ebene repräsentiert wird. Dazu gehört u.a. deskriptives Wissen in Form von theoretischen Aussagen über Ursache-Wirkungs-Beziehungen. Solches Modellwissen (kausales Wissen, "deep modelling") läßt sich besonders gut für technische Anwendungsbereiche zusammenstellen, deren Prozeßabläufe physikalischen Gesetzmäßigkeiten unterworfen sind.[50] Aus diesem Modellwissen lassen sich in konkreten Problemsituationen die zulässigen Handlungsparameter, deren Voraussetzungen und Ergebnisse ableiten. Die theoretischen Aussagen sind in pragmatische Handlungsanweisungen überführt worden. Abschließend muß noch Wissen repräsentiert sein, das wertenden Charakter hat. Es hat die Aufgabe, aufgrund von Zielvorstellungen Handlungsparameter zu selektieren und entsprechend ihrer Wichtigkeit im Verlaufe des Problemlösungsprozesses zu ordnen und zu gewichten.[51]

Die Leistungspotentiale der Wissensdarstellung ergeben sich aus der Modellierung eines Anwendungsbereichs mit Hilfe des Formulierungsreichtums hybrider Wissensbasen. Oftmals findet mit der XPS-Erstellung erstmals eine explizite Modellierung eines Problembereichs statt. Unabhängig von einer Problemlösung wird der Anwendungsbereich mit allen Elementen und Beziehungen vollständig beschrieben. Dies führt zu einer oft erstmaligen epistemologischen Abbildung des Gegenstandsbereichs.

#### 2.1.3.2 Leistungspotentiale der Wissensauswertung

In der Fähigkeit, anhand einer gegebenen Problemstellung einen Problemlösungsprozeß zu initiieren, zu konstruieren und diesen Prozeß zu einer zufriedenstellenden oder optimalen Lösung zu führen, sind weitere Leistungspotentiale von WBS begründet. Betriebswirtschaftliche Problemstellungen sind in der Regel komplex, so daß für die Generierung eines Lösungsplans die ursprüngliche Problemstellung in Teilprobleme zerlegt werden muß. Diese Teilprobleme werden wiederum so

---

49 Vgl. z.B. Raffée (1974), S. 18f.

50 Vgl. Barth (1989), S. 24.

51 Vgl. Bendig (1988), S. 88ff.

lange zerlegt, bis konkrete Handlungsvorschläge für eine Lösung ermittelt werden können. Die Gesamtheit dieser einzelnen Lösungsschritte führt zum Plan und damit nach Ausführung zur Erreichung des Zielzustands. Menschliches Problemlösen ist durch diese, den Problemlösungsprozeß zerlegende Vorgehensweise charakterisiert.[52] Die einzelnen Lösungsschritte können dabei in einfache (molekulare) oder komplexe (molare) Schritte unterschieden werden, je nachdem ob sie aus einzelnen Aktionen oder größeren zusammengefaßten Einheiten bestehen.[53] Aufbauend auf dem suchtheoretischen Ansatz entsteht im Problemlösungsprozeß ein sog. *Problemgraph*, der die Gesamtheit aller zulässigen Zustände (als Knoten) und die Zustandsübergänge (als Kanten) darstellt.[54] Die Zustandsübergänge entstehen durch die Anwendung von verschiedenen zulässigen Transformationsregeln auf den jeweiligen Ausgangszustand. Die zusammenhängende Folge der Zustandsübergänge über die einzelnen Zwischenknoten vom Anfangs- zum End-(Ziel-)knoten definiert die zulässige Problemlösung.

Man kann nun den Transformationsprozeß oder die Generierung neuer Zustände als *Inferenz* auffassen, da auf der Grundlage von vorhandenem Wissen (alter Zustand) neues Wissen abgeleitet (inferiert) und damit ein neuer Problemzustand konstituiert wird. Bei komplexen Problemstellungen wird es mehrere Möglichkeiten geben, neue Zustände oder Knoten zu generieren, d.h. es existieren alternative Zustandsübergänge. Man könnte nun versuchen, durch vollständige Enumeration aller kombinatorisch möglichen Wege die Problemstellung zu lösen. In der Realität wird dies nicht möglich sein, weil der Problemgraph infolge seiner Größe (kombinatorische Explosion) und endlicher Ressourcen (Zeit und Speicher) nicht vollständig erzeugt werden kann. Es ist daher die Aufgabe einer *Such*strategie, eine Auswahl der Zustandsübergänge vorzunehmen und damit für die Konstruktion des Problemgraphen verantwortlich zu sein. Suche und Inferenz begründen damit wichtige Leistungspotentiale.

Schlußfolgern oder Inferieren wird als Ausdruck oder notwendige Bedingung für intelligentes Verhalten betrachtet. Inferieren steht für einen Prozeß, in dem aus vorhandenem Wissen, Annahmen oder Vermutungen neues Wissen, weitere Annahmen oder Vermutungen gewonnen werden.[55] Dieses neue Wissen wird also durch die Anwendung von Schlußregeln aus dem explizit in der Wissens-

---

52 Vgl. die Darstellung im Abschnitt 3.4.

53 Vgl. Miller/Galanter et al. (1973), S. 22.

54 Vgl. Gabriel (1992), S. 102; Zelewski (1986a), S. 242. In der KI-Literatur wird dieser Problemgraph auch häufig "problem space", "search space", "state space", "Suchbaum" oder "Problemraum" genannt; vgl. Becker (1992), S. 178; Winston (1992), S. 173f.; Schefe (1986), S. 48; Waterman (1986), S. 27; Pearl (1984), S. 20ff.; Stefik/Aikins et al. (1983), S. 66; Rich (1983), S. 25ff.

55 Vgl. Schefe (1986), S. 102.

basis vorhandenen Wissen geschlossen. Man bezeichnet es daher als implizites Wissen, weil es bereits "virtuell" vorhanden ist und durch den Schlußfolgerungsprozeß konkretisiert werden kann.[56] Damit ist bereits ein Leistungspotential von WBS aufgezeigt, da WBS neben dem expliziten Wissen auch das wesentlich umfangreichere implizite Wissen für Problemlösungen einsetzen können.

*Deduktive Schlußregeln*[57] gehen von einer axiomatischen Wissensbasis, d.h. einer in sich konsistenten Menge von gültigen Aussagen, aus. Der deduktive Inferenzprozeß fügt dieser Aussagenmenge weitere gültige Aussagen hinzu, ohne daß die Konsistenz gefährdet wird (*Monotonieprämisse*).[58] Dies entspricht allerdings nicht dem allgemeinen menschlichen Problemlösen. Gewöhnlich hat man Erwartungswerte oder möchte plausible Schlüsse aus unvollständigen Daten ziehen und diese gegebenenfalls korrigieren können.[59] Damit "eine rationale Erweiterung des Wissens um, wenn schon nicht logisch korrekte, so doch plausible Konklusionen"[60] vorgenommen werden kann, müssen die Lücken des Wissens mit Annahmen gefüllt werden, die der Wirklichkeit möglichst nahe kommen. Ein Großteil des menschlichen Wissens basiert auf plausiblen Regeln mit Ausnahmen.[61] Plausible und nicht notwendigerweise im Sinne eines Systems der klassischen Logik korrekte Schlußfolgerungen werden als commonsense reasoning[62], nichtmonoto-

---

56 Vgl. Zelewski (1986a), S. 344. Für Zelewski ist diese "Fähigkeit zur autoepistemischer Inferenz [..] eine beachtenswerte Fortentwicklung intelligenter Automaten im Vergleich zu solchen konventionellen Automaten, die über keine Inferenzfähigkeit verfügen"; Zelewski (1986a), S. 345.

57 Vgl. Hennings (1991), S. 44ff. Ein häufig genanntes Beispiel für eine deduktive Schlußregel ist der *modus ponens*: $p \wedge (p \rightarrow q) \rightarrow q$.

58 Monotonie ist eine Eigenschaft von logischen Systemen, die besagt: Wenn eine Aussage (Formel) P aus der Menge von Annahmen (Axiomen) A folgt (ableitbar ist), dann auch aus jeder Menge B von Aussagen (Formeln), die von A impliziert werden; vgl. Schefe (1986), S. 135.

59 Vgl. Puppe (1991), S. 57.

60 Brewka (1989), S. 5.

61 Vgl. Fischer (1991), S. 98; Curth/Bölscher et al. (1991), S. 67.

62 Vgl. z.B. Graham/Jones (1988), S. 250. "When experts solve problems, they use methods different from those of formal mathematical reasoning. In mathematical reasoning every conclusion must follow from previous information. In contrast, commonsense reasoning needs to draw conclusions from partial information, and people tentatively accept plausible conclusions for which they have no proof." Stefik/Aikins et al. (1983), S. 73.

nes Schließen[63], Default-Schlüsse[64] oder nondeduktive Inferenzen[65] bezeichnet, weil sie zwangsläufig die genannte Monotonieeigenschaft verletzen.

Die Anwendung von Regeln mit Ausnahmen führt dazu, daß aufgrund zusätzlicher Informationen bereits gezogene Schlüsse rückgängig gemacht werden müssen ("belief revision"). Dazu benötigt man ein System, das die Konsistenz der Schlußfolgerungen überwacht und evtl. Inkonsistenzen beseitigt. Diese sog. *Truth Maintenance Systeme (TMS)* oder *Reason Maintenance Systeme (RMS)* müssen bei der Rücknahme einer Schlußfolgerung in der Regel ein ganzes Netzwerk von abgeleiteten Schlußfolgerungen zurücknehmen. Dazu ist es notwendig, daß die Begründungen jeder Schlußfolgerung gespeichert werden (Begründungsnetz).[66] Bei Rücknahme eines Faktums muß dann rekursiv überprüft werden, welche Begründungen dadurch ungültig werden.[67]

Ein weiteres Leistungspotential der Wissensauswertung liegt also darin, daß die Schlußweisen des alltäglichen Denkens adäquat modelliert werden können. Einige wesentliche Konzepte nondeduktiver Inferenz sind:

- *Abduktive Inferenz:*[68] Die Abduktion ist das Generieren einer Hypothese, die, wenn sie zutrifft, den beobachteten Fall erklärt.[69] Abduktive Schlüsse sind oft praktisch gültig, manchmal unverzichtbar (z.B. in der Diagnostik)[70], aber nicht notwendigerweise wahr.

---

63 Vgl. Altenkrüger/Büttner (1992), S. 70ff.; Puppe (1991), S. 57f.; Fischer (1991), S. 97ff.; Richter (1989), S. 170ff.; Puppe (1989), S. 31f.; Brewka (1989), S. 5ff.; Zelewski (1986a), S. 358ff.

64 Vgl. Brewka (1989), S. 5. Er weist darauf hin, daß sich die Übersetzung "Ermangelungsschließen" für "default reasoning" nicht durchgesetzt hat.

65 Vgl. Gabriel (1992), S. 103ff.

66 Vgl. Dressler/Freitag (1989), S. 15.

67 Eine Überblick über *Truth Maintenance Systeme (TMS)* oder *Reason Maintenance Systeme (RMS)* geben Puppe (1991), S. 58ff.; Fischer (1991), S. 110ff.; Richter (1989), S. 174ff.; Dressler/Freitag (1989), S. 13ff. Die beiden wichtigsten Ansätze zur Begründungsverwaltung sind das *Justification-Based-TMS (JTMS)* und das *Assumption-Based-TMS (ATMS)*. Konkrete Systeme sind z.B. das TMS von Doyle, welches auf dem JTMS-Ansatz basiert, und das ATMS von de Kleer, welches auf dem ATMS-Ansatz basiert; vgl. Doyle (1979), S. 231ff. und Kleer (1986), S. 127ff.

68 Vgl. Hennings (1991), S. 46ff.; Schefe (1986), S. 103f.

69 Formal ausgedrückt: $(p \rightarrow q) \wedge q \rightarrow p$. Ein Beispiel für einen abduktiven Schluß ist: Wenn es geregnet hat, ist die Straße naß. Die Straße ist naß, also hat es geregnet.

70 Vgl. Jackson (1987), S. 126f. Er bezeichnet die Abduktion und die Induktion als kreativ. Sie sind beide "synthetische Operationen des Geistes"; Jackson (1987), S. 127.

- *Induktive Inferenz:*[71] Die Induktion besteht darin, zwei oder mehr Beobachtungen zu einem nicht notwendig wahren "Gesetz" z.B. in Form einer Implikation zu verbinden.[72] Jede weitere Beobachtung kann das zunächst plausible Gesetz falsifizieren. Induktive Inferenzen werden auch beim Wissenserwerb durch Lernen benutzt.[73]
- *Analoge Inferenz:*[74] Die analoge Inferenz versucht durch Transformation von bewährten Schlußfolgerungen aus vergangenen Problemlösungen neue Probleme zu lösen, die signifikante Ähnlichkeiten zu dem bereits gelösten Problem aufweisen.[75] Maschinelles Lernen benutzt häufig die Analogiebildung.[76]
- *Unvollständige oder modale Inferenz:*[77] Die *modale Inferenz* erweitert die klassische Formelmenge um sog. konsistente Formeln, die mit einem Modaloperator versehen werden ("es ist konsistent anzunehmen, daß ..."). Die Gültigkeit dieser Formeln ist nicht mit Sicherheit bekannt, sie scheinen jedoch aufgrund von Annahmen plausibel.[78] Bei der *autoepistemologischen Inferenz* wird nicht die Konsistenz, sondern eine Reflexion über das eigene Wissen ins Kalkül eingeführt ("es wird geglaubt, daß ...").[79] Die *Default Logik* erweitert die Inferenz um sog. Metaregeln, die angeben, wie die Wissensbasis um eine Menge von Überzeugungen ("belief set"), die nicht logisch ableitbar sind, erweitert werden kann.[80] In bestimmten Problemstellungen müssen zeitliche Aspekte bei der Inferenz berücksichtigt werden (*temporales Schließen*)[81].

---

71 Vgl. Hennings (1991), S. 48ff.; Richter (1989), S. 164ff.; Zelewski (1986a), S. 370ff.

72 Ein Beispiel für einen induktiven Schluß ist: Moritz ist ein Tier, und Moritz ist groß, und Moritz ist gefährlich. Max ist ein Tier, und Max ist groß, und Max ist gefährlich. Aus diesen Beobachtungen könnte folgende Implikation induktiv abgeleitet werden:
$\forall x(\text{gross}(x) \wedge \text{tier}(x)) \rightarrow \text{gefährlich}(x)$.

73 Vgl. dazu die Darstellung im Abschnitt 5.2.3.

74 Vgl. Zelewski (1986a), S. 377ff. Für Schefe handelt es sich bei der analogen Inferenz strenggenommen überhaupt nicht um einen logischen Schluß, sondern um die Übertragung eines Gesetzes oder Implikation; vgl. Schefe (1986), S. 110f.

75 Vgl. Carbonell (1986), S. 371ff.; Carbonell (1984), S. 137ff.

76 Vgl. dazu die Darstellung im Abschnitt 5.2.3.

77 Vgl. Richter (1989), S. 150ff.; Brewka (1989), S. 6; Schmauch (1987), S. 149; Schefe (1986), S. 106f.; Zelewski (1986a), S. 380ff.

78 Vgl. Fischer (1991), S. 101.

79 Vgl. Fischer (1991), S. 104.

80 Vgl. Lusti (1990), S. 299ff.; Fischer (1991), S. 106; Brewka (1989), S. 6f.

81 Vgl. zum temporalen Schließen z.B. Puppe (1991), S. 65ff.; Lusti (1990), S. 304ff.; Puppe (1989), S. 32f.

- *Probalistische oder evidentielle Inferenz:*[82] Bei unsicheren Fakten und Formeln muß der Schlußfolgerungsprozeß in der Lage sein, den Grad der Unsicherheit mit in die Ableitung einzubeziehen. Dies geschieht in der Regel durch Zuordnung von Werten zu den Fakten und Formeln, die den Grad der Verläßlichkeit oder die Wahrscheinlichkeit, die Unsicherheit oder den Evidenzwert repräsentieren.[83]
- *Mehrwertige oder Fuzzy Inferenz:*[84] Die Ansätze einer *mehrwertigen Logik*[85] führen mindestens einen dritten Wahrheitswert ein (z.B. unbestimmt). Die *Fuzzy Logik*[86] von Zadeh ist eine Erweiterung der mehrwertigen Logik.[87] Sie basiert auf der Fuzzy Set Theorie, die es ermöglicht, daß einem Objekt mit Hilfe einer Zugehörigkeitsfunktion ("membership function") ein sog. Grad der Mitgliedschaft ("grade of membership") zu einem Konzept zugeordnet werden kann.[88] Dieser Ansatz wurde von Zadeh noch auf Mengen von Begriffen ausgedehnt, die er *Linguistische Variable*[89] nannte. Damit lassen sich sehr gut natürlichsprachliche Begriffe formalisieren.

Weitere Leistungspotentiale der Wissensauswertung sind in der *Suche* begründet. Suchverfahren spielen auch im OR eine große Rolle, so z.B. beim Aufbau effizienter heuristischer Verfahren oder von Branch-and-Bound-Techniken im Rah-

---

82 Vgl. Puppe (1991), S. 43ff.; Puppe (1989), S. 30f. Zelewski ordnet das evidentielle Schließen der unscharfen Inferenz zu; vgl. Zelewski (1986a), S. 387f.

83 Die Anwendung von Evidenzfaktoren, Wahrscheinlichkeiten und anderen Faktoren zur Schlußfolgerung mit nicht-exaktem oder partiellem Wissen hat Hennings (1991), S. 61ff. ausführlich dargestellt. Auf die Unterschiede der (Un-)Sicherheitsmaße, wie z.B. den Gewißheitsfaktoren in MYCIN, und der Wahrscheinlichkeitstheorie weist Jackson (1987), S. 241ff. ausführlich hin.

84 Vgl. Altenkrüger/Büttner (1992), S. 75ff.; Zelewski (1986a), S. 383ff.

85 Einige Ansätze werden bei Schmauch (1987), S. 156f. dargestellt.

86 Vgl. z.B. Brunner (1994), S. 44ff.; Graham/Jones (1988), S. 117ff.; Zimmermann (1988), S. 175ff.; Zimmermann (1987), S. 43ff.

87 Vgl. Hennings (1991), S. 101.

88 Dem Objekt wird dazu eine Zahl aus dem Intervall [0.0,1.0] zugewiesen. Fuzzy Sets ermöglichen so die Formulierung mengentheoretischer Ausdrücke z.B. für folgende Aussage: X ist eine große Zahl. Dieser Satz läßt sich in mathematischer Notation wie folgt repräsentieren: $(X \in [0,10] : 0.1)$ $(X \in ]10,1000] : 0.2)$ $(X > 1000 : 0.7)$.

89 So läßt sich z.B. eine *Linguistische Variable* ALTER mit folgender Begriffsmenge bilden
T(ALTER) := {SEHR_JUNG, JUNG, NICHT_SEHR_JUNG,
MEHR_ODER_WENIGER_ALT, ALT}
Jedem Term aus der Begriffsmenge kann dann wieder eine unscharfe Untermenge aus der Domäne zugewiesen werden. Vgl. dazu z.B. Zimmermann (1993), S. 802ff.; Hennings (1991), S. 107.

men der ganzzahligen Programmierung.[90] Sie werden in verschiedenen Anwendungsbereichen eingesetzt und daher oftmals als "schwache Methoden" bezeichnet.[91] Die Leistungspotentiale liegen bei Suchverfahren auch im Formulierungsreichtum, d.h. es läßt sich eine für jede Problemstellung adäquate Modellierung der Suchprozesse vornehmen, zumal sich die Verfahren in der Regel kombinieren lassen und damit auch komplexe Strategien abgebildet werden können. Klassifizieren lassen sich die Suchverfahren nach ihrer Informiertheit, d.h. inwieweit werden Informationen der Problemstellung in die Suchstrategie eingebracht.

- *Uninfomierte Suchverfahren* ("blind search"): Diese Suchverfahren besitzen keine Informationen des Problembereichs und erforschen daher jeden Knoten des Problemgraphen systematisch nach der Lösung. Solche Verfahren sind die *Breitensuche* ("breadth-first search") und die *Tiefensuche* ("depth-first search").
- *Heuristische Suchverfahren* ("heuristic search"): Diese Suchverfahren versuchen, bestimmte Informationen der Problemstellung in den Auswahlprozeß einzubringen. Einfache Verfahren der heuristischen Suche sind das *Bergsteigen* ("hill climbing"), die *Bestensuche* ("best-first search") und die *Strahlensuche* ("beam search"). Komplexere Heuristiken weisen die *British Museum-Prozedur*, die *Branch-and-Bound-Technik*, die *Dynamische Programmierung* ("dynamic programming") und der *A*-Algorithmus* auf.

Weitere allgemeine Suchverfahren, die häufig genannt werden, sind *Generate and Test*[92], *Problemreduktion* ("problem reduction"), *Constraint Satisfication*[93] und *Means-Ends-Analysis*[94], aber auch die spieltheoretischen Ansätze, wie z.B. *Minimax-Verfahren*, *Alpha-Beta-Verfahren*, *fortschreitendes Vertiefen* und *heuristisches Abschneiden*.[95]

---

90 Vgl. Gabriel (1992), S. 109.

91 Vgl. z.B. Rich (1983), S. 72; Newell/Simon (1976), S. 123. "Many problem-solving paradigms, like search, require only a weak understanding of the domain to which they are applied. Consequently, some people call such problem-solving paradigms *weak methods*. The term *weak method* is not used in this book because it can be taken to mean *low powered*"; Winston (1992), S. 63. Hervorhebungen im Original.

92 Es handelt dabei um eine Verallgemeinerung der Breiten- bzw. Tiefensuche. Man kann es auch als ein systematisches Versuch-Irrtum-Verhalten auffassen. Vgl. die Darstellung zum unsystematischen Versuch-Irrtum-Verhalten im Abschnitt 4.4.2.1.

93 Vgl. die Darstellung im Abschnitt 2.2.3 Punkt f).

94 Vgl. die Darstellung im Abschnitt 4.4.2.3.

95 Ausführliche Beschreibungen der einzelnen Suchverfahren finden sich bei Winston (1992), S. 63ff.; Altenkrüger/Büttner (1992), S. 119ff.; Savory (1988), S. 54ff.; Schefe (1986), S. 56ff.; Zelewski (1986a), S. 300ff.; Pearl (1984), S. 33ff.; Horn (1984), S. 28ff.; Rich (1983), S. 72ff.; Stefik/Aikins et al. (1983), S. 68ff.

### 2.1.3.3 Leistungspotentiale der Kommunikation

Die Kommunikationsfähigkeit von WBS ist von großer Bedeutung. Der Begriff Kommunikation umfaßt hierbei sowohl die Einbettung in eine vorhandene Informationsinfrastruktur mit weiteren Informations- und Anwendungssystemen als auch die Mensch-Computer-Kommunikation (Benutzerschnittstelle). Dabei lassen sich folgende Arten von Schnittstellen unterscheiden:[96]

- *Schnittstellen zu Anwendern bzw. Benutzern* in ihrer Eigenschaft als Endbenutzer, Entwickler (Knowledge Engineer), Anwendungsexperte und/oder DV-Experte.
- *Schnittstellen zu weiteren Anwendungssystemen* in Form von
  - weiteren *Expertensystemen* (Wissensbasen),
  - "konventionellen" *Anwendungssystemen* (Administrations-, Dispositions- und Planungssystemen) und
  - *Datenbanksystemen.*
- *Schnittstellen zu Sensoren und Effektoren* bei technischen Prozessen.
- *Schnittstellen zu DV-Systemen* (Hardware und Betriebssystem).

Die Schnittstellen zu Sensoren und Effektoren sowie die Schnittstellen zu DV-Systemen sollen hier nicht weiter verfolgt werden, da sie für betriebswirtschaftliche Anwendungen nicht relevant sind. Expertensysteme wurden in der Vergangenheit häufig als Insellösungen konzipiert. Dies hat sich inzwischen jedoch stark verändert. Expertensysteme weisen vermehrt Schnittstellen zu allen Arten von Anwendungssystemen auf. Die Verbindung von Expertensystemen bzw. ihren Werkzeugen mit betrieblichen Informations- und Anwendungssystemen können anhand der Kriterien Systemelemente (*horizontale Integration*), Entwicklungsphasen (*vertikale Integration*) und Wissensquellen (*laterale Integration*) differenziert werden.[97] Verteiltes Problemlösen mit Expertensystemen ist in Form von Agentensystemen vorzufinden.[98] Expertensysteme tauschen Daten mit Anwendungsprogrammen (Administration-, Dispositions- und Planungssystemen) aus.[99]

---

96 Vgl. Gabriel (1992), S. 112.

97 Vgl. Bechtolsheim (1991), S. 25ff. Dort werden auch die Ergebnisse einer Erhebung von 35 kommerziell verfügbaren Enwicklungswerkzeugen für Expertensysteme hinsichtlich ihrer integrationsrelevanten Eigenschaften genannt; vgl. S. 29ff. Vgl. auch die Darstellung bei Bechtolsheim/Schweichhart et al. (1991), S. 70ff.

98 Vgl. dazu Bechtolsheim (1993), S. 30ff. Grundformen des verteilten Problemlösens mit einem XPS werden dort auf S. 26ff. beschrieben. Eine betriebswirtschaftliche Anwendung (MAGNIFICO - Multi-Agent Architecture for Intelligence Financial Consulting) wird bei Meyer/Mülheims et al. (1993), S. 271ff. vorgestellt. Vgl. auch die technischen und organisatorischen Realisierungskonzepte von Expertensystemen bei Gabriel (1992), S. 174ff.

99 Vgl. z.B. VDI (1992), S. 26f.; Jarke (1990), S. 477f.

Datenbanksysteme werden für die Speicherung großer Datenmengen von Expertensystemen genutzt.[100] Die folgende Darstellung der Kommunikation mit Datenbanksystemen kann analog auch auf Anwendungssysteme übertragen werden.

Die Kommunikation mit Datenbanksystemen kann über verschiedene Kopplungsmechanismen erfolgen, die in ihrer Anbindung bis zur vollständigen Integration z.B. des Datenbanksystems in ein XPS führen kann.[101] Unterstützt werden solche Kopplungsmechanismen durch Entwicklungsstrategien im Datenbankbereich, die zu deduktiven und objektorientierten Datenbanksystemen hinführen.[102] Ziel ist die Konzeption eines zukünftigen "intelligenten" Planungs- und Entscheidungsunterstützungsystems, welches aus den drei Komponenten Datenbasis (Datenbank, Wissensbank, Metadaten/-wissen), Modellbasis (Datenmodelle, Wissensmodelle, Funktions-/Ablaufmodelle) und Methodenbasis (Zugriffs- und Auswertungsverfahren, Inferenzverfahren, Algorithmen) mit einer "intelligenten" Benutzerschnittstelle besteht.[103]

"Intelligente" Benutzerschnittstellen, die aus einer Erklärungs- und Dialogkomponente bestehen, können völlig neue Konzepte bereitstellen und aufgrund ihres akzeptanzbestimmenden Einflusses ein wichtiges Kriterium für den Betrieb in der Praxis darstellen.[104] Die wissensbasierte Unterstützung der Mensch-Computer-Kommunikation bietet eine Erweiterung der bisherigen traditionellen Ansätze zur Gestaltung von Benutzerschnittstellen.[105] Insbesondere die Nutzung des impliziten Kommunikationskanals, d.h. die Verwendung von gemeinsamen Wissen als Kommunikationsbasis, wurde bisher nicht ausgenutzt.[106] Eine ergonomische Interaktion läßt sich nach der Vorstellung von Fischer durch folgende Zielsetzungen realisieren:[107]

---

[100] Vgl. z.B. Higa/Morrison et al. (1993), S. 132ff.; VDI (1992), S. 27; Barth (1989), S. 22f.

[101] Zu den Kopplungsmechanismen vgl. die Darstellung bei Timm (1994), S. 189ff. und Fritsch/Weimann (1992), S. 44ff. Über empirische Ergebnisse verschiedener Kopplungsarten berichten z.B. Härder/Mattos et al. (1987), S. 23ff.

[102] Vgl. Jarke (1990), S. 475f. Zu deduktiven Datenbanksystemen vgl. z.B. Freitag/Schütz et al. (1992), S. 1ff; zu objektorientierten Datenbanksystemen vgl. z.B. Kemper/Moerkotte (1993), S. 69ff.; Dittrich/Kotz (1989), S. 94ff.

[103] Vgl. dazu die Darstellungen bei Gabriel (1992), S. 193ff., insbesondere die Abb. 9.8, und bei Gabriel/Röhrs (1994), S. 30ff., insbesondere die Abb. 1/3.

[104] Vgl. Buchanan/Barstow et al. (1983), S. 166.

[105] Vgl. Fähnrich/Ziegler (1987), S. 21ff.

[106] Vgl. Fischer (1986), S. 40; Fischer/Herczeg (1986), S. 111ff.

[107] Vgl. Fischer (1986), S. 26ff.

- *Symbiotische Systeme*, die den Anwender nicht ersetzen, sondern seine individuellen Fähigkeiten verstärken (z.B. XPS als "expert support system")[108].
- *Konviviale Systeme*, die eine Anpassung des Systems an persönliche Wünsche und Bedürfnisse zulassen, d.h. dem Benutzer Gestaltungsspielräume einräumen (z.B. Benutzermodellierung).[109]
- *Flexible Systeme*, die auch ungeübten Anwendern durch geeignete Hilfefunktionen die Bearbeitung bestimmter Problembereiche ermöglichen und darüber hinaus inkrementelle Lernprozesse unterstützen (z.B. Hilfe- und Erklärungskomponente).

*Benutzermodelle* haben generell die Aufgabe, Informationen über den Anwender zu sammeln und daraus Konsequenzen für eine angepaßte Dialogführung zu ziehen.[110] Es handelt sich dabei also um ein individuelles Modell des Anwenders[111], d.h. es werden charakteristische Informationen[112] des Anwenders erhoben oder aus bisherigen Dialogen abgeleitet (*explizite* oder *implizite Informationsakquisition*). Dieses Benutzermodell kann dann aufgrund einer ständigen Analyse des Dialogverhaltens dynamisch modifiziert werden (*statische* oder *dynamische Modifikation*).[113] Ein solches Benutzermodell bietet eine gute Grundlage für Erklärungen, Hilfen und tutorielle Zielsetzungen. Gunzenhäuser/Knopik haben diesen Ansatz noch um das Konzept eines "*user agent*" erweitert.[114] Damit ist eine generalisierte Benutzerschnittstelle gemeint, die unabhängig vom eingesetzten Anwendungssystem (Werkzeug) ist. Bei der Abwicklung der Kommunikation

108 "[...] expert support systems are computer programs [...] to help people solve difficult problems well. This is done by pairing the human with the expert system in such way that the expert provides some of the knowledge and reasoning steps, while the human provides overall problem-solving direction as well as specific knowledge not incorporated in the system"; Luconi/Malone et al. (1986), S. 8. Vgl. dazu auch die kritischen Anmerkungen zur Partnermetapher bei Daniel (1990), S 23.

109 Werkzeuge sind konvivial, wenn sie innerhalb eines bestimmten Arbeits- und Lebenszusammenhangs in Aufbau und Struktur denkend durchdrungen und handelnd bewältigt werden können; vgl. Fischer (1986), S. 28.

110 Vgl. Bodendorf/Wittmann (1988), S. 30. Die *Individualisierbarkeit* ist eine alte Forderung der Software-Ergonomie; vgl. Daniel (1990), S. 23.

111 Bei sehr homogenen Benutzergruppen kann man versuchen, für jede Gruppe ein Standardmodell zu generieren; vgl. Mitschke/Timm (1992), S. 15.

112 Z.B. DV-Kompetenz, Anwendungskompetenz, Benutzerintentionen usw. Eine detaillierte Aufstellung ist bei Mitschke/Timm (1992), S. 16ff. zu finden. Einige Merkmale nennen auch Gunzenhäuser/Knopik (1986), S. 91.

113 Vgl. Mitschke/Timm (1992), S. 26ff.; Bodendorf/Wittmann (1988), S. 31ff.

114 Vgl. Gunzenhäuser/Knopik (1986), S. 84ff.

wird der "user agent" durch verschiedene Wissensbasen unterstützt.[115] Eine weitere, jedoch sehr selten realisierte Forderung an benutzerfreundliche Dialogkomponenten ist die natürlichsprachliche Kommunikation.[116]

Ein weiteres wichtiges Leistungspotential der Kommunikation liegt in der Erklärungsfähigkeit. Jarke sieht hierin einen "[...] der Hauptvorteile wissensbasierter Systeme gegenüber traditionellen Programmen."[117] Die Anwender müssen in der Lage sein, den Schlußfolgerungen des XPS zu folgen, um somit den Lösungsweg überprüfen zu können. Erst dadurch ist der Anwender in der Lage, die Ergebnisse zu akzeptieren oder zurückzuweisen.[118] Dazu erhält der Anwender derzeit Erklärungen auf folgende Fragestellungen:

- *"Warum"-Fragen* ("why"), die eine kontextbezogene Auskunft über die vom System gesteuerte Datenerhebung geben.
- *"Wie"-Fragen* ("how"), die den Schlußfolgerungsprozeß erklären sollen.
- *"Was"-Fragen* ("what"), die dem Anwender Zugriff auf das strukturelle Wissen in der Wissensbasis geben.

Erweitert wird diese Erklärungsfähigkeit noch um sog. *"Warum-nicht"-Fragen*.[119] Der Anwender möchte in diesem Fall eine Erklärung, weil er ein anderes Ergebnis erwartet hat und nun nach einer Begründung für die Ablehnung seiner Erwartung sucht.

Die Erklärungsfähigkeit unterstützt diejenigen Anwender, die aus den Ableitungen des Systems lernen wollen (*tutorielle Aspekte*), die eine Rechtfertigung für die Schlußfolgerungen des Systems verlangen (*Akzeptanzförderung*) oder die einfach nach Fehlern im System suchen (*Debugging-Aspekt*).[120] Dazu müssen einige

---

115 Gunzenhäuser/Knopik nennen folgende Wissensbasen: eine Werkzeugbeschreibung (z.B. Tabellenkalkulation), ein Dialogmodell (u.a. Dialoghistorie), ein Benutzermodell, ein Anwendungsmodell (anwendungsspezifische Lösungsmethoden) und ein Modell der kooperativen Aufgabenverteilung (Projektorganisation); vgl. Gunzenhäuser/Knopik (1986), S. 85f.

116 Vgl. z.B. Wendt (1988), S. 24; Retti (1984), S. 87.

117 Jarke (1990), S. 464. Im gleichen Sinne äußern sich auch Wendt (1988), S. 21; Brachman/Amarel et al. (1983), S. 42.

118 Vgl. Retti (1984), S. 84. "The need for explanation in expert systems has been recognized from the start"; Swartout/Moore (1993), S. 543.

119 Vgl. Buhl/Maßler et al. (1992), S. 85ff.; Ladwig/Mellis (1987), S. 150ff.

120 Vgl. Puppe (1991), S. 134f.; Ladwig/Mellis (1987), S. 152.

Anforderungen (z.B. Benutzer- und Aufgabenadäquanz)[121] erfüllt werden, die wiederum auf die Forderung nach einem Benutzermodell hinauslaufen.[122]

Tanner/Keuneke unterscheiden die folgenden Konzeptionen von Erklärungskomponenten:

- "**Step explanation.** Relating portions of the data in a particular case to the knowledge for making specific decisions or choices, i.e., explaninig the steps in the solution process.
- **Strategic explanation.** Relating decisions to follow particular lines of reasoning to the problem solver's goals.
- **Task explanation.** Relating the system's actions and conclusions to the goals of the task it performs.
- **Knowledge justification.** Relating conclusions and problem-solving knowledge to other domain knowledge, possibly showing how they were obtained."[123]

Solche Vorstellungen münden dann in neuen Ansätzen zur Erklärungsfähigkeit. Swartout/Moore haben z.B. ein Explainable Expert System Framework (EES) vorgelegt, welches einige dieser Anforderungen erfüllt. Für die Erklärung kann EES z.B. auf terminologisches Wissen, ein Modell des Anwendungsbereichs und eine Bibliothek von generellen Problemlösungsplänen zurückgreifen.[124]

Diese vielfältigen Potentiale zeigen sicherlich die Innovationen, die durch die WBS hervorgebracht wurden. Dabei soll aber nicht versäumt werden, daß es zu dem Thema Erklärungsfähigkeit auch einige kritische Anmerkungen in der Literatur gibt.[125]

### 2.1.4 Grenzen Wissensbasierter Systeme

Nach der Auflistung der Leistungspotentiale im vorherigen Abschnitt sollen nun die Grenzen eines WBS deutlich herausgearbeitet werden. Wie bei jeder anderen Technologie, haben auch die WBS Beschränkungen, die entweder diesem For-

---

121 Vgl. Klee (1989), S. 14f. Swartout/Moore nennen fünf generelle Anforderungen: "Fidelity", "Understandability", "Sufficiency", "Low Construction Overhead" und "Efficiency"; vgl. Swartout/Moore (1993), S. 545ff.

122 Vgl. Gabriel (1992), S. 74.; Kolb (1991), S. 146.

123 Tanner/Keuneke et al. (1993), S. 587. Hervorhebungen im Original. Vgl. auch Gabriel (1992), S. 122ff.; Chandrasekaran/Tanner et al. (1988), S. 224ff.; Chandrasekaran/Tanner et al. (1989), S. 13.

124 Vgl. Swartout/Moore (1993), S. 556ff.

125 Vgl. dazu z.B. Coy/Bonsiepen (1989), S. 68ff.

schungsbereich inhärent sind oder durch zukünftige Entwicklungen beseitigt werden können.

Die prinzipielle Kritik der KI setzt an ihren Grundannahmen an:[126]

1. Kognitive Prozesse können als repräsentationale Prozesse aufgefaßt werden.
2. Kognition wird gleichgesetzt mit der regelgeleiteten, nach formalen Prozessen ablaufenden Manipulation von symbolischen Repräsentationen.
3. Formale bzw. symbolische Prozesse können unabhängig von ihrer physikalischen Basis betrachtet werden.
4. Es lassen sich generelle Gesetzmäßigkeiten identifizieren, die für kognitive Prozesse insgesamt gelten, unabhängig davon, um welchen mentalen Akt es sich handelt.

Die philosophische Grundlage dazu ist der Funktionalismus. Demnach ist die prinzipielle Vergleichbarkeit der Architektur des menschlichen Geistes mit der Architektur eines KI-Systems eine notwendige und hinreichende Bedingung für die starke KI-These.[127]

Demgegenüber lassen sich einige Merkmale des menschlichen Wissens auflisten:[128]

- die Kontextabhängigkeit menschlichen Wissens,
- die Subjektgebundenheit menschlichen Wissens,
- die soziale und historische Eingebundenheit von Wissen,
- der Unterschied zwischen Theorie und Praxis oder Wissen und Können,
- die begrenzte Explizierbarkeit und Verbalisierbarkeit von Wissen,
- die Gestalthaftigkeit von Wissen.

Neben dieser Kritik auf epistemologischer Ebene lassen sich noch Grenzen eines WBS aufgrund des Vergleichs mit dem menschlichen Experten bzw. menschlicher Expertise aufzeigen. Davis stellte unter der Bezeichnung *"The nature of Expertise"* folgende Merkmale zusammen, die einen Experten charakterisieren.[129] Demnach ist ein Experte in der Lage,

1. Probleme zu lösen (*"solve the problem"*),
2. Ergebnisse zu erklären (*"explain the results"*), d.h. Lösungen nachvollziehbar darzustellen,
3. hinzuzulernen (*"learn"*), d.h. sein Wissen selbständig neuen Bedingungen anzupassen,
4. Wissen zu reorganisieren (*"restructure knowledge"*), d.h. neue Erkenntnisse zu berücksichtigen und effizientere Lösungsstrategien zu entwickeln,

---

126 Vgl. Becker (1991), S. 4.

127 Vgl. Heyer (1988b), S. 39.

128 Vgl. Becker (1991), S. 13; Becker (1990), S. 32; Becker/Steven et al. (1991), S. 20.

129 Vgl. Davis (1982), S. 4f.

5. Regeln zu übertreten (*"break rules"*), d.h. Ausnahmen entsprechend zu erkennen und zu behandeln,
6. die eigene Kompetenz zu beurteilen (*"determine relevance"*), d.h. die Grenzen des eigenen Wissens zu erkennen, und
7. sich mit Anstand zurückzuziehen (*"degrade gracefully"*), wenn die Grenze des eigenen Fachwissen überschritten wurde.

Im Vergleich mit diesen Merkmalen lassen sich bereits die derzeitigen Grenzen der XPS-Technologie erkennen. Realisiert sind bisher im wesentlichen die ersten beiden Punkte (Problemlösen und Erklärungsfähigkeit). In Ansätzen sind Lösungen für die Punkte 3 bis 5 (Lernen und nichtklassische Logiken) entwickelt worden. Im Abschnitt 5.2 werden Wissensakquisitionssysteme dargestellt, die mit Methoden des maschinellen (automatischen) Lernen arbeiten.[130] Die Ansätze der nichtklassischen Logiken wurden bereits bei den Leistungspotentialen der Wissensauswertung beschrieben.[131] Ungelöst für die XPS-Technologie ist bislang die Einschätzung der eigenen Kompetenz (Punkte 6 und 7)[132]. Probleme, die außerhalb der Kompetenz eines XPS liegen, werden nicht als solche erkannt. Inwieweit Reflektionen über die eigene Kompetenz in einem XPS abgebildet werden können, ist gegenwärtig Gegenstand der Forschung.[133]

Ein weiteres Merkmal eines menschlichen Experten ist der sog. "gesunde Menschenverstand" ("common sense"). Das unbefriedigende Verhalten von KI-Systemen in einigen Bereichen, wie Sprach- oder Bildverstehen, und der rapide Leistungsabfall eines XPS am Rande seines Kompetenzbereichs wird auf die Nichtverfügbarkeit von Allgemein- oder Alltagswissen (*"common sense knowledge"*) zurückgeführt.[134] Das sehr ehrgeizige CYC-Projekt versucht das Allgemeinwissen in Form einer Enzyklopädie abzubilden.[135]

---

130 Zum *automatischen Lernen* und zur Reorganisation der Wissensbasis vgl. z.B. Winston (1992), S. 347ff.; Morik (1992), S. 9ff.; Frank (1989a), S. 103ff. Einen Überblick zum maschinellen (automatischen) Lernen geben z.B. Kodratoff (1988); Michalski/Carbonell et al. (1984).

131 Vgl. Abschnitt 2.1.3.2.

132 Vgl. Barth (1989), S. 20; Waterman (1986), S. 182.

133 Einige Forschungsgruppen arbeiten z.Zt. an einem sog. *reflektiven Problemlösen*, um eine Einschätzung der eigenen Kompetenz vornehmen zu können. Vgl. dazu z.B. Treur (1991), S. 277ff. und Voß/Karbach et al. (1991), S. 206ff.

134 Vgl. Coy/Bonsiepen (1989), S. 24; Puppe (1991), S. 191.

135 Zum CYC-Projekt vgl. Lenat/Guha et al. (1990), S. 30ff. und Lenat/Prakash et al. (1986), S. 65ff. Vgl. auch Winston (1992), S. 229f. CYC ist aus dem Begriff "encyclopedia" entlehnt; vgl. Winston (1992), S. 229.

Das XPS löst die ihm vorgelegten Problemstellungen immer nur auf der Grundlage des Modells, welches ihm als Abbildung der Realität dienen soll. Die Qualität der Ergebnisse ist daher immer von der Qualität der Modellierung abhängig.[136] Entscheidend ist daher der Formulierungsreichtum der Wissensdarstellung und der Wissensauswertung.

Zelewski hat in Thesenform 15 kritische Faktoren beim Einsatz eines XPS zusammengetragen.[137] Sie orientieren sich allerdings sehr stark an den technischen Rahmenbedingung und sind daher beim Einsatz anderer Technologien schnell zu widerlegen. So formuliert er z.B. die Thesen von der Semi-Entscheidbarkeit und der potentiellen Inkorrektheit, wenn das XPS auf einer prädikatenlogischen Wissensrepräsentation beruht. Dies ist natürlich richtig, weil es dabei um Eigenschaften der Prädikatenlogik handelt.[138] Wird ein anderer Wissensrepräsentationsformalismus gewählt, dann sind die Thesen nicht mehr gültig.

Maßler geht davon aus, daß die Nützlichkeit eines WBS mit dem Grad variiert, mit dem das implementierte Wissensmodell auch den Bedürfnissen der Benutzer entspricht. Dabei sollten folgende Punkte beachtet werden:[139]

- Die Beschränkung auf eine eng abgegrenzte, spezifische Domäne.
- Die Benutzung sollte nur qualifizierten Benutzern möglich sein, die die Ergebnisse richtig interpretieren können.
- WBS können in der Regel Experten nicht ersetzen, sie können sie aber entlasten, indem sie das Expertenwissen einer großen Zahl von Benutzern jederzeit abrufbar bereithalten.

Die deutlichste Kritik an der XPS-Technologie wird von Weller geäußert. Er geht davon aus, daß das Niveau der Gewandtheit und des Expertentums einem XPS versagt bleibt, weil die hierzu notwendige Intuition sich nicht mit formalen Techniken abbilden läßt. Er hält die Bezeichnung "Expertensystem" daher für denkbar ungeeignet und schlägt den realistischeren Ausdruck "Kompetente Systeme" vor.[140]

Als letzten Punkt, der von einem XPS nicht erreicht wird, soll das schöpferisch-kreative Problemlösen angeführt werden.[141] "Die Beschreibung eines kreativen Menschen mit seiner Freude an Anomalien, seiner Skepsis gegenüber glatten Lösungen, seinem ästhetischen und emotionalen Empfinden für harmonische Vorstellungen, seinem variablen Denkstil und seiner Fähigkeit, intuitive Sprünge über

---

136 Vgl. dazu Frank (1989b), S. 18.

137 Vgl. Zelewski (1991a), S. 6ff. und Zelewski (1991b), S. 237ff.

138 Vgl. dazu die Darstellung im Abschnitt 1.3.3.

139 Vgl. Maßler (1993), S. 65.

140 Vgl. Weller (1991), S. 18ff.

141 Vgl. dazu die Darstellung im Abschnitt 3.4.2.4.

gesetzte Grenzen hinweg zu machen, steht der Charakterisierung eines heutigen Computersystems diametral entgegen. Die Verspieltheit des Verstandes, die sich im Fluß ungeordneter Imaginationen offenbart, verkörpert eine Form des Denkens, wie sie bislang noch dem Menschen vorbehalten ist."[142]

## 2.2 Inhaltliche Gestaltung Wissensbasierter Systeme: Der Knowledge Engineering-Prozeß

Die Begriffe Knowledge Engineering, Wissensakquisition und Wissensrepräsentation werden in der Literatur nicht einheitlich verwendet.[143] Daher soll zunächst eine kurze Begriffsbestimmung vorgenommen werden:

- *Knowledge Engineering*
  Unter Knowledge Engineering wird hier der gesamte Erstellungs- und Wartungsprozeß eines WBS verstanden. Das reicht von den ersten Vorstudien über die Machbarkeits- und Wirtschaftlichkeitsanalyse bis zur Integration des Systems auf einem Zielrechner und der späteren Wartung und Pflege des Systems. Insbesondere umfaßt der Knowledge Engineering-Prozeß die Teilbereiche Wissensakquisition und Wissensrepräsentation.
- *Wissensakquisition*
  Als Wissensakquisition werden im allgemeinen "die ersten Phasen des Knowledge Engineerings, von der Strukturierung der Daten bis hin zur ersten Implementierung bezeichnet".[144] Wissensakquisition (*"knowledge acquisition"*) bezeichnet die Erhebung von Wissen (*"knowledge elicitation"*) aus verschiedenen Wissensquellen, die Interpretation und Strukturierung des erhobenen Wissens sowie den Transfer in eine operationale Darstellung. Wissensakquisition beinhaltet auch die Wartung und Pflege der Wissensbasis nach Inbetriebnahme des XPS. Wissensakquisition und Wissensbasiswartung sollten nicht voneinander getrennt werden, da gleiche Methoden und Techniken eingesetzt werden.
- *Wissensrepräsentation*
  Unter Wissensrepräsentation wird die Umsetzung der operationalen Darstellung des Domänenwissens in eine Wissensbasis verstanden. Es muß also ein Transfer in den gewählten Wissensrepräsentationsformalismen stattfinden. Dies geschieht in einem engen Zusammenhang mit der Integration in die geplante Hard- und Softwareumgebung, z.B. durch Berücksichtigung von Schnittstellen zu Datenbanksystemen.

---

142 Becker (1992); S. 188f. Dennoch wird am Entwurf eines kreativen XPS gearbeitet; vgl. Buschmann (1989), S. 63ff.

143 Vgl. Karbach/Linster (1990), S. 9; Karbach (1988a), S. 7; Gabriel (1992), S. 205.

144 Diederich (1987b), S. 9.

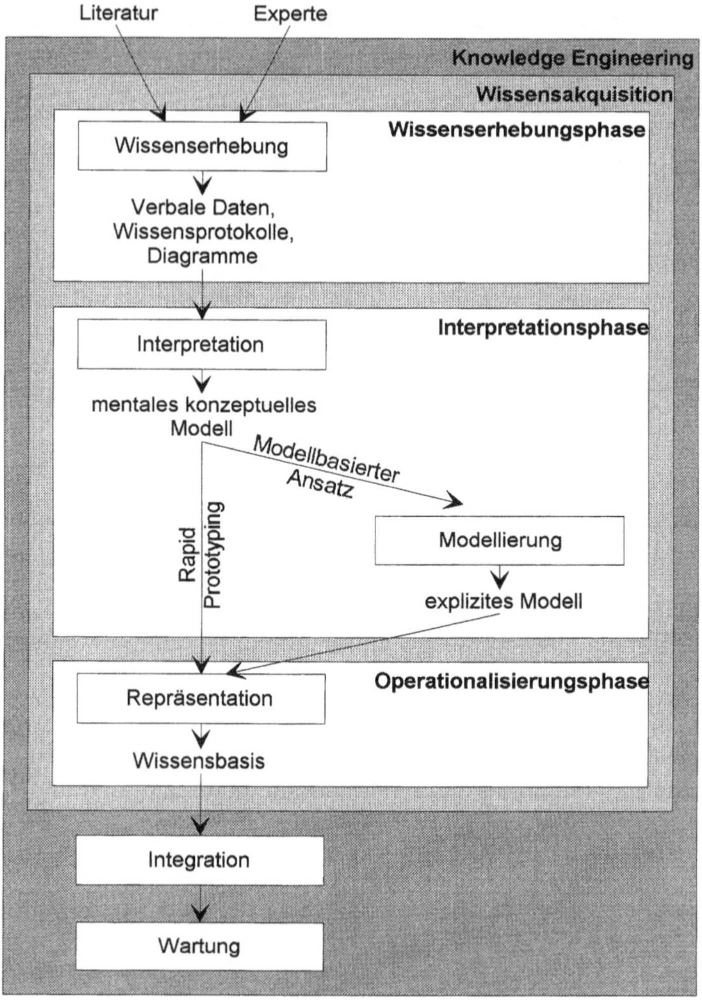


Abb. 2.2: Logische Phasen beim Knowledge Engineering
Quelle: Karbach/Linster (1990), S. 10.

Der Übergang von der Wissensakquisition zur Wissensrepräsentation ist fließend. Die Wissensrepräsentation wird daher häufig nicht als eigenständige Phase im Knowledge Engineering-Prozeß aufgefaßt, sondern unter der Wissensakquisitionsphase subsumiert. Die Abbildung 2.2 zeigt das von Karbach/Linster[145] vorgestellte Vorgehensmodell. Dort befindet sich die Wissensrepräsentation als Operationalisierungsphase innerhalb der Wissensakquisition.

Diese Arbeit orientiert sich an der Begriffsauslegung, wie sie z.B. Gabriel[146] benutzt, und zergliedert den Knowledge Engineering-Prozeß in die beiden Teilaktivitäten Wissensakquisition und Wissensrepräsentation. Dies ist ein rein pragmatisches Vorgehen, da die Problemstellung dieser Arbeit ausschließlich im Bereich der Wissenserhebung und der Wissensmodellierung (-strukturierung) angesiedelt ist.

Der folgende Abschnitt 2.2.1 beschreibt den Knowledge Engineering-Prozeß in seiner Gesamtheit. Die beiden wesentlichen Einzelaktivitäten Wissensakquisition und Wissensrepräsentation werden in den Abschnitten 2.2.2 und 2.2.3 betrachtet. Da die Wissensrepräsentation für die weitere Problembearbeitung in dieser Arbeit keine Berücksichtigung mehr findet, wird im Abschnitt 2.2.3 auch ein kurzer Überblick über die gängigen Wissensrepräsentationstechniken gegeben. Die Methoden und Techniken der Wissensakquisition werden im 5. Kapitel dargestellt.

### 2.2.1 Knowledge Engineering

Knowledge Engineering (KE)[147] bezeichnet den gesamten Prozeß der Erstellung eines WBS. Das Spektrum der Tätigkeiten des Knowledge Engineers (Wissensingenieur[148]) reicht von der Analyse und Bewertung der kognitiven Fähigkeiten des Experten in einem abgegrenzten Problembereich und des (zumindest passiven) Verständnisses des Anwendungsgebiets bis zu systemnahen Entscheidungen bei der Implementierung der Wissensbasis.[149]
In der KI-Literatur wird häufig unterstellt, daß der Knowledge Engineer ein "Allround-Könner" ist, der über Fähigkeiten verfügt, die es ihm erlauben, prak-

---

145 Vgl. Karbach/Linster (1990), S. 9ff.

146 Vgl. Gabriel (1992), S. 203ff. Im gleichen Sinne äußert sich auch Schmitt (1987), S. 262.

147 Knowledge Engineering wurde von Feigenbaum auch als *"expertise modelling"* bezeichnet, was das Vorgehen bei der Erstellung eines Wissensbasierten Systems eigentlich genauer beschreibt als der Begriff Knowledge Engineering; vgl. Feigenbaum (1980), S. 1.

148 Die Bezeichnung Wissensingenieur hat sich in der Literatur nicht durchgesetzt.

149 Vgl. Karbach (1988a), S. 15.

tisch alle Teilaufgaben selbst erledigen zu können.[150] Dies kann offensichtlich nur für kleinere XPS-Projekte zutreffend sein.

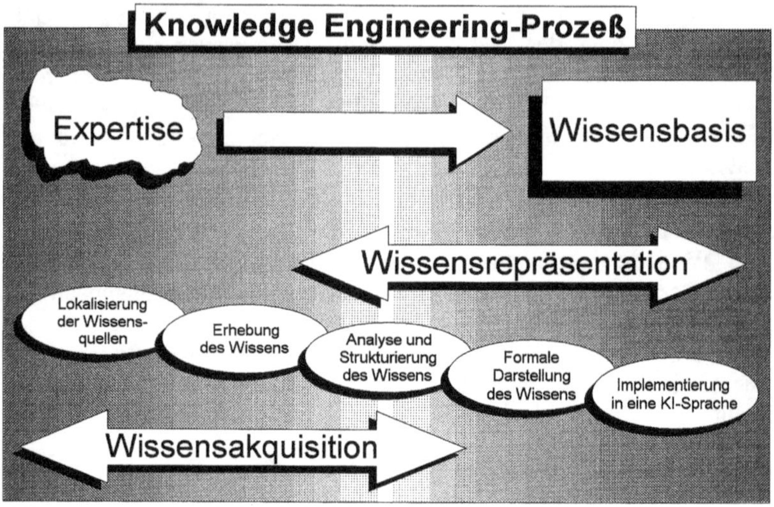


Abb. 2.3: Der Knowledge Engineering-Prozeß
Quelle: in Anlehnung an Gabriel (1992), S. 204.

Analog zu der sog. "Softwarekrise", die Ende der 60er Jahre zu der Entstehung der Disziplin *Software Engineering* geführt hat[151], benötigt auch die XPS-Technologie methodische Ansätze, die sich an wissenschaftlich fundierten Prinzipien und Theorien orientieren. Das Knowledge Engineering kann dazu eine Reihe von Erkenntnissen und Erfahrungen der konventionellen Softwareentwicklung

150 Vgl. Kurbel (1992), S. 86. Blümling hat eine ganze Reihe von Anforderungen formuliert, die ein Knowledge Engineer erfüllen sollte; vgl. Blümling (1990), S. 92f. Tank sieht den Knowledge Engineer als wahres "Fabelwesen" aufgrund des breiten Aufgabenspektrums und führt dies auf eine nicht vorhandene Methodologie zurück; vgl. Tank (1988), S. 69. "Yet, knowledge engineering is still an art rather than engineering"; Chorafas (1990), S. 3.

151 Vgl. dazu z.B. Gabriel (1990), S. 259ff oder Hesse/Merbeth et al. (1992), S. 12f. *Software Engineering* läßt sich definieren als "die genaue Kenntnis und gezielte Anwendung von Prinzipien, Methoden und Werkzeugen für die Technik und das Management der Software-Entwicklung und Wartung auf der Basis wissenschaftlicher Erkenntnisse sowie unter Berücksichtigung des jeweiligen ökonomisch-technischen Zielsystems"; Gewald/Haake et al. (1985), S. 26.

nutzen.[152] Die Abbildung 2.3 gibt einen Überblick über die Einzelaktivitäten im Knowledge Engineering-Prozeß.

Bei der Entwicklung eines WBS kann der Knowledge Engineer verschiedenartige rechnergestützte Werkzeuge[153] nutzen. Die sog. Wissensakquisitionssysteme (WA-Tools) unterstützen den Knowledge Engineer insbesondere bei der Erhebung, Erfassung, Strukturierung und Formalisierung des Wissens, zum Teil auch bei der Transformation in gängige Wissensrepräsentationsformalismen.[154] Eine systematische Beschreibung von WA-Tools wird im Abschnitt 5.2 gegeben. Maßler stellt zu der Unterstützung der Wissensakquisition durch Werkzeuge fest: "[...] da bis heute keine ausgereiften KE-Tools vorhanden sind, ist ein systematisches, strukturiertes Vorgehen (**Methodologie**) bei der Entwicklung eines praxisrelevanten WBS wichtig. Erst die Bildung einer fundierten und praktikablen Methodologie ermöglicht den Übergang der Methoden und Verfahren der künstlichen Intelligenz in die Praxis [...]".[155]

Eine zweite Klasse von Werkzeugen dient dem Zweck, ein fertiges WBS rationeller und komfortabler erstellen zu können. Diese sog. XPS-Shells enthalten einen problemunabhängigen Rahmen, der die Inferenz-, Erklärungs-, Wissenserwerbs- und Dialogkomponente umfaßt. Die Wissensbasis ist allerdings noch leer und bietet die Möglichkeit, das problemabhängige Wissen in vorgegebenen Repräsentationsformalismen abbilden zu können. Shells enthalten also alle generalisierbaren Komponenten eines XPS ohne spezifische Wissensbasis.[156]

Eine Shell bietet nur begrenzte Möglichkeiten zur Wissensrepräsentation und Inferenz, d.h. sie ist in ihrem Potential zur Wissensverarbeitung auf bestimmte

---

[152] Vgl. Timm (1994), S. 47; Gabriel/Timm (1992), S. 354. Die möglichen Beziehungen und Differenzierungen zwischen dem Knowledge Engineering und dem Software Engineering diskutieren Tank (1990), S. 27ff. und Kurbel/Pietsch (1989), S. 133ff.

[153] Eine Klassifikation findet sich auch bei Curth/Bölscher et al. (1991), S. 54ff.; Pinegger/Dornhoff (1990), S. 505ff.; Schmitt (1987), S. 267ff.

[154] Vgl. Maßler (1993), S. 30.

[155] Maßler (1993), S. 36. Hervorhebungen im Original.

[156] Vgl. Pinegger/Dornhoff (1990), S. 506; Lenz (1991), S. 63; Bechtolsheim/Schweichhart et al. (1991), S. 12; Kurbel (1992), S. 110.
Die erste bekannte XPS-Shell EMYCIN ist dementsprechend aus einem fertigen XPS, nämlich MYCIN, durch das Entfernen des domänenspezifischen Wissen entstanden; vgl. Waterman (1986), S. 112ff.; Harmon/King (1986), S. 104; Lenz (1991), S. 63. EMYCIN steht für "*empty MYCIN*" (manchmal auch "*essential MYCIN*"); vgl. Waterman (1986), S. 112; Harmon/King (1986), S. 104; Pinegger/Dornhoff (1990), S. 514; Kurbel (1992), S. 127.

Problemklassen zugeschnitten.[157] Tank weist darauf hin, daß diese Problematik von XPS-Shells noch dadurch erhöht wird, daß die typischen geeigneten Problemcharakteristika der unterschiedlichen Shells nicht explizit gemacht werden. Vor der Auswahl einer Shell findet keine ausreichende Analyse der Wissensdomäne statt mit der Folge, daß ein geeignetes Abstraktionsniveau für Repräsentationsformalismen und Problemlösungsstrategien verfehlt wird. Die Analyse des Wissensgebiets verliert sich in implementationstechnischen Details.[158] Zur Auswahl von XPS-Shells werden in der Literatur verschiedene Checklisten vorgeschlagen.[159] Verfügbare XPS-Shells sind z.B. Nexpert Object, TWAICE oder Xi Plus.[160]

Eine dritte Klasse von Werkzeugen zur Erstellung eines WBS sind die sog. Entwicklungsumgebungen. Charakteristisch für Entwicklungsumgebungen ist, daß sie meist auf einer KI-Sprache (meist LISP) aufbauen und dem Entwickler eine Reihe vorgefertigter Komponenten (z.B. Grafikmodule zur Gestaltung der Benutzerschnittstelle), Repräsentationsformalismen und Inferenzverfahren anbieten. Der Entwickler kann die zur Verfügung stehenden Komponenten nahezu beliebig kombinieren. Entwicklungsumgebungen sind offen und z.B. im Funktionsumfang erweiterbar.[161] Solche Werkzeuge erfordern vom Knowledge Engineer erhebliches Informatikwissen und fundierte Kenntnisse der Methoden

---

[157] Auf diese Problematik weist auch Felgentreu/Mankel et al. (1989), S. 48 hin. Bei EMYCIN-artigen Shells sind es z.B. Problemstellungen, die durch folgende Elemente abzubilden und zu lösen sind: rückwärtsverkettende Regeln mit konjunktiv verknüpften Prämissen, die in einem Kontextbaum strukturiert werden, und Gewißheitsfaktoren; vgl. Lenz (1991), S. 63.

[158] Vgl. Tank (1988), S. 71.

[159] Vgl. dazu z.B. Bechtolsheim/Schweichhart et al. (1991), S. 99ff.; Harmon/Maus et al. (1989), S. 72ff.; Savory (1988), S. 19ff.; Harmon/King (1986), S. 113ff.

[160] Zu *Nexpert Object* vgl. z.B. Altenkrüger/Büttner (1992), S. 140ff.; Erler/Reinersmann (1992); Koch (1992), S. 143ff.; Price/Shah et al. (1990), S. 109ff.
Zu *TWAICE* (*True Wisdom Artificial Intelligence & Computerized Expertise*) vgl. z.B. Mescheder (1985), S. 57ff.; Karras/Kredel et al. (1987), S. 171ff.; Schmitt (1987), S. 273ff.
Zu *Xi Plus* vgl. z.B. Kurbel (1992), S. 129; Pinegger/Dornhoff (1990), S. 515f.
Eine Übersicht des Marktangebots von XPS-Werkzeugen findet sich z.B. bei Bechtolsheim/Schweichhart et al. (1991) oder Harmon/Maus et al. (1989), S. 336ff.

[161] Vgl. Felgentreu/Mankel et al. (1989), S. 47; Lenz (1991), S. 62; Bechtolsheim/Schweichhart et al. (1991), S. 13f.

und Verfahren der KI. Namhafte Beispiele für Entwicklungsumgebungen sind z.B. KEE oder BABYLON.[162]

Eine Abgrenzung zwischen diesen drei Werkzeugklassen ist nicht immer überschneidungsfrei möglich.[163] Für diese Arbeit sind die XPS-Shells und die Entwicklungsumgebungen nicht weiter relevant.

## 2.2.2 Wissensakquisition

Die Wissensakquisition ist der zentrale Problembereich des Knowledge Engineering.[164] Die Wissensakquisition umfaßt im wesentlichen folgende Teilaktivitäten:[165]

- Die *Erhebung von Wissen*[166], um Material zur Durchführung der weiteren Aktivitäten zu erhalten,
- die *Analyse von Wissen* (Interpretation und Strukturierung), um die Wissenselemente zu identifizieren und zu abstrahieren, und
- die *Modellierung von Wissen*, um eine adäquate und problemorientierte Abbildung des Problembereichs zu erhalten.

Potentielle Wissensquellen sind dabei insbesondere menschliche Experten, aber auch Fachbücher, Handbücher, Dokumentationen, Datenbanken, Lexika usw. Der Begriff Wissensakquisition wird in der Literatur nicht einheitlich benutzt. Daher sollen zunächst einige Auffassungen kurz dargestellt werden:

"Knowledge acquisition is the process of gathering knowledge about a domain, usually from an expert, and transforming it to be executed in a computer

---

162 Zu KEE (*Knowledge Engineering Environment*) vgl. z.B. Karras/Kredel et al. (1987), S. 107ff. und zu BABYLON vgl. z.B. o.V. (1988); Karras/Kredel et al. (1987), S. 151ff.

163 Ein bewertender Vergleich verschiedener Entwicklungswerkzeuge findet sich z.B. bei Karras/Kredel et al. (1987); Biethahn/Hoppe (1990), S. 113ff.; Bechtolsheim/Schweichhart et al. (1991). Zur Auswahl geeigneter Entwicklungswerkzeuge vgl. z.B. die Darstellung bei Timm (1994), S. 136ff. Einen Katalog von Beurteilungskriterien haben auch Curth/Bölscher et al. (1991), S. 61ff. zusammengetragen. Barrett/Beerel haben für die Auswahl des Werkzeugtyps folgende Regel aufgestellt: "Use a shell if you can, an environment where you should, and an AI language when you must."; Barrett/Beerel (1988), S. 124.

164 "The identification and encoding of knowledge is one of the most complex and arduous tasks encountered in the construction of an expert system." Duda/Shortliffe (1983), S. 265. "The knowledge acquisition bottleneck is a critical problem." Feigenbaum (1980), S. 7. Vgl. auch Schmidt (1989), S. 8; Hoffman (1987), S. 53; Buchanan/Barstow et al. (1983), S. 129.

165 Vgl. Lenz (1991), S. 27.

166 Diese erste Phase der Wissensakquisition wird in der englischsprachigen Literatur häufig als *"knowledge elicitation"* bezeichnet; vgl. z.B. Breuker/Wielinga (1984), S. 9.

program. It is a part of the knowledge engineering process, which includes defining a problem, designing an architecture, building a knowledge base, and testing and refining the program. Knowledge acquisition is regarded as the bottleneck in this process."[167]

"Knowledge acquisition is the transfer and transformation of problem-solving expertise from some knowledge source to a program."[168]

"Der Wissenserwerb umfaßt die Identifikation, Formalisierung und Wartung des Wissens, das ein Expertensystem benötigt, um Probleme lösen zu können."[169]

Allen obigen Auffassungen ist gemeinsam, daß es sich bei der Wissensakquisition immer um einen Erhebungs-, Analyse- und Transferprozeß handelt. Über die Natur bzw. das Ergebnis des Transferprozesses haben sich allerdings im Laufe der Zeit unterschiedliche Auffassungen entwickelt. In der sog. "Mining-View"[170] wurde von der Vorstellung ausgegangen, daß das Wissen vom Experten erhoben und unmittelbar in der Wissensbasis abzubilden ist (Prototyping-Ansatz).[171] Ergebnis des Transferprozesses war also eine ausführbare Wissensbasis. Im Gegensatz zu dieser Sichtweise hat sich heute weitgehend der Standpunkt durchgesetzt, daß das Ergebnis der Wissensakquisition ein konzeptionelles Wissensmodell sein soll (Modellierungsansatz). Implementatorische Problemstellungen werden erst bei der Wissensrepräsentation gelöst. Der Schwerpunkt der Wissensakquisitionstätigkeiten verschiebt sich daher von der Erhebung und unmittelbaren Implementierung des Wissens hin zu einer Modellierung des Expertenverhaltens.[172]

167 Gruber/Cohen (1987), S. 143.

168 Buchanan/Barstow et al. (1983), S. 129.

169 Puppe (1991), S. 114.

170 "[...] to mine those jewels of knowledge out of their heads one by one"; Feigenbaum/McCorduck (1983), S. 80. Vgl. dazu auch Wielinga/Schreiber (1990), S. 322; Breuker/Wielinga (1989), S. 265f.; Kidd (1987), S. 2f.

171 "Obwohl sich gezeigt hat, daß 'rapid prototyping' (als ausschließliche Methode verwandt) eine Sackgasse ist, folgt die Mehrzahl von WBS Erstellungen auch heute noch diesen Pfad, der von den Wissensdaten direkt zum detaillierten Entwurf führt"; Laske (1989), S. 5. Dieser Eindruck wird u.a. auch durch eine Untersuchung von Cullen/Bryman gestützt, die festgestellt haben, daß 90% der benutzten Erhebungstechniken unstrukturierte Methoden sind; vgl. Cullen/Bryman (1988), S. 219. "It could be concluded, therefore, that either most operational domains imply simple, perhaps one-dimensional knowledge structures, or that developers are failing to take account of the realities of domain knowledge structures and are using unsuitable, limited or inappropriate elicitation techniques." Cullen/Bryman (1988), S. 219. Das Ergebnis der Studie ist im Abschnitt 5.1, Abbildung 5.1, dargestellt.

172 Vgl. Hoppe (1992), S. 24.

In den letzten Jahren ist also zunehmend erkannt worden, daß nur mit einer systematischen Vorgehensweise einerseits und rechnerbasierten Akquisitionsmethoden und -werkzeugen (KE-Tools) andererseits der oben genannte Engpaß gemeistert werden kann. Die Entwicklung von KE-Tools ist demzufolge weltweit Gegenstand sehr intensiver Forschungsaktivitäten.[173] Entscheidend ist jedoch die Entwicklung einer speziellen Methodologie für das Knowledge Engineering, die, analog zum Software Engineering, konkrete Handlungsanweisungen und Vorgehensweisen für diese Aufgabenstellung bereithält. Sie muß sich dabei auf Prinzipien, Methoden und Techniken stützen, wie es im Software Engineering der Fall ist. Hoppe hat dazu aus den bisherigen Problemfeldern drei Prinzipien der Wissensakquisition abgeleitet:[174]

1. Einführung einer konzeptuellen Modellierungssprache für eine möglichst vollständige Beschreibung des Expertenwissens auf einem hohem Abstraktionsniveau.[175]
2. Die Wissensakquisition ist explizit zu unterstützen durch die
   - Erstellung eines konzeptuellen Modells,
   - Erweiterung der Entwicklungs-Tools um Wissensakquisitionskomponenten, die mit Wissensrepräsentationen auf dem geforderten Abstraktionsniveau operieren und
   - Berücksichtigung der Modellierungsvorgänge in einem Vorgehensmodell.
3. Entwurf eines systematischen und ganzheitlichen, d.h. sich über alle Aufgabenbereiche des Knowledge Engineering erstreckenden Vorgehensmodells, das dem zyklischen und iterativen Charakter des Entwicklungsprozesses gerecht wird.

Am Transformationsprozeß der Wissensakquisition sind mehrere Elemente (Akteure) beteiligt, die verschiedene Rollen innehaben. Grundsätzlich lassen sich die Wissensquelle (insbesondere der menschliche Experte), ein Vermittler, der den Transformationsvorgang steuert (z.B. der Knowledge Engineer), und das Zielsystem (also das XPS) unterscheiden. Man erhält auf dieser allgemeinen Ebene ein Grundmodell der Wissensakquisition. In Anlehnung an Buchanan/Barstow et al. lassen sich drei Ausgestaltungen dieses Grundmodells der Wissensakquisition unterscheiden:[176]

---

173 Vgl. Hestermann/Karl (1989), S. 1.

174 Vgl. Hoppe (1992), S. 58.

175 Der Experte sollte nicht gezwungen werden, sein Wissen auf einem anderen Abstraktionsniveau zu formulieren, als es sein Wissen aufweist; vgl. Gruber/Cohen (1987), S. 146.

176 Vgl. Buchanan/Barstow et al. (1983), S. 129ff. und Kurbel (1992), S. 68ff.

- Von *indirekter Wissensakquisition*[177] wird gesprochen, wenn ein Knowledge Engineer[178] als Vermittler in Zusammenarbeit mit einem oder mehreren Experten als Wissensquellen das Fachwissen erhebt und dieses für die Implementation in der Wissensbasis aufbereitet. Diese Art der Wissensakquisition kann derzeit als Regelfall angesehen werden.
- Bei der *direkter Wissensakquisition*[179] interagiert der Experte direkt mit einem rechnergestützten Wissensakquisitionswerkzeug. Diese Vorgehensweise wünscht man sich insbesondere für die Wartung und Pflege von einem XPS.
- Als *automatische Wissensakquisition* (maschinelles Lernen) bezeichnet man den Fall, daß ein XPS aus sich selbst heraus in der Lage ist, seine Problemlösungsfähigkeit zu verbessern. Häufig handelt es sich dabei um Induktionsalgorithmen, die auf der Basis von Fallbeispielen verallgemeinerte Problemlösungsregeln generieren. Automatische Wissensakquisitionssysteme sind bisher in der Praxis kaum anzutreffen.

| Wissens-akquisitionsart | Wissens-quelle | Vermittler | Zweck | Beurteilung |
|---|---|---|---|---|
| indirekt | Experte | Knowledge Engineer | erstmaliger Aufbau der Wissensbasis | Regelfall |
| direkt | Experte | rechnerge-stütztes Werkzeug | Wartung und Pflege | erfordert Kenntnisse des Werkzeugs beim Experten |
| automatisch | Falldaten (Textbücher) | Induktions-algorithmus | Wartung und Pflege | in der Praxis bisher kaum realisiert |

Tab. 2.1: Grundmodelle der Wissensakquisition
Quelle: in Anlehnung an Hoppe (1992), S. 26.

177 Die *indirekte Wissensakquisition* sollte nicht mit den *indirekten Wissensakquisitionsmethoden* verwechselt werden. Die indirekten Wissensakquisitionsmethoden werden im Abschnitt 5.1.2 dargestellt.

178 Je nach Projektgröße können natürlich auch mehrere Knowledge Engineers beteiligt sein.

179 Die *direkte Wissensakquisition* sollte nicht mit den *direkten Wissensakquisitionsmethoden* verwechselt werden. Die direkten Wissensakquisitionsmethoden werden im Abschnitt 5.1.1 dargestellt.

Heute wird fast ausschließlich die erste Form der Wissensakquisition praktiziert.[180] Die Tabelle 2.1 zeigt die drei Grundmodelle der Wissensakquisition im Vergleich. Die Wissensakquisitionsmethoden und Vorgehensmodelle sind Schwerpunkt dieser Arbeit und werden in den Kapiteln 5 und 6 ausführlich untersucht. Dort werden neben den Methoden und Techniken der Wissensakquisition (Kapitel 5.1), die insbesondere für die indirekte Wissensakquisition eingesetzt werden, auch Wissensakquisitionssysteme (Kapitel 5.2) und die wichtigsten Vorgehensmodelle (Kapitel 6) dargestellt.

### 2.2.3 Wissensrepräsentation

Wenn das relevante Wissen eines Anwendungsbereichs erhoben und strukturiert ist, dann ist zu klären, wie dieses Wissen adäquat in einem WBS repräsentiert werden kann. Newell unterscheidet eine *problemorientierte Wissensebene* (*"knowledge level"*) und eine *implementationsorientierte Symbolebene* (*"symbol level"*).[181] Als Wissensebene bezeichnet er diejenigen Wissensinhalte, die aus der problemorientierten Sicht zu sehen sind. Die internen Strukturen und Prozesse, in denen sich die Inhalte manifestieren, werden erst auf der Symbolebene sichtbar. Für die Wissensakquisition ist zunächst einmal nur die Wissensebene relevant. Erst für die Umsetzung in eine formale Wissensrepräsentation wird die Symbolebene entscheidend, weil sie als erste abstrakte Implementationsschicht aufgefaßt werden kann. Dieser Abschnitt befaßt sich nun mit der Symbolebene.

Der Begriff der (Wissens-)Repräsentation kann nach Schefe zwei Bedeutungen umfassen:

"1. als Beziehung eines Begriffs zu einer von diesem Begriff erfaßten oder umfaßten Entität der Realität bzw. der *Wahrnehmung* (Umkehrbeziehung: Abstraktion),

2. als Beziehung eines symbolischen Ausdrucks oder Namens zu einem Begriff, d.h. gleichbedeutend mit Benennung oder *'Darstellung'* (Umkehrbeziehung: Interpretation)."[182]

Diese beiden Repräsentationsbegriffe sind in der Abbildung 2.4 dargestellt und entsprechend ihrer Bedeutung gekennzeichnet. Für die Verarbeitung von Wissen in einem XPS ist in der Regel die zweite Bedeutung maßgeblich. Da die Darstellung auch Prozesse umfaßt, hat Schefe für diese zweite Bedeutung den eindeutiger zu fassenden Begriff *Wissensrekonstruktion* vorgeschlagen, der sich

---

180 Vgl. VDI (1992), S. 15.

181 Vgl. Newell (1982), S. 94ff. Vgl. dazu auch Pylyshyn (1989), S. 57; Newell/Rosenbloom et al. (1989), S. 96.

182 Schefe (1986), S. 155. Hervorhebungen im Original.

jedoch nicht in der Literatur durchgesetzt hat.[183] Schefe bezeichnet die Repräsentation von Wissen als eine symbolische Rekonstruktion von Wissen in einer formalisierten, algorithmischen Sprache.[184] Stoyan äußert sich im gleichen Sinne und stellt fest, daß Wissensrepräsentation Programmierung ist.[185]

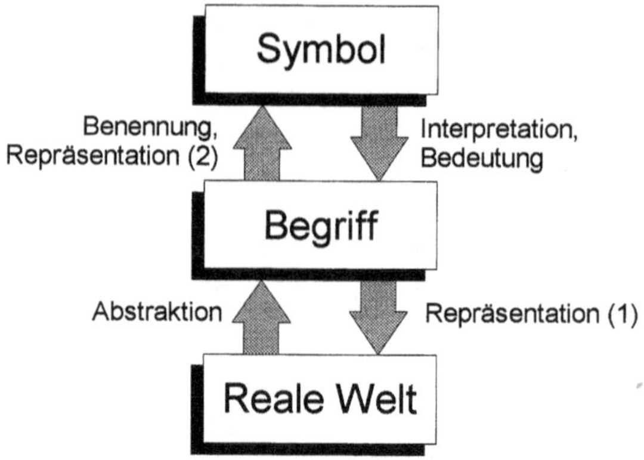


Abb. 2.4: Stufen der Begriffsbildung
Quelle: Blumberg (1991), S. 31.

Wissensrepräsentation ist keine Errungenschaft der KI. Der Hauptunterschied zwischen den klassischen Formen der Wissensrepräsentation (z.B. Lehrbücher, Grafiken) und der Wissensrepräsentation in einem WBS liegt in der Möglichkeit zur rechnergestützten Verarbeitung (Interpretation und Inferenz) des repräsentierten Wissens.[186] Die Logik ist einer der am besten untersuchten Formalismen zur

183 Vgl. Schefe (1986), S. 155.

184 Vgl. Schefe (1986), S. 25.

185 "So wie Programmierung schon immer Rekonstruktion von menschlichem Wissen war (oder hätte sein sollen), ist dieser Begriff die ideale Verallgemeinerung von 'Wissensrepräsentation', um den zentralen pragmatischen Aspekt der Aktivität 'Wissensrepräsentation' [...] zu umfassen und zu betonen"; Stoyan (1989), S. 129. Stoyan versteht dabei unter Programmierung die Erstellung beliebiger linguistischer Konstrukte, durch die die Arbeit eines Rechners gesteuert bzw. beeinflußt wird; vgl. Stoyan (1989), S. 121.

186 Vgl. Furbach/Freksa et al. (1988), S. 507.

Repräsentation von Wissen[187] und stellt darüber hinaus auch Regeln zur Verfügung, die es gestatten, gespeichertes Wissen durch Computer zu verarbeiten.[188]

Davis/Shrobe et al. beschreiben den Begriff Wissensrepräsentation, indem sie fünf Aufgaben (Rollen) der Wissensrepräsentation anführen:[189]

- *"Knowledge Representation is a Surrogate"*: Mentale Prozesse benötigen irgendwelche Substitute der Dinge der realen Welt. Mentale Vorgänge finden auf der Grundlage von Abbildungen (Interpretationen, Modellen) statt.
- *"Knowledge Representation is a Set of Ontological Commitments"*: Die Wahl der Wissensrepräsentationsform bestimmt die Sichtweise auf die reale Welt, die abgebildet werden soll. Die Ausdrucksfähigkeit der Terme der einzelnen Wissensrepräsentationsformalismen bestimmen, welche Aspekte besser modelliert werden können als andere.
- *"Knowledge Representation is a Fragmentary Theory of Intelligent Reasoning"*: Wissensrepräsentation wird durch die Ergebnisse der KI-Forschung motiviert und ist damit ein Ergebnis der Annahmen über intelligentes Problemlösen.
- *"Knowledge Representation is a Medium for Efficient Computation"*: Wissensrepräsentation hat auch einen rein mechanistischen Aspekt, da das Problemlösen mit Hilfe eines Computers ab einer bestimmten Ebene auch nur das Ergebnis von Berechnungen ist.
- *"Knowledge Representation is a Medium for Human Expression"*: Die Wissensrepräsentation muß eine adäquate Abbildung der realen Welt sein, und sie muß als Kommunikationsgrundlage dienen.

Becker nennt drei wichtige Kriterien, denen die unterschiedlichen Repräsentationsstrukturen genügen sollten:[190]

- Die *Modularität* ("modularity") einer Repräsentationsstruktur schafft die Möglichkeit, neues Wissen in eine bestehende Wissensbasis zu integrieren, ohne daß Wechselwirkungen mit anderen Wissensstrukturen und, damit einhergehend, eine mögliche Inkonsistenz befürchtet werden muß.
- Unter *Vollständigkeit* ("complettness") wird verstanden , daß sich jede Aussage und deren Negation auf der Grundlage der Wissensbasis begründen läßt.
- *Konsistenz* ("consistency") bezeichnet die Gewißheit, daß alle Ableitungen eines Aussagesystems (also der Wissensbasis) korrekt und widerspruchsfrei sind.

---

187 Z.B. in der Form der Prädikatenlogik 1. Ordnung; zur Prädikatenlogik vgl. z.B. Kleine Büning/Schmitgen (1986), S. 54ff.

188 Z.B. in der Form der Programmiersprache PROLOG. Eine Einführung gibt z.B. Kleine Büning/Schmitgen (1986), S. 70ff. oder Hanus (1986).

189 Vgl. Davis/Shrobe et al. (1993), S. 17ff.

190 Vgl. Becker (1986), S. 16f.

Becker weist aber auch direkt darauf hin, daß die meisten der bestehenden Wissensbasen diesen formalen Kriterien nicht genügen, weil große Bereiche des menschlichen Wissens - und auf dessen Transformation zielt ja die KI-Forschung - nicht den strengen formalen Kriterien der klassischen Logik entsprechen.[191]

Ergänzend zu den oben genannten Bedingungen nennt Rich weitere Eigenschaften, die ein System zur Repräsentation von komplexem Wissen in einer abgegrenzten Domäne aufweisen sollte:[192]

- *"Representational Adequacy"*: Die Fähigkeit, das Wissen eines Gebietes in allen Variationsbreiten darstellen zu können.
- *"Inferential Adequacy"*: Die Fähigkeit, aus altem Wissen neues Wissen durch Schlußfolgerungen ableiten und neue Wissensstrukturen bilden zu können.
- *"Inferential Efficiency"*: Die Fähigkeit, in die Wissensbasis Kontrollwissen, d.h. Kenntnisse, wie die Bearbeitung der Strukturen gesteuert werden kann, zu integrieren.
- *"Acquisitional Efficiency"*: Die Fähigkeit, neue Informationen zu speichern und in die Wissensbasis zu integrieren.

Die KI bietet zur Wissensrepräsentation eine Vielzahl von Formalismen an[193], zwischen denen eine Reihe von Zusammenhängen bestehen. Im folgenden werden einige wichtige Repräsentationsformalismen im Überblick vorgestellt.

**a) Prädikatenlogik**[194]

Die formale Logik nimmt einen wesentlichen Stellenwert unter den Strukturen zur Wissensrepräsentation ein. Am häufigsten Verwendung findet die Prädikatenlogik 1. Ordnung, die eine Erweiterung der klassischen Aussagenlogik darstellt. In der Prädikatenlogik werden Sachverhalte durch Formeln abgebildet,

---

191 Vgl. Becker (1986), S. 17 und die Darstellung zu den Leistungspotentialen der Wissensauswertung im Abschnitt 2.1.3.2.

192 Vgl. Rich (1983), S. 201f. Ähnliche Kriterien hat auch Silberbusch formuliert; vgl. Silberbusch (1990), S. 160. Vgl. dazu auch die Adäquatheitsbedingungen, die in Abschnitt 2.1.3.1 (Leistungspotentiale der Wissensdarstellung) genannt wurden.

193 Vgl. dazu auch die Anmerkungen im Abschnitt 2.1.3.1 (Leistungspotentialen der Wissensdarstellung). Eine Bibliographie zu dem Thema der Wissensrepräsentation findet sich bei Decker (1989), S. 167ff.

194 Vgl. dazu z.B. Charniak/McDermott (1985), S. 14ff.; Jackson (1987), S. 77ff.; Brewka (1987), S. 17ff.; Schmauch (1987), S. 110ff.; Reinfrank (1989), S. 102ff.; McGee (1990), S. 79ff.; Silberbusch (1990), S. 161ff.; Hassepaß (1991), S. 40ff.; Reimer (1991), S. 29ff.; Altenkrüger/Büttner (1992), S. 30ff.

die aus *Konstanten*, *Variablen*, *Funktionssymbolen*, *Prädikatensymbolen*, *logischen Junktoren* ($\wedge$, $\vee$, $\neg$, $\Rightarrow$) und *Quantoren* ($\forall$, $\exists$) aufgebaut sind.[195]

Vorteile der Prädikatenlogik liegen in der Ausdrucksstärke und in der wohldefinierten Semantik. Eine unerfreuliche Eigenschaft ist die fehlende Entscheidbarkeit. Beweisverfahren können nicht sicher in endlicher Zeit feststellen, ob eine Formel F aus der Menge von Formeln M ableitbar ist.[196] Die vorhandenen Beweiser arbeiten fast ausschließlich nach dem *Resolutionsprinzip*. Dabei sind im allgemeinen sehr viele Resolventenbildungen möglich, so daß das Beweisverfahren ineffizient werden kann.[197]

Um diese Probleme zu beseitigen, werden in der logikorientierten Programmiersprache PROLOG[198] die Möglichkeiten der Prädikatenlogik eingeschränkt: Es werden nur Formeln (Fakten) und Implikationen in der Form

$$P_1 \wedge \ldots \wedge P_n \rightarrow Q$$

zugelassen, wobei $P_1$, ..., $P_n$ und Q atomar sein müssen, d.h. sie dürfen nur aus einfachen Prädikaten bestehen. Diese Einschränkung ermöglicht ein sehr effizientes Beweisverfahren und eine volle Entscheidbarkeit.

PROLOG besitzt die Eigenschaft, daß die beim Beweis erzeugten Variablenbindungen angezeigt werden können. PROLOG enthält auch einige außerlogische Konzepte, z.B. eine unlogische Behandlung der Negation, d.h. wenn P nicht beweisbar ist, dann gilt $\neg$P als bewiesen (*"negation as failure"*). Es wird davon ausgegangen, daß die Wissensbasis alle Informationen enthält, aus denen ein bestimmtes Faktum abgeleitet werden kann (*"closed world assumption"*).[199] Außerdem läßt sich in PROLOG die Auswertungsstrategie beeinflussen, indem man mittels eines speziellen Prädikats "cut" ganze Ableitungszweige "abschneidet". Schließlich können die Klauseln auch präskriptive Anteile besitzen, etwa Befehle, die die Ausgabe steuern. Solche Eigenschaften existieren in der Logik nicht.

---

195 Vgl. Schmauch (1987), S. 113; Kleine Büning/Schmitgen (1986), S. 54. So ließe sich etwa der Sachverhalt "Alle verheirateten Männer haben eine Ehefrau" folgendermaßen darstellen:
$\forall$x:(verheiratet(x)$\wedge$mann(x)$\Rightarrow\exists$y:(ehefrau(y,x))).

196 Man spricht in diesem Zusammenhang von der Semientscheidbarkeit oder Aufzählbarkeit der Prädikatenlogik 1. Ordnung; vgl. Schmauch (1987), S. 117; Kleine Büning/Schmitgen (1986), S. 59.

197 Vgl. Brewka (1987), S. 18.

198 Zur Programmiersprache PROLOG vgl. z.B. Kleine Büning/Schmitgen (1986) oder Hanus (1986).

199 Vgl. z.B. Reimer (1991), S. 48; Richter (1989), S. 101.

**b) Produktionsregeln (-systeme)**[200]

Regeln sind neben der Logik eine der am weitesten verbreiteten Wissensrepräsentationsarten. Die grundlegende Annahme aller sog. Produktionssysteme ist, daß sich Gedächtnistätigkeiten als Bedingungs-Aktions-Einheiten (Produktionen) darstellen lassen.[201] Produktionssysteme wurden in den Anfängen einer am Paradigma der KI orientierten Problemlösungsforschung von Newell/Simon[202] und Anderson[203] entwickelt. Produktionssysteme bzw. Regelbasierte Systeme bestehen aus drei elementaren Komponenten:

- Die *Wissensbasis* (*Faktenbasis* oder *Datenbasis*) besteht aus einer Menge vorgegebener oder aktuell gewonnener Fakten.[204] Es handelt sich dabei meist um sog. *Objekt-Attribut-Wert-Tripel*[205] oder Aussagen im Sprachgebrauch der Logik.
- Die *Regelbasis* (*Produktionsbasis*) enthält das Wissen über die allgemeingültigen Zusammenhänge in der Domäne in Form von *Wenn-Dann-Regeln* (*Produktionsregeln*)[206]. Diese Regeln können Implikationen im Sprachgebrauch der Logik sein. Die beiden Regelseiten heißen dann Prämisse (Antecedent) bzw. Konklusion (Konsequent). Der Dann-Teil kann aber auch aus einer Aktion bestehen, so daß damit auch prozedurales Wissen abgebildet werden kann.

---

[200] Vgl. dazu z.B. Winston (1992), S. 119ff.; Altenkrüger/Büttner (1992), S. 21ff.; Gabriel (1992), S. 233ff.; Reimer (1991), S. 55ff.; McGee (1990), S. 74ff.; Silberbusch (1990), S. 163ff.; Puppe (1989), S. 27f.; Wender (1988), S. 60ff.; Reusch (1988), S. 97ff.; Jackson (1987), S. 31ff.; Gevarter (1987), S. 37; Schmauch (1987), S. 121ff.; Tergan (1986), S. 140ff.; Waterman (1986), S. 63ff.; Rich (1983), S. 31f.; Raulefs (1982), S. 78f.; Newell (1973), S. 463ff.

[201] Vgl. Tergan (1986), S. 140.

[202] Vgl. Newell (1973), S. 463ff.; Newell/Simon (1972).

[203] Vgl. Anderson (1983).

[204] Zur Unterscheidung dieses Faktenwissens wird häufig auch der Begriff *globales Wissen* für die vorgegebenen Fakten und *dynamisches (lokales) Wissen* für die fallspezifischen, aktuell gewonnen Fakten benutzt; vgl. Gabriel (1992), S. 41.

[205] Objekt-Attribut-Wert-Tripel sind Ausdrücke in der Form: (Peter Alter 36). Der Wert des Attributs *Alter* des Objekts *Peter* ist in diesem Beispiel *36*; vgl. z.B. Jackson (1987), S. 34.

[206] Eine Regel könnte z.B. folgendermaßen lauten:
IF (Peter Anstellung keine)
AND (Peter EinzahlungArbeitslosenversicherung mehr_als_6_Monate)
THEN (Peter Anspruch Arbeitslosengeld)

- Eine *Kontrollkomponente* (*Regelinterpretierer*) steuert den Auswahl-Anwendungszyklus (*"recognize-act-cycle"*)[207] und die Auflösung von Konflikten (*Konfliktresolution*)[208] .

Produktionsregeln eignen sich besonders zur Darstellung von Anwendungs- und Problemlösungswissen. Über Sicherheitsfaktoren ("certainty factors", Konfidenzfaktoren) ist die Darstellung und Verarbeitung von vagem (unsicherem) Wissen möglich.[209] Zur Implementation von Produktionssystemen wurde in der Vergangenheit häufig das programmiersprachenähnliche Werkzeug OPS5 verwendet.[210]

Die Stärken dieser Wissensrepräsentationsform liegen insbesondere in der natürlichen Wissensbeschreibung (Formulierung von Expertenregeln), der Repräsentation unvollständigen Wissens (nicht für jede denkbare Situation müssen Regeln formuliert werden), der Unterstützung des Rapid Prototyping und der guten Grundlage für die Erklärung von Schlüssen (Auswertung der ausgeführten Regelfolge). Die Schwächen liegen in der Ineffizienz durch den Recognize-Act-Zyklus (vor allem bei großen Wissensbasen), der fehlenden Strukturierung von Wissens- und Regelbasis, der Vermischung von Meta- und anwendungsspezifischem Wissen (syntaktisch nicht unterscheidbar) und der schlechten Einschätzbarkeit der Systemreaktionen bei dem Hinzufügen neuer

---

207 Er enthält folgende Schritte:
1. Vergleiche die Prämisse der Regel mit den Elementen der Faktenbasis.
2. Wenn mehr als eine Regel angewendet werden kann, dann entscheide, welche Regel verwendet werden soll (Konfliktresolution)
3. Wende die Regel an ("feuern"), d.h. füge ggf. einen oder mehrere neue Ausdrücke der Faktenbasis hinzu oder führe eine Aktion aus. Dann gehe zu Schritt 1 zurück.

208 Die Mechanismen zur Konfliktresolution können von System zu System variieren, drei davon sind sehr populär:
1. *Widerstandsfähigkeit ("Refractoriness")*: Eine Regel soll nicht mehr als einmal auf der Grundlage der gleichen Fakten "feuern" dürfen.
2. *Aktualität ("Recency")*: Es werden Regeln vorgezogen, die neue Fakten erfüllen. Die Idee ist, möglichst dem "leading edge" der Bearbeitung zu folgen und nicht noch einmal nach alten Daten zu sehen.
3. *Spezifität ("Specificity")*: Spezifischere Regeln sind Regeln mit einer größeren Anzahl von Prämissen und daher schwerer zu erfüllen. Diese werden allgemeineren Regeln mit weniger Bedingungen vorgezogen.

Vgl. Jackson (1987), S. 36f.; Puppe (1991), S. 22f.

209 Vgl. McGee (1990), S. 76ff.; Reimer (1991), S. 64f.

210 OPS5 (*Official Production System, Version 5*) besteht aus einem vorwärtsverkettenden Regelinterpretierer und unterstützt als Konfliktlösungsstrategien Aktualität und Spezifität. Vgl. dazu z.B. Brownston/Farrell et al. (1985).

Regeln (Konsistenzerhaltung bei komplexen Abhängigkeiten zwischen den Regeln).[211]

**c) Semantische Netze**[212]

Der systematische Gebrauch von Netzwerken zur Wissensrepräsentation beginnt mit den Arbeiten von Quillian über das Sprachverstehen.[213] Häufig wird ein Netzwerk als graphische Darstellung prädikatenlogischer (propositionaler) Aussagen benutzt.[214] Ein Semantisches Netzwerk ist ein Graph, dessen Knoten *allgemeine Fakten*, *Objekte*, *Konzepte* oder *Ereignisse* repräsentieren. Die Kanten beschreiben beliebige *binäre Relationen* zwischen zwei Knoten. Diese Einschränkung kann man umgehen, indem mehrstellige prädikative Ausdrücke so umformuliert werden, daß man ein Objekt mit mehreren binären Relationen erhält. Die Vielfalt der möglichen Relationen wird aus Effizienzgründen in der Regel auf folgende drei Typen beschränkt:[215]

- IS_A (ISA) ist eine Klassen-Instanzen-Beziehung, die ein Objekt als individuelles Mitglied ("instance") einer Klasse bezeichnet.
- A_KIND_OF (AKO) bezeichnet Objekte als von der Art anderer Objekte. Damit können den Objekten bestimmte Eigenschaften zugeordnet werden.
- HAS_PART bezeichnet Aggregation von Objekten, d.h. die Verbindung eines Objekts mit seinen Teilen.

Die ISA- und AKO-Kanten ermöglichen den Aufbau von sog. Vererbungshierarchien im Netz.

Semantische Netze erlauben die Repräsentation komplexer Beziehungsstrukturen, werden aber bei größerem Umfang schnell undurchsichtig.[216] Sie eignen sich gut als Kommunikationsinstrument zwischen Knowledge Engineer und Experten, da sie als graphische Repräsentationsform sehr anschaulich sind. Konzeptionell zusammengehörige Wissenselemente sind auch in der Repräsentation logisch benachbart. Eine effiziente automatische Auswertung von

---

211 Vgl. Altenkrüger/Büttner (1992), S. 22f.

212 Vgl. dazu z.B. Trost (1984), S. 54ff.; Waterman (1986), S. 70ff.; Becker (1986), S. 24ff.; Tergan (1986), S. 36ff.; Schmauch (1987), S. 132ff.; Jackson (1987), S. 56ff.; Reusch (1988), S. 91ff.; McGee (1990), S. 83ff.; Curth/Bölscher et al. (1991), S. 10f.; Reimer (1991), S. 79ff.; Altenkrüger/Büttner (1992), S. 48ff.; Gabriel (1992), S. 224ff.

213 Vgl. Quillian (1968), Quillian (1969) und Quillian (1988). Quillian hat ein erstes Netzwerkmodell zur Darstellung des Wissens im semantischen Gedächtnis vorgelegt. Er nannte sein Modell TLC ("*Teachable Language Comprehender*").

214 Vgl. dazu auch die Darstellung im Abschnitt 4.3.3.1.

215 Vgl. Trost (1984), S. 55; Altenkrüger/Büttner (1992), S. 48.

216 Vgl. Altenkrüger/Büttner (1992), S. 50.

Semantischen Netzen erfordert aber eine Beschränkung der Relationstypen, so daß eine adäquate Darstellung der Realität erschwert wird.

Für Semantische Netze existiert keine Standardterminologie und keine einheitliche Semantik.[217] Es fällt in der Literatur daher eine gewisse Beliebigkeit bei der Darstellung menschlichen Wissens in Form von Semantischen Netzwerken auf.[218] Semantische Netze werden z.B. in der Wissensrepräsentationssprache KL-ONE[219] eingesetzt. Sie werden für die Entwicklung von einem XPS weniger eingesetzt, sondern bilden vielmehr die konzeptionelle Grundlage für die Wissensdarstellung mit Frames.[220]

**d) Frames**[221]

Frames basieren auf der Vorstellung, daß der Mensch über ein großes Arsenal wohlorganisierten Wissens verfügt, auf das er in unterschiedlichen Situationen zurückgreifen kann. Auf der Grundlage von Erwartungen und Annahmen können Phänomene und Ereignisse besser eingeordnet und adäquate Handlungen schneller vollzogen werden. Frames gehen auf den Schema-Begriff der kognitiven Psychologie zurück.[222] Die Idee zu dieser Konzeption von Strukturen, mit denen das menschliche Erwartungswissen repräsentiert werden kann, wurde von Minsky vorgelegt.[223]

Ein Frame ist die Beschreibung eines Objekts und enthält sämtliche mit diesem Objekt assoziierten deklarativen und prozeduralen Informationen. Die

---

217 Vgl. Reimer (1991), S. 148.

218 Vgl. Kluwe (1990), S. 155; Ballstaedt/Mandl et al. (1981), S. 27.

219 Zu KL-ONE vgl. z.B. Brachman/Schmolze (1985), S. 171ff.; Trost (1984), S. 64ff.; Puppe (1991), S. 33ff.

220 "A frame is organized much like a semantic net. (In fact, we consider both semantic nets and frames to be frame-based systems.)"; vgl. Waterman (1986), S. 73.

221 Vgl. dazu z.B. Gabriel (1992), S. 227ff.; Winston (1992), S. 179ff.; Reimer (1991), S. 159ff.; Puppe (1991), S. 29ff.; McGee (1990), S. 86ff.; Silberbusch (1990), S. 171ff.; Puppe (1989), S. 28f.; Reusch (1988), S. 99ff.; Savory (1988), S. 143ff.; Schmauch (1987), S. 139ff.; Karras/Kredel et al. (1987), S. 43ff.; Waterman (1986), S. 73ff.; Trost (1984), S. 53f.

222 Vgl. Trost (1984), S. 53; Reimer (1991), S. 159. Vgl. dazu auch die Darstellung im Abschnitt 4.3.3.3.

223 "A *frame* is a data-structure for representing a stereotyped situation, like being in a certain kind of living room, or going to a child's birthday party. Attached to each frame are several kinds of information. Some of this information is about how use the frame. Some is about what one can expect to happen next. Some is about what to do if these expectations are not confirmed." Minsky (1975), S. 212. Hervorhebungen im Original.

deklarativen Informationselemente (Attribute) werden in sog. Slots eingetragen, die die beschreibenden Objekteigenschaften festlegen. Die aktuellen Belegungen werden "fillers" oder "entries" genannt. Den Slots können neben dem eigentlichen Attributwert ("value-facet") auch weitere Unterattribute (passive oder aktive Facetten) zugeordnet werden, wie z.B. Defaultwerte, zulässiger Wertebereich, Zeiger auf andere Frames oder Prozeduren.

Die Prozeduren (Dämonen, aktive Facetten) beschreiben die prozeduralen Informationselemente. Die Prozeduren können in Anzahl und Typ für jeden einzelnen Slot völlig unterschiedlich sein. Im wesentlichen lassen sich allerdings die folgenden Prozedur-Typen unterscheiden:[224]

- *if-added-Prozedur:* Sie wird ausgeführt, wenn ein neuer Wert in einen Slot eingetragen wird.
- *if-removed-Prozedur:* Sie wird ausgeführt, wenn der Wert in einem Slot gelöscht wurde.
- *if-needed-Prozedur:* Sie wird ausgeführt, wenn ein Wert aus einem Slot benötigt wird, dieser Slot allerdings bisher keine Informationen enthielt.

Frames ermöglichen eine einfache Repräsentation komplexer Objekte. Wichtige Eigenschaften und Aktionen stehen unmittelbar zur Verfügung. Die Repräsentation von deklarativen und prozeduralen Informationseinheiten wird unterstützt. Durch Frame-Hierarchien, d.h. Hierarchien aus Objektinstanzen und übergeordneten Objekttypen, lassen sich Attribute, die allen Instanzen dieses Objekttyps gemeinsam sind, an möglichst hoher Stelle im Vererbungsnetz eintragen. Dadurch erspart man sich unnötige und fehleranfällige Mehrfachangaben. Die Information befindet sich dann auf dem passenden Abstraktionsniveau. Die Vorteile der Frames hinsichtlich Lokalität und Wartbarkeit ergeben sich allerdings erst bei großen Anwendungen.[225] Anders als bei den bisherigen Repräsentationsformalismen gibt es für Frames keinen vorgegebenen Inferenzmechanismus. Ein frame-basiertes Modell zur Repräsentation von Wissen hat Reimer mit seinem System FRM vorgestellt.[226] Eine weitere Repräsentationssprache für Frames ist z.B. FRL.[227]

---

224 Vgl. z.B. Waterman (1986), S. 74; McGee (1990), S. 88.

225 Vgl. Savory (1988), S. 178.

226 Vgl. Reimer (1989). FRM steht für Frame-Repräsentations-Modell.

227 Vgl. z.B. Schmauch (1987), S. 142ff. FRL steht für Frame Representation Language. Zur Implementierung von Frames in PROLOG vgl. Lusti (1990), S. 229ff. oder Savory (1988), S. 149ff.

**e) Objekte**[228]

Die Wissensrepräsentation durch Objekte hat eine sehr große Ähnlichkeit mit der frame-basierten Darstellung. Beide Wissensrepräsentationsformalismen werden dementsprechend häufig auch unter dem Begriff *Objektorientierte Wissensrepräsentation* zusammengefaßt.[229]

Ein Objekt enthält sowohl eigene lokaldefinierte Variablen zur Beschreibung seines Zustands, als auch die zur Manipulation dieser Zustandsvariablen notwendigen Prozeduren (Methoden). Die Methoden sind an dieses Objekt gebunden und können nur hierüber aufgerufen werden. Kennzeichnend für diese Wissensrepräsentationsform ist also die Lokalität und Verkapselung von sachlogisch zusammenhängenden Zustands- und Verhaltensinformationen.[230]

Die Objekte kommunizieren untereinander mittels Nachrichten. Der Empfänger selektiert aufgrund der Nachricht eine Methode und führt diese aus. Dabei kann es zu einer Änderung der Zustandsvariablen kommen oder es werden weitere Nachrichten an andere Objekt versandt. Die dynamische Variablenbindung ermöglicht eine Polymorphie, d.h. die gleiche Methode kann je nach Objekt eine unterschiedliche Wirkung haben.

In Klassenhierarchien lassen sich generische Objekte (Schablonen) systematisieren, zu denen während der Laufzeit dynamisch einzelne Individuen (Instanzen) erzeugt werden können. Dadurch wird eine Mehrfachnutzung von Informationen möglich: Variablen und Methoden übergeordneter Klassen vererben sich an untergeordnete Klassen, es sei denn, sie werden dort explizit neu definiert, um Ausnahmen darzustellen.

Die Bedeutung der objektorientierten Beschreibung nimmt auch im "konventionellen" Software Engineering zu.[231] Repräsentationssprachen für

---

228 Vgl. dazu z.B. Jackson (1987), S. 65ff.; Karras/Kredel et al. (1987), S. 45ff.; Barth/Welsch (1988), S. 404ff.; Frick (1992), S. 16ff.; Gabriel (1992), S. 229ff.; Altenkrüger/Büttner (1992), S. 43ff.; Bechtolsheim (1993), S. 166ff.

229 Vgl. z.B. Altenkrüger/Büttner (1992), S. 43.

230 Vgl. Gabriel (1992), S. 230.

231 Vgl. dazu z.B. Barth/Welsch (1988), S. 404; Frick (1992), S. 16. Winston meinte dazu: "Essentially, an *object-oriented programming* language enables knowledge sharing by providing mechanisms for defining object classes, cearting individuals, and writing when-applied procedures. The virtues of knowledge sharing have made object-oriented programming languages increasingly popular." Winston (1992), S. 202. Hervorhebungen im Original.

Objekte sind z.B. FLAVORS oder LOOPS.[232] Sie sind objektorientierte Erweiterungen von LISP-Dialekten.

**f) Constraints**[233]

Constraints repräsentieren einschränkende Beziehungen zwischen Objekten, die von der Problemlösung auf jeden Fall erfüllt werden müssen, ohne daß damit eine konkrete Lösung festgelegt wird. Ein Constraint kann man sich als mathematische (Un-)Gleichung vorstellen und ein Constraint-Netz als das dazugehörige (Un-)Gleichungssystem. Allerdings sind Constraints nicht nur (Un-)Gleichungen, sie können auch nichtnumerische Zusammenhänge abbilden. Constraints eignen sich deswegen vorzüglich zur quantitativen oder qualitativen Modellierung von Systemen und physikalischen Zusammenhängen.[234]

Ein Constraint-Netz beschreibt implizit den zulässigen Problemlösungsbereich, wobei jedes neue Constraint den Lösungsraum zusätzlich einschränkt. Ziel ist es, den zulässigen Lösungsraum zu bestimmen, d.h. die Menge von Wertetupeln zu ermitteln, die alle Beschränkungen eines Constraint-Netzes erfüllt (*"constraint satisfication"*). Hierzu dient der Prozeß der Constraint-Propagierung (*"constraint propagation"*).[235] Die Propagierung besteht im wesentlichen darin, daß die Beschränkung der Wertemenge einer Variablen über die mit ihr verbundenen Constraints an andere Variablen weitergegeben wird, bis keine weitere Einschränkung mehr möglich ist. Wenn alle Variablen genau einen Wert annehmen, dann liegt eine eindeutige Lösung vor. Im Extremfall ist aber der zulässige Problemlösungsbereich leer, d.h. das Constraint-Netz ist inkonsistent bzw. nicht erfüllbar.

Die Propagierungsalgorithmen lassen sich nach den Datentypen der Variablen unterscheiden. Entlang einer Variable können propagiert werden:[236]

- nur feste Werte (z.B. $X = 5$),
- Wertemengen (z.B. $X \in \{3,4,5,6\}$) oder
- symbolische Ausdrücke (z.B. $X = 2 * Y$).

---

[232] FLAVORS basiert auf ZETALISP; vgl. z.B. Jackson (1987), S. 67ff. LOOPS ("LISP Object oriented Programming System") ist in INTERLISP-D implementiert; vgl. z.B. Karras/Kredel et al. (1987), S. 91ff.

[233] Vgl. dazu z.B. Gabriel (1992), S. 232f.; Winston (1992), S. 231ff.; Puppe (1991), S. 37ff.; Güsgen/Hertzberg (1991), S. 127ff.; Richter (1989), S. 126ff.; Puppe (1989), S. 29f.; Güsgen (1988); Güsgen (1985); Stefik/Aikins et al. (1983), S. 77ff.

[234] Vgl. Puppe (1991), S. 37f.; Gabriel (1992), S. 233.

[235] Vgl. Gabriel (1992), S. 232.

[236] Vgl. Puppe (1991), 38.

Constraint-Netze dienen also nicht nur einfach der Repräsentation von Wissen, sondern auch zur Inferenz und haben einen stark prozeduralen Aspekt. Im Gegensatz zu Regeln werden in Constraint-Netzen ungerichtete Zusammenhänge abgebildet, d.h. Constraints lassen sich sicherlich auch in Regeln formulieren, allerdings müßten die unterschiedlichen Beziehungsrichtungen jeweils durch eine eigene Regel ausgedrückt werden. Constraint-Netze können auch als eine Art duale Form der Repräsentation im Vergleich zu den Semantischen Netzen aufgefaßt werden. Bei den Constraint-Netzen werden die Knoten mit den Relationen und die Kanten mit den Argumenten der Relationen beschriftet.[237]

Für die adäquate Abbildung von Expertenwissen existieren eine Vielzahl von Repräsentationsformalismen, von denen hier nur eine Auswahl vorgestellt werden konnte. Die Auswahl der Darstellungsmethode, die für eine konkrete Aufgabenstellung am sinnvollsten erscheint, hat sich an den unterschiedlichen Merkmalen der einzelnen Repräsentationsformen und der Problemstellung zu orientieren. Häufig werden die verschiedenen Repräsentationsformalismen in Methoden der *deklarativen* und der *prozeduralen Wissensrepräsentation* klassifiziert.[238]

Der *deklarativen Wissensrepräsentation* liegt die Annahme zugrunde, daß man das Problem der Repräsentation von Wissen weitgehend unabhängig von den Methoden zur Anwendung dieses Wissens betrachten kann. Wissen wird als eine Menge von Fakten angesehen, die die Elemente der Welt (Objekte, Ereignisse) und die Relationen zwischen diesen Elementen sowie die Zustände dieser Elemente beschreiben.

Bei der *prozeduralen Wissensrepräsentation* geht es dagegen um die Abbildung von Wissen über die Anwendung von Wissen, also um den Zugriff auf Fakten, das Ziehen von Schlüssen etc. Dies beruht auf der Annahme, daß spezielles Wissen dazu notwendig ist, um Wissen aus einem bestimmten Bereich sinnvoll anwenden zu können. Die Abbildung 2.5 zeigt, wie die dargestellten Repräsentationsformalismen in dieses Schema eingeordnet werden können.

---

[237] Vgl. Richter (1989), S. 126.

[238] Vgl. z.B. Kurbel (1992), S. 37; Trost (1984) S. 49. McGee unterscheidet zwischen *heuristischem* und *deskriptivem Wissen*; vgl. McGee (1990), S. 70f. Harmon/King unterscheiden Wissen in der gleichen Art. Sie nennen das deskriptive Wissen allerdings *Tiefenwissen* (Prinzipien, Gesetze, Axiome) und das heuristische Wissen dagegen *Oberflächenwissen* (Sammeln eigener Erfahrungen); vgl. Harmon/King (1986), S. 35f. Eine weitere Unterscheidungsmöglichkeit von Repräsentationsformen ist das Begriffspaar *analoge* und *propositionale* Repräsentation; vgl. Furbach (1988), S. 263. Zu den analogen (bildhaften, grafischen) Repräsentationsformen vgl. Pribbenow (1993), S. 7ff. und Gappa (1991), S. 221ff.

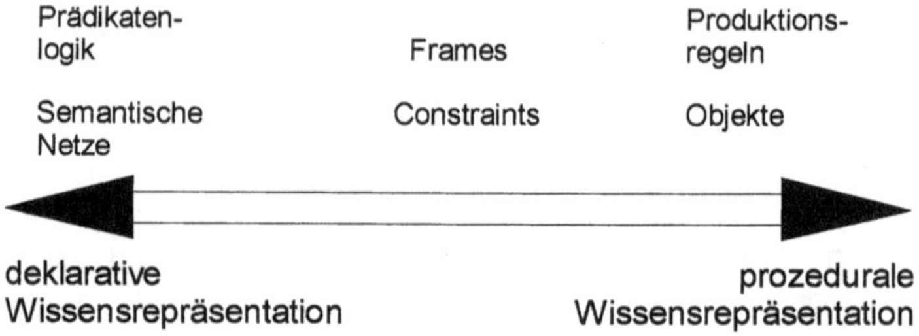


Abb. 2.5: Deklarative und prozedurale Wissensrepräsentation
Quelle: in Anlehnung an Kurbel (1992), S. 37.

## 2.3 Zusammenfassung

Die beiden wichtigsten Forschungsansätze der KI sind die symbolische KI und der Konnektionismus. Während die symbolische KI auf der Grundlage des Informationsverarbeitungsansatzes und der "Physical Symbol Systems Hypothesis" davon ausgeht, daß symbolverarbeitende Systeme zu intelligentem Handeln fähig sind, orientiert sich der Konnektionismus an dem biologischen Vorbild Mensch und ist davon überzeugt, das Wissen in sog. Neuronalen Netzwerken subsymbolisch repräsentiert und verarbeitet kann. Ohne den Schulenstreit letztendlich entscheiden zu können, ist auf die Problematiken beider Ansätze hingewiesen worden. Für die Problemstellung dieser Arbeit ist allerdings der konnektionistische Ansatz weniger interessant, so daß in dieser Arbeit vom klassischen (symbolischen) KI-Paradigma ausgegangen wird.

Für die Wissensbasierten Systeme (WBS) bzw. Expertensysteme (XPS) existiert noch keine einheitliche Definition. Für die Begriffsbestimmung werden in der Literatur eine Vielzahl von definitorischen Dimensionen miteinander vermengt. Ein XPS soll in dieser Arbeit insbesondere hinsichtlich seiner anwendungsbezogenen Leistungsmerkmale betrachtet werden. Andere Dimensionen bleiben weitgehend unberücksichtigt.

Die Betrachtung der Leistungspotentiale von WBS hat für den betrieblichen Einsatz und vor allem für den zu erwartenden Nutzen eine besondere Bedeutung. Es ist gezeigt worden, daß WBS besondere Leistungspotentiale in der Wissensdarstellung, in der Wissensverarbeitung und in der Kommunikation mit der Umwelt aufzeigen. Die Leistungspotentiale der Wissensdarstellung ergeben sich aus der adäquaten Modellierung eines Problembereichs mit Hilfe des Formulierungsreichtums hybrider Wissensbasen. Die Konzepte der nondeduktiven Inferenz und die effizienten Suchverfahren begründen im wesentlichen die Leistungspotentiale der Wissensauswertung. Von besonderer Bedeutung sind jedoch die

Leistungspotentiale der Kommunikation. WBS stellen durch ihre Erklärungs- und Dialogkomponenten völlig neue Konzepte für die wissensbasierte Mensch-Computer-Kommunikation bereit.

Es war aber auch ein Anliegen dieses Kapitels die Grenzen eines WBS aufzuzeigen. Diese Grenzen liegen vor allem im menschlichen Wissen selbst begründet. Es ist die soziale und historische Eingebundenheit von Wissen und der Unterschied zwischen Theorie und Praxis oder Wissen und Können. Die kognitive Entwicklung des Menschen dauert relativ lange. Piaget hat vier Entwicklungsstufen unterschieden, die ein Kind in seinem ersten 15 Lebensjahren durchläuft bis es hinsichtlich seiner kognitiven Entwicklung erwachsen ist. Es dann ist der Mensch zu schlußfolgerndem, wissenschaftlichem Denken fähig.[239] Ein WBS kann daher nur in einem sehr eng begrenzten Bereich eine dem menschlichen Problemlösen gleichwertige Leistung erbringen. Dem WBS fehlt darüber hinaus eine Selbsteinschätzung der eigenen Kompetenz. Da es kein Wissen über die "Welt" besitzt, ist für ein WBS die eigene Wissensbasis gleichbedeutend mit der "Welt" und es "fühlt" damit allwissend.

Dennoch werden - wie im 1. Kapitel gezeigt - in allen betrieblichen Bereichen WBS eingesetzt. Wenn also die Grenzen bekannt sind, dann lassen sich die Leistungspotentiale zur Lösung einer Reihe von betrieblichen Problemstellungen nutzen. Dazu ist die Entwicklung entsprechender WBS notwendig. Der gesamte Entwicklungs- und Wartungsprozeß (Knowledge Engineering) eines WBS läßt sich analog dem Software Engineering in verschiedene Phasen aufteilen. Die Problemstellung dieser Arbeit bezieht sich auf die ersten Phasen des Knowledge Engineering-Prozesses, der Wissensakquisition. Die nachfolgende Transformation des Wissens in eine formale Repräsentation soll hier nicht weiter verfolgt werden. Die knappe Darstellung der wichtigsten Repräsentationsformalismen mit ihren Vor- und Nachteilen ist für die Problemstellung dieser Arbeit ausreichend.

Die Wissensakquisition ist der zentrale Problembereich des Knowledge Engineering. Die Wissensakquisitionsmethoden und Vorgehensmodell sind ein Schwerpunkt dieser Arbeit und werden daher in den Kapiteln 5 und 6 ausführlich untersucht. Grundlage dieser Methoden und Vorgehensmodelle sollten Erklärungsansätze des menschlichen Denkens aus der Psychologie sein. Daneben hat sich aber auch die entscheidungsorientierte BWL ausführlich mit dem menschlichen Entscheidungsverhalten beschäftigt. Das folgende Kapitel wird daher zunächst die Entscheidungsfindung als zentrales betriebswirtschaftliches Problem aufarbeiten.

---

239 Vgl. Anderson (1988), S. 375.

# 3 Entscheidungsfindung als ein zentrales betriebswirtschaftliches Problem

In der angewandten bzw. gestaltungsorientierten Betriebswirtschaftslehre (BWL) lassen sich mehrere methodische und inhaltliche Grundkonzeptionen unterscheiden.[1] Die weitere Problembearbeitung konzentriert sich auf die entscheidungsorientierte BWL als eine Konzeption zur Lösung betriebswirtschaftlicher Gestaltungsaufgaben.[2] Dabei sollen die übrigen Grundkonzeptionen nicht vernachlässigt werden, sondern nur für die bessere Herausarbeitung der Problemstellung in den Hintergrund rücken. Der entscheidungsorientierte Ansatz der BWL betrachtet die Betriebswirtschaft als äußerst komplexes, offenes, soziales System mit einer Reihe funktionaler Subsysteme.[3] Auf die systemtheoretischen Implikationen soll an dieser Stelle nicht im einzelnen eingegangen werden.[4] Die Relevanz der Entscheidungsfindung für die gestaltungsorientierte BWL wird deutlich, wenn man betrachtet, wie stark das betriebliche Geschehen durch menschliches Entscheiden geprägt wird.[5] Die BWL wird daher häufig als spezielle oder angewandte Entscheidungstheorie bezeichnet.[6] Die entscheidungsorientierte BWL versucht auf der Basis einer deskriptiven Theorie des menschlichen Entscheidungsverhaltens, den Ablauf von Entscheidungsprozessen in Unternehmungen zu erklären und Verhaltensempfehlungen für die Entscheidungsträger zu geben.[7]

Die Entscheidungsorientierung der modernen BWL weist einige Besonderheiten auf, die es rechtfertigen, daß man sie gerade im Zusammenhang mit der Entscheidungsunterstützung durch Wissensbasierte Systeme (WBS) intensiver untersucht. Raffée nennt als Besonderheiten der entscheidungsorientierten BWL:[8]

---

1 Eine Übersicht geben z.B. Schanz (1992), S. 70ff. und Raffée (1974), S. 79ff.

2 Zur entscheidungsorientierten BWL vgl. z.B. Heinen (1971), S. 429ff.; Kirsch (1972), S. 153ff.; Schanz (1992), S. 90ff.; Raffée (1974), S. 94ff. Kirsch ist der Meinung, daß die moderne BWL vom Entscheidungsansatz ("decision-making approach") und vom Systemansatz ("systems approach") dominiert wird; vgl. Kirsch (1972), S. 154.

3 Vgl. Heinen (1971), S. 432.

4 Vgl. zur systemorientierten BWL z.B. Ulrich (1968); Schanz (1992), S. 100ff.; Raffée (1974), S. 79ff. und speziell zum Systemansatz z.B. Ulrich (1968), S. 100ff.

5 Vgl. Heinen (1978), S. 19.

6 Vgl. Bamberg/Coenenberg (1992), S. 10; Busse von Colbe/Laßmann (1991), S. 10; Sieben/Schildbach (1990), S. 7; Laux (1982a), S. 4.

7 Vgl. Heinen (1971), S. 430.

8 Vgl. Raffée (1974), S. 95.

1. Das *reale Entscheidungssubjekt* steht im Mittelpunkt des Entscheidungsansatzes. Der reduzierte und präparierte "homo oeconomicus"-Ansatz wird erweitert bzw. teilweise ersetzt durch verhaltenswissenschaftliche Erkenntnisse und den sich daraus ergebenden Informationsverarbeitungsansatz (IV-Ansatz).[9]
2. Das *Informationsproblem* spielt eine zentrale Rolle, sei es, indem man versucht den Unsicherheitsgrad vorhandener Alternativen durch Dateninformationen zu vermindern, oder daß man neue Handlungsalternativen (Suchinformationen) zu gewinnen versucht.[10]
3. Der *Prozeßcharakter von Entscheidungen* findet eine besondere Betrachtung. Dabei geht es einmal um die Aufteilung des Entscheidungsprozesses in verschiedene Phasen (z.B. Suchphase, Bewertungsphase, Auswahlphase, Kontrollphase). Zusätzlich ergibt sich aus der Analyse von Mehrpersonenentscheidungen eine soziale Dimension von Entscheidungsprozessen.

Die folgenden Abschnitte widmen sich zunächst den verschiedenartigen Beschreibungsansätzen der Entscheidungsfindung durch die Entscheidungstheorie. Zunächst wird im Abschnitt 3.1 eine Abgrenzung zwischen der normativen (präskriptiven) und der deskriptiven Entscheidungstheorie vorgenommen. Der Abschnitt 3.2 widmet sich dem Entscheidungsprozeß. Anschließend werden in den Abschnitten 3.3, 3.4 und 3.5 die verschiedenen Beschreibungsansätze der Entscheidungstheorie nacheinander dargestellt und diskutiert. Die deskriptive Theorie der Individualentscheidung hat für die Problemstellung dieser Arbeit eine besondere Bedeutung, weil gerade dieses Entscheidungsverhalten von einem Wissensbasierten System simuliert bzw. unterstützt werden soll. Die beiden übrigen Beschreibungsansätze, die normative Entscheidungstheorie (Entscheidungslogik) und die deskriptive Theorie der kollektiven Entscheidungen, sollen allerdings aufgrund ihrer Relevanz für bestimmte Entscheidungssituationen und der Rahmenbedingungen in der Realität ausdrücklich in dieser Arbeit erwähnt werden.

## 3.1 Beschreibungsansätze der Entscheidungsfindung durch die Entscheidungstheorie

"Wenn Wirtschaften Wählen heißt, und Wählen in enger Beziehung zu Entscheiden gesehen werden kann, dann hat sich die Betriebswirtschaftslehre schon immer mit Entscheidungen von Menschen in Unternehmungen befaßt."[11] Entscheiden bedeutet dabei zwischen (mindestens zwei) Handlungsalternativen zu wäh-

---

9 Vgl. Heinen (1971), S. 433.

10 Mag bezeichnet Information als *entscheidungsorientiertes Wissen*; vgl. Mag (1977), S. 5. Schweitzer spricht vom *entscheidungsrelevanten Wissen*; vgl. Schweitzer (1991), S. 26.

11 Heinen (1971), S. 429.

len.[12] Unterschiede in der Auffassung über den Begriff Entscheidung können in der Betrachtung des Wahlaktes selbst, in der des Entscheidungsträgers (-subjekts), und/oder der Umweltbeschreibung (Entscheidungssituation) bestehen.[13] Die Entscheidungstheorie basiert auf logischen und empirischen Analysen des rationalen oder intendiert rationalen Entscheidungsverhaltens. Je nach unterstelltem Entscheidungsverhalten liefern die Analysen der Entscheidungstheorie vorschreibende (normative, präskriptive) oder beschreibende (deskriptive) Aussagen.

Um die unterschiedlichen Ansatzpunkte dieser beiden Richtungen der Entscheidungstheorie deutlich zu machen, haben Bamberg/Coenenberg zunächst ein einfaches Modell des Entscheidungsprozesses als Interaktionsprozeß zwischen einem Subjekt- und einem Objektsystem entworfen.[14] Das Objektsystem wird als relevante Umwelt des Subjektsystems in dessen Informationssystem abgebildet und durch zielgerichtete Aktionen in einen gewünschten Zustand transformiert. Das Objektsystem umfaßt die Aktionsmöglichkeiten und die Bedingungskonstellationen, die den Erfolg der Aktionen beeinflussen. Weiterhin enthält es die Gesetzmäßigkeiten unter denen sich das Objektsystem verändern kann. Das Zielsystem des Subjektsystems liefert die notwendigen Wertprämissen zur zielorientierten Informationsgewinnung und -auswertung. Das Informationssystem liefert also ein subjektives Situationsbild als Entscheidungsgrundlage, d.h. es werden faktische (Tatsachenaussagen, Indikativsätze) und wertende (Werturteile, Imperative) Entscheidungsprämissen geschaffen.[15] Durch eine entscheidungslogische Verknüpfung der Entscheidungsprämissen wird eine Bewertung der Handlungsmöglichkeiten und damit eine Lösung des Entscheidungsproblems

---

12 Vgl. Laux (1982a), S. 3; Mag (1977), S. 3. Eine Handlung kann dabei auch aus einer Unterlassung bestehen.
Szyperski/Winand betonen, daß der Wahlakt *bewußt* vollzogen werden muß. Instinktive oder habitualisierte Handlungen werden nicht als Entscheidungen eingestuft; vgl. Szyperski/Winand (1974), S. 4. Kahle erscheint diese Bewußtheitsprämisse zu eng. Danach würde nämlich der gleiche Wahlakt in einer gleichartigen Entscheidungssituation und bei gleichen Zielen beim ersten Mal noch als Entscheidung aufgefaßt und nach einigen Wiederholungen, durch die eine Gewohnheit erfolgte, plötzlich keine Entscheidung mehr sein; vgl. Kahle (1981), S. 12. Pfohl grenzt bei der Entscheidung die "antriebsunmittelbaren Reaktionen" aus, weil keine Zäsur zwischen Antrieb und Reaktion erkennbar und somit jede Art von Überlegung ausgeschlossen ist. Dies bedeutet seiner Meinung nach jedoch nicht, daß eine Entscheidung sich in allen Teilen bewußt vollzieht. Intuition, Instinkt und Erfahrung werden explizit mit einbezogen; Pfohl (1977), S. 20.

13 Kahle hat eine systematische Gliederung der Merkmale, die die unterschiedlichen Entscheidungsbegriffe prägen, vorgenommen; vgl. Kahle (1973), S. 17ff.

14 Vgl. Bamberg/Coenenberg (1992), S. 1f.

15 Vgl. Kirsch (1970), S. 26.

erreicht. Die Abbildung 3.1 zeigt den Entscheidungsprozeß als Interaktionsprozeß.

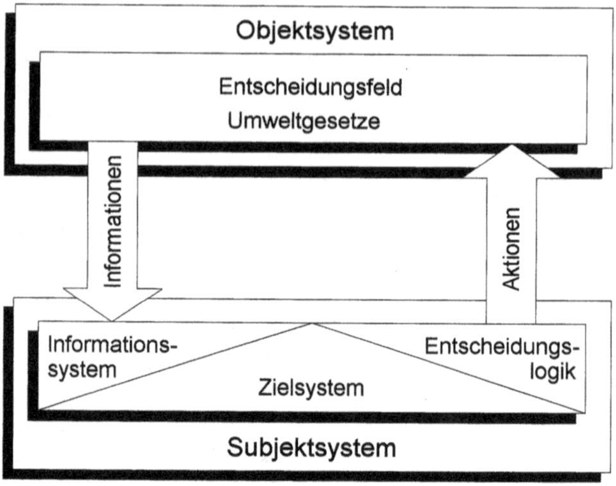


Abb. 3.1: Entscheidungsprozeß als Interaktionsprozeß
Quelle: Bamberg/Coenenberg (1992), S. 1.

Die normative (präskriptive) Entscheidungstheorie untersucht, wie bei gegebenen faktischen und wertenden Entscheidungsprämissen unter der Voraussetzung rationalen Handelns zu entscheiden ist.[16] Sie strebt also eine möglichst umfassende *Explikation der Rationalität* an, ohne Berücksichtigung der Frage, ob Menschen tatsächlich umfassend rational handeln. Im Sinne der Wissenschaftstheorie ist die normative Entscheidungstheorie eine Formalwissenschaft, d.h. eine Wissenschaft, die nicht den Anspruch stellt, wahre oder neue Aussagen über die Realität zu machen. Sie geht vielmehr von gewissen Axiomen aus und baut damit verträgliche Modelle bzw. entwickelt logische Schlußfolgerungen aufgrund dieser Axiome.[17] Die normative Entscheidungstheorie wird im Abschnitt 3.3 diskutiert.

Die deskriptive Entscheidungstheorie geht demgegenüber nur von intendiert rationalem Handeln aus und betrachtet die faktischen und wertenden Entscheidungsprämissen nicht als gegebene, sondern als zu erklärende Größen.[18] Ihr Ziel

---

16 Da die Entscheidungsprämissen als gegeben angenommen werden, spricht Kirsch von einem *geschlossenen Modell*; vgl. Kirsch (1970), S. 26.

17 Vgl. Zimmermann (1987), S. 11.

18 Kirsch spricht dementsprechend von einem *offenen Modell*; vgl. Kirsch (1970), S. 26.

ist es, empirisch gehaltvolle Hypothesen über das Verhalten von Individuen oder Gruppen im Entscheidungsprozeß zu finden, mit deren Hilfe bei Kenntnis der konkreten Entscheidungssituation Entscheidungen prognostiziert werden können. Die deskriptive oder empirisch-kognitive Entscheidungstheorie versteht sich daher als eine Realwissenschaft.[19] Der Abschnitt 3.4 widmet sich der deskriptiven Entscheidungstheorie der Individualentscheidung, und der Abschnitt 3.5 geht auf die deskriptive Entscheidungstheorie der Gruppenentscheidung ein.

Die Entscheidung ist immer eingebettet in einem Planungs- und Entscheidungsprozeß, der sich in mehrere Phasen aufteilen läßt. Der folgende Abschnitt 3.2 befaßt sich daher zunächst mit dem Entscheidungsprozeß.

## 3.2 Entscheidungsprozeß

Im Abschnitt 1.1.3 wurde der Begriff "Planung" in den Mittelpunkt der Betrachtung gerückt. Es ist daher die Frage zu klären, in welchem Verhältnis "Planung" und "Entscheidung" begrifflich zueinander stehen? In der betriebswirtschaftlichen Literatur ist es strittig, ob die Entscheidung als Bestandteil der Planungsaufgabe oder als selbständige Phase nach der Planung anzusehen ist.[20] Schweitzer und Schneider ordnen z.B. die Entscheidung als letzte Phase dem Planungsprozeß zu.[21] Im Gegensatz dazu sehen Schierenbeck und Mag die Entscheidung als selbständige Phase nach dem Abschluß des Planungsprozesses.[22] Für den Untersuchungsgegenstand dieser Arbeit bringt diese Diskussion keinen Erkenntnis-

---

19 Vgl. Zimmermann (1987), S. 11.

20 Staudt hat z.B. die verschiedenen Definitionsansätze in zwei Teilgruppen aufgeteilt: Die eine betrachtet Planung als Entscheidungsvorbereitung; die andere Teilgruppe dagegen sieht in der Entscheidung die natürliche Resultante der Planung. Vgl. Staudt (1979), S. 71. Vgl. dazu auch die Anmerkung bei Gabriel/Chamoni et al. (1995), S. 12, Fußnote 26.

21 Vgl. Schweitzer (1991), S. 25 und Schneider (1980), S. 28.

22 Vgl. Schierenbeck (1993), S. 87 und Mag (1977), S. 7. Nach Schierenbeck schrumpft allerdings die Entscheidungsphase, "wenn die Alternativenbewertung eine eindeutige Rangordnung geschaffen hat und hierbei möglicherweise sogar die Kombination verschiedener Einzelalternativen zu Maßnahmenprogrammen berücksichtigt worden ist, im Grenzfall dann auf den abschließenden Auswahlakt und auf die Akzeptanz der Entscheidungsprämissen zusammen." Schierenbeck (1993), S. 87.

fortschritt. Es wird daher nicht explizit zwischen Planungs- und Entscheidungsprozessen differenziert.[23]

In der Literatur werden mehrere Phasenschemata für den Planungs- und Entscheidungsprozeß vorgeschlagen. Eine Auswahl enthält die Tabelle 3.1.

| Laux:[24] | Heinen:[25] | Schierenbeck:[26] |
|---|---|---|
| • Problemformulierung<br>• Präzisierung des Zielsystems | • Anregungsphase | • Planung<br>• Zielbildung<br>• Problemanalyse |
| • Erforschung der möglichen Handlungsalternativen | • Suchphase<br>• Auswahl- oder Optimierungsphase | • Alternativensuche und -analyse<br>• Prognose<br>• Bewertung<br>• Entscheidung |
| • Entscheidungen in der Realisationsphase | • Prozeß der Willensdurchsetzung | • Durchsetzung |
| | • Kontrollphase | • Kontrolle |

Tab. 3.1: Verschiedene Phasenschemata für den Planungs- und Entscheidungsprozeß im Vergleich

Die verschiedenen Phasenschemata in der betriebswirtschaftlichen Literatur lassen trotz ihrer Unterschiede ein gewisses Grundmodell erkennen. Die Abbildung 3.2 zeigt dieses Grundmodell des Planungs- und Entscheidungsprozesses. Es enthält die wichtigsten Prozeßphasen: Entscheidungsvorbereitung (Planung im engeren Sinne), Entscheidung (Entschluß[27]), Durchsetzung (Entscheidungsausführung) und Kontrolle.

---

23 Auch Pfohl/Braun sehen die Begriffe *Entscheidungsprozeß* und *Planungsprozeß* als weitgehend gleichbedeutend an; vgl. Pfohl/Braun (1981), S. 103. Für Kirsch manifestiert sich die weitgehende Identität von Entscheidungs- und Problemlösungsprozeß nicht zuletzt auch in der zunehmenden Übereinstimmung der Phasenschemata, die in der Literatur vorgeschlagen werden; vgl. Kirsch (1970), S. 72. Im gleichen Sinne äußern sich auch Szyperski/Winand (1974), S. 5.

24 Vgl. Laux (1982a), S. 7.

25 Vgl. Heinen (1985), S. 22f. und S. 52 (Abbildung 4); Heinen (1976a), S. 19ff.

26 Vgl. Schierenbeck (1993), S. 84ff.

27 Kirsch unterscheidet hier zwischen einem Präferenzurteil (Entscheidung) und dem eigentlichen *Entschluß* (Selbstverpflichtung, "commitment") zu handeln; vgl. Kirsch (1970), S. 53f. Vgl. auch Staudt (1979), S. 70.

Abb. 3.2: Grundmodell des Planungs- und Entscheidungsprozesses

In der Literatur wird allerdings auch darauf aufmerksam gemacht, daß dieses Phasenschema eine Idealvorstellung ist und daher nicht immer zwangsläufig in dieser strikten Reihenfolge zu durchlaufen ist.[28] Phasen können übersprungen oder verschieden gewichtet werden. Es sind Rücksprünge möglich und einzelne Phasen können wiederum aus einem komplexen Planungs- und Entscheidungsprozeß bestehen. Eine empirische Untersuchung von Witte hat z.B. gezeigt, daß nur in vier von 233 Fällen Entscheidungen tatsächlich nach dem Phasenkonzept vorbe-

---

28 Vgl. z.B. Laux (1982a), S. 7; Pfohl/Braun (1981), S. 103 und S. 106; Kahle (1981), S. 46; Staudt (1979), S. 71; Kirsch (1970), S. 75.

reitet, gefällt und durchgesetzt wurden.[29] Das Phasenkonzept trifft daher keine Aussagen über den tatsächlichen zeitlichen Ablauf eines Planungs- und Entscheidungsprozesses, sondern stellt vielmehr ein logisch gültiges Schema dar.[30]

## 3.3 Normative Entscheidungstheorie

Prototyp eines geschlossenen Modells der Individualentscheidung ist das Modell des *homo oeconomicus*.[31] Die theoretischen Untersuchungen dazu streben in erster Linie eine *Explikation der Rationalität* an. Nach diesem Prinzip versucht ein rational handelndes Individuum, seine gegebenen Mittel so zu verwenden, daß ein Optimum an Zweckerfolg erreicht wird.[32] Im Vordergrund steht die Analyse einer formalen *Entscheidungslogik* unter gegebenen Entscheidungsprämissen.

Der *Rationalitätsbegriff* ist damit ein zentraler Begriff der normativen Entscheidungstheorie.[33] Grundsätzlich wird unter Rationalität ein Modell verstanden, das auf Grund eines Wertungssystems des Entscheidungsträgers die Auswahl der besten Handlung (Optimum) vorschreibt. Diese Gleichsetzung von Rationalität und Maximierungsmodell erscheint jedoch vielen Autoren zu eng.[34] Je nach den Anforderungen, die an die faktischen bzw. wertenden Entscheidungsprämissen gestellt werden, lassen sich verschiedene Rationalitätsbegriffe unterscheiden. Das Rationalitätspostulat setzt im allgemeinsten Sinne lediglich voraus, daß der Entscheidungsträger über ein in sich widerspruchsfreies Zielsystem verfügt und daß er sich entsprechend seinem Zielsystem verhält. In diesem Fall spricht man von einer *formalen Rationalität* der wertenden Entscheidungsprämissen. Diese Interpretation stellt keine Anforderungen an den substantiellen Inhalt des Zielsystems. Eine *substantielle (inhaltliche) Rationalität* liegt vor, wenn Vorschriften existieren, die ganz bestimmte Zielsetzungen (z.B. Kostenminimierung oder Gewinnmaximierung) als vernünftig auszeichnen.[35] Hinsichtlich der faktischen Entscheidungsprämissen kann zwischen objektiver und subjektiver Rationalität unterschieden werden. Von *objektiver Rationalität* wird gesprochen, wenn das Situationsbild des Entscheidungsträgers mit der Wirklichkeit übereinstimmt, also

---

29 Vgl. Witte (1988a), S. 208ff.

30 Vgl. Pfohl/Braun (1981), S. 106. Heinen spricht von einer *analytischen Funktionsgliederung*; vgl. Heinen (1971), S. 438.

31 Vgl. dazu z.B. Kirsch (1970), S. 27ff. oder Heinen (1985), S. 39ff.

32 Vgl. Sieben/Schildbach (1990), S. 1; Kirsch (1970), S. 27.

33 Vgl. z.B. Bamberg/Coenenberg (1992), S. 3; Sieben/Schildbach (1990), S. 1; Pfohl/Braun (1981), S. 128; Gäfgen (1974), S. 26; Kirsch (1970), S. 62.

34 Vgl. z.B. Pfohl/Braun (1981), S. 129; Gäfgen (1974), S. 24f.

35 Vgl. Bamberg/Coenenberg (1992), S. 3; Pfohl/Braun (1981), S. 129; Kirsch (1970), S. 63.

intersubjektiv überprüfbar ist. Dagegen ist *subjektive Rationalität* bereits dann gegeben, wenn der Entscheidungsträger von einem subjektiven, vereinfachten Modell der Umwelt ausgeht.[36] Nicht die objektive Realität, sondern das subjektive "*innere Modell*", das sich der Entscheidungsträger von seiner Umwelt schafft, liegt dann seinem Entscheidungsprozeß zugrunde.[37]

Die Annahmen, die der normativen Entscheidungstheorie zugrunde liegen, können in drei Gruppen zusammengefaßt werden:[38]

1. *Annahmen über die Information:* Der homo oeconomicus verfügt über alle Informationen bezüglich seiner Handlungsalternativen, der Umweltzustände und der Konsequenzen seines möglichen Handelns. Eine gewisse Unvollkommenheit der vollständigen Information ist zulässig: Die Information über die Umweltzustände können sicher, risikobehaftet oder unsicher sein. In allen Fällen kennt das Entscheidungssubjekt jedoch die Menge der möglichen Handlungsalternativen und die jeweilige Ergebnisfunktion.
2. *Annahmen über die Präferenzordnung:* Vorausgesetzt wird, daß der Entscheidungsträger alle Konsequenzen der Handlungsalternativen und die damit verbundenen Ergebnisse vollständig und transitiv ordnen kann, d.h. die Bedingungen der Vollständigkeit und der Transitivität bezüglich der Präferenz- und der Indifferenzrelation müssen erfüllt sein.
3. *Annahmen über Entscheidungsregeln:* Je nach Sicherheitsgrad der Umweltinformation stehen dem Entscheidungsträger bestimmte Entscheidungsregeln zur Verfügung, die es ihm eindeutig ermöglichen, trotz Unvollkommenheit der Information, eine optimale Alternative zielgerichtet aus der verfügbaren Alternativenmenge auszuwählen.

### 3.3.2 Entscheidungssituation und Elemente der Entscheidungsproblemdefinition

Unter dem Begriff der *Entscheidungssituation* können alle die Situation eines Entscheidungsproblems kennzeichnenden Elemente zusammengefaßt werden.[39] Dabei handelt es sich zum einen um die *Problemdefinition*, d.h. die akzeptierten faktischen und wertenden Entscheidungsprämissen.[40] Diese werden ergänzt um

---

36 Vgl. Kirsch (1970), S. 63.

37 Vgl. Pfohl (1977), S. 80; Szyperski/Winand (1974), S. 20; Kirsch (1970), S. 77; Kirsch (1971a), S. 138.

38 Vgl. Szyperski/Winand (1974), S. 26; Kirsch (1970), S. 27ff.

39 Pfohl/Braun sprechen vom *Informationsfeld* der normativen Entscheidungstheorie; vgl. Pfohl/Braun (1981), S. 25.

40 Vgl. Szyperski/Winand (1974), S. 40.

*Problemlösungsprogramme* (Algorithmen und Heuristiken)[41] oder Lösungsmethoden, die von Pfohl/Braun als methodische Entscheidungsprämissen bezeichnet werden.[42] Die verschiedenen Entscheidungsprämissen bilden das Grundmodell der normativen Entscheidungstheorie oder das Informationsfeld im Sinne von Mag.[43]

Die faktischen Entscheidungsprämissen werden von Szyperski/Winand zum *Modell des Entscheidungsfeldes*, die wertenden Entscheidungsprämissen zum *Modell des Entscheidungsträgers* zusammengefaßt.[44] Pfohl/Braun verbinden die methodischen Entscheidungsprämissen zum *Methodenfeld*.[45] Die Abbildung 3.3 zeigt das Grundmodell der normativen Entscheidungstheorie im Überblick.

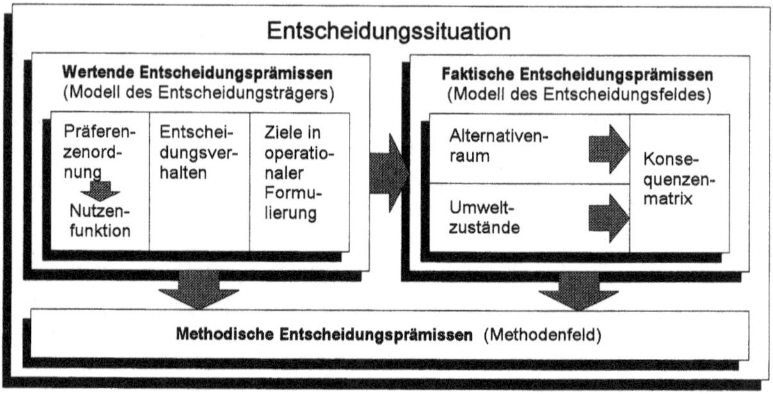


Abb. 3.3: Das Grundmodell der normativen Entscheidungstheorie

Die faktischen Entscheidungsprämissen (Modell des Entscheidungsfeldes) umfassen den Alternativenraum, die Umweltzustände und die Konsequenzen-(Ergebnis-)matrix. Die wertenden Entscheidungsprämissen (Modell des Entscheidungsträgers) werden durch das Entscheidungsverhalten, die Ziele bzw. das Ziel-

---

41 Vgl. Kirsch (1971a), S. 141f. Kirsch unterscheidet zwischen *Problemlösungsprogrammen*, die die Vorgänge im Informationssystem des Menschen lenken, und *Ausführungsprogrammen*, die die motorischen Aktionen der Rezeptoren und Effektoren ( der Sinnesorgane und Muskeln) steuern; vgl. Kirsch (1971a), S. 142.

42 Vgl. Pfohl/Braun (1981), S. 25.

43 Vgl. Mag (1977), S. 24.

44 Vgl. Szyperski/Winand (1974), S. 40. Pfohl/Braun bezeichnen das Modell des Entscheidungsträgers als *Zielfeld*; vgl. Pfohl/Braun (1981), S. 25.

45 Vgl. Pfohl/Braun (1981), S. 25.

system und die Präferenzenordnung bestimmt. Die methodischen Entscheidungsprämissen definieren die Lösungsmethoden bzw. die Entscheidungsregeln.

In den folgenden Abschnitten werden diese einzelnen Elemente der Entscheidungssituation dargestellt.

**a) Alternativenraum**[46]

Im Alternativenraum (Aktionenraum) wird die Menge A aller relevanten Handlungsalternativen $a_i$, die unter der Kontrolle des Entscheidungsträgers stehen, zusammengefaßt. Eine Alternative kann eine Aktion oder eine Sequenz von Aktionen sein.[47] Die Alternativen sollen sich einander streng ausschließen (Exklusionsprinzip), die Aufzählung der Alternativen muß erschöpfend sein (Vollständigkeit) und nur realisierbare Alternativen sind in Betracht zu ziehen.[48] Aspekte, die der Entscheidungsträger nicht kontrollieren kann, konstituieren die nicht beeinflußbaren Umweltsituationen.

**b) Umweltzustände**[49]

Die Menge W der relevanten Umweltzustände $w_j$, unter denen die Alternativen realisiert werden müssen, sind zu ermitteln und auf ihren Einfluß hin zu überprüfen. Dabei können Umweltausprägungen, die den Alternativen neutral gegenüberstehen, für die weitere Analyse unberücksichtigt bleiben.

Ausgehend von den Eintrittswahrscheinlichkeiten der Umweltzustände werden in der Regel drei Fälle unterschieden.[50] Man spricht von *Entscheidungen unter Sicherheit*, wenn die Menge der Umweltzustände W bekannt ist und die Wahrscheinlichkeit $p_j$, daß $w_j$ eintrifft entweder 1 oder 0 beträgt. Eine *Entscheidung unter Risiko* liegt vor, wenn W bekannt ist, jedoch $0 \leq p_j \leq 1$ gilt, d.h.

46 Vgl. dazu z.B. Bea (1992), S. 314f.; Bamberg/Coenenberg (1992), S. 14ff.; Sieben/Schildbach (1990), S. 16ff.; Kahle (1981), S. 47ff.; Saliger (1981), S. 4ff.; Pfohl/Braun (1981), S. 26ff.; Mag (1977), S. 41ff.

47 Die Aktionen kombinieren in der Regel Aktionsparameter, die vollständig zu spezifizieren sind; vgl. Sieben/Schildbach (1990), S. 17.

48 Vgl. Mag (1977), S. 43.

49 Vgl. dazu z.B. Bea (1992), S. 312f.; Bamberg/Coenenberg (1992), S. 16ff.; Sieben/Schildbach (1990), S. 18ff.; Pfohl/Braun (1981), S. 29ff.; Kahle (1981), S. 115ff.; Mag (1977), S. 44ff.; Szyperski/Winand (1974), S. 42f.

50 Gäfgen unterscheidet demgegenüber vier Typen der Ungewißheit: "1. eindeutige Konsequenzen (Sicherheit), 2. fast eindeutige Konsequenzen (stochastische oder Quasisicherheit), 3. mehrdeutige Konsequenzen infolge 'Zufall' (stochastische Unsicherheit), 4. mehrdeutige Konsequenzen infolge konträrer Entscheidung anderer Aktoren (rationale Indeterminiertheit)"; Gäfgen (1974), S. 129f.

es liegen begründete (objektive oder subjektive) Wahrscheinlichkeiten[51] für das Eintreffen eines Umweltzustandes vor. Wenn auch eine Wahrscheinlichkeitsfunktion über W nicht bekannt ist, dann liegt ein *Entscheidungsproblem unter Unsicherheit* (Ungewißheit i.e.S.) vor. In diesem Fall ist es vernünftig, zunächst von gleichen Eintrittswahrscheinlichkeiten auszugehen.[52]

Für die Zusammenstellung der relevanten Umweltzustände gelten die gleichen Anforderungen, wie für die Handlungsalternativen. Die Umweltzustände sollen sich einander streng ausschließen und müssen vollständig formuliert werden. Außerdem sind sämtliche Umweltparameter zu berücksichtigen.

**c) Konsequenzenmatrix[53]**

Aus dem Zusammentreffen von einzelnen Handlungsalternativen und einzelnen Umweltzuständen ergeben sich die Konsequenzen des Handelns. Es ergibt sich ein *Ergebnisraum* oder eine *Konsequenzenmatrix*. Jedem Paar $\{a_i; w_j\}$ wird durch eine Ergebnisfunktion $f(a_i; w_j)$ ein Ergebnis $e_{ij}$ eindeutig zugeordnet.[54] Die Tabelle 3.2 zeigt eine solche Konsequenzen-/Ergebnismatrix. Ein Ergebnis $e_{ij}$ kann mehrdimensional sein und zunächst aus einer verbalen Beschreibung bestehen. Dementsprechend wird aus der Ergebnismatrix E die *Entscheidungsmatrix Z* abgeleitet, die aus den Zielbeiträgen $z_{ij}$ der einzelnen Ergebnisse besteht.[55] Aus der Entscheidungsmatrix Z (evtl. auch direkt aus der Ergebnismatrix E) läßt sich mit Hilfe einer Nutzenfunktion die *Nutzenmatrix U* ableiten.[56] Bamberg/Coenenberg weisen darauf hin, daß sich die eintretenden Konsequenzen einer Aktion $a_i$ bei gegebenen Zustand $w_j$ auch bezüglich der Informationsstände Sicherheit, Risiko und Unsicherheit unterscheiden lassen.[57]

---

51 Vgl. Bamberg/Coenenberg (1992), S. 17. Wenn mit subjektiven Wahrscheinlichkeiten operiert wird, dann ordnen Szyperski/Winand dieses Entscheidungsproblem der Entscheidung unter Unsicherheit zu; vgl. Szyperski/Winand (1974), S. 43.

52 So fordert es das *Prinzip des unzureichenden oder mangelnden Grundes*, welches auf Bernoulli und Laplace zurückgeht; vgl. Mag (1977), S. 47. "Wenn man gar nichts weiß, solle man so tun, als wisse man doch etwas, nämlich Gleichverteilung"; Mag (1977), S. 48.

53 Vgl. dazu z.B. Bea (1992), S. 320ff.; Bamberg/Coenenberg (1992), S. 21ff.; Sieben/Schildbach (1990), S. 20ff.; Pfohl/Braun (1981), S. 35ff.; Saliger (1981), S. 7ff.; Mag (1977), S. 11ff.; Szyperski/Winand (1974), S. 43f.

54 In Matrixform: $A \times W \rightarrow E$.

55 Vgl. Mag (1977), S. 59f.

56 $z_{ij} \in Z \xrightarrow{\text{Nutzenfunktion}} u(z_{ij}) \in U$. Vgl. Bamberg/Coenenberg (1992), S. 32; Mag (1990), S. 69.

57 Vgl. Bamberg/Coenenberg (1992), S. 21.

| | | Umwelt | | | |
|---|---|---|---|---|---|
| | | $w_1$ | $w_2$ | … | $w_m$ |
| | $a_1$ | $e_{11}$ | $e_{12}$ | … | $e_{1m}$ |
| | $a_2$ | $e_{21}$ | $e_{22}$ | … | $e_{2m}$ |
| Aktionen | ⋮ | ⋮ | ⋮ | ⋱ | ⋮ |
| | $a_n$ | $e_{n1}$ | $e_{n2}$ | … | $e_{nm}$ |

Tab. 3.2: Konsequenzenmatrix E

Die ermittelten Konsequenzen stellen eine wesentliche Grundlage für die zu treffende Entscheidung dar, sie müssen zuvor allerdings noch den personalen Filter des Entscheidungsträgers passieren: Konsequenzen und Handlungsalternativen sind mit den verfolgten Zielen zu vergleichen, den Präferenzvorstellungen gemäß zu gewichten und auszuwählen.[58]

**d) Entscheidungsverhalten**

Kahle unterscheidet fünf Typen des Entscheidungsverhaltens, die als Kriterien für eine Zuordnung von Entscheidungsträgern zu Entscheidungssituationen herangezogen werden kann:[59]

- Ein *reaktives Entscheidungsverhalten* ist dadurch gekennzeichnet, daß die objektiv vorhandene Wahlmöglichkeit subjektiv gar nicht als solche erkannt wird, sondern der Entscheidungsanlaß zu einer determinierten Reaktion führt.[60]
- Für ein *situatives Entscheidungsverhalten* ist wesentlich, daß die vorliegende Entscheidungssituation kognitiv verarbeitet wird. Es müssen allerdings keine neuen Problemlösungsstrategien entwickelt werden, sondern ein verfügbares Problemlösungsprogramm findet Anwendung.

---

58 Vgl. Szyperski/Winand (1974), S. 44.

59 Vgl. Kahle (1981), S. 12ff. und Kahle (1973), S. 96ff. Zu einer anderen Entscheidungstypologie, in denen diese Entscheidungstypen teilweise enthalten sind, kommt Gore. Er unterscheidet nach dem Grad der Programmierbarkeit in routinemäßige, adaptive und innovative Entscheidungen; vgl. Gore (1964), S. 136ff. Siehe dazu auch Kirsch (1971a), S. 141. Bei *Routineentscheidungen* wird das Ausführungsprogramm direkt assoziiert, während es bei den *adaptiven Entscheidungen* zunächst nicht bekannt ist, aber mit Hilfe eines zulässigen Algorithmus sicher gefunden werden kann. Ist kein Ausführungsprogramm und kein zulässiger Algorithmus bekannt, so liegt eine *innovative Entscheidung* vor.
Weitere häufig zur Bildung von Entscheidungstypen herangezogene formale Merkmale werden bei Pfohl (1977), S. 230ff. gegenübergestellt.

60 Dies entspricht der Routineentscheidung im Sinne von Gore (1964), S. 51ff. und 131ff.

- *Kreatives Entscheidungsverhalten* wird vom Entscheidungsträger verlangt, wenn eine Entscheidungssituation vorliegt, die den Entscheidungsträger nötigt, über seinen Bestand an Handlungs- und Bewertungsregeln hinaus neue Strategien zu entwickeln.
- Die bisher genannten Typen des Entscheidungsverhalten setzen ein System von Handlungs- und Entscheidungsregeln voraus. Wenn Änderungen dieses Systems ebenfalls auf Grund rationaler Wahlakte erfolgen sollen, dann muß es auch ein System von Handlungs- und Bewertungsregeln für die Änderungen geben, d.h. Strategien zur Beschreibung und Bestimmung von Strategien, sog. Meta-Strategien. *Konstitutives Entscheidungsverhalten* bezeichnet die Anwendung von Meta-Strategien.
- Entscheidungen, die nicht durch Stimuli aus der Umwelt angeregt werden, sondern durch systeminterne Änderungswünsche (Ziele) an die Umwelt ausgelöst werden, verlangen *teleologisch-novatives Entscheidungsverhalten*. Teleologisch-novatives Entscheidungsverhalten ist also dadurch bestimmt, daß der Entscheidungsträger von sich aus nach einer Veränderung der Situation sucht.

**e) Ziele und Zielsystem[61]**

Das Entscheidungsziel des Entscheidungsträgers definiert den angestrebten Zustand oder Sachverhalt. Der Zielerreichungsgrad (Zielausmaß) wird verbindlich fixiert, z.B. durch eine Extremierungs- (Maximierung, Minimierung), Fixierungs- oder Satifizierungsvorschrift.[62] Die Zielerreichungsgrade sind immer auf einen Zeitpunkt oder Zeitraum bezogen. Das Zielsystem soll vollständig sein, denn nur bei expliziter Erfassung aller verfolgten Zielgrößen ist es möglich, die Handlungsalternativen durch alle wertrelevanten Aspekte zu beschreiben und so die Voraussetzung für eine Bewertung der Aktionen anhand der erwarteten Aktionsresultate zu schaffen.[63]

Enthält das Zielsystem nur eine Zielvariable (z.B. den Gewinn), dann spricht man von einem *eindimensionalen Zielsystem* (Ziel ist dann z.B. die Gewinnmaximierung). Ein solches eindimensionales Zielsystem, meist mit einer Extremierungsvorschrift, findet sich häufig in der BWL und den OR-Ansätzen.[64] Realistischer sind jedoch *mehrdimensionale Zielsysteme*. Zwischen den Einzelzielen bestehen verschiedene Abhängigkeitsbeziehungen, die

---

61 Vgl. Adam (1993), S. 83ff.; Bea (1992), S. 316ff.; Bamberg/Coenenberg (1992), S. 25ff.; Mag (1990), S. 26ff.; Pfohl/Braun (1981), S. 40ff.; Kahle (1981), S. 26ff.; Mag (1977), S. 26ff.; Heinen (1976a), S. 59ff.; Szyperski/Winand (1974), S. 46f.

62 Vgl. Bea (1992), S. 316.

63 Vgl. Bamberg/Coenenberg (1992), S. 29.

64 Vgl. Szyperski/Winand (1974), S. 46; Hax (1974), S. 22.

sich in Interdependenz-, Instrumental- (Ober- und Unterziele) und Präferenzrelationen (Haupt- und Nebenziele) unterscheiden lassen.[65] Bei den Interdependenzrelationen lassen sich differenzieren:[66]

- Verträgliche (kompatible) Ziele.
  - Die Ziele verhalten sich völlig unabhängig zueinander (Neutralität, Indifferenz).
  - Die Ziele sind einander förderlich (Harmonie, Komplementarität).
  - Die Ziele beziehen sich eigentlich auf die gleichen Größen (Gleichheit, Identität).
- Unverträgliche Ziele.
  - Die Ziele stehen in einem konkurrierenden Verhältnis zueinander (Konkurrenz).
  - Die Ziele schließen einander aus (Antinomie).

An die Formulierung von Zielen ist vor allem die Forderung nach Operationalität zu stellen.[67] Die Ziele müssen dazu hinsichtlich ihrer wesentlichen Bestimmungselemente, wie z.B. Zielinhalt (-richtung), Zielausmaß (-betrag), Zieltermin (-zeitraum), hinreichend präzise formuliert sein.[68]

### f) Präferenzenordnung[69]

Jeder Bewertung einer Entscheidungsalternative bzw. ihrer Konsequenzen liegt das Präferenzensystem des Entscheidungsträgers zugrunde. Es ordnet die Konsequenzenmenge gemäß den subjektiven Wertvorstellungen des Individuums.[70] Präferenz kann deshalb als die relative Vorziehenswürdigkeit eines Ergebnisses einem anderen gegenüber in der Wertschätzung eines bestimmten Entscheidungsträgers definiert werden. In den Präferenzen drückt der Entscheidungs-

---

65 Vgl. Bea (1992), S. 317; Kupsch (1979), S. 26ff.; Heinen (1976a), S. 94ff.; Kirsch (1971b), S. 147ff.

66 Vgl. Schierenbeck (1993), S. 78; Adam (1993), S. 90ff.; Heinen (1985), S. 101ff.; Pfohl/Braun 1981), S. 196ff.; Kupsch (1979), S. 26ff.; Mag (1977), S. 32; Heinen (1976a), S. 94ff.; Gäfgen (1974), S. 119ff.

67 Vgl. Kahle (1981), S. 26.

68 Vgl. Schierenbeck (1993), S. 78. Heinen spricht in diesem Zusammenhang von den Dimensionen der Unternehmungsziele; vgl. Heinen (1976a), S. 59ff.; Heinen (1985), S. 98ff.

69 Vgl. Sieben/Schildbach (1990), S. 23ff.; Mag (1990), S. 65ff.; Pfohl/Braun (1981), S. 43ff.; Kahle (1981), S. 71ff.; Szyperski/Winand (1974), S. 47f.

70 Vgl. Szyperski/Winand (1974), S. 48.

träger die relative Intensität aus, mit der er die verschiedenen Ergebnisse anstrebt oder zu vermeiden sucht.[71]

Eine Charakterisierung nach unterschiedlichen Präferenzobjekten kann nach Sieben/Schildbach folgendermaßen erfolgen:[72]

- Die *Höhenpräferenz* gibt an, wie der Entscheidungsträger die Ergebnisse der Konsequenzenmatrix allein wegen ihrer unterschiedlichen Höhe des Zielkriteriums im Hinblick auf ihre Vorteilhaftigkeit für ihn beurteilt. Mit der Höhenpräferenz der Ergebnisse wird gleichzeitig auch das maximale, minimale oder satifizierende Ausmaß der Zielgröße, das entsprechende Zielausmaß, festgelegt. Das wiederum bedeutet nichts anderes als die Bestimmung des erwünschten Zielerreichungsgrades.[73]
- Die *Artenpräferenz* drückt die relative Vorteilhaftigkeit aus, die Ergebnisse ausschließlich aufgrund ihrer Zugehörigkeit zu verschiedenen Zielgrößen für den Entscheidungsträger haben. Sie ist erforderlich, wenn der Entscheidungsträger mit Sachverhalten verschiedener Art Wertvorstellungen verbindet. Er kann z.B. Umweltverschmutzung unbedingt vermeiden wollen.
- Die *Sicherheitspräferenz* trägt der unterschiedlichen Wertschätzung von Ergebnissen Rechnung, die mit unterschiedlichen Sicherheitsgraden verbunden sind. Sie beschreibt also die relative Vorziehenswürdigkeit, die den möglichen Ergebnissen einzig aufgrund der Ungewißheit ihres Eintritts für den Entscheidungsträger zukommt.
- Die *Zeitpräferenz* zeigt die relative Vorteilhaftigkeit, die zu unterschiedlichen Zeitpunkten eintretende Ergebnisse allein wegen des jeweiligen Zeitpunkts ihres Eintritts für den Entscheidungsträger besitzen. Im allgemeinen wird z.B. ein zeitlich näher liegender Gewinn höher eingeschätzt, als ein zeitlich entfernter Gewinn gleicher Höhe.

Zimmermann hat die Anforderungen (Axiome) an die Präferenzenordnung aus der Präferenztheorie (oder Nutzentheorie) zusammengestellt. Demnach werden die Vollständigkeit der Ordnung (Linearitätsaxiom), Transitivität, Reflexivität und Stetigkeit gefordert. Diese Axiome stellen eine ordinale Nutzenskala sicher.[74] Damit läßt sich allerdings noch nicht die Frage beantworten, wie stark ein Ergebnis einem anderen vorzuziehen ist. Dazu ist eine kardinale

---

71 Vgl. Mag (1990), S. 67.

72 Vgl. Sieben/Schildbach (1990), S. 25ff. Siehe dazu auch Bamberg/Coenenberg (1992), S. 26f.; Bea (1992), S. 323; Pfohl/Braun (1981), S. 44f.

73 Vgl. Pfohl/Braun (1981), S. 45.

74 Vgl. Zimmermann (1987), S. 16f. Siehe dazu auch Pfohl/Braun (1981), S. 46ff. Sie fordern nicht explizit das vierte Axiom (Stetigkeit).

Nutzenskala notwendig, was zu weiteren notwendigen Eigenschaften der Nutzenfunktion führt.[75]

**g) Lösungsmethoden**

Im allgemeinen reichen faktische und wertende Entscheidungsprämissen allein nicht aus, um eine optimale Handlungsalternative ableiten zu können. Sie müssen durch methodische Entscheidungsprämissen (Lösungsmethoden, Entscheidungsregeln) ergänzt werden. Der Entscheidungsträger benötigt also eine methodische Anweisung, wie er aufgrund der Zielbeiträge bzw. Nutzenerwartungen für die vorliegenden Handlungsalternativen bei Beachtung der möglichen Umweltzustände zur optimalen Handlungsalternative kommt.[76]

Pfohl/Braun klassifizieren die Lösungsmethoden anhand ihres *Outputs*, des *Inputs* und der verwendeten *Regeln zur Transformation* von Informationen.[77] Als Outputkriterium nennen sie die *Lösungsmächtigkeit* oder die *heuristische Kraft* ("heuristic power")[78] einer Lösungsmethode, die in die Lösungsqualität und die Lösungswahrscheinlichkeit aufgegliedert wird. Die *Lösungsqualität* bestimmt das Verhältnis der gefundenen Lösung zur extremalen Lösung. Dabei interessieren nur die extremale und die satifizierende Qualität. Charakteristisch für das Modell des homo oeconomicus ist die Annahme, daß er seinen Nutzen maximiert.[79] In der normativen Entscheidungstheorie stehen daher solche Lösungsmethoden im Vordergrund der Betrachtung, die eine Nutzenmaximierung sicherstellen. Die *Lösungswahrscheinlichkeit* bestimmt, mit welcher Wahrscheinlichkeit eine Lösung bestimmter Qualität erreicht werden kann. Methoden mit der Lösungswahrscheinlichkeit gleich 1 werden Algorithmen genannt.[80] Die normative Entscheidungstheorie befaßt sich fast ausschließlich mit Algorithmen. "Nur wenn heuristische Methoden für mathematisch formulierte Probleme relevant werden, beschäftigen sich die normative Entscheidungstheorie und das Operations Research mit ihnen."[81]

---

75 Bei der kardinalen Nutzenskala sind nicht nur die Ergebnisse, sondern auch die Differenzen zwischen Ergebnisgrößen zu ordnen. Dazu sind im wesentlichen die genannten Axiome auch auf diese Differenzen zu beziehen. Vgl. dazu z.B. Pfohl/Braun (1981), S. 233f.

76 Vgl. Mag (1990), S. 73.

77 Vgl. Pfohl/Braun (1981), S. 68f.

78 Vgl. Simon (1966), S. 17ff.; Kirsch (1971a), S. 155f.

79 Vgl. Kirsch (1970), S. 40.

80 Vgl. Simon (1966), S. 17. Zu der Abgrenzung der Begriffe "Algorithmus" und "Heuristik" vgl. die Anmerkungen im Abschnitt 4.4.2. Vgl. dazu auch Hofmann (1985), S. 156f.; Pfohl (1977), S. 193ff.; Kirsch (1971a), S. 154f.

81 Pfohl/Braun (1981), S. 69.

Nach dem *Inputkriterium* können Lösungsmethoden anhand des Sicherheitsgrades und der Art der Zieldefinition unterteilt werden. Für die unterschiedlichen *Sicherheitsgrade* (Sicherheit, Risiko, Unsicherheit) sind entsprechende Lösungsmethoden bereitzuhalten.[82] Bei der Entscheidung unter Sicherheit besteht die Entscheidungsregel auf der Auswahl des im Hinblick auf die Zielvorstellung extremalen Spaltenwertes[83] des Ergebnisvektors.[84] Als Lösungsmethode für Entscheidungsprobleme unter Risiko wird häufig die Auswahl der Handlungsalternative mit dem maximalen Erwartungswert[85] genannt (μ-Kriterium oder Bayes-Kriterium).[86] Für das Entscheidungsproblem unter

---

82 Dinkelbach ordnet der Entscheidung unter Sicherheit *deterministische Entscheidungsmodelle* und der Entscheidung unter Risiko *stochastische Entscheidungsmodelle* zu; vgl. Dinkelbach (1982), S. 29ff.; Dinkelbach (1973), Sp. 486. Für Kahle sind die Begriffe *"Entscheidungsregel"* und *"Entscheidungsmodell"* synonym; vgl. Kahle (1981), S. 121.

83 Bei einer satifizierenden Zielsetzung reicht ein Mindestniveau.

84 Bei unendlich vielen oder einer sehr großen Anzahl von Handlungsalternativen kann z.B. die Lineare Programmierung (Simplex-Verfahren, bei ganzzahligen Problemen evtl. in Verbindung mit dem Schnittebenen-Verfahren nach Gomory) eine Lösungsmethode darstellen. Vgl. dazu das Beispiel aus der Produktionsplanung bei Hax (1974), S. 23ff. Zur Linearen Programmierung vgl. z.B. Zimmermann (1987), S. 56ff. Dort wird auch das Schnittebenen-Verfahren von Gomory beschrieben; vgl. S. 99ff.
Das Problem der deterministischen Entscheidungsmodelle ist daher meist die Konstruktion und Anwendung geeigneter Lösungsmethoden. Modelle und Lösungsmethoden für derartige Problemstellungen werden vom Operations Research für die unterschiedlichsten Anwendungsfälle bereitgestellt. Das Operations Research bietet für eine Reihe von Standardsituationen mathematische Modelltypen z.B. Programmierungsmodelle (für Zuteilungs- bzw. Mischungsprobleme, Transportprobleme, Knapsackprobleme, Zuordnungsprobleme), Engpaßmodelle, Konkurrenzmodelle und Lagerhaltungsmodelle; vgl. z.B. Zimmermann (1976), Sp. 4045ff. Zusätzlich werden Lösungsalgorithmen und -heuristiken bereitgestellt, z.B. Lineares Programmieren, Nichtlineares Programmieren, Entscheidungsbaumverfahren, Graphentheoretische Verfahren, Simulation, Heuristische Verfahren, Spieltheorie usw. Zu den einzelnen Methoden und Verfahren des OR vgl. z.B. Zimmermann (1987) oder Müller-Merbach (1970).

85 Dies gilt bei einem extremalen Ziel. Bei einer satifizierenden Zielsetzung reicht auch bei diesem Problemtyp ein Mindestniveau.

86 Diese Entscheidungsregel wird auch μ-Prinzip, μ-Regel oder Bayes-Regel genannt. Vgl. dazu z.B. Adam (1993), S. 209ff.; Bea (1992), S. 328; Bamberg/Coenenberg (1992), S. 88; Mag (1990), S. 75ff.; Sieben/Schildbach (1990), S. 59ff.; Dinkelbach (1982), S. 78ff.; Laux (1982a), S.149ff.; Pfohl/Braun (1981), S. 160f.
Für den Erwartungswert μ gilt: $\mu_i = \sum_{j=1}^{n} u_{ij} \cdot p_j$.
Die Zielfunktion lautet bei einem extremalen Ziel: $a_{opt} = \max_i [\mu_i]$.

Unsicherheit werden in der Literatur einige spezielle Entscheidungsregeln vorgeschlagen.[87] Bezüglich der Art der *Zieldefinition* lassen sich *eindimensionale*

Diese Zielfunktion (auch Bayes-Zielfunktion genannt) ist risikoneutral. Um die Risikoeinstellung des Entscheidungsträgers mit einzubeziehen, wird ein Streuungsmaß, meist die Standardabweichung σ oder die Varianz $\sigma^2$, mit berücksichtigt.

Für die Standardabweichung σ gilt: $\sigma_i = \sqrt{\sum_{j=1}^{n} (u_{ij} - \mu_i)^2 \cdot p_j}$

Man erhält somit das (μ,σ)-Kriterium, das von Bamberg/Coenenberg als das "klassische Entscheidungsprinzip" bezeichnet wird; vgl. Bamberg/Coenenberg (1992), S. 88. Durch eine Variation der Zusammenfassung von μ und σ lassen sich verschiedene Risikoeinstellungen (Risikoneigung oder -aversion) des Entscheidungsträgers ausdrücken. Es können jedoch noch weitere Verteilungsparameter zur Entscheidungsfindung herangezogen werden. Insofern ist das Prinzip nicht weit genug, um allen Risikoeinstellungen voll gerecht zu werden; vgl. Sieben/Schildbach (1990), S. 61.

87 Häufig in der Literatur genannte Entscheidungsregeln sind:

- *Laplace-Regel:* Nach dem Prinzip des unzureichenden Grundes wird eine Gleichverteilung für die Umweltzustände angenommen und das Bayes-Kriterium benutzt.

  Es gilt also: $a_{opt} = \max_i \left[ \frac{1}{n} \sum_{j=1}^{n} u_{ij} \right]$.

- *Maximin-Regel (Wald-Regel):* Der Entscheidungsträger wählt diejenige Alternative, die beim Eintreten der für ihn jeweils ungünstigsten Umweltsituation noch zum relativ besten Ergebnis führt (Handlungsweise eines Pessimisten).

  Es gilt also: $a_{opt} = \max_i \left[ \min_j [u_{ij}] \right]$.

- *Maximax-Regel:* Diese Entscheidungsregel empfiehlt dem Entscheidungsträger die Wahl derjenigen Alternative, die beim Eintreten der für ihn jeweils günstigsten Umweltsituation zum besten Ergebnis führt (Handlungsweise eines Optimisten).

  Es gilt also: $a_{opt} = \max_i \left[ \max_j [u_{ij}] \right]$.

- *Hurwicz-Regel (Pessimismus-Optimismus-Regel):* Ein Optimismusparameter λ ($0 \leq \lambda \leq 1$) versucht die Extremfälle der beiden vorgenannten Regeln zu verbinden.

  Es gilt also: $a_{opt} = \max_i \left[ \lambda \cdot \max_j [u_{ij}] + (1-\lambda) \cdot \min_j [u_{ij}] \right]$.

- *Savage-Niehans-Regel (Regel des geringsten Bedauerns, Minimax-Regret-Regel):* Der Entscheidungsträger möchte den höchstmöglichen, durch Fehleinschätzung der Umweltsituation bedingten Nachteil minimieren. Der Nachteil oder das "Maß des Bedauerns"
  $r_{ij} \in R$ wird durch die Differenz zwischen der zu erwartenden und der maximal möglichen Zielerreichung ausgedrückt.

  Es gilt also: $r_{opt} = \min_i \left[ \max_j \left[ \max_i [u_{ij}] - u_{ij} \right] \right]$.

*Zielsysteme* (Einfachzielsetzung) und *mehrdimensionale Zielsysteme* (multikriterielle Entscheidungsprobleme, Mehrfachzielsetzungen) unterscheiden. Die bisherigen Entscheidungsregeln basierten auf einer Einfachzielsetzung. Es müssen also weitere spezielle Lösungsmethoden für den Fall vorhanden sein, daß mehrere konkurrierende Ziele verfolgt werden.[88]

Lösungsmethoden lassen sich auch nach ihren Regeln zur *Informationstransformation* unterscheiden. *Exakte Methoden* sind so aufgebaut, daß weder über den Inhalt noch über die Reihenfolge der vorzunehmenden Schritte Zweifel bestehen, andernfalls liegen *inexakte Methoden* vor. Die normative Entscheidungstheorie befaßt sich ausschließlich mit exakten Methoden.

### 3.3.3 Modifikationen

Die Annahmen des Grundmodells der normativen Entscheidungstheorie, und damit die Vorstellung des homo oeconomicus, sind eine Fiktion. Es existieren daher eine ganze Reihe von Ansätzen, um diese fiktiven Modellannahmen stärker der Realität anzupassen, ohne allerdings dabei den Rahmen der Entscheidungslogik zu verlassen. In den folgenden Abschnitten sollen einige dieser Modifika-

---

Vgl. zu den Entscheidungsregeln z.B. Adam (1993), S. 205ff.; Bea (1992); S. 329ff.; Bamberg/Coenenberg (1992), S. 107ff.; Mag (1990), S. 87ff.; Sieben/Schildbach (1990), S. 51ff.; Laux (1982a), S. 116ff.; Dinkelbach (1982), S. 94ff.; Hax (1974), S. 54ff.

88 Häufig in der Literatur genannte Methoden zur Lösung von Zielkonflikten sind z.B.:

- *Zielgewichtung:* Der Entscheidungsträger hat Gewichtungsfaktoren gemäß seiner Zielpräferenz anzugeben. Üblicherweise werden die Gewichtungsfaktoren so genormt, daß ihre Summe 1 ergibt. Für das Gewicht der Zielgröße k gilt also $0<g^{(k)}<1$.

  Es gilt: $a_{opt} = \max_i \left[ \sum_{k=1}^{p} u_i^{(k)} \cdot g^{(k)} \right]$.

- *Lexikographische Ordnung:* Es wird eine Rangordnung für alle konkurrierenden Ziele gebildet. Die Entscheidung fällt zunächst ausschließlich nach der Zielgröße, der die höchste Priorität zuerkannt wurde. Nur für den Fall, daß mindestens zwei Alternativen den gleichen Erfüllungsgrad aufweisen, wird das zweitwichtigste Ziel zur Auswahl herangezogen.
- *Goal-Programming:* Dabei wird unterstellt, das der Entscheidungsträger diejenige Lösung anstrebt, die den Zielvorgaben insgesamt am nächsten kommt. Die Zielvorgaben werden vom Entscheidungsträger gesetzt, oder es wird von den extremalen Zielen ausgegangen.

  Es gilt: $a_{opt} = \min_i \left[ \sum_{k=1}^{p} \left| \overline{u}^{(k)} \cdot u_i^{(k)} \right| \right]$, wobei $\overline{u}^{(k)}$ die Vorgabe für Ziel k ist.

Vgl. zu den Methoden zur Lösung von Zielkonflikten z.B. Bea (1992), S. 325f.; Bamberg/Coenenberg (1992), S. 49ff.; Mag (1990), S. 38ff.; Laux (1982a), S. 89ff.; Dinkelbach (1982), S. 179ff.; Saliger (1981), S. 31ff.

tionen oder Erweiterungen der Konzeption des homo oeconomicus kurz vorgestellt werden.

#### 3.3.3.1 Subjektive Wahrscheinlichkeiten

Wahrscheinlichkeiten sind ein determinierendes Element der Risikosituation. Es ist daher sinnvoll, auf die unterschiedlichen Wahrscheinlichkeitsauffassungen näher einzugehen. Die weithin verbreiteten Wahrscheinlichkeitsaxiome gehen auf Kolmogoroff zurück und legen zunächst nur die strukturellen Anforderungen fest, die die Wahrscheinlichkeitsbegriffe zu erfüllen haben.[89] Das Problem der Bildung von Wahrscheinlichkeitsurteilen über Ereignisse der Realität wird durch diese Axiomatisierung nicht gelöst.[90]

Der *klassische* Wahrscheinlichkeitsbegriff geht vor allem auf die Beschäftigung mit Glücksspielen zurück und führt die Wahrscheinlichkeit als Anzahl der günstigen Fälle dividiert durch Anzahl der möglichen Fälle ein. Diese deduktive Herleitung objektiver Wahrscheinlichkeiten ist nur möglich, wenn man von der Gleichwahrscheinlichkeit des Auftretens eines Elementarereignisses ausgeht. Auf allgemein praktische betriebswirtschaftliche Probleme läßt sich diese Annahme nicht übertragen.[91] Der *statistische* Wahrscheinlichkeitsbegriff basiert auf Grundlage relativer Häufigkeiten, die sich aus der Beobachtung wiederholt ausgeführter Zufallsexperimente ergeben. Als Wahrscheinlichkeit eines bestimmten Ereignisses wird in Anlehnung an von Mises der *Grenzwert* angesehen, gegen den die relative Häufigkeit des Eintritts dieses Ereignisses konvergiert, wenn die Anzahl der Ausführungen des Zufallsexperiments gegen unendlich ($\infty$) läuft. Beobachtete relative Häufigkeiten können nur in sehr wenigen ökonomischen Entscheidungssituationen als Grundlage für die Bildung von Wahrscheinlichkeitsurteilen herangezogen werden.[92] In der Literatur findet sich noch ein weiterer induktiver

---

89 Folgende Wahrscheinlichkeitsaxiome werden genannt:
- *Nichtnegativitätsaxiom:* Für alle möglichen Ereignisse sind die Wahrscheinlichkeiten nichtnegativ, d.h. $p(E) \geq 0$ für alle $E \subset M$.
- *Normierungsaxiom:* Die Wahrscheinlichkeit des sicheren Ereignisses ist 1, d.h. $p(M)=1$. Das unmögliche Ereignis ($\emptyset$) hat die Wahrscheinlichkeit 0, d.h. $p(\emptyset)=0$.
- *Additionsaxiom:* Wenn sich zwei Ereignisse paarweise ausschließen, dann gilt für zwei Ereignisse: $p(E_1 \cup E_2)=p(E_1)+p(E_2)$ für alle $E_1 \subset M$, $E_2 \subset M$ und $E_1 \cap E_2=\emptyset$.

Dabei steht p für die Wahrscheinlichkeit und E für ein Ereignis aus einem nichtleeren Ereignisraum M.

Vgl. dazu z.B. Sieben/Schildbach (1990), S. 56f.; Pfohl/Braun (1981), S. 32f.; Hax (1974), S. 40.

90 Vgl. Hax (1974), S. 41.

91 Vgl. Laux (1982a), S. 133.

92 Vgl. Laux (1982a), S. 134.

Wahrscheinlichkeitsansatz. Wahrscheinlichkeiten sollen nach der Propensity-Interpretation als eine *empirisch nicht definierbare theoretische Disposition* physikalischer Systeme verstanden werden.[93]

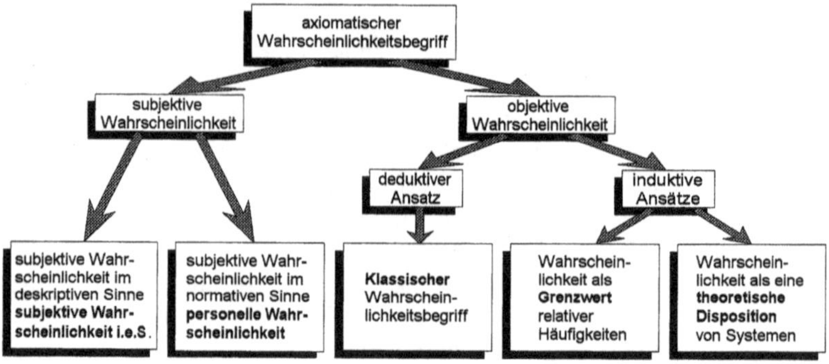


Abb. 3.4: Arten der Wahrscheinlichkeit
Quelle: in Anlehnung an Stegmüller (1973a), S. 133 und Pfohl/Braun (1981), S. 339.

*Subjektive Wahrscheinlichkeiten* basieren dagegen auf Urteilen von Individuen. Sie spiegeln den Grad der Glaubwürdigkeit oder das individuelle Vertrauen einer Person in die Richtigkeit einer Aussage wider, daß ein bestimmtes Ereignis eintreffen wird. Wenn ein Entscheidungsträger T einem möglichen Ereignis E eine subjektive Wahrscheinlichkeit p zuschreibt, so kann man dies in der Weise deuten, daß T im Grade p an das Eintreffen von E glaubt. Nach der normativen Interpretation bezeichnet diese Wahrscheinlichkeit den Überzeugungsgrad, den eine rationale Person haben sollte. Pfohl/Braun sprechen dann von einer *personellen* Wahrscheinlichkeit. In der deskriptiven Interpretation ist die Wahrscheinlichkeit ein Glaubensgrad, den ein existierender (rationaler oder irrationaler) Entscheidungsträger tatsächlich hat. Zur besseren Unterscheidung bezeichnen Pfohl/Braun diesen Fall als *subjektive* Wahrscheinlichkeit im engeren Sinne.[94]

---

93 Vgl. Stegmüller (1973a), S. 112. Statt von einer (potentiellen oder aktuellen) Bezugsfolge auszugehen und die Wahrscheinlichkeit als ein Merkmal dieser vorgegebenen Folge zu betrachten (statistische Wahrscheinlichkeit), wird die Wahrscheinlichkeit als ein Merkmal der Menge von erzeugenden Bedingungen ("a property of the generating conditions") einer solchen Folge aufgefaßt. Die Wahrscheinlichkeit wird also als eine Eigenschaft der experimentellen Anordnung betrachtet. Stegmüller spricht vom *Übergang von der Häufigkeitsdeutung zur Propensity-Deutung der statistischen Wahrscheinlichkeit*; vgl. Stegmüller (1973b), S. 39ff.

94 Vgl. Pfohl/Braun (1981), S. 340.

Die Abbildung 3.4 zeigt die verschiedenen Wahrscheinlichkeitsbegriffe im Überblick.

Nicht der objektiv zu erwartende Nutzen wird vom Entscheidungsträger maximiert, sondern der subjektive Erwartungswert des Nutzens. Das auf der Maximierung des subjektiven Erwartungswertes des Nutzens basierende Entscheidungsmodell wird als SEU-Modell ("subjectively expected utility") bezeichnet.[95]

Es ist offensichtlich, daß sich bei einer Beschränkung auf objektive Wahrscheinlichkeiten einmalige oder unregelmäßige Entscheidungssituationen kaum mit Hilfe der normativen Entscheidungstheorie lösen ließen. Die Verwendung stochastischer Entscheidungsmodelle wäre damit für die meisten betriebswirtschaftlichen Entscheidungssituationen ausgeschlossen.[96] Der Mangel an intersubjektiver Vergleichbarkeit in Verbindung mit den Schwierigkeiten der praktischen Ermittelbarkeit wird zwar kritisiert[97], es lassen sich aber auch pragmatische Argumente für die Verwendung von subjektiven Wahrscheinlichkeiten angeben.[98] Hax hat die Regel formuliert: "intersubjektiv überprüfbare Wahrscheinlichkeiten soweit möglich, subjektive Wahrscheinlichkeiten wenn nötig."[99]

### 3.3.3.2 Theorie des Risiko-Nutzens (Bernoulli-Prinzip)[100]

Als Lösungsmethode für Entscheidungen unter Risiko wurde nach dem Bayes-Kriterium der maximale Erwartungswert angegeben. Empirisch läßt sich ein solches Entscheidungsverhalten jedoch nicht bei allen Risikosituationen beobachten.[101] Das Bernoulli-Prinzip geht auf Beobachtungen zurück, die

---

95 Vgl. Rosenstiel/Molt et al. (1983), S. 101f.; Kirsch (1970), S. 43.

96 Vgl. Hax (1974), S. 43.

97 Vgl. Wild (1982), S. 99 und S. 130f.

98 Mag argumentiert z.B. damit, daß seit Kolmogoroffs Axiomatisierung auf eine interpretationsfähige und interpretationsnotwendige Definition verzichtet werden kann. Außerdem drücken die subjektiven Wahrscheinlichkeiten die Bedeutung der Entscheidung für den Entscheidungsträger besser aus; vgl. Mag (1990), S. 52.

99 Hax (1974), S. 46.

100 Vgl. dazu z.B. Adam (1993), S. 212ff.; Bamberg/Coenenberg (1992), S. 70ff.; Mag (1990), S. 124ff.; Laux (1982a), S. 167ff.; Saliger (1981), S. 45ff.; Hax (1974), S. 58ff.

101 Bamberg/Coenenberg führen als Beispiele den Abschluß einer Feuerversicherung oder die Teilnahme beim staatlichen Zahlenlotto an. Bei diesen Entscheidungssituationen wird regelmäßig nicht die Alternative mit dem höchsten Erwartungswert gewählt; vgl. Bamberg/Coenenberg (1992), S. 72f.

Bernoulli beim St. Petersburger Spiel[102] gemacht hat. Er kam zu dem Schluß, daß der Erwartungswert der Auszahlungen durch eine andere Beurteilungsgröße ersetzt werden muß, wenn man das empirische Spielverhalten erklären will.

Eine Definition des Bernoulli-Prinzips läßt wie folgt geben:[103] Für den Entscheidungsträger existiert eine auf die Menge aller Ergebnisse $e_{ij}$ definierte und bis auf eine wachsende lineare Transformation eindeutige *subjektive Nutzenfunktion u*, die dem zufallsabhängigen Ergebnisvektor $e_i$ einer Handlungsalternative $a_i$ einen bestimmten Nutzen $u(e_i)$ zuordnet.[104] Es erfolgt somit ein Übergang von objektiven auf subjektive Werte. Der Entscheidungsträger wählt die Handlungsalternative mit dem maximalen Erwartungswert des Nutzens.[105] Das Bernoulli-Prinzip ähnelt also formal dem Erwartungswertprinzip, nur wird nicht aus den Ergebnishöhen selbst, sondern aus dem Bernoulli-Nutzen der Ergebnishöhen der Erwartungswert berechnet.

Die Nutzenfunktion u eines Entscheidungsträgers läßt sich nach einer auf Ramsey zurückgehenden Idee empirisch folgendermaßen ermitteln:[106] Dem Entscheidungsträger werden hypothetische Entscheidungssituationen vorgelegt. Dabei genügt es, sich auf Entscheidungssituationen von relativ einfacher Struktur zu beschränken, nämlich auf solche, bei denen nur zwei Aktionen $a_1$ und $a_2$ zur Auswahl stehen. Die Aktion $a_1$ führt mit Sicherheit zur Konsequenz $e_1$ während $a_2$ mit den Wahrscheinlichkeiten w bzw. 1-w die Konsequenzen $e_2$ bzw. $e_3$ zur Folge hat. Die Abbildung 3.5 zeigt die Entscheidungssituation als Baumdiagramm.

---

102 Das Spiel besteht aus einem mehrfachen Münzwurf. Erscheint beim ersten Wurf "Zahl", dann erhält der Spieler den Betrag x. Erscheint dagegen "Kopf", aber im zweiten Wurf "Zahl", so erhält der Spieler den Betrag $x^2$. Ergibt sich jedoch "Kopf" in den ersten beiden Würfen, "Zahl" dagegen im dritten, so gewinnt der Spieler $x^3$ usw. Der Erwartungswert dieses Spiels ist: $\mu = x^1 \cdot \frac{1}{2} + x^2 \cdot \frac{1}{4} + x^3 \cdot \frac{1}{8} + \ldots + x^n \cdot \frac{1}{2^n} = \sum_{n=1}^{\infty} x^n \cdot \frac{1}{2^n} = \infty$.
Somit müßte ein Spieler bereit sein, jeden beliebig hohen Geldbetrag zu bezahlen, um an dem Spiel teilnehmen zu dürfen. Diese Annahme ist jedoch unrealistisch. Vgl. Kirsch (1970), S. 34; Bamberg/Coenenberg (1992), S. 73; Laux (1982a), S. 156f.

103 Vgl. Bamberg/Coenenberg (1992), S. 74; Mag (1990), S. 125.

104 In der Literatur wird die Nutzenfunktion u auch als Utility-Funktion oder Risikopräferenzfunktion und der ermittelte Nutzen auch als Bernoulli-Nutzen, von Neumann-Morgenstern-Nutzen, Erwartungsnutzen oder Risiko-Nutzen bezeichnet.

105 Es gilt also: $a_{opt} = \max_i \left[ \sum_{j=1}^{n} u(e_{ij}) \cdot p_j \right]$.

106 Vgl. Bamberg/Coenenberg (1992), S. 76f.

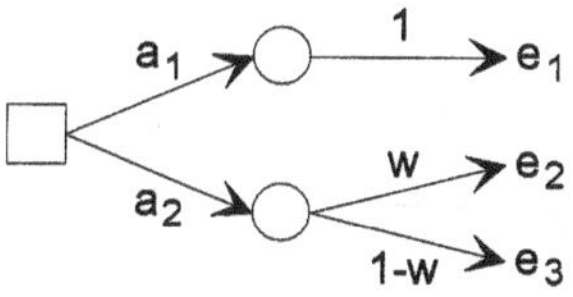


Abb. 3.5: Entscheidungssituation als Baumdiagramm

Die Wahrscheinlichkeit w wird solange variiert, bis der Entscheidungsträger zwischen $a_1$ und $a_2$ indifferent wird, also $a_1 \sim a_2$ gilt. Aus dem registrierten Verhalten des Entscheidungsträgers läßt sich die Nutzenfunktion u berechnen.[107] Die subjektive Risikoneigung läßt sich unmittelbar aus dem Verlauf der Bernoulli-Nutzenfunktion erkennen. Die verschiedenen Formen der Risikoneigung werden durch das Verhältnis der zwischen dem Erwartungswert μ und dem *Sicherheitsäquivalent (SÄ)* definiert. Ist ein Entscheidungsträger zwischen einer sicheren Auszahlung s und einer zufallsabhängigen Auszahlung x indifferent, so bezeichnet man s als das Sicherheitsäquivalent von x.[108] In dem o.g. Beispiel ist also SÄ $= e_1$. Es läßt sich zeigen, daß das Sicherheitsäquivalent die Inverse der Nutzenfunktion ist, also SÄ $= u^{-1}$ gilt.[109] Es lassen sich drei Fälle unterscheiden:

| Fall | Verhältnis | Risikoneigung | Verlauf der Nutzenfunktion |
|---|---|---|---|
| 1. | SÄ > μ | Risikosympathie | konvex |
| 2. | SÄ < μ | Risikoaversion | konkav |
| 3. | SÄ = μ | Risikoneutralität | linear |

Tab. 3.3: Klassifikation der Risikoneigung

So liegt z.B. Risikosympathie oder -freude vor, wenn das Sicherheitsäquivalent einer Verteilung größer ist als der Erwartungswert der Verteilung. Der Entscheidungsträger bevorzugt in diesem Fall offensichtlich die risikobehaftete Verteilung

---

107 Für diesen Wert w müssen nach dem Bernoulli-Prinzip die Erwartungswerte des Nutzens gleich sein, also $u(e_1)\cdot 1 = u(e_2)\cdot w + u(e_3)\cdot(1-w)$.
Wenn man nun von dem Fall ausgeht, daß $u(e_2) \leq u(e_1) \leq u(e_3)$ ist und setzt man für die beiden Konsequenzen $e_2$ bzw. $e_3$ die Nutzenwerte $u(e_2)=0$ bzw. $u(e_3)=1$ fest, so ergibt sich: $u(e_1)=1-w$ oder allgemein $u(x)=1-w(x)$.
Damit ist der Verlauf der Nutzenfunktion u für alle Konsequenzen x bestimmt.

108 Vgl. Bamberg/Coenenberg (1992), S. 75.

109 Vgl. die Herleitung bei Pfohl/Braun (1981), S. 263f. $u^{-1}$ existiert immer eindeutig, sofern u eine stetige, streng monotone steigende Funktion ist.

gegenüber dem sicheren Erwartungswert der Verteilung. Man müßte ihm mehr als den Erwartungswert in Form eines sicheren Ergebnisses anbieten, wenn er das sichere Ergebnis und die risikobehaftete Wahrscheinlichkeitsverteilung gleich beurteilen soll. Die Größe der Differenz zwischen dem Sicherheitsäquivalent und dem Erwartungswert ist ein einfaches Maß[110] für den Umfang der Risikosympathie.[111] Die Argumentation gilt analog auch für die Risikoaversion.

Die Theorie des Risikonutzens basiert auf folgenden Axiomen:[112]

1. *Ordnungsaxiom:* Auf der Menge möglicher Ergebnisse existiert eine vollständige, zumindest schwache und transitive Präferenzordnung.
2. *Stetigkeitsaxiom:* Wird ein Ergebnis einem zweiten vorgezogen, aber geringer eingeschätzt als ein drittes Ergebnis, so läßt sich aus beiden letzteren Ergebnissen eine einfache Wahrscheinlichkeitsverteilung bilden, die vom Entscheidungsträger als zum ersten Ergebnis indifferent angesehen wird.
   $e_1$ w $e_3$ ist eine einfache Wahrscheinlichkeitsverteilung, die $e_1$ mit der Wahrscheinlichkeit w und $e_3$ mit (1-w) verspricht.
   Gilt $e_1 \succ e_2 \succ e_3$, so gibt es ein w mit $0<w<1$, so daß $e_2 \sim e_1\, w\, e_3$.
3. *Unabhängigkeits- oder Substitutionsaxiom:* Durch die Hinzufügung oder Wegnahme eines Umweltzustands $b_j$ mit gleichem Ergebnis $e_{ij}$ und gleicher Eintrittswahrscheinlichkeit $w_j$ für alle Handlungsalternativen $a_i$ darf sich die Rangordnung (Vorteilhaftigkeit) der Alternativen nicht ändern.
   Es gilt $e_1 \succ e_2$ dann und nur dann, wenn $e_1\, w\, e_3 \succ e_2\, w\, e_3$ gilt.
4. *Dominanzaxiom:* Wird ein Ergebnis einem zweiten Ergebnis vorgezogen, so wird von zwei Wahrscheinlichkeitsverteilungen, die beide nur diese beiden Ergebnisse versprechen, diejenige vorgezogen, die das erste Ergebnis mit der größeren Eintrittswahrscheinlichkeit beschert.
   Wenn $e_1 \succ e_2$ und $w_1 > w_2$, dann $e_1\, w_1\, e_2 \succ e_1\, w_2\, e_2$.

Es hat trotz breiter Zustimmung zum Bernoulli-Prinzip auch kritische Äußerungen gegeben. Die Einwände beziehen sich erstens auf Zweifel an der praktischen Relevanz, d.h. auf beobachtbares tatsächliches Verhalten von Menschen im Widerspruch zum Bernoulli-Prinzip, zweitens auf die Verneinung einzelner Axiome[113] und drittens auf die im Bernoulli-Prinzip berücksichtigten Präferenz-

[110] Dieses Maß wird als Risikoprämie $\pi$ bezeichnet. Vgl. Bamberg/Coenenberg (1992). S. 83.

[111] Vgl. Sieben/Schildbach (1990), S. 65.

[112] Vgl. Sieben/Schildbach (1990), S. 67f.; Hax (1974), S. 58f. Diese Forderungen werden auch als "Nutzenaxiome" oder als "Axiome rationalen Verhaltens" bezeichnet; vgl. Laux (1982a), S. 174.

[113] "Das Stetigkeitsaxiom ist neben den üblicherweise undefinierten 'Elementarereignissen' die fragwürdigste Annahme bei der Nutzenmessung [...]"; Schneider (1980), S. 98f.

arten.[114] Rationales Verhalten bei Risiko und Entscheiden nach dem Bernoulli-Prinzip wird im allgemeinen jedoch gleichgesetzt.[115]

### 3.3.3.3 Optimale Informationsgewinnung (Bayes-Theorem)[116]

Entscheidungen sind zukunftsgerichtet. Der Entscheidungsträger ist daher bis zur Entscheidung im Ungewissen darüber, ob die für möglich gehaltenen Entwicklungen auch tatsächlich eintreffen. Der Informationsstand des Entscheidungsträgers läßt sich durch das Verhältnis

$$I = \frac{\textit{tatsächlich vorhandene Information}}{\textit{notwendige Information}}$$

ausdrücken.[117] I=0 steht dann für vollkommene Ignoranz, I=1 für vollkommene Information und $0<I<1$ für unvollkommene Information, die offensichtlich die größte praktische Relevanz besitzt. Es ist also für eine konkrete Entscheidungssituation die Frage zu klären, ob auf der Grundlage der gegenwärtig vorhandenen Informationen entschieden werden soll oder ob zusätzliche Informationen beschafft werden sollen, wobei Maßnahmen zur Verbesserung des Informationsstandes im allgemeinen mit Kosten verbunden sind. "Das bedeutet, die Entscheidungstheorie, prozessual gesehen, viel früher einzusetzen und ein vorgelagertes Entscheidungsmodell zu entwerfen. Man spricht deshalb auch von einem *Meta-Entscheidungsmodell* und einer *Meta-Entscheidungstheorie*."[118]

Das Entscheidungsproblem wird dahingehend ausgeweitet, daß zusätzlich zu den ohnehin bekannten Aktionen mindestens eine weitere Informationsbeschaffungsaktion hinzukommt, von der man weiß, welche möglichen Informationen $I_k$ (k=1,2,...,l) sie erbringen kann und mit welchen bedingten Wahrscheinlichkeiten die möglichen Informationen in den verschiedenen Umweltzuständen $w_j$ jeweils zu erwarten sind (sog. "likelihoods": $p(I_k|w_j)$)[119].

---

114 Vgl. Mag (1990), S. 125f.

115 Vgl. Sieben/Schildbach (1990), S. 69; Hax (1974), S. 61.

116 Vgl. Adam (1993), S. 248ff.; Bamberg/Coenenberg (1992), S. 119ff.; Mag (1990); S. 164ff.; Sieben/Schildbach (1990), S. 76ff.; Saliger (1981), S. 133ff.

117 Vgl. Mag (1990), S. 8.

118 Pfohl/Braun (1981), S. 111. Hervorhebungen im Original. Sie sprechen dort von "modernen" Ansätzen des Grundmodells der normativen Entscheidungstheorie. Mag grenzt diesen Ansatz der variablen unvollkommenen Informationszustände auch von der sog. "klassischen" Entscheidungstheorie (fixierte unvollkommene Informationszustände) ab; vgl. Mag (1990), S. 9.

119 Vgl. zu dem Begriff "likelihood" z.B. Stegmüller (1973b), S. 87ff.

Bei einem *vollkommenen Informationssystem* kann durch den Zugang der Information mit Sicherheit auf den wahren Umweltzustand geschlossen werden. Es läßt sich bei Zugrundelegung einer a priori Wahrscheinlichkeitsverteilung ein *Erwartungswert der vollkommenen Information* (EWVI) berechnen. Dieser ist definiert als Differenz des Ergebnisses, welches sich bei vollkommener Information erzielen ließe, und des Ergebnisses, welches bei Anwendung der μ-Regel (Bayes-Kriterium) erzielt wird. Es ist also

$$EWVI = \sum_{j=1}^{n} p_j \cdot \max_i \left[u_{ij}\right] - \max_i \left[\sum_{j=1}^{n} p_j \cdot u_{ij}\right]$$

Der EWVI gibt den Preis an, den der Entscheidungsträger für die Gewinnung vollkommener Information höchstens bezahlen sollte. Der Vergleich des EWVI mit den Informationsbeschaffungskosten ist demnach ein Indiz dafür, ob die Informationsbeschaffungsaktion ausgewählt werden soll.[120]

In der Realität läßt sich eine vollkommene Information nur sehr selten mit vertretbarem Aufwand beschaffen. Die Informationsbeschaffung muß sich aus Kosten- oder Zeitgründen auf Stichproben beschränken. Bei solchen *unvollkommenen Informationssystemen* kann der Entscheidungsträger aus der Stichprobe nicht mit Sicherheit auf den Eintritt jeweils genau eines Umweltzustands schließen. Aus dem Zugang einer der möglichen Informationen könnte allerdings der Entscheidungsträger auf der Grundlage der "likelihoods" und der ursprünglichen (a priori) Wahrscheinlichkeiten verbesserte Schätzungen der (a posteriori) Eintrittswahrscheinlichkeiten der Umweltzustände errechnen. Die Entscheidungstheorie geht also von der Annahme aus, daß der Entscheidungsträger die möglichen Informationen und die "likelihoods" kennt.

Das Theorem von Bayes ermöglicht die Berechnung der a posteriori Wahrscheinlichkeiten aus den a priori Wahrscheinlichkeiten und den "likelihoods":

$$p\left(w_j \middle| I_k\right) = \frac{p\left(I_k \middle| w_j\right) \cdot p\left(w_j\right)}{\sum_{j=1}^{n} p\left(I_k \middle| w_j\right) \cdot p\left(w_j\right)}$$

Es ist intuitiv einsichtig, daß die letztere Risikosituation eine Verbesserung darstellt, da alle verfügbaren Informationen verwertet wurden. Die Erhebung der einzelnen Stichproben ist mit Kosten verbunden. Die maximalen Kosten werden durch den EWVI festgelegt. Ansonsten soll die Differenz aus dem *Erwartungswert der Stichprobeninformation* (EWSI), der analog dem EWVI ermittelt wird, und den Kosten der Stichprobeninformation maximiert werden. "Theoretisch liegt

120 Vgl. Bamberg/Coenenberg (1992), S. 127.

das **Informationsoptimum** dort, wo der Grenzerlös (Grenzwert) aus einer zusätzlichen Information gleich den Grenzkosten dieser Information ist."[121]

## 3.3.4 Kritik der normativen Entscheidungstheorie

Die normative Entscheidungstheorie baut auf der Fiktion des homo oeconomicus mit dem Ziel auf, eine möglichst umfassende Explikation der Rationalität zu erreichen. Die normative Entscheidungstheorie ist eine Formalwissenschaft, die nicht den Anspruch erhebt, reale Entscheidungsprozesse zu beschreiben. Endzweck der praktisch-normativen BWL ist die Formulierung von Entscheidungsmodellen.[122] Modelle sind einerseits vereinfachende Abbildungen realer Tatbestände. Sie sollen aber andererseits der Forderung nach Strukturgleichheit bzw. -ähnlichkeit trotz aller Vereinfachungen genügen. Außerdem wird die Auswahl der im Modell explizit erfaßten Elemente der Wirklichkeit von der jeweiligen Zwecksetzung der Modellbildung bestimmt. Ein Modell ist also eine zweckorientierte Abbildung der Realität. Ohne auf die Forderung nach Isomorphie[123] zwischen Modell und Realität detailliert eingehen zu wollen, ist offensichtlich, daß die Modellbildung immer unter einem Formulierungsproblem leidet.

Viele Entscheidungssituationen lassen sich dennoch hinreichend vollständig abbilden. Die normative Entscheidungstheorie ist also genau dann eine wertvolle Hilfe, wenn sich die Entscheidungssituation von ihren Modellen "einfangen" läßt. Ihre Stärke liegt dann darin, daß sie

- den Benutzer zwingen, ökonomische Sachverhalte der Modellsyntax adäquat zu erfassen,
- den Ableitungszusammenhang von Prämissen und Implikationen transparent darstellen,
- formal eine richtige Lösung erzeugen und
- zur Versachlichung des Denkens zwingen.[124]

"Geschlossene Entscheidungsmodelle untersuchen nicht, wie Entscheidungsprobleme entstehen und auf welche Weise das Entscheidungssubjekt zu den Prämissen seiner Entscheidung gelangt. Sie berücksichtigen auch nicht die Wechsel-

---

121 Vgl. Mag (1990), S. 147. Hervorhebungen im Original.

122 Vgl. Bamberg/Coenenberg (1992), S. 13.

123 Diese Forderung nach Homomorphie (Isomorphie ist ein Spezialfall der Homomorphie) wird von einigen Autoren abgelehnt, weil eine Homomorphie nur bei Systemen vorliegen kann, die beide symbolische (insbesondere numerische) Systeme sind; vgl. Kirsch (1971a), S. 35. Bamberg/Coenenberg sprechen daher von einer relationseineindeutigen Abbildung der Realität, vgl. Bamberg/Coenenberg (1992), S. 13. Demgegenüber fordert z.B. Pfohl "die Bildung eines möglichst homomorphen Modells"; Pfohl (1977), S. 27.

124 Vgl. Szyperski/Winand (1974), S. 29.

beziehung zwischen Entscheidungsträger und Umwelt, die den realen Ablauf eines Entscheidungsprozesses wesentlich beeinflussen."[125] Es ist also wegen ihres normativen Charakters nicht das Ziel der Entscheidungslogik, reales Entscheiden abzubilden. Die normative Entscheidungstheorie macht keine Aussagen über wesentliche Prozesse der Realität, die neben der eigentlichen Wahlhandlung anfallen, wie z.B.

- Prozesse, die Entscheidungen notwendig machen,
- Prozesse der Formulierung von Zielplänen für Entscheidungen oder
- Prozesse zur Durchsetzung und Kontrolle von Entscheidungen.[126]

Aus diesen Gründen wird mit der *deskriptiven Entscheidungstheorie* der Versuch unternommen, die Entscheidungsprämissen der formalen Entscheidungslogik zu verändern und so der Realität anzupassen, daß sie das tatsächliche Entscheidungsverhalten wiedergeben. Im Vordergrund steht die Erkenntnis, daß die Entscheidungsfindung keineswegs immer den Gesetzen einer formalen Entscheidungslogik folgt, sondern daß im Rahmen der deskriptiven Entscheidungstheorie der Begriff der Entscheidungslogik im Sinne einer *subjektiven Psycho-Logik* des Individuums zu verstehen ist.[127] "[...] Sie ist gekennzeichnet durch Beschränkungen der Rationalität (Rationalität, bezogen auf das Zielsystem des Entscheidungsträgers; beschränkte Informationsverarbeitungskapazität; befriedigende Zielerreichung; Interdependenzen zwischen Problemformulierung und Problemhandhabung)."[128] Steht mehr das organisationale Entscheidungsverhalten im Vordergrund der Betrachtung, dann gewinnt eine Entscheidungslogik im Sinne einer *intersubjektiven Sozio-Logik* der Organisation an Bedeutung, wie man den Sachverhalt in Analogie zur Psycho-Logik nennen könnte.[129] Psycho-Logik und Sozio-Logik bilden den Gegenstandsbereich der deskriptiven Entscheidungstheorie.

## 3.4 Deskriptive Entscheidungstheorie der Individualentscheidung

"Die Betriebswirtschaftslehre versucht seit jeher auf einem Grundmodell des Menschen aufzubauen. Innerhalb der mathematisch-statischen Entscheidungslogik wird eine Modifizierung des Homo-oeconomicus-Modells durch die Berücksichtigung subjektiver Wahrscheinlichkeiten und stochastischer Präferenz-

---

[125] Heinen (1976b), S. 236.

[126] Vgl. Sieben/Schildbach (1990), S. 194ff.

[127] Vgl. Kirsch (1970), S. 26.

[128] Heinen (1976b), S. 236.

[129] Vgl. Pfohl/Braun (1981), S. 75.

ordnungen versucht. Die mehr sozial- und verhaltenswissenschaftliche orientierte Modellkonzeption versucht eine stärkere Annäherung an die Realität, indem sie von der Annahme ausgeht, daß der Mensch zwar die Absicht hat, rational im Sinne der Wahrnehmung und Verarbeitung aller möglichen Informationen zu handeln, daß aber die Unsicherheit der Zukunft, sowie z.B. psychologische, physiologische und machtbedingte Faktoren eine Grenze setzen."[130]

Erst die Veröffentlichung des "Administrative Behavior" von Simon[131] brachte diesen grundlegenden Wandel in der Betrachtungsweise. Simon spricht von einer akuter Schizophrenie der Sozialwissenschaft, die einerseits dem homo oeconomicus eine widersinnige allwissende Rationalität zuschreibt und andererseits aufgrund der Theorien, die auf Freud zurück gehen, das gesamte Denken auf den Affekt zu reduzieren versuchen.[132] Ein Modell der rationalen Wahlhandlung muß seiner Meinung die beobachtbare Tatsache einbeziehen, daß "[...] das menschliche Verhalten *beabsichtigt* rational, aber das nur *begrenzt* ist [...]".[133] Im Mittelpunkt der Veröffentlichungen Simons stehen also die *kognitiven Beschränkungen der Rationalität des Individuums*.[134] Simon faßt die Grenzen der Rationalität wie folgt zusammen:

"(1) Rationalität erfordert ein vollständiges Wissen und vollständige Antizipation der Ergebnisse, die sich aus jeder Wahl ergeben. Tatsächlich ist die Kenntnis der Ergebnisse immer bruchstückhaft.

(2) Weil diese Ergebnisse in der Zukunft liegen, muß die Vorstellungskraft die Lücke mangelnder Erfahrung bei ihrer Bewertung schließen. Aber Werte können nur unvollständig antizipiert werden.

(3) Rationalität erfordert eine Auswahl aus allen möglichen Verhaltensalternativen. Im tatsächlichen Verhalten kommen nur sehr wenige all dieser möglichen Alternativen je zu Bewußtsein."[135]

Er entwickelt dazu das Konzept des "*administrative man*" oder (in Analogie zum homo oeconomicus) des *homo organisians*, der

1. nicht unbedingt maximiert, sondern nach befriedigenden Lösungen sucht und
2. dem bewußt ist, daß er keine vollständige Information besitzt.[136]

---

[130] Heinen (1971), S. 433.

[131] In der 1. Auflage 1947 erschienen. In dieser Arbeit wird auf die deutsche Übersetzung der 3. Auflage, Simon (1981), referenziert.

[132] Vgl. Simon (1981), S. 29.

[133] Vgl. Simon (1981), S. 30. Hervorhebungen im Original.

[134] Vgl. Kirsch (1970), S. 61.

[135] Simon (1981), S. 116.

[136] Vgl. Simon (1981), S. 31.

Ein solches Modell des menschlichen Entscheidungsverhaltens führt von einem geschlossenen Strukturmodell der Entscheidungssituation zu einem offenen Prozeßmodell. Die deskriptive Entscheidungstheorie versucht daher alle relevanten Wahrnehmungsvorgänge, die zur Definition des Entscheidungsproblems führen, sowie die internen Prozesse, die den Entscheidungsablauf bestimmen, und schließlich die Beziehungen des Entscheidungsträgers während und nach der Entscheidung zu seiner Umwelt zu erklären bzw. zu prognostizieren. Dabei kann auf Modelle der kognitiven Psychologie, der Verhaltenswissenschaft und der Informationstheorie auf kybernetisch-systemtheoretischer Basis zurückgegriffen werden.[137]

Kirsch beschreibt vier verhaltenswissenschaftliche Ausgangspunkte der Diskussion offener Prozeßmodelle der Individualentscheidung:[138]

1. Die beschränkte Informationsverarbeitungskapazität des Individuums.
2. Das innere Modell der Umwelt.
3. Intraindividuelle Konflikte und Suchverhalten vor dem Entschluß.
4. Kognitive Dissonanz und Suchverhalten nach dem Entschluß.

Diese Punkte werden in den folgenden Abschnitten näher beschrieben.

### 3.4.1 Informationsverarbeitung des Individuums

Die deskriptive Entscheidungstheorie geht von der Annahme aus, daß Entscheidungsfindung nicht ausschließlich durch mathematische Modelle erklärt werden kann, sondern daß auch psychische Phänomene zu berücksichtigen sind. Eine Möglichkeit zur Beschreibung dieser Phänomene und zur Entwicklung empirisch-kognitiver Modelle ist der Informationsverarbeitungsansatz (IV-Ansatz), der menschliches Informations- und Problemlösungsverhalten durch Computersimulation und logische Analysen untersucht. Der IV-Ansatz ist das vorherrschende Paradigma der kognitiven Psychologie und damit die wichtigste methodische Grundlage der Kognitionswissenschaft. Die Kognitionspsychologie ist die Wissenschaft, die sich mit der menschlichen Informationsverarbeitung beschäftigt.[139]

---

137 Vgl. Szyperski/Winand (1974), S. 30.

138 Vgl. Kirsch (1970), S. 76ff.

139 Vgl. zur Einordnung der kognitiven Psychologie und zur Kognitionswissenschaft die Darstellung im 4. Kapitel. Zum IV-Ansatz vgl. Hussy (1993), S. 42; Wessells (1990), S. 45; Anderson (1988), S. 15; Mayer (1983), S. 165ff.; Lachman/Lachman et al. (1979), S. 111ff.; Newell/Simon (1972), S. 20ff.

### 3.4.1.1 Informationsverarbeitungsansatz

Der Informationsverarbeitungsansatz (IV-Ansatz) geht von der These aus, daß der Mensch als ein informationsverarbeitendes System angesehen werden kann.[140] Wahrgenommene Informationen (Stimuli) aktivieren das System (Organismus) und starten kognitive Prozesse bzw. kognitive Programme, die im Zusammenspiel mit einem Informationsspeicher (Gedächtnis) die Informationen verarbeiten. Das Ergebnis der Verarbeitung führt zu einer Reaktion des Systems. In diesem Sinne ist das Stimulus-Organismus-Reaktions-Paradigma (SOR-Paradigma)[141] der allgemeine Bezugsrahmen, der die Arbeitsweise des IV-Ansatzes verdeutlicht. Die allgemeine Struktur eines informationsverarbeitenden Systems ist in Abbildung 3.6 dargestellt.

Der IV-Ansatz kann als eine gewisse Synthese aus dem Neo-Behaviorismus und der Gestalt- bzw. Denkpsychologie aufgefaßt werden.[142] Er geht einerseits vom Begriffspaar "Stimulus-Reaktion" aus und wäre insofern eher dem Neo-Behaviorismus zuzuordnen. Demgegenüber wird in der Wahrnehmung, dem Denken und dem Problemlösen, also den Phänomenen des Bewußtseins, ein Schwerpunkt der Untersuchung gesehen, so daß ein kognitivistischer Grundzug vorherrscht.

Der *neutrale IV-Ansatz* impliziert keinerlei Parallelen zwischen den kognitiven Prozessen des menschlichen Problemlösers und den Informationsverarbeitungsprozessen in einer Computersimulation. "Die elektronische Datenverarbeitungsanlage wird lediglich als Hilfsmittel angesehen, Konsequenzen und Implikationen von Theorien zu ermitteln [...]."[143] Dies entspricht dem Performanzansatz der KI. Im Gegensatz dazu geht der *reine IV-Ansatz* davon aus, daß die Informationsverarbeitungsprozesse in der Computersimulation ein genaues Abbild der kognitiven Prozesse darstellen. So wird z.B. in Anerkennung der These von Whorf[144], daß die Sprache das Denken beeinflußt, davon ausgegangen, daß mit der gewählten Programmiersprache implizite psychologische Annahmen verbunden sind.[145] Dies entspricht dem Simulationsansatz der KI.

---

140 Vgl. Newell/Simon (1972), S. 788.

141 Vgl. zum SOR-Paradigma z.B. Scholz (1991), S. 335ff. Eine inhaltliche Konkretisierung erfährt das SOR-Modell z.B. durch die Verwendung von TOTE-Einheiten; vgl. dazu Miller/Galanter et al. (1973), S. 34ff. und die Darstellung im Abschnitt 4.4.2.1.

142 Vgl. Kirsch (1971a), S. 30ff.

143 Vgl. Kirsch (1971a), S. 46.

144 Vgl. dazu die Darstellung im Abschnitt 3.5.

145 Vgl. Kirsch (1971a), S. 47

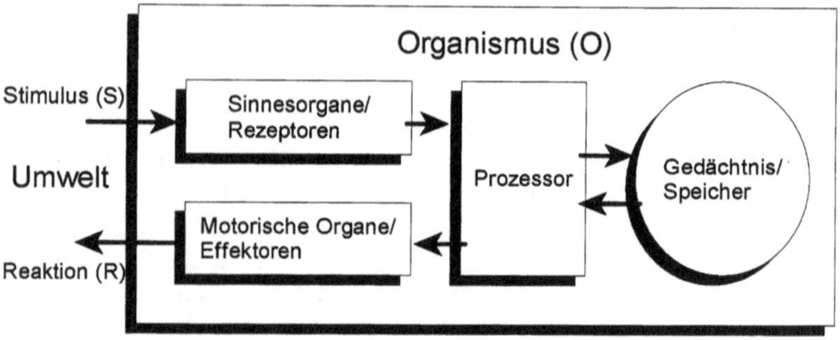


Abb. 3.6: Die allgemeine Struktur eines informationsverarbeitenden Systems
Quelle: in Anlehnung an Newell/Simon (1972), S. 20; Fischer (1982), S. 170; Fischer/Kling (1980), S. 216.

Staudt kritisiert den IV-Ansatz als eine unzulässige Reduktion von Problemlösung auf Routine.[146] Wenn die Hypothese des IV-Ansatzes zutrifft, daß menschliches Problemlösen nur auf einem Informationsverarbeitungsprozeß basiert, dann müßte seiner Meinung nach jede Problemlösung als eine Verarbeitung elementarer Verhaltensmuster aufgefaßt werden. Er bezieht sich dabei auf eine Aussage von Kirsch, "daß ein Individuum nur dann in der Lage ist, echte [...] 'rationale' Entscheidungen zu treffen, wenn es ein genügend großes Repertoire routinemäßiger Verhaltensmuster für die Teilprozesse des Suchverhaltens besitzt [...]".[147] Staudt hält dem entgegen, daß die "[..] Zurückführung des Problemlösungsprozesses auf einen 'Kübel' (genügend großes Repertoire) routinemäßiger Verhaltensmuster [..] dem zu simulierenden Individuum jede kreative Fähigkeit [..]"[148] abspricht. Problemlösungsprozesse enthalten zwar Informationsverarbeitungsakte, sie können jedoch nicht darauf beschränkt bleiben, wenn es um das Erkennen neuer zukünftiger Möglichkeiten geht. Die deskriptive Entscheidungstheorie, insbesondere der IV-Ansatz, erfaßt daher auch nur einen Teil des menschlichen Problemlösungsprozesses.

---

[146] Vgl. Staudt (1979), S. 63ff.

[147] Kirsch (1970), S. 75.

[148] Staudt (1979), S. 65.

### 3.4.1.2 Beschränkte Informationsverarbeitungskapazität

Mit dem IV-Ansatz geht das Mehr-Speicher-Modell der Psychologie konform, welches das menschliche Gedächtnis in verschiedene Speicher mit unterschiedlicher Kapazität aufteilt.[149] Die eigentliche Informationsverarbeitung findet im Kurzzeitgedächtnis ("working memory") statt. Es ist durch eine begrenzte Speicherkapazität gekennzeichnet, so daß nur wenige Informationseinheiten gleichzeitig bearbeitet werden können.[150] Empirische Untersuchungen von Miller haben ergeben, daß Versuchspersonen (Vpn) sieben (plus oder minus zwei) Informationseinheiten gleichzeitig im Kurzzeitgedächtnis behalten können. Er führte für diese Informationseinheiten den Begriff *Chunk* ein.[151]

Damit wird die wichtige psychologische Erkenntnis gestützt, die davon ausgeht, daß die menschliche Informationsverarbeitungskapazität erheblichen Beschränkungen unterliegt.[152] Für Simon läßt sich daraus das *Prinzip der begrenzten Rationalität* ableiten.[153] Eine Überschreitung dieser Kapazität ruft einen kognitiven Streß hervor, auf den das Individuum mit Strategien der Vereinfachung des Entscheidungsproblems reagiert, die deutlich vom entscheidungslogischen Ideal abweichen. Sieben/Schildbach nennen folgende Vereinfachungen:[154]

- Der Entscheidungsträger erfaßt die Realität nur in einem *stark vereinfachten Modell*. Er nimmt nur einige Elemente der Realität auf und berücksichtigt nur einen Teil der Kausalbeziehungen und Interdependenzen.
- Die Bewertung der Alternativen erfolgt auf der Basis von *Anspuchsniveaus*, so daß die Ergebnisse nur in den Kategorien "befriedigend" oder "unbefriedigend" eingeordnet werden können.
- Die Lösung des Entscheidungsproblems erfolgt nicht simultan für alle Alternativen. Es werden vielmehr *sukzessive* Lösungshypothesen erarbeitet und nacheinander getestet. Die Suche terminiert, sobald eine Alternative das Anspruchsniveau erfüllt.

---

149 Vgl. zum Mehr-Speicher-Modell die Ausführungen im Abschnitt 4.3.1.

150 Vgl. Best (1986), S. 125f; Howard (1983), S. 101ff.; Bourne/Dominowski et al. (1986), S. 57ff.; Baddeley (1990), S. 39ff.

151 Vgl. Miller (1956), S. 81ff.; Kirsch (1970), S. 84ff.

152 Vgl. Kirsch (1970), S 83.

153 "[...] the principle of bounded rationality: The capacity of the human mind for formulating and solving complex problems is very small compared with the size of the problems whose solution is required for objectively rational behavior in the real world - or even for a reasonable approximation to such objective rationality." Simon (1957a), S. 198.

154 Vgl. Sieben/Schildbach (1990), S. 179f. Vgl. dazu auch Simon (1957a), S. 196ff.

### 3.4.1.3 Theorie des Anspruchsniveaus

Im Mittelpunkt der Vereinfachung der Entscheidungssituation steht das Anspruchsniveau oder das Satifizierungsprinzip wie es Simon vorschlägt. Er versteht unter dieser Bezeichnung den Ersatz des Ziels der Maximierung durch das Ziel der Satifizierung, also des Findens einer Vorgehensweise, die 'gut genug' ist.[155] Ist es leicht, satifizierende Alternativen zu finden, dann wird das Anspruchsniveau ansteigen. Im gegenteiligen Fall, also immer wenn es schwer ist, satifizierende Alternativen zu entdecken, dann wird das Anspruchsniveau zurückgehen. Simon nennt dies ein vages Prinzip.[156] Solche Anpassungen des Anspuchsniveaus tendieren dazu, die Existenz einer satifizierenden Lösung zu garantieren. Reber weist darauf hin, daß Simon sich nicht um die exakte Formulierung einer Theorie bemüht hat.[157] Es fällt daher leicht, gegen eine solche naive Präsentation zu polemisieren, wie es Gutenberg gemacht hat.[158]

Eine erste umfassende Theorie des Anspruchsniveaus wurde von Kurt Lewin 1944 unter dem Begriff "*Valenztheorie des Anspruchsniveaus*" vorgelegt.[159] Sie wurde Ende der 50er Jahre von John Atkinson[160] unter Berücksichtigung motivationstheoretischer Ansätze weiterentwickelt und verfeinert. Seine Theorie ist unter den Begriffen "*Motivationstheorie des Anspruchsniveaus*" oder "*Theorie der Leistungsmotivation*" zusammengefaßt worden.[161] Das Anspruchsniveau eines Individuums ist demnach eine Funktion seiner Motivationsstärke. Diese Theorie geht davon aus, daß ein Individuum frei unter mehreren Aufgaben wählen kann, die sich nur durch ihren Schwierigkeitsgrad unterscheiden. Die Aufgaben führen zu zwei sich ausschließenden Konsequenzen: Die Aufgabe wird gelöst (Erfolg) oder nicht gelöst (Mißerfolg). *Leistungsmotivierte* Individuen streben nach einer erfolgreichen Lösung. Daneben existieren Individuen, deren Handeln mehr auf die Vermeidung von Mißerfolg ausgerichtet ist (*Mißerfolgsvermeidungsmotiv* bzw. *Fehlervermeidungsmotiv*). Beide Motive werden zusammen als *intrinsische Motive* bezeichnet, da sie sich auf die Aufgabe als solche beziehen.

---

155 Vgl. Simon (1957a), S. 204f.

156 Vgl. Simon (1957b), S. 253.

157 Vgl. Reber (1973), S. 106.

158 "Gegen diesen Einbruch der Psychologie in die Betriebswirtschaftslehre möchte ich hier polemisieren." Gutenberg (1966), S. 4.

159 Vgl. dazu z.B. Ackermann (1972), S. 137ff.; Gebert/Rosenstiel (1989), S. 54ff.; Heidack (1983), S. 128ff.

160 Vgl. z.B. Atkinson (1974), S. 11ff.; Atkinson/Raynor (1978), S. 11ff.

161 Vgl. Pfohl/Braun (1981),S. 395ff.; Reber (1973), S. 107ff.; Kupsch (1973), S. 182ff.; Ackermann (1972), S. 148ff.

Soziale Beziehungen oder *extrinsische Motive* werden ausgeklammert.[162] Die intrinsischen Motive können als relativ stabile Disposition von Individuen angesehen werden. Daneben ist für die Wahl des Anspruchsniveaus die subjektive *Erwartung* bedeutsam, daß man die Aufgabe erfolgreich löst. Schließlich ist der *Anreizwert* (*Nutzen* oder *Befriedigungswert*) zu betrachten, der von einem Erfolg oder Mißerfolg ausgeht. Das menschliche Verhalten und mit ihm das Anspruchsniveau wird also von den folgenden Variablen bestimmt:[163]

- *Motive ("motivation" M):* Entweder es dominiert das *Leistungsmotiv* $M_s$ oder das *Mißerfolgsvermeidungsmotiv* $M_f$ (s = success und f = failure). Sie sind situationsunabhängig und relativ konstant.
- *Erwartungen ("subjective probability" P):* Das Anspruchsniveau hängt davon ab, mit welcher Sicherheit man die Konsequenzen (*Erfolg* $P_s$ oder *Mißerfolg* $P_f$) einer Handlung erwartet. Sie ist eine situationsabhängige Variable und wird formal durch eine subjektive Wahrscheinlichkeit ausgedrückt. Es gilt also $P_s + P_f = 1$.
- *Anreizwert ("incentive" I):* Der *Anreizwert des Erfolgs* $I_s$ ist um so höher, je unwahrscheinlicher ein Erfolg eingeschätzt wurde. Es gilt $I_s = 1 - P_s$. Der *Anreizwert des Mißerfolgs* $I_f$ geht von der Überlegung aus, daß ein Fehlschlag bei einer schwierigen Aufgabe ($P_s$ ist relativ gering) weniger stark als Mißerfolg bewertet wird, als ein Fehlschlag bei einer leichten Aufgabe ($P_s$ ist relativ hoch). Es gilt also $I_f = -P_s$. Der Anreizwert des Mißerfolgs ist dabei stets negativ.

Das *Anspruchsniveau ("tendency" T)* wird aus der Leistungsmotivation $T_s$ und der Mißerfolgsvermeidungsmotivation $T_f$ für die konkrete Aufgabe ermittelt:

$$T = T_s + T_f \text{ mit}$$
$$T_s = (M_s \cdot P_s \cdot I_s) \text{ und}$$
$$T_f = (M_f \cdot P_f \cdot I_f) \text{ oder wegen } P_f = 1 - P_s \text{ und } I_f = -P_s$$
$$T_f = (M_f \cdot (1 - P_s) \cdot (-P_s))$$

Es lassen sich zwei Vorhersagen aus dem Atkinsonschen Modell der motivationalen Anspruchsniveautheorie ableiten:[164]

1. Erfolgsdominierte Personen setzen ihr Zielniveau bei einem mittleren Schwierigkeitsgrad (0,5). In diesem Punkt erreichen die Determinanten ihres Zielerreichungsverhaltens ein Maximum.
2. Personen, bei denen das Streben der Mißerfolgsvermeidung dominiert, wählen Alternativen mit einem hohen Erwartungsgrad, d.h. ein Mißerfolg wird möglichst ausgeschlossen, oder eine extrem schwierige Alternative mit geringem

---

162 Vgl. Pfohl/Braun (1981), S. 393.

163 Vgl. Atkinson/Raynor (1978), S. 12ff.; Atkinson (1974), S. 13ff.; Ackermann (1972), S. 151ff.

164 Vgl. Reber (1973), S. 125f.

Erwartungswert. In diesem Fall läßt sich der wahrscheinliche Mißerfolg mit der Schwierigkeit der Aufgabe rechtfertigen.

Die Motivationstheorie des Anspruchsniveaus erlaubt es, die Setzung und die Anpassung von Anspruchsniveaus zu erklären und zu prognostizieren. Allerdings ist auch auf die Kritikpunkte hinzuweisen, die in der Literatur genannt werden:[165]

- Der ausschließliche Bezug auf intrinsische Motive greift zu kurz. Extrinsische Motive, die sich auf soziale Elemente beziehen, müssen einbezogen werden.
- Die Theorie unterstellt, daß die Motive, die Erwartungen und Anreizwerte quasi unabhängig voneinander sind. Empirische Untersuchungen haben aber ergeben, daß es motivationale Verzerrungen der Wahrscheinlichkeitsurteile gibt.
- Die Theorie erklärt nicht, von welchen Einflußfaktoren die Motive $M_s$ und $M_f$ abhängen. Es wird sogar unterstellt, daß $M_s$ und $M_f$ unabhängige Größen sind. Emotionale Faktoren und Willenskräfte werden nicht berücksichtigt.
- Das setzen der Erwartungswerte $P_s$ und $P_f$ setzt ein sensibles Urteilsvermögen voraus.
- Zwischen den Anreizwerten und den Erwartungswerten besteht eine ausschließlich lineare Beziehung.

Allerdings zeigen die dargestellten Determinanten des Anspuchsniveaus, daß diese Theorie nicht allein den quantitativen Aspekt der Zielsetzung verdeutlicht, sondern einen Ansatz zu einer umfassenden Entscheidungs- und Verhaltenstheorie enthält: Der motivationale Teil der Theorie umfaßt den Zielsetzungsbereich, der situative Teil (Erwartungen, Anreizwert) jenen der Alternativen und ihrer Bewertung. Die multiplikative Verbindung zwischen den Teilen entspricht dem Grundgedanken nach einer Operationalisierung (in prozeßnaher Sicht) und der Feststellung einer Ziel-Mittel-Hierarchie (in struktureller Sicht).[166]

### 3.4.2 Innere Modelle der Umwelt

Eine zentrale These der deskriptiven Entscheidungstheorie bringt zum Ausdruck, daß das Individuum bei seiner Entscheidungsfindung stets von einem *subjektiven, vereinfachten Modell der Umwelt* ausgeht. Nicht die objektive Realität, sondern das subjektive innere Modell, das sich der Entscheidungsträger von seiner Umwelt schafft, liegt seinem Entscheidungsverhalten zugrunde. Das innere Modell steht als intervenierende Variable zwischen den einen Entscheidungsprozeß auslösenden Stimuli und der durch den Entscheidungsprozeß determi-

---

[165] Vgl. Pfohl/Braun (1981), S. 406; Reber (1973), S. 118 und S. 128f.; Kupsch (1973), S. 189ff.; Ackermann (1972), S. 163ff.

[166] Vgl. Reber (1973), S. 128.

nierten Reaktion des Individuums.[167] Es ist daher zum einen eine gerichtete Analyse des menschlichen Wahrnehmungs-, Lern-, Sprach- und Konzeptualisierungsverhaltens[168] und zum anderen die Erforschung jenes Einflusses, den solche innere Modelle auf die Implementierbarkeit von Planungs- und Entscheidungsunterstützungssysteme ausüben.[169]

Miller/Galanter et al. bezeichnen das innere Modell als Bild ("image"), welches aus dem angehäuften, organisierten Wissen besteht, das vom Individuum über sich selbst und seine Umwelt gesammelt wurde.[170] Sie gehen davon aus, daß der Mensch über ein relativ selbständiges Aktivierungssystem verfügt, das seine geistigen und körperlichen Kapazitäten in Bewegung setzt und auf spezifische Ziele ausrichtet. Gesteuert wird das Aktivierungssystem vom Bild ("image"), ausgeführt werden die Handlungen auf der Grundlage eine Plans, welcher gelernt wurde und somit auch Bestandteil des Bildes ("image") ist. Es besteht also ein Rückkopplungsverhältnis zwischen Bild ("image") und Plan.[171]

Staudt bemerkt, daß die beschränkten kognitiven Fähigkeiten dazu führen, daß schon eine statische Situationsbeschreibung aus der Perspektive des einzelnen Wirtschaftssubjekts nur selektiv möglich ist und deshalb unvollständig bleibt. Dies führt zur "*ersten Dimension der Ungewißheit*".[172]

### 3.4.3 Intraindividuelle Konflikte

Konflikte können in allen Phasen des Entscheidungsprozesses auftreten. Üblicherweise werden die Konflikte vor dem Entschluß unter dem Begriff *intraindividuelle Konflikte* behandelt, während man die Konflikte nach dem Entschluß als *kognitive Dissonanz* bezeichnet. Dieser Abschnitt beschäftigt sich zunächst mit den Konflikten vor dem Entschluß, während der nächste Abschnitt die kognitive Dissonanz beschreibt.

*Intraindividuelle Konflikte* liegen allgemein vor, wenn es dem Entscheidungsträger schwerfällt, sich für eine bestimmte Handlungsalternative zu entscheiden.[173] Die ablaufenden informationsverarbeitenden Prozesse sind nicht in

---

[167] Vgl. Kirsch (1970), S. 76f. Scholz spricht daher auch von einem SIR-Modell, wobei I für die intervenierende Variable steht; vgl. Scholz (1991), S. 335ff.

[168] Vgl. dazu Kahle (1973), S. 29ff.

[169] Vgl. Szyperski/Winand (1974), S. 31.

[170] Vgl. Miller/Galanter et al. (1973), S. 27.

[171] Vgl. Reber (1973), S. 327.

[172] Vgl. Staudt (1979), S. 38). Den Zukunftsbezug bezeichnet er als Ursache der "*zweiten Dimension der Ungewißheit*"; vgl. Staudt (1979), S. 39ff.

[173] Vgl. Pfohl/Braun (1981), S. 408; Kirsch (1970), S. 96.

der Lage, eindeutig eine Alternative auszuwählen. Es liegen *kognitive Inkonsistenzen* vor, die beim Entscheidungsträger einen Konflikt auslösen. March/Simon sprechen von einem Zusammenbruch der Standardmechanismen der Entscheidungsfindung.[174] Der Entscheidungsträger sucht nach einer Reduzierung dieser Konflikte, um seine innere Anspannung zu lösen.

Von besonderem Interesse sind diejenigen Konflikte, die direkt vor dem Entschluß angesiedelt sind. Es handelt sich dabei vor allem um Konflikte bei der Auswahl von Alternativen. Kirsch und March/Simon unterscheiden dabei:[175]

1. *Konflikte der Nichtakzeptierbarkeit:* Der Entscheidungsträger findet keine Handlungsalternative, die alle seine Anspruchsniveaus erfüllt. Die Suche nach weiteren Alternativen wird so lange fortgesetzt, wie eine Erfolgsaussicht besteht. Ist eine weitere Suche nicht mehr sinnvoll, dann wird der Entscheidungsträger seine Anspuchsniveaus senken.
2. *Konflikte der Unsicherheit:* Dem Entscheidungsträger sind die Konsequenzen einer Handlungsalternative nicht mit der gewünschten Sicherheit bekannt. Er wird also nach weiteren Informationen suchen, um die Prognosequalität zu erhöhen. Gelingt ihm das nicht, so kann er sich nicht entscheiden und sucht deshalb nach neuen Alternativen.
3. *Konflikte der Nichtvergleichbarkeit:* Dem Entscheidungsträger sind mehrere Handlungsalternativen bekannt, die alle gleich gut oder gleich schlecht sind. Erfüllen sie alle seine Zielkriterien, weil sie gleich gut sind, dann wird er nach zusätzlichen Zielgrößen suchen oder seine Anspruchsniveaus anheben. Erfüllt keine Alternative alle Zielkriterien, werden sie aber als gleich schlecht beurteilt, dann wird der Entscheidungsträger auch zunächst nach zusätzlichen Zielkriterien suchen, um eine Entscheidbarkeit zu erreichen. Ist dies nicht erfolgversprechend, dann wird er seine Anspruchsniveaus senken.

Intraindividuelle Konflikte lösen zunächst also ein gerichtetes Suchverhalten aus. Art und Richtung dieses Suchverhaltens wird im wesentlichen durch den Typ des Konflikts bestimmt.[176] Können die Konflikte durch eine weitere Informationsverarbeitung nicht gelöst werden, dann ist zu erwarten, daß der Entscheidungsträger eine Anpassung seiner Ansprüche vornimmt.[177] Die Rolle der Anspruchsanpassung vor allem im Prozeß der Lösung von Konflikten der Nichtakzeptierbarkeit wird deutlich. Die Anspruchsanpassung ist zu erwarten, wenn der Entscheidungsträger in Anbetracht der zur Verfügung stehenden Entscheidungszeit es nicht für aussichtsreich hält, weitere Alternativen zu suchen

[174] Vgl. March/Simon (1958), S. 112.

[175] Vgl. Kirsch (1970), S. 104ff.; March/Simon (1958), S. 113ff. Vgl. dazu auch Krüger (1972), S. 50ff.

[176] Vgl. March/Simon (1958), S. 115.

[177] Vgl. Kirsch (1970), S. 107.

oder hinreichende Informationen über die Konsequenzen bereits bekannter, aber unsicherer Alternativen zu erlangen. Die Abbildung 3.7 zeigt die genannten Typen der intraindividuellen Konflikte und das daraus entstehende, gerichtete Suchverhalten im Überblick. Die Abbildung unterstellt, daß das Individuum eine Konfliktlösung zumindest über eine Anspruchsanpassung erreichen kann. Es ist aber durchaus denkbar, daß das Individiuum in Ausnahmesituationen nicht zu einer Lösung seiner Konflikte gelangt.

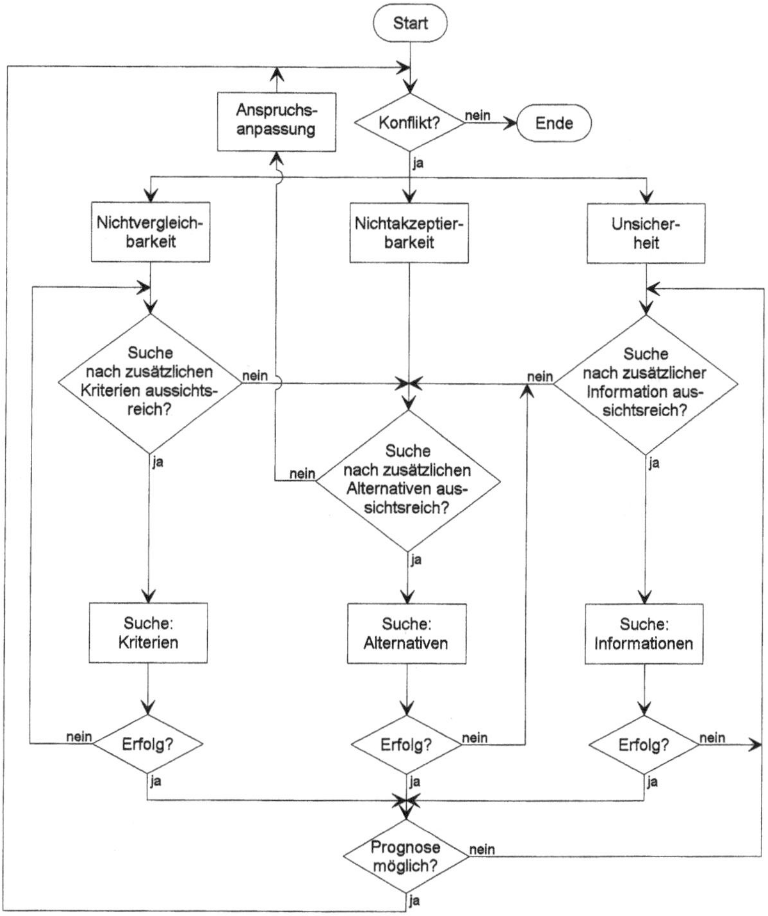


Abb. 3.7: Intraindividuelle Konflikte und Suchverhalten
Quelle: Kirsch (1970), S. 117.

Irle referiert eine Untersuchung in der nachgewiesen wurde, daß Entscheidungen als Hypothesen beschrieben werden können.[178] Eine Alternative unter anderen Alternativen wird zur Hypothese, wenn ihre Wahrscheinlichkeit, richtig zu sein, ein bestimmtes Mindestniveau überschreitet, d.h. ihr wird ausreichend Gewißheit attestiert, richtig zu sein. Das Aufstellen von Hypothesen ist nichts anderes als das Herstellen der Präferenzordnung von Alternativen. Festinger geht davon aus, daß die Informationssuche zur weiteren Festigung der Hypothesen fair und objektiv erfolgt.[179] Irle postuliert statt dessen einen Mechanismus der Selbstbekräftigung von Hypothesen: "Zuerst wird die Information der Hypothese angepaßt, und dann wirkt die hypothesenkonform bewertete Information auf die Hypothese zurück: Die Gewißheit wird gesteigert, daß die Hypothese wahr ist. Vor der Aufstellung einer Hypothese sei Informationsbewertung noch unparteiisch; nachher diene sie zur *Verteidigung* der Hypothese: Informationen werden *deformiert.*"[180] Die Informationssuche vor Entschlüssen ist also selektiv und die gewonnenen Informationen werden zur Bestätigung der vorgefaßten Hypothesen deformiert. Informationen, die die Hypothese stützen, werden subjektiv relativ stark überschätzt, während widersprechende Informationen unterschätzt werden. Dieser Effekt ist analog der Reduzierung der kognitiven Dissonanz, wie noch im nächsten Abschnitt zu zeigen ist.

### 3.4.4 Kognitive Dissonanz

Hat ein Individuum eine Entscheidung getroffen und umgesetzt, so kann es nicht verhindern, daß es weitere Informationen (Stimuli) erhält, die zu gewissen Unverträglichkeiten (kognitive Inkonsistenzen) nach der Entscheidung führen. Es können einerseits Informationen vorliegen, die die Entscheidung stützen (Konsonanzinformationen), und andererseits solche, die gegen die Entscheidung sprechen (Dissonanzinformationen). Der Entscheidungsträger ist nach seinem Entschluß bemüht, die einmal getroffene Entscheidung zu rechtfertigen. Eine Inkonsistenz besteht dann zwischen den Einwendungen gegen eine Entscheidung und der immer noch vorhandenen Überzeugung, richtig entschieden zu haben. Die *Theorie der kognitiven Dissonanzen* von Leon Festinger versucht diese Beobachtungen zu erklären.[181]

Diese Theorie geht davon aus, daß nach dem Entschluß kognitive Dissonanzen beim Entscheidungsträger auftreten. Diese führen zu einem "Bedauern nach

---

[178] Vgl. Irle (1971), S. 156ff.

[179] Vgl. Festinger (1964), S. 8.

[180] Irle (1971), S. 157. Hervorhebungen im Original.

[181] Vgl. dazu Festinger (1978); Scholz (1991), S. 338ff.; Frey/Benning (1987), S. 147ff.; Pfohl/Braun (1981), S. 412ff.

der Entscheidung" ("postdecisional regret"),[182] also zu einer besonderen Form eines intraindividuellen Konflikts, der die Phasen nach dem Entschluß betrifft. Vor dem Entschluß steht der Entscheidungsträger in einem Konflikt der Wahl zwischen Alternativen; nach dem Entschluß empfindet er eine Dissonanz, sobald sich eine Differenz zwischen Intention und Ergebnis des Entschlusses zeigt.[183]

Ein wesentlicher Punkt der Theorie ist, daß das Individuum konsonante gegenüber dissonanten Beziehungen bevorzugt. Die Präsenz von Dissonanz erzeugt Druck zur Reduktion oder Beseitigung der Dissonanz. Die Stärke des Drucks zur Dissonanzreduktion ist eine Funktion der Stärke der Dissonanz.[184] Die Dissonanz wird als kognitiver Streß empfunden.[185] Eine Reduktion der empfundenen Dissonanz kann auf drei verschiedenen Wegen erfolgen, nämlich

1. durch *Attraktivitätsveränderungen* der beteiligten Alternativen, d.h. eine Erhöhung der Attraktivität der gewählten Alternative und eine Minderung der Attraktivität der nicht gewählten Alternativen;
2. durch eine *Änderung der Sicherheit* darin, daß die richtige Entscheidung getroffen wurde und
3. durch die *Suche nach* mit der Entscheidung *konsonanten Informationen.*[186]

Die kognitive Dissonanz führt also zu einem spezifischen Suchverhalten des Entscheidungsträgers, welches darauf gerichtet ist, durch neue Informationen zusätzliches Gewicht auf die gewählte Alternative zu legen und damit die Proportionen der inkonsistenten kognitiven Elemente zu verringern. Informationen werden also selektiv ausgewählt, um die kognitive Dissonanz zu verringern. Die Stärke der Dissonanz und damit das Bedürfnis sie abzubauen, ist um so größer je

- wichtiger die Entscheidung ist,
- attraktiver die abgelehnte Alternative ist und
- unwiderruflicher die Entscheidung erscheint.[187]

Die Theorie der kognitiven Dissonanz bezieht sich auf die Phasen nach dem Entschluß. Dies entspricht der üblichen Interpretation der Theorie.[188] Gleichwohl weist Irle daraufhin, daß in den Phasen vor dem eigentlichen Entschluß bereits kognitive Dissonanzen auftreten können, weil vorher schon "kleinere" Entschei-

---

182 Vgl. Pfohl/Braun (1981), S. 413; Kirsch (1970), S. 120.

183 Vgl. Irle (1971), S. 153.

184 Vgl. Festinger (1978), S. 30.

185 Vgl. Kirsch (1970), S. 119.

186 Vgl. Frey/Benning (1987), S. 148.

187 Vgl. Festinger (1978), S. 47; Frey/Benning (1987), S. 148f.; Kirsch (1970), S. 121.

188 Vgl. Pfohl/Braun (1981), S. 415.

dungen getroffen wurden. "Wir befinden uns immer nach Entschlüssen, nie vor Entschlüssen, es sei denn unter künstlich hergestellten Bedingungen [...]."[189]

Hinsichtlich des Entscheidungsproblems kann die Theorie der kognitiven Dissonanz zwei Phänomene erklären. Erstens erklärt sie den häufig beobachtbaren Sachverhalt, daß Entscheidungen erst nachdem sie gefällt wurden argumentativ gestützt werden. Zweitens erklärt sie, daß im Verlauf eines Entscheidungsprozesses Informationen selektiv ausgewählt werden und auch nicht wertneutral verarbeitet werden. Jeder in einem Entscheidungsprozeß eingeschlagenen Richtung wohnt also automatisch die Tendenz inne, beibehalten zu werden.[190] Dies kann einerseits zu partieller Blindheit realen Phänomenen gegenüber führen, andererseits dient es der Fähigkeit, eine ausgewählte Problemlösungsstrategie auch gegen gewisse Widerstände beizubehalten.

Die Theorie der kognitiven Dissonanz stellt darüber hinaus die Kontrollthese der traditionellen Entscheidungstheorie in Frage.[191] Es wurde deutlich, daß sich ein Entscheidungsträger gegen die Wahrnehmung eines Konflikts stemmt und damit die Abweichungsinformationen in der Kontrollphase nur sehr selektiv bzw. erst ab einem gewissen Schwellwert aufgenommen werden.

### 3.4.5 Zusammenfassung und Kritik der deskriptiven Entscheidungstheorie der Individualentscheidung

In den vorhergehenden Abschnitten sind die verhaltenswissenschaftlichen Ansatzpunkte für eine Diskussion der deskriptiven Entscheidungstheorie dargestellt worden. In diesem Abschnitt sollen zunächst die wichtigsten Zusammenhänge zwischen diesen Punkten dargestellt werden, um abschließend zu einer Bewertung dieses Erklärungsansatzes zu gelangen. Die Abbildung 3.8 gibt eine schematische Übersicht über die wichtigsten Zusammenhänge beim individuellen Entscheidungsverhalten.[192]

Ein Entscheidungsprozeß wird ausgelöst, wenn die Stimuli (1) einen Konflikt oder Mangel (Defizit) hervorrufen. Dieser kann dadurch ausgelöst werden, daß die aktuellen Ziele des Entscheidungsträgers, die er aus seinen Werten ableitet bzw. auf Verträglichkeit mit diesen überprüft, nicht mit den Anforderungen (Zielen) übereinstimmen, die von der Umwelt an ihn gestellt werden, oder daß

---

189 Vgl. Irle (1971), S. 155.

190 Vgl. Frey/Benning (1987), S. 150f.

191 Vgl. Kirsch (1970), S. 123.

192 Die folgende Darstellung orientiert sich weitestgehend an Kirsch (1970), S. 124f. Eine detailliertere Beschreibung der Zusammenhänge findet sich z.B. bei Szyperski/Winand (1974), S. 33ff.

seine Ziele auf Umweltzustände treffen, die ihre Realisierung fragwürdig erscheinen lassen.

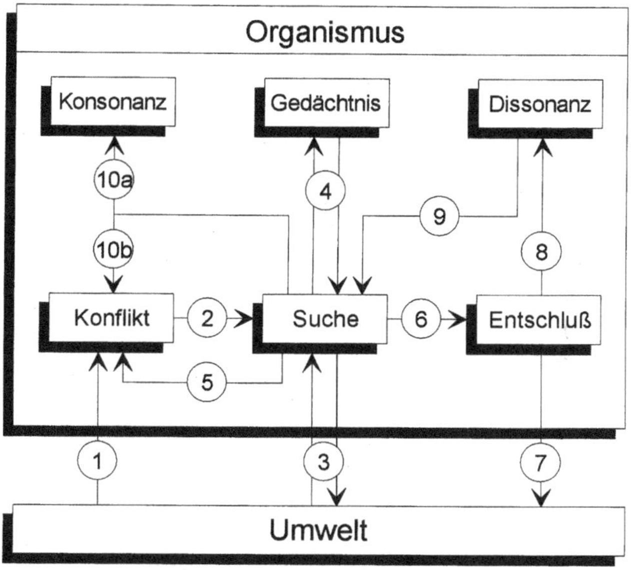


Abb. 3.8: Modell des individuellen Entscheidungsverhaltens
Quelle: in Anlehnung an Kirsch (1970), S. 124.

Der entstandene Konflikt kann

- genossen werden (Befriedigung durch Konflikterlebnisse),
- verdrängt werden (bewußte oder unbewußte Konfliktverdrängung),
- zeitlich verlagert werden (gewollte oder erzwungene Konfliktverschiebung),
- sachlich einem anderen Entscheidungsträger zugewiesen werden (Konfliktverlagerung) oder
- den Wunsch nach Konfliktlösung stimulieren und entsprechende Suchaktivitäten auslösen.[193]

Nur der letzte Fall führt zu einer klaren Problemdefinition und soll daher weiter verfolgt werden. Der Konflikt und die daraus entstandene Problemdefinition löst eine Suche (2) nach verfügbarem, problemrelevantem Wissen aus. Das Suchverhalten kann nach außen (3) und/oder innen (4) gerichtet sein. Auf die beschränkte Informationsverarbeitungskapazität wurde bereits hingewiesen. Die gewonnenen Informationen werden zu Handlungsalternativen, mutmaßlichen

193 Vgl. Szyperski/Winand (1974), S. 33.

Konsequenzen sowie relevanten Kriterien (Ziele) zur Bewertung der Alternativen zusammengestellt. Bevor ein Entschluß gefaßt werden kann, sind also die bewerteten Alternativen mit den Zielen des Entscheidungsträgers zu konfrontieren, was zu einem weiteren Konflikt (5) führen kann, wenn es nicht gelungen ist, das Problem im Sinne des Entscheidungsträgers zu lösen.

Liegt eine Problemlösung vor, die allen Ansprüchen genügt und den intraindividuellen Konflikt löst, dann kommt es zum Entschluß (6) und zur Durchsetzung der Entscheidung. Es erfolgt also die Reaktion (7) des Entscheidungsträgers (Organismus) auf den Stimulus (1).

Gleichzeitig wird die kognitive Dissonanz (8) ausgelöst, die zu einem Suchverhalten (9) nach der Entscheidungsfindung führt. Durch eine Neubewertung der Alternativen will der Entscheidungsträger zu einer Reduzierung der empfundenen Dissonanz gelangen. Gelingt diese Reduzierung der kognitiven Dissonanz, so führt die Suche nach der Entscheidung zur Konsonanz (10a). Mißlingt die Reduzierung der Dissonanz, so kann der noch vorhandene Konflikt nicht weiter geleugnet werden, und es folgt eine neue Iteration des Entscheidungsprozesses (10b).

Die deskriptive Entscheidungstheorie der Individualentscheidung hat aufgrund der empirisch-kognitiven Ansätze aus der Psychologie und der Verhaltenswissenschaft bereits bewährte Hypothesen des Entscheidungsverhaltens zusammengestellt.[194] Da es sich nicht um ein geschlossenes Axiomensystem wie bei der Entscheidungslogik handelt, läßt sich das reale Entscheidungsverhalten des Entscheidungsträgers bestenfalls gut prognostizieren bzw. erklären. Die verschiedenen Aussagen-Bausteine müssen noch zu einer deskriptiven Entscheidungstheorie integriert werden, was aufgrund der heterogenen Ansatzpunkte nicht ganz leicht erscheint.[195] Die deskriptive Entscheidungstheorie behandelt nicht nur den Begründungszusammenhang von Entscheidungen, sondern richtet ihr Augenmerk auch auf den Entdeckungszusammenhang, d.h. auf das Entstehen von Entscheidungen und damit auf ihren Prozeßcharakter. Diese theoretischen Aussagen erfüllen im Idealfall neben dem Kriterium der logischen Widerspruchsfreiheit auch das der empirischen Überprüfbarkeit.

Im Rahmen des IV-Ansatzes wurde versucht, theoretische Aussagen über das menschliche Denken und Problemlösungsverhalten zu präzisieren. Letztlich handelt es sich aber bei diesem Ansatz nur um eine Methode. Reber warnt vor den mit der praktischen Anwendung verbundenen Gefahren dysfunktionaler Konsequenzen.[196] Sie ergeben sich zum einen aus einer rein instrumentellen Sicht der Informationsverarbeitung, die motivationale Prozesse im Bereich des personalen

---

194 Vgl. Szyperski/Winand (1974), S. 38.

195 Vgl. Kirsch (1970), S. 125.

196 Vgl. Reber (1976), S. 112ff.

Problemlösens vernachlässigt. Der Gebrauch dieser Methode birgt weiterhin die Gefahr, Komponenten der Informationsverarbeitung nicht ausreichend zu berücksichtigen, wenn die Sichtweise sich auf den Umgang mit Informationen und die Verarbeitung von Informationen beschränkt. Reber versieht die möglichen Gefahren des IV-Ansatzes mit dem Schlagwort des "Neotaylorismus".[197]

Die Kenntnis der intervenierenden Prozesse kann dazu verhelfen, die Entscheidungssituation präziser zu beschreiben und das eigene Entscheidungsverhalten zu verbessern. Die Überführung dieser Hypothesensysteme in entscheidungslogisch abzuarbeitende Modelle ist ungeklärt.[198] Hier kann die KI mit ihrem Bemühen um heuristische Logiken und Methoden erfolgreich weiterhelfen. Zumindest der Bereich der Expertensysteme zielt genau in die Modellierung menschlichen Problemlösungsverhaltens.

Abschließend sollen noch die bisher besprochenen Einflüsse, Faktoren und Theorien der Individualentscheidung grob zu Klassen von Entscheidungsprämissen zusammengefaßt werden. Dies ist auch bereits bei der normativen Entscheidungstheorie erfolgt, so daß ein Vergleich möglich ist. Die Tabelle 3.4 zeigt das Ergebnis der Gegenüberstellung der Entscheidungsprämissen.

| Entscheidungs-prämissen | Normative Entscheidungstheorie | Deskriptive Entscheidungstheorie |
|---|---|---|
| faktische | • Handlungsalternativen<br>• Umweltzustände<br>• Wahrscheinlichkeits-verteilung<br>• Konsequenzen | • wenige Handlungsmöglich-keiten<br>• subjektive Sicht der Umwelt |
| wertende | • Maximierung<br>• konsistentes Zielsystem | • Satifizierung<br>• Anspuchsniveaus<br>• widersprüchliche Ziele |
| methodische | • exakte Entscheidungs-modelle bzw. -regeln | • nicht-exaktes Problem-lösungsverhalten<br>• allgemeine Heuristiken<br>• Fachwissen |

Tab. 3.4: Vergleich der Entscheidungsprämissen

[197] Vgl. Reber (1976), S. 115.

[198] Vgl. Szyperski/Winand (1974), S. 38.

## 3.5 Deskriptive Entscheidungstheorie kollektiver Entscheidungen

"Die Fiktion der Einmannunternehmung und die darauf aufbauende theoretische Analyse des Verhaltens von 'Entscheidungseinheiten' entsprechen in einer Welt korporativer Großunternehmen, die sich aus einer Vielzahl hochspezialisierter Teileinheiten zusammensetzen, nicht der Realität."[199] Die deskriptive Entscheidungstheorie kann sich daher nicht nur auf individuelles Entscheidungsverhalten beschränken. Sie muß auch dem Phänomen, daß Entscheidungen in Gruppen (Kollektiven) und in ganzen Organisationen getroffen werden ("adminstrative man"), gerecht werden. Der kollektive Entscheidungsprozeß baut auf der in ihm ablaufenden individuellen Willensbildung auf. Das heißt jedoch nicht, daß eine Kollektiventscheidung einer Summe von Individualentscheidungen entspricht.[200] "Eine Stufe 'über' dem Individuum stehen in der system-theoretischen Betrachtungsweise die 'Gruppen' als soziale Systeme. Der entscheidungsorientierte Ansatz benötigt ein entsprechendes Grundmodell, da Gruppen gewisse 'Spielregeln' zur Steuerung des sozialen Verhaltens der Individuen entwickeln, die das Entscheidungsverhalten wesentlich beeinflussen."[201]

Spezielle Probleme kollektiver Entscheidungsprozesse liegen insbesondere in der Kommunikation und Beeinflussung zwischen den Gruppenmitgliedern, in dem Spannungsverhältnis zwischen individueller und kollektiver Bewertung und Willensbildung, sowie in der interpersonellen Konfliktlösung.[202] "Wichtig ist dabei die Tatsache, daß die unternehmerischen Entscheidungen nicht mehr als Einheit, sondern als ein komplexes Phänomen betrachtet wird, das sich aus vielen Komponenten zusammensetzt."[203]

Bei der Betrachtung kollektiver Entscheidungsprozesse sind also eine Reihe von speziellen Problemen zu berücksichtigen, die den möglichen Bezugsrahmen solcher sozialer Prozesse bilden. Zu den Elementen dieses Bezugsrahmens gehört die Interaktion zwischen den Mitgliedern einer Organisation, die unweigerlich zu Konflikten führt, weil unterschiedliche Ziele, Bedürfnisse und Interessen aufeinanderprallen. Konflikte in Organisationen sind normal, ubiquitär, permanent und produktiv nutzbar.[204] Um die entstehenden Konflikte zu regeln bieten sich zahlreiche Konflikthandhabungsformen an. Der Einsatz dieser Regelungsformen wird

199 Heinen (1976b), S. 66.

200 Vgl. Szyperski/Winand (1974), S. 31.

201 Heinen (1971), S. 433.

202 Vgl. Szyperski/Winand (1974), S. 32.

203 Heinen (1976b), S. 67.

204 Vgl. Krüger (1972), S. 15.; Pfohl/Braun (1981), S. 426.

stark von der Machtposition der Gruppenmitglieder geprägt. Macht ist also eine weitere zentrale Kategorie im Entscheidungsprozeß von Kollektiven. Die Abbildung 3.9 zeigt im Überblick die Elemente, die den Bezugsrahmen kollektiver Entscheidungsprozesse bilden und auf die in den nächsten Abschnitten einzugehen ist.

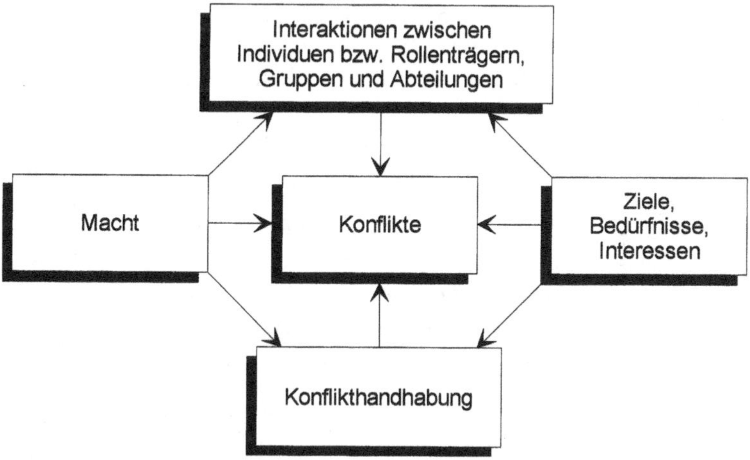


Abb. 3.9: Elemente des kollektiven Entscheidungsprozesses
Quelle: Pfohl/Braun (1981), S. 426.

### 3.5.1 Zielbildung

Die Suche nach gemeinsamen Zielplänen mehrerer Einzelpersonen führt in der praktisch-normativen Entscheidungstheorie zum Problem der *Sozialwahlfunktion* oder *kollektiven Wahlfunktion*.[205] Es ist also die Frage zu klären: Wie lassen sich die individuellen Präferenzordnungen gerecht zu einer einzigen kollektiven Präferenzordnung aggregieren? Das Unmöglichkeitstheorem von Arrow besagt, daß es unmöglich ist, einen Aggregationsmechanismus zu finden, der die folgenden fünf Forderungen erfüllt:[206]

1. Bei allen denkbaren Kombinationen individueller Präferenzen soll die Sozialwahlfunktion die Alternativen vollständig und transitiv ordnen.

---

205 Vgl. z.B. Laux (1982b), S. 161ff.

206 Vgl. Bamberg/Coenenberg (1992), S. 208ff.; Sieben/Schildbach (1990), S. 195f.; Laux (1982b), S. 169ff.; Gäfgen (1974), S. 429f.

2. Die Sozialwahlfunktion soll von irrelevanten, in der Situation nicht verfügbaren Alternativen unabhängig sein.
3. Die Sozialwahlfunktion soll positiv auf Wertungen der Individuen reagieren, also z.B. die Präferenzrichtungen zwischen zwei Alternativen nicht umkehren, wenn bei den Individuen die entsprechende Präferenzrichtung gleichbleibt oder sich verstärkt.
4. Die Sozialwahlfunktion soll die Souveränität der Wähler, d.h. ein kollektives Urteil $a_k > a_m$ für irgendeine Kombination individueller Präferenzen nicht von vornherein ausschließen, und demnach die kollektiven Urteile den Wählern nicht aufzwingen.
5. Die Sozialwahlfunktion muß die Diktatur eines Individuums ausschließen, indem dessen persönliche Präferenzordnung zur kollektiven erklärt wird (das Gewicht 1 erhält), ohne Rücksicht auf die Beschaffenheit der Präferenzen der übrigen Wähler (denen das Gewicht 0 zugeordnet wird).

Die Untersuchungen von Arrow haben ergeben, daß eine Sozialwahlfunktion, die den Forderungen 1, 2 und 3 genügt, entweder die Forderung 4 oder 5 verletzt. Es muß also mindestens auf eine der Forderungen verzichtet werden.[207]

Für die Unternehmung gibt es also nur einen den Zielplänen von Einzelpersonen ähnlichen Sachverhalt. Um ihn herleiten zu können, wird die Unternehmung als eine Koalition verschiedener Interessenten und verschiedener Interessen aufgefaßt. Dieser Ansatz geht auf Cyert/March[208] zurück und wird den organisationstheoretischen Untersuchungen im allgemeinen zugrunde gelegt[209]. Koalitionsmitglieder sind Individuen, die die Merkmale *Interesse an der Unternehmung* und *Möglichkeiten der Einflußnahme auf die Unternehmenspolitik* aufweisen.[210] Dies sind insbesondere die Unternehmensleitung, die Mitarbeiter, die Anteilseigner, die Kreditgeber, die Kunden, die Lieferanten, die Geschäftsfreunde und der Fiskus. Die Unternehmung im Sinne einer Koalition zeigt sich als ziemlich umfassend. Sie dient den Koalitionsteilnehmern als Instrument zur Realisierung ihrer unterschiedlichen individuellen Ziele. Man kann die Unternehmung daher auch als interessen- oder zielpluralistisches System verstehen. Grundsätzlich kann man ein allgemeines, gemeinsames Ziel der Unternehmung vermuten, das von allen Koalitionsteilnehmern vertreten wird, nämlich die Erhaltung der Leistungskraft der Unternehmung. Darüber hinaus existiert aber eine Vielzahl

207 Vgl. Gäfgen (1974), S. 430.

208 "Let us view the organisation as a coalition" Cyert/March (1963), S. 27.

209 Vgl. Sieben/Schildbach (1990), S. 186; Pfohl/Braun (1981), S. 432.

210 Vgl. Pfohl/Braun (1981), S. 432.

konkurrierender Ziele der einzelnen Koalitionsteilnehmer. Cyert/March haben einige Gründe formuliert, wie es trotzdem zu einer Einigung kommen kann:[211]

1. *Die Ziele der Teilnehmer werden unvollständig aufeinander abgestimmt,* was zur Folge hat, daß die Unternehmung in der Realität teilweise nebeneinander widersprüchliche Ziele verfolgt.[212]
2. *Einige Ziele werden als Anspruchsniveaus formuliert.* In die Form einer Nebenbedingung gekleidet, lassen sie sich leichter in ein komplexes Zielsystem einbauen.
3. *Andere Ziele werden so wenig präzise formuliert, daß deren Einbau in jedes beliebige Zielsystem leicht fällt,* da sie sich praktisch mit jedem Ziel vereinbaren lassen.

Die Einigung der Koalition führt also nicht zu einem umfassenden, vollkommen aufeinander abgestimmten Zielsystem. Man spricht daher auch von "Quasi-Lösungen".[213] Die vage Zielformulierung beläßt den Koalitionsteilnehmern einen gewissen Auslegungsspielraum, soweit die verschiedenen Auslegungen noch in der gleichen Richtung erfolgen. In diesem Rahmen können sich die Individuen entfalten, wobei es wiederum zu Konflikten mit anderen Koalitionsteilnehmern kommen kann. Den positiven Aspekt vager Zielformulierung wird von Schneider vollkommen abgelehnt.[214] Trotzdem kann die Organisation damit leben, weil ihre Teilnehmer sich an den Kompromiß halten und zu dessen Durchführung zwei wichtige Instrumente einsetzen:[215]

1. Das *Budget* (System von Teilplänen) gibt, wenn auch möglicherweise unvollkommen abgestimmt, jedem internen Koalitionsteilnehmer seine Aufgaben vor und enthält eine starke Tendenz zur Selbstbestätigung, selbst wenn sich die Daten nicht so entwickeln, wie es angenommen wurde.
2. Die *Arbeitsteilung* überträgt den einzelnen Aufgabenträgern Teilaufgaben. So werden ihnen zwar Grenzen gesetzt, die sie nicht überschreiten dürfen, andererseits entsteht für sie aber auch ein gewisser autonomer Bereich, in dem sie sich selbst relativ frei bewegen können.

Ein weiterer sehr wichtiger stabilisierender Faktor der Koalition ist in der Tatsache zu sehen, daß Organisationen sich sehr stark an Regelungen und vollzogene Handlungsweisen in der Vergangenheit orientieren, einfach, weil ihre Mitglieder diese als bindend akzeptiert haben. Dies wird z.B. auch an der Bildung des Ziel-

---

211 Vgl. Cyert/March (1963), S. 32.

212 Cyert/March sprechen in diesem Zusammenhang von *lokaler Rationalität*; vgl. Cyert/March (1963), S. 117f.

213 Vgl. Cyert/March (1963), S. 117.

214 Vgl. Schneider (1980), S. 64.

215 Vgl. Sieben/Schildbach (1990), S. 187.

anspruchs für die Periode t deutlich, welcher sich aus dem angestrebten und dem erreichten Zielniveau der Vorperiode sowie dem Erfolg vergleichbarer Unternehmen ergibt:[216]

$$G_t = a_1 \cdot G_{t-1} + a_2 \cdot E_{t-1} + a_3 \cdot C_{t-1}, \text{ mit}$$

$G_t$ = Zielanspruch in der Periode t

$G_{t-1}$ = Zielanspruch in der Periode t-1

$E_{t-1}$ = Realisierter Erfolg in der Periode t-1

$C_{t-1}$ = Erfolg vergleichbarer Unternehmen in der Periode t-1

$a_1, a_2, a_3$ = subjektive Verhaltensparameter der Zielträger bei der Zielbildung $(a_1 + a_2 + a_3 = 1)$

Dieser Prozeß der Anpassung des Anspruchsniveaus an die Leistungsmöglichkeiten der Unternehmung kann nur erklären, daß über längere Zeiträume hinweg betrachtet Anforderungen und Leistungen nicht in einem allzu großen Maße auseinanderfallen können. Kurzfristig sind jedoch Unterschiede aus folgenden Gründen möglich:[217]

- Die Anpassungsprozesse verlaufen in der Regel langsam.
- Abweichungen geringer Art führen nicht dazu, einen erneuten Verhandlungsprozeß in Gang zu setzen.

Abweichungen zwischen den Leistungsmöglichkeiten der Unternehmung und den Anforderungen, die die Koalitionsteilnehmer an sie stellen, werden bei Zielüberschreitungen "*organizational slack*" bzw. bei Zielunterschreitungen "*organizational pressure*" genannt. Sie bilden eine wichtige Grundlage für das Verhalten der Koalitionsteilnehmer.

## 3.5.2 Individuen als Rollenträger

Individuen in einer Organisation erfüllen organisationsspezifische Aufgaben, die sich aus dem allgemeinen Zweck der Organisation ergeben bzw. sich daraus ableiten lassen. Um seine Aufgaben erfüllen zu können, hält das Individuum eine bestimmte Position (Stelle) in der Organisation inne. Aufgrund der Position ist die Umgebung des Individuums in der Lage, das Verhalten des betreffenden Individuums abschätzen zu können. Das Individuum verkörpert somit eine *Rolle*. Für die Umwelt ist eine Rolle ein Bündel von Erwartungen, das an das Verhalten des Positionsinhabers angelegt wird. "Eine *Rolle* ist der Inbegriff der kognitiven Information faktischer und wertender Art, die ein Individuum mit seiner Position assoziiert."[218] Meist ist mit dem Rollenbegriff auch die Vorstellung von Sank-

---

216 Vgl. Cyert/March (1963), S. 123.

217 Vgl. Sieben/Schildbach (1990), S. 188.

218 Kirsch (1971b), S. 102. Hervorhebung im Original.

tionen verbunden, die von der Umwelt ergriffen werden, wenn die Erwartungen nicht zufriedenstellend erfüllt sind.[219]

Neben den Rollen, die von *organisatorischen* oder *formalen* Positionen abgeleitet werden können, existieren noch Rollen, die sich aus der sozialen Interaktion ergeben. Es handelt sich um *informelle* Positionen und Rollen, die sich in einer Gruppe als interessantes gruppendynamisches Phänomen (*Rollendifferenzierung*) quasi automatisch bilden. In einer Gruppe übernimmt, auch wenn dies von außen nicht gefordert wird, z.B. ein Mitglied die Rolle des Führenden. Bei größeren Gruppen wird die Führerschaft gelegentlich geteilt: Ein "Tüchtigkeitsführer" koordiniert die Erreichung des Sachziels, ein "Beliebtheitsführer" sorgt sich um den Zusammenhalt der Gruppe.[220]

In der Literatur werden zwei für den sozialen Entscheidungsprozeß besonders bedeutende Rollen hervorgehoben . Es handelt sich dabei um die Rollen *Promotoren* und *Opponenten* im Entscheidungsprozeß.[221] Diese Aussage basiert auf empirischen Untersuchungen innovativer sozialer Entscheidungsprozesse u.a. im Projekt "Columbus", die von Witte u.a. durchgeführt wurden.[222] Promotoren sind Personen, die einen Innovationsprozeß aktiv und intensiv fördern. Erfolgt die Förderung aufgrund des Fachwissens einer Person, so wird ihre Rolle als *Fachpromotor* bezeichnet. Der *Machtpromotor* hat hinreichend formalen Einfluß aufgrund seines hierarchischen Potentials. 80 % der untersuchten Entscheidungsprozesse sind unter dem Einfluß von Promotoren zustandegekommen. Interessant ist, daß ein Promotorengespann, d.h. Fach- und Machtpromotor als Koalition, besonders günstig für den Entscheidungsprozeß ist.[223] Die einseitige Machtstruktur (nur Machtpromotor) bzw. die einseitige Fachstruktur (nur Fachpromotor) ist weniger effizient. Ein markanter Befund liegt für die Personalunion von Macht- und Fachpromotor vor. Die Prozeßförderung durch eine Person ist deutlich weniger effizient.

Opponenten versuchen dagegen den Entscheidungsprozeß zu hemmen und zu verhindern. Sie lassen sich analog den Promotoren in Fachopponenten und Machtopponenten einteilen. Ihre Wirkung auf den Entscheidungsprozeß ist nicht nur negativ. Die empirischen Einblicke zeigten, daß die Opponenten Gründe für

---

219 Vgl. Pfohl/Braun (1981), S. 427.

220 Vgl. Rosenstiel/Molt et al. (1983), S. 42.

221 Vgl. Hauschildt (1993), S. 116ff.; Pfohl/Braun (1981), S. 429.

222 Vgl. Witte (1988b), S. 162ff. Die folgenden Aussagen basieren auf diesem Aufsatz. Weitere empirische Befunde werden bei Hauschildt (1993), S. 118f. genannt.

223 Hauschildt präferiert eine *Drei-Personen-Arbeitsteilung*. Zu dem Macht- und Fachpromotor kommt dann zusätzlich noch ein *Prozeßpromotor* bzw. *Koordinationspromotor*, der die Organisationskenntnis einbringt; vgl. Hauschildt (1993), S. 121ff.

ihren hinhaltenden Widerstand hatten. Allerdings ließen sich die Existenz und die Wirkungsweise der Opponenten nicht empirisch so exakt ermitteln, wie es bei den Promotoren der Fall war. Abschließend formuliert Witte folgende Hypothese: "Laufen Entscheidungsprozesse unter dem Zusammenwirken sowohl des Promotorengespanns als auch des Opponentengespanns ab, so ist ihre Effizienz vergleichsweise höher, als wenn Entscheidungsprozesse ausschließlich durch ein Promotorengespann gefördert werden."[224]

## 3.5.3 Konflikte und Konflikthandhabung

Das augenfälligste Phänomen beim Zusammenwirken mehrerer Individuen, die miteinander kommunizieren, sind Konflikte. "Konflikte gehören unaufhebbar zur Betriebswirklichkeit."[225] Sie können zwischen institutionalisierten Gruppen der Organisation (*Intergruppenkonflikt*) oder zwischen einzelnen Individuen (*interpersonale Konflikte*) auftreten.[226] Der Konfliktbegriff selbst wird im wissenschaftlichen Sprachgebrauch nicht einheitlich verwendet.[227] Die verschiedenen benutzten Konfliktbegriffe bezeichnen meist typische Phasen oder Stadien im Prozeß der Entstehung und Handhabung von Konflikten.

Die Abbildung 3.10 gibt das Modell einer mehrere Phasen durchlaufende Konfliktepisode wieder.[228] Im Stadium *latenter Konflikte* bestehen objektiv die Voraussetzungen für einen Konflikt, der jedoch von den Beteiligten nicht wahrgenommen wird. Unter bestimmten Bedingungen gehen latente Konflikte in *wahrgenommene Konflikte* über. Es gibt jedoch auch wahrgenommene Konflikte, bei denen die subjektive Wahrnehmung nicht mit den objektiven Gegebenheiten übereinstimmt. Wahrgenommene Konflikte können zu *emotional aufgeladenen Konflikten* führen. Bestehen emotionale Konflikte, dann wird nicht selten die Wahrnehmung der Beteiligten wesentlich beeinflußt. Die Konfliktepisode erreicht schließlich das Stadium *manifester Konflikte*, wenn die Beteiligten ein äußerlich beobachtbares Konfliktverhalten zeigen und aktiv aufeinander Einfluß nehmen.

---

[224] Witte (1988b), S. 169.

[225] Heidack (1983), S. 265. Im gleichen Sinne auch Kirsch (1971b), S. 74.

[226] Vgl. Pfohl/Braun (1981), S. 437. Konflikte zwischen Organisationen sollen hier nicht behandelt werden. Ebenso werden die inneren Konflikte des Entscheidungsträgers (*intraindividuelle Konflikte*) nicht noch einmal aufgegriffen, da sie bereits im Abschnitt 3.4.3 behandelt wurden.

[227] Vgl. Gebert/Rosenstiel (1989), S. 141; Esser/Kirsch (1975), Sp. 1118; Kirsch (1971b), S. 71.

[228] Die folgende Darstellung orientiert sich an Esser/Kirsch (1975), Sp. 1119. Eine andere Phasenabfolge findet sich z.B. bei Rosenstiel/Molt et al. (1983), S. 109ff. und Krüger (1981), S. 921f.

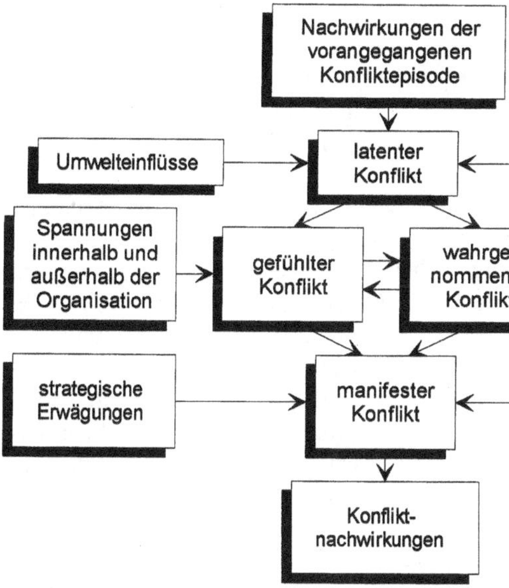


Abb.3.10: Schema einer Konfliktepisode
Quelle: Esser/Kirsch (1975), Sp. 1119.

Die Abbildung 3.10 zeigt auch die Faktoren auf, die die Konfliktepisode maßgeblich beeinflussen bzw. dafür verantwortlich sind, daß ein Konfliktprozeß von einem Stadium in ein anderes übergeht. Die Abbildung macht auch deutlich, daß Konfliktprozesse in der Regel nicht zu einer endgültigen "Lösung" der Konflikte führen. Stets gibt es Nachwirkungen der Konflikte, die u.U. zu neuen Konflikten führen. Deswegen wird auch in der Konfliktforschung nicht von einer Konfliktlösung gesprochen, sondern von einer Konflikthandhabung.

March/Simon machen drei Hauptfaktoren aus, die zu Intergruppenkonflikten in Organisationen führen:[229]

1. Das Bedürfnis nach gemeinsamer Entscheidungsbildung als notwendige Voraussetzung.
2. Dabei treten jedoch entweder unterschiedliche Zielsetzungen auf und/oder
3. bestimmte Umwelteinflüsse werden unterschiedlich wahrgenommen.

Gerade die Ursachen der Konflikte lassen es auch zu, verschiedene Konfliktarten zu identifizieren. Pfohl/Braun nennen folgende Konfliktarten:[230]

---

229 Vgl. March/Simon (1958), S. 121. Ähnliche "generelle Ursachen" für Konflikte nennt auch Krüger (1972), S. 25.

230 Vgl. Pfohl/Braun (1981), S. 437.

- Konflikte aufgrund unterschiedlicher betrieblicher Funktionszugehörigkeit, mit verschiedenen eigenen Interessen,
- Konflikte über mögliche Annahmen der Zukunft,
- Konflikte wegen verschiedener Einstellung zum Risiko,
- Konflikte wegen unterschiedlicher persönlicher Ziele und Interessen,
- Konflikte wegen unterschiedlicher Informationen,
- Konflikte über zukünftige Entwicklungsmöglichkeiten der Unternehmung,
- Konflikte wegen persönlicher Differenzen.

Es könnte nun der Eindruck entstehen, daß alle Konflikte in Organisationen schädlich sind und die Erreichung betrieblicher Ziele stören. Diese Position ist für einen Teil der Konflikte (*dysfunktionale Konflikte*) sicherlich unmittelbar einleuchtend, insbesondere wenn sie zu Reibungsverlusten im Betriebsablauf führen. Daneben existieren aber Konflikte, die zu Produktivität, Kreativität und Wandel anregen und damit als *funktional* betrachtet werden müssen. Sachliche Konflikte in teamorientierten Problemlösungsgruppen vergrößern z.B. die Chance, innovative Lösungsvorschläge zu erarbeiten. Konträre Auffassungen fördern neue Ideen, Kreativität und Problemlösungen.[231]

Sozialpsychologische Untersuchungen zeigen, daß zwischen betrieblichen Gruppen ein ausgeprägtes "Wir-Gefühl" und "Die-Gefühl" anzutreffen ist. Dies führt zu dem Befund, daß die "Wir-Gruppe" sich signifikant bessere Eigenschaften und Leistungen als der "Die-Gruppe" zuschreibt und als es den Tatsachen entspricht. Esser/Kirsch nennen drei positive Erscheinungen, die sich aus diesem Intergruppenkonflikt ergeben können:[232]

1. Ein von der Gruppe ausgemachter "Feind" stärkt den Zusammenhalt der Gruppe.
2. Rivalität zwischen den Gruppen führt zu einer höheren Produktivität an technischen und geistigen Leistungen, zumindest soweit die Kräfte nicht durch Verteidigungskampf vollends aufgezehrt werden.
3. Ein von den kompetitiven Gruppen akzeptiertes Ziel wird von den Gruppen in verstärktem Umfang gemeinsam zu verwirklichen gesucht und trägt zu einer Handhabung des Intergruppenkonflikts bei.

Unter dem Gesichtspunkt der Konflikthandhabung lassen sich die vielfältigen Konfliktsituationen im Betrieb dahingehend unterscheiden, inwieweit die Konfliktparteien einen Konflikt für umgehbar und einen Interessenausgleich für möglich halten. Entsprechend den Erwartungen der Beteiligten über die Beilegungsmöglichkeiten in einer spezifischen Konfliktsituation lassen sich neun ideal-

231 Vgl. Heidack (1983), S. 267.

232 Vgl. Esser/Kirsch (1975), Sp. 1124.

typische Handhabungsformen herausarbeiten, die in der Tabelle 3.5 zusammengefaßt wurden.[233]

| | Konflikt unumgehbar Interessen-ausgleich unmöglich | Konflikt umgehbar Interessen-ausgleich unmöglich | Konflikt unumgehbar Interessen-ausgleich möglich | |
|---|---|---|---|---|
| aktiv | Gewinn-Verlust-Machtkämpfe | Rückzug | Problemlösen | hohe Wertstellung |
| ↕ | Dritt-Parteien-Urteil | Isolation | Teilen des Streitwerts | mittlere Wertstellung |
| passiv | Zufallsurteil | Indifferenz, Ignoranz | friedliche Koexistenz | niedrige Wertstellung |

Tab. 3.5: Typologie der Formen des Konfliktverhaltens
Quelle: Kirsch/Esser (1975), Sp. 1128.

Ein Großteil der Konflikthandhabung in Betrieben vollzieht sich in einem institutionellen Rahmen, d.h. es existieren spezifische Normen und Regelungen, die das Konfliktverhalten in bestimmte Bahnen lenken.[234] Konflikt-Management als optimale Konflikthandhabung muß im Sinne einer Querschnittsaufgabe Bestandteil des Managements der gesamten Unternehmung sein.[235]

### 3.5.4 Macht in Organisationen

Im Rahmen des sozialen Entscheidungsprozesses ist Macht darauf gerichtet, Entscheidungen in eine gewünschte Richtung zu lenken. Kirsch definiert Macht in bezug auf die Entscheidungsprämissen eines Individuums folgendermaßen: "Eine Person oder Gruppe (im weitesten Sinne) hat über ein Individuum Macht, wenn sie das Individuum dazu veranlassen kann, seinen Entscheidungen Informationen als Entscheidungsprämissen zugrunde zu legen, die es sonst nicht in die Definition der Situation aufnehmen würde."[236] Damit ist gleichzeitig eine Abgrenzung

---

233 Vgl. auch die Typologie bei Krüger (1981), S. 925 und Pfohl/Braun (1981), S. 441.

234 Vgl. Kirsch/Esser (1975), Sp. 1131.

235 Vgl. Krüger (1972), S. 127.

236 Kirsch (1971b), S. 186. Im gleichen Sinne definiert auch Crott *Macht*; vgl. Crott (1987), S. 232.

der Macht *der* Unternehmung (Außenmacht) und der Macht *in der* Unternehmung (Innenmacht) vorgenommen.[237] Im Vordergrund steht hier die Innenmacht.

*Machtbasen* (Machtgrundlagen, Machtquellen) sind ein wesentliches Merkmal aller Machtbeziehungen. Der Gesamtzusammenhang der Entstehung und Veränderung von Machtpotentialen in der Unternehmung spielt sich innerhalb bestimmter Rahmenbedingungen ab, die durch die Interdependenzen personeller, positioneller und institutioneller Machtbasen gekennzeichnet ist. *Personelle Machtbasen* sind die an eine Person gebunden Einflußmerkmale, wie z.B. Kenntnisse, Fähigkeiten, Willenskraft und Überzeugungsstärke. Sie fließen zum einen in die Macht von Experten (*Informationsmacht*[238]) und/oder in die charismatischen Führungseigenschaften (*Persönlichkeitsmacht*) ein. Die Position des Machtinhabers, einschließlich des positionellen Umfelds (z.B. Abteilungsbeziehungen), liefert für den einzelnen die unmittelbare organisatorische Einflußbasis (*positionelle Machtbasis*). Sie drückt sich vor allem in der Form von Sanktionen (*materielle Sanktionen*, wie z.B. Geld, Dienstwagen, oder *immaterielle Sanktionen*, wie z.B. Lob, Anerkennung, Tadel) aus. Teilweise ist an die Position der Zugang zu Informationen oder Personen gebunden, so daß auch die *Informationsmacht* berührt wird. *Institutionelle Machtbasen* ergeben sich hauptsächlich durch *strukturelle* (z.B. hierarchische Machtverhältnisse) und *prozeßbezogene Regelungen* (z.B. Planungs- und Bewilligungsprozeduren) in der Unternehmung (Institution). In den letzten Jahren treten schließlich *wertmäßig-kulturelle Regelungen* (Unternehmensphilosophie, Unternehmenskultur) immer stärker als machtrelevante Faktoren in den Vordergrund.[239]

Macht ist nicht gleichzusetzen mit Macht*ausübung*. Macht hat die Eigenschaft, nicht erst durch ihren Einsatz zu wirken. Allerdings basiert die Macht durch Sanktionen auf der Überzeugung des Beeinflußten, "daß die Annahme bzw. Ablehnung der potentiellen Entscheidungsprämissen mit positiven bzw. negativen Sanktionen, d.h. Belohnung oder Bestrafung, verbunden ist."[240] Dabei ist zunächst unrelevant, ob derartige Sanktionen tatsächlich verhängt werden. Krüger hat in diesem Zusammenhang vier Aggregatzustände der Macht zusammengefaßt:[241]

1. *Potentielle Macht:* Sie liegt bereits vor, wenn der Machtunterworfene von der bloßen Möglichkeit der Mächtigen weiß, Sanktionen zu verhängen.

---

237 Vgl. Krüger (1992), Sp. 1313.

238 Vgl. Crott (1987), S. 233; Pfohl/Braun (1981), S. 445.

239 Vgl. Krüger (1992), Sp. 1315ff.; Krüger (1976), S. 11ff.

240 Kirsch (1971b), S. 207.

241 Vgl. Krüger (1976), S. 7f.

2. *Angekündigte Macht:* Sie liegt vor, wenn der Machthabende mehr oder weniger deutlich auf seine Sanktionsmöglichkeiten hinweist.
3. *Aktivierte Macht:* Wurden schon längere Zeit keine Drohungen bzw. Versprechungen mehr in die Realität umgesetzt, so muß die Macht durch Sanktionen neu aktiviert werden, um die Glaubwürdigkeit nicht zu verlieren.
4. *Aktuelle Macht:* Sie besteht im Vollzug von Sanktionen.

Machtprozesse und Sachprozesse in der Unternehmung lassen sich nur analytisch trennen. In der Realität sind die sachlichen Prozesse der Entscheidungsfindung durchsetzt und überlagert von Machtprozessen. Dabei ist nicht von vornherein zwischen "guter" und "böser" Macht zu unterscheiden. Es wurde ja bereits darauf hingewiesen, daß empirische Untersuchungen bei innovativen Entscheidungsprozessen gezeigt haben, daß das Prozeßergebnis immer dann positiv beeinflußt wurde, wenn Sanktionsmacht (Machtpromotor) und Informationsmacht (Fachpromotor) gemeinsam auftraten.[242]

### 3.5.5 Kritik der deskriptiven Entscheidungstheorie kollektiver Entscheidungen

Aus den Gegebenheiten der betrieblichen Realität heraus ist die Relevanz einer deskriptiven Entscheidungstheorie kollektiver Entscheidungen deutlich geworden. Es existieren allerdings nicht sehr viele empirische Untersuchungen, die die Effizienz von Gruppenentscheidungen mit den Individualentscheidungen vergleichend betrachtet haben. Die Vorteilhaftigkeit von Gruppenentscheidungen muß dabei durchaus relativiert werden. Eine Untersuchung von Stumpf hat z.B. ergeben, daß Gruppenentscheidungen nur in 30 % bzw. 35 % der Fälle besser sind als der beste individuelle Lösungsvorschlag eines Gruppenmitglieds und daß eine einfache Kombination der individuellen Vorschläge per Mittelwertbildung den per Diskussion gefundenen Gruppenentscheidungen nicht statistisch signifikant unterlegen war.[243] Die Ergebnisse der Untersuchung von Stumpf zeigte außerdem einen signifikanten positiven Zusammenhang zwischen der Stärke der Einflußnahme in einer Gruppe und der erreichten Gruppeneffektivität. Zwischen der Stärke der Machtausübung und der Gruppeneffektivität bestand ein negativer Zusammenhang, der aber statistisch nicht signifikant wurde.[244]

Im Mittelpunkt der deskriptiven Entscheidungstheorie kollektiver Entscheidungen steht der Versuch, die wichtigsten Elemente kollektiver Entscheidungsprozesse zusammenzutragen und einen begrifflich-theoretischen Bezugsrahmen zu erarbeiten, der eine gewisse Integration dieser Elemente oder Bausteine

242 Vgl. Krüger (1976), S. 192f. und das Untersuchungsergebnis bei Witte (1988b), S. 162ff.

243 Vgl. Stumpf (1992), S. 195.

244 Vgl. Stumpf (1992), S. 200.

ermöglicht. Dabei sollte bewußt sein, daß viele theoretische Bezugsrahmen niemals so weit entwickelt werden, daß sie tatsächlich Grundlage für Modelle und exakte Modelltests werden.[245] Ein solcher Bezugsrahmen kann aber helfen, äußerst schlecht-strukturierte Entscheidungsprobleme der Praxis besser zu strukturieren, ohne sie gleich zu wohl-definierten Entscheidungen zu machen.

Zur Zeit fehlt aber in der verhaltenswissenschaftlichen Entscheidungsforschung nach wie vor ein hinreichend ausgearbeiteter Bezugsrahmen, der in der Lage wäre, die aus der Theorie der Individual- und Gruppenentscheidung, der Verhandlungstheorie und der Theorie interpersoneller Beeinflussungsprozesse stammenden "Bausteine" zu einer Gesamtschau zusammenzufügen. Dabei bleibt bei all diesen Theorien und Überlegungen noch eine weitere Dimension bisher völlig unbeachtet. Viele kollektive Entscheidungsprozesse sind multi-organisationale Entscheidungsprozesse, d.h. sie sind gemeinsame, miteinander eng verzahnte Entscheidungsprozesse mehrerer Organisationen. Die Ausweitung der entscheidungstheoretischen Betrachtung auf derartige multi-organisationale Entscheidungsprozesse ist für die Entscheidungs- und Organisationsforschung von ähnlicher Bedeutung wie der Übergang von der Betrachtung der Individualentscheidung in sozialen Kontexten auf die Betrachtung von Gruppenentscheidungen und Verhandlungen, in denen die Beteiligten in enger Interaktion zueinander ihre Entscheidungen treffen.

## 3.6 Zusammenfassung

Ausgehend von den drei Aufgaben realwissenschaftlicher Theorien, welche in der Erklärung, der Prognose und der Gestaltung bestehen, läßt sich zeigen, daß empirisch realistische und praktisch normative Entscheidungstheorie einander ergänzen.[246] Die deskriptive Entscheidungstheorie ist in der Lage, reale Sachverhalte, nämlich das menschliche Entscheidungsverhalten, zu erklären und zu prognostizieren. Angesichts der komplexen Struktur menschlicher Problemlösungsvorgänge und vor allem angesichts der vielfältigen, oft gegenseitigen Beeinflussungen zwischen verschiedenen Individuen bei einem Entscheidungsprozeß in einer Organisation erscheint es realistisch anzunehmen, daß nicht alle menschlichen Entscheidungen nach strengen Gesetzmäßigkeiten ablaufen und daß sie sich daher auch nicht in eine umfassende deskriptive Entscheidungstheorie vollständig abbilden lassen. Auf begrenzte Bereiche menschlichen Problemlösungsverhaltens bezogene Hypothesen der deskriptiven Entscheidungstheorie bleiben zur Gestaltung sinnvoll anwendbar. Genau dies ist die Zielsetzung Wissensbasierter Entscheidungsunterstützungssysteme. Zur Gestaltung dieser Systeme

---

[245] Vgl. Kirsch (1971b), S. 242.

[246] Vgl. Sieben/Schildbach (1990), S. 199.

und zur Akquisition des problemrelevanten Wissens sind die Hypothesen der deskriptiven Entscheidungstheorie von fundamentaler Bedeutung.

Anders als die deskriptive Entscheidungstheorie ist die praktisch normative Entscheidungstheorie nur in Ausnahmefällen in der Lage, menschliches Entscheidungsverhalten zu erklären und zu prognostizieren. Es handelt sich dabei nur um solche Entscheidungssituationen, in denen sich praktisches Handeln vollständig rational vollzieht. Im Rahmen der Gestaltung von Entscheidungssituationen kann die praktisch normative Entscheidungstheorie den Entscheidungsträger bei seinem Bemühen helfen, Entscheidungen in Anlehnung an eine ideale Norm, also möglichst rational zu fällen. Die praktisch normative Entscheidungstheorie vermag somit den Bereich menschlicher Handlungen durch Ratschläge in Anlehnung an eine ideale Norm unterstützen. Die menschlichen Handlungen werden dennoch nicht nach Maßgabe strenger Naturgesetze ablaufen. Die praktisch normative Entscheidungstheorie kann also lediglich beraten, denn dem Entscheidungsträger steht es frei, ihr zu folgen oder sie nicht zu beachten. Ausgehend von der Annahme, daß Wissensbasierte Systeme menschliches Problemlösungsverhalten abbilden sollen, zeigt sich, daß für die Gestaltung und Akquisition dieser Systeme die praktisch normative Entscheidungstheorie nur wenig interessant ist.

# 4 Kognitionswissenschaftliche Aspekte der Wissensakquisition

Das menschliche Wissen und Problemlösungsverhalten sind von fundamentaler Bedeutung für die KI. Dies wird besonders deutlich auf dem Gebiet der XPS, die das Wissen sowie das Problemlösungsverhalten menschlicher Experten simulieren sollen. Dazu muß notwendigerweise ein Transfer der Expertise, die den menschlichen Experten charakterisiert, auf ein Computersystem stattfinden.

Die menschliche Expertise läßt sich in verschiedenartige Teilfunktionen aufteilen. Die kognitive Psychologie erklärt die menschliche Problemlösungskompetenz im allgemeinen über Erklärungsmodelle, deren Komponenten Aufmerksamkeit und Wahrnehmung, Denken und Gedächtnis, Kreativität und Intuition, Problemlösen und Entscheiden und die sozialen Bedingungen des Problemlösens (u.a. Motivation und Emotion) sind.[1]

Bei der Erstellung eines XPS liegt also eine Hauptaufgabe darin, diese menschliche Expertise zu lokalisieren, zu erheben, zu strukturieren und anschließend in eine geeignete Wissensrepräsentationsform zu überführen, die eine Implementation und Auswertung in einem Computersystem ermöglicht. Dieser gesamte Prozeß des Transfers von Expertise in ein Computersystem wird als Knowledge Engineering-Prozeß (KE) bezeichnet[2]. Im vorliegenden Kapitel wird die Wissensakquisition unter kognitionswissenschaftlichen Aspekten behandelt.[3] Die Gliederung der einzelnen Abschnitte orientiert sich an den verschiedenartigen Teilfunktionen der menschlichen Expertise aus kognitionspsychologischer Sicht.

Die *kognitive Psychologie*[4] ist eine relativ junge, aber bereits stark ausdifferenzierte Teildisziplin der Psychologie. Über die Inhalte der traditionellen Denkpsychologie (z.B. Bewußtsein) hinaus behandelt die kognitive Psychologie weitere psychische Funktionen, wie z.B. Lernen, Wahrnehmung, Gedächtnis, Problemlösen und Sprache.[5] Das vorherrschende Paradigma der kognitiven Psychologie, durch das diese Funktionen integriert werden sollen, ist der Informations-

---

1 Vgl. Loewenheim (1987a), S. 67; Brander/Kompa et al. (1985), S. 8ff.; Wessells (1990), S. 45.

2 Zum Knowledge Engineering-Prozeß sowie die inhaltliche Abgrenzung zwischen Wissensakquisition und Wissensrepräsentation vgl. Abschnitt 2.2.

3 Aspekte der Informatik, wie z.B. Formalisierung und Auswertung des Wissen, wurden bereits als Leistungspotentiale der KI im Abschnitt 2.1 dargestellt. Inwieweit eine Umsetzung der kognitionswissenschaftlichen Befunde in Methoden/Techniken der Wissensakquisition stattgefunden hat wird im Kapitel 5 behandelt.

4 In der psychologischen Literatur wird in einigen Beiträgen nicht von einer neuen Teildisziplin gesprochen, sondern von einer "*kognitiven Wende* in der Psychologie"; vgl. z.B. Lüer/Spada (1990), S. 194.

5 Vgl. Hussy (1993), S. 42.

verarbeitungsansatz (IV-Ansatz)[6]. "Die Kognitionspsychologie ist die Wissenschaft, die sich mit der menschlichen Informationsverarbeitung befaßt."[7] Ihr Gegenstand ist die Erforschung der Arten von Informationen, die wir in unserem Gedächtnis haben, und die Vorgänge, die sich aus der Verwendung dieser Informationen ergeben. Die Gesamtheit solcher Vorgänge nennt man kognitive Prozesse[8] oder einfach Kognition[9]. Die Kognitionspsychologie hat Denkanstöße vor allem von der Linguistik, der Informatik (insbesondere der KI) und der Philosophie erhalten.[10]

Seit Anfang der 70er Jahre gibt es den neuen Forschungsbereich *Kognitionswissenschaft,* der diese verschiedenartigen Sichtweisen bewußt integrieren will. Zwischen der Kognitionswissenschaft und der kognitiven Psychologie gibt es sehr starke Überschneidungen. Es bereitet daher Schwierigkeiten, die Unterschiede zwischen beiden Forschungsgebieten genau zu definieren; es läßt sich jedoch feststellen, daß sich die Kognitionswissenschaft vor allem auf Methoden wie die Computersimulation kognitiver Prozesse und logischer Analysen stützt, die in den übrigen Gebieten der Psychologie keine vorherrschende Rolle spielen.[11] Die Abbildung 4.1 zeigt eine aktuelle systematische Einordnung von Psychologie, Informatik und Kognitionswissenschaft.

Im Jahre 1977 wurde die Zeitschrift *Cognitive Science* und 1979 die *Cognitive Science Society* als interdisziplinäre Klammer für diejenigen Disziplinen gegründet, die sich mit natürlichen oder künstlichen, konkreten oder abstrakten Denkprozessen auseinandersetzen.[12] In Deutschland existiert seit 1990 die Zeitschrift *Kognitionswissenschaft*. Sie will, wie ihr amerikanisches Vorbild, Arbei-

---

6 Zum Informationsverarbeitungsansatz (IV-Ansatz) vgl. Newell/Simon (1972), S. 20ff.; Hussy (1993), S. 42; Wessells (1990), S. 45; Anderson (1988), S. 15; Mayer (1983), S. 165ff.; Lachman/Lachman et al. (1979), S. 111ff. und die Aussagen im Abschnitt 3.4.1.1.

7 Wessells (1990), S. 14.

8 Vgl. Wessells (1990), S. 14; Anderson (1988), S. 15; Glass/Holyoak (1986), S. 2.

9 Vgl. Hussy (1993), S. 42; Wessells (1990), S. 14; Glass/Holyoak (1986), S. 2.

10 Die Auflistung der an diesem interdisziplinären Forschungsbereich beteiligten Disziplinen variiert je nach Literaturstelle. Neben den genannten Disziplinen werden häufig auch die Anthropologie und die Neurowissenschaft genannt. Vgl. z.B. Freksa (1991), S. 435 und Görtz (1990), S. 247.

11 Vgl. Schmidt (1989), S. 15. Dort werden auch die wesentlichen Vor- und Nachteile der Arbeit mit Computersimulationen benannt.

12 Vgl. Freksa (1988a), S. 4.

ten aus allen Disziplinen veröffentlichen, sofern sie aufgrund ihres interdisziplinären Charakters für die Kognitionswissenschaft relevant sind.[13]

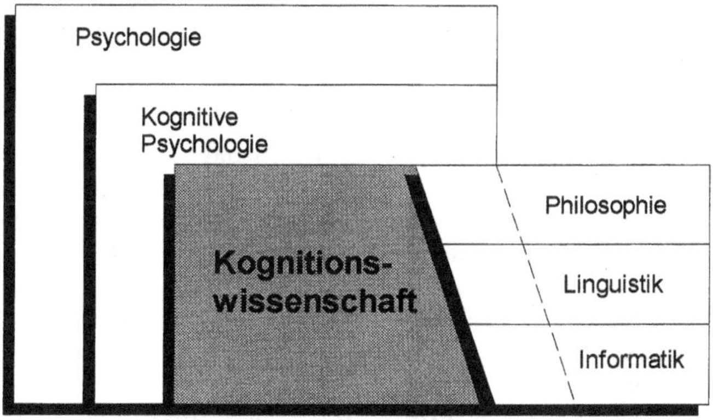


Abb. 4.1: Einordnung der Kognitionswissenschaft
Quelle: in Anlehnung an Glass/Holyoak (1986), S. 2; Anderson (1988), S. 22; Freksa (1991), S. 435; Görtz (1990), S. 246ff.; Heinrich/Roithmayr (1989), S. 266.

Für die weitere Darstellung sind kognitionswissenschaftliche Erkenntnisse von zentraler Bedeutung. Hier soll gezeigt werden, daß eine erfolgreiche Wissensakquisition nur auf der Grundlage der Kenntnis der menschlichen Kognition erfolgen kann. Bevor jedoch über eine Konzeption der Wissensakquisition nachgedacht werden kann, sollen die Grundlagen der menschlichen Kognition beschrieben werden. Gerhard Strube hat dies plastisch zum Ausdruck gebracht: "Wenn ein künstlicher Mensch Leitbild der KI-Forschung sein soll, dann erzwingt dies eine Orientierung (oder wenigstens Seitenblicke) auf reale Menschen und die Psychologie als diejenige Wissenschaft, die für die Untersuchung menschlicher Intelligenz zuständig ist. Wie also sollte Künstliche Intelligenz ohne psychologische Begrifflichkeit auskommen?"[14]

Für die weitere Darstellung werden kognitionswissenschaftliche Grundlagen zur Verbesserung der Wissensakquisition herangezogen. Daher werden im folgenden einige relevante Aspekte der Kognitionswissenschaft beschrieben. Zunächst werden im Abschnitt 4.1 die Arbeitsthesen benannt, die sich für die Kognitionswissenschaft aus der "Physical Symbol Systems Hypothesis (PSSH)"

---

13 Vgl. Habel/Kanngießer et al. (1990), S. 3.

14 Strube (1992), S. 23.

von Newell/Simon ergeben und die die Relevanz der Kognitionswissenschaft für die KI noch einmal deutlich aufzeigen.

Im Abschnitt 4.2 werden die beiden wichtigsten Architekturvorschläge für kognitive Systeme kurz vorgestellt. Auf diesen Architekturvorschlägen und der PSSH aufbauend wird Denken gleichgesetzt mit der Aufnahme, Speicherung, Veränderung und Interpretation von internen und externen Informationen. Entsprechend werden im Abschnitt 4.3 die Befunde zur Aufnahme und Speicherung von Informationen dargestellt. Das Problemlösen und Entscheiden ist Gegenstand des Abschnitts 4.4. Um die Kognitionen eines Menschen nachvollziehen zu können, wird die Sprache als das wichtigste Kommunikationsmedium benötigt. Im Abschnitt 4.5 wird folglich noch kurz der Funktion der Sprache nachgegangen.

Das 4. Kapitel wird im Abschnitt 4.6 abgeschlossen durch einige Forderungen an die Methoden und Techniken der Wissensakquisition, die sich durch die Befunde der Kognitionswissenschaft ergeben.

## 4.1 Arbeitsthesen der Kognitionswissenschaft

Eine zentrale Theorie der Kognitionswissenschaft postulierten Newell/Simon. Sie besagt, daß ein informationsverarbeitendes System zu intelligenten Handeln fähig ist.[15] Die allgemeine Struktur eines informationsverarbeitenden Systems (IV-

---

[15] Vgl. Newell/Simon (1972), S. 20ff. Sie definieren dort das "information processing system (IPS)" folgendermaßen:

"1. There is a set of elements, called *symbols*.

2. A *symbol structure* consists of a set of *tokens* (equivalently, *instances* or *occurrences*) of symbols connected by a set of *relations*.

3. A *memory* is a component of an IPS capable of storing an retaining symbol structures.

4. An *information process* is a process that has symbol structures for (some of) its inputs or outputs.

5. A *processor* is a component of an IPS consisting of:
   (a) a (fixed) set of *elementary information processes* (eip's);
   (b) a *short-term memory* (STM) that holds the input and the output symbol structures of the eip´s;
   (c) an *interpreter* that determines the sequence of eip´s to be executed by the IPS as a function of the symbol structures in STM.

6. A symbol structure *designates* (equivalently, *references* or *points to*) an object if there exist information processes that admit the symbol structure as input an either:
   (a) affect the object; or
   (b) produce, as output, symbol structures that depend on the object.

7. A symbol structure is a *program* if (a) the object it designates is an information process and (b) the interpreter, if given the program, can execute the designated process. (Literally this should read, 'if given an input that designates the program.')

8. A symbol is *primitive* if its designation (or its creation) is fixed by the elementary information processes or by the external environment of the IPS."

Ansatz) wurde bereits in Abschnitt 3.4.1.1 dargestellt. Aufbauend auf dieser Theorie ergeben sich für die Kognitionswissenschaft eine Reihe von Arbeitsthesen.

Die nachfolgenden Thesen charakterisieren die grundlegenden Annahmen der Kognitionswissenschaft:[16]

***These 1:*** *Menschliches Denken ist Informationsverarbeitung. Die elementaren Prozesse, die der menschlichen Informationsverarbeitung zugrunde liegen, entsprechen denen bei Rechnersystemen (Isomorphie).*

Insbesondere Newell/Simon haben nachgewiesen, daß die Fähigkeit intelligenten Handelns, wie z.B. Probleme lösen, Begriffe bilden, natürliche Sprache verstehen usw., mit Hilfe eines informationsverarbeitenden Systems erklärt werden kann. Die elementaren Informationsprozesse, die für ein solches informationsverarbeitendes System erforderlich sind, bestehen aus wenigen Einzelprozessen ("elementary information processes").[17]

***These 2:*** *Bei geeigneter Programmierung können Computer menschliche kognitive Fähigkeiten nachvollziehen (Simulation).*

Newell/Simon gehen von der Annahme aus, daß Computer auf den gleichen grundlegenden Prozessen aufbauen und deshalb so programmiert werden können, daß sie menschliche kognitive Fähigkeiten ausführen können, wobei sie auf Strategien aufbauen, die denen des Menschen weitgehend entsprechen.

Bei dieser Argumentation wird darauf verwiesen, daß bereits Computerprogramme existieren, die Problem lösen, natürliche Sprache verstehen, Theoreme beweisen, Pläne generieren und ausführen, Gesetzmäßigkeiten entdecken (generalisieren) und Entscheidungshilfen liefern. Diese Einzelaspekte intelligenten menschlichen Handels lassen sich mit Hilfe eines Computer nachvollziehen. Es ist jedoch bisher noch nicht gelungen, diese Einzelaspekte in einem informationsverarbeitenden System zu integrieren. In der Literatur wird die Vorstellung eines allgemeinen Problemlösungssystems als gescheitert angesehen.[18]

---

16 Vgl. Fischer (1982), S. 171ff.; Fischer/Kling (1980), S. 216ff.; Gunzenhäuser (1982), S. 16ff.

17 Die Einzelprozesse werden in Newell/Simon (1972), S. 29f. ausführlich erläutert. Sie nennen u.a. Lese-, Schreib-, Lösch-, Erzeuge-, Vergleichs- und Übertragungsprozesse.

18 Der "General Problem Solver (GPS)", der den menschlichen Problemlösungsprozeß simuliert und dazu vor allem das allgemeine heuristische Verfahren der Zweck-Mittel-Analyse verwendet, erwies sich bei der Übertragung auf komplexere Aufgaben als nicht ausreichend. Es zeigte sich, daß spezielles Wissen über den Anwendungsbereich notwendig ist. GPS wird in Newell/Simon (1972), S. 414ff. und Newell/Simon (1988a), S. 455ff. ausführlich dargestellt. Eine kurze Darstellung findet sich im Abschnitt 4.6 (Problemlösen und Entscheiden). Zur Kritik vgl. z.B. Schefe (1986), S. 33; Brander/Kompa et al. (1985), S. 130.

***These 3:** Denkprozesse können physisch durch die verschiedensten Mechanismen realisiert werden.*

Wie bereits erwähnt, besteht ein methodischer Ansatz der Kognitionswissenschaft darin, kognitive Prozesse mit Hilfe eines Computers zu simulieren, um auf dieser Grundlage Aussagen über die menschlichen Denkprozesse machen zu können. Man erhofft sich damit neue Erkenntnisse über das menschliche Vorbild gewinnen zu können.

Andererseits lassen sich durch diese Erkenntnisse intelligente Eigenschaften in Computersystemen realisieren, um neue Anwendungsbereiche zu erschließen.

***These 4:** Entwicklungen in der Kognitionswissenschaft und in der KI sind verantwortlich für einen grundlegenden Wandel nicht nur in der Psychologie und der Informatik, sondern auch in der Philosophie, Linguistik und in den Geisteswissenschaften allgemein.*

Die Kognitionswissenschaft als neue wissenschaftliche Disziplin erforscht die grundlegenden Komponenten der Intelligenz - in welcher Form sie sich auch immer darbietet - und die allgemeine Gesetzmäßigkeiten von intelligentem Verhalten.

***These 5:** Bisher konnten keine Grenzen für die potentiellen Möglichkeiten der "künstlichen Intelligenz" gefunden werden, die nicht auch gleichzeitig Grenzen für menschliche Informationsverarbeitung darstellen.*

Die potentiellen Möglichkeiten der KI sind sicherlich noch nicht ausgeschöpft. In einigen Teilbereichen überschreiten intelligente Computerprogramme die Grenzen menschlicher Informationsverarbeitung (z.B. wenn es um die Aufnahme und Verarbeitung sehr vieler einzelner Informationseinheiten geht - sog. "cognitive overload"). In vielen Bereichen haben die existierenden Systeme jedoch noch längst nicht die menschliche Leistungsfähigkeit erreicht (z.B. bei der Simulation der menschlichen Sinnesorgane).

Auf diesen Grundannahmen, die Newell/Simon als Leitlinien für ihre Arbeit dienten, beruht die "*Physical Symbol Systems Hypothesis (PSSH)*":

*"A physical symbol system has the necessary and sufficient means for general intelligent action."*[19]

Das Informationsverarbeitungsparadigma mit seiner besonderen Ausprägung in der PSSH wurde zu einer wichtigen Grundlage für die KI und hier insbesondere für die Wissensakquisition. Die PSSH impliziert folgende Grundannahmen:[20]

- Wissen ist in Form symbolischer Repräsentationen mental verankert und damit potentiell explizierbar.

---

19 Newell/Simon (1976), S. 116.

20 Vgl. Becker (1990), S. 31; Gabriel (1992), S. 97 und die Aussagen im Abschnitt 1.2.2.1. zu den Leistungspotentialen der Wissensdarstellung.

- Wissen ist strukturiert und zergliederbar.

Die Kontroverse um diese Hypothese ist bis heute nicht abgeschlossen.[21] Zunächst zu den historischen Rahmenbedingungen, die wesentlich waren für diese Hypothese: die Formale Logik (Stufe der formalen Symbolmanipulation), die Turing-Maschinen und digitale Computer (Stufe der automatischen formalen Symbolmanipulation), das "Stored Program"-Konzept (Programme werden als Daten betrachtet und können als solche manipuliert werden), die Listenverarbeitung (als ein Modell für dynamische Speicherstrukturen und Bezeichnung von Symbolen) und LISP[22] (als ein formales System von symbolischen Ausdrücken).

Für diese Hypothese sprechen die beiden folgenden Punkte:[23]

- Die Hypothese ist hinreichend: Ein "Physical Symbol System" ist zu intelligentem Handeln fähig; Evidenz dafür liefern die existierenden Systeme der KI.
- Die Hypothese ist notwendig: Intelligentes Verhalten erfordert ein "Physical Symbol System"; Evidenz dafür wurde durch den informationsverarbeitenden Ansatz der Kognitionswissenschaft geliefert.

Der historische Wert dieser Hypothese für die Entwicklung der KI darf aber nicht über einige Bedenken hinwegtäuschen.[24] Symbol-verarbeitende Systeme können bestimmte menschliche Leistungen nicht oder nur unzureichend nachbilden. Was von symbolischen Modellen ausgelassen, oder zumindest nur mit größten Schwierigkeiten realisiert wird, sind assoziative und ganzheitliche Erkennungsvorgänge, sowie Schlußfolgerungen, die nicht auf einem bewußten und ausformulierbaren Niveau vor sich gehen (sog. compiliertes Wissen oder "tacit knowledge"). Die klassische (symbolische) KI wird daher in letzter Zeit durch subsymbolische Ansätze des Konnektionismus erweitert.

Der klassische Ansatz setzte voraus, daß sich sowohl bewußt symbolische Handlungen, als auch unbewußte Assoziationen und Inferenzen mit dem gleichen Formalismus modellieren lassen: nämlich einem symbolverarbeitenden System. Dabei sind die Prozesse auf der höheren Ebene die zugrundeliegenden, weshalb auch die dafür adäquaten Formalismen zur Modellierung aller Prozesse übernommen werden. Die subsymbolische KI hingegen versucht, den zwei Ebenen verschiedene Mechanismen zuzuordnen. Außerdem sieht sie die unbewußte Ebene als die zugrundeliegende an, in die ein bewußter Symbolmechanismus eingebettet

---

21 Vgl. Becker (1986), S. 164ff.; Becker (1990), S. 31; Gabriel (1992), S. 97.

22 LISP ist eine Programmiersprache der 5. Generation, der sog. KI-Sprachen. Sie ist eine funktionale Programmiersprache, d.h. sie beruht auf dem Lambdakalkül der Funktionentheorie. Zur Einführung wird z.B. auf Winston/Horn (1987) verwiesen.

23 Vgl. Fischer (1982), S. 173; Fischer/Kling (1980), S. 217.

24 Vgl. z.B. den Beitrag von Peschl (1990b).

werden, bzw. aus der ein solcher hervorgehen muß.[25] Die Abbildung 4.2 zeigt die unterschiedlichen Annahmen.

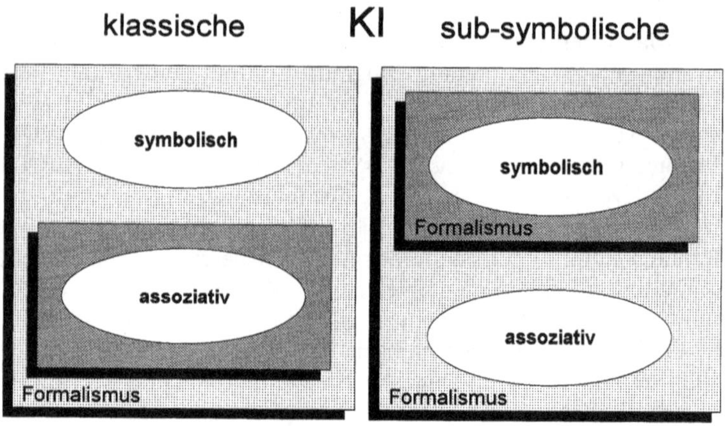


Abb. 4.2: Annahmen der klassischen und der subsymbolischen KI
Quelle: in Anlehnung an Dorffner (1991), S. 12.

Eine hochaktuelle, brisante Streitfrage ist, ob der Konnektionismus mit der PSSH vereinbar ist. Diese Frage stellt sich selbstverständlich nur, wenn eine verteilte Repräsentation von Konzepten bzw. Symbolen ("distributed representation") angenommen wird. Wird der Ansatz gewählt, daß jedem Konzept bzw. Symbol genau eine Verarbeitungseinheit entspricht ("local representation"), was allerdings den meisten Vertretern des Konnektionismus widerstrebt, scheint der konnektionistische Ansatz mit der PSSH durchaus vereinbar zu sein.[26]

In dem hier entwickelten Zusammenhang ist relevant, daß beide Ansätze für sich allein eine Modellierung der menschlichen Intelligenz im vollen Umfang nicht ermöglichen. Für bestimmte Aufgabenstellungen hat jeweils einer dieser beiden Ansätze eine effizientere Lösungsalternative anzubieten.[27] Bei der Simulation von Sinnesorganen (Mustererkennung) bieten die konnektionistischen Systeme erhebliche Vorteile. Für die Simulation komplexer Problemlösungs-

---

25 Vgl. Dorffner (1991), S. 12.

26 Vgl. Kemke (1988), S. 147.

27 Vgl. Becker/Steven et al. (1991), S. 9. Typische Aufgabenstellungen für Neuronale Netze und deren Lösungsansätze werden z.B. bei Schürmann/Schütt (1989), S. 153ff. und Hecht-Nielsen (1989), S, 317ff. beschrieben.

vorgänge fehlt ihnen jedoch die notwendige Erklärungsfähigkeit.[28] Außerdem finden diese Vorgänge in der Regel auf abstraktem (symbolischem) Niveau statt. Es besteht zumindest Einigkeit darüber, daß weite Bereiche des Wissens eines Anwendungsbereichs symbolisch repräsentiert und in strukturierter Form in der Wissensbasis hinterlegt werden können.[29] Im folgenden wird sich diese Arbeit daher auf das symbolische Paradigma beschränken und die neueren konnektionistischen Ansätze weitgehend ausklammern.

## 4.2 Architekturmodelle der Kognitionswissenschaft

Der vorherige Abschnitt zeigte deutlich einen wichtigen Ansatz der Kognitionswissenschaft, nämlich die menschliche Intelligenz durch Simulation mit symbolverarbeitenden Systemen zu erforschen. Die Physical Symbol Systems Hypothesis (PSSH) unterstellt eine strukturelle Ähnlichkeit der menschlichen Informationsverarbeitung mit der in einem Rechnersystem abgebildeten Informationsverarbeitung. Einige Vertreter der Kognitionswissenschaft formulieren dementsprechend folgende Organisationsebenen eines kognitiven Systems:[30]

1. *Die semantische (Wissens-) Ebene ("knowledge level"):*
   Auf dieser Ebene wird der Mensch mit seinen Zielen und seinem Wissen über die Welt beschrieben. Er wird sein Wissen zum Erreichen der Ziele einsetzen, wobei Rationalität unterstellt wird.
2. *Die symbolische Ebene ("symbol level"):*
   Die Ziele und das Wissen der semantischen Ebene wird durch Symbole bzw. symbolische Ausdrücke (Symbole plus Operatoren, die auf diesem Formalismus agieren) repräsentiert. Die Teile der strukturierten Ausdrücke bilden jeweils einzelne semantische Inhalte ab.
3. *Die physische (biologische) Ebene ("physical level"):*
   Die symbolische Repräsentation muß wiederum in irgendeinem physikalischen Substrat realisiert werden. Dies kann ein Computer sein mit einer Repräsentation der Symbole in Bit-Vektoren, oder ein biologisches System, wie z.B. der Mensch, mit einer Repräsentation in Neuronenfeldern.

Aufbauend auf dem Informationsverarbeitungsansatz und der daraus abgeleiteten PSSH haben Kognitionswissenschaftler in der Vergangenheit eine Reihe von

28 Bei konnektionistischen Systemen ist das Wissen in einer für den Menschen schwer verständlichen Form im gesamten Netzwerk verteilt; vgl. Kemke (1988), S. 147. Die mangelnde Erklärungsfähigkeit beklagt auch Schumann (1991), S. 37.

29 Vgl. Gabriel (1992), S. 97. Eine umfassende Übersicht über die verschiedenen Kritikpunkte am konnektionistischen Ansatz geben Bechtel/Abrahamsen (1991), S. 210ff.

30 Vgl. Pylyshyn (1989), S. 57; Newell/Rosenbloom et al. (1989), S. 96; Newell (1982), S. 94ff.

Architekturvorschlägen für kognitive Systeme vorgelegt. Aus der Vielzahl dieser Vorschläge sollen hier im folgenden beispielhaft die beiden Architekturmodelle ACT* und Soar als die beiden bekanntesten Vertreter ihrer Art kurz vorgestellt werden.

## 4.2.1 ACT* von Anderson

ACT* ist ein Architekturmodell zur Erklärung der menschlichen Kognition und wurde von John Anderson[31] in der hier beschriebenen Ausprägung 1983 vorgestellt. ACT steht für "*Adaptive Control of Thought*". Es ist eine Weiterentwicklung des von Anderson vorgestellten semantischen Gedächtnismodells (HAM), welches um ein Produktionssystemmodell erweitert wurde (ACTE) und zuletzt den Erwerb von Fertigkeiten ("cognitive skills") ermöglichte.[32] Die Abbildung 4.3 zeigt die ACT*-Architektur als Blockdiagramm.

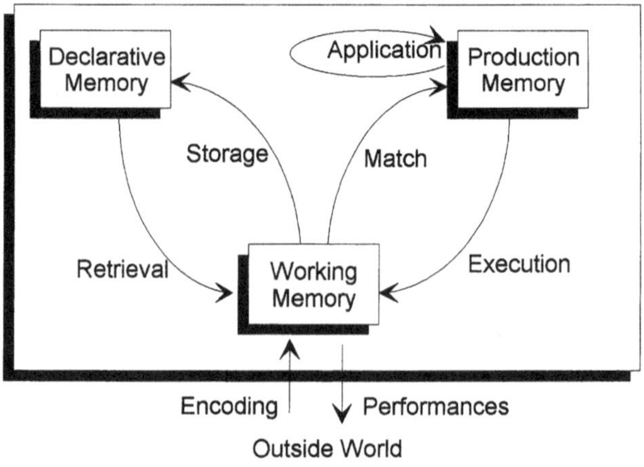


Abb. 4.3: Das ACT*-Architekturmodell
Quelle: in Anlehnung an Anderson (1983), S. 19.

Das Architekturmodell besteht aus einem Langzeitgedächtnis für deklaratives Wissen ("declarative memory") in Form eines semantischen Netzes. Es enthält verschiedene Wissenstypen (Schemata, bildhaftes und propositionales Wissen), die jeweils durch semantische Relationen miteinander verbunden sind. Die Knoten des semantischen Netzes können durch Wahrnehmungsprozesse oder interne

---

31 Anderson (1983).

32 Vgl. Anderson (1983), S. 18.

Verarbeitung aktiviert werden. Von solchen Aktivationsquellen breitet sich die Aktivation in paralleler Weise entlang der Verbindungen zu benachbarten Knoten aus. Hoch aktivierte kognitive Einheiten stehen dem System für die Informationsverarbeitung aktuell zur Verfügung. Sie bilden das Arbeitsgedächtnis ("working memory").[33]

Weiterhin enthält das Architekturmodell ein Langzeitgedächtnis für prozedurales Wissen in Form von Produktionsregeln ("production memory"). Die Produktionsregeln bestehen aus Prämissen, die mit den Elementen des Arbeitsgedächtnisses verglichen werden, und Aktionen, die neue symbolische Strukturen im Arbeitsgedächtnis erzeugen.

Das Arbeitsgedächtnis ist aktivitätsbasiert, d.h. es enthält die aktivierten Wissensbestandteile aus dem deklarativen Gedächtnis und die neuen durch die Produktionsregeln entstandenen Strukturen. Für die neuen symbolischen Strukturen besteht eine festgelegte Wahrscheinlichkeit, daß sie im deklarativen Gedächtnis gespeichert werden. Dies ist eine Form des direkten deklarativen Lernens.

Lernen wird in diesem Architekturmodell u.a. auch dadurch abgebildet, daß eine neue Produktionsregel eine Sequenz bereits erprobter Regeln abbildet. Die neue Regel führt damit direkt von einer initialen Situation zu dem gewünschten Ergebnis. Außerdem werden die Produktionsregeln gewichtet. Dieses Gewicht nimmt bei jeder Anwendung zu bzw. bei Nichtanwendung ab. Anderson versucht, damit das Lernen von Fertigkeiten ("skill acquisition") abzubilden.

### 4.2.2 Soar von Newell et al.

Soar enthält, im Gegensatz zum ACT*-Architekturmodell, nur ein Langzeitgedächtnis, nämlich das "Production Memory", welches sowohl das prozedurale Wissen, in Form von Produktionsregeln, als auch das deklarative Wissen enthält.

Das Arbeitsgedächtnis enthält eine Zielhierarchie, sowie Informationen zu den Einzelzielen, Präferenzen zu der Vorgehensweise, Informationen aus dem Wahrnehmungssystem und Kommandos für das motorische System. Alle Interaktionen mit der Umwelt finden über Schnittstellen des Wahrnehmungs- und des motorischen Systems statt.

Alle Aufgaben ("tasks") werden als Suche in einem Problemraum formuliert. Dabei werden sämtliche Produktionsregeln, deren Prämissen erfüllt sind, ausgeführt, es findet also keine Konfliktlösung durch Auswahl bestimmter Produktionsregeln statt. Entscheidungen ("decisions") werden gefällt bei der Auswahl des Problemraums sowie der Zustände und Operatoren, die im weiteren Verlauf bearbeitet bzw. angewandt werden sollen. Diese Entscheidungen basieren auf Präferenzen, die aus dem prozeduralen Gedächtnis ins Arbeitsgedächtnis über-

---

33 Vgl. Anderson (1983), S. 26f.; Heise (1991), S. 3.

tragen werden. Ist für eine bestimmte Auswahl das vorhandene Wissen inkonsistent oder unvollständig, dann wird versucht, die Lücke durch die Generierung eines Subziels zu schließen. Dadurch entsteht die Zielhierarchie mit dem entsprechenden Problemraum.

Die Ausführung der Produktionsregeln wird ständig protokolliert und aus dieser Aufzeichnung ("trace") werden neue Produktionsregeln generiert, die bisherige Einzelschritte zusammenfassen. Dieser Prozeß wird *"chunking"* genannt und soll das Lernen von Fertigkeiten modellieren.

Die Abbildung 4.4 gibt einen Überblick über das Soar-Architekturmodell, wie es von Laird/Newell/Rosenbloom[34] vorgestellt wurde.

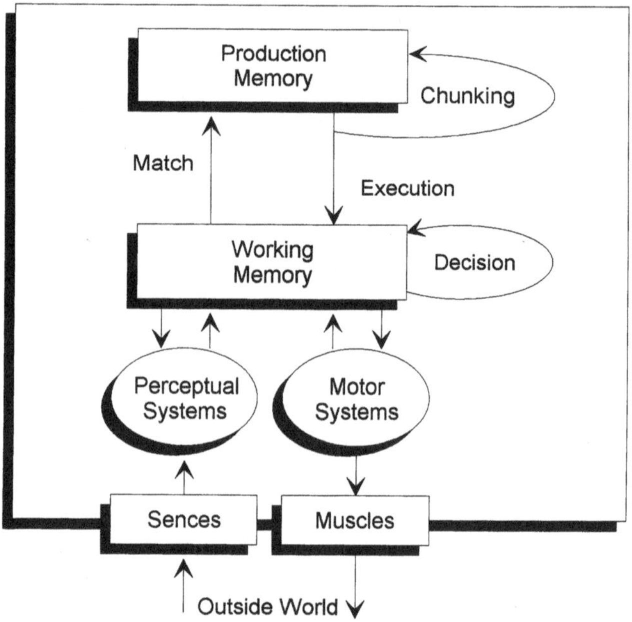


Abb. 4.4: Das Soar-Architekturmodell
Quelle: in Anlehnung an Newell/Rosenbloom et al. (1989), S. 111; Newell (1990), S. 195.

34 Laird/Newell et al. (1987). Soar ist ein Akronym für "State, Operator And Result". "'SOAR' is an obscure acronym, however; many SOAR researchers cannot tell you its derivation."; Winston (1992), S. 173.

### 4.2.3 Zusammenfassung der Architekturmodelle

Die beiden vorgestellten Architekturmodelle zeigen, wie die Kognitionswissenschaft mit Hilfe sogenannter "*computational models*" kognitive Prozesse untersuchen.[35] Beide beschriebenen Modelle versuchen, theoretische Ansätze in einem Architekturmodell abzubilden und durch die Implementierung dieser Architekturmodelle validierbar zu machen.

Die Theorie der Informationsverarbeitung und die darauf aufbauenden "*computational models*" unterscheiden sich von mathematischen Theorien bzw. Modellen der menschlichen Kognition durch einen größeren Detaillierungsgrad. Statt einer Metabeschreibung eines kognitiven Prozesses, der sich in Übergangs- und Zustandswahrscheinlichkeiten (z.B. bei Markov-Prozessen) niederschlägt, versucht man, den Mechanismus des informationsverarbeitenden Prozesses selber zu modellieren.[36] Dabei stützt man sich auf Einzelfalluntersuchungen, Interpretation introspektiver Daten (z.B. Verbalprotokolle), theoretisch auf Kodierung und Repräsentation von Situationen und Reizen und methodisch auf formalisierte, d.h. auf dem Computer ablauffähige Regelsysteme (Produktionssysteme).[37] Die vorgestellten Modelle beschränken sich auf die Informationsverarbeitung. Damit einher geht die Entscheidung, ein "intensionales Vokabular"[38] zu benutzen. Dieses unterscheidet sich wesentlich von einer neurophysiologischen oder behavioralen Sprachebene durch solche Begriffe wie: Wahrnehmung, Entscheidung, Wissen etc.

## 4.3 Denken und Gedächtnis

In der Psychologie existiert keine eindeutige Verwendungsweise des Denkbegriffs. Je nach theoretischem Standpunkt werden mit diesem Begriff unterschiedliche Inhalte bezeichnet. Nach der Assoziationstheorie, die von Lerntheoretikern bevorzugt wird, ist Denken eine Anwendung bestehender Reaktionstendenzen (Gewohnheiten) nach der Methode "Versuch und Irrtum". Aus gestaltpsychologischer Sicht ist Denken dagegen die Suche nach Beziehungen zwischen einzelnen Aspekten einer Problemsituation, wobei Strukturverständnis gewonnen wird.[39]

---

35 Vgl. Pylyshyn (1984), S. 260.

36 Vgl. Möbus (1988), S. 424f.

37 Vgl. Möbus (1988), S. 425.

38 Im Sinne von Pylyshyn (1984), S. 5.

39 Vgl. Brander/Kompa et al. (1985), S. 13.

Ein neuerer Zugang zur Analyse menschlicher Denkvorgänge, auf den sich diese Arbeit konzentriert, ist der Informationsverarbeitungsansatz (IV-Ansatz).[40] Nach diesem Ansatz wird Denken gleichgesetzt mit der Aufnahme, Speicherung, Veränderung und Interpretation von internen und externen Informationen.[41] Dieser Abschnitt der Darstellung befaßt sich mit der Aufnahme und Speicherung von Informationen. In diesem Modell ist das Gedächtnis ein Ort, wo Informationen dauerhaft gespeichert werden.

### 4.3.1 Mehr-Speicher-Modell

Als Grundlage der Betrachtung soll zunächst das sog. Mehr-Speicher-Modell ("multiple-store model")[42] dienen.

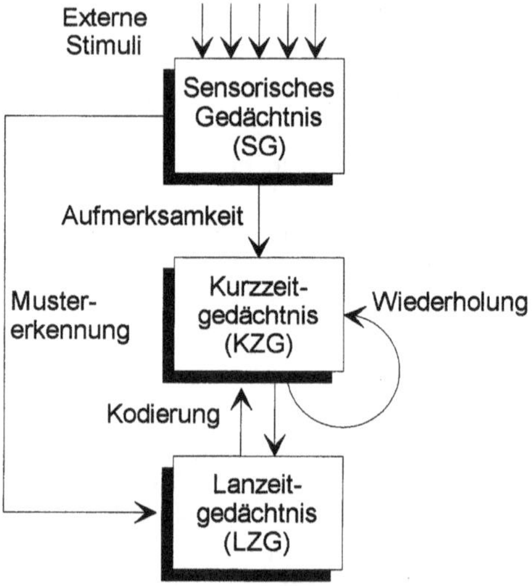


Abb. 4.5: Mehr-Speicher-Modell des Gedächtnisses
Quelle: in Anlehnung an Brander/Kompa et al. (1985), S. 23; Wessells (1990), S. 41; Bourne/Dominowski et al. (1986), S. 12.

---

40 Auf diesen Ansatz wurde bereits im Abschnitt 3.4.1 eingegangen.

41 Vgl. Brander/Kompa et al. (1985), S. 14.

42 In einigen Veröffentlichungen wird auch der Terminus "Multi-Speicher-Modell" benutzt.

In diesem Modell wird der kognitive Apparat in eine Reihe von drei Gedächtnisspeichern aufgeteilt, die jeweils spezifische Eigenschaften aufweisen. Ferner existieren Kontrollprozesse zur Regelung des Informationsflusses zwischen den Speichern. Die Abbildung 4.5 gibt einen Überblick über das Mehr-Speicher-Modell des Gedächtnisses.

In den folgenden Abschnitten sollen die drei Gedächtnisspeicher mit ihren spezifischen Eigenschaften und die Kontrollprozesse zur Regelung des Informationsflusses der Reihe nach vorgestellt werden.

#### 4.3.1.1 Sensorisches Gedächtnis

Die Informationen von den Sinnesorganen werden zunächst in einem sensorischen Gedächtnis (SG)[43] ("sensory register") gespeichert. Die Operationen des SG allokieren keine kognitiven Ressourcen, d.h. die Verarbeitung der externen Stimuli erfolgt automatisch. Dies impliziert, daß die Kapazität des SG praktisch unbegrenzt ist. Das SG enthält für die verschiedenen Arten von Stimuli spezialisierte Verarbeitungseinheiten (*modalitätspezifische Speicherung*). Zu unterscheiden sind insbesondere die Speicherung visueller (*ikonisches Gedächtnis*) und akustischer Eindrücke (*Echo-Gedächtnis* oder Echospeicherung). Die Dauer der Speicherung der Informationen im SG ist sehr kurz (ca. 250 msec für visuelle Reize bis ca. 2 sec für akustische Reize), nach dem Speicherungsintervall zerfallen die Informationen automatisch.[44]

Sensorische Informationen im sensorischen Gedächtnis werden also schnell vergessen, wenn sie nicht in das KZG überführt werden. Aufmerksamkeit ist der Kontrollprozeß, der determiniert, ob Informationen in das KZG übertragen werden. Die Funktion der Aufmerksamkeit besteht darin, bestimmte Informationen zu behalten und andere zu ignorieren.[45] Der Terminus "Aufmerksamkeit" erstreckt sich über eine ganze Reihe unterschiedlicher Phänomene. Wenn sich jemand mit vollem Bewußtsein auf einen Reiz konzentriert, die übrigen Reize also vernachlässigt, dann wird dies als selektive Aufmerksamkeit bezeichnet. Es lassen sich aber auch Fälle von geteilter Aufmerksamkeit vorstellen, d.h. mehreren (meist

---

43 Das sensorische Gedächtnis wird in einigen Arbeiten sensorischer Speicher, sensorische Register oder auch Ultrakurzzeitgedächtnis (UKZG) genannt. Vgl. z.B. Kluwe (1990), S. 129; Hoffmann (1983), S. 14ff.

44 Vgl. Wessells (1990), S. 40ff., S. 50 und S. 107ff.; Brander/Kompa et al. (1985), S. 22; Howard (1983), S. 35ff.; Best (1986), S. 116ff.; Anderson (1988), S. 48ff.; Kluwe (1990), S. 129; Bourne/Dominowski et al. (1986), S. 31ff.; Baddeley (1990), S. 13ff.

45 Vgl. Brander/Kompa et al. (1985), S. 23f.; Anderson (1988), S. 51f.; Bourne/Dominowski et al. (1986), S. 58ff.

zwei) sensorischen Reizen wird gleichzeitig Aufmerksamkeit geschenkt.[46] Weiterhin wird bei einem unbewußten Handeln in der Regel eine unbewußte Aufmerksamkeit vorliegen.[47] Auf diese unterschiedlichen Phänomene - selektive, geteilte und unbewußte Aufmerksamkeit - soll hier kurz eingegangen werden.

1. *Selektive Aufmerksamkeit:*
   Selektive Aufmerksamkeit durchdringt zahlreiche Alltagshandlungen. Der Mensch ist in der Lage, trotz einer Flut von Reizen, seine Konzentration bestimmten Dingen zu widmen. Er kann aber selbst noch flexibel reagieren, auch wenn die Aufmerksamkeit gefesselt ist.
   - *Filter-Modell ("filter theory"):*[48]
     Beim Filter-Modell wird davon ausgegangen, daß das kognitive Verarbeitungssystem nur mit einem einzigen Kommunikationskanal arbeitet. Durch einen Selektionsfilter wird eine Information ausgesucht, die dann als einzige aus der Gesamtheit aller externen Stimuli semantisch analysiert wird und an das KZG weitergereicht wird. Die zentrale Hypothese des Filter-Modells liegt in der Auffassung, daß der Mensch nur eine einzige Information pro Zeiteinheit aufnehmen und kognitiv verarbeiten kann.
   - *Abschwächungs-Modell ("attenuation theory"):*[49]
     Das Abschwächungs-Modell weicht von dem Filter-Modell in zweierlei Hinsicht ab. Zum einem postuliert das Filter-Modell, daß die Selektion der Aufmerksamkeit auf der Basis physikalischer Analysen erfolgt und die Bedeutung der nichtbemerkten Information nicht analysiert wird. Das Abschwächungs-Modell vertritt demgegenüber die Auffassung, daß die Selektion auf der Grundlage verschiedener Analysen sogar einschließlich der semantischen Analyse vorgenommen und in manchen Fällen die Bedeutung der nichtbeachteten Information verarbeitet wird. Zum zweiten geht das Filter-Modell davon aus, daß der Selektionsprozeß in einem Alles-oder-Nichts-Verfahren auftritt, indem einfach der Filter umgestellt wird. Demgegenüber postuliert das Abschwächungs-Modell, daß alle sensorischen Informationen analysiert und an das KZG weitergereicht werden; aber aufgrund der begrenzten Aufmerksamkeit wird die Information abgeschwächt bzw.

---

46 Ein geübter Autofahrer ist z.B. durchaus in der Lage, bei geringer Verkehrsdichte gleichzeitig sicher zu fahren und sich beiläufig zu unterhalten.

47 Insbesondere beim einem geübten Autofahrer haben sich bestimmte Handlungen soweit automatisiert, daß dazu keine bewußte Aufmerksamkeit mehr notwendig ist, z.B. die Handhabung der Gangschaltung.

48 Vgl. Wessells (1990), S. 91f.; Brander/Kompa et al. (1985), S. 24; Howard (1983), S. 69f.; Best (1986), S. 38f.; Bourne/Dominowski et al. (1986), S. 59f.

49 Vgl. Wessells (1990), S. 92ff.; Howard (1983), S. 71; Best (1986), S. 41f.; Bourne/Dominowski et al. (1986), S. 60f.

reduziert. Bei dieser Betrachtungsweise wird die nichtbeachtete Information nicht vollständig weggefiltert, sondern nur weniger vollständig verarbeitet als die Information, auf die sich die Aufmerksamkeit richtet. Mit diesem Modell läßt sich erklären, warum trotz Konzentration bestimmte Reize, wie z.B. die Nennung des eigenen Namens, plötzlich die Aufmerksamkeit erregen.

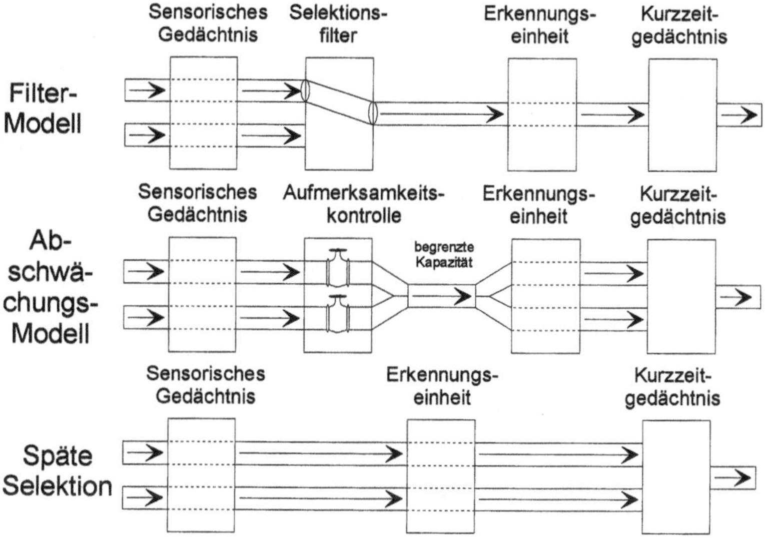


Abb. 4.6: Drei Modelle der selektiven Aufmerksamkeit
Quelle: in Anlehnung an Wessells (1990), S. 92 und Best (1986), S. 39.

- *Späte Selektion ("late selection theory"):*[50]
  Das Modell der späten Selektion verwirft die Vorstellung von einem frühzeitigen Aufmerksamkeitsmechanismus. Es geht davon aus, daß die Selektion der Informationen erst in einer späteren Stufe der Analyse, auf der Ebene des KZG erfolgt. Da das KZG über eine begrenzte Kapazität verfügt, kann es weder alle eingehenden Informationen speichern noch in das LZG überführen. Deshalb setzt ein Selektionsprozeß ein: einige Informationen gehen im KZG verloren, wenn seine Kapazität überschritten wurde, während

50 Vgl. Wessells (1990), S. 94ff.; Howard (1983), S. 71ff; Best (1986), S. 43ff. Bourne/Dominowski et al. bezeichnen diesen Ansatz als "Unlimited Capacity Modell"; vgl. Bourne/Dominowski et al. (1986), S. 61f.

andere Informationen erhalten bleiben. Dieses Modell erfordert also nicht mehr einen zusätzlichen komplexen Aufmerksamkeitsmechanismus.

Für alle Modelle lassen sich einige empirische Evidenzen angeben. Es bleibt ein offenes Problem, genau die Stufe zu bestimmen, in der die selektive Aufmerksamkeit eintritt. Die Abbildung 4.6 gibt einen Überblick über die drei vorgestellten Modelle.

2. *Ressourcen-Allokation:*[51]

In vielen Alltagssituationen sind wir in der Lage, unsere Aufmerksamkeit zwischen zwei oder mehr Aufgaben zu teilen. Eine vollständige Theorie der Aufmerksamkeit muß erklären können, warum unter manchen Bedingungen selektiv wahrgenommen wird, während wir unter anderen Bedingungen unsere Aufmerksamkeit teilen können. Das Modell der Ressourcen-Allokation geht davon aus, daß wir über einen begrenzten Pool kognitiver Ressourcen verfügen, die wir bei der Informationsverarbeitung einsetzen. Die Verarbeitung externer Stimuli bindet einige dieser kognitiver Ressourcen. Der Umfang der Ressourcen-Allokation hängt von der Komplexität der externen Stimuli ab. Die Ressourcen-Allokation wird jedoch nicht von den eingehenden Reizen gesteuert, sondern wird vom Menschen individuell und flexibel eingesetzt, um auf die eingehenden Reize zu reagieren. Der Mensch ist also in der Lage, gezielt Ressourcen für eine anstrengende Arbeit einzubringen oder die Aufmerksamkeit zu reduzieren, indem Ressourcen entzogen werden. Auch für dieses Modell lassen sich einige empirische Evidenzen aufzeigen. Allerdings existieren auch einige ungelöste Fragen. Ein bisher ungelöstes Problem z.B. ist die exakte Bestimmung der kognitiven Ressourcen.[52]

In einem engen Zusammenhang mit dem Modell der Ressourcen-Allokation steht die Theorie der automatischen Informationsverarbeitung.[53] Diese

---

[51] Vgl. Wessells (1990), S. 96ff.; Howard (1983), S. 76ff; Best (1986), S. 47ff.

[52] Vgl. Best (1986), S. 51.

[53] Vgl. Wessells (1990), S. 104ff.; Howard (1983), S. 78ff; Best (1986), S. 53ff. In der Literatur wird häufig zwischen *automatischer* und *kontrollierter* Informationsverarbeitung unterschieden. Dieses Begriffspaar wird im wesentlichen synonym mit der Unterscheidung *aufmerksamkeitsabhängig* bzw. *aufmerksamkeitsunabhängig* benutzt. Engelkamp hat folgende Eigenschaften für diese beiden Arten der Informationsverarbeitung formuliert:

a) Kontrollierte Informationsverarbeitung arbeitet, weil es ein aufmerksamkeitsabhängiger Prozeß ist, zwangsläufig sukzessiv oder seriell. Automatische Informationsverarbeitung, die aufmerksamkeitsunabhängig ist, arbeitet dagegen parallel oder simultan.

b) Kontrollierte Informationsverarbeitung ist störbar, sie wird durch zusätzliche kontrollierte Prozesse beeinträchtigt. Diese Eigenschaft folgt aus der Annahme, daß die Kapazität der Aufmerksamkeit beschränkt ist.

Theorie geht davon aus, daß Informationsverarbeitungsprozesse durch Übung automatisiert werden können. Solche automatischen Prozesse erfordern für die Abarbeitung viel weniger kognitive Ressourcen, so daß mehr Ressourcen für ungeübte Tätigkeiten verbleiben. Solche automatischen Prozesse erfordern auch nicht mehr den Zugriff auf das KZG. Das Vorkommen der automatischen Informationsverarbeitung enthält auch wichtige Implikationen für eine angemessene Definition der Aufmerksamkeit. Aufmerksamkeit und Bewußtsein sind keine kongruenten Phänomene. Selbst dann, wenn bestimmte Aufgaben ohne bewußte Aufmerksamkeit ausgeführt werden, muß ihnen doch Aufmerksamkeit zugewendet werden.[54]

### 4.3.1.2 Kurzzeitgedächtnis

Der zweite wichtige Speicher im Mehr-Speicher-Modell ist das Kurzzeitgedächtnis (KZG)[55]. Es erhält Informationen aus dem sensorischen Gedächtnis und dem Langzeitgedächtnis. Es ist die zentrale Speichereinheit des Modells. Man kann sich das KZG als einen *Arbeitsspeicher* ("working memory") vorstellen, der nur solches Wissen enthält, das gerade genutzt wird.[56] Es hat eine begrenzte Speicherkapazität, so daß nur wenige Informationseinheiten simultan verarbeitet werden können.[57]

Miller führte den Begriff *Chunk* ein, um die Informationseinheiten des Gedächtnisses zu beschreiben.[58] Seine empirischen Untersuchungen konnten

---

c) Automatische Informationsverarbeitungsprozesse lassen sich nicht willentlich unterdrücken und laufen, wenn sie gestartet wurden, automatisch ab. Da automatische Prozesse unabhängig von Aufmerksamkeitszuwendungen und ohne Bewußtsein ablaufen, sollten sie auch durch einen willentlichen Impuls, der an Aufmerksamkeit und Bewußtsein gebunden ist, nicht zu unterdrücken sein.

Vgl. Engelkamp (1991), S. 30f.

54 In der Literatur wird in diesem Zusammenhang zwischen "aktiver" und "passiver" Aufmerksamkeit unterschieden; vgl. z.B. Wessells (1990), S. 106.

55 Das KZG wird in einigen Arbeiten auch unmittelbares Gedächtnis oder primäres Gedächtnis genannt; vgl. z.B. Wessells (1990), S. 40 und S. 107f.

56 Auf die Diskussion der Dichotomie von KZG und LZG wird weiter unter eingegangen.

57 Vgl. Best (1986), S. 125f; Howard (1983), S. 101ff.; Bourne/Dominowski et al. (1986), S. 57ff.; Baddeley (1990), S. 39ff.

58 Miller (1956), S. 81ff.

belegen, daß sich Versuchspersonen (Vpn) sieben[59] (plus oder minus zwei) Informationseinheiten im KZG halten können. Er vertrat die Ansicht, daß dabei nicht die Anzahl der real im Reiz enthaltenen Einheiten (Buchstaben, Silben, Wörter) die Beschränkung für das Gedächtnis bestimmen, sondern die Zahl bedeutungshaltiger Chunks.[60]

Sieben Chunks stellen eine enge Begrenzung der menschlichen Informationsverarbeitungskapazität dar. Sie wird erweitert durch den möglicherweise vieldimensionalen Charakter einer Bedeutung. Eine weitere Methode, Probleme mit mehr als sieben Komponenten zu lösen, besteht darin, unter Verwendung des LZG einige Chunks zusammenzufassen oder umzugruppieren und dann insgesamt - wie unter einer Überschrift - zu speichern und das Problem schließlich nach und nach abzuarbeiten.[61]

Wessells betont zwar die wissenschafts-geschichtliche Bedeutung der Arbeit von Miller, hält aber die Schätzung der Kapazität des KZG mit sieben Chunks bestenfalls für eine grobe Annäherung. Zum einen können die Chunks nicht genau definiert werden und ferner kann seiner Meinung nach die Kapazität des KZG situationsabhängig variieren.[62] Er ist daher der Auffassung, daß die Kapazität des KZG begrenzt, jedoch nicht fixiert ist, und daß die Organisation von Reizen die Leistungen des KZG optimieren.[63]

---

59 Miller möchte nicht ausschließen, daß die durchschnittlich gemessene Kapazitätsgrenze von sieben Chunks für die verschiedensten Phänomene verantwortlich ist. Er verweist u.a. auf die sieben Weltwunder, die sieben Töchter des Atlas, die sieben Vorhöfe zur Hölle, die sieben Stufen der Notenskala und die sieben Wochentage. Er möchte jedoch ebenfalls nicht ausschließen, daß es sich bei alledem um einen boshaften, pythagoräischen Zufall handelt. Vgl. Miller (1956), S. 96.

60 Ein nicht weiter vorbelasteter Mensch kann die sieben sinnlosen Silben SSU-HCS-REB-ÜSG-NUL-HAZ-NIE ca. eine Minute im KZG behalten, wenn er an der Ausübung von Memorierungstechniken (etwa gedankliches Wiederholen der Silben) gehindert wird. In umgekehrter Reihenfolge macht die sich ergebende Buchstabenfolge EINZAHLUNGS-ÜBERSCHUSS für eine wirtschaftliche ungeübte Person zwei Chunks aus, ein Wirtschaftswissenschaftler kann sich etwa sieben Wörter des Charakters EINZAHLUNGS-ÜBERSCHUSS merken.

61 Miller nennt diesen Prozeß "recoding"; vgl. Miller (1956), S. 93f.

62 Die Kapazität des KZG spiegelt seiner Meinung nach die Grenzen der Aufmerksamkeit wieder, wie den Tatbestand, daß die Anzahl der verfügbaren Ressourcen von der Art der Aufgabe, dem Ausmaß der Müdigkeit und ähnlichem abhängt.

63 Vgl. Wessells (1990), S. 112.

Die Dauer der Speicherung der Informationseinheiten im KZG ist kurz (max. 18 sek. ohne Wiederholung).[64] Wenn die Informationen nicht ständig wiederholt werden, zerfallen sie oder sie werden durch neu hinzutretende Informationen verdrängt. Die zentrale Annahme lautet dabei, daß häufigeres Wiederholen einer Information eine bessere Übertragung in das LZG gewährleistet. Der Informationsfluß zwischen KZG und LZG wird somit als automatischer Vorgang, als Konsequenz der Wiederholung angesehen.[65] Für den Übergang in das LZG ist allerdings noch eine Kodierung notwendig. Der Wiederholungsprozeß wird daher häufig differenziert in eine erhaltene Wiederholung und eine verarbeitende Wiederholung. Die erhaltene Wiederholung erfüllt lediglich den Zweck, eine Information im KZG präsent zu halten. Demgegenüber wird beim verarbeitenden Wiederholen die im KZG gehaltene Information strukturiert und verändert. Diese Form der Wiederholung setzt einen ständigen Kontakt mit dem LZG voraus, das Zusatzinformationen liefert. Bei diesem Prozeß werden Relationen zwischen Informationen entdeckt oder konstruiert. Die Information wird also für den Übergang in das LZG vorbereitet.[66]

#### 4.3.1.3 Langzeitgedächtnis

Die Grundfunktion des Langzeitgedächtnis (LZG) läßt sich als eine zeitstabile und störresistente Einlagerung von Informationen beschreiben, aus der sich drei wesentliche Leistungen ableiten lassen:[67]

1. *Identifikation*, d.h. den Vergleich und Abgleich gespeicherter Informationen mit neuen Daten,
2. *Reproduktion*, d.h. den Wiedergewinn von Speicherinhalten durch Stimulans, Formierung oder motorische Aktualisierung, und
3. *Produktion*, d.h. die Möglichkeit, durch Kombination neue Einheiten zu konstruieren sowie diese mit vorhandenen Gedächtniseinheiten zu verknüpfen.

Das LZG hat wie das SG eine unbegrenzte Speicherkapazität. Im Gegensatz zu den übrigen Speichern ist die enthaltende Information in einer bedeutungsvollen und organisierten Weise gespeichert. Vergessen von Informationen erfolgt aufgrund von Interferenz oder der Unfähigkeit, vorhandene Informationen wiederzufinden.[68]

---

64 Vgl. Anderson (1988), S. 133; Brander/Kompa et al. (1985), S. 22; Howard (1983), S. 107.

65 Vgl. Wessells (1990), S. 134; Brander/Kompa et al. (1985), S. 31.

66 Vgl. Brander/Kompa et al. (1985), S. 33.

67 Vgl. Klix (1977), S. 77.

68 Vgl. Bourne/Dominowski et al. (1986), S. 101ff.; Brander/Kompa et al. (1985), S. 23.

Für den Fortgang dieser Arbeit ist die Repräsentation des Wissens im LZG besonders interessant, da gerade dieses Wissen erhoben werden soll und weil die Repräsentationsform evtl. Rückschlüsse auf besonders effiziente Wissensakquisitionsmethoden geben kann. Tulving hat vorgeschlagen, das LZG in ein episodischen und ein semantischen Gedächtnis zu unterteilen.[69] Im episodischen Gedächtnis sind persönliche Erfahrungen und Erlebnisse gespeichert, im semantischen Gedächtnis dagegen das Wissen über Worte, Sprache und Symbole sowie allgemeine Fakten der Welt. Die Unterscheidung zwischen erfahrungs-(episodischem) und wissensbezogenen (semantischem) Gedächtnis ist jedoch keineswegs eindeutig. Im Alltag sind nämlich beide Aspekte eng miteinander verflochten.[70]

Hinzu kommt, daß einige Autoren diese Differenzierung als nicht mehr ausreichend erachten und fordern, einen weiteren Aspekt des LZG zu berücksichtigen, nämlich das sog. *prozedurale Gedächtnis*.[71] Das darin gespeicherte Wissen bezieht sich auf die Ausführung von (automatisierten) Fertigkeiten ("skills")[72] (z.B. Schwimmen, Radfahren etc.). Das prozedurale Gedächtnis ermöglicht es, daß das Individuum direkt auf Stimuli reagieren kann, ohne daß es zunächst bewußte Denkvorgänge einleitet.[73] Im Unterschied zu episodischen und semantischen Gedächtnisinhalten entzieht sich also prozedurales Wissen weitgehend der bewußten Betrachtung und kann daher sprachlich nicht angemessen mitgeteilt werden.[74]

Tulving hat für die drei Systeme des LZG eine "monohierarchische" Ordnung vorgeschlagen.[75] Nach seinen Vorstellungen befindet sich auf der untersten Ebene der Hierarchie das prozedurale Gedächtnis. Die nächst-höhere Ebene bildet das semantische Gedächtnis, gefolgt vom episodischen Gedächtnis. In diesem Schema basiert jedes höhere System auf dem unterem System oder den unteren Systemen und wird von diesen unterstützt. Diese Anordnung bedeutet, daß prozedurales Wissen ohne Rückgriff auf die anderen Gedächtnissysteme angewandt werden kann. Semantisches Wissen steht in enger Wechselbeziehung zu dem prozeduralen Wissen, kann aber ohne Rückgriff auf das episodische Gedächtnis

---

69 Vgl. Tulving (1972), S. 384ff.

70 Vgl. Wessells (1990), S. 251; Schermer (1991), S. 139.

71 Vgl. Schermer (1991), S. 128; Tulving (1985), S. 387ff.

72 In einigen Veröffentlichungen wird auch häufig der Begriff "*compiliertes Wissen*" benutzt.

73 Vgl. dazu die Aussagen zur Theorie der automatischen Informationsverarbeitung im Abschnitt 4.3.1.1.

74 Vgl. Tulving (1985), S. 388. Die besonderen Techniken zur Akquirierung prozeduralen (compilierten) Wissens werden im 5. Kapitel beschrieben.

75 Vgl. Tulving (1985), S. 387ff.

angewandt werden. Das episodische Gedächtnis dagegen basiert und steht in enger Wechselbeziehung zu den beiden anderen Gedächtnissystemen. Tulving meint, damit Lernvorgänge und Aufgabenbewältigung besser beschreiben zu können. Neues Wissen wird zunächst im episodischen Gedächtnis aufgenommen. Es ist damit eine Repräsentation der individuellen Erfahrungen und Erlebnisse. Dieses Wissen fügt sich dann teilweise in das mentale Modell der Welt (semantische Gedächtnis) ein, d.h. es wird strukturiert und unabhängig von Ort- und Zeitrelation dargestellt. Übung bildet dann den Übergang zum prozeduralen Gedächtnis. Bestimmte Handlungen werden automatisiert. Dies stellt dann den Unterschied zwischen Wissen und Können her.[76]

### 4.3.2 Verarbeitungsebenen-Modell

Der horizontalen (strukturellen) Betrachtung im Mehr-Speicher-Modell steht mit dem Verarbeitungsebenen-Modell[77] ("levels of processing model") eine vertikal (funktional) orientierte Analyse gegenüber, bei der das Gedächtnis nicht in verschiedene Komponenten untergliedert wird, sondern Differenzen in der Gedächtnisleistung auf unterschiedliche Grade (Tiefen) der Informationsverarbeitung zurückgeführt werden.[78]

In der Grundannahme des Modells wird davon ausgegangen, daß die Analyse eines Stimulus auf unterschiedlichen, hierarchisch angeordneten Ebenen verlaufen kann, je nachdem, welche Reizdimension im Vordergrund steht. Im einfachsten Fall, der sog. flachen Verarbeitung, werden lediglich physikalische und sensorische Merkmale beachtet, während auf einer mittleren Stufe phonemische Eigenschaften des Reizes im Mittelpunkt stehen. Eine sog. tiefe Verarbeitung berücksichtigt schließlich semantische Aspekte, also den Bedeutungsgehalt eines Items. Dabei sollte die Haltbarkeit der Gedächtnisspur, d.h. die Gedächtnisleistung, proportional von der Verarbeitungstiefe abhängen. Die Ausführung einer bestimmten Verarbeitungsart erfolgt jeweils über einen "zentralen Prozessor", dem der Reizinput zugeführt wird und der, in Abhängigkeit von der Reizdimension, die Verarbeitungstiefe bestimmt.[79] Die Abbildung 4.7 zeigt das Verarbeitungsebenen-Modell im Überblick.

---

76 Vgl. dazu Becker (1987), S. 278ff.; Dreyfus/Dreyfus (1987), S. 41ff.

77 Das Verarbeitungsebenen-Modell wird in einigen Veröffentlichungen auch als Mehrebenenansatz (z.B. Schermer (1991), S. 134) oder als Ein-Speicher-Modell (z.B. Kluwe (1990), S. 130) bezeichnet.

78 Vgl. Baddeley (1990), S. 64f.

79 Vgl. Schermer (1991), S. 134f.

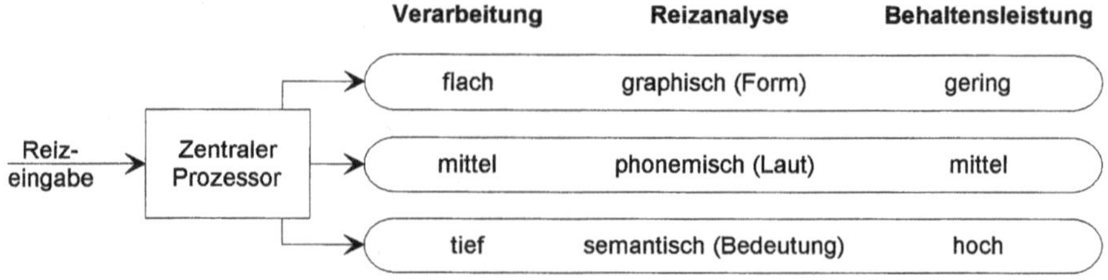


Abb. 4.7: Das Verarbeitungsebenen-Modell (levels of processing)
Quelle: Schermer (1991), S. 135.

Das Verarbeitungsebenen-Modell postuliert ein Modell des Gedächtnisses, das aus einer einzigen großen Einheit, dem Langzeitgedächtnis, besteht. Ein sensorisches Gedächtnis als separater Speicher wird nicht benötigt. Die Besonderheiten der Kodierung, der Verfügbarkeit und des Verlusts von Informationen auf der Ebene des bisherigen sensorischen Gedächtnisses werden als Merkmale der initialen Stufe des Verarbeitungsprozesses behandelt. Ebensowenig wird ein separates Kurzzeitgedächtnis benötigt. Vielmehr wird angenommen, daß sich eine Teilmenge des LZG in einem temporären Zustand der Aktivation befinden kann und somit zur weiteren Verarbeitung verfügbar ist.[80] Diese Auffassung hat u.a. Eingang in das umfassende kognitive Modell ACT* von Anderson gefunden.[81]

Das Verarbeitungsebenen-Modell konnte durch eine Reihe von Studien gestützt werden.[82] Dennoch war dieser Ansatz aus verschiedenen Gründen heftiger Kritik ausgesetzt. Erstens wurde er als zu vage und schlecht definiert bezeichnet, um als wirklich überprüfbare Theorie akzeptiert zu werden. Zweitens wurde die zirkuläre Definition des Begriffs "Verarbeitungstiefe" bemängelt. So wird die Verarbeitungstiefe mit der Behaltensleistung und umgekehrt die Behaltensleistung mit der Verarbeitungstiefe erklärt, d.h. eine unabhängige Maßeinheit für diesen Begriff fehlt.[83] Drittens konnten zu der Regel, eine größere Verarbeitungstiefe führt zu einer besserer Gedächtnisleistung, ernstzunehmende Ausnahmen nachgewiesen werden.[84] Howard betont zwar die Bedeutung des Verarbeitungsebenen-Modells für die kognitive Psychologie, führt aber vier

80 Vgl. Kluwe (1990), S. 130f.

81 Vgl. die Darstellung von ACT* im Abschnitt 4.2.1.

82 Mehrere Arbeiten nennen Bourne/Dominowski et al. (1986), S. 86.

83 Vgl. Schermer (1991), S. 136.

84 So können sich z.B. viele Studenten nicht nur an den gelernten Stoff (semantische Verarbeitungsebene), sondern auch daran erinnern, wo dieser auf einer bestimmten Seite gestanden hat (sensorische Verarbeitungsebene); vgl. Schermer (1991), S. 136.

verschiedene Begründungsrichtungen an, die für eine Beibehaltung der Dichotomie des Gedächtnisses stehen.[85]

Auch die von den frühen Mehr-Speicher-Theoretikern postulierte klare Unterscheidbarkeit verschiedener Gedächtnissysteme hat sich in den folgenden Jahren der Forschung jedoch eindeutig als zu einfach erwiesen.[86] Trotz dieser geänderten Befundlage geht Best davon aus, daß die meisten kognitiven Psychologen immer noch eine abgeschwächte Version des Mehr-Speicher-Modells bevorzugen.[87]

Zum Verhältnis von Mehr-Speicher- und Verarbeitungsebenen-Ansatz zueinander kann gesagt werden, daß es als eine gegenseitige Ergänzung angesehen werden kann. Gedächtnisbezogene Aspekte lassen sich angemessener beschreiben durch die gleichzeitige Berücksichtigung von strukturellen (Differenzierung in Speicher) als auch funktionalen (Differenzierung nach Verarbeitungsprozessen) Merkmalen. So sind in neueren Speicheransätzen Annahmen der Verarbeitungsebenen-Theorie integriert.[88]

### 4.3.3 Repräsentation von Wissen im Langzeitgedächtnis

Im Abschnitt 4.3.1.3 wurde bereits darauf hingewiesen, daß das LZG nach der Auffassung von Tulving[89] in ein episodisches, ein semantisches und ein prozedurales Gedächtnissystem eingeteilt werden kann. Diese Differenzierung ist allerdings nicht immer ganz eindeutig.

Die Wissensrepräsentation in diesen Gedächtnissystemen unterscheidet sich durch ihre unterschiedlichen Funktionen. Prozedurales Wissen beschreibt nicht mehr die Herleitung einer Aktion, sondern nur noch die Aktion selbst, die aufgrund eines bestimmten Stimulus auszuführen ist. Übung und Erfahrung haben dazu geführt, daß eine zeitraubende Herleitung überflüssig wird. Prozedurales Wissen ist in bedrohlichen Situationen häufig lebenswichtig. Die Repräsentationen im semantischen und episodischen Gedächtnissystem orientieren sich an den zu repräsentierenden Objekten. Episodisches Wissen wird allerdings erwei-

---

[85] Als Begründungsrichtungen führt sie dazu Ergebnisse von Introspektionen, klinischen Ergebnissen, die typischen Erinnerungskurven und die beschränkte Kapazität des KZG an; vgl. Howard (1983), S. 94ff.

[86] Vgl. Schermer (1991), S. 138.

[87] Vgl. Best (1986), S. 142. Baddeley behauptet dies übrigens auch von Craik und Lockhart, die den Verarbeitungsebenen-Ansatz eingeführt haben; vgl. Baddeley (1990), S. 65.

[88] Vgl. Schermer (1991), S. 138.

[89] Vgl. Tulving (1985), S. 387ff.

tert durch die Repräsentation des Ereignisses, welches mit der persönlichen Erinnerung verbunden ist.[90]

Zur Repräsentation dieser unterschiedlichen Gedächtnisinhalte existieren eine Reihe von Untersuchungen und Theorien. Zunächst lassen sich für die Speicherung und den Abruf von Informationen des LZG zwei voneinander unabhängige Darstellungsformen heranziehen, nämlich zum einen ein imaginales (anschaulich-bildhaftes) und zum anderen ein verbales (symbolisch-sprachliches) System.[91] Im ersten Fall wird das Wissen im LZG *analog* repräsentiert. Bei der zweiten Repräsentationsform wird das Wissen *propositional* deskriptiv (deklarativ oder prozedural) dargestellt. Viele Kognitionspsychologen gehen heute davon aus, daß ein wesentlicher Teil des menschlichen Wissens, insbesondere alles sprachlich vermittelbare Wissen, in propositionalen Repräsentationen abgebildet wird.[92]

In den folgenden Abschnitten wird die analoge und die propositionale Repräsentation kurz vorgestellt. Aufgrund des Gewichts der propositionalen Repräsentation innerhalb der kognitiven Psychologie wird diese Darstellung ausführlicher sein. Mit diesen beiden Repräsentationsformen allein läßt sich aber menschliches Wissens nicht in jedem Fall befriedigend beschreiben. Hinzu kommen noch Vorschläge, Wissen durch Schemata oder Scripts zu strukturieren. Auch diese Repräsentationsform soll kurz diskutiert werden.

#### 4.3.3.1 Propositionale Repräsentation

Die elementaren Bausteine des semantischen Gedächtnisses stellen Begriffe dar. Mit ihrer Hilfe wird die umgebende Wirklichkeit geordnet und "Wissen über die Welt" erfaßt. Als wesentliche Funktion der Begriffsbildung ist die Reduktion der aufgenommenen Information zu nennen, sowie die Möglichkeit, bislang noch unbekannte Information sinnvoll in bestehendes Wissen zu integrieren.[93]

Nach Hoffmann läßt sich die grundlegende kognitive Fähigkeit der Begriffsbildung durch folgende drei Charakteristika beschreiben:[94]

1. Die *hierarchische Struktur* von Begriffssystemen ermöglicht es, allgemeinere (weitere) bzw. speziellere (engere) Begriffe zu bilden, d.h. die Zusammensetzung von Objektklassen je nach situativer Erfordernis zu wechseln.

---

90 Vgl. Tulving (1985), S. 388.

91 Vgl. Schermer (1991), S. 129; Strube (1987), S. 287ff.; Freksa (1988a), S. 8.

92 Vgl. Becker (1992), S. 165.

93 Vgl. Schermer (1991), S. 141.

94 Vgl. Hoffmann (1983), S. 52ff.

2. Die *Kreuzklassifikation* beschreibt die Tatsache, daß ein und dasselbe Objekt in Abhängigkeit von der jeweiligen Verhaltenseinstellung sehr verschiedenen Begriffen zugeordnet werden kann.
3. Die *Typikalität* besagt, daß einige Objekte als charakteristischere Vertreter eines Begriffs erscheinen als andere.

Begriffe stehen nicht unverbunden nebeneinander, sondern weisen vielmehr gegenseitige Bezüge auf. Ereignisse und Abläufe lassen sich also nicht durch einzelne isolierte Begriffe beschreiben, sondern müssen durch Begriffsrelationen dargestellt werden. *Propositionen*[95] stellen die kleinsten Bedeutungseinheiten dar, die als selbständige Behauptungen stehen können. Sie bezeichnen die kleinsten Einheiten, die sinnvoll als wahr oder falsch beurteilt werden können.[96] Demnach stellt ein Begriff für sich selbst genommen noch keine Proposition dar, sondern muß erst durch eine bestimmte Relation in seinem Wahrheitsgehalt überprüfbar werden.[97]

Der Kerngedanke propositionaler Kodierung ist, daß die Bedeutung solcher Ereignisse oder Abläufe in abstrakter Form intern repräsentiert wird. Unwichtige Einzelheiten bleiben dabei unberücksichtigt.[98]

Nach Kluwe können Propositionen durch Ausdrücke in der folgenden Art angegeben werden: P(S), d.h. ein Begriff (Sachverhalt) wird durch ein Merkmal P beschrieben (Subjekt-Prädikat) bzw. R(X,Y), d.h. die Begriffe (Sachverhalte) X und Y sind durch die Relation R verknüpft.[99] Kintsch schlägt eine Listennotation vor, wobei die Liste durch das Prädikat beginnt und die Argumente nachfolgen.[100]

Die Information "Ein Tanker pumpt Säure in die Nordsee" läßt sich dementsprechend darstellen:

---

95 Proposition - der Begriff stammt aus der Logik und der Linguistik - bezeichnet im allgemeinen eine Behauptung.

96 Vgl. Anderson (1988), S. 112; Best (1986), S. 196; Kluwe (1990), S. 153.

97 So stellt z.B. der Begriff "Hund" noch keine Proposition dar. Erst die Aussage "Hunde können bellen" läßt sich als Proposition, in der Form "bellen(Hunde)", repräsentieren. Vgl. Schermer (1991), S. 150; Wender (1990), S. 583.

98 Vgl. Anderson (1988), S. 112; Kluwe (1990), S. 153; Schermer (1991), S. 150.

99 Vgl. Kluwe (1990), S. 153. Die gleiche Notation wird auch von Wender (1990), S. 583 vorgeschlagen.

100 Vgl. Kintsch (1974), S. 13.

| Notation nach Kluwe: | Notation nach Kintsch: |
|---|---|
| *pumpen*(Tanker, Säure, Nordsee) | (*pumpen*, Tanker, Säure, Nordsee) |

Tab. 4.1: Notation von Propositionen

Die Unterschiede in der Notation sind nicht gravierend. Wender legt allerdings noch die Reihenfolge der Argumente fest und hat damit eine bestimmte Semantik vorgegeben.[101] Je nach Art der Prädikate können verschiedene Typen von Propositionen unterschieden werden. Ballsteadt/Mandl et al. nennen drei Hauptgruppen: prädikative, modifizierende und konnektive Propositionen.[102] Bei dem in Tabelle 4.1 gezeigten Beispiel handelt es sich um eine prädikative Proposition.

Eine weitere Darstellungsform sind propositionale oder semantische Netzwerke.[103] Die Knoten des Netzes sind die Propositionen, Argumente und Relationen. Die gerichteten Kanten entsprechen den Verknüpfungen. Mögliche Verknüpfungen sind z.B. Relation, Agent, Zeit, Objekt, Rezipient usw. Die propositionale Darstellung des folgenden komplexeren Ereignisses soll dies verdeutlichen:[104]

*"Ein deutscher Tanker pumpte nachts in die Nordsee Säure, die Fische vergiftete."*

Der Satz läßt sich in drei einfachere Propositionen zerlegen:

| Nr. | Ereignis | Proposition |
|---|---|---|
| 1. | Ein deutscher Tanker | *deutsch*(Tanker) |
| 2. | Ein Tanker pumpte nachts Säure in die Nordsee | *pumpen*(Tanker, Säure, nachts, Vergangenheit) |
| 3. | Die Säure vergiftet Fische | *vergiften*(Säure, Fische) |

Tab. 4.2: Propositionale Zerlegung eines komplexeren Ereignisses

Die Abbildung 4.8 zeigt das resultierende propositionale Netzwerk. Die Ellipsen mit den Ziffern repräsentieren die entsprechenden Propositionen.

---

101 Vgl. Wender (1990), S. 583.

102 Vgl. Ballstaedt/Mandl et al. (1981), S. 31.

103 Theoretisch sind semantische Netze und Propositionslisten äquivalent, da sie ineinander übersetzt werden können; vgl. Ballstaedt/Mandl et al. (1981), S. 30.

104 Das Beispiel stammt aus Kluwe (1990), S. 153f.

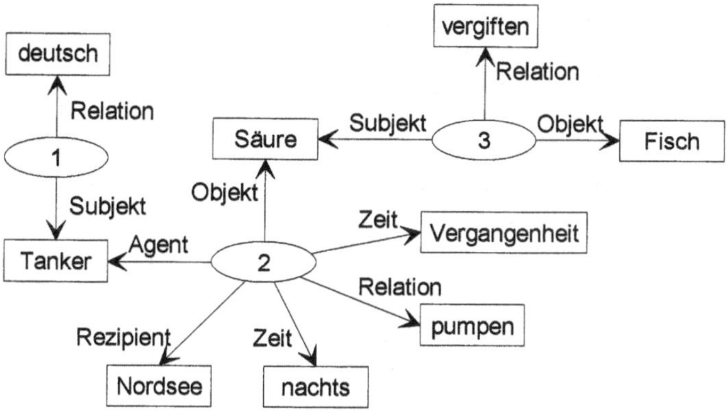


Abb. 4.8: Propositionales Netzwerk
Quelle: in Anlehnung an Kluwe (1990), S. 154.

Wie leicht zu erkennen ist, handelt es sich bei diesem Beispiel um einen episodischen Gedächtnisinhalt. Mit Hilfe von propositionalen Netzwerkmodellen lassen sich sowohl episodische als auch semantische Gedächtnisinhalte repräsentieren. Zur Unterscheidung von semantischem und episodischem Gedächtnis differenzieren die meisten Netzwerktheorien zwischen primären und sekundären Knoten. Primäre Knoten (sog. "type"-Knoten) stehen dabei für allgemeinere Konzepte (Begriffe) und die sie definierenden Merkmale. Sie stellen über ist- und hat-Relationen die Verbindung zum Wortgedächtnis und zum Lexikon des Individuums her und führen zum Verstehen des jeweiligen Kontextes. Sekundäre Knoten (sog. "token") repräsentieren die konkreten Objekte (Instanzen) eines Kontextes.[105] Im o.g. Beispiel ist mit "Tanker" nicht das allgemeine Konzept eines Tankers gemeint, sondern ein konkretes Schiff. Bei semantischen Gedächtnisinhalten fehlt im allgemeinen auch die Verknüpfung mit einer bestimmten Raum- und/oder Zeitangabe.

Die oben dargestellte propositionale Zerlegung und Übertragung in ein Netzwerk ist nicht die einzig mögliche. Ein Kritikpunkt ist, daß der empirische Gehalt von Netzwerkdarstellungen nicht geklärt ist.[106] Es fällt in der Literatur eine gewisse Beliebigkeit bei der Darstellung menschlichen Wissens in Form von propositionalen Netzwerken auf.[107]

---

105 Vgl. Schermer (1991), S. 152.

106 Vgl. Johnson-Laird/Herrmann et al. (1984), S. 292ff.

107 Vgl. Kluwe (1990), S. 155; Ballstaedt/Mandl et al. (1981), S. 27.

Hauptvorteil propositionaler Netze ist die Darstellung mehrstelliger Relationen. Dadurch wird sehr einsichtig, in welchen Beziehungen komplexe Konzepte zueinander stehen.[108] Die innewohnende Struktur eines Informationsausschnitts wird rasch deutlich. Ein weiterer Vorteil liegt in der Vererbungseigenschaft. Es lassen sich besonders gut Oberbegriffs-Unterbegriffsrelationen darstellen. Die Eigenschaften des Oberbegriffs werden quasi auf den Unterbegriff vererbt.[109]

Von besonderer Bedeutung ist, daß mit den Netzwerkmodellen Annahmen über die Aktivation im Gedächtnis sowie einfache Suchprozesse einhergehen. Quillian und Collins haben ein erstes Netzwerkmodell zur Darstellung des Wissens im semantischen Gedächtnis vorgelegt.[110] Sie nannten ihr Modell TLC ("Teachable Language Comprehender"). Sie gingen von der Annahme aus, daß Suchprozesse im semantischen Gedächtnis um so mehr Zeit benötigen, je länger die Wege im Netzwerk sind. Tatsächlich ließ sich ihre Hypothese empirisch bestätigen.[111]

Dies führte zu der Vorstellung, daß die Informationselemente aus dem Netzwerk im Wege einer Erregungsausbreitung für die bewußte Verarbeitung verfügbar werden. Die Erregung oder Aktivation einzelner Informationsknoten pflanzt sich im Netzwerk des LZG von Knotenpunkt zu Knotenpunkt entlang der bestehenden Verknüpfungen fort. Diese Aktivation wird im Modell ACT* von Anderson gezielt eingesetzt, um Informationen aus dem deklarativen LZG für die Verarbeitung im Arbeitsgedächtnis (KZG) nutzbar zu machen.[112] Der Bestand des KZG wird gebildet durch die aktivierten Teilmengen der Struktur des LZG. Die Wahrscheinlichkeit des Erinnerns ist eine Funktion der Aktivationsstärke.[113]

Das Architekturmodell ACT* sieht neben dem semantischen Netz noch ein Produktionssystem als Wissensrepräsentationsform vor. Produktionssysteme gelten als wichtiges Modell zur Repräsentation prozeduralen Wissens.[114] Auf eine detaillierte Darstellung soll aber hier verzichtet werden.[115]

---

108 Vgl. Wender (1988), S. 65.

109 Vgl. Wender (1990), S. 584f.

110 Vgl. Quillian (1968), S. 227ff.; Quillian (1969), S. 459ff.; Collins/Quillian (1969), S. 240ff.

111 Vgl. Collins/Quillian (1969), S. 243ff.

112 Vgl. dazu die Ausführungen im Abschnitt 4.2.1 zum ACT*-Modell.

113 Vgl. Kluwe (1990), S. 180.

114 Vgl. Newell (1973), S. 463ff.

115 Vgl. dazu die Ausführungen in Abschnitt 2.2.3.

### 4.3.3.2 Analoge Repräsentation

Ein zentrales Thema der kognitiven Psychologie der 70er Jahre war die "Imagery"-Debatte.[116] Es wurde vehement darüber diskutiert, ob nicht letztlich alles menschliche Wissen auf propositionale Repräsentationen zurückgeführt werden kann. Untersuchungen u.a. von Shepard und Metzler[117] haben jedoch gezeigt, daß menschliche Vorstellungen von räumlichen Gebilden sich nur durch bildhafte Repräsentationen (mentale Bilder) erklären ließen.[118] Es gewinnt daher eine mehr und mehr moderate Position an Gewicht, die auf eine weitere grundlegende Repräsentationsform des menschlichen Geistes verweist und ihr eine von den propositionalen Strukturen unabhängige mentale Existenz attestiert: die *analoge* Repräsentation.[119]

Für die Funktion des Erinnerns ist mehrfach nachgewiesen worden, daß die Konkretheit und Vorstellbarkeit von Begriffen das Behalten erleichtert. Ebenso ist bekannt, daß die gezielte Verknüpfung von abstrakten Fakten, die man sich merken will, mit einem Vorstellungsbild hilft, sich später besser erinnern zu können.[120]

Auch beim Lösen bestimmter Probleme sind bildhafte Repräsentationen adäquate Abbildungen der Aufgabenstellung.[121] Schon bei der Formulierung solcher Problemstellungen stellt sich quasi automatisch eine bildhafte Vorstellung

---

116 Vgl. dazu z.B. Pribbenow (1993), S. 8f.

117 Vgl. Shepard/Metzler (1971), S. 701ff. Sie haben Vpn zweidimensionale Darstellungen von dreidimensionalen Objekten vorgelegt. Die Aufgabe bestand darin zu entscheiden, ob die Objekte abgesehen von der räumlichen Orientierung identisch waren. Die mittleren Reaktionszeiten ergaben eine fast lineare Funktion des Winkels, um den die Muster verdreht waren.

118 Vgl. Pribbenow (1993), S. 7ff.; Becker (1992), S. 165f.; Freksa (1988a), S. 8; Anderson (1988), S. 82ff.; Strube (1987), S. 287; Glass/Holyoak (1986), S. 132ff.
Allerdings sollte nicht der Eindruck entstehen, daß es nur um die Frage bildhaft vs. propositional geht, da die Fragestellung allgemeiner ist und unter das Problem analog vs. propositional subsumiert werden muß, denn eine bildhafte Repräsentation ist analog, aber nicht jede analoge Repräsentation ist bildhaft.

119 Vgl. Becker (1992), S. 165.

120 Vgl. Strube (1987), S. 287.

121 Gegeben sei folgendes Problem: Bei einem Würfel von 3 cm Kantenlänge seien zwei gegenüberliegende Seiten rot und eine Seite blau bemalt. Nun wird dieser Würfel durch zwei horizontale und vier vertikale Schnitte in 1 cm große Würfel zerlegt. Die Frage ist nun, wie viele dieser kleinen Würfel haben genau eine rote und eine blaue Seite?
Vgl. Rehkämper (1987), S. 297; Haugeland (1985), S. 221.

ein. Die analoge Repräsentation unterstützt dann im entscheidenden Maße die Problemlösung.[122] Eigenschaften solcher mentalen Bilder sind u.a., daß

- die einzelnen Teile des Bildes zu einzelnen Teilen des Originals korrespondieren und
- beide - Original und Repräsentation - die gleiche Struktur der Beziehungen aufweisen.[123]

Wenn Menschen mit mentalen Bildern arbeiten, scheinen sie Prozesse zu vollziehen, die tatsächlichen Handlungen an realen Objekten analog sind. Typische Operationen, die man an mentalen Bildern vornehmen kann, sind:[124]

- Rotation (Drehung um eine oder mehre Achsen)
- Zooming (Vergrößern oder Verkleinern des Bildes)
- Wiedererkennen einzelner Teile oder hervorstechender Merkmale
- Änderung einzelner Teile
- Bildprüfungen (Übereinanderlegen zweier Bilder zum Vergleich)

Man könnte vermuten, daß es eine individuell charakteristische Bevorzugung bestimmter Repräsentationsformen gibt: Menschen, die "mehr visuelle Typen" sind und solche, die "besser abstrakt denken können". Eine empirische Bestätigung haben solche Hypothesen nicht erhalten. Individuell spezifische Verarbeitungsstile sind jedoch vielfach beobachtet worden.[125]

Engelkamp geht auch von der Annahme aus, daß es neben sprachlichen (propositionalen) Wissen eine nichtsprachliche Ebene geben muß. Er erweitert jedoch die Vorstellung von einer analogen Repräsentation explizit um sog. motorisches Wissen, weil er durch Experimente nachgewiesen hat, daß Vpn sich besonders gut an Handlungen erinnern konnten, die sie selbst vorgenommen

[122] Einige Problemstellungen, deren Lösung sich bedeutend leichter mit bildhaften Repräsentationen finden lassen, werden in Freksa (1988b), S. 159f.; Strube (1987), S. 288f.; Rehkämper (1987), S. 297ff.; Haugeland (1985), S. 221 vorgestellt. Ein Beispiel wird dabei häufig genannt:
"Ein Mönch begann bei Sonnenaufgang einen Berg zu ersteigen. Abends erreichte er den Gipfel, meditierte die ganze Nacht und begann seinen Abstieg am nächsten Morgen. Er ging denselben Weg, den er gekommen war, zurück, aber schneller. Unten angekommen sagte er: Es gibt eine Stelle auf dem Weg, an der bin ich zur gleichen Zeit des Tages auf den Hin- und Rückweg vorbeigekommen." Engelkamp (1991), S. 71.
Dieses Beispiel zeigt deutlich, daß es sehr leicht ist, unter Zuhilfenahme einer bildhaften Repräsentation, eine Lösung zu finden.

[123] Vgl. Haugeland (1985), S. 224; Rehkämper (1987), S. 299.

[124] Vgl. Haugeland (1985), S. 224; Rehkämper (1987), S. 299; Anderson (1988), S. 86.

[125] Vgl. Strube (1987), S. 290.

hatten.[126] Entsprechend postuliert er eine multimodale Gedächtnistheorie, die auf der Annahme basiert, daß sich das menschliche Wissen auf sensumotorisches und kategoriales (propositionales) Wissen zurückführen läßt. Das sensumotorische Wissen konserviert Erfahrungen wahrnehmungs- und verhaltensnah.[127]

#### 4.3.3.3 Schemata und Scripts

Propositionen eignen sich gut, um kleinere Informationseinheiten zu repräsentieren. Sie versagen jedoch, wenn es um die Repräsentation ganzer Gruppen von organisierten Informationseinheiten geht, wie es bei der Abbildung bestimmter Konzepte notwendig ist. Bei den Konzepten "Haus" oder "Lehrer" werden in der Regel gleich eine ganze Reihe von Annahmen und Vorstellungen mit diesen Begriffen verbunden. Diese Annahmen und Vorstellungen werden aus einem "Haus"- oder "Lehrer"-Schema abgeleitet, das im allgemeinen der individuellen Einstellung entspricht. *Schemata*[128] beschreiben also größere thematisch zusammenhängende Wissensbereiche, die als ein abgegrenzter Teil eines semantischen Netzwerks aufgefaßt werden können. Sie lassen sich also allgemein als Verknüpfungen von Propositionen auffassen.[129] Wie die Verknüpfungen zu solch einem Komplex zustande kommen, ist bisher nicht untersucht worden.[130]

Die Schemata zu den Konzepten "Haus" und "Lehrer" könnten folgendermaßen aussehen:

---

126 Vgl. Engelkamp (1991), S. 3f. Diese Erfahrung wird durch den Spruch "learning by doing" umgangssprachlich zum Ausdruck gebracht.

127 Vgl. Engelkamp (1991), S. 56.

128 Die Verwendung des Schema-Begriffs geht auf Bartlett zurück. Er verstand darunter eine aktive Organisation vergangener Reaktionen oder Erfahrungen. Bartlett versuchte mit dem Schema-Begriff die Fehler seiner Vpn bei der Reproduktion von Geschichten zu beschreiben. Seine Untersuchungen zeigten, daß die Geschichten nicht vollständig im Gedächtnis abgelegt wurden, sondern nur einige grundlegende Elemente der Geschichte. Bei der Reproduktion wurden diese Grundelemente durch eigenes Alltagswissen, indem verschiedene Schemata aktiviert wurden, ergänzt (*"schema plus correction model"*). Das Experiment wird in Bartlett (1932), S. 65ff. und der Schema-Begriff auf S. 199ff. beschrieben. Vgl. auch Ashcraft (1989), S. 306ff.; Schermer (1991), S. 153; Anderson (1988), S. 170ff.; Baddeley (1990), S. 335ff.

129 Vgl. Neisser (1976), S. 51ff.; Schermer (1991), S. 152ff.; Howard (1983), S. 313ff.; Kluwe (1990), S. 155ff.; Anderson (1988), S. 120ff. Augenfällig ist die starke Ähnlichkeit zu dem Frame-Konzept von Minsky (1975), S. 211ff.

130 Vgl. Kluwe (1990), S. 155.

| Haus: | | Lehrer: | |
|---|---|---|---|
| Kategorie: | Gebäude | Kategorie: | Beruf |
| Material: | Holz | Einkommen: | 2000 - 5000 DM |
| Enthält: | Zimmer | Funktion: | Wissen vermitteln |
| Funktion: | menschlicher Wohnraum | Ausbildung: | PH, Universität |
| Form: | rechteckig | Alter: | 23 - 65 Jahre |
| Größe: | 50 bis 500 $m^2$ | Fach: | Englisch, Deutsch ... |
| Ort: | ebenerdig | Schulform: | Grundschule, ... |

Tab. 4.3: Schemata zu den Konzepten "Haus" und "Lehrer"

Schemata beschreiben typische Zusammenhänge eines Wirklichkeitsbereichs aufgrund gemachter Erfahrungen. Sie können sich auf Objekte, Sachverhalte, Handlungs- und Ereignisfolgen beziehen und weisen dementsprechend einen unterschiedlichen Komplexitäts- und Abstraktionsgrad auf.[131]

Schemata sind insofern Abstraktionen, als daß sie von irrelevanten Details absehen.[132] Innerhalb der Wertebereiche liegen in der Regel zahlreiche "Exemplare" der beschriebenen Konzepte. Sie stellen sozusagen das konkrete Wissen zu diesen Schemata dar.[133]

In einem engen Zusammenhang zu dem Schema-Begriff steht der *Script*-Ansatz von Schank und Abelson[134]. Das zentrale Konstrukt ihres Modells beschrieben sie wie folgt: Ein Script ist eine Struktur, die angemessene Abfolgen von Ereignissen in einem bestimmten Kontext beschreibt. Ein Script besteht aus Leerstellen und Bedingungen darüber, wie diese Leerstellen gefüllt werden können. Die Struktur stellt ein miteinander verbundenes Ganzes dar, und was in einer Leerstelle enthalten ist, beeinflußt den Inhalt der übrigen Leerstellen. Scripte behandeln alltägliche Situationen. Sie sind also vorher festgelegte, stereotypische Handlungssequenzen für gut bekannte Gegebenheiten.[135]

131 Vgl. Schermer (1991), S. 153.

132 Z.B. wird bei dem Schema "Lehrer" die Haarfarbe, Gewicht etc. nicht spezifiziert.

133 Z.B. werden die bekannten Lehrer von dem Schema "Lehrer" subsumiert.

134 Vgl. Schank/Abelson (1977), S. 36ff.

135 "A script is a structure that describes appropiate sequences of events in a particular context. A script is made up of slots and requirements about what can fill those slots. The structure is an interconnected whole, and what is in one slot affects what can be in another. Scripts handle stylized everyday situations. [...] Thus, a script ist a pretermined, stereotyped sequence of actions that defines a well-known situation." Schank/Abelson (1977), S. 41.

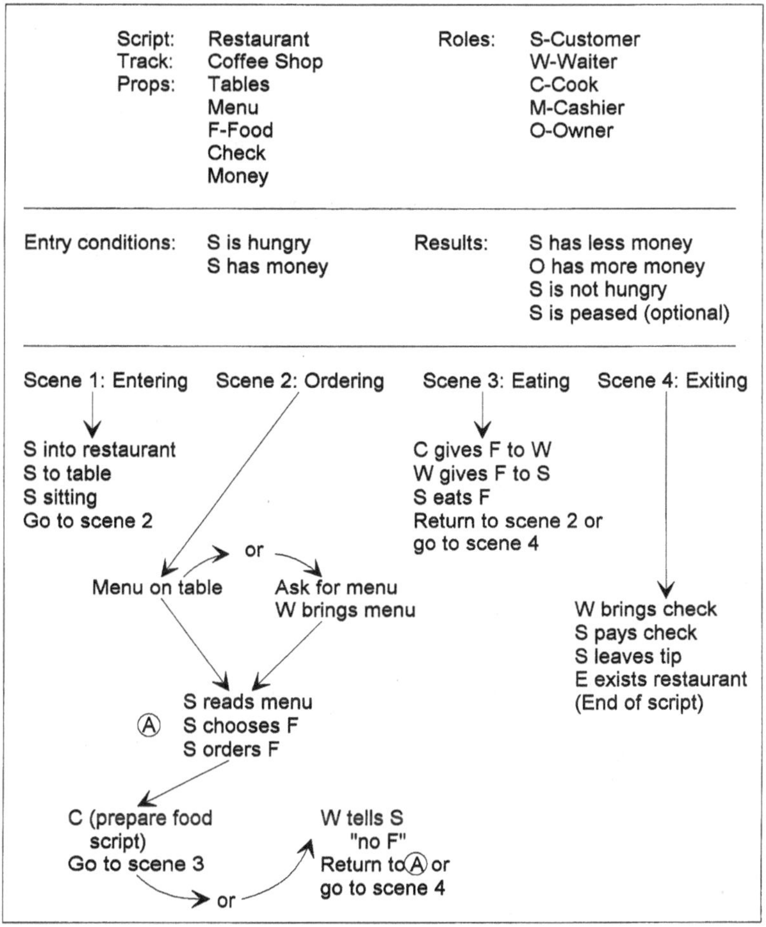


Abb. 4.9: Restaurant Script - Coffee Shop Track
Quelle: Ashcraft (1989), S. 341.

Ein Script ist also nach seiner englisch-sprachlichen Wortbedeutung ein Drehbuch für alltägliche, häufig wiederkehrende, in ihrem situativen Kontext und Ablauf relativ stereotyp verlaufende Aktivitäten und Ereignisse.[136] Scripts erleichtern das Verständnis bestimmter Ereignisse, sie ermöglichen das Erschließen notwendiger, aber nicht explizit mitgeteilter Verhaltensweisen und

136 Vgl. Wender (1988), S. 69.

haben handlungsleitende Funktion, da sie die sinnvolle Aufeinanderfolge von Aktivitäten bestimmen.[137]

In der Abbildung 4.9 ist eine vereinfachte Version des "restaurant script, coffee shop track" von Schank/Abelson[138] wiedergegeben. Personen, die keine spezielle Coffee Shop-Erfahrung haben, besitzen kein Script für diese Situation und müssen auf ein allgemeineres Restaurant-Script zurückgreifen.[139]

Eine ganze Reihe von Untersuchungen stützen die Script-Theorie.[140] Eine klare Abgrenzung der Script-Theorie von dem Schema-Begriff läßt sich nicht geben. Scripte beschreiben mehr Handlungsfolgen, während ein Schema in der Regel einzelne Konstrukte (Begriffe) charakterisiert. Ashcraft benutzt die beiden Begriffe ausdrücklich synonym. Er präferiert allerdings den Ausdruck Script, weil es für die meisten Menschen eine klarere Konnotation besitzt und der Begriff Schema auch in anderen kognitiven Zusammenhängen benutzt wird.[141] Anderson dagegen subsumiert Scripte unter den Begriff Ereignisschemata.[142]

#### 4.3.3.4 Zusammenfassung der Wissensrepräsentation im Langzeitgedächtnis

Die strittige Frage, ob Wissen im menschlichen Gedächtnis fest verankert ist (semantische Netzwerke) oder ob es immer wieder neu geordnet wird (Schematheorie) sowie der Disput, ob alles Wissen auf Propositionen zurückgeführt werden kann oder ob analoge Repräsentationen unabhängige mentale Einheiten des menschlichen Gedächtnisses sind, wird immer neu diskutiert und markiert eine der grundlegenden Auseinandersetzungen innerhalb der Kognitionspsychologie.[143] Strube hat die Befundlage der kognitiven Psychologie thesenartig zusammengefaßt:[144]

1. Der Mensch verfügt über ganz unterschiedliche Repräsentationsformen. Neben abstrakt-"semantische", wie sie z.B. in Propositionen modellierbar sind, treten konkret-"sinnliche" Repräsentationen, vor allem bildhafte Vorstellungen.

---

137 Vgl. Schermer (1991), S.154; Ashcraft (1989), S. 338.

138 Vgl. Schank/Abelson (1977), S. 42ff.

139 Vgl. Ashcraft (1989), S. 342.

140 Eine Auswahl der Untersuchungen, die die Script-Theorie belegen, werden in Ashcraft (1989), S. 343, genannt.

141 Vgl. Ashcraft (1989), S. 338.

142 Vgl. Anderson (1988), S. 126.

143 Vgl. Becker (1992), S. 171.

144 Vgl. Strube (1987), S. 287ff.

2. Die Möglichkeit, zugleich mehrere verschiedenartige Repräsentationen aufzubauen und flexibel zwischen diesen zu wechseln, ist eine der Grundlagen für die gelungene Anpassung des Menschen an die Anforderungen seiner Umwelt.
3. Wesentliche individuelle Unterschiede gehen auf Instruktion und Übung zurück. Es sind Organisations- und Repräsentationsformen bereichsspezifischen Wissens, die für menschliche Expertise charakteristisch sind.
4. Unter dem Aspekt der Übertragbarkeit der am Menschen gewonnenen Erkenntnisse auf Systeme der Künstlichen Intelligenz ist zu beachten, daß die Vielfalt menschlicher Repräsentationsformen aufbaut auf einem differenzierten und phylogenetisch alten System sensorischer Analyse, wie es in der Künstlichen Intelligenz nirgendwo verfügbar ist.

## 4.4 Problemlösen und Entscheiden

Was ein Problem ist, ist einfach zu definieren: Ein Individuum steht einem Problem gegenüber, wenn es sich in einem inneren oder äußeren Zustand befindet, den es aus irgendwelchen Gründen nicht für wünschenswert hält, aber im Moment nicht über die Mittel verfügt, um den unerwünschten Zustand in den wünschenswerten Zustand zu überführen. Ein Problem ist also gekennzeichnet durch drei Komponenten:[145]

1. *Unerwünschter Anfangszustand* $s_{\alpha}$.
2. *Erwünschter Endzustand* $s_{\omega}$(evtl. unbekannt oder vage).
3. *Barriere*, die die Transformation von $s_{\alpha}$ in $s_{\omega}$ im Moment verhindert.

Dabei müssen Probleme von Aufgaben abgegrenzt werden. Aufgaben sind geistige Anforderungen, für deren Bewältigung Methoden bekannt sind.[146] Aufgaben erfordern nur reproduktives Denken, beim Problemlösen muß etwas Neues durch die Verknüpfung bestehender und neuer Informationen geschaffen werden (*produktives Denken*[147]). Diese Differenzierung ist natürlich von der individuellen Sachkenntnis abhängig. Die objektiv gleiche Fragestellung kann für eine Person ein schwieriges Problem darstellen, für einen andere Person mit großer Erfahrung ist sie möglicherweise nur eine Aufgabe.[148] So ist beispielsweise die Anwendung der Simplex-Methode auf ein LP-Modell für den OR-Spezialisten kein Problem, sondern eine Aufgabe, die unmittelbar ausgeführt werden kann.

---

145 Vgl. Sell (1991), S. 1; Dörner (1987), S. 10f.; Hofmann (1985), S. 37; Pfohl (1977), S. 22; Dörner (1974), S. 20.

146 Vgl. Hofmann (1985), S. 39.

147 Vgl. Sell (1991), S. 1; Brander/Kompa et al. (1985), S. 111f.

148 Vgl. Dörner (1987), S. 10; Brander/Kompa et al. (1985), S. 119.

### 4.4.1 Problemtypen und Barrieren

Die verschiedenen Problemklassen lassen sich nach Transformationsbarrieren klassifizieren. Es lassen sich dabei im wesentlichen drei Barrieretypen feststellen:[149]

1. Bei der *Interpolationsbarriere*[150] kennt das Individuum zwar grundsätzlich die Mittel (Operationen), die vom Ausgangszustand in den bekannten Zielzustand führen, aber es muß die richtige Kombination oder Folge der Mittel finden.[151] Die Interpolation zwischen Anfangs- und Zielzustand ist behindert.[152]
2. Eine *Synthesebarriere* liegt vor, wenn der Ausgangs- und der Zielzustand bekannt sind, aber die Mittel (Operationen), die der Problemlöser kennt, nicht oder nicht allein hinreichend sind, um das Problem zu lösen. Dies schließt den Fall ein, daß die Mittel zwar grundsätzlich bekannt sind, aber nicht in Erwägung gezogen werden. Es kommt im wesentlichen darauf an, die richtigen Mittel zu finden, nicht nur die bekannten zu kombinieren. Hauptaufgabe ist hier die Zusammenstellung oder Synthese eines brauchbaren Inventariums von Operationen.[153] Ein bekanntes Beispiel sind Denksportaufgaben, die es erfordern, daß man sich von eingefahrenen Denkgewohnheiten und Einstellungen löst und somit den "Raum" erweitert.[154]

---

149 Eine andere Klassifikation von Problemtypen hat Hofmann vorgelegt. Er hat die unterschiedlichen Kombinationen von bekannten bzw. teilweise bekannten Anfangszustand, Endzustand und Operatoren als Klassen (insgesamt 8) zusammengestellt; vgl. Hofmann (1985), S. 77ff.

150 Sell spricht von einem *analytischen Problem*; vgl. Sell (1991), S. 17.

151 Vgl. Dörner (1987), S. 12; Brander/Kompa et al. (1985), S. 113f.; Sell (1991), S. 194ff.

152 Ein häufig genanntes Beispiel ist das Schachspiel. Die Zahl der Züge ist endlich und es ist bekannt welche Züge zulässig sind. Es ist "nur" eine Frage des Aufwands, sich für jede Situation den jeweils besten Zug "auszurechnen". Der Mensch stößt schnell an die Grenzen seiner kognitiven Leistungsfähigkeit und muß daher besondere Methoden der Problembewältigung einsetzen. Selbst unter Verwendung von Computern würde die Entscheidungszeit praktisch unendlich lang sein, um den besten Zug zu berechnen.

153 Vgl. Dörner (1987), S. 12f.; Brander/Kompa et al. (1985), S. 115f.

154 Viele Denksportaufgaben enthalten Synthesebarrieren, so z.B. diese Streichholzaufgabe: Aus der gegebenen Situation sollen durch das Verändern von zwei Streichhölzern drei Quadrate entstehen.

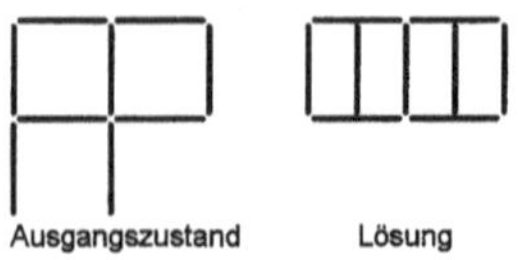

3. Der letzte Barrieretyp wird als *dialektische Barriere* oder *dialektisches Problem* bezeichnet.[155] Hier ist dem Problemlöser der Zielzustand, im Gegensatz zu dem vorher geschilderten Barrieretypen, nicht bekannt. Günstigstenfalls kann er bestimmte Kriterien für den Zielzustand benennen.[156] Mit dem Begriff der dialektischen Barriere weist Dörner auf das Prinzip des Lösungsprozesses hin. Die Lösung wird in einem dialektischen Prozeß gefunden, in dessen Verlauf ein Vorschlag oder Entwurf für den Zielzustand auf äußere und innere Widersprüche überpüft und entsprechend verändert wird.[157] Die größere Zahl der Probleme der Realität scheint durch diesen Barrieretypus gekennzeichnet zu sein. Man weiß häufig nur, daß man eine gegebene Situation verändern will, ohne mehr als relativ globale Kriterien dafür zu haben, wie der Zielzustand aussehen soll.[158]

| | | Klarheit der Zielkriterien | |
|---|---|---|---|
| | | hoch | gering |
| Bekanntheitsgrad der Mittel | hoch | **Interpolationsbarriere** | **dialektische Barriere** |
| | gering | **Synthesebarriere** | **dialektische und Synthesebarriere** |

Abb.4.10: Klassifikation von Barrieretypen
Quelle: in Anlehnung an Dörner (1987), S. 14; Brander/Kompa et al. (1985), S. 113; Sell (1991), S. 18.

155 Vgl. Dörner (1987), S. 13; Brander/Kompa et al. (1985), S. 116f.; Sell (1991), S. 210ff.

156 Für Hussy gilt dies übrigens auch für die Bewertung der Qualität des Ausgangzustands, da die Kriterien zur Bewertung unklar sind; Hussy (1993), S. 94.
Auch für Sell ist die Problemdefinition offen, d.h. entweder die Ist-Kriterien oder die Soll-Kriterien sind schlecht oder unvollständig definiert; vgl. Sell (1991), S. 210.

157 Vgl. Dörner (1987), S. 13.

158 Ein Beispiel für diesen Problemtyp ist das volkswirtschaftliche Ziel der Geldwertstabilität. Die geeigneten Mittel, wie z.B. Geldmengen- oder Zinspolitik, sind bekannt. Der angestrebte Zielzustand, die Geldwertstabilität, kann jedoch nur über relativ globale Kriterien, wie z.B. die Inflationsrate, beschrieben werden.

Die Abbildung 4.10 zeigt die Klassifikation der Transformationsbarrieretypen noch einmal im Überblick.

Oftmals findet man in der Literatur eine weitere Unterscheidung, die von McCarthy[159] eingeführt wurde.[160] Danach lassen sich Probleme in die Kategorien "*gut definiert*" und "*schlecht definiert*" einteilen. Ein Problem ist dann gut definiert, wenn es a priori eine Regel gibt, die zu jedem beliebigen Zustand entscheidet, ob er ein Endzustand ist oder nicht.[161] Damit weisen alle schlecht definierten Probleme eine dialektische Barriere auf.

Ein weiteres Begriffspaar zur Klassifikation von Problemtypen ist die Unterscheidung in "*gut strukturierte*" und "*schlecht strukturierte*" Probleme. Hier gehen zusätzlich zu der Klarheit der Zielkriterien weitere Aspekte ein:[162]

1. *Komplexität*, d.h. große Anzahl von Elementen eines Problems;
2. Grad, in dem diese miteinander verknüpft sind (*Vernetztheit*);
3. *Polytelie*, d.h. mehrere Ziele, die womöglich miteinander im Widerspruch stehen (Konflikte);
4. *Intransparenz*, d.h. die Beschaffenheit eines Problems ist dem Problemlöser unklar; schon die Beschreibung des Ausgangszustands ist mit Schwierigkeiten verbunden;
5. *Unsicherheit*, d.h. geringes Ausmaß an Kontrolle über die Situation; häufig sind die Zielvariablen in der Realität nicht direkt beeinflußbar;
6. *Eigendynamik*, d.h. der Ist-Zustand wandelt sich auch ohne Eingreifen eines Problemlösers.

In enger Interaktion mit den beschriebenen objektiven Problemmerkmalen stehen die Merkmale des Problemlösers, also der Person, die ein Problem zu lösen hat. Brander/Kompa et al. nennen folgende *Merkmale des Problemlösers*, die den Problembegriff erweitern:[163]

- Die in einem Problem enthaltene Barriere ist an das *Wissen* des Problemlösers geknüpft. Wissen umfaßt sowohl Fakten- als auch Programmwissen.[164]
- Das *Anspruchsniveau* des Problemlösers ist in Bezug auf die Qualität der Lösung mitbestimmend dafür, welcher Problemtypus vorliegt.
- Die *Verfügbarkeit der Mittel* für den Problemlöser in einer bestimmten Situation schränkt das Kriterium der Bekanntheit der geeigneten Mittel ein.

---

159 Vgl. McCarthy (1956), S. 177ff.

160 Vgl. z.B. Dörner (1987), S. 13; Hofmann (1985), S. 105; Pfohl (1977), S. 197.

161 Vgl. Dörner (1987), S. 13.

162 Vgl. Hussy (1993), S. 142; Dörner (1983a), S. 101; Sell (1991), S. 35.

163 Vgl. Brander/Kompa et al. (1985), S. 118ff.

164 Dörner benutzt die Begriffe epistemische Struktur für das Faktenwissen und heuristische Struktur für das Programmwissen. Vgl. Dörner (1987), S. 26f. und Hussy (1993), S. 83f.

- Durch eine unangemessene Definition des Problems oder falsche Annahmen deckt sich evtl. der individuelle *Suchraum* des Problemlösers nicht mit dem eigentlichen *Problemraum*.
- Nicht zuletzt sind für die unterschiedlichen Problemtypen verschiedene *intellektuelle Fähigkeiten* erforderlich.

Betriebswirtschaftliche Planungsaufgaben sind häufig schlecht strukturierte Problemstellungen. Dörner hat untersucht, welche Schwierigkeiten menschliche Problemlöser beim Umgang mit solchen komplizierten Systemen haben. Folgende Primärfehler wurden von fast allen Vpn gemacht:[165]

1. *Die mangelnde Berücksichtigung von zeitlichen Abläufen.*
   In schlecht strukturierten Problemstellungen werden häufig keine Trends oder Entwicklungstendenzen betrachtet, sondern ausschließlich der status quo. Dadurch werden wertvolle Informationen für die Problemlösung außer acht gelassen. Im Zusammenhang mit der Beurteilung von Zeitabläufen stehen auch die beiden weiteren Fehler.
2. *Schwierigkeiten beim Umgang mit exponentiellen Entwicklungen.*
   Exponentielle Verläufe sind bei Problemstellungen, die in irgendeinem Zusammenhang zu Wachstum oder Verfall stehen, von großer Bedeutung. Menschen haben überhaupt kein intuitives Verhältnis zu exponentiell ablaufenden Prozessen. Die Dynamik solcher Systeme wird häufig fehleingeschätzt.
3. *Denken in Kausalketten statt in Kausalnetzen.*
   Ein weiterer allgemeiner Fehler ist das Denken in Kausalketten, anstatt in Kausalnetzen. Problemlöser sehen häufig nur den angezielten Haupteffekt einer Maßnahme und nicht die dabei auftretenden Nebeneffekte.

### 4.4.2 Problemlösungsprozeß

Problemlösen ist ein zielgerichteter Prozeß und wird häufig als Absuchen eines Problemraumes beschrieben, der aus verschiedenen Problemzuständen besteht. Ein Problemraum (B) ist durch eine Menge von Zuständen (S) und Operatoren (R) für die Übergänge zwischen diesen Zuständen bestimmt.[166]

$$B = \{S, R\}$$

Die Theorie des Problemlösens befaßt sich damit, diejenigen Prinzipien zu identifizieren, die den Suchprozeß im Problemraum steuern. Eine wichtige Auf-

---

[165] Vgl. Dörner (1981), S. 166ff. Diese Auswertung basiert auf der "Lohausen"-Fallstudie und beschreibt nicht nur die Primärfehler aller Vpn, sondern auch die besonderen Merkmale des Denkens schlechter Vpn.

[166] Vgl. Dörner (1974), S. 25. Beim Schachspiel ist z.B. die Menge S von Zuständen die Menge der möglichen Stellungen auf dem Spielfeld; die Menge R von Operatoren ist die Menge der erlaubten Züge.

gabe der Kognitionsforschung besteht darin, die Methoden beim Problemlösen aufzuzeigen.[167]

Solche Methoden der Lösungsfindung werden im allgemeinen als *heuristische Verfahren* oder *Heuristiken* bezeichnet.[168] Eine genaue Abgrenzung der Heuristik zum Algorithmusbegriff ist für die Fortentwicklung des hier darzustellenden Gedankengangs nicht erforderlich.[169] Wichtig ist, daß die im folgenden dargestellten Heuristiken vom Menschen intuitiv angewandt werden. Oft planen Menschen ihre Vorgehensweisen nicht explizit, da sie ihre Aufmerksamkeit in der Regel nicht auf die Vorgehensweise richten, wenn sie sich inhaltlich mit Proble-

---

167 Vgl. Anderson (1988), S. 193.

168 Ein heuristisches Verfahren ist eine exakt dokumentierte, endliche, systematisch-selektierende Problemlösungsmethode ohne Ergebnisgarantie für eine bestimmte Klasse von Problemen; vgl. Hofmann (1985), S. 158. Heuristik meint allgemein betrachtet die Organisation von Analyse-, Veränderungs- und Prüfprozessen oder anders ausgedrückt die Anwendung bestimmter Konstruktions- und Verfahrenselemente; vgl. Sell (1991), S. 68. Die KI-Literatur benutzt häufig den Begriff *"Daumenregeln"* (*"rules of thumb"*); vgl. Lenat (1982), S. 189. In der psychologischen Literatur wird auch häufig der synonyme Begriff *Heurismen* benutzt.

169 Häufig wird zur Unterscheidung dieser beiden Begriffe die Ansicht vertreten, daß Algorithmen garantiert zu der Lösung eines Problems führen, während eine Heuristik keine Lösungsgarantie bietet. Vgl. z.B. Hussy (1993), S. 106; Anderson (1988), S. 193; Dörner (1987), S. 38; Becker (1986), S. 141; Brander/Kompa et al. (1985), S. 137; Simon (1966), S. 17.
Pfohl betont zwar auch den Verzicht auf eine Lösungsgarantie. Er verweist aber andererseits auf die wesentlich kürzere Zeit für die Lösungsfindung. Für ihn sind daher heuristische Programme häufig effizienter als algorithmische. Vgl. Pfohl (1977), S. 195. Vgl. dazu auch die Abbildung 1 bei Simon (1966), S. 18.
Eine andere Sichtweise bietet Zelewski (1986a), S. 285ff. Er unterscheidet zwei Betrachtungsebenen:

- Auf der algorithmischen Ebene stellen Heuristiken eine besondere Teilklasse von Algorithmen dar. Heuristische Algorithmen zeichnen sich dadurch aus, daß sie eine geringere Lösungsgüte garantieren.
- In subalgorithmischer Hinsicht werden Heuristiken als Regeln verstanden, die die Lösungssuche im Problemraum beeinflussen. Sie treffen Auswahlentscheidungen in solchen Zuständen einer algorithmischen Suchprozedur, in denen die Lösungssuche in unterschiedlicher Weise fortgesetzt werden kann.

Für ihn sind demnach Heuristiken Algorithmen mit verminderter (suboptimaler) Lösungsgüte.
Gabriel bezeichnet als wesentlichstes Merkmal zur Abgrenzung gegenüber exakten Verfahren die fehlende Konvergenz, d.h. die Suche nach der optimalen Lösung kann fehlgesteuert werden, bzw. die Lösungsteilmenge, die die optimale Lösung enthält, kann beim Suchprozeß vernachlässigt werden. Vgl. Gabriel (1982), S. 40.

men befassen.[170] Die angewendeten Heuristiken sind dem Bewußtsein aber grundsätzlich zugänglich.[171]

Der Problemlöser braucht ein bestimmtes Wissen über den Realitätsbereich, indem das Problem zu lösen ist. Dörner bezeichnet diesen Teil der kognitiven Strukturen als *epistemische Struktur* (ES).[172] Er meint damit das Faktenwissen im LZG.[173] Probleme lassen sich jedoch nicht einfach durch den Abruf von Faktenwissen aus der ES lösen, da es sich dann nicht mehr um Probleme, sondern um Aufgaben handeln würde. Der Problemlöser braucht ein Konstruktionsverfahren zur Herstellung unbekannter Transformationen. Solche Konstruktionsverfahren als mehr oder minder festgelegte Pläne für die Konstruktion unbekannter Transformationen haben wir Heuristiken genannt. Dörner bezeichnet die Gesamtheit solcher Pläne und ihre Organisation im Gedächtnis als *heuristische Struktur* (HS).[174] Beide Strukturen sind Substrukturen des LZG.

Hussy fügt diesen beiden Substrukturen noch eine dritte problemlöserrelevante Substruktur des LZG hinzu. Er nennt sie evaluative Struktur (EVS) und meint damit das Bewertungswissen.[175] Sobald ein neuer (Ist-)Zustand im Problemraum erreicht ist, wird dieser mit dem (alten) Zielzustand verglichen und somit eine Ist-Soll-Diskrepanz bzw. der Zielabstand ermittelt. Die EVS determiniert, wenn es die Problemstellung erlaubt bzw. verlangt, auch die Auswahl und den Wechsel von Teil- und Zwischenzielen.[176] Die EVS ist auch eine Substruktur des LZG.

Im folgenden werden einige ausgewählte Heuristiken vorgestellt, die sehr anschaulich die menschliche Vorgehensweise bei der Problemlösung zeigen. Die Auswahl der Heuristiken erfolgte aufgrund der erkennbaren Charakteristika für menschliches Problemlösungsverhalten.

---

170 Vgl. Brander/Kompa et al. (1985), S. 125. Dies gilt natürlich nicht für Probleme, bei denen die Vorgehensweise (Reihenfolge) quasi das Objekt der Problemstellung darstellt.

171 Dies ist die Voraussetzung für die Untersuchung von Problemlöseprozessen. Die am weitesten verbreitete Untersuchungsmethode ist das "laute Denken". Vgl. dazu die Aussagen im Abschnitt 4.1.3.

172 Vgl. Dörner (1987), S. 26f.

173 Vgl. Hussy (1993), S. 83.

174 Vgl. Dörner (1987), S. 27.

175 Vgl. Hussy (1993), S. 84.

176 Vgl. Hussy (1993), S. 85.

#### 4.4.2.1 Versuch-Irrtum-Verhalten

Die einfachste Heuristik ist bloßes Ausprobieren, also ein unsystematisches Versuch-Irrtum-Verhalten ("random trial and error").[177] Dieses wahllose Anfangsverhalten geht oft über in ein systematisches Ausprobieren. Das im Problemlösungsprozeß zunehmende Wissen über die Situation geht in das Versuch-Irrtum-Verhalten ein und reduziert damit die Menge der möglichen Operationen. Das Versuch-Irrtum-Verhalten läßt sich also nach dem Grad der Systematik unterscheiden. Man kann zwischen vollständig stochastischem und vollständig systematischem Versuch-Irrtum-Verhalten unterscheiden.[178] Nach den Beobachtungen von Dörner kommt vollständig stochastisches Versuch-Irrtum-Verhalten beim menschlichen Problemlösen praktisch kaum vor. Es werden nicht alle möglichen Operatoren erprobt, sondern es werden auch beim subjektiv völlig "zufälligen" Verhalten bestimmte Handlungen bevorzugt, andere aber erst gar nicht in Betracht gezogen.[179]

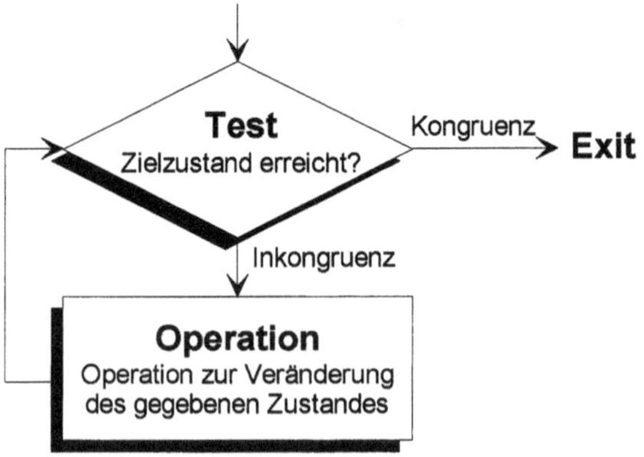


Abb.4.11: Eine TOTE-Einheit
Quelle: in Anlehnung an Miller/Galanter et al. (1973), S. 34 und Dörner (1987), S. 40.

Das Versuch-Irrtum-Verhalten besteht aus der Kombination mehrerer einzelner Handlungseinheiten. Eine solche Handlungseinheit ist z.B. die aus der Hand-

177 Vgl. Dörner (1987), S. 38; Brander/Kompa et al. (1985), S. 126; Mayer (1983), S. 172.

178 Vgl. Dörner (1987), S. 72.

179 Vgl. Dörner (1987), S. 72.

lungstheorie bekannte und von Miller/Galanter et al. vorgestellte TOTE-Einheit.[180] TOTE steht dabei für die Operatorenfolge Test-Operate-Test-Exit.

Das Versuch-Irrtum-Verhalten läßt sich also als eine Folge von TOTE-Einheiten beschreiben. Durch den Test wird bestimmt, ob der Zielzustand bereits erreicht ist. Wenn nein, dann wird eine weitere zulässige Operation ausgelöst. Nach der Operation erfolgt ein neuer Test. Diese Rückkopplungsschleife wird solange durchlaufen, bis der Zielzustand erreicht ist. Nach Miller/Galanter et al. ist das Nervensystem aus solchen Rückkopplungsschleifen ("feedback loop") aufgebaut. Sie nennen diese Idee die "kybernetische Hypothese"[181].

Kopplungen geistiger Operationen nach dem TOTE-Schema kann man sich sehr komplex vorstellen.[182] Die O-Stufen bestimmter TOTE-Einheiten können z.B. ihrerseits aus T- und O-Einheiten zusammengesetzt sein.[183] Ein weiteres Organisationsprinzip ist die Kaskadenschaltung, wobei einer Testphase nicht nur eine, sondern mehrere Operationsphasen zugeordnet sind. Die Kaskadenschaltung realisiert sozusagen ein $TO_1O_2O_3...O_nTE$-Prinzip.[184]

Das Versuch-Irrtum-Verhalten ist zwar eine sehr schlichte Problemlösungsheuristik, aber man kann sie nicht einfach als schlechte Form der Problemlösung abtun. Vielmehr ist ein systematisches Versuch-Irrtum-Verhalten oft der einzige Weg aus einer verfahrenen Situation.[185] Makroheuristiken können zwar die Komplexität der Situation vermindern, sie wirken jedoch einengend, wenn sie nicht angemessen sind. Der Suchraum, in welchem die Lösung gesucht wird, ist dann

---

180 Vgl. Miller/Galanter et al. (1973), S. 34ff.; Mayer (1983), S. 160ff.

181 Miller/Galanter et al. (1973), S. 34.

182 Makroheuristiken wie die Zweck-Mittel-Analyse oder die Situationsanalyse lassen sich - so die Annahme des Informationsverarbeitungsansatzes - vollständig in elementarere Heuristiken und Operatoren zerlegen; vgl. Brander/Kompa et al. (1985), S. 144. So stellt z.B. Kirsch das Konzept des GPS mittels verschachtelter TOTE-Einheiten dar; vgl. Kirsch (1971a), S. 172f.

183 Vgl. Dörner (1987), S. 40; Mayer (1983), S. 162f. Auf diese Weise lassen sich Hierarchien von TOTE-Einheiten aufbauen, die komplexes Problemlösungsverhalten abbilden. In diesem Zusammenhang zeigt sich auch die Wichtigkeit von *Rekursionen* im menschlichen Problemlösungsverhalten. Dazu mehr in der Beschreibung der Zweck-Mittel-Heuristik und des GPS weiter unten.

184 Vgl. Dörner (1987), S. 41.

185 Vgl. Dörner (1987), S. 73.

kleiner als der Raum, in dem die Lösung tatsächlich liegt.[186] Der Problemlöser muß quasi den durch die Makroheuristiken betrachteten "Raum" erweitern. Diese willkürliche Veränderung der Gestaltauffassung kann am besten als "unvoreingenommenes" Versuch-Irrtum-Verhalten beschrieben werden.[187]

#### 4.4.2.2 Analogiebildung

Eine weitere wichtige Methode des menschlichen Problemlösungsverhaltens stützt sich auf Analogien, um ein Problem zu lösen. Bei der Analogiebildung geht man von der Annahme aus, daß die Relationen in einem Bereich A in ähnlicher oder gleicher Form bestehen, wie die Relationen im Bereich B. Aufgrund dieser Annahme versucht man zunächst also bekannte Problemlösungen aus anderen Bereichen zu übertragen.[188]

Ein Analogieschluß unterscheidet sich von einem logischen Schluß darin, daß er nicht notwendigerweise richtig sein muß. Wie der Induktive Schluß ist der Analogieschluß ein Verfahren der Hypothesenbildung, um diese dann bei der Problemlösung zu überprüfen. Durch die Übernahme von Lösungen aus anderen Bereichen findet eine in der Regel unumgängliche Erweiterung des Suchraumes statt.[189]

Empirische Untersuchungen haben gezeigt, daß die Analogiebildung nicht richtungslos erfolgt. Voraussetzung für diese Vorgehensweise ist eine gewisse Ähnlichkeit zwischen den Realitätsbereichen. Dörner hat dies am Verhalten von Vpn beschrieben, die aussagenlogische Probleme lösen mußten. Die Vpn neigten bei diesem Experiment in bestimmten Situationen dazu, Operatoren aus der Algebra auf die Aussagenlogik zu übertragen. Da die Gestalt der Objekte, nämlich die Formeln, im Bereich der Aussagenlogik und der mathematischen Gleichungen einander ähnlich sind, haben die Vpn wohl vermutet, daß diese Ähnlichkeit auch

---

186 Ein Beispiel für die notwendige Erweiterung des Suchraums ist das Neun-Punkte-Problem. Die neun Punkte sind in einem Zug durch vier gerade Linien zu verbinden.

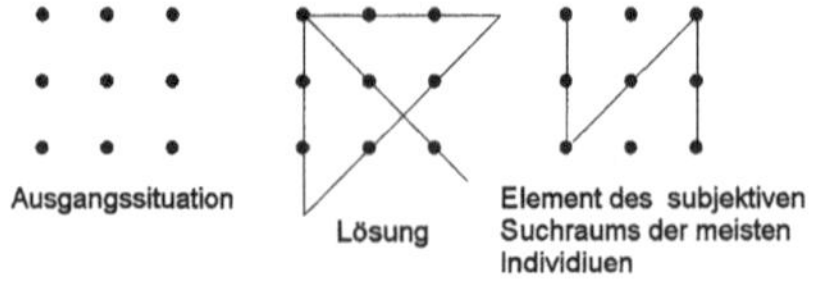


187 Vgl. Dörner (1987), S. 81.

188 Vgl. Anderson (1988), S. 204f.; Dörner (1987), S. 81f.; Brander/Kompa et al. (1985), S. 132.

189 Vgl. Brander/Kompa et al. (1985), S. 132.

hinsichtlich der Anwendbarkeit der Operatoren besteht.[190] Dörner beschreibt folgende Teilschritte beim Analogieschluß:[191]

1. Abstraktion von bestimmten Merkmalen des gegebenen, konkreten Sachverhalts.
2. Suche nach einem Modell, d.h. Suche nach einem Sachverhalt, der eine andere Konkretisierung des abstrakten Sachverhalts darstellt.
3. Rückübertragung von Merkmalen des Modells auf den ursprünglichen Sachverhalt, dessen Bild dadurch bereichert wird.
4. Prüfung, ob die neuen, hypothetisch angenommenen Merkmale tatsächlich vorhanden sind.

Die einzelnen Schritte sind notwendige Voraussetzungen füreinander. Die Analogiebildung umfaßt also zwei weitere wichtige Verfahren zur Lösung abstrakter Problemstellungen, nämlich die Abstraktion und die Modellbildung.

Dörner betont die Rolle des Analogieschlusses beim kreativen Denken und in der Geschichte der großen Entdeckungen und Erfindungen.[192] Eine Methode des kreativen Denkens, die *Synektik* von Gordon[193], enthält den Analogieschluß als Kern. Synektische Arbeit im speziellen und Denken in Analogien im allgemeinen ist nicht allein die Sache eines bestimmten kognitiven Apparates, sondern auch eine Sache der Motivation, unter Umständen sogar des Mutes, gegen eigene und fremde Einstellungen, die tief im Wertesystem verankert sind, vorzugehen.

### 4.4.2.3 Zweck-Mittel-Analyse

Neben diesem allgemeinen heuristischen Verfahren gibt es eine Reihe weiterer Verfahren, die in einem engeren Bezug zu einzelnen Problemtypen stehen. Das bekannteste heuristische Problemlösungsprogramm ist das von Newell et al. vor-

---

[190] Vgl. Dörner (1987), S. 82.

[191] Vgl. Dörner (1987), S. 82.

[192] Dörner zeigt dazu einige Entdeckungen, die mit Hilfe der Analogiebildung gefunden wurden; vgl. Dörner (1987), S. 81f.

[193] Die Synektik ist eine Kreativtechnik, die gewöhnlich in Gruppen ausgeübt wird. Der synektische Prozeß läßt sich grob in drei Phasen aufteilen:

1. Vorbereitung
   (Verständnis des Problems; "Reinigung", d.h. Erkenntnis, daß das Problem nicht mit herkömmlichen Mitteln lösbar ist)
2. Suche nach Analogien
   (Direkte Analogien, persönliche Analogien, symbolische Analogien)
3. Auswertung
   (Welche neuen Ideen haben sich für das Problem ergeben?)

Vgl. Gordon (1961), S. 33ff.

gestellte System "General Problem Solver (GPS)"[194], das den menschlichen Problemlösungsprozeß simulieren soll und dazu vor allem das heuristische Verfahren der Zweck-Mittel-Analyse (means-ends-analysis) verwendet.

Bei der Zweck-Mittel-Analyse wird vom Problemlöser zu einer Zeit jeweils nur ein Ziel bearbeitet. Kann dieses Ziel nicht direkt erreicht werden, dann wird ein Subziel generiert, um das Ziel über diese notwendigen Zwischenzustände zu erreichen (Rekursion). Der Problemlöser stellt sich bei der Problemlösung also ständig drei Fragen: Welches Ziel will ich erreichen, welche Hindernisse sind dazu zu beseitigen und welche Operatoren benötige ich zur Beseitigung der Hindernisse?[195]

Verschiedene Experimente haben gezeigt, daß menschliches Problemlösungsverhalten häufig der Zweck-Mittel-Analyse stark ähnelt. Häufig werden allerdings nicht so viele Zwischenziele generiert, wie bei einer strikten Anwendung der Zweck-Mittel-Analyse zu erwarten wäre.[196] Die Zweck-Mittel-Analyse hat jedoch im Gegensatz z.B. zum hill-climbing den Vorteil, daß man sich bei der Problemlösung auch einmal kurzfristig bei der Zielerreichung verschlechtern kann, weil eine stetige Annäherung an das Ziel unmöglich ist (z.B. beim Hobbit und Orc-Problem)[197].

Bei der Aufgabe den Ist-Zustand in den Zielzustand zu transformieren, treten drei Typen von rekursiv miteinander verknüpften Zwischenschritten auf:[198]

1. Am Anfang des Prozesses steht das Transformationsziel:
   *Transformiere Ist-Zustand A ($s_\alpha$) in Ziel-Zustand B ($s_\omega$)!*

---

194 Der GPS wird ausführlich in Newell/Simon (1972), S. 414ff. und Newell/Simon (1988a), S. 455ff. dargestellt.

195 Vgl. Mayer (1983), S. 175.

196 Vgl. Mayer (1983), S. 175.

197 Das Problem ist folgendes: Drei Hobbits und drei Orcs sollen mit einem Boot über einen Fluß transportiert werden, wobei jeweils nur zwei Geschöpfe gleichzeitig in das Boot hineinpassen. Die zweite Bedingung ist, daß niemals mehr Orcs als Hobbits auf einer Seite des Flusses zurückgelassen werden dürfen, weil sonst die Orcs über die Hobbits herfallen würden. Die Hobbits sind die "guten" Gestalten, so daß von ihnen keine Gefahr ausgeht. Vgl. z.B. Anderson (1988), S. 196; Mayer (1983), S. 49.
Die Problemlösung wird dadurch erschwert, das an einer Stelle des Problemlösungsraumes eine scheinbare Verschlechterung der Situation in Kauf genommen werden muß, um das Ziel zu erreichen. Empirische Untersuchungen belegen diesen kritischen Punkt im Problemlösungsprozeß; vgl. z.B. Anderson (1988), S. 196; Mayer (1983), S. 52.

198 Vgl. Newell/Simon (1972), S. 415f.; Newell/Simon (1988a), S. 455f.; Dörner (1987), S. 74f.; Kirsch (1971a), S. 175f.

2. Beim Vergleich vom gegebenen und gesuchten Zustand stellt der Problemlöser Unterschiede fest und generiert folglich den zweiten Zwischenschritt (Reduktionsziel):
   *Reduziere Unterschied D zwischen Ist-Zustand A und Ziel-Zustand B!*
3. Mit Hilfe der Definitionsmerkmale des spezifischen Unterschieds, der beseitigt werden soll, können relevante Operatoren gefunden werden, d.h. solche, die geeignet sind, diesen Unterschied zu beseitigen. Diese Überlegung generiert den dritten Zwischenschritt (Anwendungsziel):
   *Wende Operator Q auf Ist-Zustand A an, um Unterschied D zum Ziel-Zustand B zu verringern!*

Die Abbildung 4.12 verdeutlicht den rekursiven Ablauf des Problemlösungsprozesses. Die Abbildung 4.13 zeigt die Vorgehensweise bei den drei Einzelzielen.

Empirische Untersuchungen zeigen, daß der GPS mit der Zweck-Mittel-Analyse menschliches Vorgehen in einigen Fällen adäquat abbildet. Dies gilt vor allem für einfachere Interpolationsprobleme bzw. Transformationsprobleme wie z.B. kryptoarithmetische Aufgaben oder das Beweisen von Theoremen.[199]

Die Grenzen des Modells liegen aber auch in menschlichen Eigenheiten begründet. Die rekursive Generierung neuer Zwischenziele führt je nach Art des Problems schnell zu einer Überschreitung der Begrenzungen des KZG. Es gibt Belege dafür, daß Vpn mit solchen Problemlösemethoden des öfteren scheitern, weil sie die Teilziele und die Zusammenhänge zwischen ihnen "aus den Augen verlieren".[200]

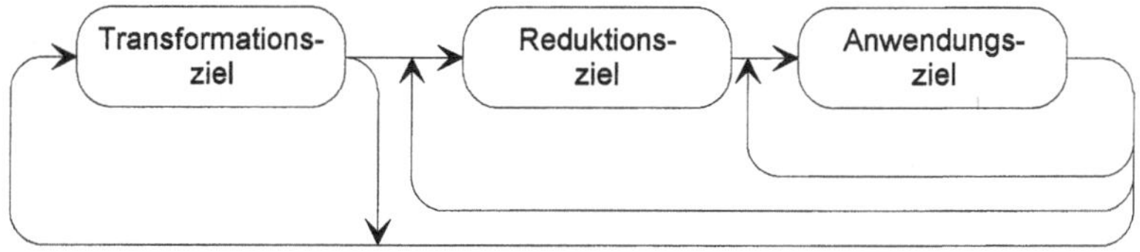


Abb.4.12: Die rekursive Struktur der Zweck-Mittel-Analyse
Quelle: in Anlehnung an Kirsch (1971a), S. 175.

[199] Vgl. Anderson (1988), S. 200; Brander/Kompa et al. (1985), S. 131. Nach Kirsch wurden dem GPS die ersten 50 Beweisprobleme aus den Principia Mathematica von Russel/Whitehead vorgelegt, von denen ca. 70 % gelöst wurden; vgl. Kirsch (1971a), S. 183.

[200] Vgl. Anderson (1988), S. 202.

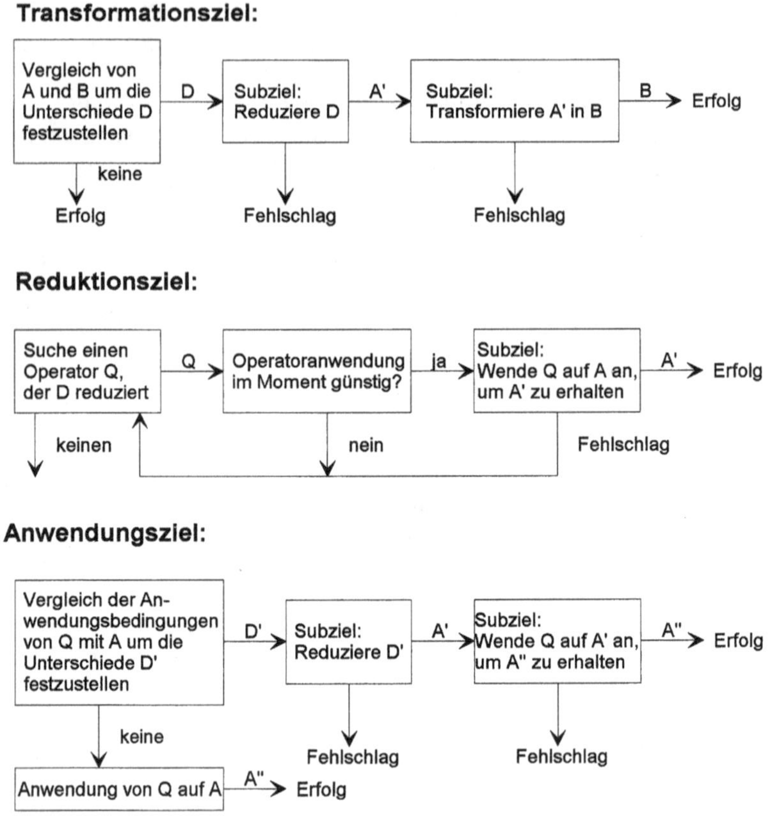


Abb.4.13: Die drei Ziele des GPS
Quelle: in Anlehnung an Newell/Simon (1972), S. 417.

Zu den menschlichen Eigenheiten gehört auch, daß sie nicht immer so systematisch vorgehen, sondern manchmal einfach einzelne Schritte ausprobieren und die Situation nicht immer so genau analysieren, wie es die Zweck-Mittel-Analyse erfordert.[201]

201 Vgl. Brander/Kompa et al. (1985), S. 131.

#### 4.4.2.4 Kreatives Problemlösen

Obwohl man eine recht gute intuitive Vorstellung davon hat, was Kreativität bedeutet, existiert bisher keine exakte und einheitliche Definition.[202] Kreatives Denken wird gekennzeichnet durch Aspekte wie überraschend, neu, flexibel, originell.[203] Man sollte jedoch zwischen Kreativität und kreativem Denken differenzieren. Dabei handelt es sich einerseits um ein komplexes Persönlichkeitsmerkmal, zum anderen aber um einen komplexen kognitiven Prozeß.[204] Kreatives Denken soll im folgenden im Mittelpunkt der Betrachtung stehen.

Brander/Kompa et al. unterscheiden zwischen divergentem und konvergentem Denken. Die Phase der Ideenfindung bzw. Suche nach alternativen Lösungen ist durch divergentes Denken gekennzeichnet, während in den übrigen Phasen eher konvergentes Denken vorherrscht.[205] Konvergentes Denken ist auf die direkte Lösung eines Problems gerichtet, auf ein Ziel hin orientiert. Beim divergenten Denken hingegen ist diese enge Fixierung nicht gegeben. Das Denken kann auseinanderlaufen und Ideen in verschiedenen Richtungen folgen.[206]

Diese Unterscheidung geht auf ein *Strukturmodell des Intellekts* von Guilford zurück.[207] Zwei Kategorien in diesem Modell bezeichnen die divergente und die konvergente Produktion.[208] Als besonders relevant für kreative Leistungen erschien Guilford die Ebene der divergenten Produktion.[209] Sie läßt sich charak-

---

202 Vgl. Brander/Kompa et al. (1985), S. 61; Schaefer (1985), S. 233; Hussy (1993), S. 116f.

203 Vgl. Schaefer (1985), S. 61.

204 Vgl. Hussy (1993), S. 117.

205 Vgl. Brander/Kompa et al. (1985), S. 58.

206 Vgl. Schaefer (1985), S. 233.

207 *Structure-of-Intellect Model (SI-model)*; vgl. Guilford (1975), S. 40ff. Danach lassen sich intellektuelle Fähigkeiten (insgesamt 120) durch Ausprägungen auf drei unabhängigen Dimensionen definieren. Dabei drücken zwei der drei Dimensionen, nämlich Denkprodukte und -inhalte, die Art der Information aus, die dritte Dimension beschreibt die Verarbeitungsprozesse bzw. Denkoperationen. Dieses Modell ist auch unter dem Namen "Würfelmodell" bekannt; vgl. Hussy (1986), S. 82f.

208 Die divergente Produktion ist nach der Meinung von Guilford gekennzeichnet durch einen weiten Suchraum ("broad search"), während die konvergente Produktion einer fokussierten Suche ("focused search") ähnelt. Er sprach von der Generierung logischer Alternativen (bei der divergenten Produktion) und logischer Imperative (bei der konvergenten Produktion); vgl. Guilford (1975), S. 40.

209 Vgl. Guilford (1975), S. 42. Daneben hält er aber auch die Kategorie der Transformation, die zu den Denkprodukten gehört, für relevant. Unter Transformationen versteht er z.B. die Änderungen der Repräsentation von Informationen; vgl. Guilford (1975), S. 44.

terisieren als die Fähigkeit, zu einem Problem oder zu einer Sache möglichst viele Ideen oder Assoziationen zu produzieren.[210]

Jede gelungene Problemlösung ist irgendwie kreativ, denn sie stellt immer eine Neuverknüpfung der problemrelevanten Informationen dar. Es ist daher notwendig, drei Aspekte hervorzuheben, die die Unterscheidung zwischen "allgemeiner" und kreativer Problemlösung deutlicher machen:[211]

Die Art der Neuverknüpfung beim kreativen Prozeß

- ist selten, d.h. nur ganz wenige Menschen finden diesen Weg zur Verknüpfung der problemrelevanten Informationen (die Operatorfolge ist sehr spezifisch und komplex),
- bezieht sich auf ein umfangreiches bereichsspezifisches Faktenwissen, d.h. die reine Fähigkeit komplexe Verknüpfungen aufzubauen reicht nicht aus,
- und folgt keinem gängigen Lösungsweg, d.h. die Problemlösung folgte keinem gängigen Denkschema, sondern hat innovativen Charakter.

Der innovativ-schöpferische Prozeß des Problemlösens wird häufig in vier Stadien (Phasen) differenziert:[212]

1. Die *Vorbereitungsphase*: Problemformulierung und Ideenspiele bzw. Assoziationen zur Aufgabe.
2. Die *Inkubationsphase*: Ruheperiode, das Problem wird beiseite gelegt.
3. Die *Illuminations*- oder *Erleuchtungsphase*: Aha-Effekt, Einsicht, plötzliches Erkennen.
4. Die *Überprüfungsphase*: Analyse, Suche und Strategieanwendung.

Diese vier Stadien implizieren, daß für das Vorhandensein von Kreativität ein entsprechend schwieriges Problem zu lösen ist. Einfachere Probleme lassen sich sicherlich direkt im 1. Schritt lösen und man würde nicht von Kreativität sprechen.[213]

## 4.5 Funktion der Sprache

Anderson hat die hervorragende Rolle der Sprache mit folgenden Sätzen einprägsam zum Ausdruck gebracht: "Die eindrucksvollste kognitive Fähigkeit des Menschen ist der Gebrauch von Sprache. Der Unterschied zwischen menschlicher Sprache und den natürlichen Kommunikationssystemen anderer Arten ist beträchtlich. Sprache hat, mehr als alles andere, den gegenwärtigen fortschrittlichen Stand der menschlichen Zivilisation ermöglicht. Sie ist das wichtigste Mit-

---

210 Schaefer (1985), S. 233.

211 Vgl. Hussy (1993), S. 118f.

212 Vgl. z.B. Becker (1992), S. 186; Glass/Holyoak (1986), S. 410; Ashcraft (1989), S. 603f.; Hussy (1986), S. 70f.

213 Vgl. Ashcraft (1989), S. 604.

tel, um Wissen zu speichern und von einer Generation zur anderen zur nächsten weiterzugeben. Ohne Sprache gäbe es nicht viel Technologie. Sprache ist das wichtigste Medium, in dem Religionen, Gesetze und Moral begründet sind. [...] Sprache ist ein wichtiges Medium für die Kunst, ein Mittel, um Leute kennenzulernen, eine wertvolle Hilfe für die Werbung. Deshalb ginge ohne Sprache viel Lebensfreude verloren. In geschriebener Form ermöglicht Sprache es den Menschen, sich über räumliche und zeitliche Entfernungen hinweg zu verständigen [...]."[214]

In der wissenschaftlichen Diskussion wird die These, daß die Sprache das Denkverhalten beeinflußt, kontrovers beurteilt.[215] Es haben sich zwei extreme Ansätze herausgebildet, nämlich der *Sprachinstrumentalismus* einerseits und der *Sprachdeterminismus* andererseits.

Die Position der Sprachinstrumentalisten geht von der Annahme aus, daß abstrakte Konstrukte, die zwar auch sprachlich benannt und mitgeteilt werden können, das Medium des Denkens bilden. Der Sprache kommt hier also nur eine nachträgliche Mitteilungsfunktion zu. Das Denken selbst wird durch die Sprache nicht beeinflußt.[216] Allgemein kann man feststellen, daß entsprechend dieser Annahme im Mittelpunkt der Kognition die Verarbeitung von Symbolen, also abstrakter Konstrukte, steht. Diese können allerdings u.a. durch Wörter (Begriffe) repräsentiert sein.

Die entgegengesetzte sprachdeterministische Position sieht das Denken untrennbar mit der Verarbeitung sprachlicher Symbole verknüpft. Sprachsymbole (Begriffe) sind also die "Medien" des Denkens.[217] Dieser Ansatz, auch linguistische Relativität genannt, geht von dem Grundsatz aus, daß Sprache die Art, wie jemand denkt und die Welt wahrnimmt, determiniert oder zumindest stark beeinflußt.[218]

Hussy bildet einen Kompromiß aus den genannten Positionen, indem er feststellt, daß die Sprache einerseits auf das Denken Einfluß nimmt, andererseits der Denkprozeß auch Phasen aufweist, die sich dem vollen Bewußtsein entziehen

---

214 Vgl. Anderson (1988), S. 282.

215 Vgl. Becker (1992), S. 192; Anderson (1988), S. 295.

216 Vgl. Hussy (1986), S. 98ff.

217 Vgl. Hussy (1986), S. 103ff. Vgl. dazu auch die "Imagery"-Debatte um die Repräsentation des menschlichen Wissens, die im Abschnitt 4.3.3 dargestellt wurde. Geht man nämlich von der sprachdeterministischen Position aus, dann ist menschliches Wissen ausschließlich in Propositionen repräsentiert. Aber selbst Propositionen sind keine exakten Abbildungen der Sprache, sondern abstrakte Darstellungen der Bedeutung einer Information.

218 Best versucht dies mit einem tschechischen Sprichwort deutlich zu machen: "Learn a new Language and you get a new soul."; Best (1986), S. 362.

und sprachlich nicht zu fassen sind.[219] "Sprachlich kodierte Information ist nur eine von mehreren Informationsarten; bildlich repräsentiertes Wissen spielt beim Denken ebenfalls eine bedeutsame Rolle."[220]

Den radikalsten Vorschlag vertrat Watson, der Begründer des Behaviorismus. Seiner Meinung nach gibt es keine innere geistige Tätigkeit. Das gesamte menschliche Tun besteht darin, Responses (Reizantworten) abzugeben, die auf Stimuli (externe Reize) konditioniert worden waren.[221] Sprache ist demnach eine Reizantwort und Denken ist nur subvokales Sprechen, d.h. wenn Menschen mit mentalen Aktivitäten beschäftigt sind, dann sprechen sie quasi mit sich selbst.[222]

Experimente, die die Hypothese von Watson überprüfen sollten, zeigten, daß Denken auch ohne irgendeine motorische Aktivität möglich ist. Es ist jedoch schwierig, den Charakter der gedanklichen Vorgänge bei nichtsprechenden Probanden genau zu bestimmen oder auch Unterschiede gegenüber den gedanklichen Prozessen von sprechenden Personen festzustellen.[223] Sprache zeigt sich als das wichtigste menschliche Kommunikationsmedium.[224]

Von Whorf stammt die Hypothese, daß "das linguistische System (mit anderen Worten, die Grammatik) jeder Sprache nicht nur ein reproduktives Instrument zum Ausdruck von Gedanken ist, sondern vielmehr selbst die Gedanken formt, Schema und Anleitung für die geistige Aktivität des Individuums ist, für die Analyse seiner Eindrücke und für die Synthese dessen, was ihm an Vorstellungen zur Verfügung steht."[225] Unter dieser *linguistischen Relativität* - auch *linguistischer Determinismus* genannt - versteht man also den Grundsatz, daß Sprache die Art, wie man denkt und die Welt wahrnimmt, determiniert oder zumindest stark beeinflußt. Dieser Ansatz geht allerdings nicht so weit wie Watsons Position, weil er nicht behauptet, daß Sprache und Denken identisch seien.

Anderson nennt einige Untersuchungen, die die Whorfsche Hypothese überprüft haben.[226] Er kommt aufgrund dieser Untersuchungen zu der Einschätzung, daß es zwar eine enge Beziehung zwischen Sprache und Denken gibt, aber in

---

219 Vgl. Hussy (1986), S. 108ff. Schwer zu verbalisieren ist z.B. der Einsatz von sog. prozeduralem bzw. compiliertem Wissen; vgl. Abschnitt 4.3.1.3.

220 Hussy (1986), S. 108f.

221 Vgl. Watson (1968), S. 20.

222 Vgl. Watson (1968), S. 240ff.

223 Vgl. Anderson (1988), S. 295f.

224 Für Best ist Sprache gleich Kommunikation; vgl. Best (1986), S. 264.

225 Whorf (1963), S. 12.

226 Vgl. Anderson (1988), S. 296f.

umgekehrter Hinsicht. Sprache determiniert nicht das Denken, sondern Sprache ist "ein Werkzeug, dessen Funktion darin besteht, Gedanken mitzuteilen."[227]

Nach seiner Meinung stützen zahlreiche Gründe diese Annahme. Der Mensch hat in seiner artspezifischen Entstehungsgeschichte (Phylogenese) früher die Fähigkeit zu Denken gezeigt, als die Fähigkeit Sprache zu benutzen. Auch während der Individualentwicklung eines Menschen (Ontogenese) zeigt sich schon vor dem Spracherwerb bereits die Fähigkeit zu differenzierten Kognitionen.[228]

Abschließend soll die Aufgabe der Sprache, Gedanken mitzuteilen, noch einmal besonders hervorgehoben werden, weil dies der zentrale Ansatzpunkt für die Wissensakquisition darstellt. Um die Kognitionen eines Menschen nachvollziehen zu können, wird die Sprache als das wichtigste Kommunikationsmedium benötigt.

## 4.6 Forderungen an die Methoden und Techniken der Wissensakquisition

Die Methoden und Techniken der Wissensakquisition sollen geeignet sein, das menschliche Wissen adäquat zu erfassen. Grundlage der Wissensakquisition ist die PSSH. An der PSSH ist vielfältige Kritik geübt worden. Dennoch besteht zumindest Einigkeit darüber, daß weite Bereiche des Wissens eines konkreten Anwendungsbereichs symbolisch repräsentiert ist.

Die Methoden und Techniken der Wissensakquisition müssen sich an den mentalen Repräsentationen orientieren, um das menschliche Wissen angemessen erfassen zu können. Dabei ist zu berücksichtigen, daß sich unterschiedliche mentale Repräsentationen (z.B. propositionale vs. analoge) für verschiedenartiges Wissen und für die verschiedenen Phasen einer Problemlösung nachweisen lassen. Es muß also für die Erhebung unterschiedlichen Wissens mit verschiedenartigen Methoden gearbeitet werden. Zur Auswahl der "richtigen" Methode bedarf es einer entsprechenden Methodologie der Wissensakquisition.

Selbst wenn man eine mentale Repräsentation unterstellt, läßt sich dieses Wissen vom Experten nicht vollständig verbalisieren. Um dieses nicht spontan artikulierbare Wissen entdecken und erheben zu können, bedarf es den Einsatz gezielter und verfeinerter Maßnahmen für die Wissensakquisition. Z.B. können "bildhafte" bzw. analoge Wissensakquisitionsverfahren und -systeme dabei helfen, dieses schwer verbalisierbare Wissen direkter erfassen zu können. Dabei sollte man sich des reichhaltigen Methodenrepertoires der Psychologie erinnern und geeignete Methoden und Techniken übernehmen. Wichtig sind allerdings die

---

227 Anderson (1988), S. 298.

228 Vgl. Anderson (1988), S. 298ff.

methodischen Voraussetzungen für den Einsatz dieser Verfahren. Die Psychologie ist kein Selbstbedienungsladen für den Knowledge Engineer.

"Die Vermittlung von Wissen und Können erfolgt durch das Subjekt im konkreten Prozeß der Problemlösung. Stellt hier das Wissen primär die Abbildung des Faktischen dar, impliziert das Können einen schöpferischen Akt, der das je Gegebene stets neu schafft und damit über das repräsentierbare Wissen hinausgeht. Dabei geht einerseits die Praxis, die konkrete Erfahrung also, dem Räsonnieren und Theoretisieren voraus und ist damit die Voraussetzung aller Abstraktion und Verallgemeinerung; andererseits birgt das Tun im Sinne der Fertigkeit bzw. Kunst immer ein MEHR gegenüber dem Theoretischen in sich - es geht also über das Theoretische hinaus: Theorie und Praxis, Reflexion und Erfahrung lassen sich niemals umkehrbar eindeutig aufeinander beziehen, das Können ist also niemals vollständig auf das theoretische Wissen zurückzuführen."[229] Das Wissen des Experten läßt sich also mit den theoretischen Grundkonstrukten der Domäne im wesentlichen erfassen. Das Können zeigt sich allerdings erst in der konkreten Problemlösung. Die Denkpsychologie bedient sich in diesen Fällen der Untersuchungsmethode *Kasuistik*, also der Beobachtung und Protokollierung konkret handelnder Experten.[230] Expertise ist damit aber das Ergebnis der Wechselwirkung von Person *und* Situation. Expertise wird also u.a. bestimmt durch "kasuistisches" oder "episodisches" Wissen, welches es im Rahmen der Wissensakquisition zu erfassen gilt. Auf die Bedeutung von episodischem Wissen für die Lösung von Alltagsproblemen wurde bereits hingewiesen. Die Wissensakquisition muß dementsprechend Methoden und Techniken zur Verfügung stellen, die dieses episodische Wissen erfassen und strukturieren.[231]

Wissen ist immer auch Interpretation, gebunden an die existentiellen Erfahrungen eines Menschen. Wird das bereichsbezogene Wissen vom Individuum abgekoppelt, erfolgt eine Objektivierung und Verdinglichung dieses Wissens, was zu einer Reduktion der Expertise führt. Die Selbsteinschätzung und soziale Kompetenz des Experten geht verloren. Die Wissensakquisitionsmethoden und -techniken müssen daher diese Reflektionsfähigkeit des Experten mit erheben und bei der Modellierung der Expertise berücksichtigen. Dies ist bisher allerdings ein besonders kritischer Punkt bei der Entwicklung von Expertensystemen.

---

229 Becker (1987), S. 281. Hervorhebungen im Original.

230 Vgl. Dörner (1983b), S. 134f.

231 Unter der Bezeichnung "*case-based-reasoning (CBR)*" wurden im Rahmen der KI bereits Modellvorstellungen entwickelt, wie das Wissen über frühere Probleme und deren Bearbeitung zum Lösen eines aktuellen Problems genutzt werden kann; vgl. z.B. Strube/Janetzko (1990), S. 211ff.

Zusammenfassend müssen die Wissensakquisitionsmethoden und -techniken folgende Besonderheiten menschlicher Expertise berücksichtigen:[232]

- die Kontextabhängigkeit menschlichen Wissens,
- die Subjektgebundenheit menschlichen Wissens,
- die soziale und historische Eingebundenheit von Wissen,
- der Unterschied zwischen Theorie und Praxis oder Wissen und Können,
- die begrenzte Explizierbarkeit und Verbalisierbarkeit von Wissen,
- die Gestalthaftigkeit von Wissen.

232 Vgl. Becker (1991), S. 13; Becker (1990), S. 32; Becker/Steven et al. (1991), S. 20.

# 5 Wissensakquisition: Methoden, Techniken und Systeme

Die Wissensakquisition als Teilaufgabe des Knowledge Engineering-Prozesses[1] umfaßt im wesentlichen die Aktivitäten der *Erhebung* informeller, gewöhnlich verbal geäußerter Daten sowie die *Interpretation* und *Strukturierung* dieser Daten für eine Konzeptbildung. Letztlich muß im Knowledge Engineering-Prozeß noch die Teilaufgabe der Wissensrepräsentation bewältigt werden, d.h. die Transformation des Konzepts in eine ausführbare *Formalisierung*[2], um die Entwicklung eines Wissensbasierten Systems zu vervollständigen.[3]

Potentielle Wissensquellen für den Knowledge Engineering-Prozeß sind nicht nur menschliche Experten, sondern z.B. auch Fachbücher, technische Unterlagen, Datenbanken, Dokumente und Berichte.[4] Bei der Modellierung eines Wissensbasierten Systems wird dem Wissen des menschlichen Problemlösers jedoch eine besondere Stellung eingeräumt.[5]

Die Entwicklung von Expertensystemen ist folglich wesentlich stärker von der Beteiligung des oder der Experten abhängig als die konventionelle Systementwicklung vom Anwender. Es ergeben sich aus diesem Grund für die Wissensakquisitionstechniken und -methoden eine Reihe von Anforderungen, die über die Punkte hinausgehen, die für die Systemerhebung beim konventionellen Software Engineering genannt werden. Welche Anforderungen sich aus den Erkenntnissen

---

1 Zur Einordnung der Wissensakquisition in den Knowledge Engineering-Prozeß vgl. die Ausführungen im Abschnitt 2.2.

2 Bei den bisherigen Vorgehensweisen bedeutet dies in der Regel die Transformation in den endgültigen Wissensrepräsentationsformalismus (Zielsprache). Es wurde aber in einigen Arbeiten bereits gezeigt, daß für die Problemebene ("knowledge level") bereits formale Repräsentationen eingeführt werden können, die z.B. eine Validierung des konzeptuellen Modells erlauben. Vgl. z.B. Karbach/Voß et al. (1991), S. 3 oder Harmelen/Balder (1992), S. 127ff.

3 Karbach/Linster unterteilen den Knowledge Engineering-Prozeß nicht in die Teilaufgaben Wissensakquisition und Wissensrepräsentation, sondern definieren den Begriff Wissensakquisition viel umfassender. Er beinhaltet nach ihrer Definition die Wissenserhebungs-, die Interpretations- und die Operationalisierungsphase; vgl. Karbach/Linster (1990), S. 9f. Letztere ist mit der Wissensrepräsentationsphase, wie sie in dieser Arbeit definiert wurde, vergleichbar. Die Wissenserhebungs- und Interpretationsphase werden zur Wissensakquisitionsphase zusammengefaßt. Auf die Abgrenzungsproblematik zwischen der Wissensakquisitions- und der Wissensrepräsentationsphase wurde bereits im Abschnitt 2.2 hingewiesen und soll an dieser Stelle nicht wiederholt werden.

4 Vgl. Gabriel (1992), S. 204; Diederich (1987b), S. 6.

5 Vgl. Gabriel (1992), S. 205; Schmidt (1989), S. 10; Hart (1989), S. 13ff.; Bendig (1988), S. 93; Diederich (1987b), S. 5ff.; Harmon/King (1986), S. 26ff.

der Kognitionspsychologie ergeben, wurde bereits im vorherigen Kapitel dargestellt.

In diesem Kapitel sollen zunächst im Abschnitt 5.1 die wichtigsten Wissensakquisitionsmethoden bzw. -techniken vorgestellt werden. Diese Methoden bzw. Techniken wurden in der Regel den Untersuchungsmethoden der Psychologie und der empirischen Sozialforschung entlehnt.[6] Die Auswahl dieser Methoden bzw. Techniken für konkrete Expertensystementwicklungsprojekte erfolgte in der Vergangenheit mehr oder weniger aufgrund von rein pragmatischen Gesichtspunkten. Die Vorgehensweise wurde weitgehend durch das sog. "Rapid Prototyping" geprägt.[7] Eine durchgängige Methodologie zur Planung und Steuerung des Methodeneinsatzes ist erst seit der Vorstellung der modellbasierten Vorgehensmodelle sichtbar.[8] Die grundsätzlichen Entwicklungsstrategien von Wissensbasierten Systemen (WBS) in Form von Vorgehensmodellen sollen im nächsten Kapitel detailliert dargestellt werden.

Bei den verschiedenen Expertensystemprojekten hat sich sehr schnell gezeigt, daß eine einzelne Methode oder Technik für die Akquisition des Wissens nicht ausreichend ist. Außerdem sollte die Wissensakquisition möglichst frühzeitig durch rechnergestützte Werkzeuge begleitet werden. Analog zum Software Engineering mit seinen CASE-Systemen wurden also rechnergestützte Wissensakquisitionssysteme ("knowledge acquisition tools"), sog. KA-Tools oder CAKE-Systeme ("Computer Aided Knowledge Engineering"), entwickelt. Im Abschnitt 5.2 wird daher eine Übersicht über bisherige Wissensakquisitionssysteme gegeben. Die Klassifikation dieser Systeme kann sich bei der Vielzahl der in der Literatur vorgestellten Systeme nur auf die Darstellung weniger Charakteristika beschränken.

Abgeschlossen wird dieses Kapitel durch eine zusammenfassende Darstellung im Abschnitt 5.3.

## 5.1 Wissensakquisitionsmethoden und -techniken

Die erste Phase des Knowledge Engineering-Prozesses, die Wissensakquisition, ist geprägt durch das Arbeiten mit unstrukturiertem, unsystematischem und komplexem Wissen. Deshalb erfordert das Hervorlocken (*"elicitation"*), die Erhebung und die Strukturierung dieses Wissens ein methodisch fundiertes Vorgehen.[9]

---

6 Vgl. Bendig (1988), S. 93; Diederich (1987a), S. 295; Diederich (1987b), S. 5.

7 Vgl. Karbach (1988a), S. 10; Hoppe (1992), S. 48.

8 Vgl. Hoppe (1992), S. 59.

9 Vgl. Gabriel (1992), S. 207; Wielinga/Breuker (1986), S. 136.

In der Praxis existiert eine Vielzahl verschiedener Methoden und Techniken[10] zur Wissensakquisition. Neben dem maschinellen Lernen lassen sich dabei grundsätzlich zwei Klassen unterscheiden.[11] Die *direkten* Wissensakquisitionsmethoden[12] erlauben die Erfassung von Wissen, das der Experte direkt formulieren kann, d.h. von verbalisierbarem Wissen. Zu dieser Klasse gehören z.B. verschiedene Interviewtechniken, Protokollanalysen, aber auch die Analyse von vorhandenen Fach- oder Lehrbüchern (Textanalyse).[13] Dabei versucht der Knowledge Engineer direkt aus den erhobenen Daten auf die darunterliegenden Strukturen zu schließen. Die besonderen Fertigkeiten ("skills") von Experten lassen sich mit diesen Methoden jedoch meist nicht erfassen. Dieses indirekte bzw. unterbewußte Wissen ("tacit knowledge") soll mit speziellen Verfahren erfaßt werden, die nicht die Fähigkeit des Experten voraussetzen, sein Wissen direkt abzurufen und zu artikulieren. Diese *indirekten* Wissensakquisitionsmethoden[14] basieren in der Regeln auf elaborierten Untersuchungstechniken aus der Psychologie. Bei diesen Methoden ist in der Regel ein weiterer Analyseschritt notwendig, bevor die relevanten Strukturen sichtbar werden. Typische Vertreter dieser Klasse sind z.B. das Konstruktgitter-Verfahren, die Multidimensionale Skalierung und die Strukturlege-Techniken.[15]

Cullen/Bryman haben im Rahmen einer Fallstudie etwa 70 Expertensystem-Projekte in Großbritannien und den USA untersucht. Dabei haben sie u.a. die

---

10 Unter "Methode" soll im Rahmen dieser Arbeit eine systematische zielgerichtete Vorgehensweise verstanden werden. Der Terminus "Technik" soll in Abgrenzung dazu in einem konkreteren, handwerklicheren Sinne benutzt werden. Die Kenntnis von Techniken macht das "know how" bei der Wissensakquisition aus, während Methoden bereits Beziehungen zum "know why" aufweisen. Vgl. Claus (1989), S. 28f. oder Hesse/Keutgen et al. (1984), S. 204.

11 Vgl. Reitman-Olson/Rueter (1987), S. 153; Fathi-Torbaghan/Drechsler et al. (1991); S. 5; Schmidt (1989), S. 84.

12 Nicht zu verwechseln mit der *direkten Wissensakquisition*, also der direkten Erfassung von Wissen ohne Einschaltung eines Knowledge Engineers mit Hilfe eines Wissensakquisitionssystems. Vgl. dazu die Begriffsabgrenzung im Abschnitt 2.2.2.

13 Vgl. Reitman-Olson/Rueter (1987), S. 153. Karbach unterscheidet in dieser Klasse explizit die Interviewmethoden und das Beobachten des Experten (z.B. Protokollanalyse). Techniken, mit denen versucht wird, das Vorgehen des Experten bei konkreten Problemstellungen zu beobachten und sein Vorgehen beim Problemlösen zu analysieren sollen helfen, das Wissen zu erheben, welches nur in der Auseinandersetzung mit der konkreten Problemsituation verbalisierbar ist. Vgl. Karbach (1988a), S. 60.

14 Nicht zu verwechseln mit der *indirekten Wissensakquisition*, also der Einschaltung eines Knowledge Engineers in den Wissensakquisitionsprozeß. Vgl. die Begriffsabgrenzung in Abschnitt 2.2.2.

15 Vgl. z.B. Reitman-Olson/Rueter (1987), S. 153 oder Milzner (1989), S. 1.

Anwendungshäufigkeiten einzelner Wissensakquisitionsmethoden erhoben. Die Ergebnisse sind in der Abbildung 5.1 dargestellt.

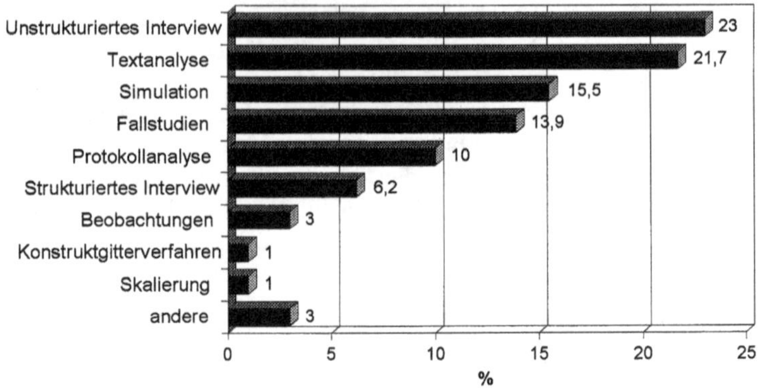


Abb. 5.1: Anwendungshäufigkeiten von Wissensakquisitionsmethoden
Quelle: Cullen/Bryman (1988), S. 218.

Die Abbildung 5.1 zeigt, daß direkte Wissensakquisitionsmethoden bisher überwiegend zum Einsatz kamen. Insbesondere Interviewtechniken (strukturiertes und unstrukturiertes Interview) sind mit 29,2 % der Anwendungen sehr stark vertreten. Es folgt die Textanalyse mit 21,7 % und die Protokollanalyse mit 10 %. Simulation und Fallstudien gehören eigentlich mehr zum Prototyping-Prozeß und stellen keine eigenständigen Wissensakquisitionsmethoden dar. Sie werden im folgenden unter die Protokollanalyse subsumiert.

Die Methoden der indirekten Wissensakquisition werden nach der Erhebung von Cullen/Bryman sehr wenig eingesetzt. Lediglich das Konstruktgitter-Verfahren und die Skalierung werden mit jeweils 1 % der Anwendungen genannt. Sie haben also im Knowledge Engineering-Prozeß bisher noch nicht die Bedeutung erlangt, die sie eigentlich haben sollten.

## 5.1.1 Direkte Methoden/Techniken

Zu Beginn der Wissenserhebung ("elicitation") werden in der Regel die direkten Methoden bzw. Techniken der Wissensakquisition angewandt, um zunächst das verbalisierbare Bereichswissen zu erfassen. Die wichtigsten Methoden sind dabei das Interview, die Textanalyse und die Protokollanalyse. Die Methoden sollen im folgenden kurz dargestellt werden.

Mit den direkten Methoden der Wissensakquisition läßt sich bereits ein Großteil des zu akquirierenden Wissens erheben. Der Nachteil der direkten

Methoden liegt in der fehlenden Berücksichtigung der zugrundeliegenden Strukturen, in denen ein Experte sein Wissen gespeichert hat und der damit verbundenen Gefahr, eventuell wichtige Informationen nicht zu erhalten.[16] Art und Umfang der Wissenserhebung und der Auswertung müssen daher unter methodischen Gesichtspunkten sorgfältig geplant und durchgeführt werden.[17]

#### 5.1.1.1 Interviewtechniken

Die Interviewtechniken stellen derzeit die am häufigsten eingesetzten Verfahren zur Akquisition von (verbalem) Expertenwissen dar.[18] Der Experte versucht dabei, im direkten Dialog mit dem Knowledge Engineer (KE), die Objekte, Beziehungen, Daten und Problemlösungsstrategien seiner Domäne zu erklären und offenzulegen. Das Interview ist als Verfahren innerhalb der Psychologie und der empirischen Sozialforschung bestens bekannt.[19] Es läßt sich in Abhängigkeit vom Grad der Strukturiertheit in unterschiedlichen Phasen des Wissensakquisitionsprozesses einsetzen.

Interviews sind eine Variante der Kommunikation zwischen zwei oder auch mehreren Personen, die dabei eine bestimmte Rollenverteilung einnehmen. Die Informationsübertragung findet nicht nur mittels gesprochener Sprache sondern auch nonverbal statt. Das Interview ist ein sozialer Prozeß, in den Einstellungen, Erwartungen, Motivation und Wahrnehmungen des Interviewers und des Befragten eingehen und sich wechselseitig beeinflussen.[20] Die Abbildung 5.2 zeigt ein Modell für diesen Prozeß. Die Ergebnisse des Interviews sind Produkte dieses sozialen Prozesses. Deshalb ist eine Schulung und methodische Vorbereitung des Interviewers außerordentlich wichtig, um gravierende Fehlentwicklungen zu vermeiden. Einige Empfehlungen zur Planung und Durchführung von Interviews werden in der Literatur gemacht.[21] Generell läßt sich jedoch eine Einflußnahme

---

16 Vgl. Milzner (1989), S. 15.

17 Vgl. Frick/Gabriel et al. (1989), S. 10; Milzner (1989), S. 16.

18 Vgl. z.B. Maßler (1993), S. 66f.; Gabriel (1992); S. 211; Frick/Gabriel et al. (1989), S. 10; Buttenbruch/Frick (1989), S. 34; Milzner (1989), S. 16; Blümling (1990), S. 101; Wielinga/Bredeweg et al. (1988), S. 114; Reitman-Olson/Rueter (1987), S. 153; Hoffman (1987), S. 54.

19 Vgl. z.B. die umfangreichen Ausführungen in Friedrichs (1984), S. 207ff.; Kromrey (1983), S. 194ff. und Hron (1982), S. 119ff.

20 Vgl. Cannell/Kahn (1968), S. 537f.; Hron (1982), S. 125.

21 Vgl. z.B. Chorafas (1990), S. 33; Hart (1989), S. 54ff.; Greenwell (1988), S. 92ff.; Noelke (1985), S. 121f.; Breuker/Wielinga (1984); S. 19ff.

durch den Knowledge Engineer nicht vollständig vermeiden. Die Ergebnisse des Interviews müssen immer vor diesem Hintergrund bewertet werden.

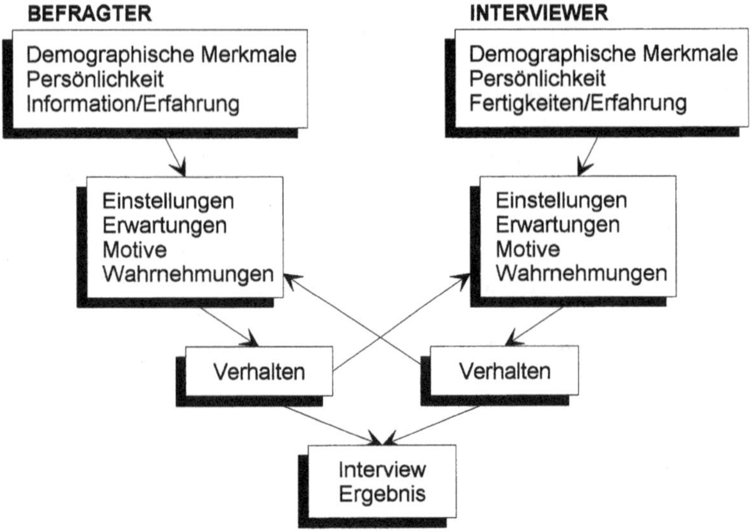


Abb. 5.2: Das Interview als sozialer Prozeß
Quelle: in Anlehnung an Cannell/Kahn (1968), S. 538.

**a) Das unstrukturierte (unstandardisierte, freie, narrative) Interview**

Das unstrukturierte ("erzählende") Interview ist ein maximal offenes Interviewverfahren[22] mit dem der Knowledge Engineer versucht, einen Überblick über das Anwendungsgebiet zu erhalten. Karbach schlägt z.B. vor, daß dies in Form eines Tutorials erfolgt, bei dem der Experte dem Knowledge Engineer eine strukturierte und systematische Einführung in den Problembereich gibt.[23] Breuker/Wielinga sind dagegen der Meinung, daß der Experte nicht die Rolle eines Tutors bzw. Lehrers einnehmen soll, denn in dieser Position vermittelt er lediglich "Buchwissen".[24]

Unterschiedlich wird von verschiedenen Autoren auch das erforderliche Vorwissen des Knowledge Engineer eingeschätzt. Hart fordert, daß der Know-

---

22 Vgl. Hron (1982), S. 130.

23 Vgl. Karbach (1988a), S. 61.

24 Vgl. Wielinga/Breuker (1986), S. 136.

ledge Engineer über Hintergrundinformationen des Problembereichs verfügt und damit das Interview in der Terminologie des Experten führen kann.[25] Greenwell lehnt diese Vorgehensweise aus verschiedenen Gründen ab. Zunächst wird der Experte nur unnötig verwirrt, weil er nicht einschätzen kann, über welche Kenntnisse der Knowledge Engineer verfügt.[26] Außerdem ist der vorgebildete Knowledge Engineer ständig damit beschäftigt, sein Lehrbuchwissen mit dem Expertenwissen abzugleichen. Der Knowledge Engineer sollte vielmehr ohne Vorwissen und mit aufnahmebereitem Verstand in die Interviewsitzung gehen.[27]

Wichtig ist, bereits in diesem Stadium mit der Dokumentation der Wissensakquisition zu beginnen. Es sind grundsätzlich Aufzeichnungen (Mitschriften, Tonband, Video) von den Interviews anzufertigen.[28] Außerdem können bereits verschiedene Aspekte des Anwendungsbereichs dokumentiert werden (z.B. generelle Problembeschreibung, Bibliographie von Referenzdokumenten, Glossar der Fachbegriffe usw.).[29]

Nach einem unstrukturierten Interview sollte der Knowledge Engineer zumindest ein erstes Verständnis für das Domänenwissen erworben haben. Damit ist bereits ein erstes Taxonomiewissen erhoben, und damit kann bereits eine Strukturierung des Expertenwissen auf dieser Ebene erfolgen.[30]

**b) Das strukturierte (standardisierte) Interview**

Beim strukturierten Interview findet das Gespräch zwischen Knowledge Engineer und Experte nicht mehr in einer freien Form statt, sondern wird durch eine Agenda strukturiert. Ziel ist es, in systematischer Art und Weise die Domäne weiter zu durchdringen und Lücken bzw. Inkonsistenzen in den bisherigen Dokumenten durch gezielte Nachfragen zu beseitigen.[31]

Die Agenda enthält also wichtige offene bzw. unklare Punkte des Diskursbereichs. Sie ist ein Ergebnis der vorangegangenen Wissensakquisitionsmaßnahmen. Die offenen Konzepte können z.B. aus einer bereits durchge-

---

[25] Vgl. Hart (1989), S. 46.

[26] "He talks like an expert but thinks like a novice."; Greenwell (1988); S. 45.

[27] "If the knowledge engineer enters the first knowledge elicitation session with an open mind and an empty head his role is clear - he is the novice - more than that - the absolute novice."; Greenwell (1988), S. 45

[28] Vgl. Hart (1989), S. 55f.

[29] Vgl. Karbach/Linster (1990), S. 81.

[30] Vgl. Frick/Gabriel et al. (1989), S. 10.

[31] Vgl. Karbach/Linster (1990), S. 81; Frick/Gabriel et al. (1989), S. 10; Greenwell (1988), S. 49f.

führten Textanalyse stammen. Zur Vorbereitung des Interviews sollte die Agenda mit dem Experten abgestimmt werden. Beim strukturierten und fokussierten Interview sind die Fähigkeiten des Knowledge Engineer besonders gefordert, um das Detailwissen des Experten, auf das es ankommt, vollständig zu erfassen. Evtl. kann es sich dabei als nützlich erweisen, konkrete Problemfälle "durchzuspielen". Es ist daher in bestimmten Situationen sinnvoll, die weiteren Methoden der Wissensakquisition in das Interview zu integrieren.

Ergebnisse des strukturierten Interviews sollen demnach sein:[32]

- Faktenwissen, das nicht in Büchern oder Manuals dokumentiert ist.
- Problemtypen, mit denen der Experte im Anwendungsgebiet konfrontiert wird.
- Objekte und Agenten in dem betrachteten Problembereich.
- Einige Charakteristika der späteren Benutzer.

**c) Das fokussierte (Intensiv-, Tiefen-)Interview**

Einzelne Themenkomplexe werden im fokussierten Interview tiefer durchdrungen, um detailliertere Beschreibungen der relevanten Konzepte und Heuristiken zu erhalten.[33] Wie bereits oben angedeutet, kann es in manchen Situationen sinnvoll sein, weitere Wissensakquisitionsmethoden (wie z.B. die Protokollanalyse) in das Interview zu integrieren, insbesondere dann, wenn es um die Erfassung von prozeduralem Wissen geht.

Während beim strukturierten Interview eine thematische Verzweigung sowohl in der Breite wie in der Tiefe gegeben ist, versucht man beim fokussierten Interview das Vorgehen weitgehend auf die Tiefe zu beschränken.[34] Der Knowledge Engineer benötigt also zumindest ein "passives" Verständnis des Problembereichs und sollte mit der Terminologie gut vertraut sein.

Für Wielinga/Breuker und Greenwell ist dies die Form eines "normalen Interviews" oder einer "normalen Konversation".[35] Sie vertreten im Gegensatz zu der bisherigen Darstellung in dieser Arbeit die Ansicht, daß ein fokussiertes Interview den Diskursbereich in horizontaler und vertikaler Richtung durchdringt, während das strukturierte Interview detailliertere Informationen über das Faktenwissen erhebt. Ihre Assoziation des Begriffs "Fokus" meint die Eingrenzung des Interviews auf die Themen einer vorbereiteten Agenda. Dies ist

---

32 Vgl. Wielinga/Bredeweg et al. (1988), S. 115; Karbach (1988a), S. 62f.

33 Vgl. Frick/Gabriel et al. (1989), S. 11.

34 Vgl. Karbach (1988a), S. 64.

35 Vgl. Breuker/Wielinga (1984), S. 16; Wielinga/Bredeweg et al. (1988), S. 115f. und Greenwell (1988), S. 47ff. Vgl. auch Schmidt (1989), S. 94.

jedoch zumindest mißverständlich.[36] Hickman/Killin et al. weisen deshalb ausdrücklich auf dieses terminologische Problem hin, welches sehr leicht zu Fehlinterpretationen führen kann.[37]

Das fokussierte Interview soll eine detaillierte Beschreibung über folgende Teile der Expertise liefern:[38]

- Strukturen von Konzepten,
- Funktionen, Komponenten und Zusammenwirken von Modellen,
- Rechtfertigung von Schlußfolgerungen,
- Erklärung von Regeln,
- Gründe für bestimmte Vorgehensweisen beim Problemlösen,
- Gemeinsamkeiten oder Unterschiede zwischen einzelnen Problemlösungsschritten und Vorgehensweisen,
- Analogien,
- Hintergrundwissen für einzelne Handlungsweisen und
- "Tiefes" Wissen ("deep knowledge", Modellwissen).

Zusammenfassend kann gesagt werden, daß das Interview sicherlich auch in Zukunft die wichtigste Methode für die Wissensakquisition bleiben wird. Dies liegt auch an der universellen Benutzbarkeit der Methode, welche von der ersten Einführung in eine Domäne bis zur Vervollständigung der Expertise reicht.[39] Es sind für die Durchführung jedoch eine Reihe von methodischen und konzeptionellen Überlegungen notwendig. Auf einige mögliche Fehler, die beim Interview gemacht werden können, weisen z.B. Forsythe/Buchanan hin.[40]

#### 5.1.1.2 Textanalyse

Die Textanalyse dient in den ersten Phasen des Wissensakquisitionsprozesses der Einarbeitung des Knowledge Engineer in den zu betrachtenden Problembereich. Die Textanalyse ist daher eine sehr häufig angewendete Methode der Wissens-

---

36 Diese Auffassung entspricht allerdings der gängigen Begriffsbestimmung in der empirischen Sozialforschung; vgl. z.B. Kromrey (1983), S. 209; Friedrichs (1984), S. 224; Hron (1982), S. 128.

37 "A terminological problem arises at this stage. As the name suggests, focussed interview should focus upon one aspect of the application, pursued alone throughout the interview, and not sidetracked by other factors. Unfortunaly, the name focussed has been associated with prepared set of topics, which are introduced to the expert in a 'normal conversation' style. This association [...] has of course a counterpart."; Hickman/Killin et al. (1989), S. 116. Vgl. dazu auch Cordingley (1989), S. 102f.

38 Vgl. Karbach/Linster (1990), S. 84f.

39 Vgl. Schmidt (1989), S. 91.

40 Vgl. Forsythe/Buchanan (1989), S. 438ff.

akquisition. Die methodische Ausgestaltung ist allerdings auch sehr unterschiedlich. Sie reicht vom unstrukturierten Textstudium bis zu elaborierten Textanalyseverfahren. Durch das Studium geeigneter Handbücher (Manuals) und einschlägiger Fachliteratur soll der Knowledge Engineer sich einen Überblick über das Fachgebiet verschaffen und evtl. bereits einige zentrale Konzepte bzw. Taxonomiewissen erkennen. Die Textanalyse ist ein *nonreaktives Verfahren*, denn die Verbalisierung ist keine Reaktion auf eine Aufgabenstellung oder Befragung. Es findet keine Interaktion zwischen dem Knowledge Engineer und dem Verfasser der Texte statt.[41]

Die Textanalyse kann also bereits einige (linguistische) Konzepte (Wörter und Aussagen) liefern, die das Gerüst zur Modellierung der Expertise bilden. Diese durch die Interpretation eines Textes erhobenen Konzepte können strukturiert werden und ergeben ein erstes Interpretationsmodell der Domäne. Dieses Modell kann mit seiner Struktur bereits auf eine sinnvolle spätere Wissensrepräsentationsform hinweisen und somit evtl. Übertragungsprobleme vermindern.[42]

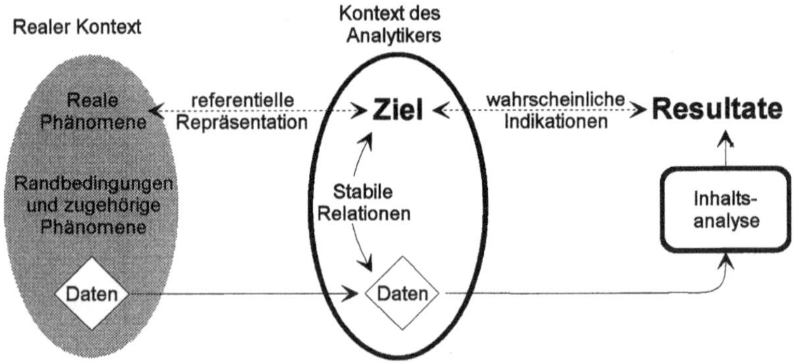


Abb. 5.3: Theoretischer Rahmen der Inhaltsanalyse
Quelle: in Anlehnung an Krippendorff (1980), S. 28.

Die Textanalyse hat neben der Herausarbeitung der zentralen Konzepte eines Fachgebiets die Aufgabe, die Fachterminologie zu erkennen, zu beschreiben und zu strukturieren. Dieses Taxonomiewissen läßt sich in begriffliches, hierarchisches und konsultatives Wissen klassifizieren. Begriffliches Taxonomiewissen meint die Auflistung der Fachtermini (Konzepte) mit ihren Bedeutungen (Glossar der Fachbegriffe). Zum hierarchischen Taxonomiewissen gehört die Beschreibung

41 Vgl. Ballstaedt (1982), S. 165.

42 Vgl. Möller (1988), S. 1f.

der Relationen zwischen diesen Konzepten. Das konsultative Taxonomiewissen erlaubt es dem Knowledge Engineer, das Konsultationsverhalten des späteren Expertensystems entsprechend dem Bedürfnis des Benutzers nach einem fokussierten "natürlichen" Konsultationsverlauf zu gestalten.[43]

In einer methodisch angelegten Inhaltsanalyse von Texten sind einige Grundregeln zu beachten. Vor der eigentlichen Untersuchung muß zunächst der Ergebnischarakter (z.B. Taxonomiewissen) der zu analysierenden Daten und der Kontext zum Untersuchungsgegenstand (Domäne) bestimmt werden. Die Person, die eine solche Analyse vornimmt, beeinflußt (auch unbewußt) durch ihr eigenes individuelles Interesse und Wissen die Resultate der Textanalyse.[44] Die Abbildung 5.3 zeigt den theoretischen Rahmen der Inhaltsanalyse.

Die im Text enthaltenen Informationen lassen sich je nach Zielsetzung der Textanalyse in unterschiedlicher Weise abbilden:[45]

- *Repräsentationssysteme für Textbedeutungen* versuchen von der spezifischen sprachlichen Ausdrucksform zu abstrahieren, um das Gemeinte als solches formal darzustellen.[46]
- *Repräsentationssysteme für Begriffsstrukturen* abstrahieren von den Einzelaussagen und deren Bedeutungen, indem nur die zentralen Gedanken und Konzepte und deren Interrelationen berücksichtigt werden.[47]

Für die Wissensakquisition sind insbesondere die Repräsentationssysteme für Begriffsstrukturen von Bedeutung. Ein Grundproblem bei der Verwendung von Repräsentationsformalismen im Rahmen der Textanalyse besteht darin, daß man aus Gründen der Praktikabilität mit möglichst wenigen, dem anvisierten Verwendungszweck entsprechenden Relationstypen auskommen möchte. Dies führt zwangsläufig dazu, daß die Aussagestrukturen nicht vollständig bzw. eindeutig abgebildet werden können.[48] Dem Knowledge Engineer verbleibt ein breiter Interpretationsspielraum, der zu Fehleinschätzungen führen kann. Tergan sieht die

---

[43] Vgl. Mescheder (1985), S. 74. Rückwärtsverkettung als zentrale Inferenzstrategie führt zwar zu zielgerichteten und logisch begründbaren Argumentationsketten, aber auch zu einem sprunghaften und tentativ wirkenden Konsultationsdialog.

[44] Vgl. Krippendorff (1980), S. 25ff.

[45] Vgl. Tergan (1986), S. 53.

[46] Vgl. z.B. Kintsch (1974), S. 9ff.

[47] Vgl. dazu z.B. die hierarchische Darstellungstechnik "*networking*", dargestellt in Holley/Dansereau (1984), S. 84ff.; Dansereau/Collins et al. (1979), S. 64ff. und Ballstaedt/Mandl et al. (1981), S. 261ff. Sie wurde als Lernstrategie mittels reduktiver Prozesse konzipiert und stellt die wesentlichen Informationen eines Textes als Netzwerk dar. Diese Technik kann auch als Strukturlege-Technik eingesetzt werden; vgl. die Ausführungen im Abschnitt 5.1.2.3.

[48] Vgl. Tergan (1986), S. 77.

Nützlichkeit der Verfahren zur Analyse von Verbalaussagen vor allem in der Benutzung eines einheitlichen Beschreibungssystems von Wissensstrukturen. Damit läßt sich präziser über Wissensstrukturen kommunizieren, lassen sich Grobstrukturen individuellen Wissens besser veranschaulichen und auf intuitive Weise Wissensstrukturen von verschiedenen Individuen vergleichen.[49] Die Darstellung von Begriffsstrukturen ist vor allem für fachwissenschaftliche Gegenstandsbereiche geeignet, deren Strukturen insbesondere durch inhärente sachbezogene Bezüge zwischen den Konzepten gekennzeichnet sind. Individuelles Erfahrungswissen wird durch die Beschränkung der Relationstypen allerdings weitgehend ausgeblendet.[50]

Die Textanalyse ist ein sehr zeitintensiver Prozeß. Es wäre daher sinnvoll, den Knowledge Engineer durch automatisierte Verfahren zu entlasten. Solche automatischen Textanalyseverfahren werden u.a. in den Wissensakquisitionssystemen KRITON[51] und KNACK[52] eingesetzt. KRITON z.B. unterstützt den Knowledge Engineer bei der inkrementellen Textanalyse. Die Verarbeitung der natürlich-sprachlichen Dokumente erfolgt dabei in zwei Phasen:

1. Zunächst erfolgt eine automatische, linguistische Analyse des Textes, um relevante Textausschnitte und wichtige Konzepte zu finden (Stichwort-Suche und morphologische Analyse).
2. Anschließend wird ein Menü- und Fenstersystem zur weiteren interaktiven Bearbeitung der gefundenen Stichwörter und Phrasen durch den Knowledge Engineer bereitgestellt.

Das System KRITON stellt zunächst statistische Informationen über die Vorkommenshäufigkeit bestimmter Stichwörter im Text bereit. Erscheint die Analyse einzelner Stichwörter lohnenswert, dann kann ein bestimmter Textbereich um dieses Stichwort herum definiert werden, der anschließend, soweit möglich, in eine propositionale Struktur umgesetzt wird. Die resultierenden propositionalen Strukturen sind oft fehlerbehaftet, so daß eine interaktive Nachbearbeitung durch den Knowledge Engineer erfolgen muß.[53]

---

49 Vgl. Tergan (1986), S. 79f.

50 Vgl. Tergan (1986), S. 69f.

51 Vgl. Diederich/May et al. (1987), S. 210ff.

52 Vgl. Klinker/Boyd et al. (1989), S. 299ff.; Klinker (1988), S. 125ff.

53 Vgl. Diederich (1987b), S. 50.

### 5.1.1.3 Protokollanalyse

Neben den verschiedenen Interviewtechniken und der Textanalyse sind die protokollanalytischen Verfahren[54] eine weitere wichtige und häufig eingesetzte Wissensakquisitionsmethode für prinzipiell verbalisierbares Wissen.[55] Während jedoch die beiden erstgenannten Methoden sich fast ausschließlich für die Erhebung von Fakten- bzw. Taxonomiewissen eignen, soll mit den protokollanalytischen Verfahren "vor allem die Auseinandersetzung des Experten mit der konkreten Problemstellung untersucht werden"[56]. Erfaßt werden soll also insbesondere das spezielle prozedurale (heuristische) Wissen des Experten[57], seine Problemlösungs- und Schlußfolgerungsstrategien. Mit dem Begriff Protokollanalyse wird häufig die Methode des "lauten Denkens" assoziiert.[58] Dieses Verfahren ist wohl die wichtigste Methode zur Erhebung dieser Wissensart.[59] Zuordnen läßt sich die Protokollanalyse zu den Verfahren der *Introspektion* bzw. der *teilnehmenden Beobachtungen.*[60]

Theoretische Grundlage für die Protokollanalyse ist das Mehr-Speicher-Modell[61], wonach prozedurales bzw. compiliertes Wissen aus dem LZG nur während einer konkreten Problemlösung im KZG zur Verfügung steht. Karbach/Linster unterscheiden zwei Ansätze bei der Protokollanalyse:[62]

- Bei der *konkurrenten Protokollanalyse* soll der Experte ein konkretes Problem lösen und gleichzeitig "laut denken", d.h. er soll alles verbalisieren, was er

54 Protokollanalytische Verfahren sind spezielle, besonders methodisch aufbereitete Verfahren der teilnehmenden Beobachtung. Vgl. z.B. Chorafas (1990), S. 34f.

55 Vgl. Kidd/Welbank (1984), S. 77; Buttenbruch/Frick (1989), S. 36; Cordingley (1989), S.140ff.

56 Karbach/Linster (1990), S. 87.

57 Vgl. Frick/Gabriel et al. (1989), S. 13; Hestermann/Karl (1989), S. 31.

58 Vgl. z.B. Karbach (1988a), S. 67; Reitman-Olson/Rueter (1987), S. 155. In der englischsprachigen Literatur wird diese Vorgehensweise häufig "verbal protocols" genannt; vgl. z.B. Kidd/Welbank (1984), S. 77.

59 Vgl. Greef/Breuker (1985), S. 390.

60 Vgl. z.B. Hussy (1986), S. 122.

61 Vgl. dazu die Ausführungen im Abschnitt 4.3.1 und Ericsson/Simon (1984), S. 11f.

62 Vgl. Karbach/Linster (1990), S. 86f.; Blümling (1990). S. 107; Ericsson/Simon (1984), S. 19ff.

sieht, fühlt, denkt und erledigt.[63] Solange er die konkrete Handlung vollführt, sind seine erprobten Lösungsstrategien im KZG und damit verbalisierbar. Die Handlungen des Experten, seine Kommentare und die Beobachtungen des Knowledge Engineer werden aufgezeichnet.

- Bei der *retrospektiven Protokollanalyse* wird der Experte möglichst sofort nach einer Problemlösung befragt, was er gesehen, gefühlt und gedacht hat. Die Eindrücke des Experten sind bei diesem Vorgehen allerdings schon etwas verblaßt und haben an Authentizität verloren. Retrospektive Protokolle ergeben aber immer noch bessere Ergebnisse als rein hypothetische Fragen.

  Dieses "nachträgliche laute Denken" kann auch durch eine Videoaufzeichnung unterstützt werden, um den Experten gezielt befragen zu können, was ihm in einer bestimmten Situation durch den Kopf gegangen ist. Diese Untersuchungsmethode wird "stimulated recall" genannt.[64]

Wird der Experte über sein Problemlösungsverhalten befragt, ohne daß er sich in einer konkreten Problemlösungssituation befindet (z.B. im Rahmen eines Interviews), so kann es leicht zu einem "Theoretisieren" über die eigenen Lösungsstrategien kommen. In diesem Fall beeinflussen subjektive, naive Annahmen über kognitive Prozesse, die dem Experten nicht unmittelbar zugänglich sind, sein Antwortverhalten.[65]

Karbach/Linster nennen einige Vorbedingungen für die Protokollanalyse. Danach sollte der Knowledge Engineer mit dem Problembereich soweit vertraut sein, daß er die Vorgehensweise des Experten verstehen kann. Außerdem kommt der Fallauswahl eine entscheidende Bedeutung zu, da wegen des großen Aufwands im allgemeinen nur wenige Protokollsitzungen durchgeführt werden können.[66] Der Experte sollte Erfahrung mit dieser Erhebungsmethode haben. Es bietet sich daher an, zunächst einige Trainingsbeispiele ("warm-up tasks") durchzuspielen.[67]

Ein Kritikpunkt an der Methode des "lauten Denkens" ist die Tatsache, daß offenbar nicht soviel ausgesprochen wie gedacht wird, da nicht alle Kognitionen, die das Problemlösen und das Expertenverhalten (insbesondere bei Routineaufga-

---

63 D.h. die Vpn sollen nicht nur über ihre *Gedanken*, sondern auch ihre *Wahrnehmungen* ("Ich sehe gerade ...") und *Gefühle* oder *Empfindungen* ("Jetzt ärgere ich mich ...") laut berichten; vgl. Weidle/Wagner (1982), S. 82 oder Hestermann/Karl (1989), S. 31.

64 Vgl. Weidle/Wagner (1982), S. 82.

65 Vgl. Frick/Gabriel et al. (1989), S. 13; Karbach/Linster (1990), S. 90; Karbach (1988a), S. 70; Diederich (1987b), S. 25.

66 Vgl. Karbach/Linster (1990), S. 87.Vgl. auch Schmidt (1989), S. 96.

67 Vgl. Ericsson/Simon (1984), S. 376f.

ben) steuern, wirklich voll dem Bewußtsein zugänglich sind.[68] Dörner hat z.B. in Untersuchungen festgestellt, daß Vpn dazu neigen, beim "lauten Denken" über Prüfprozesse nur dann zu berichten, wenn sie negativ ausfallen.[69] Es ist daher notwendig, diesem Verfahren ein strukturiertes Interview folgen zu lassen, um auftretende Fragen und Wissenslücken seitens des Knowledge Engineer zu schließen.

Weitere Kritikpunkte ergeben sich aus der Kodierung der aufgezeichneten Protokolle.[70] Mit der Kodierung ergeben sich oftmals Unbestimmtheiten, und es besteht die Gefahr der Fehlinterpretation durch den Knowledge Engineer.[71] Die Qualität des erhobenen Wissens hängt auch sehr stark von der Motivation des Experten während der Konsultation ab.

Hussy weist darauf hin, daß Daten, die sich auf Verbalprotokolle des "lauten Denkens" beziehen, in ihrem Geltungsanspruch relativiert werden müssen. Dies ergibt sich aus der Veränderung der kognitiven Prozesse durch die Selbstbeobachtung und aus der notwendigen zusätzlichen Verarbeitungskapazität, die durch das begleitende Verbalisieren benötigt wird. Für ihn besteht kein Zweifel, daß das Verbalisieren jener Gedanken, die beim Problemlösen entstehen, Einfluß auf die beteiligten kognitiven Strukturen und Prozesse nimmt und dadurch den Gesamtprozeß verändern.[72]

Trotz dieser Kritikpunkte bleibt aber festzuhalten, daß mit der Protokollanalyse im Vergleich zu allen anderen Methoden der Wissensakquisition wohl am ehesten und vollständigsten die individuellen Kognitionen in einem konkreten Problemlösungsprozeß erfaßt werden können[73].

---

68 Vgl. Weidle/Wagner (1982), S. 84.

69 Vgl. Dörner (1974), S. 138.

70 Solche Protokolle sind z.B. bei Newell/Simon (1972), S. 329ff. zu finden.

71 Vgl. Dörner (1974), S. 133. Zur Erhöhung der Reliabilität und der Validität des Kodierungsprozesses schlagen Ericsson/Simon automatische oder semi-automatische Kodierungssysteme vor; vgl. Ericsson/Simon (1984), S. 270f. und S. 300ff. Im Wissensakquisitionssystem KRITON existiert eine automatisierte Protokollanalyse; vgl. Diederich (1987b), S. 28.

72 Vgl. Hussy (1986), S. 122f. Schmidt spricht von einem Heisenberg-Effekt (Beeinflussung des zu untersuchenden Vorgangs durch das Experiment selbst); vgl. Schmidt (1989), S. 102.

73 Vgl. Weidle/Wagner (1982), S. 83.

### 5.1.2 Indirekte Methoden/Techniken

Bei allen bisher beschriebenen Techniken wurde der Experte nach unterschiedlichen Aspekten seiner Expertise *direkt* befragt. Dabei wird also unterstellt, daß das zu akquirierende Wissen prinzipiell artikuliert werden kann. Es ist jedoch nicht immer der Fall gegeben, daß der Experte alle Details seines Wissens und seiner Problemlösungskompetenz im direkten Zugriff hat bzw. verbalisieren kann. Die folgenden indirekten Methoden der Wissensakquisition versuchen weiteres Wissen des Experten zu erheben, indem nicht direkt nach diesem Wissen gefragt wird, sondern erst die Auswertungen verschiedener Verfahren einen Rückschluß auf das Expertenwissen erlauben. Sämtliche indirekten Methoden der Wissensakquisition, die im Rahmen dieser Arbeit vorgestellt werden, stammen aus der experimentellen Psychologie und wurden dort bereits auf ihre Validität getestet.

#### 5.1.2.1 Konstruktgitter-Verfahren

Das Konstruktgitter-Verfahren ("repertory grid method")[74] wurde von dem Psychologen Kelly[75] 1955 als eine Methode für die klinische Psychologie publiziert, welche die individuelle Denkweise und Einstellung eines Menschen mit Hilfe der *Theorie der persönlichen Konstrukte* ("personal construct theory (PCT)")[76] offenlegt.[77] Damit sollen Anschauungen und Beurteilungen über die Welt, die im Leben von Patienten eine wichtige Rolle spielen, erfaßt werden. Die Erfahrungswelt des einzelnen Menschen ist nach dieser Theorie in *persönlichen Konstrukten*

---

74 In einigen psychologischen Quellen auch *Reptest* (Repertory Test) genannt; vgl. z.B. die Einführung von Sader in Kelly (1986), S. 8.

75 Vgl. Kelly (1986), die deutsche Übersetzung der ersten drei Kapitel seines grundlegenden Werkes von 1955.

76 In einigen Veröffentlichungen auch "Personal Construct Psychology (PCP)" genannt. Vgl. z.B. Gaines/Boose (1988), S. 14 oder Shaw/Gaines (1987), S. 111.

77 Vgl. Maßler (1993), S. 69f.; Gabriel (1992), S. 218f.; McGeorge/Rugg (1992), S. 149f.; Fathi-Torbaghan/Drechsler et al. (1991), S. 22ff.; Blümling (1990), S. 95ff.; Düspohl (1990a), S. 33ff.; Düspohl (1990b), S. 12; Cordingley (1989), S. 124ff.; Hart (1989), S. 147ff.; Frick/Gabriel et al. (1989), S. 16; Hestermann/Karl (1989), S. 29ff.; Schmidt (1989), S. 107ff.; Greenwell (1988), S. 54ff.; Karbach (1988b), S. 21ff.; Diederich (1987a), S. 304ff.; Diederich (1987b), S. 16ff.; Reitman-Olson/Rueter (1987), S. 163ff.; Shaw/Gaines (1987), S. 109ff.; Sader (1980), S. 119ff.; Shaw (1980), S. 7ff.

("personal constructs") organisiert, die es zu erheben gilt.[78] Dabei soll irgendeine Beeinflussung dieser Einschätzungen oder Beurteilungen durch die Erhebungsmethode unbedingt vermieden werden. Ein Grundpostulat des Verfahrens ist also, daß sich die Annahmen von Personen über die Welt nicht durch Nachfragen eben nach diesen Einstellungen verändern dürfen. Dies ist für die Nutzung des Verfahrens zur Wissensakquisition von großer Bedeutung.[79]

Das Vorgehen beim Konstruktgitter-Verfahren ist relativ einfach. Es teilt sich auf in einen *Erhebungsvorgang*[80], der die Konstruktgittermatrix ("grid") aufbaut, und in einen *Analysevorgang*[81], der die Konstruktgittermatrix auswertet. Der Experte wird zunächst gebeten, einige wichtige Konzepte (Items, Entitäten) ) aus einem zusammenhängenden Diskursbereich zu benennen. Im allgemeinen werden zunächst 5-15 Konzepte notiert. Aus dieser Liste der Konzepte werden sukzessive beliebige Tripel gebildet, bei denen der Experte jeweils angeben soll, welches Attribut zwei der Konzepte gemeinsam haben, das dritte Konzept aber nicht; oder anders formuliert: durch welches Attribut unterscheidet sich ein Konzept von den beiden anderen? Auf diese Weise werden bipolare Eigenschaftspaare (dichotome Konstrukte) erfragt und nicht vorgegeben. Der Experte kann unbeeinflußt und in seiner Fachsprache wichtige Elemente und deren Eigenschaften benennen. Aus den Konzepten (Entitäten) und den vom Experten genannten Attributen (Konstrukten) wird die Konstruktgittermatrix ("grid") aufgebaut.

Die Matrix repräsentiert die persönlichen Konstrukte als Menge von Unterscheidungen über relevante Elemente aus der Domäne. Die Elemente sind Konzepte der Domäne, wobei sie konkreter oder abstrakter Natur sein können. Wichtig ist nur, daß sie vom gleichen Typ und von gleicher Granularität sind. Die Konstrukte sind die Eigenschaftspaare, womit die Elemente geordnet werden.

Für die weitere Bearbeitung der Matrix gibt es verschiedene Möglichkeiten. Die erhobenen Konstrukte und Attribute können direkt in ein Semantisches Netz abgebildet werden.[82] Die Matrix kann aber auch ganz gefüllt werden, in dem in jedes Feld eingetragen wird, wie weit das Attribut auf das jeweilige Konzept zutrifft. Meist werden dazu numerische Werteskalen (z.B. mit den Werten 1-5

---

78 Kelly geht von der Annahme aus, daß sich jeder Mensch im Grunde wie ein Wissenschaftler verhält ("man as scientist"). Er stellt Hypothesen auf und überprüft sie im Alltagshandeln, und wenn sie sich bewähren, dann behält er sie bei, ansonsten verwirft er sie und stellt neue, bessere auf. Die Welt wird mit Hilfe von persönlichen Konstrukten kategorisiert und geordnet. Vgl. Sader (1980), S. 123ff.; Kelly (1986), S. 26f.; Düspohl (1990a), S. 36ff.

79 Vgl. Karbach (1988b), S. 21; Diederich (1987b), S. 16; Gabriel (1992), S. 218.

80 Vgl. Düspohl (1990a), S. 43ff.

81 Vgl. Düspohl (1990a), S. 57ff.

82 Vgl. Diederich (1987b), S. 19.

oder 1-9) für die Einschätzung verwendet. Abbildung 5.4 zeigt ein Konstruktgitter, das zur Klassifizierung von Programmiersprachen erstellt wurde.

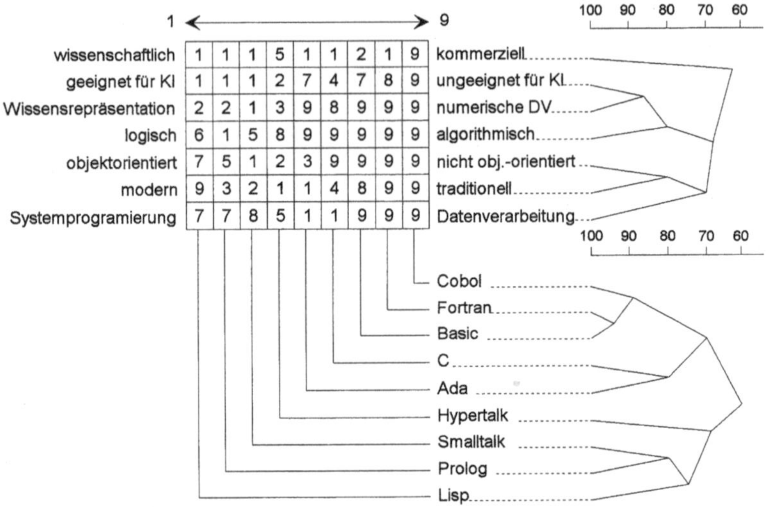


Abb. 5.4: Konstruktgitter über Programmiersprachen
Quelle: Düspohl (1990b), S. 12.

Auf die so erhaltene Matrix können wiederum eine Reihe von quantitativer Verfahren[83] angewandt werden, um zusammengehörige Konzepte zu identifizieren.[84] Zur Auswertung einfacher Konstruktgittermatrizen hat z.B. Shaw den FOCUS-Algorithmus[85] entwickelt, der, basierend auf der hierarchischen Clusteranalyse, die Entitäten und die Konstrukte so umsortiert, daß ähnliche Entitäten bzw. Konstrukte nahe beieinander liegen.[86] Eine Weiterentwicklung ist PEGASUS[87],

---

83 Z.B. Faktorenanalyse oder Clusteranalyse; zur Anwendung dieser multivariaten Analyseverfahren vgl. z.B. Backhaus/Erichson et al. (1990), S. 67ff. (Faktorenanalyse) und S. 115ff. (Clusteranalyse).

84 Vgl. Karbach (1988b), S. 21.

85 Das Akronym "FOCUS" steht für "Feedback Of Clustering Using Similarities"; vgl. Shaw (1980), S. 31.

86 Vgl. Shaw (1980), S. 32ff.; Shaw/Gaines (1987), S. 116f.; Hart (1989), S. 155ff.; Gaines/Boose (1988), S. 16.

welches als interaktives Programm auch das Konstruktgitter erhebt und später auswertet. In ETS ("Expertise Transfer System") und AQUINAS werden faktorenanalytische Verfahren eingesetzt, um einen Implikationsgraphen zu erzeugen, der direkt der Regelgenerierung dient.[88]

Ein wichtiger Vorteil des Verfahrens ist die Neutralität. Irgendwelche Einflußmöglichkeiten des Knowledge Engineer, die sich auf den Wissensakquisitionsprozeß negativ auswirken könnten, sind nicht gegeben. Im praktischen Einsatz konnten mit dem Konstruktgitter-Verfahren als einem Bestandteil von ETS bei der Firma Boeing Hunderte von Prototypen generiert werden.[89] Dennoch weist das Verfahren auch eine Reihe von Nachteilen auf:[90]

- Das Verfahren wird für den menschlichen Experten leicht monoton. Das Konstruktgitter und insbesondere die Anzahl der Tripel wird sehr schnell sehr groß.
- Wenn die Konstruktgittermatrix ausgefüllt werden soll, taucht für den Experten das Problem auf, daß er anhand einer Skala quantitative Aussagen über die Verbindung von Konzepten und Attributen machen muß. Diese Vorgehensweise widerspricht der Natur der menschlichen Expertise.
- Wird eine Faktorenanalyse eingesetzt, so müssen die gewonnenen Faktoren interpretiert werden. Somit können Beurteilungsfehler auftreten, die ja ursprünglich gerade vermieden werden sollten.
- Es werden viele Zusammenhänge zwischen Attributen und Konzepten erhoben, die für das Problem(-lösen) nicht relevant sind.
- Es können Inkonsistenzen auftreten, wenn das Verfahren mit nicht disjunkten Mengen von Konzepten durchgeführt wird.
- Es werden nur flache Relationen zwischen Elementen erfaßt, keine taxonomischen Relationen oder tiefes prozedurales und strategisches Wissen.
- Oft ist es unnatürlich, bipolare Kategorien von Attributen für verschiedene Konzepte zu konstruieren, wie z.B. "wissenschaftlich - kommerziell".

Trotz dieser Probleme hat sich das Konstruktgitter-Verfahren als sehr nützlich erwiesen. Es läßt sich sehr leicht in Wissensakquisitionssystemen integrieren und

---

87 "PEGASUS" steht für "Program Elicits Grid And Sorts Using Similarities"; vgl. Shaw (1980), S. 48ff. Weitere Systeme, die mit dem Konstruktgitter-Verfahren arbeiten, werden bei Cordingley (1989), S. 131 genannt.

88 Vgl. Diederich (1987b), S. 19; Boose/Bradshaw (1987), S. 21f. Zu ETS vgl. Boose (1985a), S. 499ff; Boose (1985b), S. 53ff. Das System AQUINAS wird im Abschnitt 5.2.2.1 beschrieben.

89 Vgl. Boose/Bradshaw (1987), S. 3.

90 Vgl. Diederich (1987a), S. 305; Diederich (1987b), S. 20; Karbach (1988b), S. 22; Gabriel (1992), S. 219; Frick/Gabriel et al. (1989), S. 16; Shaw/Gaines (1987), S. 133f.; Blümling (1990), S. 100.

wird z.B. in ETS, dem Nachfolgesystem AQUINAS, KSS0, NEXTRA und KRITON eingesetzt.[91]

### 5.1.2.2 Multidimensionale Skalierung

Bei der Multidimensionalen Skalierung (MDS) handelt es sich um eine Technik, bei der aus einer Ähnlichkeitsmatrix zwischen Konzepten eine Strukturierung dieser Konzepte gewonnen wird.[92] Man versucht, die Position der Konzepte im Wahrnehmungsraum des Experten zu lokalisieren und über die relative Lage der einzelnen Konzepte zueinander Aussagen über die Struktur der Konzepte zu machen.[93] Voraussetzung ist also, daß das zu erhebende Wissen in einem n-dimensionalen Wahrnehmungsraum repräsentiert ist.[94]

| | Modula | Ada | Pascal | Fortran | Cobol | Lisp | Prolog |
|---|---|---|---|---|---|---|---|
| Modula | | 1 | 1 | 3 | 4 | 10 | 11 |
| Ada | | | 1 | 3 | 3 | 9 | 12 |
| Pascal | | | | 2 | 4 | 6 | 10 |
| Fortran | | | | | 8 | 8 | 9 |
| Cobol | | | | | | 6 | 6 |
| Lisp | | | | | | | 2 |
| Prolog | | | | | | | |

Abb. 5.5: Ähnlichkeitsmatrix
Quelle: Karbach/Linster (1990), S. 94.

Es werden in einer quadratischen Matrix die Ähnlichkeiten zwischen den einzelnen Konzepten des betrachteten Problembereichs bewertet.[95] Die Bewertung

---

91 Vgl. Düspohl (1990a), S. 82ff.; Düspohl (1990b), S. 12; Karbach (1988b), S. 22; Blümling (1990), S. 100.

92 Vgl. Karbach/Linster (1990), S. 93; Düspohl (1990a), S. 25.

93 Vgl. Diederich (1987b), S. 33. Die Gesamtheit der Positionen der Konzepte im Wahrnehmungsraum in ihrer relativen Lage zueinander wird *Konfiguration* genannt. Vgl. Backhaus/Erichson et al. (1990), S. 317f.

94 Vgl. Reitman-Olson/Rueter (1987), S. 158.

95 Z.B. mit dem *Ratingverfahren*. Hierbei wird die Ähnlichkeit jeweils zweier Konzepte mittels einer zweipoligen Skala beurteilt. Insgesamt werden also bei K Konzepten K·(K-1)/2 Paarvergleiche vorgenommen. Vgl. Backhaus/Erichson et al. (1990), S. 324.

der Ähnlichkeiten findet also im Gegensatz zum Konstruktgitter-Verfahren direkt zwischen den Konzepten statt und wird nicht über bipolare Konstrukte ermittelt. Häufig geht man von der Annahme aus, daß die Einschätzungen konsistent sind, d.h. die Ähnlichkeit von A zu B muß der Ähnlichkeit von B zu A entsprechen.[96] In der Abbildung 5.5 ist ein Beispiel für eine solche Ähnlichkeitsmatrix wiedergegeben.

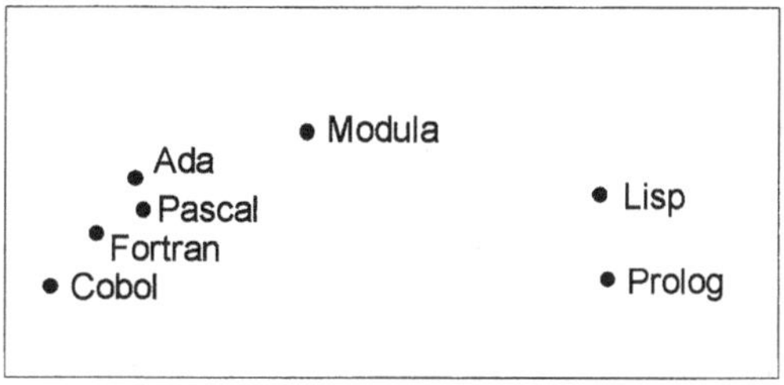


Abb. 5.6: Lösung einer Multidimensionalen Skalierung in zwei Dimensionen
Quelle: Karbach/Linster (1990), S. 94.

Der Wahrnehmungsraum wird durch die Zahl der gewählten Dimensionen bestimmt.[97] Für praktische Anwendungen der Multidimensionalen Skalierung ist ein zwei- oder dreidimensionaler Raum anstrebenswert, da dieser eine graphische Darstellung ermöglicht und eine inhaltliche Interpretation erleichtert. Der Algorithmus der Multidimensionalen Skalierung ist darauf ausgerichtet, eine Anordnung der Konzepte zu erreichen, bei der die Rangfolge der Distanzen[98] zwischen den Konzepten möglichst gut die Rangfolge der Ähnlichkeiten wiedergibt. Zwi-

---

96 Vgl. Reitman-Olson/Rueter (1987), S. 158.

97 Bei der Bestimmung der Konfigurationen in einem subjektiven Wahrnehmungsraum ist im allgemeinen die Zahl der Dimensionen unbekannt und muß vom Knowledge Engineer bestimmt werden; vgl. Backhaus/Erichson et al. (1990), S. 321.

98 Das Distanzmaß wird mit Hilfe einer gewählten Metrik bestimmt. Die euklidische Metrik bestimmt z.B. die Distanz zweier Punkte nach ihrer kürzesten Entfernung zueinander:

$$d_{kl} = \left[ \sum_{f=1}^{R} \left| W_{kf} - W_{lf} \right|^2 \right]^2$$

mit

$d_{kl}$: Distanz der Marken k, l

$W_{kf}, W_{lf}$: Koordinaten der Marke k, l auf der f-ten Dimension (f=1, 2, ..., R)

schen der Rangfolge der Ähnlichkeiten und der Distanzen soll also ein monotoner funktionaler Zusammenhang hergestellt werden.
Ein allgemeines Maß für die Verletzung der Monotoniebedingung und damit für die Güte der Anordnung der Konzepte wird als *Streß*[99] bezeichnet, den es zu minimieren gilt.[100] Die Abbildung 5.6 zeigt das Ergebnis der Multidimensionalen Skalierung auf das Beispiel aus Abbildung 5.5 angewandt.

Das Verfahren ist sinnvoll, wenn es eine Strukturierung der Konzepte gibt, die Prinzipien der Organisation aber unbekannt oder subjektiv sind. Durch die Multidimensionale Skalierung können Organisationsprinzipien in verschiedenen Dimensionen festgestellt werden.[101]

Probleme bei der Anwendung der Multidimensionalen Skalierung sind:[102]

- Die Ähnlichkeitsmatrix kann schnell sehr groß werden. Dieses Verfahren kann daher nur gezielt für kleine Ausschnitte der Wissensbasis eingesetzt werden.
- Die Datenerhebung ist monoton. Von dem Experten werden wiederholt numerische Einschätzungen verlangt, weitere Erklärungen werden nicht berücksichtigt.
- Einfache Distanzmessungen entsprechen nicht der Natur des Expertise. Menschen geben lieber Erklärungen, als daß sie einfache Zahlen für die semantische Distanz zwischen Objekten (zudem noch sehr abstrakt) angeben.
- Das Ergebnis der Multidimensionalen Skalierung muß noch interpretiert und in eine Wissensbasis überführt werden.

Trotz dieser Probleme der Multidimensionalen Skalierung bietet das Ergebnisdiagramm eine hervorragende Grundlage für anschließende Experteninterviews, um weitere relevante Details zu erfassen.[103] Außerdem lassen sich mit der Multidimensionalen Skalierung die Wahrnehmungsräume verschiedener Experten untersuchen, d.h. die Ähnlichkeitsdaten werden entweder durch Mittelwert-

---

99 Der Streß L wird nach folgender Formel berechnet:

$$L = \frac{\sum_{k,l}\left(d_{kl} - \hat{d}_{kl}\right)^2}{\sum_{k,l}\left(d_{kl} - \bar{d}\right)^2}$$

mit

$\hat{d}$ : Disparitäten (Mittelwert zwischen den Distanzen der nichtmonotonen Objektpaare)

$\bar{d}$ : arithmetischer Mittelwert der Distanzen

100 Vgl. Backhaus/Erichson et al. (1990), S. 331.

101 Vgl. Karbach/Linster (1990), S. 93; Karbach (1988a), S. 75; Karbach (1988b), S. 23; Diederich (1987b), S. 32.

102 Vgl. Diederich (1987b), S. 34; Karbach/Linster (1990), S. 94; Düspohl (1990a), S. 26.

103 Vgl. Reitman-Olson/Rueter (1987), S. 159.

bildung aggregiert oder durch simultane Verarbeitung der Ähnlichkeitsdaten aller Experten wird eine gemeinsame Konfiguration für alle Experten ermittelt.[104]

### 5.1.2.3 Strukturlege-Technik

Ein weitere Technik, die ihre Wurzeln in der Psychologie hat, ist die Heidelberger Strukturlege-Technik (SLT) von Scheele und Groeben.[105] Dieses Verfahren geht von der Annahme aus, daß subjektive Einschätzungen und Theorien sowohl im Hinblick auf den Inhalt als auch auf die Struktur nur implizit mental repräsentiert sind.[106] Soweit ist eine Nähe zur Theorie der persönlichen Konstrukte, auf der das Konstruktgitter-Verfahren aufbaut, erkennbar. Die Autoren leiten aus dieser These allerdings eine andere Erhebungsmethode dieser subjektiven Theorien ab. Eine angemessene Methodik muß nach ihrer Meinung genügend Flexibilität bieten, den möglichen, parallel zum Erhebungsvorgang ablaufenden (Re-)Konstruktionsprozessen auf seiten des Probanden nicht nur Rechnung zu tragen, sondern diese als konstitutive Aspekte der Theorierepräsentation zu unterstützen. So sollte das Erhebungsverfahren "möglichst viele Introspektionserleichterungen, Anregungsfaktoren und Explizierungs-Zugkräfte bieten, so daß der Vp ein möglichst vollständiger (expliziter) Zugang auf ihre impliziten Wissensinhalte ermöglicht wird".[107]

Die von Scheele und Groeben vorgeschlagene Methodik verwendet als Einstieg ein halbstandardisiertes Interview, um zunächst die wichtigsten Konzepte und Relationen zwischen Konzepten zu erheben. Das Ergebnis dieses Interviews wird vom Knowledge Engineer mit Hilfe der Heidelberger Strukturlege-Technik visualisiert und dem Experten vorgelegt. Der Experte soll entscheiden, ob er die Extraktion der Inhalte aus dem Interview als adäquat ansieht oder ob die vorgelegte Struktur verändert werden muß. Grundprinzip ist, daß im argumentativen Austausch zwischen Interviewtem und Interviewer ein Konsens über die zugrundeliegende Theoriestruktur ausgehandelt wird, dem der Interviewte zustimmen kann.[108] Die Abbildung 5.7 zeigt das Beispiel einer Netzstruktur als Ergebnis der Heidelberger Strukturlege-Technik.

---

104 Vgl. Backhaus/Erichson et al. (1990), S. 332.

105 Vgl. Scheele/Groeben (1984).

106 Vgl. Tergan (1986), S. 88.

107 Scheele/Groeben (1984), S. 6.

108 Vgl. Tergan (1986), S. 92.

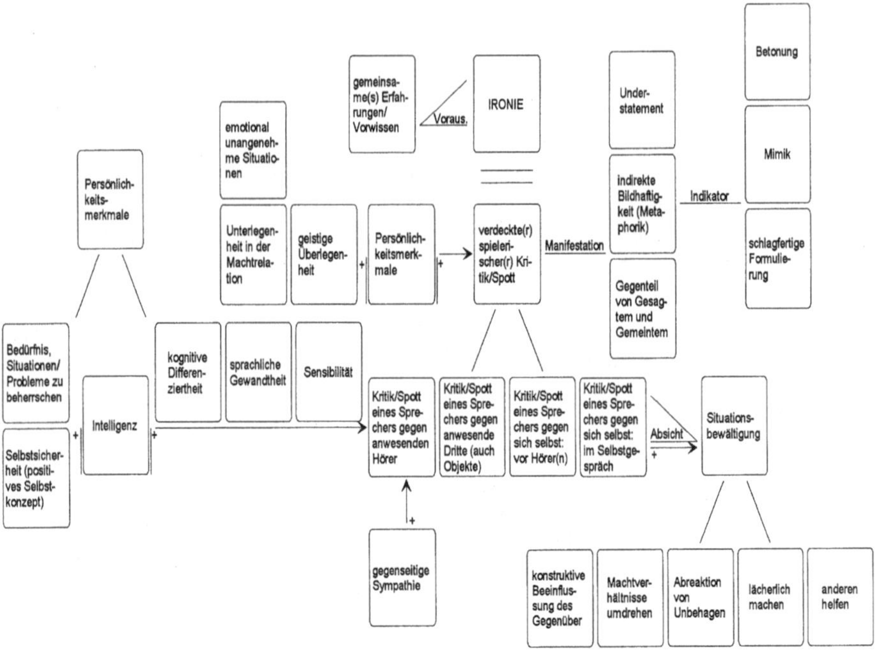


Abb. 5.7: Beispiel einer Netzwerkstruktur als Ergebnis der Heidelberger Strukturlege-Technik
Quelle: Scheele/Groeben (1984), S. 40.

Die Strukturlege-Technik ("conceptual sorting") wird also eingesetzt, um eine Strukturierung der relevanten Konzepte zu erhalten und die Prinzipien der Strukturierung zu analysieren. Neben der oben beschriebenen Heidelberger Strukturlege-Technik existiert mit der *Netzwerktechnik (networking)* von Holley/Dansereau eine weitere Strukturlege-Technik.[109] Beiden Verfahren gemeinsam ist die Visualisierung der Konzeptstrukturen mit Hilfe eines hierarchisch organisierten Netzwerkes. Sie liefern kein automatisch interpretierbares Ergebnis, können aber den Knowledge Engineer bei der Interpretation der Expertise unterstützen. Sie sind als singuläre Erhebungsverfahren für die Wissensakquisition zu

[109] Vgl. Holley/Dansereau (1984), S. 81ff.; Bonato (1987), S. 51ff.; Dansereau/Collins et al. (1979), S. 64ff. Sie wurde bereits im Abschnitt 5.1.1.2 (Textanalyse) als mögliches Repräsentationssystem für Begriffsstrukturen angeführt.

schwach, eignen sich aber hervorragend für die Visualisierung von Ergebnissen und sind eine gute Grundlage für Diskussionen mit dem Experten.[110]

### 5.1.3 Zusammenfassung der Wissensakquisitionsmethoden und -techniken

Jede der vorgestellten Wissensakquisitionsmethoden und -techniken bietet eine Reihe von Vor- und Nachteilen und ist immer nur beschränkt geeignet, die gesamte Expertise zu erheben.

Das Interview stellt sicherlich die am häufigsten angewandte Wissensakquisitionstechnik dar. Es ermittelt, wenn es durch einen geschulten Knowledge Engineer und unter methodischen Gesichtspunkten durchgeführt wird, umfangreiches und detailliertes Faktenwissen. Dabei sind jedoch immer die möglichen (unter Umständen auch unterbewußten) Einflußmöglichkeiten durch den Knowledge Engineer zu beachten.

Die Textanalyse leidet zur Zeit noch an einem Defizit an eindeutigen, ausgereiften und einmütig anerkannten Konzepten. Sie wird in der Regel noch manuell ausgeführt. Hier bietet sich aber für die Zukunft ein Ansatzpunkt für die Automatisierung der Wissensakquisition. Erste Versuche wurden z.B. mit den Systemen KRITON und KNACK durchgeführt. Sie sind in ihren Ergebnissen aber noch nicht befriedigend.

Die Protokollanalyse ist als einzige Methode direkt auf die Erhebung der Problemlösungsstrategien ausgerichtet. Sie dokumentiert in ausführlicher und anschaulicher Weise das Problemlösungsverhalten des Experten. Nicht verbalisierte Gedanken bilden jedoch "Wissenslücken", die vom Knowledge Engineer als solche nicht identifiziert werden können und somit die Problemlösungsfähigkeit des Expertensystems einschränken.

Das Konstruktgitter-Verfahren ist bisher nur wenig verbreitet, bietet aber eine ausgereifte methodische Fundierung, um den Artikulationsschwierigkeiten des Experten zu begegnen und unverfälscht menschliche Expertise zu erheben. Es läßt sich auch hervorragend in Wissensakquisitionswerkzeugen integrieren, da sich die Vorgehensweise leicht automatisieren läßt.

Die Multidimensionale Skalierung ist eine methodisch ausgereifte Technik der empirischen Sozialforschung, die insbesondere in der Marktfoschung wichtige Erkenntnisse über die Wahrnehmungsräume der Vpn liefert. Für die Wissensakquisition liefert diese Methode eine erste Strukturierung von Konzepten. Die Prinzipien der Organisation bleiben aber weitestgehend verborgen und müssen durch andere Techniken weiter interpretiert werden.

110 Vgl. Diederich (1987b), S. 36.

Die Strukturlege-Techniken bieten vielversprechende Ansätze zur Wissensakquisition. Die bisherigen Anwendungen erfolgten bisher allerdings überwiegend mit anderen Zielsetzungen, so daß die Eignung für das Knowledge Engineering noch weiter experimentell erforscht werden muß.

Zusammenfassend läßt sich anmerken, daß keine Methode allein und isoliert angewandt werden sollte, sondern nur eine Kombination dieser Techniken verwertbare Ergebnisse für das Knowledge Engineering liefert. Kidd/Welbank halten es für eine gute Vorgehensweise, wenn der Knowledge Engineer mehrere Techniken einsetzt, um möglichst alle Aspekte der menschlichen Expertise zu erheben.[111]

## 5.2 Wissensakquisitionssysteme

Neben den vorgestellten Methoden und Techniken der Wissensakquisition werden zunehmend rechnergestützte Werkzeuge entwickelt und eingesetzt. Diese Wissensakquisitionssysteme (WA-Tools) werden in diesem Abschnitt vorgestellt. Eine grobe Klassifikation von rechnergestützten Werkzeugen, die den Knowledge Engineer bei der Entwicklung eines WBS unterstützen sollen, wurde bereits im Abschnitt 2.2.1 gegeben. Dort wurden zunächst drei Klassen, nämlich KE-Tools, XPS-Shells und Entwicklungsumgebungen unterschieden.[112] Das technologische Umfeld der Wissensakquisition besteht allerdings nicht nur aus diesen drei Werkzeugklassen. Boose/Gaines haben ein Schichtenmodell für ein WBS vorgelegt, das die unterschiedlichen Systeme und Systemebenen detaillierter voneinander abgrenzt.[113] Sie unterscheiden dabei acht Technologieebenen, die in der Abbildung 5.8 dargestellt sind. Die speziellen KI-Sprachen bzw. Entwicklungsumgebungen sind auf der Ebene 4 angesiedelt. Die XPS-Shells sind den Ebenen 5 und 6 zugeordnet. Die Ebene 5 enthält die Run-time-Version, während die Entwicklungsversion der XPS-Shell auf der Ebene 6 eingeordnet ist. Die Wissensakquisitionswerkzeuge sind auf den Ebenen 7 und 8 zu finden. Dabei entspricht die Ebene 7 den Werkzeugen der 1. Generation bzw. Ebene 8 den komplexeren Werkzeugen. Dieser Abschnitt beschäftigt sich also mit den Systemen der Ebenen 7 und 8.

---

111 "In the meantime, we feel that the best recommendation for knowledge engineers is that, on any application, they should seek to employ as many different techniques as they can in order to gain the richest number of different 'diffraction patterns' possible which can they be used to interpret what is going on in the expert's head"; vgl. Kidd/Welbank (1984), S. 78.

112 Vgl. auch Curth/Bölscher et al. (1991), S. 54ff.; Pinegger/Dornhoff (1990), S. 505ff.; Schmitt (1987), S. 267ff.

113 Vgl. Boose/Gaines (1989), S. 378ff.

WA-Tools können nach verschiedenen Kriterien klassifiziert werden. Gaines hat z.B. nach den Stadien der Entwicklung von WA-Tools drei Generationen unterschieden:[114]

0. Die nullte Generation unterstützte in den 70er Jahren die manuellen Techniken des Knowledge Engineer. Die Methoden/Techniken wurden bereits im Abschnitt 5.1 dargestellt.
1. Die erste Generation rechnergestützter Werkzeuge in den 80er Jahren bot dem Knowledge Engineer Unterstützung durch die Implementierung spezieller Wissensakquisitionstechniken wie z.B. die Textanalyse oder durch die Bereitstellung von aufgabenbezogenen Funktionalitäten wie z.B. Regeleditoren. Diese Hilfen wurden nachträglich zu bestehenden XPS-Shells konstruiert bzw. wurden in diese integriert.[115]
2. Die gegenwärtigen Systeme werden der zweiten Generation zugerechnet. Sie zeichnen sich dadurch aus, daß sie sich durch eine Vielzahl von unterstützten Methoden auf die unterschiedlichen Wissensformen und -quellen einstellen können.

Ein weiteres wichtiges Kriterium zur Unterscheidung von WA-Tools ist der Problembereich, für den ein WBS erstellt werden soll. Das WA-Tool kann nicht isoliert von dem WBS betrachtet werden, für das Wissen erhoben werden soll. Das Anwendungsgebiet, insbesondere der Problemtyp, beeinflussen sehr stark die Wissensakquisition. Im Abschnitt 1.2.2 wurde gezeigt, daß sich die verschiedenen Problembereiche[116] nach der Auffassung von Clancey auf zwei Problemtypen (Analyse und Synthese) zurückführen lassen.[117] WA-Tools lassen sich diesen beiden Problemtypen oder speziellen Lösungsmethoden (z.B. heuristische Klassifikation) zuordnen.[118] Im Bereich der problemlösungsspezifischen Wissensakquisition spielen die Werkzeuge für Diagnoseprobleme (Analyse) die Hauptrolle.[119] Dazu zählen z.B. CLASSIKA[120], KITTEN[121] oder MOLE[122].

---

[114] Vgl. Gaines (1988b), S. 17-1

[115] Ein bekanntes Beispiel ist TEIRESIAS, das aus der Fortentwicklung von MYCIN zu EMYCIN entstand; vgl. Davis/Lenat (1982), S. 227ff.; Waterman (1986), S. 84ff.; Hayes-Roth/Waterman et al. (1983), S. 10.

[116] Vgl. z.B. die Zusammenstellung bei Mertens/Borkowski et al. (1993), S. 6f.; Hayes-Roth/Waterman et al. (1983), S. 13ff.; Stefik/Aikins et al. (1983), S. 82ff.

[117] Vgl. Clancey (1985), S. 315ff.

[118] Eine solche Zuordnung findet sich z.B. bei Boose (1988), S. 10.2.

[119] Vgl. Puppe (1991), S. 117. Puppe vergleicht dort im wesentlichen nur Diagnosewerkzeuge.

[120] Vgl. Gappa (1988), S. 19.6ff. Vgl. dazu auch Karbach/Linster (1990), S. 112ff.

[121] Vgl. Shaw/Gaines (1988), S. 309ff.

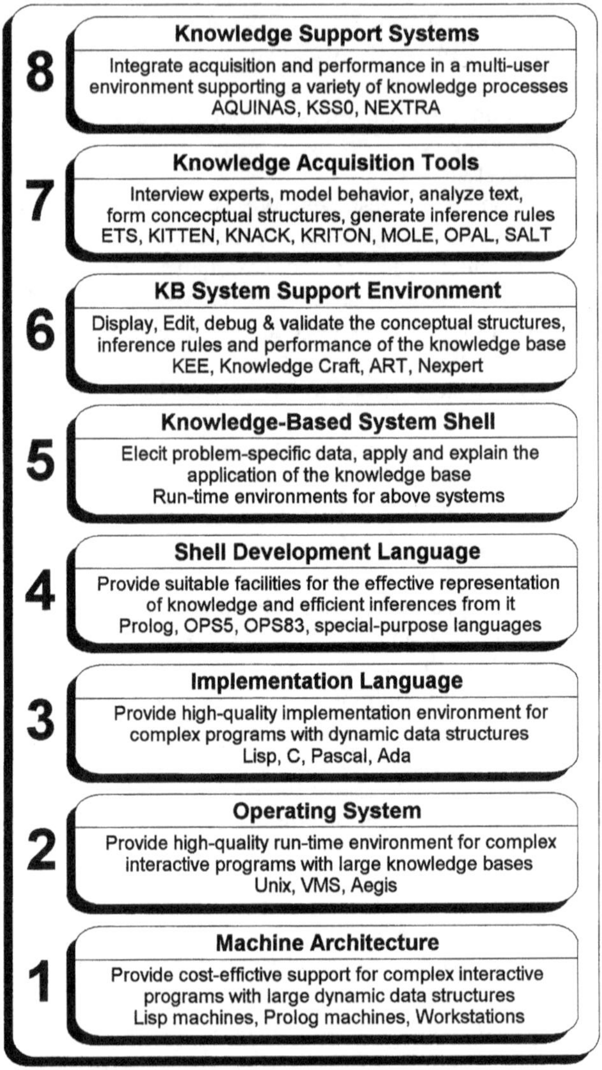


Abb. 5.8: Wissensakquisitionssysteme im Kontext der Technologieebenen eines WBS
Quelle: Boose/Gaines (1989), S. 379.

---

122 Vgl. Eshelman/Ehret et al. (1987), S. 41ff. Vgl dazu auch Karbach/Linster (1990), S. 109ff.; Bullinger/Wasserloos (1989), S. 108; Hestermann/Karl (1989), S. 44ff.

Als Ordnungskriterium für eine Klassifikation von WA-Tools kann auch die Wissensakquisitionsmethode benutzt werden, die in einem WA-Tool hauptsächlich verwendet wird.[123] Die WA-Tools weisen eine bestimmte methodische Orientierung auf, die als Klassifikationsmerkmal genutzt werden kann. Die Darstellung der WA-Tools in den folgenden Abschnitten wird sich an dieser Klassifikation orientieren. Die meisten WA-Tools basieren auf herkömmlichen Wissensakquisitionsmethoden wie Interview und komfortablen Editiertechniken. Im Abschnitt 5.2.1 werden WA-Tools vorgestellt, die dieser Klasse zuzuordnen sind. Ein weiterer Bereich von Wissensakquisitionsmethoden basiert auf der Grundlage von psychologischen Modellen, insbesondere das Konstruktgitter-Verfahren. WA-Tools aus dieser Klasse werden im Abschnitt 5.2.2 dargestellt. Der Abschnitt 5.2.3 widmet sich den WA-Tools, die im wesentlichen auf den Methoden des maschinellen Lernens basieren.

In der Literatur ist eine Vielzahl von WA-Tools zu finden. Boose z.B. hat 52 WA-Tools zusammengetragen.[124] Im Rahmen dieser Arbeit lassen sich daher nicht alle Systeme darstellen. Es werden jeweils zwei ausgewählte Systeme pro Klasse kurz vorgestellt.

## 5.2.1 Interviewsysteme und Editoren

Die meisten in der Literatur vorgestellten Systeme basieren auf den herkömmlichen Methoden wie Interview und komfortablen Editiertechniken. Die beiden Systeme, die in den folgenden Abschnitten vorgestellt werden, sind typische Vertreter dieser Klasse. SALT (Abschnitt 5.2.1.1) ist dabei eines der seltenen Systeme, die Wissen für Syntheseaufgaben erwerben. OPAL (Abschnitt 5.2.1.2) ist ein auf medizinische Anwendungen spezialisiertes System und zeigt sehr anschaulich, daß eine direkte Wissensakquisition möglich ist. Die Spezialisierung auf einen bestimmten Aufgabenbereich ermöglicht es, daß der Experte direkt mit dem WA-Tool interagiert.

### 5.2.1.1 SALT

Das Wissensakquisitionssystem SALT[125] ist eines der wenigen Systeme, die Wissen für Syntheseaufgaben akquirieren. SALT ist auf den Aufgabenbereich des

---

123 Vgl. Hestermann/Karl (1989), S. 25.

124 Vgl. Boose (1988), S. 10.7ff.

125 Vgl. Marcus/McDermott (1989), S. 1ff.; Stout/Caplain et al. (1990), S. 325ff.; Marcus (1987), S. 502f.; Karbach/Linster (1990), S. 115ff.; Linster (1989b), S. 115. SALT steht für NaCl, ein Anagramm von kNowledge ACquistion Language; vgl. Marcus/McDermott (1989), S. 1; Stout/Caplain et al. (1990), S. 325; Karbach/Linster (1990), S. 115.

parametrisierenden Entwurfs spezialisiert und erzeugt Wissensbasen für das Produktionssystem OPS5. Die Wissensbasen sind auf die Problemlösungsheuristik "propose-and-revise" ausgerichtet. Die Entwurfsaufgabe wird dabei gelöst, indem das Expertensystem den Wert für einen Parameter vorschlägt und dann nachprüft, ob die Beschränkungen aller Parameter noch erfüllt sind. Werden Beschränkungen verletzt, dann wird der vorgeschlagene Wert revidiert.[126] Für jede Beschränkung muß angegeben werden, was passieren soll, wenn sie verletzt wird.

Der parametrisierende Entwurf braucht folgende Wissensarten:[127]

- Parameter, die das Resultat darstellen,
- Berechnungsverfahren für die Parameter,
- Wertebeschränkungen für die Parameter,
- Reparaturanweisungen, die den Wertebeschränkungen zugeordnet sind, und
- Präferenzen für die Reparaturen.

Da SALT über das Wissen zu diesem Problemlösungsverfahren verfügt, kann es die Akquisition der notwendigen Angaben entsprechend steuern. Intern legt SALT ein Abhängigkeitsnetz der Parameter und deren Beschränkungen an. Dadurch ist SALT in der Lage, noch fehlende Angaben gezielt nachzufragen bzw. auf Zyklen im Abhängigkeitsnetz hinzuweisen. Das Abhängigkeitsnetz kann auch als eine Basis für die Erklärungskomponente dienen.

SALT wurde u.a. für die Wissensakquisition von dem Expertensystem VT verwendet. VT wird von der Westinghouse Elevator Company für den Entwurf von Aufzügen benutzt. Von den 3062 Regeln aus denen VT im Sommer 1986 bestand, wurden 2130 von SALT generiert[128], die restlichen gehören zum Problemlösungsprozeß, der Ein-/Ausgabe und der Erklärungskomponente.

### 5.2.1.2 OPAL

Das Wissensakquisitionssystem OPAL wurde von Mark Musen an der Stanford University School of Medicine entwickelt.[129] OPAL unterstützt ausschließlich die Wissenserhebung für das Expertensystem ONCOCIN, welches für die Planung von Krebstherapien (Onkologie) entwickelt wurde.[130] Damit gehört OPAL zur

---

126 Vgl. Marcus (1987), S. 502f.

127 Vgl. Karbach/Linster (1990), S. 119

128 Vgl. Marcus/McDermott (1989), S. 34.

129 Vgl. Musen (1989a), S. 113ff.; Musen/Fagan et al. (1988), S. 15ff.; Musen/Fagan et al. (1987), S. 105ff. Vgl. auch Karbach/Linster (1990), S. 121ff.; Musen (1989b), S. 79ff.; Linster (1989b), S. 115.

130 Eine Beschreibung von ONCOCIN ist z.B. bei Musen (1989a), S. 91ff.; Linster/Musen (1991), S. 4ff. zu finden.

Klasse der anwendungspezifischen Systeme, da es nur auf einen spezialisierten Aufgabenbereich zugeschnitten ist. OPAL dient dazu, Wissen über die Patienten und deren Reaktionen auf laufende Therapien zu erwerben. Das System verwendet dazu Formulare, die den Unterlagen nachgebildet sind, die Ärzte zur Verwaltung von Krankengeschichten verwenden.

OPAL basiert auf dem konzeptuellen Modell eines bestimmten Problembereichs, nämlich der Krebstherapie, und kennt daher die domänenspezifischen Konzepte sowie das verwendete Problemlösungsverfahren der Planverfeinerung ("skeletal plan refinement"). OPAL weiß durch seine hohe Spezialisierung genau, was es erfragen soll und welches Wissen benötigt wird. Dabei benutzt es die Terminologie und die Darstellungsform (Formulare), die die Experten (Ärzte) gewohnt sind.

Mit Hilfe von OPAL werden die abstrakten Pläne erstellt, die dann in ONCOCIN während einer Konsultation instanziiert und dann schrittweise verfeinert werden. Da OPAL auf die Akquisition von Wissen aus einem ganz bestimmten Problembereich spezialisiert ist, sind die potentiellen Handlungen des abstrakten Plans fest vorgegeben. Es gibt dabei folgende Typen von Handlungen:[131]

- Protokoll
- Chemotherapie
- Medikament
- Radiotherapie

OPAL besitzt aufgrund des konzeptuellen Modells des Problembereichs sehr viel Vorwissen über diese Handlungen: Protokolle setzten sich aus einer Sequenz von Chemotherapien und Radiotherapien zusammen. Chemotherapien setzen sich wiederum aus Verabreichungen von Medikamenten zusammen. Chemotherapien sind charakterisiert durch ihre Dauer und ihren Anfangstag in der Behandlung. Die Dosierung einzelner Medikamente hängt vom Zustand des Patienten und von den Labortests ab.

OPAL ist ein sehr mächtiges Werkzeug für ein kleines Spezialgebiet. Durch sein vorhandenes Vorwissen kann es seine Fragen so formulieren, daß die Experten des Problembereichs das System selbst benutzen können. Alle Details, die die interne Problemlösetätigkeit betreffen, sind verborgen. Der Benutzer benötigt daher keinerlei Kenntnisse aus dem Gebiet der KI oder der Wissensakquisition. Die hochgradige Spezialisierung ist ein Vorteil, aber auch gleichzeitig ein Nachteil des Systems. OPAL ist in einem anderem Problembereich nicht einsetzbar.

Mark Musen hat deshalb, aufbauend auf den Erfahrungen mit OPAL und ONCOCIN, Werkzeuge entwickelt, die den engen Anwendungsbereich der

---

131 Vgl. Karbach/Linster (1990), S. 123.

Onkologie verlassen sollten. Beibehalten wurde jedoch die generelle Problemlösungsstrategie der Planverfeinerung. Entstanden ist das Akquisitionswerkzeug PROTÉGÉ und die Expertensystem-Shell e-ONCOCIN, die alle wesentlichen Teile von ONCOCIN enthält, nur das onkologische Wissen wurde entfernt.[132]

Musen hat zwei Ebenen von Akquisitionswerkzeugen geschaffen. "At one level are the knowledge editors used by clinical searchers to develop knowledge bases for new treatment protocols. At the metalevel PROTÉGÉ, a knowledge editor that creates and modifies the world models of the lowerlevel knowledge-acquisition tools."[133] PROTÉGÉ akquiriert also das konzeptuelle Wissen für den neuen Aufgabenbereich und generiert auf diesem Wissen aufbauend das aufgabenspezifische Akquisitionswerkzeug p-OPAL[134].

Mit der Kombination von PROTÉGÉ und p-OPAL wurden zwei aufeinander abgestimmte Werkzeuge geschaffen, die es erlauben, für ein bestimmtes Problemlösungsverfahren (Planverfeinerung) die Definition von prozeduralem und konzeptuellem Wissen vom Inhaltswissen zu trennen. Damit lassen sich auch die Aufgaben des Knowledge Engineer und des Experten neu definieren. Der Knowledge Engineer entwickelt mit PROTÉGÉ das konzeptuelle Modell für den Aufgabenbereich. Der Experte erfaßt mit p-OPAL das aufgabenspezifische Wissen und kann damit auch die Wartung der Wissensbasis vornehmen. Der zugrundeliegende Problemlösungsprozeß kann vom Experten allerdings nicht verändert werden. Dazu ist weiterhin der Knowledge Engineer notwendig.

## 5.2.2 Systeme auf der Grundlage von psychologischen Modellen

Ein kleinerer Teil der Wissensakquisitionssysteme, die in der Literatur beschrieben werden, basieren auf psychologischen Modellen. Dies ist sicherlich u.a. auch darauf zurückzuführen, daß nur wenige psychologische Modelle sich für ein computergestütztes Werkzeug eignen. Ein solches Modell ist z.B. das Konstruktgitter-Verfahren von Kelly, das im Abschnitt 5.1.2.1 dargestellt wurde. Es ist daher nicht verwunderlich, daß die beiden Systeme, die in den folgenden Abschnitten vorgestellt werden, u.a. auch mit dem Konstruktgitter-Verfahren arbeiten.

Zunächst wird das System AQUINAS beschrieben, das eine relative lange Entwicklungsgeschichte mit seinen Vorgängersystemen aufweist und daher als ein ausgereiftes WA-Tool gilt. AQUINAS wird im Abschnitt 5.2.2.1 beschrieben.

---

[132] Vgl. Musen (1989a), S. 12.

[133] Musen (1989a), S. 78.

[134] p-OPAL steht für PROTÉGÉ-OPAL, d.h. das OPAL-ähnliche Werkzeug, das PROTÉGÉ generiert hat; vgl. Karbach/Linster (1990), S. 126.

Ein weiteres WA-Tool mit starkem Bezug zur Kognitiven Psychologie ist KRITON. Die Wissensakquisition erfolgt mittels diverser Interviewtechniken (z.B. das sog. *Laddering*[135]), des Konstruktgitter-Verfahrens und der Protokollanalyse. Das System wird im Abschnitt 5.2.2.2 kurz vorgestellt.

#### 5.2.2.1 AQUINAS

AQUINAS ist als hybrides Akquisitionssytem bei der Boeing Computer Company entwickelt worden.[136]. Es ist der erweiterte Nachfolger des ebenfalls bei Boeing entwickelten Systems ETS ("Expertise Transfer System"), einem interaktiven System für den Aufbau regelbasierter Systeme.[137] Beide Systeme bestehen im wesentlichen aus einer Realisierung des Konstruktgitter-Verfahrens von Kelly.[138] AQUINAS stellt sich als reichhaltige Sammlung von Werkzeugen dar. Um eine effiziente Nutzung der Werkzeuge zu erlauben, wurde über das ganze System eine einheitliche Benutzeroberfläche, der sog. Dialog manager, gelegt.[139] Außerdem liegt dem System eine einheitliche objektorientierte Datenbank zugrunde, so daß sich die in Abbildung 5.9 gezeigte Architektur ergibt.

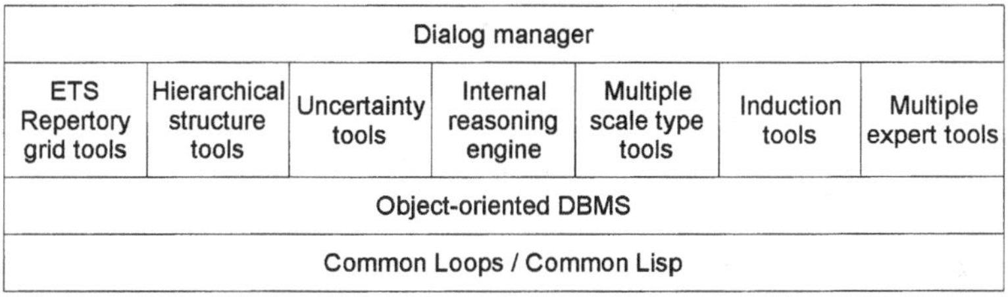


Abb. 5.9: Die Architektur von AQUINAS
Quelle: Boose/Bradshaw (1987), S. 5.

---

135 Die Fragetechnik *Laddering* hängt sehr eng mit dem Konstruktgitterverfahren zusammen. Die hierarchische Anordnung der persönlichen Konstrukte kann man sich bildlich als eine Reihe von verketteten "Leitern" vorstellen, die nach oben hin weniger werden, aber an Bedeutung zunehmen. Die Dialogtechnik *Laddering* gibt eine Hilfestellung, um die Leiter nach oben bzw. nach unten auf- bzw. abzusteigen und damit Konstrukte auf unterschiedlichen Ebenen zu erfragen. Vgl. dazu z.B. Düspohl (1990a), S. 54f.

136 Vgl. Boose/Shema et al. (1989), S. 185ff.; Boose/Bradshaw (1987), S. 3ff. Vgl. auch Karbach/Linster (1990), S. 137ff.; Hestermann/Karl (1989), S. 56ff.; Bullinger/Wasserloos (1989), S. 103f.

137 Vgl. Boose (1985a), S. 499ff.; Boose (1985b), S. 53ff.

138 Vgl. Kelly (1986). Vgl. dazu auch die Ausführungen im Abschnitt 5.1.2.1.

139 Vgl. dazu die Darstellung in Kitto (1987), S. 521.

Zentrale Wissensakquisitionsmethode bei der Benutzung von AQUINAS ist das Konstruktgitter-Verfahren. Damit werden zentrale Konzepte ermittelt und voneinander abgegrenzt ("elicit distinctions"). Die Dimensionen des Konstruktgitters ("grids") werden in AQUINAS anders bezeichnet, und sie wurden um zwei Dimensionen erweitert. Den ursprünglichen Koordinaten Konstrukte (Attribute, "traits") und Konzepte ("solutions") wurden Wissensquellen ("sources") und Problemfälle ("cases") hinzugefügt. Jede einzelne Dimension läßt sich hierarchisch organisieren. Die Kombination von Knoten aus den einzelnen Hierarchien ergibt ein Konstruktgitter. Damit soll die Komplexität des Wissensakquisitionsprozesses reduziert werden.

Der Experte wird bei der Bildung und Verfeinerung der Hierarchien durch Laddering-Techniken (die Exploration taxonomischer Relationen) und durch die Clusteranalyse unterstützt. Die hierarchische Clusteranalyse wird eingesetzt, um überhaupt taxonomische Relationen etablieren zu können. Das Ergebnis sind Gruppen von Konzepten, die als Cluster interpretiert werden und vom Experten erst noch benannt werden müssen, d.h. der Experte muß das Ergebnis der Clusteranalyse interpretieren.

AQUINAS unterstützt die Erhebung und Verarbeitung von unsicherem Wissen. Es wurden in AQUINAS drei Ansätze realisiert:

- *Absolutes Schließen* verwendet einfache, eindeutige Beurteilungen und Einschränkungen.
- Unter *relativistischem Schließen* verstehen die Autoren von AQUINAS den Umstand, daß eine eindeutige Beurteilung nicht gegeben werden kann. AQUINAS unterstützt für diese Fälle Evidenzfaktoren und Fuzzy Logik.
- *Probabilistisches Schließen* ist bisher nur ansatzweise in AQUINAS implementiert. Es ist beabsichtigt, daß das Bayes-Theorem und der Dempster-Shafer-Ansatz implementiert werden. Außerdem soll dem Benutzer ermöglicht werden, eigene Logiken zu definieren.[140]

Zur Evaluation des erhobenen Wissens verfügt AQUINAS über eine eigene Inferenzkomponente. Als Problemlösungsverfahren wird die heuristische Klassifikation von Clancey benutzt.[141] Aus den Attributen einer vorliegenden Problembeschreibung wird über die Abstraktion in der Hierarchie der "traits" auf einen Lösungsansatz geschlossen, der nach Bedarf über die Hierarchie der "solutions" weiter verfeinert wird.

Als Erweiterung zu ETS wurden diverse Datentypen erlaubt. ETS konnte ausschließlich mit der ordinalen Rangskala von 1 bis 5 arbeiten. In AQUINAS sind daneben als Datentypen für die Bewertung der Attribute auch nominale Werte (ungeordnete Symbole), Intervalle und rationale Zahlen erlaubt. Damit

140 Vgl. Boose/Bradshaw (1987), S. 9.

141 Vgl. Clancey (1985), S. 289ff.

können die Bewertungen besser den unterschiedlichen Abstraktionsebenen angepaßt werden.

Aus dem Architekturkonzept in Abbildung 5.9 ist erkennbar, daß AQUINAS auch Werkzeuge für induktives maschinelles Lernen enthält. Durch Lernen aus Beispielen lassen sich in einzelnen Fällen Klassifikationen für die Hierarchien in AQUINAS bilden.

AQUINAS besitzt eine regelbasierte Benutzerschnittstelle. So kann AQUINAS Benutzerprofile erkennen und die Erklärungsfähigkeit des Systems entsprechend justieren.[142]

#### 5.2.2.2 KRITON

Das hybride Wissensakquisitionssystem KRITON[143] ist eine Entwicklung der GMD.[144] KRITON ist universell einsetzbar, da es kein vorgegebenes Modell eines konkreten Anwendungsbereichs enthält. Es geht von der wesentlichen Grundannahme aus, daß die Wissensakquisition ein iterativer Prozeß der Formalisierung ist. Die Aufgabe von KRITON ist es, Wissen zu lokalisieren, zu analysieren und "schrittweise in eine Form zu überführen, in der die inhärente Ambiguität so weit reduziert ist, daß eine automatische Interpretation stattfinden kann"[145]. Diese Grundannahme der schrittweisen Formalisierung führte zu der Einführung einer Zwischenrepräsentationssprache, um unzureichend formalisiertes Wissen abbilden und speichern zu können, und es für den weiteren Akquisitionsprozeß zur Verfügung zu halten.

In KRITON werden Methoden des Knowledge Engineering (insbesondere das Interview) und Methoden aus dem Bereich der Kognitionswissenschaft (z.B. Protokollanalyse) miteinander kombiniert. KRITON unterstützt im wesentlichen drei Wissensakquisitionsmethoden:[146]

1. In KRITON werden *Interviewtechniken* weitestgehend automatisiert angeboten. Um Konzepte des Problembereichs zu erheben, werden das *Konstruktgitter-Verfahren* von Kelly und *Laddering-Techniken* kombiniert. Mit dem Konstruktgitter-Verfahren werden zentrale Konzepte und diskriminierende Attribute festgestellt. Können keine diskriminierenden Attribute benannt wer-

---

[142] Vgl. Diederich (1987b), S. 58.

[143] KRITON ist nach einem Schüler von Sokrates benannt; vgl. Linster (1988), S. 4.2.

[144] Vgl. Diederich/May et al. (1987), S. 210ff.; Diederich (1987b), S. 41ff.; Diederich/Linster (1989), S. 323ff.; Linster (1988), S. 4.1ff.; Linster (1989a), S. 164ff. Vgl. auch Hestermann/Karl (1989), S. 59f.; Bullinger/Wasserloos (1989), S. 105ff.

[145] Diederich (1987b), S. 41.

[146] Vgl. Diederich (1987b), S. 49f.

den, dann schaltet das System in den Laddering-Modus, um taxonomische Relationen zwischen den betreffenden Konzepten abzufragen. Diese Techniken generieren direkt strukturierte Objekte auf der Ebene der Zwischenrepräsentationssprache.

2. Die *Protokollanalyse* wird von KRITON benutzt, um prozedurales Wissen zu akquirieren. Zunächst werden die Protokolle nach Einschätzung der Sprechpausen des Experten in Segmente aufgeteilt. Die semantische Analyse der einzelnen Segmente dient der Generierung von Operator-Argument-Strukturen. Diese müssen allerdings hinsichtlich der Angemessenheit der ausgewählten Operatoren und Argumente überprüft werden. Außerdem werden die Variablen in den Argumenten möglichst durch Objekte der Zwischenrepräsentation ersetzt.
3. KRITON unterstützt den Knowledge Engineer auch bei der *inkrementellen Textanalyse*. Es stellt statistische Informationen über die Vorkommenshäufigkeit von Stichwörtern bereit. Der umgebende Bereich von relevanten Stichwörtern dient dann als Grundlage für die Generierung von Operator-Argument-Strukturen.

Das Ergebnis der o.g. Wissensakquisitionsmethoden wird in eine Zwischenrepräsentationssprache übersetzt. Dieses Repräsentationssystem besteht aus zwei Teilen, einer Beschreibungssprache für funktionale und physikalische Objekte, in welchen die Konzepte repräsentiert sind, und einem propositionalen Kalkül, das den menschlichen Problemlösungsablauf beschreiben soll. Der deklarative Teil der Zwischenrepräsentation besteht aus strukturierten Objekten (Frames), deren Attribute und Interrelationen ein Semantisches Netz bilden. Den zweiten Teil der Zwischenrepräsentationssprache bilden Operator-Argument-Strukturen, um den Pfad durch den Problemraum während der Problemlösung zu beschreiben. Die Zwischenrepräsentation soll die Offenheit des Systems für zukünftige Entwicklungen und verschiedene Expertensystem-Shells sicherstellen.

Der Wissensakquisitionsprozeß wird in KRITON von einem sog. "knowledge base watcher" (im weiteren Watcher) gesteuert. Der Watcher kontrolliert die Zwischenrepräsentation ständig auf fehlende Elemente, benachrichtigt den Benutzer hierüber und empfiehlt eine entsprechende Wissensakquisitionsmethode, um die Lücke zu schließen.

Nach der Akquisition des Wissens kann dieses aus der Zwischenrepräsentation in verschiedene Darstellungsformen überführt werden. KRITON unterstützt die Transformation des Wissens in Frames, Constraints und Regeln. In der Abbildung 5.10 ist die Architektur von KRITON im Überblick dargestellt.

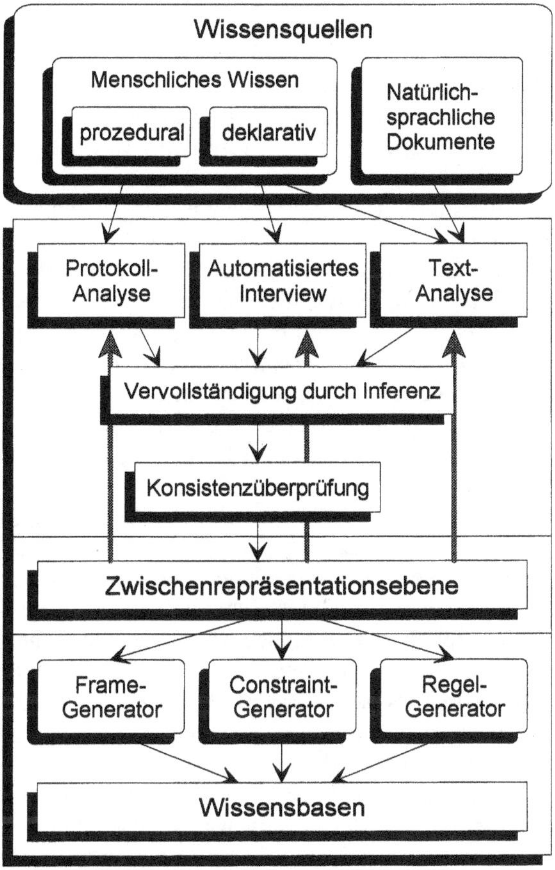


Abb.5.10: Die KRITON-Architektur
Quelle: Diederich/May et al. (1987), S. 212.

### 5.2.3 Systeme mit Methoden des maschinellen Lernens

"Learning is the 'magic bullet' that is needed to help with the building of large knowledge bases that [...] were essential for the more versatile intelligent systems of the second era."[147] In Rahmen dieser Arbeit kann nur sehr kurz auf den Bereich des maschinellen Lernens eingegangen werden, da sonst die Fülle an

---

147 Feigenbaum/McCorduck et al. (1988), S. 255.

bekannten Verfahren den Rahmen sprengen würde.[148] Herbert A. Simon hat "maschinelles Lernen" folgendermaßen definiert:

> *"Learning denotes changes in the system that are adaptive in the sense that they enable the system to do the same task or tasks drawn from the same population more efficiently and more effectively the next time."*[149]

Eine Klassifikation der Systeme mit Methoden des maschinellen Lernen wird in der Regel nach dem Kriterium der Lernstrategie vorgenommen. Es lassen sich danach unterscheiden:[150]

- *Lernen aus Anweisungen ("learning from instruction"):* Diese Form wird auch als *"learning by being told"* bezeichnet. Sie setzt eine weitgehende Vorbereitung des zu lernenden Stoffes durch einen Lehrer voraus. Der Lehrer hat den Stoff zu ordnen und zu vermitteln. Das System muß den zu lernenden Stoff nur noch in seine interne Repräsentation umsetzten und in die Wissensbasis integrieren. Die größere Leistung bei dieser Lernart liegt also auf der Seite des Lehrers, der entsprechende Vorarbeit zu leisten hat und der auch den Lernprozeß überwachen muß.
- *Lernen aus Analogien ("learning by analogy"):* Dieses Lernverfahren setzt voraus, daß das System in der Lage ist, aus einer Fallsammlung von bekannten Problemstellungen und deren Lösungen eine auszuwählen, die möglichst große Ähnlichkeit zu der aktuellen Problemstellung aufweist. Die bekannte Problemlösung muß anschließend der aktuellen Problemstellung angepaßt werden. Beide Aufgaben sind nicht trivial und erfordern eine erheblich größere Inferenzleistung vom System als beim Lernen aus Anweisungen.
- *Lernen aus Beispielen ("learning from examples"):* Dies ist ein spezieller Fall des induktiven Lernens. Dem System werden eine Menge positiver und negativer Beispiele mit der Aufgabe vorgelegt, ein generelles Konzept zu entwickeln, das alle positiven und keines der negativen Beispiele erklärt. Dieses Lernverfahren erfordert mehr Inferenzleistung als die beiden vorher genannten. Je nach der Herkunft der Beispiele läßt sich das Verfahren weiter aufgliedern:
    - Die Beispiele werden von einem Lehrer vorgelegt. Der Lehrer kann durch die Wahl der Reihenfolge das Lernen vereinfachen.
    - Die Beispiele werden vom System selbst erzeugt und von einem Lehrer oder der Umwelt bewertet.
    - Die Beispiele stammen von der Umwelt. Sie entstehen praktisch zufällig.

---

148 Eine Einführung in das Gebiet des maschinellen Lernens bietet z.B. Kodratoff (1988). Eine Übersicht über Anwendungen gibt Morik (1992), S. 9ff.

149 Simon (1984), S. 28.

150 Vgl. Carbonell/Michalski et al. (1984), S. 8ff.; Hestermann/Karl (1989), S. 7ff. Vgl. auch Hennings (1991), S. 296ff.; Savory (1988), S. 186f.

Eine weitere Unterscheidung des Lernens aus Beispielen ist nach der Art der Beispiele möglich:

- Es liegen nur positive Beispiele vor. Hierbei besteht die Gefahr einer Übergeneralisierung.
- Es liegen sowohl positive als auch negative Beispiele vor. Die Gefahr der Übergeneralisierung wird durch die negativen Beispiele eingedämmt.

Die Systeme können sich weiterhin durch die Anzahl der Durchgänge, die für das Lernen erforderlich sind, unterscheiden . In der Regel muß der Lernvorgang mehrmals wiederholt werden, bis ein befriedigendes Ergebnis erreicht wird. Dies entspricht auch dem menschlichen Lernverhalten.

- *Lernen aus Beobachtungen ("learning from observation"):* Diese sehr allgemeine Form des induktiven Lernens wird auch als *Lernen aus Entdeckungen ("learning from discovery")* oder als *unüberwachtes Lernen ("unsupervised learning")* bezeichnet. Sie verlangt die größte Inferenzleistung vom System, da keine übergeordnete Instanz existiert, die eine Bewertung der Beobachtungen in positive oder negative Beispiele vornimmt. Die Problematik wird weiterhin dadurch verschärft, daß das System nicht weiß, ob die Beobachtungen zu einem oder mehreren allgemeinen Konzepten gehören. Dieses Lernverfahren läßt sich nach dem Grad der Interaktion weiter untergliedern:
  - Beim passiven Beobachten kann das System lediglich Informationen aufnehmen und verarbeiten.
  - Das aktive Experimentieren erlaubt dem System, die Umwelt mehr oder weniger gezielt zu beeinflussen.

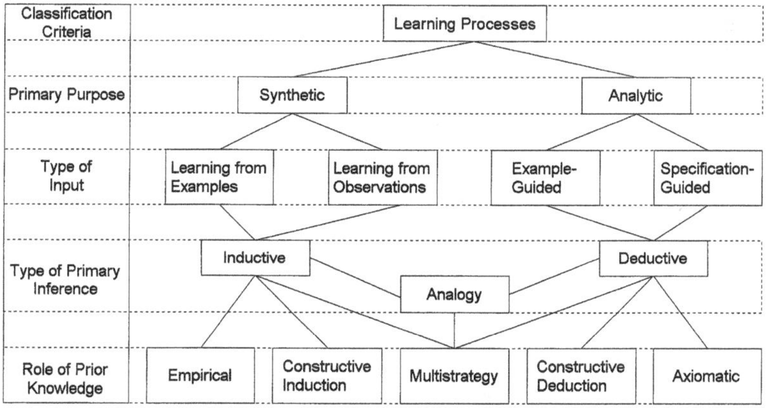


Abb.5.11: Kriterien zur Klassifikation von Methoden des maschinellen Lernens
Quelle: in Anlehnung an Michalski/Kodratoff (1990), S. 16.

Die verschiedenen Methoden des maschinellen Lernens lassen sich häufig jedoch nicht eindeutig in ein Klassifikationsschema mit nur einem Kriterium einordnen. Deshalb haben Michalski/Kodratoff für den Prozeß des maschinellen Lernens eine multikriterielle Klassifikation vorgeschlagen.[151] Die Abbildung 5.11 zeigt ihren Klassifikationsansatz im Überblick.

### 5.2.3.1 ID3

Das System ID3 ("Iterative Dichotomizer") von Quinlan ist ein statistisches Lernverfahren.[152] Dem System werden Beobachtungen in Form von Vektoren eingegeben, deren Einträge Attributwerte darstellen. ID3 und andere abgeleitete induktive Lernverfahren generieren aus diesen Vektoren möglichst kurze Klassifikationsregeln. Der erwartete Aufwand für die Klassifikation eines Objekts läßt sich so minimieren. Diese Regeln können dann als Klassifikationsbaum dargestellt werden. Die Arbeitsweise soll an einem Beispiel erläutert werden.[153] Die Tabelle 5.1 zeigt eine Kollektion von Beobachtungen.

| Nr. | Größe | Haarfarbe | Augenfarbe | Klasse |
|---|---|---|---|---|
| 1 | klein | blond | blau | + |
| 2 | groß | blond | braun | - |
| 3 | groß | rot | blau | + |
| 4 | klein | schwarz | blau | - |
| 5 | groß | schwarz | blau | - |
| 6 | groß | blond | blau | + |
| 7 | groß | schwarz | braun | - |
| 8 | klein | blond | braun | - |

Tab. 5.1: Kollektion von Beobachtungen

Die meisten statistischen Lernverfahren benutzen einen entropiebasierten Ansatz, d.h. es wird als erstes das Attribut betrachtet, mit dessen Hilfe man die Unordnung unter den vorgelegten Fällen am besten reduziert.[154] Es läßt sich ana-

151 Vgl. Michalski/Kodratoff (1990), S. 15ff.

152 Vgl. Quinlan (1984), S. 463ff. Vgl. auch Mellis (1989), S. 310ff.; Linster (1989b), S. 110f.; Savory (1988), S. 235ff.

153 Die ausführliche Herleitung ist bei Quinlan (1984), S. 465ff. beschrieben.

154 Vgl. Linster (1989b), S. 111.

lytisch zeigen, daß dies im o.g. Beispiel das Attribut "Haarfarbe" ist.[155] Damit ist der Wurzelknoten des Klassifikationsbaums bestimmt. Die weitere Analyse ergibt, daß nur noch das Attribut Augenfarbe eine weitere Information ergibt. ID3 würde aus dem o.g. Beispiel den in der Abbildung 5.12 dargestellten Klassifikationsbaum bestimmen.

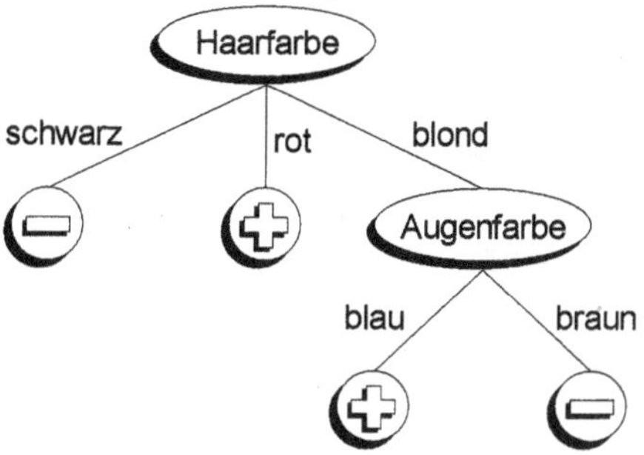


Abb.5.12: Klassifikationsbaum
Quelle: in Anlehnung an Quinlan (1984), S. 467.

Die Klassifikationsregeln, die sich aus dem dargestellten Klassifikationsbaum ergeben, sind für das dargestellte Beispiel minimal. Der Algorithmus, der von ID3

---

155 Die Menge der beobachteten Objekte wird als C bezeichnet. Davon gehören 3 Objekte der Klasse "plus" und 5 Objekte der Klasse "minus" an. Die erwartete Information des Klassifikationsbaums läßt sich auf der Grundlage der Informationstheorie berechnen als

$$M(C) = -p^+ \log_2 p^+ - p^- \log_2 p^-$$
$$= -3/8 \log_2 3/8 - 5/8 \log_2 5/8$$
$$= 0{,}954 \text{bits}$$

Es ist nun ein Attribut auszuwählen, das für den Klassifikationsbaum den größtmöglichen Informationsgewinn darstellt. Die erwartete Information der einzelnen Attribute ist

$$B(C, A) = (\mathit{Wahrscheinlichkeit\ des\ Wertes}\ A_j) \cdot M(C_j)$$

Es wird das Attribut ausgewählt, für das $M(C) - B(C, A)$ maximal ist.

In dem Beispiel ist

$$B(C, \text{"}\mathit{Größe}\text{"}) = 5/8 \cdot 0{,}971 + 3/8 \cdot 0{,}918$$
$$= 0{,}951 \mathit{bits}$$
$$B(C, \text{"}\mathit{Haarfarbe}\text{"}) = 3/8 \cdot 0 + 1/8 \cdot 0 + 4/8 \cdot 1$$
$$= 0{,}5 \mathit{bits}$$
$$B(C, \text{"}\mathit{Augenfarbe}\text{"}) = 0{,}347 \mathit{bits}$$

Der größte Informationsgewinn wird also zunächst mit dem Attribut "Haarfarbe" erreicht. Vgl. zu der Herleitung Quinlan (1984), S. 465ff.

benutzt wird, ist sehr effizient. Es hat sich gezeigt, daß die Berechnungszeit nur linear mit der Anzahl der Beobachtungen, der Anzahl der Attribute und Komplexität des untersuchten Konzepts (Anzahl der Knoten im Klassifikationsbaum) ansteigt. ID3 ist damit ein sehr leistungsfähiges Verfahren des maschinellen Lernens.

### 5.2.3.2 BLIP

Das System BLIP[156] ist im Rahmen des Verbundprojektes "Lerner" an der TU Berlin entwickelt worden.[157] Zielsetzung bei der Entwicklung von BLIP war, daß das Wissensakquisitionssystem nicht nur "flache" Regeln ("shallow rules") und Heuristiken, sondern ein tiefergehendes Modell ("deep model") des Anwendungsbereichs lernt. Dabei wird davon ausgegangen, daß zunächst sog. Hintergrundwissen durch den Benutzer vorgegeben wird. Der Lernvorgang beginnt also nicht mit einer leeren Wissensbasis, sondern setzt auf einem groben Modell ("sloppy model") des Anwendungsbereichs auf. Außerdem sollte erstmals manueller und automatischer Wissenserwerb vollständig ineinander integriert werden. Der Benutzer hat die Möglichkeit, selbst Wissen zu erfassen. Im System wird das manuell eingegebene Wissen nicht von dem gelernten Wissen unterschieden. Die Architektur des Wissensakquisitionssystems BLIP ist in der Abbildung 5.13 dargestellt.

Die Koordination der verschiedenen Tätigkeiten wird von der Komponente COORDINATOR geleistet. Die Repräsentationen der Inferenzmaschine und der Benutzerschnittstelle werden in eine Basissprache transformiert, die eine Kommunikation zwischen den Komponenten ermöglicht. In der Inferenzmaschine IM-2 wird das assertionelle und inferentielle Wissen des Anwendungsbereichs verwaltet. Jede Eingabe des Benutzers wird auf Konsistenz zum bisher konstruierten Modell untersucht und evtl. zurückgewiesen. In BLIP wird keine Unterscheidung zwischen Lerndaten und "sicherem" Hintergrundwissen gemacht. Alle Eingaben des Benutzers und die Ergebnisse deduktiver und induktiver Prozesse werden zusammen in die Wissensbasis der Inferenzmaschine gespeichert. Zusätzlich zur Verwaltung des Wissens durch die Inferenzmaschine stehen mit dem Sortenverband und der Topologie zwei Methoden zur Aufbereitung des Wissens zur Verfügung. Die Regelbildungskomponente des MODELERs bildet zusammen mit einem modellgestützten Lernverfahren Hypothesen über "interessante" Regeln, die die semantischen Beziehungen zwischen Assertionen über Objekte des Anwendungsbereichs ausdrücken, und sucht dann über Anfragen an die Infe-

---

156 BLIP steht für *"Berlin Learning by Induction Program"*; vgl. Morik (1987), S. 93.

157 Vgl. Emde/Keller et al. (1989), S. 15ff.; Morik (1987), S. 93ff. Vgl. auch Hestermann/Karl (1989), S. 64ff.

renzmaschine nach positiven und negativen Belegen für die Gültigkeit der Hypothesen. Wurde eine Hypothese ausreichend bestätigt, dann wird die Regel in der Wissensbasis abgelegt. Die Wissensrevisionskomponente KREV des MODELERs ist für die Beseitigung von Widersprüchen zuständig. Sie entstehen, wenn der Benutzer auf die Abspeicherung einer im Widerspruch zum Modell stehenden Aussage besteht oder wenn mit einer neuen Eingabe Assertionen inferiert werden, deren Negation vorher eingegeben oder mit anderen Regeln abgeleitet wurde.

BLIP unterstützt die Wissensakquisition also auf zwei Arten. Zum einen kann der Benutzer Wissen direkt eingeben. BLIP ist in der Lage, unvollständiges Wissen revidierbar zu verwalten, auf Konsistenz zu prüfen und dem Benutzer Möglichkeiten zur Inspektion durch unmittelbares Widerspiegeln der Handlungskonsequenzen zu ermöglichen. Die zweite Art der Wissensakquisition in BLIP ist der eigentliche Schwerpunkt des Systems. Neues Wissen wird aufgrund des bereits vorhandenen induktiv erschlossen. Die verwendete Methode ist "generate-and-test".

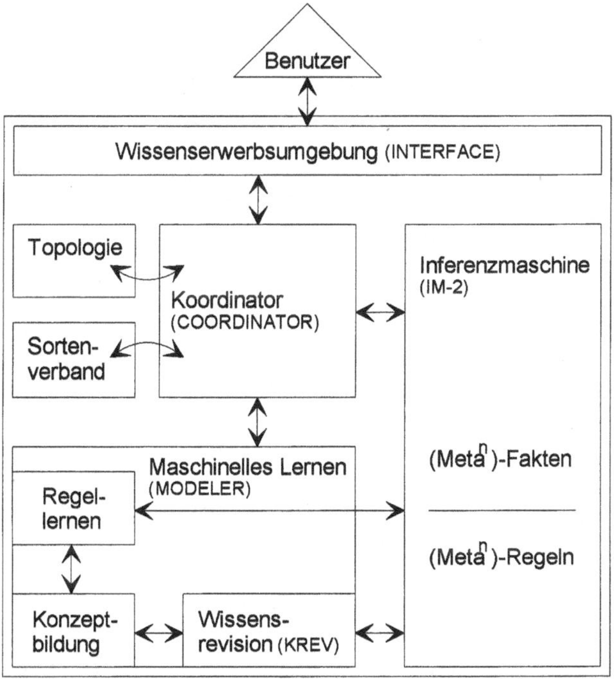


Abb.5.13: Systemarchitektur von BLIP
Quelle: Emde/Keller et al. (1989), S. 16.

### 5.2.4 Zusammenfassung der Wissensakquisitionssysteme

In den vorhergehenden Abschnitten wurde eine Auswahl von WA-Tools vorgestellt. Die methodische Orientierung der WA-Tools wurde als Klassifikationsmerkmal benutzt.

Die Systeme SALT und OPAL basieren auf vorgegebenen Problemlösungsverfahren und können daher das notwendige Problemwissen gezielt erfragen. Sie sind damit allerdings auf bestimmte Problembereiche festgelegt. In Ihren Problembereichen sind sogar in der Lage das Wissen direkt vom Experten zu erfassen. Auf einen Knowledge Engineer kann also beim Einsatz dieser Systeme teilweise verzichtet werden.

Die Systeme AQUINAS und KRITON können einen Knowledge Engineer nicht ersetzen. Sie unterstützen ihn vielmehr dadurch, daß im wesentlichen das Konstruktgitterverfahren werkzeugunterstützt angeboten wird. Zusätzlich werden noch weitere Methoden der Wissensakquisition angeboten, so daß die Kombination zu einem möglichst guten Ergebnis führen soll. Die beiden Systeme sind nicht auf bestimmte Anwendungsbereich spezialisiert und sind daher prinzipiell universell einsetzbar. Das System KRITON der Großforschungseinrichtung GMD hat aber leider nicht den Erfolg in der Praxis gehabt, wie man es sich hätte wünschen können. Dies gilt übrigens auch für die XPS-Shell BABYLON, die auch an der GMD entwickelt wurde und in einem engen Zusammenhang zu KRITON steht.[158]

Interessante neue Ansätze für die Wissensakquisition liefern die Methoden des maschinellen Lernens. Das maschinelle Lernen hat sich in den letzten Jahren zu einem anerkannten Forschungsbereich entwickelt, aus dem eine Vielzahl von Systemen veröffentlicht wurden. In dieser Arbeit konnten stellvertretend nur zwei Systeme vorgestellt werden, um einen Eindruck von diesen Systemen zu vermitteln. Dabei handelt es sich um einen Klassiker aus dem Bereich der Lernsysteme, nämlich ID3, und einem interessanten neueren System, nämlich BLIP. Insbesondere BLIP spannt den Bogen zu einem Thema in dem nächsten Kapitel dieser Arbeit, der modellbasierten Wissensakquisition. Zukünftige WA-Tools werden sicherlich nicht mehr ohne spezielle Lernkomponenten auskommen.

## 5.3 Zusammenfassung der Wissensakquisitionsmethoden, -techniken und -systeme

In diesem Kapitel wurden zunächst im Abschnitt 5.1 die wichtigsten Wissensakquisitionsmethoden bzw. -techniken vorgestellt. Aus der Vielzahl in der Praxis existierenden Methoden bzw. Techniken wurden für die Darstellung nur einige

---

[158] Vgl. KRITON liefert genau die Wissenrepraäsentationsformalismen, die auch von BABYLON unterstützt werden. Zu BABYLON vgl. z.B. o.V. (1988).

wenige Repräsentanten ausgewählt. Die Auswahl orientierte sich an der Anwendungshäufigkeit einzelner Methoden bzw. Techniken. Für die Darstellung wurden die Methoden nach direkten und indirekten Wissensakquisitionsmethoden bzw. -techniken geordnet.

Aus der zitierten Fallstudie[159] ergibt sich, daß überwiegend direkte Wissensakquisitionsmethoden bzw. -techniken zum Einsatz kommen. Damit lassen sich die besonderen Fertigkeiten ("skills") der Experten meist jedoch nicht erfassen. Die auf elaborierten Untersuchungsmethoden der Psychologie basierenden indirekten Wissensakquisitionsmethoden bzw. -techniken eröffnen die Möglichkeit auch dieses compilierte oder unterbewußte Wissen ("tacit knowledge") zu erfassen. Diese Verfahren werden allerdings in der Praxis häufig nicht angewandt.

Weiterhin läßt sich feststellen, daß insbesondere die Verfahren zu Anwendung kommen, die sich durch eine einfache methodische Grundlage auszeichnen. Dies sind Interviewtechniken und Textanalyse bei den direkten sowie das Konstruktgitterverfahren bei den indirekten Methoden bzw. Techniken. Diese Verfahren lassen sich in der Regel ohne große Vorbereitungen in der Praxis umsetzen. Häufig werden besondere methodische Vorüberlegungen vernachlässigt, was sehr häufig bei den Interviewtechniken der Fall ist.

Das Konstruktgitterverfahren hat klare methodische Vorgaben und läßt sich gut in der Praxis umsetzen. Hier ist es mehr die Abfragetechnik, die die geringe Akzeptanz vermuten läßt. Insgesamt wird dieses Verfahren jedoch weitaus mehr eingesetzt als die Multidimensionale Skalierung oder die Strukturlege-Technik. Obwohl gerade die beiden letztgenannten Verfahren für die Wissensstrukturierung sicherlich hervorragende Ergebnisse liefern könnten.

Insgesamt muß allerdings konstatiert werden, daß keine Methode bzw. Technik für sich allein und isoliert angewandt werden sollte. Nur die richtige Kombination verschiedener Methoden und Techniken ermöglicht es die verschiedenen Facetten des Expertenwissen in einer konkreten Domäne zu erheben und sinnvoll zu strukturieren.

Ein wichtiger Aspekt bei dem Einsatz von Methoden bzw. Techniken ist die Unterstützung durch rechnergestützte Werkzeuge. Es ist daher eine logische Folge, daß verstärkt Wissensakquisitionssysteme (WA-Tools oder CAKE[160]) eingesetzt werden. Diese WA-Tools basieren in der Regel auf einer oder mehreren Methoden bzw. Techniken der Wissensakquisition. Ein weiteres Kriterium zur Unterscheidung ist der Problembereich, denn der insbesondere der Problemtyp (Analyse oder Synthese) beeinflussen sehr stark die Wissensakquisition. Die Im Abschnitt 5.2 vorgestellten Systeme sind nach den methodischen Grund-

159 Vgl. die Abbildung 5.1 bzw. Cullen/Bryman (1988).

160 CAKE ist ein Akronym für Computer Aided Knowledge Engineering.

lagen geordnet und stellen auch nur eine Auswahl aus der Vielzahl von veröffentlichten WA-Tools dar.

Insbesondere das WA-Tool OPAL und seine Nachfolgesysteme zeigt anschaulich, daß ein spezialisiertes Tool die direkte Erfassung des Anwendungswissens eines Problembereich durch den Experten selbst möglich ist. Das Beispiel AQUINAS zeigt, daß diese Systeme nicht nur in der Forschung zu finden sind, sondern schon seit Jahren in der Praxis nutzen bringen. Interessant sind für zukünftige Entwicklungen sicherlich die Systeme, die auf den Methoden des maschinellen Lernens aufbauen. Die meisten neueren WA-Tools enthalten daher zumindest eine Komponente, die induktives Lernen unterstützt.

Alle Wissensakquisitionsmethoden bzw. -techniken und auch die WA-Tools erfordern die Einbettung in eine Methodologie bzw. Vorgehensmodell. Die manuellen und automatischen Verfahren sind isoliert nicht mächtig genug, um den Wissensakquisitionsprozeß zu einem befriedigenden Ergebnis zu führen. Sie müssen in einem geschlossenen Vorgehensmodell sinnvoll kombiniert angewandt werden. Es ist daher notwendig, Vorgehensmodelle für die Wissensakquisition zu entwickeln. Solche Vorgehensmodelle sollen im folgenden Kapitel untersucht werden.

# 6 Vorgehensmodelle der Wissensakquisition

Die im 5. Kapitel genannten Wissensakquisitionsmethoden bzw. -techniken sowie die Wissensakquisitionssysteme reichen allein für eine methodisch fundierte Wissensakquisition nicht aus. Diese Hilfsmittel müssen noch in einen sinnvollen prozessualen Zusammenhang gebracht werden. Der Ablauf der Wissensakquisition aus prozessualer Sicht wird in diesem Kapitel dargestellt.

Grundsätzlich lassen sich zwei Sichtweisen (Zwecke, Zielrichtungen) der Wissensakquisition unterscheiden:[1]

1. *Die Transfer-Sicht:*
   Traditionell wurde Wissensakquisition als ein Prozeß der Extraktion von Wissen eines menschlichen Experten mit unmittelbarer Transformation des erhobenen Wissens in eine ausführbare Form angesehen. Aus dieser Sichtweise ergab sich historisch zunächst der Prototyping-Ansatz, der im Abschnitt 6.1 noch näher mit seinen Vor- und Nachteilen vorgestellt wird.
2. *Die Modellierungs-Sicht:*
   Die bisherigen Erfahrungen bei der Entwicklung von Wissensbasierten Systemen haben gezeigt, daß es nicht damit getan ist, das Expertenwissen irgendwie in die Wissensbasis einzufüllen. Es ist vielmehr ein operationales Modell der beobachtbaren Eigenschaften der Domäne notwendig, die mit dem Wissensbasierten System abgebildet werden soll. Die Erstellung eines Modells erfordert eine Konstruktionssystematik, die u.a. dafür sorgt, daß wichtige Eigenschaften des Realitätsbereichs auch im Modell adäquat dargestellt werden. Ein systematisches Vorgehen und Maßnahmen zur Reduzierung der Komplexität des Entwurfsproblems liefern bereits die vielfältigen Phasenmodelle des Software Engineering. Die Orientierung an diesen Vorgehensmodellen kann bereits zu einer ingenieurmäßigen Wissensakquisition führen.

   Wissensakquisition als Modellierungs- und Designproblem stellt sich als Suche in einem sehr großen Raum von Methoden und Techniken zur Erhebung, Interpretation und Strukturierung von Wissen dar, wobei einzelne Auswahlentscheidungen kohärent miteinander verknüpft werden müssen. Dieser Suchprozeß kann durch die Einführung von Zwischenmodellen, die bestimmte Eigenschaften des zu entwickelnden Systems herausstellen und von anderen abstrahieren, kontrolliert werden, wodurch eine weitere Reduzierung der Komplexität des Wissensakquisitionsprozesses erreicht wird. Durch die Entwicklung von sukzessiv aufeinander aufbauender Modelle soll die semantische Lücke zwischen beobachtbarem Verhalten realer Systeme und dem zu erstellenden Artefakt-System, das dem realen System in seinem Verhalten entsprechen soll, überwunden werden.

---

1 Vgl. Tank (1991), S. 1ff.

Der Prototyping-Ansatz wird folglich mehr und mehr von einer modellbasierten Vorgehensweise verdrängt. Im Abschnitt 6.2 werden einige wichtige modellbasierte Ansätze dargestellt. Neben dieser modellbasierten Vorgehensweise, die ihre Wurzeln in der KI hat, finden in der "konventionellen" Anwendungsentwicklung immer mehr objektorientierte Ansätze Beachtung. Diese Ansätze zeichnen sich insbesondere durch eine die Daten- und Funktionssicht integrierende Vorgehensweise aus und können durch verschiedene Zwischenmodelle die Problemkomplexität deutlich reduzieren. Ein wichtiger Ansatz zur objektorientierten Modellierung soll daher im Abschnitt 6.3 vorgestellt werden. Um die Darstellung der Vorgehensmodelle zu komplettieren, werden im Abschnitt 6.4 einige wichtige Vorschläge aus der deutschsprachigen Literatur referiert. Diese Vorgehensmodelle zeichnen sich u.a. dadurch aus, daß sie sich nicht eindeutig zu einem der vorher dargestellten Entwicklungsstrategien zuordnen lassen.

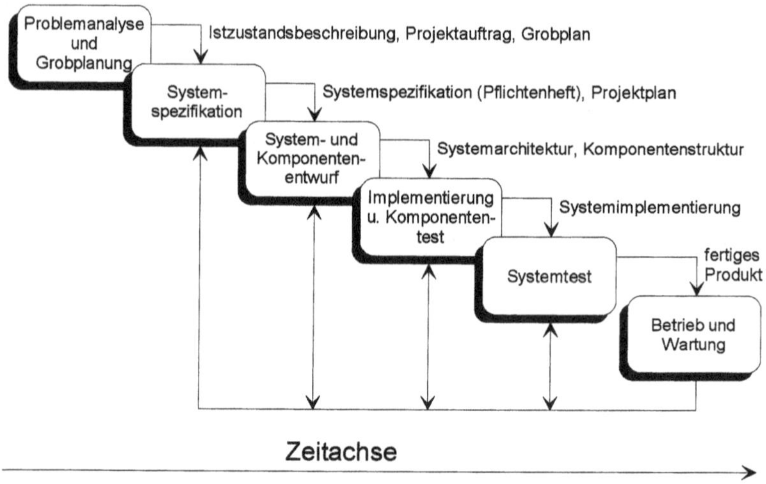


Abb. 6.1: "Klassischer" Software life cycle
Quelle: Pomberger (1990), S. 219.

Ziel des Einsatzes von Vorgehensmodellen[2] bei der Entwicklung von Software-Produkten ist die Reduktion der Komplexität des Entwicklungsvorhabens. Der schwer überschaubare Entwicklungsprozeß wird in übersichtliche Teile geglie-

2 In der Literatur finden sich hierfür sehr unterschiedliche Begriffe, z.B. Entwicklungsmodell, Projektmodell, Phasenschema, Entwicklungszyklus, Life Cycle; vgl. z.B. Hesse/Keutgen et al. (1984), S. 204 oder Schulz (1989), S. 137ff.

dert.[3] Zu diesem Zweck werden funktional und zeitlich zusammengehörige Tätigkeiten zu sog. *Phasen* zusammengefaßt. Die Phasen zusammengenommen und die Ordnung ihrer zeitlichen Reihenfolge bezeichnet man als *Software life cycle*.[4] Die Abbildung 6.1 zeigt einen solchen "klassischen" Software life cycle.

Ein Vorgehensmodell ist also eine systematische Folge von Verfahrensschritten.[5] Im Bereich des Software Engineering existieren sehr viele Vorgehensmodelle, die sich häufig nur in wenigen Details unterscheiden.[6] Die unterschiedlichen Modelle können jedoch im wesentlichen durch die gleichen Prinzipien charakterisiert werden:[7]

1. *Software Lebenszyklus*
   Die Vorgehensmodelle umfassen in der Regel alle Phasen von der Anforderungsdefinition bis Wartung und Pflege im täglichen Einsatz.[8] Diese Phasen beschreiben dann den *Lebenszyklus ("life cycle")* des Software-Produktes.
2. *Sequentieller, linearer Ablauf*
   Die einzelnen Phasen werden in sequentieller Folge bearbeitet. Iterationen stellen Ausnahmen dar und sollen aufgrund der damit verbundenen Kosten möglichst vermieden werden.
3. *Analyse vor Implementierung*
   Vor der Implementierung soll möglichst eine vollständige und exakte Spezifikation des Software-Produkts erstellt werden.[9]
4. *Top-Down-Refinement*
   Über die zu durchlaufenden Entwicklungsphasen wird das Software-Produkt immer stärker konkretisiert und in seinen Details beschrieben bzw. implementiert.[10]

---

3 Vgl. Pomberger/Remmele (1987b), S. 21; Curth/Bölscher et al. (1991), S. 106; Schulz (1989), S. 141.

4 Vgl. Pomberger (1990), S. 218; Schulz (1989), S. 137; Düsing/Scheffler et al. (1990), S. 19.

5 Vgl. Spitta (1989), S. 18.

6 Vgl. Gabriel/Timm (1992), S. 362; Kurbel (1990), S. 484. Einen Überlick verschiedener Vorgehensmodelle (Phasenkonzepte) geben z.B. Balzert (1982), S. 469 und Seibt (1987), S. 253ff.

7 Vgl. Hoppe (1992), S. 44f.

8 Vgl. Spitta (1989), S. 18.

9 Partridge spricht von einer "rigorous functional specification (RFS)" in der "klassischen" Software Entwicklung; vgl. Partridge (1988), S. 23f. Dies steht im Gegensatz zu den typischen KI-Problemen, die sich nur in Form von "inkomplett spezifizierten Funktionen (ISF)" charakterisieren lassen; vgl. Partridge (1988), S. 14.

10 Vgl. Partridge (1988), S. 35ff.

Diese Prinzipien beschreiben das "klassische" Vorgehensmodell[11] des Software Engineering, welches bereits deutlich zur Strukturierung der Systementwicklung und damit zur Reduzierung der Komplexität beiträgt. Dennoch weist dieses Modell noch eine Reihe von Kritikpunkten auf.[12] Genannt wird dabei häufig die rein sequentielle Vorgehensweise sowie die möglichst vollständige und korrekte Spezifikation der Systemanforderungen zu Beginn des Projekts. Das fertige und ablauffähige Produkt liegt erst spät im Projektablauf vor. Etwaige Mißverständnisse zwischen Benutzer und Entwickler können dann nur noch mit einem unverhältnismäßig hohen Kostenaufwand beseitigt werden.

Das "klassische" Vorgehensmodell des Software Engineering hat daher in der Vergangenheit eine Reihe von Modifikationen und Erweiterungen erfahren. Insbesondere sind in diesem Zusammenhang das Prototyping, partizipative und evolutionäre Entwicklungsmodelle[13] zu nennen. In den letzten Jahren rückt aber verstärkt die objektorientierte Vorgehensweise in den Vordergrund.[14] Die unterschiedlichen Vorgehensmodelle, die in modifizierter Form auch für das Knowledge Engineering Anwendung finden, werden in den folgenden Abschnitten dargestellt. Aufgrund der besonderen Anwendungsbereiche von Wissensbasierten Systemen wird das "klassische" Vorgehensmodell des Software Engineering für

---

11 Bereits 1976 beschrieb Boehm ein Vorgehensmodell, das er selbst *Wasserfallmodell* nannte, weil die Ergebnisse einer Phase wie bei einem Wasserfall in die nächste Phase fallen. Alle Phasen werden sequentiell durchlaufen, wobei jede mit einem Validierungs- oder Verifizierungsprozeß endet; vgl. Boehm (1976), S. 1226ff.; Boehm (1986), S. 30ff.; Boehm (1990), S. 513; Gabriel/Timm (1992), S. 363. Sie ist eine konsequente Umsetzung des *top down structured programming*-Ansatzes von Dijkstra (1972), S. 44ff.

12 Vgl. Pomberger (1990), S. 224; Seibt (1987), S. 254f.; Schulz (1989), S. 138.

13 Partizipative Vorgehensmodelle versuchen den Benutzer in den Entwicklungsprozeß einzubinden, um dadurch den Weg zwischen seinen wechselnden und ungenauen Anforderungen und der Realisierung zu verkürzen; vgl. Schulz (1989), S. 139 und Aschersleben/Gstalter et al. (1989), S. 44. Prototyping ist ein Ansatz, Benutzeranforderungen zu simulieren und dadurch den Kommunikationsprozeß zwischen Entwickler und Anwender zu verbessern. Ein evolutionäres Entwicklungsmodell ist z.B. das Spiralmodell von Boehm (1990), S. 513ff.

14 Zu den objektorientierten Analyse- und Designmethoden vgl. Schaschinger/Sikora et al. (1991), S. 32ff. Zur objektorientierten Systementwicklung und Programmierung vgl. z.B. Meyer (1990); Barth/Welsch (1988), S. 404ff. oder Frick (1992), S. 16ff.

das Knowledge Engineering in der Regel nicht eingesetzt[15] und daher bei der folgenden Darstellung nicht berücksichtigt.

## 6.1 Prototyping

Die Entwicklung von Expertensystemen wurde in der Vergangenheit weitgehend von der aus dem Software Engineering stammenden Vorgehensweise des Rapid Prototyping geprägt.[16] Dabei wird versucht, anhand von Fallbeispielen und unter Verwendung von geeigneten Werkzeugen oder Shells möglichst schnell ein ablauffähiges Expertensystem zu erstellen. Dieses prototypische System wird aufgrund weiterer Erhebungen sukzessive verfeinert und erweitert, bis es die gewünschten Anforderungen erfüllt.

Für Kurbel ist die Entwicklung eines Expertensystems ein evolutionärer Prozeß, bei dem Konzepte und Realisierungsmöglichkeiten ausprobiert und gegebenenfalls verworfen werden. Einzelne "Phasen" der Entwicklung werden also ständig wiederholt.[17]

Hauptgründe für den Einsatz des Prototyping-Ansatzes in der Vergangenheit waren:[18]

- die Verfügbarkeit komfortabler Entwicklungswerkzeuge (insbesondere XPS-Shells), die eine schnelle Systementwicklung ermöglichten und
- die Schwierigkeiten der Anwender, ihre Anforderungen an das zukünftige Expertensystem im voraus genau zu spezifizieren.

In der Literatur lassen sich je nach Zielsetzung verschiedene Klassifizierungsansätze für das Prototyping finden. Am häufigsten wird die Einteilung von Floyd für das Prototyping benutzt:[19]

---

15 Die Anwendungsbereiche, für die Expertensysteme entwickelt werden, sind tendenziell eher *schlecht strukturiert* (vgl. Abschnitt 1.4). Es ist daher im allgemeinen nicht möglich, in einer linearen Vorgehensweise nacheinander die einzelnen Phasen des "klassischen" Vorgehensmodells des Software Engineering zu bearbeiten. Vielmehr gehen die einzelnen Teilaufgaben ineinander über, und es muß die Möglichkeit zu Rücksprüngen gegeben sein. Vgl. dazu Gabriel/Timm (1992), S. 363; Kurbel (1990), S. 484f.; Hoppe (1992), S. 48.

16 Vgl. Gabriel/Timm (1992), S. 364; Göbler (1992), S. 9; Hoppe (1992), S. 48; Mucksch/Fenske (1991), S. 228; Hoppe (1991), S. 184; Curth/Bölscher et al. (1991), S. 109; Kieback/Lichter et al. (1991); Karbach (1989b), S. 248; Karbach (1988a), S. 10; Gaines (1988b), S. 45ff.

17 Vgl. Kurbel (1990), S. 490.

18 Vgl. Curth/Bölscher et al. (1991), S. 109.

- Das *explorative Prototyping* dient der Ermittlung der Spezifikationen des zu erstellenden Systems. Ausgehend von ersten Vorstellungen über das geplante System wird ein Prototyp entwickelt, der es erlaubt, diese Vorstellungen anhand konkreter Anwendungsbeispiele zu prüfen und die erwünschte Funktionalität sukzessive auszuloten. Dies geschieht in enger Zusammenarbeit mit dem Anwender, was zu einer erheblichen Förderung der Akzeptanz beiträgt. Es sollen die grundlegenden Kommunikationsprobleme zwischen Knowledge Engineer und Experte bzw. Anwender überwunden werden. Das explorative Prototyping ist eine Technik zur Unterstützung der frühen Phasen der Software-Entwicklung, wie z.B. Problemanalyse und der Systemspezifikation.[20] Weiterhin kann der entwickelte Prototyp zur Verifikation der Spezifikationen in der Designphase oder als Demonstrationsobjekt für das zu entwickelnde Produkt bereits Marketing und Vertrieb unterstützen.[21] Der Prototyp wird üblicherweise nicht weiter zum fertigen Produkt entwickelt.[22]
- Das *experimentelle Prototyping* dient in erster Linie als Nachweis für die Machbarkeit und Akzeptanz von Objektspezifikationen, Architekturmodellen oder Lösungsideen für einzelne Systemkomponenten, bevor eine kostenintensive Implementierung durchgeführt wird. Dieser Prototyp hat also die Funktion eines Testobjekts für alle am Entwicklungsprozeß beteiligten Personen. Er soll das Zusammenspiel zwischen den einzelnen Systemkomponenten simulieren, die Angemessenheit der definierten Schnittstellen aufzeigen sowie die Flexibilität der gewählten Architektur verdeutlichen. Das experimentelle Prototyping ist also eine Technik zur Unterstützung beim System- und Komponentendesign.[23]
- Das *evolutionäre Prototyping* beruht auf der Idee einer inkrementellen Systementwicklung. Das Software-Produkt entsteht hierbei aus einer Reihe aufeinanderfolgender Versionen ("versioning"), wobei die jeweils fertiggestellte Version Ausgangspunkt für den nächsten Entwicklungszyklus ist. In Zyklen können Anforderungen, die zu Implementierungsbeginn noch nicht spezifiziert

---

19 Vgl. Floyd (1984), S. 6ff.; Pomberger (1990), S. 226f.; Pomberger/Remmele (1987a), S. 31; Gabriel (1992), S. 244f.; Gabriel/Timm (1992), S. 364; Spitta (1989), S. 5; Hoppe (1992), S. 46f.; Mucksch/Fenske (1991), S. 227f.; Curth/Bölscher et al. (1991), S. 116ff.; Kieback/Lichter et al. (1991), S. 8f.; Düsing/Scheffler et al. (1990), S. 20.

20 Vgl. Pomberger/Remmele (1987a), S. 31; Floyd (1984), S. 7.

21 Vgl. Pomberger/Remmele (1987b), S. 22.

22 Vgl. Gabriel (1992), S. 244; Curth/Bölscher et al. (1991), S. 116.

23 Vgl. Pomberger/Remmele (1987a), S. 31.

wurden, in den Prototypen eingearbeitet werden[24]. Damit verliert die Systementwicklung den Charakter eines in sich abgeschlossenen Projekts und wird ein Prozeß, der die Anwendung ständig begleitet.[25]

Während das explorative und das experimentelle Prototyping eindeutig Techniken zur Unterstützung einzelner Entwicklungsphasen darstellen, ist das evolutionäre Prototyping phasenübergreifend anzusehen.[26] Bei dieser Vorgehensweise läßt sich eigentlich nicht mehr zwischen Prototyp und Produkt unterscheiden. Die Prototypen simulieren nicht mehr nur das Software-Produkt und werden daher auch nicht "weggeworfen", sondern entwickeln sich sukzessive zum "fertigen" Produkt.[27]

Mayhew/Dearnley beschreiben eine Erweiterung der Klassifikation von Floyd. Danach werden zusätzlich zu den drei o.g. Formen des Prototypings noch folgende weitere Prototyping-Arten unterschieden:[28]

- Das *leistungsbezogene Prototyping* wird eingesetzt, um die antizipierte Leistungsfähigkeit des Zielsystems in der geplanten Umgebung zu testen. Der Prototyp wird unter realitätsnahen Bedingungen mit entsprechender Auslastung untersucht. Die notwendige Vereinfachung des Prototypen macht dies zwar zu einem schwierigen Prozeß, es lassen sich so aber bereits frühzeitig inkompatible Kombinationen von Problemstellung, Hardware, Software und Auslastung aufzeigen. Das leistungsbezogene Prototyping kann als ein Spezialfall des experimentellen Prototypings aufgefaßt werden.
- Das *organisationelle Prototyping* soll das Zielsystem in der geplanten Umgebung untersuchen. Ziel ist zum einen die Sicherstellung, daß die Benutzeranforderungen erfüllt werden und zum anderen die Abstimmung des Systems mit der umgebenden Organisation. Es sollen die organisatorischen Veränderung hinsichtlich ihrer Adäquatheit und Vollständigkeit untersucht werden. Das organisationelle Prototyping ist ein Spezialfall des experimentellen Prototypings.

Die vorgestellten Prototyping-Arten lassen sich hinsichtlich ihrer Zielsetzung einzelnen Phasen der Software-Entwicklung zuordnen. Die prototyping-orientierte Software-Entwicklungsstrategie unterscheidet sich also nicht radikal von der pha-

---

24 Floyd unterteilt die einzelnen Zyklen in die Abschnitte (Re-)Design, (Re-)Implementation, (Re-)Evaluation; vgl. Floyd (1984), S. 11.

25 Vgl. Pomberger (1990), S. 227.

26 Für Schulz besteht kein Grund, ein eigenes Vorgehensmodell für das Prototyping einzuführen, weil im Evolutionsmodell und in den Validierungs- bzw. Verifizierungsphasen im klassischen Wasserfallmodell Rückkopplungsprozesse zugelassen werden; vgl. Schulz (1989), S. 140. Dieser Auffassung ist auch Pomberger; vgl. Pomberger/Remmele (1987a), S. 32.

27 Vgl. Pomberger/Remmele (1987a), S. 31.

28 Vgl. Mayhew/Dearnley (1987), S. 481f.

senorientierten Vorgehensweise, sondern versucht vielmehr die vollständige Trennung einzelner Phasen aufzulösen und durch die neue Technik des Prototypings möglichst früh ein Produktmodell zu implementieren. Die folgende Abbildung 6.2 zeigt die Zuordnung der verschiedenen Prototyping-Arten zu den einzelnen Phasen der Software-Entwicklung.

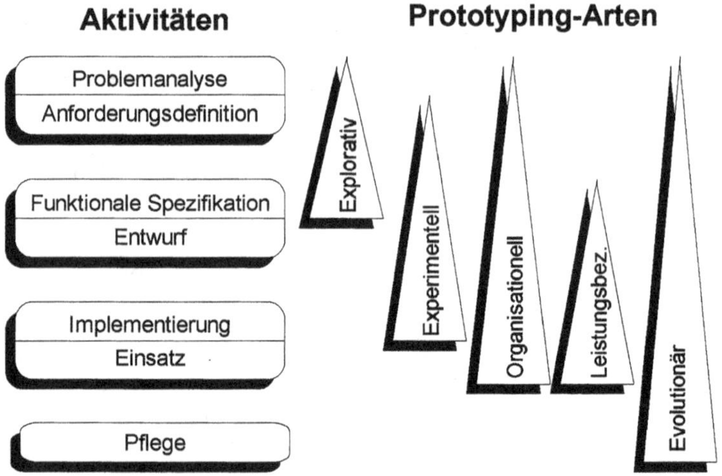


Abb. 6.2: Prototyping-Arten in den Phasen der Software-Entwicklung
Quelle: in Anlehnung an Curth/Bölscher et al. (1991), S. 117.

Zufriedenstellen kann diese Klassifikation des Prototypings allerdings noch nicht, da die Abgrenzung zwischen den verschiedenen Prototyping-Arten noch recht unklar ist. Außerdem erscheint das evolutionäre Prototyping mehr als ein eigenständiges Vorgehensmodell, als das es mit dem klassischen Phasenmodell im Einklang steht. Es muß daher eine klarere Klassifikation des Prototypings gefordert werden.

Diese insgesamt fünf Prototyping-Arten wurden deshalb von Mayhew/Dearnley systematisch untersucht und in Bezug zu dem (Prototyp-)Entwickler, zum Anwender, zur Software und zur Hardware gebracht. Die verschiedenen Interaktionen zwischen jeweils zwei dieser beteiligten Komponenten führen zu sechs verschiedenen Prototyping-Arten:[29]

---

[29] Vgl. Mayhew/Dearnley (1987), S. 482f.

| Prototyping-Art: | Interaktion: | Beschreibung: |
|---|---|---|
| Explorativ | Entwickler/Anwender | Erhebung und Überprüfung der Anforderungen |
| Experimentell | Entwickler/Software | Überprüfung des Softwaredesign |
| Leistung | Software/Hardware | Überprüfung der Leistungsdaten |
| Hardware | Entwickler/Hardware | Hardware-Eignung |
| Ergonomie | Anwender/Hardware | organisatorische und Hardware-Anforderungen |
| Funktional | Anwender/Software | Systemeignung |

Tab. 6.1: Prototyping-Arten

Dieser Ansatz führt zur einer klaren Abgrenzung der verschiedenen Prototyping-Arten. Die Klassifizierungsansätze von Floyd und Mayhew/Dearnley lassen sich folgendermaßen zusammenführen, wobei allerdings das organisationelle Prototyping nicht mehr als ein Spezialfall des experimentellen Prototypings anzusehen ist:[30]

- Exploratives Prototyping
- Experimentelles Prototyping
    - Experimentelles Prototyping
    - Leistungs-Prototyping
    - Hardware-Prototyping
- Organisationelles Prototyping
    - Ergonomisches Prototyping
    - Funktionelles Prototyping

Das evolutionäre Prototyping wurde in dieser Systematik nicht aufgenommen, da es sich auf alle Entwicklungsphasen bezieht und von daher nicht mehr nur einzelne Interaktionen untersucht werden können, sondern das Software-Produkt als Ganzes betrachtet werden muß. Das evolutionäre Prototyping bildet somit die Grundlage einer eigenständigen Entwicklungsmethodik.

Wie eingangs bereits ausgeführt wurde, ist die Entwicklung von Expertensystemen in der Vergangenheit weitgehend durch das Rapid Prototyping geprägt worden. Dabei wurde insbesondere das evolutionäre oder im Rahmen von Phasenmodellen das explorative Prototyping eingesetzt.

30 Vgl. Mayhew/Dearnley (1987), S. 484.

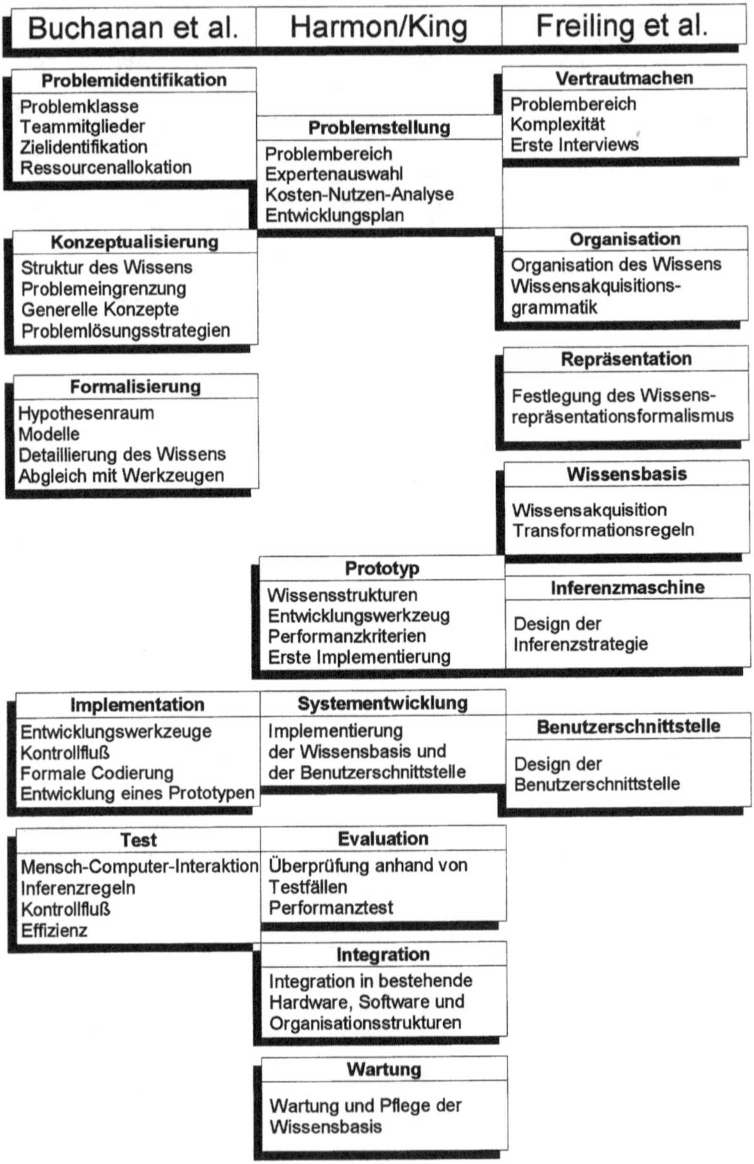


Abb. 6.3: Stufeneinteilung verschiedener Prototyping-Vorgehens-modelle
Quelle: in Anlehnung an Karbach/Linster (1990), S. 38.

In der Abbildung 6.3 werden die drei Prototyping-orientierten Vorgehensmodelle von Buchanan et al.[31], Harmon/King[32] und Freiling et al.[33] im Vergleich dargestellt. Auf eine ausführliche Beschreibung dieser Vorgehensmodelle soll hier verzichtet werden, weil methodischen Aspekte bereits dargestellt wurden und das Prototyping bei den weiteren Betrachtungen nicht mehr Mittelpunkt steht.[34]

Die Prototyping-orientierte Vorgehensweise hat eine Reihe von Vorteilen:[35]

- Die mit der Expertensystemtechnologie verfügbaren Werkzeuge und Shells[36] erleichtern den Implementierungsprozeß und bieten dem Knowledge Engineer mehr Entwicklungsfreiheit.
- Der Knowledge Engineer und der Experte können sofort verifizieren, ob der Wissenstransfer richtig durchgeführt wurde.[37]
- Der Prototyp wird insbesondere als Kommunikationsmittel zwischen den am Projekt beteiligten Personen eingesetzt, z.B.
  - zur Ermittlung der Systemanforderungen,
  - im Rahmen der Partizipation der späteren Anwender und
  - als Überzeugungsinstrument für das Management.
- Mit einem Prototypen kann ein Machbarkeitsnachweis erbracht werden.

Den Vorteilen des Prototypings steht aber auch eine größere Anzahl von Nachteilen gegenüber:[38]

- Die Repräsentation der Expertise in der Wissensbasis ist zu nah an der Implementierung und entspricht nicht der Begriffswelt des Experten.
- Es gibt keine Phaseneinteilung des Prototyping-Prozesses und keine definierten Meilensteine.
- Der Knowledge Engineer ist häufig mit der gleichzeitigen Interpretation und Repräsentation der Daten überfordert.

---

31 Vgl. Buchanan/Barstow et al. (1983), S. 140ff.

32 Vgl. Harmon/King (1986), S. 219ff.

33 Vgl. Freiling/Alexander et al. (1985), S. 150ff.

34 Eine Beschreibung verschiedener Prototyping-orientierter Vorgehensmodelle findet sich z.B. bei Karbach (1989b), S. 254ff.

35 Vgl. Karbach/Linster (1990), S. 17, Curth/Bölscher et al. (1991), S. 127f.; Karbach (1989b), S. 249.

36 Vgl. z.B. die Übersicht über Expertensystemwerkzeuge in Bechtolsheim/Schweichhart et al. (1991), S. 6ff.

37 Buchanan/Barstow et al. empfehlen ausdrücklich die Erstellung eines Prototypen zur Überprüfung, ob die Schlüsselkonzepte und -relationen richtig und vollständig in der Konzeptualisierungsphase erhoben wurden; vgl. Buchanan/Barstow et al. (1983), S. 143f.

38 Vgl. Karbach (1989b), S. 249; Karbach/Christaller (1989), S. 286.

- Die Denkweise des Knowledge Engineers wird früh auf Implementierungsdetails festgelegt.
- Bei der Interpretation der Daten wird der Knowledge Engineer durch die vorgegebenen Repräsentationsformalismen beeinflußt und eingeengt.
- Die Architektur des Systems wird bereits festgelegt, bevor alle Akquisitionsprotokolle analysiert worden sind und bevor damit eine abschließende Beurteilung der Expertise möglich ist.
- Der Prototyp kann die Dateninterpretation des Knowledge Engineer beeinflussen, da er die Sichtweise auf die Expertise unter Umständen einengt.
- Da die Daten nicht vollständig vor der Implementierung analysiert wurden, hat der Knowledge Engineer keinen Überblick darüber, welche Teile der Expertise schon implementiert sind und welche Teile noch in das System integriert werden müssen.
- Es gibt kein explizites abstraktes Modell des Schlußfolgerungsprozesses des Experten.
- Viel Problemlösungswissen wird nicht explizit dokumentiert, sondern ist implizit in den Regeln enthalten.
- Änderungen und Erweiterungen der Wissensbasis sind sehr aufwendig.

Zusammenfassung muß festgestellt werden, daß der Prototyping-Ansatz trotz seiner Verbreitung und Vorteile insgesamt sehr kritisch betrachtet werden muß. Prototyping wird daher mehr und mehr als Unterstützung für bestimmte Phasen in anderen Vorgehensmodellen benutzt. Als alleinige Vorgehensweise ist das Prototyping abzulehnen.

## 6.2 Modellbasierte Wissensakquisitionsverfahren

Nach der Transfer-Sicht in Form des Prototyping-Ansatzes soll nun die Modellierungs-Sicht in Form der modellbasierten Wissensakquisitionsverfahren näher betrachtet werden. Wie schon bereits ausgeführt, sind die Ansätze der modellbasierten Wissensakquisition entstanden, um die erkannten Defizite des Prototyping-Ansatzes zu vermeiden. Diese Defizite äußern sich vor allem in

- der konzeptuellen Distanz zwischen Expertenterminologie und Wissensrepräsentationsformalismen,
- der fehlenden Abstraktion in Wissensbasen,
- der mangelnden Modularität von Wissensbasen,
- den fehlenden Meilensteinen beim Entwurf.[39]

In diesem Abschnitt werden einige wichtige Ansätze der modellbasierten Wissensakquisition vorgestellt. Dabei wird die Darstellung auf den derzeit wohl am deutlichsten ausformulierten Ansatz KADS (Abschnitt 6.2.4) fokussiert. Die

39 Vgl. Karbach (1989a), S. 13.

übrigen Ansätze (Generic Tasks, Method-to-Task-Ansatz und Role-Limiting-Method in den Abschnitten 6.2.1 - 6.2.3) sollen nur überblickshaft beschrieben werden, um die Genese der modellbasierten Wissensakquisition besser verstehen zu können.

Gemeinsam ist diesen Ansätzen der modellbasierten Wissensakquisition eine Beschreibung des Expertenwissens in einem Problemlösungsmodell, das einer - im Vergleich zur Implementierungsebene von Regeln oder Frames - höheren Repräsentationsebene (im Sinne des von Newell geforderten Knowledge Level[40]) zuzuordnen ist.[41] Als Definition des Begriffs Problemlösungsmodell soll in diesem Zusammenhang zunächst der Darstellung von Linster gefolgt werden:

> *"We define a model as a structured understanding of the entities and processes that contribute to the solution of a real-world task."*[42]

Damit wird der Modellbegriff auch von anderen Sichtweisen innerhalb der KI abgegrenzt, die ihn insbesondere für die Entwicklung von allgemeinen Problemlösungsmethoden benutzen.

Alle modellbasierten Ansätze verfolgen mit der Modellbildung allgemein folgende Zielsetzungen:[43]

- Es ist vorteilhafter, das Problemlösungsverhalten auf einer adäquaten abstrakten Ebene zu formulieren (Problemlösungsmodell).
- Diese Beschreibung kann in einer problemorientierten Weise erfolgen und ist nicht durch implementationsspezifische Einflüsse geprägt.
- Die modellbasierte Vorgehensweise lenkt den Wissensakquisitionsprozeß und strukturiert gleichzeitig die Wissensbasis.

Die modellbasierte Wissensakquisition basiert auf drei Hauptthesen:[44]

1. Die Wissensanalyse findet weitgehend vor der Wissensimplementierung statt. Das Ergebnis der Wissensanalyse ist ein konzeptuelles Modell der Expertise.
2. Der Wissensingenieur wird bei der Wissensakquisition durch vorgefertigte, generische Modelle unterstützt, die die Interpretation und die Strukturierung der amorphen Wissenserhebungsdaten erleichtern und es ermöglichen, den Experten gezielt nach fehlendem Wissen zu fragen.
3. Konzeptuelle Modelle beschreiben Expertise in abstrakter, implementationsunabhängiger Form. Insbesondere werden die Rollen, die verschiedene Teile

---

40 Vgl. Newell (1982), S. 94ff. und die Darstellung im Abschnitt 4.2.

41 Vgl. Hoppe (1992), S. 59.

42 Linster (1992b), S. 56.

43 Vgl. Karbach/Linster et al. (1991), S. 58; Karbach/Linster et al. (1990a), S. 173; Karbach/Linster et al. (1990b), S. 279 .

44 Vgl. Karbach (1989a), S. 13.

des Expertenwissens beim Problemlösen übernehmen, deutlich und generische Anteile extrahiert.

## 6.2.1 Generic Tasks-Ansatz

Der Generic Tasks-Ansatz ist von der Forschungsgruppe um Bruce Chandrasekaran entwickelt worden.[45] Ihr Forschungsansatz basiert auf der Identifizierung von *generischen Verfahren der Problemlösung*, welche sie als *Generic Tasks* bezeichnen. Diese lassen sich aus der Beobachtung herleiten , daß unterschiedliche Problembereiche (z.B. Diagnose und Design) unterschiedliche Inferenzstrategien und Wissensstrukturen aufweisen. Generic Tasks verbinden also Wissensstrukturen mit einer Problemlösungsstrategie für einen abgegrenzten Problembereich. Sie sind durch folgende Merkmale gekennzeichnet:[46]

- die Art der Problemstellung, gekennzeichnet durch die Ein-/Ausgabebeziehung sowie die Funktion des Generic Task,
- die Art der im Problemlösungsprozeß involvierten Wissensstrukturen, d.h. die Art sowie die Organisation der beteiligten Konzepte und
- die Inferenzstrategie, die auf den Wissensstrukturen operiert.

Anhand einer Diagnoseproblemstellung soll die Vorgehensweise des Generic Tasks-Ansatzes beispielhaft dargestellt werden. Für die Diagnose ist eine Kombination von mehreren unterschiedlichen Generic Tasks (sog. "*compound task*"[47]) erforderlich. Die Abbildung 6.4 zeigt den Ablauf der Problemlösung als Übersichtsdiagramm zur besseren Lokalisierung der beteiligten Generic Tasks.

Die Diagnose ist generell durch das Ziel gekennzeichnet, eine Menge von Beobachtungen (Symptome) durch eine oder mehrere Hypothesen zu erklären.[48] Die allgemeine Vorgehensweise entspricht damit der heuristischen Klassifikation (heuristic classifikation), wie sie Clancey beschreibt[49].

Zielsetzung ist also die Bestimmung einer Menge von Hypothesen, die eine bestimmte Situation besonders gut beschreiben bzw. erklären. Ein generisches Verfahren zur Lösung dieser Problemstellung ist die Hierarchische Klassifikation (*hierarchical classification*). Dazu werden die Hypothesen in einer Klassenhierarchie (Wissensstruktur) angeordnet. Das Problemlösungsverfahren besteht

---

[45] Vgl. dazu z.B. Chandrasekaran (1983); Chandrasekaran (1984); Chandrasekaran (1986); Bylander/Chandrasekaran et al. (1987); Chandrasekaran (1988); Chandrasekaran (1989).

[46] Vgl. Bylander/Chandrasekaran et al. (1987), S. 509; Chandrasekaran (1988), S. 184; Hoppe (1992), S. 86.

[47] Vgl. Chandrasekaran (1989), S. 217.

[48] Vgl. dazu z.B. die Definition eines Diagnoseproblems bei Poddig (1991), S. 1.

[49] Vgl. Clancey (1985), S. 294ff.

aus einer Feststellen-und-Verfeinern-Strategie (establish-and-refine)[50], d.h. wenn eine Hypothese als wahrscheinlich gilt, dann gelten auch alle ihre Subhypothesen als wahrscheinlich und werden untersucht. Der Ausschluß einer Hypothese bewirkt dagegen auch immer gleichzeitig den Ausschluß aller Nachfolger dieser Hypothese in der Klassenhierarchie.

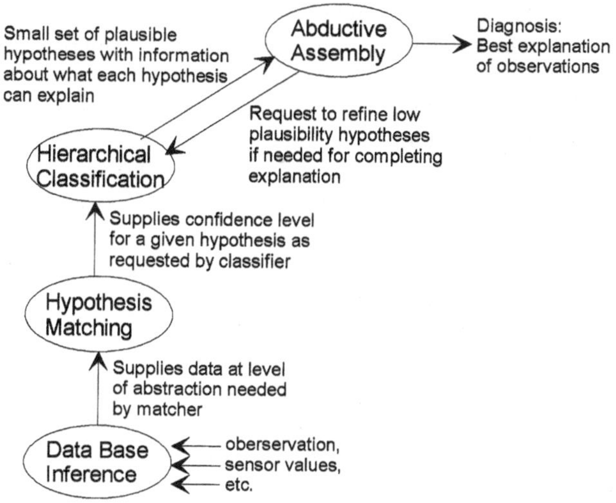


Abb. 6.4: A generic task architecture for diagnosis with compiled knowledge
Quelle: Chandrasekaran (1988), S.190.

Um die Evidenz einer Hypothese erkennen zu können und damit über ihren Ausschluß bzw. ihre Etablierung bestimmen zu können, bedarf es eines weiteren generischen Problemlösungsverfahrens, nämlich des Hypothesenabgleichs (*hypothesis matching*). Eingabe ist dabei ein Konzept (z.B. eine Hypothese) und eine Menge von Daten (z.B. Beobachtungen), die einen Zustand beschreiben. Ausgabe ist ein Maß, das die Übereinstimmung des Konzepts mit den Daten beschreibt (z.B. bei der Mustererkennung).[51]

Für die Bestimmung der Evidenz einer Hypothese mag es erforderlich sein, daß konkrete Meßwerte (Daten) zunächst abstrahiert werden, um z.B. qualitative Beurteilungen (abstrahierte Daten) zu erhalten. Dazu bietet sich das generische

50 Vgl. dazu z.B. Puppe (1990), S. 50ff.

51 Vgl. Karbach/Linster (1990), S. 65; Bylander/Chandrasekaran et al. (1987), S. 510.

Problemlösungsverfahren der wissensgerichteten Informationsgewinnung (*knowledge-directed information passing*)[52] an.

Bei dem beschriebenen Diagnoseproblem kann es abschließend noch notwendig sein, daß die Menge von Hypothesen, die als Ursache für die beobachteten Symptome in Frage kommen, unter Berücksichtigung eventueller Widersprüche und vorhandener Redundanzen zu einer Gesamthypothese zusammengesetzt wird, die die Symptome möglichst vollständig erklärt. Das generische Problemlösungsverfahren der Kombination von Hypothesen (*abductive hypothesis assembly*) kann diese Aufgabe übernehmen.[53]

Insgesamt bietet der Generic Tasks-Ansatz einen Werkzeugkasten von generischen Problemlösungsverfahren an, die insbesondere bei Diagnose- und Planungsproblemen eine hervorragende Grundlage zur Expertensystemerstellung bilden. Folgende Werkzeuge wurden bisher von der Forschergruppe um Chandrasekaran entwickelt:[54]

- *CSRL (Conceptual Structures Representation Language)* für die hierarchische Klassifikation (*hierarchical classification*),
- *DSPL (Design Specialists and Plans Language)* für die Selektion und Verfeinerung von Plänen (*plan selection and refinement*),
- *IDABLE (Intelligent DAta Base LanguagE)* für die wissensbasierte Informationsgewinnung (*knowledge-directed information passing*),
- *HYPER (HYPothesis matchER)* für den Hypothesenabgleich (*hypothesis matching*),
- *PEIRCE* (nach dem Philosophen C. S. Peirce) für die Kombination von Hypothesen (*abductive hypothesis assembly*) und
- *WWHI (What Will Happen If)* für die Simulation von Zustandsveränderungen (*state abstraction*).

Die Vorteile des Generic Tasks-Ansatzes werden von Chandrasekaran folgendermaßen zusammengefaßt:[55]

- Multiformität (*Multiformity*): Im Gegensatz zu einer uniformen Wissensrepräsentation und Inferenz, wie sie von den meisten Expertensystemshells für die unterschiedlichsten Problemstellungen zur Verfügung gestellt werden, betonen die Generic Tasks die Spezialisierung für bestimmte eingeschränkte Anwendungsbereiche.
- Modularität (*Modularity*): Die Generic Tasks entsprechen den Modulen eines WBS. Ein WBS läßt sich also funktional in verschiedene miteinander koope-

[52] Vgl. Bylander/Chandrasekaran et al. (1987), S. 510.

[53] Vgl. Hoppe (1992), S. 88; Chandrasekaran (1988), S. 186.

[54] Vgl. Bylander/Chandrasekaran et al. (1987), S. 511f.

[55] Vgl. Chandrasekaran (1989), S. 234f.

rierende Generic Tasks zerlegen. Diese Modularität soll auch für die einzelnen Generic Tasks gelten.

- Wissensakquisition (*Knowledge Acquisition*): Für jede Generic Task ist eine spezifische Wissensakquisitionsstrategie erforderlich, d.h. mit der Identifikation der Generic Task ist auch die weitere Wissensakquisition vorbestimmt. So ist z.B. für die hierarchische Klassifikation die Bestimmung der relevanten Konzepte und deren hierarchische Struktur von zentraler Bedeutung.
- Erklärung (*Explanation*): Das spezifische Kontrollwissen jeder einzelnen Generic Task kann für die Erklärungskomponente zur Verfügung gestellt werden. Damit kann also die Erklärung auf der Basis der Kontrollstrategie erfolgen.
- Ausnutzung der Interaktion zwischen Wissen und Inferenz (*Exploiting the interaction between knowledge and inference*): Der KE kann sich auf die Erhebung und Beschreibung des Wissens konzentrieren, da die Generic Tasks bereits das Kontrollwissen enthalten. Das Kontrollwissen wird nicht mit dem übrigen Problemwissen vermischt.
- Realisierbarkeit (*Tractability*): Jede Generic Task stellt eine realisierbare Problemlösung dar. Das Problem der kombinatorischen Explosion wird durch die Generic Tasks vermieden. Dies wird u.a. durch die Modularisierung der Aufgabenstellung erreicht.

## 6.2.2 Method-to-Task-Ansatz

Der Method-to-Task-Ansatz ist von der Forschergruppe um Musen und Shortliffe entwickelt worden.[56] Diese Methodologie geht von der Grundidee aus, daß man für die Wissensakquisition zwei Arten von Werkzeugen zur Verfügung stellen sollte. Zunächst wird ein Werkzeug benötigt, mit welchem der Knowledge Engineer das methodische Grundwissen (*method-based conceptual model*) abbildet. Anschließend lassen sich mit Hilfe eines weiteren Werkzeugs für verschiedenartige Aufgabenstellungen unmittelbar durch den Bereichsspezialisten spezialisierte Aufgabenmodelle (*task-based conceptual models*) erstellen.

Der Knowledge Engineering-Prozeß wird damit also in zwei Phasen aufgeteilt. In der ersten Phase wird vom Knowledge Engineer das kontextunabhängige Methodenwissen in der Terminologie des Anwendungsbereichs erhoben und strukturiert. Der Anwendungsexperte kann dann in der zweiten Phase des Knowledge Engineering-Prozesses selbständig das eigentliche, den Problemlösungsprozeß bestimmende Aufgabenwissen beschreiben.

56 Vgl. dazu z.B. Musen (1989a); Musen (1989b); Musen/Fagan et al. (1987).

Eine konkrete Implementation dieser Vorgehensweise ist das Zusammenspiel der Systeme PROTÉGÉ und p-OPAL.[57] Mit diesen Systemen ist allerdings auch der Anwendungsbereich auf die generische Problemstrategie der Planverfeinerung (*skeletal plan refinement*) beschränkt, da bisher keine weitere Implementation eines Werkzeugs zu diesem Ansatz publiziert wurde.

Der Method-to-Task-Ansatz hat aufgrund seiner engen Verschmelzung den Systemen PROTÉGÉ und p-OPAL und der damit verbundenen Beschränkung auf einen Anwendungsbereich bisher keinen breiteren Erfolg bei der Entwicklung von Wissensbasierten Systemen gehabt. Die Einsetzbarkeit und Akzeptanz dieses Ansatzes ist daher bedingt gegeben.

Die Forschungsarbeiten zu diesem Ansatz scheinen abgeschlossen zu sein. Es ist daher in der Zukunft nicht mit neuen Entwicklungen zu diesem Ansatz zu rechnen.

### 6.2.3 Role-Limiting-Method-Ansatz

Der Role-Limiting-Method-Ansatz wurde von der Forschergruppe um Eshelman, Marcus und McDermott entwickelt.[58] Dieser Ansatz wird zur Automatisierung der Wissensakquisition benutzt und geht von der Annahme aus, daß es möglich ist, den Wissensakquisitionsprozeß mit Hilfe von Problemlösungsstrategien zu leiten. Die Problemlösungsstrategien gibt vor, welche Wissensarten zu erheben sind. Die zentrale Entscheidung für den Wissensakquisitionsprozeß ist dabei also die Wahl der Problemlösungsstrategie durch den Knowledge Engineer, die dem Anwendungsbereich am besten repräsentiert.[59] Durch die Auswahl der Problemlösungsstrategie wird die Menge der unterschiedlichen Rollen, die Wissenselemente bei der Problemlösung einnehmen eingeschränkt. Die Problemlösungsstrategien werden '*role-limiting methods*' genannt. Typische '*role-limiting methods*' sind *cover-and-differentiate*, *propose-and-revise* und *acquire-and-present*.[60]

Konkrete Implementationen von Wissensakquisitionssystemen zu diesem Ansatz sind die Systeme MOLE, KNACK und SALT.[61] Das System SALT

---

57 Vgl. die Beschreibung dieser Systeme im Abschnitt 5.2.1.2.

58 Vgl. dazu z.B. Eshelman (1988), S. 37ff.; Marcus (1988), S. 279ff.; McDermott (1988), S. 225ff.

59 Vgl. Linster (1992a), S. 37.

60 Vgl. Linster (1992a), S. 36.

61 Vgl. zu MOLE z.B. Eshelman/Ehret et al. (1987), S. 41ff. und Bullinger/Wasserloos (1989), S. 108. Vgl. zu KNACK z.B. Klinker (1988), S. 125ff. und Klinker/Boyd et al. (1989), S. 299ff. Vgl. zu SALT z.B. Marcus/McDermott (1989), S. 1ff.; Stout/Caplain et al. (1990), S. 325ff.

wurde bereits im Abschnitt 5.2.1.1 dargestellt. SALT basiert auf der Problemlösungsheuristik propose-and-revise und unterstützt die Wissensakquisition für Expertensysteme zum parametrisierenden Entwurfs. Die für die Wissensakquisition relevanten Wissensarten werden dadurch auf einige wenige eingeschränkt.

Dieser Ansatz zeigt sehr anschaulich, wie die Eigenschaften von Problemlösungsstrategien genutzt werden können, um auf der einen Seite Entscheidungsmuster bzw. -kriterien für den Problemlösungsprozeß zu liefern und auf der anderen Seite aber auch um WA-Tools zu steuern.

## 6.2.4 KADS-Methodologie

KADS[62] wurde im Rahmen des ESPRIT-Projektes 1098[63] von 1985 bis 1989 entwickelt. Es ist das Ziel dieses Projekts, eine ganzheitliche Methodologie für den industriellen Entwurf Wissensbasierter Systeme zu entwickeln. Dabei werden Erkenntnisse des Software Engineering adaptiert. Insbesondere wurde ein Phasenmodellkonzept mit einer strikten Trennung von Analyse (hier konzeptuelle Modellierung), Entwurf und Operationalisierung entwickelt. Hinzu kommt die Propagierung eines zielgerichteten Wissensakquisitionsprozesses auf der Grundlage generischer Problemlösungsmodelle.[64] Das Grundverständnis der KADS-Methodologie liegt in der Sicht der Entwicklung von WBS als ein aus Abstraktions- und Transformationsvorgängen bestehender Modellierungsprozeß. Dies scheint zunächst kein neuer Ansatz zu sein, da jedes WBS als ein operationales Problemlösungsmodell der Expertise eines Experten gesehen werden kann.[65] Die Entwicklung der KADS-Methodologie ist noch nicht vollständig abgeschlossen. In ihrer ersten Version bietet sie nur ein praktikables Konzept für den Analysebereich. Die aktuellen Forschungsbemühungen[66] sind auf die Überführung des

---

62 KADS ist ein Akronym und wird in leicht unterschiedlichen Bedeutungen benutzt: "*Knowledge Acquisition and Design Structuring*" oder "*Knowledge Acquisition and Documentation Structuring*". Zu KADS vgl. z.B. Breuker/Wielinga et al. (1987); Wielinga/Bredeweg et al. (1988), S. 104ff.; Alberti/Cheesman (1989), S. 500ff.; Wielinga/Schreiber (1990), S. 322ff.

63 Vgl. Alberti/Cheesman (1989), S. 500ff. Partner waren die Universität Amsterdam (NL), STC Technology (UK), SICON Ltd. (UK), KBSC (UK), SCS (D) und Cap Sogeti Information (F); vgl. Karbach/Linster (1990), S. 66.

64 Vgl. Tank (1991), S. 1.

65 Vgl. Hickman/Killin et al. (1989), S. 28.

66 Zur Zeit werden die Entwicklungsarbeiten im Rahmen des Anschluß-ESPRIT-Projekts P5248 unter der Bezeichnung KADS-II fortgesetzt; vgl. Bauer/Löckenhoff (1992). Ein Konzept mit Verbesserungsvorschlägen aus der Sicht eines KADS-Anwenders hat Bartsch-Spörl vorgelegt, vgl. Bartsch-Spörl (1991), S. 1ff.

konzeptuellen Modells (Analysemodell) zu einem operationalen System ausgerichtet. Damit soll auch die Entwicklung des Designmodells stärker unterstützt und das KADS-Konzept methodisch abgerundet werden.

Die KADS-Methodologie gründet sich auf drei Hauptprinzipien:[67]

1. *Wissensanalyse vor Wissensimplementierung.*
   Es wird versucht die Expertise vollständig zu analysieren, bevor mit dem Design und der Implementierung des Systems begonnen wird. Während der Analyse- und Implementierungsphase soll sich der Knowledge Engineer nicht mit Implementierungsdetails beschäftigen. In KADS findet eine klare Trennung zwischen diesen beiden Phasen statt, so daß sie zeitlich getrennt und eventuell von verschiedenen Personen durchgeführt werden können.
2. *Modellbasierte Wissensakquisition.*
   Die Wissensanalyse soll so früh wie möglich modellgestützt sein, d.h. dem Knowledge Engineer werden von der Methodologie Modelle angeboten, die ihm ein fertiges Gerüst für die Interpretation der erhobenen Daten geben.
3. *Darstellung der Expertise auf epistemologischer Ebene.*
   Die analysierte Expertise soll auf epistemologischer Ebene dargestellt werden, d.h. verschiedene Arten von Wissen sind explizit repräsentiert.

Grundphilosophie von KADS ist die Ansicht, daß Expertensystementwicklung als Modellierungsaktivität zu verstehen ist.[68] Den Übergang vom Prototyping zur Wissensmodellierung bezeichnet Laske als Übergang von der ersten zur zweiten Generation der Expertensysteme.[69] Zentraler Gesichtspunkt von KADS ist daher die Unterstützung der Expertensystementwicklung durch verschiedene Modelle zur Repräsentation der Expertise mit unterschiedlichem Abstraktionsgrad, wie in Abbildung 6.5 dargestellt. KADS unterscheidet explizit fünf verschiedene Modellierungsstadien, die sukzessive bei der Entwicklung eines Wissensbasierten Systems durchlaufen werden. Ausgehend von den erhobenen (verbalen) Daten der realen Problemstellung wird zunächst ein Analysemodell aufgebaut, welches den Anwendungsbereich auf einer abstrakten, problemorientierten Ebene abbildet (epistemologische Ebene). Dieses Analysemodell wird anschließend in ein Designmodell transferiert. Über ein detailliertes Designmodell werden implementationsspezifische Aspekte eingearbeitet und die Expertise in eine ablauffähige Wissensbasis (Zielsystem) überführt. Das Designmodell ist wie das Analysemodell auf einer sehr abstrakten Ebene angesiedelt, orientiert sich aber in der Abbildung des Anwendungsbereichs bereits an der systemspezifischen Zielumgebung. Das Design-Modell ist also eine system- bzw. implementationsorientierte Modellierung der benötigten Expertise. Die Abbildung 6.5 zeigt den Ablauf

---

67 Vgl. Karbach (1989b), S. 269.

68 Vgl. Wielinga/Schreiber et al. (1992), S. 6.

69 Vgl. Laske (1989), S. 10.

der Systementwicklung über die fünf verschiedenen Modelle. Im folgenden wird das Hauptgewicht auf die Darstellung und Entwicklung des Analysemodells gelegt.

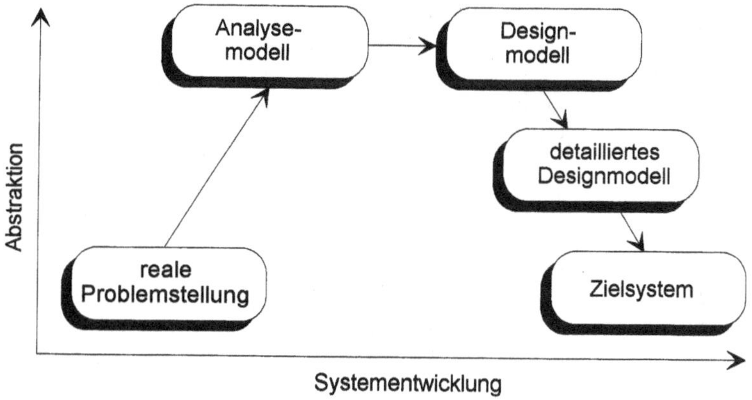


Abb. 6.5: Die vier Modellierungsstadien in KADS

Es lassen sich weiterhin drei wesentliche Komponenten der KADS-Methodologie unterscheiden:

1. Eine Modellierungssprache, die KADS Conceptual Modelling Language (KCML),
2. ein Vorgehensmodell, das KADS-Life-Cycle-Modell, und
3. eine Reihe von Software Support Tools, die in einer Knowledge Engineering Workbench zusammengefaßt sich.

Der KADS-Life-Cycle umfaßt alle Phasen des WBS-Entwicklungsprozesses. Daher soll im folgenden Abschnitt 6.2.4.1 die Darstellung mit dem Life-Cycle beginnen. Anschließend werden in den Abschnitten 6.2.4.2 und 6.2.4.3 das Analysemodell (konzeptuelles Modell) und das Interpretationsmodell näher beschrieben. Auf Werkzeuge, die die KADS-Methodologie unterstützen, wird im Abschnitt 6.2.4.4 eingegangen. Eine zusammenfassende Bewertung der KADS-Methodologie im Abschnitt 6.2.4.5 beschließt die Ausführungen.

#### 6.2.4.1 Life-Cycle-Modell

Das KADS Life-Cycle-Modell ist in der Abbildung 6.6 dargestellt. Es umfaßt die sieben Phasen Analyse, Design, Implementierung, Installation, Einsatz des Systems, Wartung und Pflege sowie Überarbeitung der Wissensbasis. Dieser Life-Cycle ähnelt in einem gewissen Maße dem Life-Cycle der konventionellen Software-Entwicklung.

In der Analysephase werden die Aktivitäten auf zwei Ebenen aufgeteilt. Die "externen" Aktivitäten werden im Rahmen einer Anforderungsanalyse (requirements engineering) durchgeführt und führen dementsprechend zu einer Anforderungsspezifikation. Dieser Prozeß ist auch im traditionellen Software Engineering zu finden. Die "internen" Aktivitäten bestehen aus dem eigentlichen Wissensakquisitionsprozeß und führen zu dem konzeptuellen Modell (Analysemodell).[70] Zu diesen Aktivitäten findet man im traditionellen Software Engineering kein Gegenstück. Abgeschlossen werden die beiden Aktivitätszweige mit einer Durchführbarkeitsstudie (estimation of feasibility).

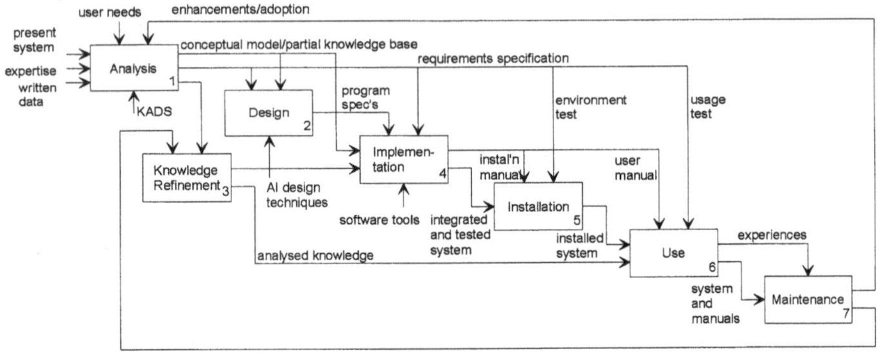


Abb. 6.6: The KADS life-cycle model[71]
Quelle: in Anlehnung an Hickman/Killin et al. (1989), S. 26.

Aus der Anforderungsspezifikation und dem konzeptuellen Modell der Analysephase entsteht in der Designphase ein weiteres Modell, das jetzt bereits stärker system- oder implementationsorientiert ist, aber sich immer noch auf einem deutlich höheren Abstraktionsgrad befindet, als es z.B. der spätere Implementationsformalismus ist. Hier kommen aber bereits Aspekte der Problemlösungsmethoden (z.B. generate-and-test) oder der Wissensrepräsentation (z.B. Produktionsregeln) zum Tragen. Die KADS-Methodologie sieht explizit Zwischenmodelle für die Designphase vor.

In der Implementationsphase wird die eigentliche Übertragung in die Formalismen der Zielumgebung durchgeführt. Wesentliche Rahmenbedingungen in dieser Phase sind die Entscheidungen, die getroffen wurden, hinsichtlich der Pro-

70 Vgl. Hickman/Killin et al. (1989), S. 28f. Hickman/Killin et al. sprechen dort von einem "'external' stream (requirements analysis)" und einem "'internal' stream (analysis of expertise)".

71 Die Darstellung ist an den Formalismen eines SADT-Diagramms orientiert.

grammiersprache, Entwicklungsumgebung und/oder XPS-Shell. Anschließend findet in der Installationsphase die Einrichtung der Produktionsumgebung statt, d.h. das WBS wird in seiner Zielumgebung eingerichtet. Diese Phase unterscheidet sich nicht wesentlich von der Installation eines konventionellen Software-Systems.[72]

Nach diesen Entwicklungsphasen geht das entstandene WBS in die Produktion, d.h. in den Einsatz. Parallel zum Einsatz findet eine ständige Wartung und Pflege des WBS statt.[73] Die Phase der Überarbeitung der Wissensbasis dient der Verbesserung bzw. Erweiterung der Wissensbasis, ohne daß damit strukturelle Veränderungen des Analyse- bzw. des Designmodells notwendig werden. Hickman/Killin et al. nennen mehrere Gründe für die Durchführung dieser Phase in Kombination mit Phasen:[74]

- Wenn z.B. die vollständige Wissenserhebung in der Analysephase zu kostspielig und/oder wenig praktikabel erscheint, dann kann die weitere Erhebung in Form der Überarbeitung der Wissensbasis durchgeführt werden.
- Diese Phase kann parallel zur Designphase benutzt werden, um den Entwicklungsprozeß zu beschleunigen.
- Neues Wissen, das in die vorhandenen Wissensstrukturen paßt, soll aufgenommen werden.

#### 6.2.4.2 Analysemodell

Das Analysemodell (konzeptuelle Wissensmodell[75]) ist das zentrale, bislang am besten untersuchte Modell in der KADS-Methodologie.[76] Es ist eine Abbildung des Problembereichs auf epistemologischer Ebene.[77] Zur Erstellung dieses Modells wurde eine spezielle Sprache, die KADS Conceptual Modelling

---

72 Vgl. Hickman/Killin et al. (1989), S. 34.

73 Zu den Problemen der Wartung und Pflege von Expertensystemen vgl. z.B. Timm (1994), S. 210ff. und Behrendt (1987), S. 104ff.

74 Vgl. Hickman/Killin et al. (1989), S. 35f.

75 Vgl. Breuker/Wielinga et al. (1987), S. 6f.; Karbach (1989b), S. 270f.; Hickman (1990), S. 28ff.

76 Vgl. Hoppe (1992), S. 65.

77 Im Sinne des von Newell geforderten Knowledge Level; vgl. Newell (1982), S. 94ff. und die Darstellung im Abschnitt 4.2.

Language (KCML), entworfen.[78] Die Semantik der Modellierungssprache basiert auf dem, in der Abbildung 6.7 dargestellten, Vier-Ebenen-Modell.[79]

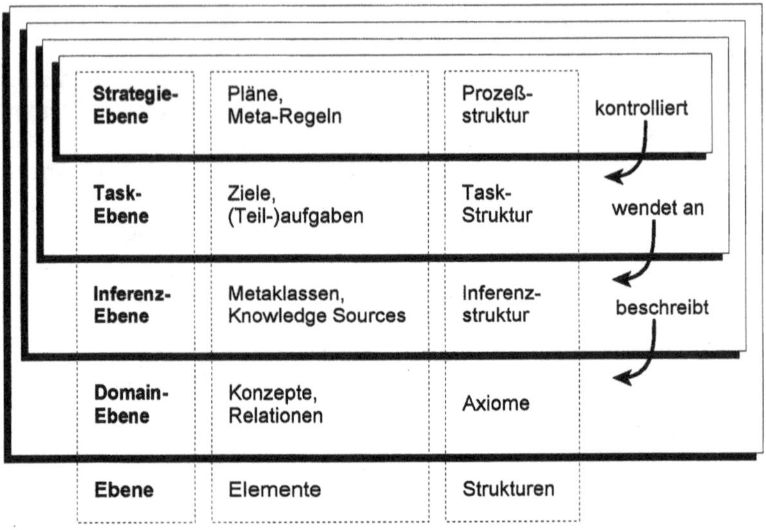


Abb. 6.7: Das Vier-Ebenen-Modell der KADS-Methodologie
Quelle: in Anlehnung an Karbach/Linster (1990), S. 67 und Breuker/Wielinga (1989), S. 277.

Das Analysemodell wird auf der Grundlage dieses Vier-Ebenen-Modells erstellt. Dabei sollen die Ebenen es ermöglichen, daß das verschiedenartige Wissen auf getrennten Ebenen angeordnet und die Beziehungen zwischen dem Wissen auf den unterschiedlichen Ebenen explizit abgebildet werden kann. Zusammenfassend läßt sich sagen, daß die *Inferenzebene* beschreibt, was generell auf der Basis des *Domänenwissens* geschlußfolgert werden kann, während die *Task-Ebene* und

---

78 Vgl. Breuker/Wielinga (1989), S. 274ff.; Hoppe (1992), S. 67. Eine Modellierungssprache kann folgendermaßen definiert werden: "A modelling language provides a vocabulary in which the expertise can be expressed in a coherent way." Breuker/Wielinga (1989), S. 272.

79 Zum Vier-Ebenen-Modell vgl. die Darstellungen bei Breuker/Wielinga (1989), S. 275ff.; Hickman/Killin et al. (1989), S. 47ff.; Schreiber/Breuker et al. (1988), S. 4f.; Wielinga/Breuker (1987), S. 498f.; Breuker/Wielinga et al. (1987), S. 10ff.; Linster (1992a), S. 20ff.; Fathi-Torbaghan/Herold et al. (1992), S. 3ff.; Hoppe (1992), S. 67ff.; Tank (1991), S. 5; Karbach/Linster (1990), S. 66ff.

die *Strategieebene* verdeutlichen, welche konkreten Schlußfolgerungen wann zu vollziehen sind, um zu einer Lösung zu gelangen.[80]

Auf der *Domänenebene* erfolgt eine Abbildung der Konzepte der Domäne und ihrer Beziehungen z.B. in Form eines Semantischen Netzes oder anderen Repräsentationsformalismen.

Die *Inferenzebene* beschreibt abstrakt die Schlußfolgerungskompetenz der Domänenebene mit Hilfe einer Menge von *knowledge sources*, die allgemein als Schlußfolgerungsfunktionen betrachtet werden können, um aus gegebenen Daten neue Informationen ableiten zu können.[81] In der Abbildung 6.8 ist die Inferenzstruktur einer Heuristischen Klassifikation[82] dargestellt. Schlußfolgerungsfunktionen (knowledge sources) sind in diesem Beispiel *abstrahiere*, *assoziiere* und *verfeinere*. Die Argumente dieser Funktionen werden *meta-classes* genannt und sind Platzhalter für Konzepte oder Strukturen der Domäne, die diese Rolle übernehmen können.[83]

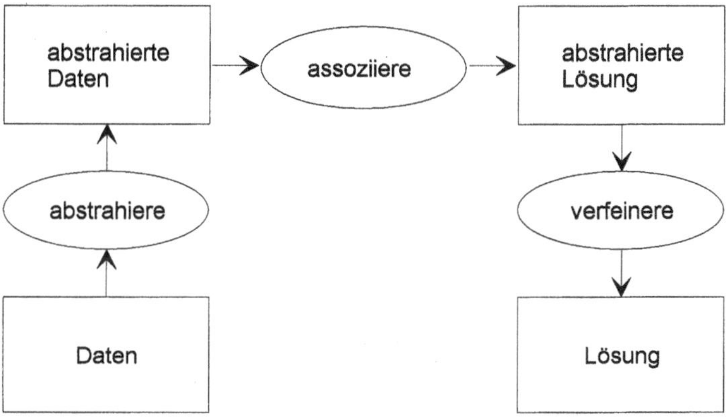


Abb. 6.8: Inferenzstruktur der Heuristischen Klassifikation
Quelle: in Anlehnung an Clancey (1985), S. 296.

---

80 Vgl. Hoppe (1992), S. 68.

81 Vgl. Wielinga/Breuker (1987), S. 499; Wielinga/Breuker (1985), S. 6. Eine Übersicht möglicher knowledge sources ist bei Breuker/Wielinga (1989), S. 280ff. zu finden. Eine Typologie haben Wielinga/Schreiber et al. (1992), S. 28f. und Breuker/Wielinga et al. (1987), S. 35ff. vorgelegt.

82 Vgl. Clancey (1985), S. 289ff.

83 Vgl. Wielinga/Schreiber et al. (1992), S. 19; Breuker/Wielinga (1989), S. 275; Breuker/Wielinga et al. (1987), S. 25.

Die Abbildung 6.9 zeigt für das Beispiel der Heuristischen Klassifikation in der Anlageberatung, wie der Bezug von den *meta-classes* zu den Konzepten der Domänenebene hergestellt werden kann. In dem Vier-Ebenen-Modell bedeutet dies, daß die allgemeine (abstrakte) Inferenzstruktur (vgl. Abbildung 6.8) auf der Inferenzebene abgebildet wird. Die *meta-classes* der Inferenzstruktur erhalten Referenzen zu den Konzepten der Domänenebene.

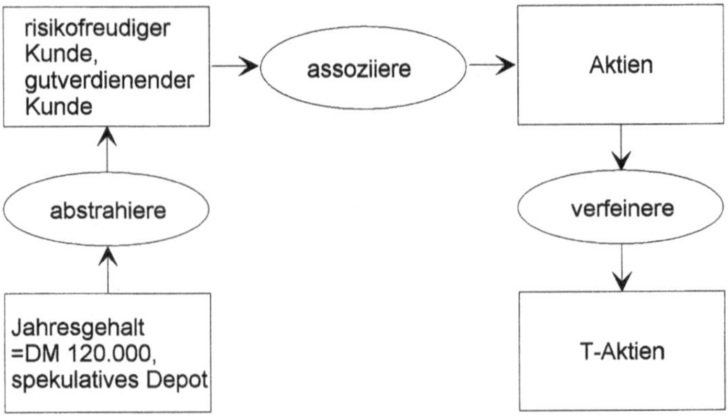


Abb. 6.9: Beispiel für eine Heuristische Klassifikation in der Anlageberatung
Quelle: Hoppe (1992), S. 78.

Auf der *Task-Ebene* findet die Zerlegung der Aufgabenstellung in Teilaufgaben und ihrer Abarbeitungsreihenfolge statt. Die grundlegenden Elemente sind auf dieser Ebene Aufgaben (*tasks*), Ziele (*goals*) und Steuerung (*control*)[84]. Die Ziele lassen sich wiederum zerlegen in Unterziele (*subgoals*), die Zwischenzustände im Problemlösungsprozeß darstellen. Die meta-classes der Inferenzebene sind Beispiele für solche Zwischenzustände und werden demnach benutzt, um Referenzen zwischen diesen beiden Ebenen herzustellen.[85] Die resultierende Tasks-Struktur spezifiziert, wie die Inferenzstruktur verwendet werden kann, um das Problem zu lösen.[86]

Aufgabe der *Strategieebene* ist die Modellierung der Problemstellung, welche Tasks-Strukturen abhängig vom jeweiligen Kontext ausgewählt werden sollen

84 Steuerungselemente auf Tasks-Ebene sind: *if <state> then <goal statement>* und *while <state> then <goal statement>*; vgl. Breuker/Wielinga et al. (1987), S. 43.

85 Vgl. Breuker/Wielinga (1989), S. 276.

86 Vgl. Hoppe (1992), S. 71.

bzw. die Anpassung der Tasks-Strukturen an die Verfügbarkeit von Daten oder Absichten der Benutzer. Auf der Strategieebene muß also die Schlußfolgerungskompetenz zur Aufstellung von Plänen, Überwachung der Plandurchführung und Abänderung der Pläne vorhanden sein.[87] Im Idealfall werden Tasks-Strukturen dynamisch erzeugt.[88]

#### 6.2.4.3 Interpretationsmodell

Die oberen drei Ebenen, d.h. die Strategie-, Tasks- und Inferenzebene, sind unabhängig von der eigentlichen Domäneninformation. Man kann also von ihr abstrahieren und erhält ein generisches Interpretationsmodell, das einen domänenunabhängigen Problemlösungsprozeß beschreibt.[89] Diese generischen Interpretationsmodelle können in einer ähnlichen Problemstellung wieder als Vorlage dienen, um dann den Wissensakquisitions-, Interpretations- und Modellierungsprozeß zu steuern.[90] Die Abbildung 6.10 zeigt die Entwicklung eines konzeptuellen Modells durch Kombination und Adaption von Interpretationsmodellen.

Die Verwendung des Interpretationsmodells hat eine starke Ähnlichkeit zu dem Generic Tasks-Ansatz von Chandrasekaran[91]. Benötigt wird eine Bibliothek von Interpretationsmodellen unter Zugrundelegung einer geeigneten Taxonomie. Die KADS-Bibliothek der Interpretationsmodelle[92] benutzt eine modifizierte und erweiterte Version der Taxonomie, die auf Clancey[93] zurückgeht.[94] Erweitert wird die Bibliothek durch regelmäßige KADS-Benutzer-Treffen[95]. Ziel der KADS-Bibliothek ist es, möglichst elementare Interpretationsmodelle zu definieren, die als Bausteine für die abzubildende Expertise dienen können.[96] Die reale Problemstellung wird sich daher in der Regel nur durch eine Kombination von

---

87 Vgl. Breuker/Wielinga (1989), S. 276.

88 Vgl. Wielinga/Breuker (1987), S. 504.

89 Vgl. Breuker/Wielinga et al. (1987), S. 7; Karbach (1989b), S. 271; Hickman (1990), S. 32ff.

90 Vgl. Karbach/Linster (1990), S. 69f.

91 Vgl. Abschnitt 6.2.1.

92 Eine große Anzahl von Interpretationsmodellen findet sich bei Breuker/Wielinga et al. (1987), S. 52ff.

93 Vgl. Clancey (1985), S. 312ff.

94 Vgl. Wielinga/Schreiber et al. (1992), S. 31; Wilson (1989), S. 213f.

95 In Deutschland werden diese Treffen von der GI Fachgruppe 1.5.2, "Knowledge Engineering", organisiert.

96 Vgl. Hoppe (1992), S. 74.

mehreren Interpretationsmodellen darstellen lassen, wobei diese Interpretationsmodelle sicherlich auch noch angepaßt werden müssen. Das Ergebnis der Kombination, Modifikation und Ergänzung von Interpretationsmodellen im Hinblick auf eine reale Problemstellung wird *Wirklicheitsmodell* (real life model) genannt.[97]

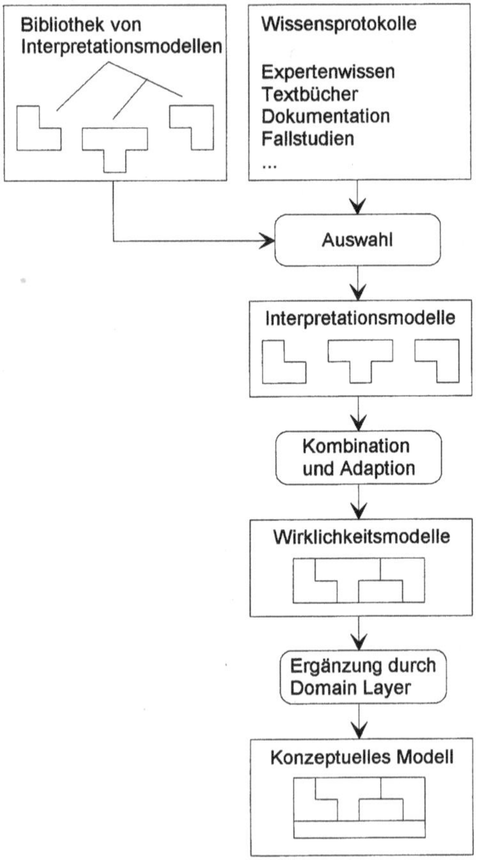


Abb.6.10: Entwicklung eines konzeptuellen Modells durch Kombination und Adaption von Interpretationsmodellen
Quelle: in Anlehnung an Christaller/Güsgen et al. (1988), S. 18.

97 Vgl. Karbach/Linster (1990), S. 70. Einige beispielhafte Wirklichkeitsmodelle werden bei Breuker/Wielinga et al. (1987), S. 101ff. beschrieben.

### 6.2.4.4 Designmodell

Die Modellierung der Expertise fand in den bisher dargestellten KADS-Modellen immer auf einer problemorientierten Ebene (knowledge level) statt. Das konzeptuelle Modell und die externen Anforderungen müssen erst in physikalische Software-Module überführt werden, damit das WBS überhaupt ablauffähig wird.[98] Die Abbildung 6.11 zeigt den Designprozeß im Überblick.

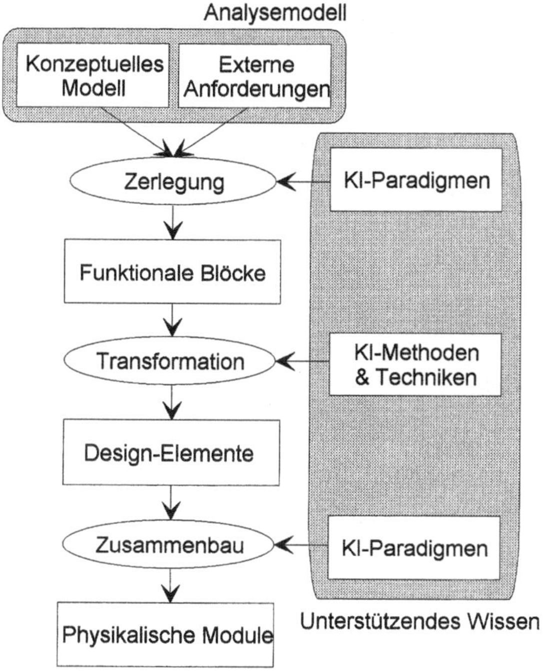


Abb.6.11: Der KADS-Designprozeß
Quelle: in Anlehnung an Schreiber/Breuker et al. (1988), S. 9 und Karbach/Linster (1990), S. 70.

98 "The design model is essentially a transformation of the model of the problem solving process, on the basis of the external and user requirements. The design model reflects three viewpoints, describing respectively the function, the behaviour and the structure of the artefact." Schreiber/Breuker et al. (1988), S. 9. Zum Design-Modell vgl. z.B. Wielinga/Bredeweg et al. (1988), S. 109ff.

Das konzeptuelle Modell wird in funktionale Blöcke zerlegt, unter Berücksichtigung von externen Anforderungen, wie der Interaktion mit dem Benutzer oder einer Datenbank, und von KI-Paradigmen, wie z.B. Planen, Suchen oder Klassifizieren. Die funktionalen Blöcke werden in Designelemente zerlegt, zu deren Realisierung KI-Methoden und -Techniken benutzt werden (z.B. A*-Algorithmus, Mini-Max-Suchstrategie, ATMS). Die Design-Elemente , die gleiche KI-Techniken verwenden, werden zu physikalischen Software-Modulen kombiniert.

Die schrittweise Vorgehensweise über Zwischenmodelle hat den Vorteil, daß die Resultate der Transformationsvorgänge dokumentiert und bei der Wartung nachvollzogen werden können. Eine strukturerhaltende Transformation des konzeptuellen Modells in ein ausführbares WBS hat den erheblichen Vorteil, daß Änderungen recht schnell in der Wissensbasis nachgezogen werden können.[99] Bei dem Einsatz von geeigneten Werkzeugen ist es möglich, daß das konzeptuelle Modell als abstrakte Spezifikation dienen kann und eine direkte Transformation in eine operationale Wissensbasis stattfindet.[100]

#### 6.2.4.5 Support-Tools

Für die modellbasierte Wissensakquisition nach der KADS-Methodologie sind eine Reihe von Support Tools entwickelt worden. Diese Systeme unterstützen meist die Aktivitäten im KADS-Life-Cycle. Einige Systeme haben als Zielsetzung aus dem konzeptuellen Modell eine operationale Wissensbasis zu generieren.

Die Shelley Workbench ist aus dem direkten Umfeld des KADS-Projekts entstanden.[101] Shelley umfaßt eine Reihe von spezialisierten Werkzeugen für die einzelnen Aktivitäten des KADS-Life-Cycle. Der Benutzer von Shelley ist der Knowledge Engineer. Für die Modellierungsphase hält Shelley z.B. folgende Werkzeuge bereit:[102]

- Der *Domänen-Texteditor* dient zur Verwaltung und Analyse von Protokollen oder anderen Texten. Diese Dokumente können Verweise auf Objekte des konzeptuellen Modells enthalten.
- Der *Konzepteditor* unterstützt bei der Erstellung von Konzepten der Domäne und der Beschreibung der Eigenschaften der Konzepte sowie deren Relationen.

---

99 Zur Operationalisierung vgl. auch die Aussagen bei Fathi-Torbaghan/Herold et al. (1992), S. 12f.

100 Erfolgreiche Versuche wurden z.B. mit ZDEST-2 gemacht; vgl. dazu Karbach/Tong et al. (1988). Auch System MODEL-K liefert auf der Grundlage des konzeptuellen Modells eine operationale Wissensbasis; vgl. dazu Karbach/Voß et al. (1991).

101 Vgl. zu Shelley z.B. Anjewierden/Wielemaker (1990), S. 41ff.; Linster (1992a), S. 46.

102 Vgl. Wielinga/Schreiber et al. (1992), S. 43.

- Eine *Bibliothek für Interpretationsmodelle* bietet die Möglichkeit, einzelne Modelle zu selektieren.
- Der *Inferenzstruktureditor* unterstützt die Modellierung der Inferenzebene im konzeptuellen Modell.

Im Rahmen des ESPRIT-Projekts ACKnowledge ist eine integrierte Knowledge Engineering Workbench (KEW) entstanden.[103] KEW soll wie Shelley den gesamten KADS-Life-Cycle unterstützen. Der Knowledge Engineer wird durch eine Reihe von Werkzeugen, die aufeinander abgestimmt sind, in den einzelnen Phasen des Knowledge Engineering-Prozesses unterstützt. KEW besitzt Kompetenz zu verschiedenen Bereichen des Knowledge Engineering. Sie enthält

- Wissen über den Knowledge Engineering Prozeß,
- Wissen über den effizienten Einsatz einzelner Wissensakquisitionsmethoden und -techniken,
- Wissen über die Integration der Ergebnisse dieser verschiedenartigen Methoden und Techniken,
- Wissen über Validierung von Ergebnissen der Wissensakquisition und
- Wissen über die verschiedenen Problemtypen (was wird z.B. typischerweise bei Diagnoseproblemen benötigt).

Daneben existieren eine Reihe von Systemen, wie StrucTool[104], MODEL-K[105], ML2[106], OMOS[107] und KEEP[108], die versuchen aus dem konzeptuellen Modell möglichst direkt eine operationale Wissensbasis zu generieren bzw. eine formale Spezifikation der KADS-Modelle zu entwickeln.[109] Damit würde das Designmodell entfallen und eine strukturerhaltende Darstellung in der Wissensbasis garantiert. Außerdem würden dem Knowledge Engineer damit Hilfsmittel gegeben, um z.B. die Konsistenz des konzeptuellen Modells testen zu können.

### 6.2.4.6 Zusammenfassung der KADS-Methodologie

Die KADS-Methodologie bietet ein ganzheitliches Vorgehensmodell. Es erweitert den Generic Tasks-Ansatz, in dem es nicht nur Interpretationsmodelle zur Verfügung stellt, sondern auch den methodischen Ansatz zur Erstellung von

---

103 Vgl. zu KEW z.B. Heijst/Terpstra et al. (1992), S. 112ff.

104 Vgl. zu StrucTool z.B. Balder/Akkermans (1990), S. 60ff.

105 Vgl. zu MODEL-K z.B. Karbach/Voß et al. (1991).

106 Vgl. zu ML2 z.B. Harmelen/Balder (1992), S. 127ff.

107 Vgl. zu OMOS z.B. Linster (1992a), S. 77ff.; Linster (1992b), S. 58ff.

108 Vgl. KEEP z.B. Neubert/Studer (1992), S. 230ff.

109 Vgl. Gappa/Poeck (1992), S. 91.

Interpretationsmodellen liefert. Die Interpretationsmodelle sind realisierungsunspezifisch, so daß eine flexible Übernahme in neue XPS-Projekte möglich ist.

Wenn also gelingt, in einer frühen Phase der Wissensakquisition Schlußfolgerungsmuster zu identifizieren, die auf ein gegebenes Interpretationsmodell hinweisen, so läßt sich der weitere Wissensakquisitionsprozeß *modellgetrieben,* d.h. mit Hinblick auf die bekannten Muster des generischen Interpretationsmodells, betreiben.[110] Dies stellt einen wesentlichen Beitrag zur Überwindung der Wissensakquisitionsproblematik dar.

Die KCML bietet sprachliche Beschreibungselemente für zwei Ebenen des Vier-Ebenen-Modells, nämlich die Inferenzebene und die Tasks-Ebene. Sie stellt damit eine Vereinfachung bei der Erstellung des konzeptuellen Modells dar. Die beiden übrigen Ebenen, die Domänenebene und die Strategieebene, werden durch die KCML nicht unterstützt. Breuker/Wielinga begründen dies damit, daß sie dem Knowledge Engineer auf der Domänenebene mehr Freiheitsgrade bei der Wahl der Repräsentationsformalismen lassen wollten.[111]

Die Strategieebene im Vier-Ebenen-Modell ist vergleichsweise wenig untersucht, da eine strategische Schlußfolgerungskompetenz für ein WBS in einer eng abgegrenzten Domäne aufgrund der in der Regel fixen Problemlösungsstrategie in Form einer einzelnen Tasks-Struktur kaum erforderlich ist.[112]

In der Literatur werden einige erfolgreiche WBS-Entwicklungen auf der Grundlage der KADS-Methodologie beschrieben.[113] Es wird kritisiert, daß die KADS-Methodologie für kleine oder mittlere WBS-Projekte zuviel Overhead erfordert. Kingston beschreibt für kleine und mittlere WBS-Projekte einen Ansatz, der nur noch die wichtigsten Elemente der KADS-Methodologie umfaßt.[114]

Zusammenfassend lassen sich folgende Vorteile der KADS-Methodologie benennen:[115]

- KADS deckt den gesamten Entwurfsprozeß ab.
- KADS gibt eine klare Phaseneinteilung des Entwurfsprozesses vor.
- Es wird eine modellorientierte Wissensakquisition betrieben. KADS ist nicht auf bestimmte Problemtypen festgelegt, sondern kann beliebige generische Modelle integrieren.

---

110 Vgl. Hoppe (1992), S. 73.

111 Vgl. Breuker/Wielinga (1989), S. 278.

112 Vgl. Hoppe (1992), S. 72.

113 Vgl. z.B. Karbach/Linster et al. (1989), S. 291ff.; Krickhahn/Nobis et al. (1988), S. 11ff.; Aue/Baresch et al. (1991), S. 62ff.

114 Vgl. Kingston (1992), S. 171ff.

115 Vgl. Karbach (1989b), S. 274.

- Konzeptuelle Modelle sind eine angemessene Beschreibungsform von Expertise.

Als Nachteile lassen sich zusammenfassen:[116]

- Es gibt bisher nur für einzelne Ebenen des konzeptuellen Modells festgelegte Sprachkonstrukte.
- Konzeptuelle Modelle sind nicht operational. Das dynamische Verhalten von konzeptuellen Modellen kann nicht direkt überprüft werden.

Aus den praktischen Erfahrungen mit der KADS-Methodologie haben sich eine Reihe von Kritikpunkten ergeben.[117] Im ESPRIT-Projekt KADS-II wird nun versucht, die erkannten Mängel der KADS-Methodik zu beheben. Ziel im Projekt KADS-II ist die Erarbeitung einer vollständigen Methodik zur Entwicklung Wissensbasierter Systeme. Diese Methodik, *CommonKADS* genannt, wird den gesamten Lebenszyklus eines Wissensbasierten Systems abdecken. Sie wird Methoden und Techniken sowohl zur Systementwicklung als auch zur Projektsteuerung anbieten. Ein Software-Werkzeug, die *CommonKADS Workbench*, wird sowohl den Entwickler, als auch den Projektmanager bei ihren Tätigkeiten unterstützen.[118]

### 6.2.5 Zusammenfassung der modellbasierten Wissensakquisitionsverfahren

Aus der Erkenntnis der immanenten Nachteile der Prototyping-Ansätze heraus wurden modellbasierte Wissensakquisitionsansätze vorgeschlagen. Bei der modellbasierten Wissensakquisition wird zunächst eine implementationsferne Modellierung der Expertise durchgeführt.[119] Die ersten Ansätze zur modellbasierten Wissensakquisition konzentrierten sich auf eine generische Modellierung von Problemlösungsprozessen.[120] Sie beschreiben keine Modelle zur Durchführung der Methodik. Der KADS-Ansatz umfaßt beides.

---

116 Vgl. Karbach (1989b), S. 274.

117 Vgl. z.B. Bartsch-Spörl (1991).

118 Vgl. Bauer/Löckenhoff (1992), S. 2.

119 Vgl. Göbler (1992), S. 12.

120 Ergebnisse zur Untersuchung des Generic Tasks-Ansatzes finden sich z.B. bei Allemang/Rothenfluh (1992), S. 353ff.

| Wissensart | Generic Tasks | Method-to-Task | Role-Limiting-Method | KADS |
|---|---|---|---|---|
| Problem-lösungs-strategie | verschiedene vordefinierte Werkzeuge | vordefinierter e-ONCOCIN Interpreter | verschiedene vordefinierte Interpreter | Interpreta-tionsmodelle |
| Generische Verfahren | jedes Werk-zeug stellt eine Menge von Aktionen und vordefi-nierte Daten-strukturen zur Verfügung | Generische Verfahren und Daten-strukturen in PROTÉGÉ | jeder Inter-preter stellt eine Menge von Aktionen und vordefi-nierte Daten-strukturen zur Verfügung | Definierte knowledge sources und meta classes auf der Infe-renzebene |
| Aufgaben-spezifische Verfahren | domänen-spezifisches Wissen wird in die vorde-finierten Datenstruk-turen einge-setzt | domänen-spezifische Aktionen werden in p-OPAL in-stantiiert | wie bei den generischen Verfahren | Referenzen zwischen Inferenz-ebene und Domänen-ebene |
| Auswahl-kriterium für generische Verfahren | keine | definiert in PROTÉGÉ | keine | wird über der Tasks-Ebene gesteuert |
| Auswahl-kriterium für aufgaben-spezifische Verfahren | domänen-spezifisches Wissen | definiert in p-OPAL | domänen-spezifisches Wissen | keine, die ge-samte Kon-trolle erfolgt über die Tasks-Ebene |

Tab. 6.2: Die Abbildung der verschiedenen Wissensarten in den modellbasierten Ansätzen der Wissensakquisition
Quelle: In Anlehnung an Karbach/Linster et al. (1991), S. 83.

Die Darstellung der vier modellbasierten Wissensakquisitionsansätze hat bereits einige wesentliche Unterschiede deutlich gemacht. Die Autoren Karbach, Linster und Voß haben eine vergleichende Untersuchung dieser Ansätze durchgeführt.[121] Ihre Ergebnisse sind in der folgenden Tabelle 6.2 zusammengefaßt.

Als einzige der modellbasierten Wissensakquisitionsansätze bietet die KADS-Methodologie ein ganzheitliches Vorgehensmodell. Die übrigen Ansätze basieren im wesentlichen auf einem unterschiedlich stark herausgearbeiteten Generic Tasks-Ansatz. KADS erweitert den Generic Tasks-Ansatz, in dem es nicht nur Interpretationsmodelle zur Verfügung stellt, sondern auch den methodischen Ansatz zur Erstellung von Interpretationsmodellen liefert.

Als Vorteile der modellbasierten Wissensakquisitionsansätze werden allgemein folgende Punkte genannt:[122]

- Klare Trennung von Analyse und Implementierung, d.h. die Phasen können z.B. von verschiedenen Gruppen ohne Probleme bearbeitet werden.
- Das Modell ist näher an der Terminologie des Experten, da es keine Implementierungsdetails enthält.
- Nach der Analysephase erhält man eine relativ vollständige Beschreibung der Expertise.
- Das Modell zeigt explizit die Struktur der Expertise.
- Das Modell dient als Spezifikation für die Implementierung des Expertensystems.
- Der Interpretationsprozeß, d.h. der Aufbau des konzeptuellen Modells, wird transparent und läßt sich dokumentieren.
- Dem Knowledge Engineer können generische Beschreibungen von Modellen zur Verfügung gestellt werden, die die Interpretation leiten und besonders in der Anfangsphase, in der er mit einer großen amorphen Masse von Wissen konfrontiert wird, Unterstützung geben.
- Fehler in der Interpretation schlagen sich nicht in unnötiger Implementierungsarbeit nieder.
- Änderungen und Erweiterungen können auf der Modellebene durchgeführt werden. Der Aufwand ist dadurch deutlich geringer, als wenn auf der Implementierungsebene Änderungen durchgeführt werden müßten.

Es lassen sich allerdings auch Nachteile der modellbasierten Wissensakquisition feststellen:[123]

- Die Modelle sind im allgemeinen nicht operational, d.h. der dynamische Ablauf des Modells kann nicht exakt überprüft werden.
- Die Modelle verfügen meist über keine formale Semantik, was zu einem unerwünschten Interpretationsspielraum führt.

---

[121] Vgl. Karbach/Linster et al. (1991), S. 57ff.; Karbach/Linster et al. (1990a), S. 173ff.; Karbach/Linster et al. (1990b), S. 279ff.

[122] Vgl. Karbach (1989b), S. 250.

[123] Vgl. Karbach (1989b), S. 250.

Zusammenfassend kann allerdings festgestellt werden, daß die modellbasierten Wissensakquisitionsverfahren über eine Reihe von Vorteilen gegenüber dem Prototyping-Ansatz verfügen. Dies betrifft insbesondere die bessere Dokumentation und Nachvollziehbarkeit des Entwurfs und damit verbunden eine verbesserte Wartbarkeit.

## 6.3 Semantisches Objektmodell (SOM)

In diesem Abschnitt soll die Betrachtungsweise durch einen Modellierungsansatz erweitert werden, der nicht für den Aufbau von Wissensbasierten Systemen entwickelt wurde. Der im folgenden behandelte Ansatz des Semantischen Objektmodells (SOM) wurde von Ferstl und Sinz[124] vorgelegt, um einen Weg zur durchgängigen und methodisch geschlossenen objektorientierten Modellierung von betrieblichen Informationssystemen aufzuzeigen.

Objektorientierte Ansätze werden seit einigen Jahren in der Informatik und der Wirtschaftsinformatik intensiv diskutiert. Neben objektorientierten Programmiersprachen[125], wie z.B. Smalltalk, C++, Eiffel oder objektorientiertes Pascal, werden insbesondere objektorientierte Datenbanken[126] und objektorientierte Entwicklungswerkzeuge, wie z.B. VisualAge von der Firma IBM, angeboten. Daneben werden in letzter Zeit verstärkt Ansätze zur objektorientierten Modellierung von Informationssystemen vorgeschlagen.[127] Im Abschnitt 2.2.3 wurde bereits auf die Bedeutung von Objekten für Wissensrepräsentation eingegangen.

Die Objektmodellierung nach dem SOM-Ansatz wird gemäß dem in Abbildung 6.12 dargestellten Vorgehensmodell (V-Modell) durchgeführt. Dieses V-Modell umfaßt drei Ebenen bzw. Phasen, die, wie in der Abbildung gezeigt, von oben nach unten durchlaufen werden, wobei eine Detaillierung bzw. Spezialisierung der Modellabbildung erreicht wird.

---

124 Vgl. zum Semantischen Objektmodell z.B. Ferstl/Sinz (1994); Ferstl/Sinz (1993a); Ferstl/Sinz (1993b), S. 135ff.; Ferstl/Sinz (1993c), S. 589ff.; Ferstl/Sinz (1991), S. 477ff.; Ferstl/Sinz (1990), S. 566ff.

125 Vgl. zur objektorientierten Systementwicklung und Programmierung z.B. Meyer (1990); Barth/Welsch (1988), S. 404ff. oder Frick (1992), S. 16ff.

126 Vgl. z.B. Kemper/Moerkotte (1993), S. 69; Sinz/Amberg (1992), S. 438ff.; Dittrich/Kotz (1989), S. 94ff.

127 Eine Übersicht zu den objektorientierten Analyse- und Designmethoden wird z.B. von Schaschinger/Sikora et al. (1991), S. 32ff. gegeben.

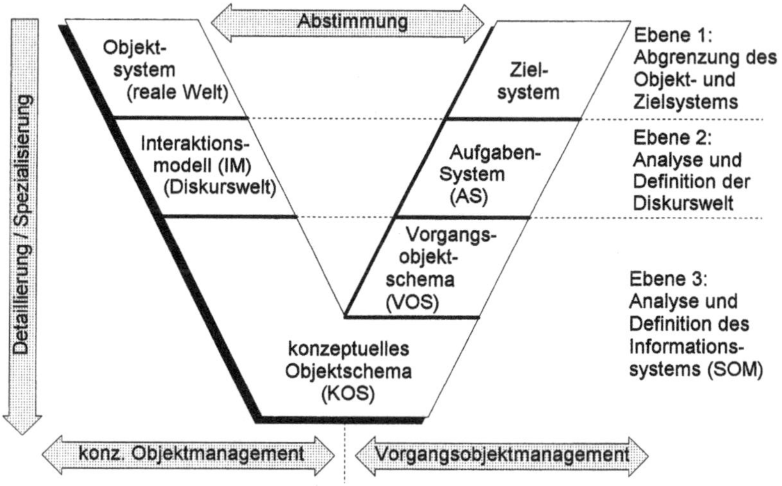


Abb.6.12: Vorgehensmodell (V-Modell) zur Objektmodellierung nach dem SOM-Ansatz
Quelle: in Anlehnung an Ferstl/Sinz (1993a), S. 7.

Auf der ersten Ebene wird eine Abgrenzung des Objektsystems und des Zielsystems für die Gesamtaufgabe des Objektsystems durchgeführt, um den zu betrachtenden Realitätsausschnitt festzulegen. Diese Ebene beschreibt die Außensicht[128] auf das Objektsystem und das Zielsystem der Gesamtaufgabe. In einer zweiten Phase wird das Objektsystem in ein Interaktionsmodell (IM) der Diskurswelt und das Zielsystem in ein Aufgabensystem (AS) überführt. Diese Ebene beschreibt die Innensicht des Objektsystem und des Zielsystems der Gesamtaufgabe. Die einzelnen betrieblichen Objekte werden allerdings aus Außensicht beschrieben. Danach wird in einem letzten Arbeitsschritt das IM in ein konzeptuelles Objektschema (KOS) und das AS in ein Vorgangsobjektschema (VOS) transferiert. Diese beiden Komponenten ergeben zusammen das Semantische Objektmodell, das als eine objektorientierte Erweiterung der

128 "Aufgrund der Zerlegung in selbständige Teilsysteme kann jedes Teilsystem in einer 'Innensicht' und einer 'Außensicht' beschrieben werden. [...] Die Außensicht wird verwendet, um die Beziehung eines Teilsystems zu umgebenden Teilsystemen zu beschreiben. Hier interessiert das Verhalten des Teilsystems, d.h. die von ihm empfangenen (Input-) und gesendeten (Output-) Flüsse. Die Innensicht zielt dagegen auf die Struktur eines Teilsystems und die Beziehungen zwischen seinen Komponenten. Die Innensicht eines Teilsystems ist unabhängig von den Strukturen umgebender Teilsysteme beschreibbar." Ferstl/Sinz (1993b), S. 38.

Datenmodellierung verstanden wird. Entsprechend werden durch eine Zuordnung von Funktionen zu Methoden und Daten zu Instanzenvariablen Objekte gebildet, die unmittelbar in einer objektorientierten Zielumgebung, z.B. Smalltalk, implementiert werden können.

Die Ebenen bzw. Phasen des V-Modells darf man sich nicht als streng sequentiell abzuwickelnde Arbeitsschritte vorstellen. Die beiden Schenkel des V-Modells werden vielmehr in ständiger Abstimmung aufeinander zu entwickelt und ergeben schließlich in Form des SOM eine geschlossene, objektorientierte Beschreibung des betrachteten Problembereichs.[129]

Der Koordinationsbedarf im SOM-Ansatz ergibt sich aus dem Spannungsfeld der unterschiedlichen Aufgaben, die durch die beiden Schenkel in V-Modell symbolisiert werden. Das konzeptuelle Objektmanagement bietet eine logische Gesamtsicht auf den Problembereich, indem es die betrieblichen Objekte und die Beziehungen untereinander beschreibt. Das Vorgangsobjektmanagement ist dagegen für die Abstimmung der an der Verrichtung der betrieblichen Vorgänge beteiligten Objekte und damit für die Realisierung der Unternehmensziele verantwortlich.[130]

Die Vorgehensweise des SOM-Ansatzes soll in den folgenden Abschnitten anhand eines durchgehenden Beispiels dargestellt werden.

### 6.3.1 Modellierung von Objektsystem und Zielsystem im SOM-Ansatz

Den Beginn des V-Modells im SOM-Ansatz bildet eine Abgrenzung des zu betrachtenden Realitätsausschnitts der Unternehmung und seiner Beziehungen zur Umwelt. Dies erfolgt durch eine Beschreibung der Diskurswelt sowie derjenigen Teile der Umwelt, mit denen die Diskurswelt in Austauschbeziehungen steht. Ergebnis ist also eine Beschreibung des Objektsystems. Weiterhin ist für die Abgrenzung eine Beschreibung des Zielsystems mit seinen Sach- und Formalzielen notwendig, um der Zweckorientierung der Unternehmung gerecht zu werden. Zur Beschreibung der beiden Komponenten können verbale oder halbformale Darstellungsformen benutzt werden. Für die Beschreibung des SOM-Ansatzes sei folgendes Beispiel gewählt:

- *Objektsystem:* Betrachtet werden soll ein Versandhandelsunternehmen mit einer gegebenen Lagerkapazität und einem gegebenen Sortiment. Das Sortiment erhält das Unternehmen durch Bestellung bei verschiedenen Lieferanten. Die Leistung des Unternehmens besteht in dem Versand der von Kunden bestellten Ware. Die Kundenakquisition erfolgt über Annoncen in Zeitschrif-

129 Vgl. Ferstl/Sinz (1993b), S. 138.

130 Vgl. Ferstl/Sinz (1991), S. 481.

ten, in denen eine Postkarte zur Bestellung eines Katalogs eingeklebt ist. In den Katalogen befinden sich wiederum Bestellkarten, mit denen die Sortimentsartikel bestellt werden können. Die Bestellung eines Katalogs wird wie die eines Artikels behandelt. Die Modellierung soll sich auf den Vertrieb und die angrenzenden Bereiche beschränken.

- *Zielsystem:* Das Sachziel ist der Versand und Verkauf von Ware. Als Formalziel sei Umsatzmaximierung verfolgt.

Nach dieser verbalen Abgrenzung erfolgt im folgenden Abschnitt der Übergang zur zweiten Ebene des V-Modells.

### 6.3.2 Modellierung von Interaktionsmodell und Aufgabensystem im SOM-Ansatz

Auf der zweiten Ebene des V-Modells werden die bisherigen Ergebnisse durch Detaillierung des Objektsystems zur Diskurswelt zum *Interaktionsmodell* und durch Spezialisierung des Zielsystems der Gesamtanwendung zum *Aufgabensystem* weiterentwickelt.

Im Bereich des konzeptuellen Objektsystems, also dem linken Schenkel des V-Modells, wird das betriebliche Objektsystem der 1. Phase sukzessive in ein Interaktionsmodell zerlegt. Jeder Zerlegungsschritt wird in einem Interaktionsdiagramm dargestellt. Ein solches Interaktionsdiagramm enthält die relevanten betrieblichen Bereiche (Diskursweltobjekte), die Umweltkontaktstellen (Umweltobjekte) sowie die Leistungs-, Informations- (Steuer-) und Zielflüsse, über die diese Bereiche miteinander interagieren. Ein beispielhaftes Interaktionsdiagramm, das sich auf den genannten Problembereich bezieht, ist in der Abbildung 6.13 dargestellt.

Parallel zur Modellierung des Objektsystems über die Interaktionsdiagramme wird ausgehend von der Definition der Gesamtaufgabe und ihres Zielsystems das *Aufgabensystem* entwickelt. Eine Aufgabe umfaßt nach Ferstl und Sinz:[131]

- ein *Aufgabenobjekt (AO)*, bestehend aus den Attributen eines Diskursweltobjekts sowie den Attributen eingehender Steuer- und Leistungsflüsse dieses Diskursweltobjekts,
- *Sachziele* (Aufgabensachziel = AS) und *Formalziele* (aufgabenexternes Formalziel = AX), die auf Attribute des Diskursweltobjekts und der Flüsse Bezug nehmen sowie
- *Vorereignisse* ($ER_V$) und *Nachereignisse* ($ER_N$) zur Beschreibung der Auslösung und des Nachzustands einer Aufgabendurchführung.

Das AS gibt die gewünschten Nachzustände an und beschreibt damit, was die Aufgabe leisten soll. Ist der Nachzustand eindeutig, dann sprechen Ferstl/Sinz

---

[131] Vgl. Ferstl/Sinz (1993b), S. 143.

auch von einer *Transformationsaufgabe* (T). Es wird jedoch häufig der Fall sein, daß mehrere alternative Nachereignisse erreichbar sind, weil das AS keine eindeutige Vorgaben macht. Die unterschiedlichen Nachereignisse sind in diesem Fall mit Hilfe der Formalziele zu bewerten. Bei solchen *Entscheidungsaufgaben* (E) werden also die aufgabenexternen Formalziele benötigt.

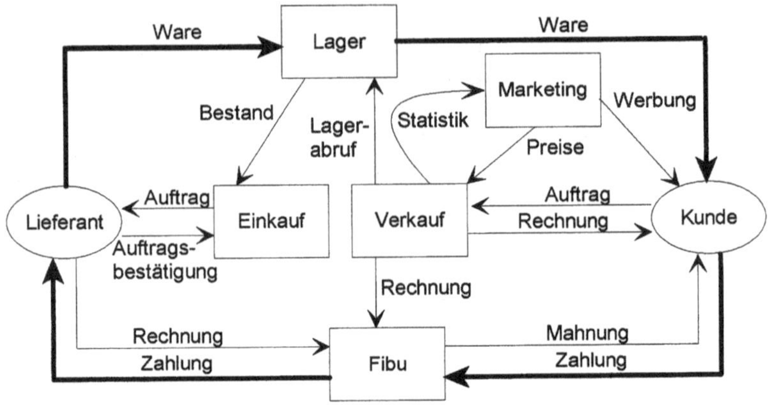


Abb.6.13: Interaktionsdiagramm des Versandhandels
Quelle: in Anlehnung an Ferstl/Sinz (1990), S.575.[132]

Das Aufgabensystem wird parallel zum Interaktionsmodell aus einer Folge von Aufgabenzerlegungen ermittelt. Jede Aufgabenzerlegung korrespondiert mit einem Interaktionsdiagramm. Es erfolgt also eine ständige Abstimmung zwischen dem Aufgabensystem und dem Interaktionsmodell. Einem Diskursweltobjekt eines Interaktionsdiagramms werden eine oder mehrere Aufgaben zugeordnet. Jede Aufgabe gehört zu genau einem Diskursweltobjekt. Jede Aufgabe realisiert einen oder mehrere Leistungs- oder Steuerungsflüsse eines Diskursweltobjekts. Jeder Fluß wird von genau einer Aufgabe realisiert. "Aufgaben stellen somit

132 Zur Modellierung der Interaktionsdiagramme haben Ferstl und Sinz eine Reihe von unterschiedlichen Symbolen entwickelt, um die verschiedenartigen Elemente eindeutig kennzeichnen zu können. Diese Unterscheidungsmöglichkeiten wurde in der Abbildung vereinfacht, da sie für diese Darstellung keine weiteren Informationen liefern würden. In der Abbildung werden nur die betrieblichen Objekte (Rechtecke) von den Umweltobjekten (Kreise) und die Leistungsflüsse (fett) von den Informations-(Steuer-)flüssen (normal) unterschieden. Zu den möglichen Symbolen in den Interaktionsdiagrammen vgl. z.B. Ferstl/Sinz (1993b), S. 140.

'Treiber' für die auf einem Fluß transportierten Leistungs- und Nachrichtenpakete sowie Generatoren für Zielvorgaben dar."[133]

Das Aufgabensystem wird in Form einer Tabelle und als Vorgangs-Ereignis-Netz (z.B. Petri-Netz) dargestellt. Die Abbildung 6.14 zeigt in Form einer Tabelle, wie das Aufgabensystem für das Beispiel des Versandhandels aussehen könnte.

| | Typ | Stelle | AS | AX | Info-Flüsse |
|---|---|---|---|---|---|
| Versand-handel (VSH) | E | VSH | Versand von Waren | Umsatz-maximierung | |
| Einkauf (EK) | E | EK | Permanente Lieferfähigkeit | Minimale Kapitalbindung | Auftrag Auftr.-bestätigung |
| Verkauf (VK) | T | VK | Versand von Waren | Kunden-zufriedenheit | Auftrag Bestand |
| Fibu (FI) | T | FI | Leistungen abgerechnet und bezahlt | präzise Leistungsermittlung & -dokumentation | Rechnung Mahnung Zahlung |
| Marketing (MA) | E | MA | Artikelversand geplant | Maximierung der Verkäufe | Werbung Statistik |

Abb.6.14: Aufgabensystem des Versandhandels

In der zweiten Phase des V-Modells werden also die Objekte im Interaktionsmodell sowie das korrespondierende Aufgabensystem sukzessive und unter ständiger Abstimmung zerlegt, bis ein für die anschließende Definition des Anwendungssystems hinreichender Detaillierungsgrad erreicht ist. Als Hilfestellung für die Zerlegung der Diskursweltobjekte geben Ferstl und Sinz folgende Zerlegungskriterien an:[134]

- *Aufdeckung der Steuerungsobjekte:* Dabei werden sogenannte SL-Objekte, d.h. Objekte, die sowohl Steuerungs- als auch Leistungserbringungsaufgaben erfüllen, in ein Steuerungsobjekt (S-Objekt) und mindestens ein SL-Objekt zerlegt. Das resultierende S-Objekt ist Teil des Lenkungssystems, die resultierenden SL-Objekte sind Teile des Leistungssystems des ursprünglichen SL-Objekts. Reine L-Objekte wird es nicht geben, da sie lenkbar sind, wenn nicht

133 Ferstl/Sinz (1993b), S. 144.

134 Vgl. Ferstl/Sinz (1993b), S. 147.

zumindest ein S-Anteil zur objektinternen Steuerung (Aktoren und Sensoren) übrig bleibt.

- *Homogenisierung der von einem SL-Objekt unterstützten Leistungsflüsse:* SL-Objekte, die heterogene Arten von Leistungsflüssen unterstützen (z.B. Güter und Zahlungen), werden zur Homogenisierung der Leistungsflüsse in mehrere SL-Objekte zerlegt.
- *Differenzierung der Steuerung in einem S-Objekt:* Entsprechend der hierarchischen Form des betrieblichen Lenkungssystems können die S-Objekte auf den höheren Hierarchieebenen in mehrere S-Objekte auf der darunterliegenden Ebene zerlegt werden,

### 6.3.3 Modellierung des Anwendungssystems im SOM-Ansatz

Auf der ersten und zweiten Ebene des V-Modells wurde das Objektsystem zusammen mit seinen Aufgaben und Zielen hinreichend detailliert modelliert. Auf der nun zu betrachtenden dritten Ebene wird zunächst das zu entwickelnde Anwendungssystem abgegrenzt, d.h. nur noch der mit Hilfe des Aufgabenträgers Rechnersystem/Kommunikationssystem zu automatisierende Ausschnitt von Ebene 2 wird betrachtet. Zur Abgrenzung der Teilsysteme nach unterschiedlichen Kriterien vgl. die Abbildung 6.15.

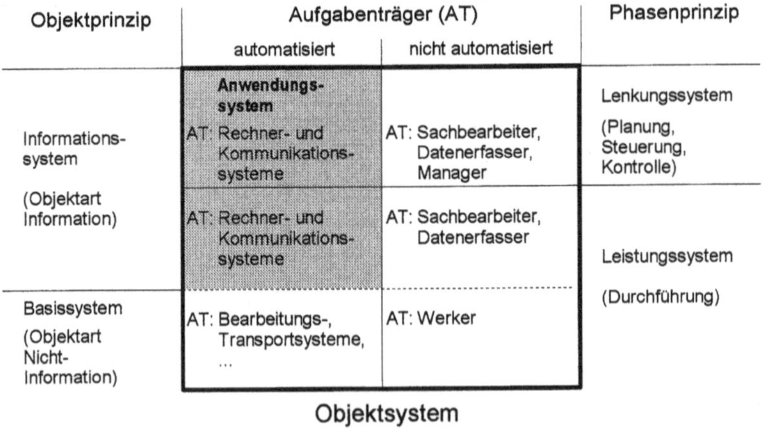


Abb.6.15: Objektsystem und Teilsysteme des Objektsystems
Quelle: Ferstl/Sinz (1993a), S. 5.

Für das zu entwickelnde Anwendungssystem wird nun auf der dritten Ebene des V-Modells ein *konzeptuelles Objektschema (KOS)* und ein darauf aufbauendes *Vorgangsobjektschema (VOS)* modelliert.

Ein konzeptuelles Objektschema (KOS) besteht aus einer Menge in Beziehung stehender Objekttypen. Im SOM-Ansatz stellt das KOS eine objektorientierte Erweiterung eines konzeptuellen Datenschemas im strukturierten Entity-Relationship-Modell (SERM)[135] dar. Ein Datenobjekt im SERM wird durch einen Namen, einen Typ (Entity-Typ = E-Typ, Relation-Typ = R-Typ oder Entity-Relation-Typ = ER-Typ) und Menge von Attributen beschrieben, im KOS kommen weitere Eigenschaften hinzu. Da das KOS Objekte abbildet kommt noch eine Menge von Nachrichtendefinitionen, d.h. die Arten von Nachrichten, die eine Objektinstanz eines Objekttyps interpretieren kann, und eine Menge von Methoden, die ein Objekttyp zur Behandlung eingehender Nachrichten benötigt, hinzu.

Die Beziehungen im SERM sind reine Schlüsselreferenzen, die in der resultierenden Datenbank durch Primär- bzw. Sekundärschlüsselattribute dargestellt werden. Im KOS lassen sich die Beziehungen zwischen den Objekttypen durch zusätzliche Beziehungstypen erweitern:[136]

- Die *interacts_with-Beziehung* dient zur Modellierung von Interaktionsbeziehungen zwischen Objekten.
- Die *is_a-Beziehung* dient zur Modellierung der Generalisierung bzw. Spezialisierung von Objekten. Damit läßt sich auch die Vererbung von Objekteigenschaften modellieren, d.h. der Subtyp erbt die Attribute, Nachrichtendefinitionen und Methoden des Supertyps.
- Die *is_part_of-Beziehung* dient zur Modellierung der Aggregation von Objekttypen. Damit lassen sich Strukturbeziehungen zwischen komplexen Objekttypen und Teilobjekttypen darstellen.

Das KOS erweitert also die statische Datensicht eines SERM, die sich auf die Attribute und Schlüsselreferenzen beschränkt, in eine dynamische Objektsicht, indem die Leistungs-, Steuer- und Zielflüsse mit Hilfe von interacts_with-Beziehungen modelliert werden. Erhalten bleibt die quasi-hierarchische Struktur des SERM, d.h. Existenzabhängigkeiten zwischen den Objekttypen werden explizit

---

135 Das strukturierte Entity-Relationship-Modell (SERM) ist eine Kombination aus dem Entity-Relationship-Modell (ERM) von Chen (1976) und dem Konzept quasi-hierarchischer Graphen (gerichtete und azyklische Graphen); vgl. Sinz (1990), S. 19. Dadurch lassen sich Existenzabhängigkeiten der Datenobjekte visualisieren. Das ERM unterscheidet zwei Arten von Objekttypen, nämlich den Entity-Typ (E-Typ) und den Relation-Typ (R-Typ). Im SERM kommt der Entity-Relation-Typ (ER-Typ) neu hinzu. Der ER-Typ entsteht durch Zusammenziehung eines E-Typs und eines R-Typs, die durch eine 1:1-Beziehung verbunden sind. Aufgrund der Einführung von ER-Typen werden R-Typen im SERM überwiegend nur zur Auflösung von m:n-Beziehungen oder von optionalen Beziehungen benötigt; vgl. Ferstl/Sinz (1993b), S. 103; Ferstl/Sinz (1990), S. 568ff. Dadurch läßt sich die Komplexität von konzeptuellen Datenschemata in der praktischen Anwendungssystementwicklung besser handhaben.

136 Vgl. Ferstl/Sinz (1993b), S. 154ff.; Ferstl/Sinz (1990), S. 573f.

dargestellt. Auf das Beispiel des Versandhandels bezogen, läßt sich das resultierende KOS wie in Abbildung 6.16 dargestellt modellieren.

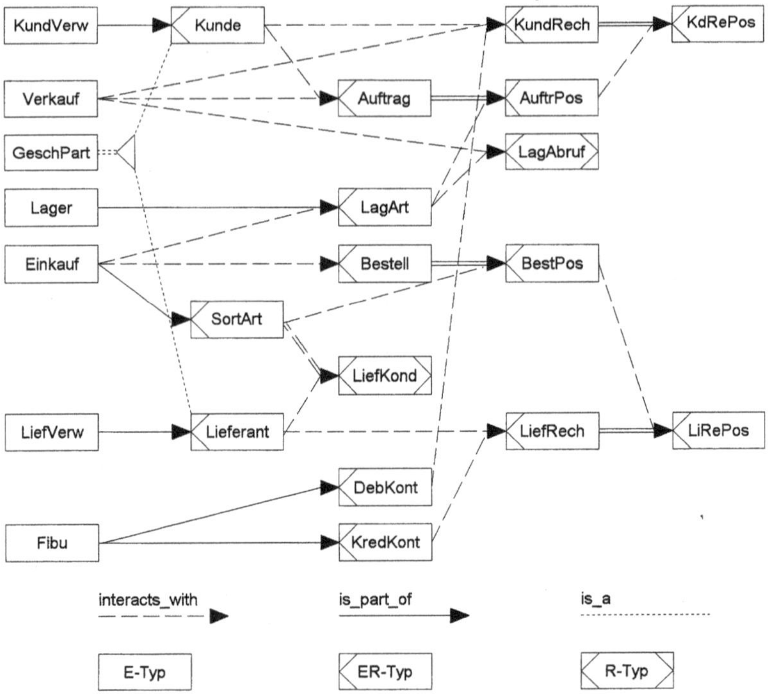


Abb.6.16: Das konzeptuelle Objektschema (KOS) des Versandhandels
Quelle: Ferstl/Sinz (1990), S. 576.[137]

Für die Modellierung des KOS wurden zuerst die betrieblichen Stellen *Lager*, *Einkauf*, *Verkauf* und *Fibu* und die Umweltkontaktstellen *Kunde* und *Lieferant* aus dem IM als E-Typen dargestellt und gemäß der Existenzabhängigkeit ganz links angeordnet. Die E-Typen können mittels der is_part_of-Beziehung aggregiert oder verfeinert werden. So lassen sich z.B. *Kunde* bzw. *Lieferant* zur *Kunden-* bzw. *Lieferantenverwaltung* zusammenfassen.. Diese neuen E-Typen sind in

137 Dargestellt ist die korrigierte Fassung. Vgl. Wirtschaftsinformatik (WI), Heft 1, 1991, S. 46. Optionale Beziehungstypen (0:1- oder 0:*- Beziehungen) werden durch einen einfachen Pfeil (→) und feste Beziehungstypen (1:*-Beziehungen) durch einen Doppelpfeil (⇒) dargestellt. 1:1-Beziehungen kommen im SERM praktisch nicht vor; vgl. Fußnote 135. Zu den Beziehungstypen vgl. z.B. Gabriel/Röhrs (1994), S. 65ff.

der Existenzabhängigkeit Voraussetzung für die E-Typen *Kunde* bzw. *Lieferant* und nehmen daher ihre Stellung ganz links ein. *Kunde* und *Lieferant* werden zu ER-Typen, d.h. es wird angenommen, daß mindestens ein Kunde bzw. Lieferant in der *Kunden-* bzw. *Lieferantenverwaltung* verwaltet wird.

In einem zweiten Schritt werden die Informationsflüsse des IM als interacts_with-Beziehungen zu ER- bzw. R-Typen dargestellt. Die interacts_with-Beziehung ist eine sehr wichtige Beziehungsart im SOM, da sie sowohl einen Interaktionskanal zwischen Objekten kennzeichnet, als auch den Nachrichtenaustausch zwischen den betroffenen Instanzen beschreibt. Zuletzt können die E- bzw. ER-Typen bei Bedarf noch generalisiert oder spezialisiert modelliert werden. Dazu dient die is_a-Beziehung. Ein Beispiel hierfür ist die Generalisierung von *Kunde* und *Lieferant* zu dem E-Typ *Geschäftspartner*.

Im letzten Arbeitsschritt des V-Modells wird aus dem Aufgabensystem ein Vorgangsobjektschema (VOS) erstellt. Eine Aufgabenbearbeitung wird hier als Vorgangskette oder Geschäftsprozeß betrachtet, der aus mehreren Aktivitäten besteht, die logisch zusammengehören und nicht mehr weiter zerlegt werden sollen. Die Detaillierung der Vorgangsmodellierung wird durch das KOS bestimmt, da jedem Vorgang eine Methode im KOS entspricht.

Ein VOS besteht aus einer Menge von Vorgangsobjekttypen (VOT). Jeder VOT beschreibt für eine oder mehrere verwandte Aufgaben das Zusammenwirken der an der Aufgabendurchführung beteiligten Objekttypen des KOS. Die Verwandtschaft von Aufgaben wird anhand eines gemeinsamen Aufgabenobjekts (AO) erkannt. Ein AO wird im KOS als Teilgraph abgegrenzt und umfaßt alle Objekttypen, deren Attribute das AO bilden.[138]

Im VOS wird das Paradigma der Objektorientierung weiter verfolgt, d.h. die Definition eines VOT besteht aus Attributen, Methoden und Nachrichten. Die Attribute bestehen aus der Definition des AO in Form eines Teilgraphen des KOS und der Angabe der Attribute der Objekttypen dieses Teilgraphen. Die Methoden legen eine Reihe von Aktionen in dem Teilgraphen fest, welche die Aufgabe des VOT verwirklichen sollen. Dazu werden Nachrichten an konzeptuelle Objekte generiert und deren Empfänger bestimmt. Dies ist, grafisch gesehen, eine Navigation durch den Teilgraph, bei der die Pfeile gemäß dem SERM die Beziehungshäufigkeiten der Objekttypen und nicht die Richtung angeben.[139] Die Nachrichten, die versandt werden, sind die auslösenden Ereignisse $ER_V$ oder die Ergebnisse $ER_N$ einer Aufgabe.

In dem Beispiel des Versandhandels sind ähnliche Aufgabentypen z.B. *ErfasseAuftrag* und *StorniereAuftrag*. Beide lassen sich als VOT *Auftragsverwaltung* zusammenfassen. Die Abbildung 6.17 stellt diesen VOT dar.

---

138 Vgl. Ferstl/Sinz (1993b), S. 161.

139 Vgl. Ferstl/Sinz (1991), S. 488.

Die Ergebnisse dieser letzten Phase im V-Modell, nämlich das erstellte KOS und das darauf aufbauende VOS, lassen sich aufgrund ihrer Objektorientierung ohne Strukturbruch in einen Systementwurf und eine programmtechnische Realisierung umsetzen.[140] Der Objektsystementwurf, der Objektentwurf und der Vorgangsentwurf sind ohne Werkzeugunterstützung nicht sinnvoll durchführbar. Deshalb hat die Forschungsgruppe, die an den Lehrstühlen der beiden Autoren in Bamberg existiert, entsprechende prototypische Werkzeuge entwickelt, die teilweise bereits den Reifezustand für eine Vermarktung erreicht haben.[141]

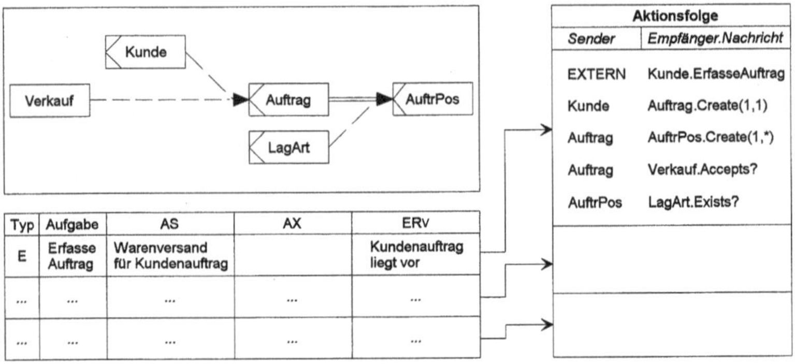


Abb.6.17: Vorgangsobjekttyp *Auftragsverwaltung*

## 6.3.4 Zusammenfassung der Semantischen Objektmodellierung

In den vorhergehenden Abschnitten wurde die Modellierung von betrieblichen Informationssystemen mit Hilfe des SOM-Ansatzes dargestellt und an einem durchgehenden Beispiel konkretisiert. In diesem Abschnitt soll eine Bewertung dieses Modellierungsansatzes vorgenommen werden.

Ferstl und Sinz haben folgende zentrale Forderungen für die Definition betrieblicher Informationssysteme gemäß dem SOM-Ansatz formuliert:[142]

- Ausschließliche Verwendung von Objekttypen, um die Daten- und Funktionssicht zu vereinigen,

---

140 Vgl. Ferstl/Sinz (1990), S. 580. Zu den Komponenten des Software-Architekturmodells vgl. Amberg (1993); Popp (1994), S. 94ff. und Ferstl/Sinz (1993a), S. 22ff.

141 Vgl. z.B. SOM-CASE: Eine rechnergestützte Software-Entwicklungsumgebung für das Semantische Objektmodell (SOM), präsentiert auf der CeBIT '93.

142 Vgl. Ferstl/Sinz (1991), S. 490.

- Verwendung des Regelkreiskonzepts als Paradigma für die Architektur eines Informationssystems sowie
- schrittweise Verfeinerung zur Überwindung der semantischen Lücke zwischen Diskurswelt und Definition des Anwendungssystem.

Die Umsetzung dieser Forderungen erfolgt im SOM-Ansatz im wesentlichen durch:

- Eine konsequente Anwendung der Objektorientierung auf allen Ebenen und in allen Diagrammen des V-Modells,
- die Einbeziehung des betrieblichen Zielsystems in Form eines Aufgabensystems in die Anwendungsentwicklung und
- die Einführung von mehreren Modellierungsebenen sowie der Formulierung von Verfeinerungstechniken für die Modelle dieser Ebenen.

Im Mittelpunkt des SOM-Ansatzes stehen die Geschäftsprozesse und ihre Modellierung, d.h. dieser Ansatz eröffnet zusätzlich einen Weg zur verhaltensorientierten Analyse und Gestaltung betrieblicher Systeme.[143] Der SOM-Ansatz überdeckt damit beide Ebenen des Informationsmanagements, nämlich die Ebene der strategischen Gesamtplanung des betrieblichen Informationssystems und die Ebene der Planung und Entwicklung des betrieblichen Anwendungssystems bzw. einzelner Teil-Anwendungssysteme.[144]

Der SOM-Ansatz ist nicht zur Unterstützung des Knowledge Engineering-Prozesses entwickelt worden. Dennoch läßt er sich für diese Aufgabenstellung sehr gut einsetzen. Er enthält alle Vorteile der modellbasierten Wissensakquisitionsansätze. Zusätzlich ist die deutliche Ausrichtung auf betriebliche Anwendungsbereiche erkennbar. Interessant ist es, daß die Ursprünge es SOM-Ansatzes sehr nahe bei den Wissensbasierten Systemen lagen.[145]

## 6.4 Weitere Vorgehensmodelle

Mit diesem Abschnitt soll die Darstellung der Vorgehensmodelle komplettiert werden, in dem einige wichtige Ansätze aus der deutschsprachigen Forschungslandschaft vorgestellt werden. Diese Vorgehensmodelle zeichnen sich u.a. dadurch aus, daß sie sich nicht einer der vorher dargestellten Entwicklungsstrategien zuordnen lassen. Sie sind also nicht methodisch konsequent, sondern ver-

---

143 Eine vergleichende Darstellung vorhandener Methoden zur Geschäftsprozeßmodellierung (Business Process Reengineering) und eine Einordnung des SOM-Ansatzes in diese Methodenlandschaft findet sich in Hess/Brecht (1994) und Ferstl/Sinz (1993c), S. 589ff. Konkret zum SOM-Ansatz sind Ausführungen bei Sinz (1994), S. 219ff. und Ferstl/Sinz (1994) zu finden.

144 Vgl. Ferstl/Sinz (1993a), S. 4.

145 Vgl. die Habilitationsschrift von Sinz (1987).

folgen vielmehr pragmatische Zielsetzungen. Dabei werden Teile aus den vorher dargestellten Entwicklungsstrategien übernommen.

Im Abschnitt 6.4.1 wird zunächst das *Expert System Engineering (ESE)*, wie es von König und Behrendt vorgeschlagen wird, vorgestellt. Anschließend wird im Abschnitt 6.4.2 das Vorgehensmodell von Kurbel, das stark dem evolutionären Prototyping ähnelt, dargestellt. Das dritte Vorgehensmodell, das im Abschnitt 6.4.3 beschrieben wird, stammt von Gabriel und basiert ebenfalls auf dem evolutionären Prototyping. Dieser Ansatz betont darüber hinaus jedoch auch die notwendige partizipative Vorgehensweise.

Abgeschlossen wird dieser Abschnitt mit einer Zusammenfassung zu diesen drei vorgestellten Vorgehensmodellen.

## 6.4.1 Vorgehensmodell nach König/Behrendt

König und Behrendt sind der Meinung, daß den bisher vorgeschlagenen Vorgehensmodellen[146] für die Erstellung von Expertensystemen im wesentlichen ein phasenorientiertes Vorgehen zugrundeliegt. Sie haben daher einen Modellvorschlag entwickelt, der das sogenannte *Expert System Engineering (ESE)*[147] in das traditionelle Software Engineering integriert und damit die Software-Produktion durch zwei unterschiedliche Paradigmen unterstützt:[148]

- Die strukturierte Produktion (z.B. für vollstrukturierte Aufgaben oder Teilaufgaben) durch die Vorgehensweise des traditionellen Software Engineering und
- die explorative Produktion (z.B. für teilstrukturierte oder nicht konstante Aufgabenstellungen) durch die Vorgehensweise des *ESE*.

Dem in der Abbildung 6.18 dargestellten erweiterten Konzept des Software Engineering liegt das "klassische" Software life cycle-Modell zugrunde, wie es z.B. in der Einleitung zu diesem Kapitel beschrieben wurde.[149] Die beiden Phasen Problemanalyse und Kodierung erhalten jeweils parallele Aktivitäten, die je nach Problemklasse[150] durchlaufen werden:

---

146 Vgl. z.B. die Übersicht in der Abbildung 6.3.

147 König/Behrendt sind der Meinung, daß mit dem Begriff *Knowledge Engineering* überwiegend nur die Wissensmodellierung assoziiert wird und die Erstellung von Expertensystemen mehr als "nur" eine Wissensmodellierung erfordert. Sie haben daher mit dem *Expert System Engineering* einen Begriff eingeführt, der mehr der Entwicklungsprozeß von Expertensystemen betont. Vgl. König/Behrendt (1989), S. 97.

148 Vgl. König/Behrendt (1989), S. 98.

149 Vgl. dazu auch die Abbildung 6.1.

150 Die Problemklasse wird anhand des Strukturierungsgrades (vollstrukturiert oder teilstrukturiert) in der vorgelagerten Phase Problemklassenbestimmung ermittelt.

"• Im Bereich der Problemanalyse ist das Ziel eines Expert System Engineering in der Strukturerfassung und Strukturbestimmung des zu unterstützenden Anwendungssystem zu sehen.
• Im Bereich der Kodierung ist das Ziel eines Expert System Engineering, im Softwareprodukt zusätzliche Flexibilität für im Zeitablauf veränderliche Aufgabenstellungen vorzuhalten. Darüber hinaus ist eine beschleunigte Systembeschreibung, d.h. eine Verkürzung der Produktionszeit der Software realisierbar."[151]

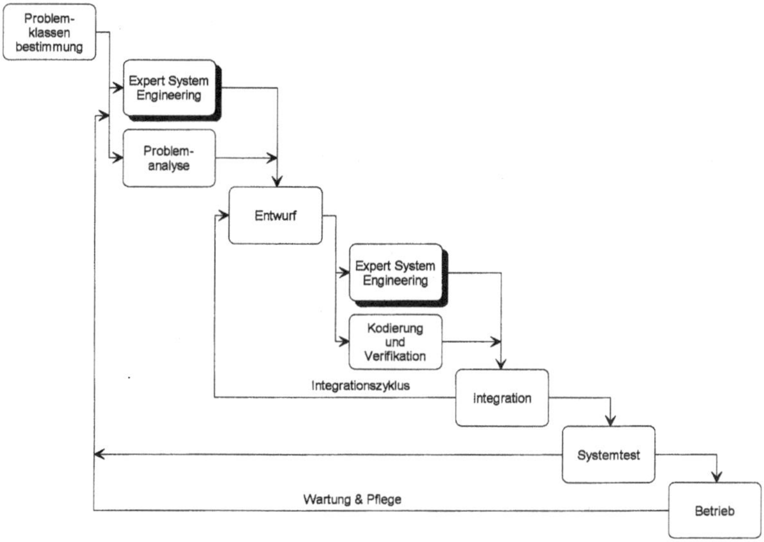


Abb.6.18: Das erweiterte Software Engineering-Vorgehensmodell
Quelle: in Anlehnung an König/Behrendt (1989), S. 99.

Beide Einsatzbereiche des ESE sind Prototyping-orientiert, d.h. es werden eine Reihe Prototypen für unterschiedliche inhaltliche Bereiche oder auch additiv für einen Bereich entwickelt.

Die Integration der Teilergebnisse der u.U. mit verschiedenen Paradigmen erstellten Software muß jeweils sofort in der nachgelagerten Phase erfolgen. Es ist also schon in der Entwurfsphase notwendig, die Schnittstellen zwischen den traditionell erstellten Software-Komponenten und den Expertensystemanteilen sauber zu definieren und Prüfpunkte für die Verifikation zu entwickeln. Eine vorzeitige Validierung wird in Rahmen eines sog. Integrationszyklus realisiert.

151 König/Behrendt (1989), S. 99.

Das Modell des ESE basiert unabhängig vom Einsatzbereich im Produktionsablauf auf dem explorativen Produktionsprinzip. Der Zyklus des ESE beginnt mit einer Zielbestimmung. Entsprechend der Zielvorgaben erfolgt danach eine Auswahl der Wissensquellen, der Entwicklungswerkzeuge und der Validierungstechniken.[152]

Den Kern des ESE bildet der Knowledge Engineering-Zyklus, in welchem eine schrittweise Spezifikation der Problemstruktur oder ein integrationsfähiges Expertensystem realisiert wird. Der Zyklus wird, wie in Abbildung 6.19 dargestellt, in strukturfindende und strukturbildende Aktivitäten zerlegt.

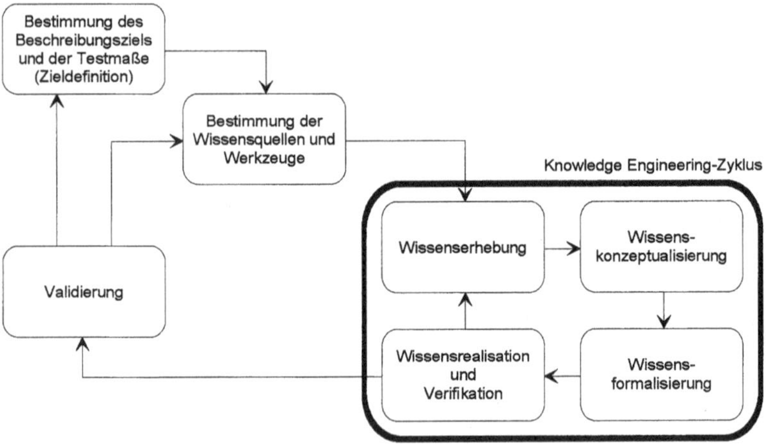


Abb.6.19: Das Expert System Engineering
Quelle: König/Behrendt (1989), S. 100.

Abgeschlossen wird das ESE durch den Einsatz von Validierungsverfahren, mit denen die Aufgabenerfüllung überprüft wird. Das ESE erweitert den statischen, vollständigkeitsorientierten Ansatz des traditionellen Software Engineering um zyklische Prozesse in einzelnen Arbeitsphasen. König/Behrendt erhoffen sich dadurch eine gezielte Ergänzung der traditionellen Software-Erstellungsmethodik um explorative Systembeschreibungsmethoden unter Beibehaltung der Systemstabilität.[153]

---

152 Vgl. König/Behrendt (1989), S. 100.

153 Vgl. König/Behrendt (1989), S. 101.

## 6.4.2 Vorgehensmodell nach Kurbel

Kurbel hat ein Vorgehensmodell vorgeschlagen, das insbesondere die andersartigen Merkmale einer Expertensystementwicklung gegenüber einer konventionellen Softwareentwicklung berücksichtigen soll. Ausgangspunkt für sein Vorgehensmodell sind also die expertensystemspezifischen Eigenschaften des Software-Entwicklungsprozesses.[154]

Als die wichtigsten Aufgaben in seinem Vorgehensmodell bezeichnet Kurbel "einerseits die *Erhebung des Wissens*, die im Zuge der Wissensakquisition in Zusammenarbeit zwischen den Fachexperten und den Systementwicklern erfolgt, und andererseits die *Implementierung des Wissens*, d.h. die Darstellung des Wissens mit dem Aufbau der Wissensbasis, dem Entwurf der Abarbeitungsstrategie etc."[155] Damit unterstreicht er die im Abschnitt 1.3.1 dargestellte Aufteilung des Knowledge Engineering-Prozesses in die beiden Teilaktivitäten Wissensakquisition und Wissensrepräsentation.[156]

Sein Vorgehensmodell ist grundsätzlich *evolutionär*, d.h. es werden aufeinander aufbauende Systemversionen erstellt, was dem evolutionären Prototyping oder einem Spiralmodell entspricht.[157] Die einzelnen Schritte in seinem Vorgehensmodell sind mit folgenden Aktivitäten verbunden:[158]

- *Konzeption*
  In dieser Phase ist die Rahmenplanung des Projekts angesiedelt. Es werden der Termin- und Budgetrahmen abgesteckt, die aufbau- und ablauforganisatorische Struktur festgelegt, die Schwerpunkte der Entwicklungszyklen bestimmt und die anzulegenden Qualitätsmaßstäbe definiert.
- *Wissenserhebung*
  Im Rahmen der Wissensakquisition wird das Expertenwissen erhoben und in einem konzeptuellen Wissensmodell dargestellt. In dieser Phase findet also eine enge Zusammenarbeit zwischen Fachexperten und Systementwickler statt.
- *Implementierung*
  Das konzeptuelle Wissensmodell wird mit Hilfe des verwendeten Entwicklungswerkzeugs schrittweise in eine formale Darstellungsweise überführt. Jede neue Wisseneinheit wird nach der Implementierung sofort überprüft und einer

---

154 Vgl. Kurbel (1992), S. 92ff.; Kurbel/Pietsch (1989), S. 140f. und Kurbel/Pietsch (1988), S. 9f.

155 Kurbel (1992), S. 92. Hervorhebungen im Original.

156 Vgl. dazu auch die Abbildung 1.5.

157 Vgl. Kurbel (1992), S. 93. Vgl. dazu auch die Darstellung im Abschnitt 4.2, insbesondere die Klassifizierung der Prototyping-Arten im Abschnitt 4.2.1.

158 Vgl. Kurbel (1992), S. 93f.

Beurteilung durch den Fachexperten unterworfen. Die im Rahmen dieser inkrementellen Vorgehensweise entdeckten Fehler und Inkonsistenzen des konzeptuellen Wissensmodells werden in Mängelberichten festgehalten und zur Korrektur an die davorliegende Aktivität zurückgemeldet.

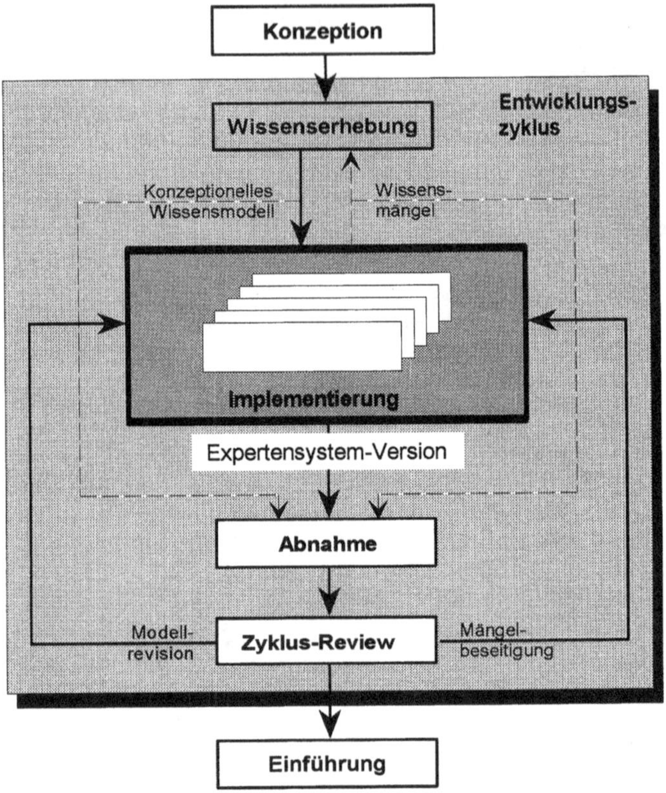


Abb.6.20: Vorgehensmodell für eine Expertensystementwicklung
Quelle: Kurbel (1992), S. 95.

- *Abnahme*
  In dieser Phase wird die implementierte Version des Expertensystems mit Hilfe vorher festgelegter Qualitätsmaßstäbe und in Vergleich zum konzeptuellen Wissensmodell bewertet. Die Beurteilung nehmen der Fachexperte und ggf. der Endbenutzer vor. Die Ergebnisse werden in Abnahmeberichten festgehalten.

- *Zyklus-Review*
  Die Abnahmeberichte gehen in eine strukturierte Diskussion am Ende eines Zyklus ein, um zu entscheiden, welche Mängel der aktuellen Expertensystemversion nachgebessert werden können und welche Mängel eine Überarbeitung des konzeptuellen Wissensmodells erforderlich machen.
- *Einführung*
  Eine Präsentation der Ergebnisse des Projekts bildet den Abschluß der Entwicklung nach dem Vorgehensmodell von Kurbel. Die Einführung in den Betrieb schließt sich erst noch an.

Die Abbildung 6.20 zeigt das von Kurbel vorgeschlagene Vorgehensmodell im Überblick.

### 6.4.3 Vorgehensmodell nach Gabriel

Gabriel hat sein Vorgehensmodell, daß er "*Partizipatives Knowledge Environment-Modell (P-KEEM)*" nennt, zunächst in folgende grobe Teilaktivitäten aufgeteilt, die in vielfältiger Weise Verknüpfungen und Abhängigkeiten aufweisen:[159]

A: Projektplanung und -organisation,
B: Konzeptionelle Modellierung der Wissensbasis,
C: Systemtechnische Realisierung,
D: Integration des Systems in das betriebliche Umfeld,
E: Einsatz des Expertensystems und Weiterentwicklung.

Es handelt sich dabei "um ein **evolutionäres und prototyp-orientiertes Prozeßmodell**, bei dem jedoch die aktive Mitarbeit der Benutzer durch die **partizipative Vorgehensweise** und die notwendigen Aufgaben zur **Integration** besonders herausgestellt werden sollen"[160]. Im Gegensatz zu den vorher dargestellten Vorgehensmodellen wird also besonderer Wert auf eine Benutzerpartizipation und eine Einbeziehung aller Entwicklungsaktivitäten (Teilaktivitäten A und C) gelegt.

Die Zusammenhänge der Entwicklungs- und Einsatzbereiche für das vorgestellte *Partizipative Knowledge Engineering Environment-Modell (P-KEEM)* sind in der Abbildung 6.21 dargestellt. Im folgenden sollen die einzelnen Teilaktivitäten kurz beschrieben werden:[161]

A: *Projektplanung und -organisation*
Vor der Projektgenehmigung und dem eigentlichen Projektstart werden im Rahmen einer Vorstudie folgende Arbeiten der Projektplanung und

---

[159] Vgl. Gabriel (1992), S. 239f.

[160] Gabriel (1992), S. 252. Hervorhebungen im Original.

[161] Vgl. Gabriel (1992), S. 253ff.

-organisation durchgeführt, deren Ergebnisse in einem vollständigen Projektplan zusammengestellt werden.

A.1: Allgemeine Problemanalyse:
Beschreibung und Abgrenzung des Problem- bzw. Anwendungsbereichs und Formulierung der allgemeinen Zielsetzungen für den Einsatz des zu entwickelnden Expertensystems.

A.2: Begründung bzw. Rechtfertigung des Projekts:
Erste (grobe) technische und organisatorische Durchführbarkeitsanalyse.

A.3: Wirtschaftliche Durchführbarkeitsanalyse:
Erste Kosten-Nutzen-Analyse bzw. -Abschätzung.

A.4: Personelle Durchführbarkeitsanalyse:
Überprüfung, ob kompetente Experten mit dem notwendigen Wissen, Entwickler (Knowledge Engineers) und geeignete Benutzer vorhanden sind.

A.5: Kontaktaufnahme mit den zu beteiligenden Personen:
Erste Gespräche mit den Experten sowie insbesondere mit den Endbenutzern und Analyse der Möglichkeiten zur Partizipation (Erstellung eines Beteiligungsmodells).

A.6: Konzepterstellung des Projektablaufs:
Aufstellen eines Zeitplans (Meilensteine), des Kapazitäts- bzw. Ressourcenplans und des Kostenplans (Budgetfestlegung).

A.7: Planung der Projektorganisation:
Zusammenstellung der personellen Besetzung des Projekts mit Ernennung des Projektleiters und Definition der Kommunikationsschnittstellen.

A.8: Kontrolle des Projektplans und evtl. Projektfreigabe (bzw. Neuplanung, Zurückstellung oder Abbruch des Projekts).

B: *Konzeptionelle Modellierung der Wissensbasis*
Nach der Projektfreigabe beginnt die eigentliche Entwicklungstätigkeit mit der konzeptionellen Modellierung der Wissensbasis. Zunächst wird unabhängig von den systemtechnischen Bedingungen aus der Anforderungsanalyse ein Anwendungsentwurf erstellt (Arbeitsbereich B.I). Darauf aufbauend lassen sich in einem zyklischen Prozeß Systemkonzepte (Arbeitsbereich B.II) entwickeln. Die Überlappung der Arbeitsbereiche B.I und B.II und deren abwechselnde Bearbeitung sind abhängig vom Problemumfang und der Problemkomplexität.

B.I: Systemanalyse, Anforderungsanalyse, Anwendungsentwurf und Durchführbarkeitsstudie.

B.I.1: Detaillierte Anforderungsanalyse aus Unternehmenssicht, aus Experten- und vor allem aus Anwendersicht.

B.I.2: Analyse, Überprüfung und Bewertung der aufgestellten Anforderungen, Bündelung der Anforderungen und Festlegung von Prioritäten.

B.I.3: Zusammenstellung eines ersten Anwendungsentwurfs bzw. mehrerer aufeinander aufbauender Teilentwürfe (Versionen), die sukzessive realisiert werden können.

B.I.4: Analyse und Planung späterer Weiterentwicklungsmöglichkeiten sowie der Pflege- und Wartungsaktivitäten der Wissensbasis im laufenden Betrieb.

B.I.5: Detaillierte Durchführbarkeitsanalysen bezüglich der systemtechnischen, personellen, organisatorischen und wirtschaftlichen Realisierung.

B.I.6: Anforderungsanalyse für die Integration (vgl. Arbeitsbereich D) des Systems.

B.II: Erstellung des Systemkonzepts

B.II.1: Analyse der software-technischen Realisierungsmöglichkeiten, d.h. Auswahl der Hardware-Systeme und der Software-Entwicklungsumgebungen.

B.II.2: Umsetzung der Anwendungskonzepte in Software-Spezifikationen und Konzeption der Wissensbasis (Aufteilung in Wissensmodule).

B.II.3: Planung der Vorgehensweise beim Aufbau der Wissensbasis, d.h. Festlegung des Knowledge Engineering-Prozesses, des Prototyping-Ansatzes, der Weiterentwicklung und der Endbenutzerbeteiligung (Partizipation).

B.II.4: Planung der Systemintegration, d.h. Festlegung eines Maßnahmenkatalogs und Konzepten zur Realisierung der Integrationsaufgaben.

C: *Systemtechnische Realisierung*

Aufbauend auf dem Systemkonzept wird nun eine systemtechnische Realisierung vorgenommen, d.h. es wird ein ablauf- und einsatzfähiges Softwaresystem (Produktionssystem) erstellt. Eine wichtige Teilaktivität ist dabei die Wissensakquisition und -repräsentation (Arbeitsbereich C.I). Diese Aktivität ist eng mit der Erstellung eines Prototypen (Arbeitsbereich C.II) verbunden. Diese beiden Aktivitäten verlaufen zyklisch und überlappend in einem evolutionären Prototyping-Prozeß. Im Arbeitsbereich C.III wird das "vorläufige Zielsystem" zum einsatzfähigen Produktionssystem weiterentwickelt.

C.I: Durchführung der Wissensakquisition und -repräsentation.

C.I.1: Durchführung der Wissensakquirierung (Kooperation mit dem Fachexperten).

C.I.2: Durchführung der Wissensstrukturierung und -formalisierung.

C.I.3: Einbeziehung der Endanwender.

C.I.4: Durchführung der Wissensakquisition entsprechend der gegebenen Repräsentationssprachen.

C.II: Erstellung eines Prototypen.

C.II.1: Implementierung des Wissens mit Hilfe einer ausgewählten Expertensystementwicklungsumgebung auf einem Rechner.

C.II.2: Testen der Wissensbasis (Überprüfung der Konsistenz des Wissens) und Validierung.

C.II.3: Einbindung des Endbenutzers in den Prototyping-Prozeß.

C.II.4: Testen des Inferenzprozesses und eventuelle Änderung der Inferenzmaschine (Festlegung bestimmter Strategien, Programmieren spezieller Inferenzverfahren).

C.II.5: Testen der Benutzerschnittstelle und der Erklärungskomponente mit eventuellen Änderungen.

C.II.6: Aufbau von Kommunikationsschnittstellen zu anderen Softwaresystemen (z.B. Datenbanken bzw. speziellen Anwendungssystemen).

C.II.7: Erstellen eines ersten lauffähigen Systems (Prototyp).

C.III: Weiterentwicklung des Prototypen zu einem nutzbaren Produktionssystem.
Der Prototyp soll unter Beachtung der im Arbeitsbereich A definierten Anforderungen zu einem benutzerfreundlichen und einsatzfähigen Produktionssystem weiterentwickelt werden.

D: *Integration des Systems in das betriebliche Umfeld.*
Die Aufgaben zur technischen, organisatorischen und personellen Integration erstrecken sich über den gesamten Entwicklungsbereich (Arbeitsbereiche A, B und C) und müssen noch während des Einsatzes (Arbeitsbereich E) beachtet werden, da hier noch Weiterentwicklungsaktivitäten ablaufen.

E: *Einsatz des Expertensystems und Weiterentwicklung.*
Mit der Freigabe des Expertensystems sollen alle Anforderungen erfüllt sein, die sich insbesondere auf die Funktionalität und Korrektheit des Systems, die Benutzerfreundlichkeit und die Integration des Systems in den laufenden Betrieb beziehen. Das Fachwissen ist ständig zu aktualisieren und neue Wissensbereiche sind ggf. miteinzubeziehen. Dieser Prozeß der fortlaufenden Weiterentwicklung ist vorab zu planen und entspricht im wesentlichen den Arbeitsbereichen C.I und C.II.

Die Abbildung 6.21 zeigt das Partizipative Knowledge Engineering Environment-Modell (P-KEEM) im Überblick.

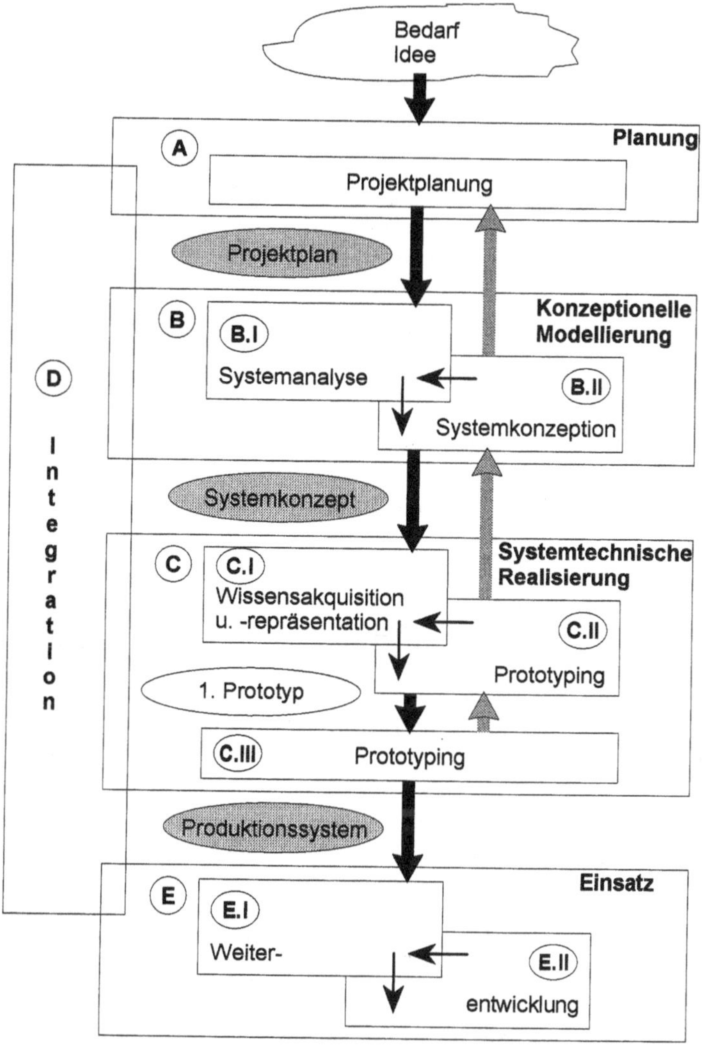


Abb.6.21: Partizipatives Knowledge Engineering Environment-Modell (P-KEEM)
Quelle: Gabriel (1992), S. 262.

### 6.4.4 Zusammenfassung der weiteren Vorgehensmodelle

Das Vorgehensmodell nach König/Behrendt erweitert das klassische Software Engineering, indem in bestimmten Phasen alternativ ein sogenanntes Expert System Engineering (ESE) angeboten wird. Ansonsten wird das traditionelle Software Engineering nicht verändert. Das ESE basiert auf dem explorativen Prototyping. Damit wird eigentlich kein neues, auf die Entwicklung eines WBS zugeschnittenes Vorgehensmodell vorgestellt. Die Einbeziehung des explorativen Prototypings in die frühen Phasen der Software-Entwicklung und zur Verifikation der Spezifikationen wird von einigen Autoren vorgeschlagen.[162] Eigentlich neu ist nur die Einsatzmöglichkeit des explorativen Prototypings in der Kodierphase. Problematisch scheint bei diesem Vorgehensmodell zu sein, daß für den Systementwurf keine weitere Unterstützung angeboten wird. Der Knowledge Engineer ist also auf die Standardmethoden und Techniken des Software Engineering angewiesen. Hier fehlen Ansätze, um die semantische Lücke zwischen Realweltausschnitt und WBS überbrücken zu können. In den Bereichen, in denen sie einen wirklichen Nutzen bringen, sollten die bewährten Ansätze des klassischen Software Engineering übernommen werden.

Das Vorgehensmodell nach Kurbel basiert im wesentlichen auf dem evolutionären Prototyping. Dieses Vorgehensmodell betont jedoch auch die Erstellung eines konzeptionellen Wissensmodells in der Erhebungsphase. Damit wird in einem gewissen Umfang der Anspruch einer modellbasierten Wissensakquisition erfüllt. Allerdings fehlen methodische Vorgaben für die Erstellung von Zwischenmodellen auf verschiedenen Abstraktionsebenen. Dieser Ansatz geht zu schnell in die Implementierung über.

Das Vorgehensmodell nach Gabriel orientiert sich zunächst wie König/Behrendt an den wesentlichen Phasen der traditionellen Software Entwicklung.[163] In diesem Ansatz findet wie bei Kurbel eine konzeptionelle Modellierung in der Phase B statt. Dabei wird auf die sukzessive Erarbeitung dieses Wissensmodells besonders hingewiesen, in dem ein zyklischer Prozeß entworfen wird. Die eigentlichen Wissensakquisitionsaktivitäten erfolgen allerdings erst in der Phase C ("Systemtechnische Realisierung") und damit für die Wissensmodellierung zu spät. Diese Phase basiert auf dem Ansatz des evolutionären Prototypings und entspricht damit im wesentlichen der Vorgehensweise von Kurbel.

Das Vorgehensmodell nach Gabriel beinhaltet einen weiteren wichtigen Aspekt, der in den anderen beiden Vorgehensmodellen vollständig vernachlässigt

162 Vgl. Pomberger/Remmele (1987a), S. 31; Pomberger/Remmele (1987b), S. 22; Floyd (1984), S. 7.

163 Vgl. die groben Teilaktivitäten, die Gabriel vorstellt; Gabriel (1992), S. 239f.

wird, nämlich die partizipative Vorgehensweise.[164] Damit werden über alle Phasen die Endbenutzer entsprechend in den Entwicklungsprozeß eingebunden.

## 6.5 Zusammenfassung der Vorgehensmodelle der Wissensakquisition

In diesem Kapitel sind die wichtigsten Vorgehensmodelle zur Entwicklung von Wissensbasierten Systemen dargestellt worden. Der Aufbau dieses Kapitels orientiert sich an der Historie.

Die Entwicklung von Expertensystemen wurde in der Vergangenheit weitgehend von der Vorgehensweise des Prototyping geprägt.[165] Dabei wurde insbesondere das evolutionäre oder im Rahmen von Phasenmodellen das explorative Prototyping eingesetzt. Es hat sich aber bei der Entwicklung von Wissensbasierten Systemen gezeigt, daß es nicht damit getan ist, das Expertenwissen irgendwie in die Wissensbasis einzufüllen. Daher muß festgestellt werden, daß der Prototyping-Ansatz insgesamt sehr kritisch betrachtet werden muß. Prototyping wird daher nur noch als Unterstützung für bestimmte Phasen in einigen Vorgehensmodellen benutzt. Als alleinige Vorgehensweise ist das Prototyping abzulehnen.

Wie schon bereits ausgeführt, sind die Ansätze der modellbasierten Wissensakquisition entstanden, um die erkannten Defizite des Prototyping-Ansatzes zu vermeiden. Dargestellt wurden der Generic Tasks-, der Method-to-Task-, der Role-Limiting-Method-Ansatz und die KADS-Methodologie, wobei sich die Ausführungen auf KADS konzentrierten. Gemeinsam ist diesen Ansätzen der modellbasierten Wissensakquisition eine Beschreibung der Expertise in einem oder mehreren Modellen.

Maßler hat folgende Eigenschaften formuliert, die ein Wissensmodell aufweisen sollte:[166]

- Das Wissen sollte in einer lesbaren, verständlichen Form dargestellt werden können (Lesbarkeit).
- Die Darstellung von Beziehungen, Relationen, Prozessen und Ereignissen sollte durch das Modell unterstützt werden (Beziehungen, Relationen, Ereignisse).

[164] Vgl. zur Benutzerbeteiligung z.B. Schulz (1989), S. 139; Aschersleben/Gstalter et al. (1989), S. 44.

[165] Vgl. Gabriel/Timm (1992), S. 364; Göbler (1992), S. 9; Hoppe (1992), S. 48; Mucksch/Fenske (1991), S. 228; Hoppe (1991), S. 184; Curth/Bölscher et al. (1991), S. 109; Kieback/Lichter et al. (1991); Karbach (1989b), S. 248; Karbach (1988a), S. 10; Gaines (1988b), S. 45ff.

[166] Vgl. Maßler (1993), S. 72f.

- Das Wissensmodell sollte eine verständliche Dokumentation des Wissens erlauben (Dokumentation).
- Die Experten sollten diese Dokumentation verstehen und mit ihr arbeiten können (Experten können mit Dokumentation arbeiten).
- Das Wissensmodell sollte unabhängig von dem Problembereich erstellt werden können (Problembereichsunabhängigkeit).
- Das Wissensmodell sollte unsicheres Wissen darstellen und verarbeiten können (unsicheres Wissen).
- Das Wissensmodell sollte Methoden und Techniken anbieten, die die Überprüfung des Wissens auch unabhängig vom Experten ermöglichen (Überprüfung des Wissens).
- Durch das Wissensmodell sollte die Struktur des Problems aufgezeigt und mögliche Fehler in dieser Struktur sollten erkannt werden können, bevor mit der Implementierung begonnen wird (Problemstruktur).
- Das Wissensmodell sollte die Schlußfolgerungsstrategien der Experten aufzeigen (Schlußfolgerungsstrategien).
- Die Darstellung des Wissens im Wissensmodell sollte unabhängig vom später eingesetzten WBS-Werkzeug sein; sie sollte aber einfach in die Wissensbasis jedes WBS-Werkzeugs implementiert werden können (WBS-Werkzeugunabhängigkeit).

Die im Rahmen der KADS-Methodologie erstellten Modelle erfüllen weitestgehend die Forderungen von Maßler. Die KADS-Methodologie bietet darüber hinaus ein ganzheitliches Vorgehensmodell. Es erweitert den Generic Tasks-Ansatz, in dem es nicht nur Interpretationsmodelle zur Verfügung stellt, sondern auch den methodischen Ansatz zur Erstellung von Interpretationsmodellen liefert. Mit Hilfe dieser Interpretationsmodelle kann der Wissensakquisitionsprozeß modellgetrieben durchgeführt werden. Dies stellt einen wesentlichen Beitrag zur Überwindung der Wissensakquisitionsproblematik dar. Aus den praktischen Erfahrungen mit der KADS-Methodologie haben sich eine Reihe von Kritikpunkten ergeben.[167] Im ESPRIT-Projekt KADS-II wird nun versucht, die erkannten Mängel der KADS-Methodik zu beheben.[168] Zusammenfassend kann also festgestellt werden, daß die modellbasierten Wissensakquisitionsverfahren über eine Reihe von Vorteilen gegenüber dem Prototyping-Ansatz verfügen.

Nach den modellbasierten Wissensakquisitionsansätzen wurde die Betrachtungsweise durch einen Modellierungsansatz erweitert, der nicht für den Aufbau von Wissensbasierten Systemen entwickelt wurde. Der behandelte Ansatz des Semantischen Objektmodells (SOM) wurde entworfen, um einen Weg zur durchgängigen und methodisch geschlossenen objektorientierten Modellierung von

167 Vgl. z.B. Bartsch-Spörl (1991).

168 Vgl. Bauer/Löckenhoff (1992).

betrieblichen Informationssystemen aufzuzeigen. Im Mittelpunkt des SOM-Ansatzes stehen die betrieblichen Geschäftsprozesse und ihre Modellierung. Obwohl der SOM-Ansatz nicht zur Unterstützung des Knowledge Engineering-Prozesses entwickelt wurde, läßt er sich für diese Aufgabenstellung sehr gut einsetzen. Er enthält alle Vorteile der modellbasierten Wissensakquisitionsansätze. Zusätzlich ist die deutliche Ausrichtung auf betriebliche Anwendungsbereiche erkennbar.

Um die Darstellung abzurunden, wurden im nachfolgenden Abschnitt weitere Vorgehensmodelle vorgestellt, die sich dadurch auszeichnen, daß sie sich nicht einer der vorher dargestellten Entwicklungsstrategien eindeutig zuordnen lassen. Sie sind also nicht methodisch konsequent, sondern verfolgen vielmehr pragmatische Zielsetzungen. Dargestellt wurden das *Expert System Engineering (ESE)* König/Behrendt, das Vorgehensmodell von Kurbel und das *Partizipative Knowledge Engineering Environment-Modell (P-KEEM)* von Gabriel.

Das Vorgehensmodell nach König/Behrendt erweitert das klassische Software Engineering, indem in bestimmten Phasen alternativ ein sogenanntes Expert System Engineering (ESE) angeboten wird. Das ESE basiert auf dem explorativen Prototyping. Damit wird eigentlich kein neues, auf die Entwicklung eines WBS zugeschnittenes Vorgehensmodell vorgestellt.

Das Vorgehensmodell nach Kurbel basiert auf dem evolutionären Prototyping, betont aber auch die Erstellung eines konzeptionellen Wissensmodells in der Erhebungsphase. Damit wird in einem gewissen Umfang der Anspruch einer modellbasierten Wissensakquisition erfüllt.

Das Vorgehensmodell nach Gabriel orientiert sich zunächst an der traditionellen Software-Entwicklung. Es findet aber auch eine konzeptionelle Modellierung statt. Die Wissensakquisitionsaktivitäten erfolgen allerdings erst später, so daß keine Orientierung durch die Modellierung mehr erfolgen kann. In einzelnen Phasen kommt das evolutionäre Prototyping zum Einsatz. Dieses beinhaltet einen weiteren wichtigen Aspekt, der in den anderen beiden Vorgehensmodellen vollständig vernachlässigt wird, nämlich die partizipative Vorgehensweise.

Zielsetzung der Arbeit ist es, die Akquisition betriebswirtschaftlichen Wissens auf eine methodische Grundlage zu stellen und damit eine erfolgreiche Entwicklung von Entscheidungsunterstützungssystemen für den jeweils ausgewählten Anwendungsbereich zu gewährleisten. Grundgedanke ist dabei, daß die Wissensakquisition, ähnlich wie die Problemlösung in einem WBS, sehr stark domänen- oder diskursbereichsspezifisch ausgerichtet sein muß.

Mit der vorstellten KADS-Methodologie oder dem SOM-Ansatz sind diese methodischen Grundlagen vorhanden. Was fehlt sind Untersuchungen, die den Nutzen dieser beiden Ansätze für den konkreten Anwendungsbereich aufzeigen.

# 7 Zusammenfassung der Ergebnisse und Ausblick

## 7.1 Zusammenfassung der Ergebnisse

In der vorliegenden Arbeit wurden die Aspekte, die für Akquisition betriebswirtschaftlichen Wissens zum Aufbau von Expertensystemen (XPS) zur Entscheidungsunterstützung zu beachten sind, diskutiert. Zielsetzung der Arbeit war es, die Wissensakquisition auf eine methodische Grundlage zu stellen und damit eine erfolgreiche Entwicklung von wissensbasierten Entscheidungsunterstützungssystemen zu gewährleisten.

Im 1. Kapitel wurde zunächst eine grundlegende Darstellung der Wissensbasierten Systeme (WBS) zur Lösung betriebswirtschaftlicher Probleme gegeben. Dazu wurden die grundlegenden betriebswirtschaftlichen Problemstellungen und ihre möglichen Lösungsansätze aufgezeigt. Ein zentraler Punkt dabei ist der Planungs- und Entscheidungsprozeß. Neben den konventionellen Lösungsansätzen bieten sich WBS zur Planungs- und Entscheidungsunterstützung an.

Anschließend wurden die Möglichkeiten des Einsatzes dieser WBS in der betrieblichen Praxis aufgezeigt. Es hat sich gezeigt, daß XPS einige Problembereiche (insbesondere Diagnoseprobleme) besser erschließen als andere. Die Untersuchung gescheiterter Projekte lieferte die Erkenntnis, daß ein Hauptgrund für das Scheitern in der schlechten Auswahl des Anwendungsbereichs lag. Die sorgfältige Analyse des Anwendungsbereichs ist daher für die Sicherstellung des Projekterfolgs und des Einsatznutzens eine wesentliche Vorbedingung. Wichtige Kriterien für die Auswahl eines adäquaten Anwendungsbereichs wurden im Abschnitt 1.2.1 dargestellt. Neben dem Problemtyp sind dabei insbesondere die Strukturierbarkeit des Wissensgebiets und ein motivierter Experte zu nennen. Außerdem hat diese Arbeit gezeigt, daß es nur einige wenige generische Problemtypen gibt und daß sich die konkrete Problemstellung in der Regel auf eine Kombination solcher generischer Problemtypen zurückführen läßt.

Neben der schlechten Auswahl des Anwendungsbereichs führen ebenso Unzulänglichkeiten in der Hard- und Software-Technik zum Scheitern von Projekten. Eine weitere, im Vergleich zur Technik bedeutsamere Einflußgröße stellen personelle Probleme dar. Daher muß unbedingt auf eine Partizipation der späteren Systemnutzer geachtet werden.

Anwendungsgegenstand dieser Arbeit sind XPS zur betrieblichen Entscheidungsunterstützung. Daher wurde im 1. Kapitel auch eine Einordnung der WBS in die Landschaft der Planungs- und Entscheidungsunterstützungssysteme vorgenommen. Entwicklungslinien der verschiedenen Systemkonzeptionen (Management Information Systems (MIS), Decision Support Systems (DSS), Executive Information Systems (EIS) und Wissensbasierter Systeme (WBS)) wurden diskutiert, wobei die gemeinsamen Grundstrukturen herausgearbeitet werden konnten.

Die Diskussion einer Kombination von konventionellen und wissensbasierten Techniken in Form von Integrationsmodellen zeigte die Synergieeffekte. Der internationale Wettbewerb und die veränderten Organisationsstrukturen, die die Informationsauswertung und -verarbeitung zu einem wichtigen strategischen Instrument gemacht haben, erfordern die Unterstützung des Managements durch solche intelligenten Entscheidungsunterstützungssysteme.

Nachdem die Relevanz der WBS zur Lösung betriebswirtschaftlicher Problemstellungen gezeigt wurde, befaßte sich das 2. Kapitel mit den Konzepten und dem Gestaltungsprozeß dieser Systeme.

Die Betrachtung der Leistungspotentiale von WBS hat vor allem für den zu erwartenden Nutzen eine besondere Bedeutung. Gezeigt wurde, daß WBS besondere Leistungspotentiale in der Wissensdarstellung, in der Wissensverarbeitung und in der Kommunikation mit der Umwelt aufzeigen. Die Leistungspotentiale der Wissensdarstellung ergeben sich aus der adäquaten Modellierung eines Problembereichs mit Hilfe des Formulierungsreichtums hybrider Wissensbasen. Die Konzepte der nondeduktiven Inferenz und die effizienten Suchverfahren begründen im wesentlichen die Leistungspotentiale der Wissensauswertung. Von besonderer Bedeutung sind jedoch die Leistungspotentiale der Kommunikation.

Es war allerdings auch ein Anliegen dieser Arbeit, die Grenzen von WBS aufzuzeigen. Diese Grenzen liegen vor allem in der sozialen und historischen Eingebundenheit von Wissen begründet. Dazu kommt noch der Unterschied zwischen Theorie und Praxis oder Wissen und Können. Bei der Entwicklung des Expertentums haben Dreyfus/Dreyfus ein Fünf-Stufen-Modell aufgestellt, welches vom Neuling in der ersten Stufe bis zum Expertentum in der letzten Stufe alle Phasen beinhaltet, und gleichzeitig die Entwicklung automatischer Problemlösungsprozesse aufzeigt.[1] Die Experten "reagieren" in der letzten Stufe, d.h. die Problemlösungsprozesse sind weitestgehend unbewußt und laufen automatisch ab.[2] Das ist der wesentliche Unterschied zwischen Wissen und Können.

Ein WBS kann daher nur in einem sehr eng begrenzten Bereich eine dem menschlichen Problemlösen gleichwertige Leistung erbringen. Ihm fehlt darüber hinaus eine Selbsteinschätzung der eigenen Kompetenz. Da es kein Wissen über die "Welt" besitzt, ist für ein WBS die eigene Wissensbasis gleichbedeutend mit der "Welt", und es "fühlt" damit allwissend. Wenn also die Grenzen realistisch eingeschätzt werden, dann lassen sich die Leistungspotentiale der WBS nutzbringend zur Lösung einer Reihe von betrieblichen Problemstellungen einsetzen.

Die Vorgehensweise bei der Erstellung von WBS, der sog. Knowledge Engineering-Prozeß, stand im Abschnitt 2.2 im Mittelpunkt der Betrachtung. Dazu wurde zunächst eine Definition der Begriffe "Knowledge Engineering",

---

1 Vgl. Dreyfus/Dreyfus (1987), S. 43ff.

2 Vgl. Schmidt (1989), S. 75f.

"Wissensakquisition" und "Wissensrepräsentation" vorgenommen. Knowledge Engineering (KE) bezeichnet den gesamten Prozeß der Erstellung eines WBS. Wichtig ist ein systematisches, strukturiertes Vorgehen (Methodologie) bei der Entwicklung eines WBS. Erst die Bildung einer fundierten und praktikablen Methodologie ermöglicht die Etablierung der Methoden und Verfahren der künstlichen Intelligenz in der betrieblichen Praxis.

Die Wissensakquisition ist der zentrale Problembereich des Knowledge Engineering und umfaßt die *Erhebung,* die *Analyse* und die *Modellierung von Wissen.* Gezeigt wurde, daß nur mit einer methodischen Vorgehensweise einerseits und rechnerbasierten Akquisitionsmethoden und -werkzeugen (KE-Tools) andererseits der Engpaß gemeistert werden kann.

Wissensrepräsentation wurde definiert als eine symbolische Rekonstruktion von Wissen in einer formalisierten, algorithmischen Sprache. Die KI bietet zur Wissensrepräsentation eine Vielzahl von Formalismen an. Einige wichtige Repräsentationsformalismen wurden im Überblick vorgestellt und diskutiert.

Die weitere Problembearbeitung in dieser Arbeit konzentriert sich im 3. Kapitel auf die entscheidungsorientierte BWL als eine Konzeption zur Lösung betriebswirtschaftlicher Gestaltungsaufgaben. Die entscheidungsorientierte BWL versucht auf der Basis einer deskriptiven Theorie des menschlichen Entscheidungsverhaltens, den Ablauf von Entscheidungsprozessen in Unternehmungen zu erklären und Verhaltensempfehlungen für die Entscheidungsträger zu geben.

Die praktisch normative Entscheidungstheorie ist nur in Ausnahmefällen in der Lage, menschliches Entscheidungsverhalten zu erklären und zu prognostizieren. Nur in Entscheidungssituationen, in denen sich praktisches Handeln vollständig rational vollzieht, kann die praktisch normative Entscheidungstheorie den Entscheidungsträger unterstützen, Entscheidungen in Anlehnung an eine ideale Norm, also möglichst rational, zu fällen. Die menschlichen Handlungen werden nur in Ausnahmefällen nach Maßgabe strenger Naturgesetze ablaufen. Für WBS, die menschliches Problemlösungsverhalten abbilden sollen, wurde aufgezeigt, daß die praktisch normative Entscheidungstheorie nur wenig interessant ist.

Die Diskussion der deskriptiven Entscheidungstheorie hat dagegen gezeigt, daß sie in der Lage ist, das menschliche Entscheidungsverhalten weitestgehend zu erklären und zu prognostizieren. Angesichts der komplexen Struktur menschlicher Problemlösungsvorgänge und gegenseitigen Beeinflussungen verschiedener Individuen bei einem Entscheidungsprozeß ist es realistisch anzunehmen, daß sich nicht alle menschlichen Entscheidungen durch eine umfassende deskriptive Entscheidungstheorie vollständig erklären lassen. Trotzdem bleiben auf begrenzte Bereiche menschlichen Problemlösungsverhaltens bezogene Hypothesen der deskriptiven Entscheidungstheorie sinnvoll anwendbar. Genau das ist die Zielsetzung Wissensbasierter Entscheidungsunterstützungssysteme. Zur Gestaltung dieser Systeme und zur Akquisition des problemrelevanten Wissens sind daher die diskutierten Hypothesen der deskriptiven Entscheidungstheorie von fundamentaler Bedeutung.

Die kognitive Psychologie und die Kognitionswissenschaft untersuchen auch die menschlichen Problemlösungsvorgänge, wobei sich die Kognitionswissenschaft durch ihre Nähe zur KI auszeichnet. Daher mußten notwendigerweise im Kapitel 4 auch die kognitionswissenschaftlichen Befunde zur Bearbeitung der Problemstellung herangezogen werden.

Die Diskussion der kognitionswissenschaftlichen Grundlagen soll der Verbesserung der Wissensakquisition dienen. Auf der Grundlage der "Physical Symbol Systems Hypothesis (PSSH)" von Newell/Simon wird Denken gleichgesetzt mit der Aufnahme, Speicherung, Veränderung und Interpretation von internen und externen Informationen. Die Befunde zur Aufnahme und Speicherung von Informationen wurden dargestellt. Gleichbedeutend sind das Problemlösen und Entscheiden. Um die Kognitionen eines Menschen nachvollziehen zu können, muß aber auch die Sprache als das wichtigste Kommunikationsmedium diskutiert werden. Alle drei Aspekte wurden im 4. Kapitel diskutiert.

Forderungen an die Methoden und Techniken der Wissensakquisition, die sich durch die Befunde der Kognitionswissenschaft ergeben, bilden den Abschluß dieses Kapitels. Die Methoden und Techniken der Wissensakquisition müssen geeignet sein, das menschliche Wissen adäquat zu erfassen, d.h. sie müssen sich an den mentalen Repräsentationen orientieren. Unterschiedliche mentale Repräsentationen (z.B. propositionale vs. analoge) für verschiedenartiges Wissen und für die verschiedenen Phasen einer Problemlösung ließen sich nachweisen. Für die Erhebung unterschiedlichen Wissens muß also mit verschiedenartigen Methoden gearbeitet werden, zur deren "richtigen" Auswahl es einer entsprechenden Methodologie bedarf.

Weiterhin ist gezeigt worden, daß sich nicht das komplette Wissen eines Experten vollständig verbalisieren läßt. Um dieses nicht spontan artikulierbare Wissen entdecken und erheben zu können, bedarf es des Einsatzes gezielter und verfeinerter Maßnahmen für die Wissensakquisition.

Die Diskussion von Wissen und Können hat gezeigt, daß Theorie und Praxis, Reflexion und Erfahrung sich niemals umkehrbar eindeutig aufeinander beziehen lassen. Können ist also niemals vollständig auf das theoretische Wissen zurückzuführen. Das Wissen des Experten läßt sich mit den theoretischen Grundkonstrukten der Domäne im wesentlichen erfassen. Das Können zeigt sich allerdings erst in der konkreten Problemlösung. Aufgezeigt wurde, daß die Beobachtung und Protokollierung konkret handelnder Experten mittels geeigneter Untersuchungsmethode für die Wissensakquisition von wesentlicher Bedeutung ist.

Die Erhebung und Analyse von automatischen Prozessen beim Lösen von Problemen durch Experten ist für die Wissensakquisition eine zusätzliche Erschwernis. Schmidt und Ackermann/Schneider haben einige Kennzeichen für automatische Prozesse zusammengestellt.[3] Das automatische Wissen entsteht durch Prozeduralisierung, d.h. deklaratives Wissen wird über eine Wissens-compilierungsstufe prozedural.[4]

Für den Wissensakquisitionsprozeß ist die Tatsache wichtig, daß das automatische Wissen einen nicht unerheblichen Anteil an Problemlöseprozesse hat und daß es schwierig ist, dieses Wissen zu erheben, da der Experte dieses Wissen unbewußt anwendet und nicht explizit verbalisieren kann. Verbale Protokolle, die während der Problemlösung aufgenommen werden, haben so zur Folge, daß automatisches Wissen zwar angesprochen, aber nicht direkt ausgesprochen wird. Dazu ist ein methodisches Vorgehen mit entsprechenden Techniken (z.B. Protokollanalyse) notwendig, um dem automatischen Wissen auf die Spur zu kommen.

Ferner wurde gezeigt, daß Wissen immer auch Interpretation ist, und zwar gebunden an die existentiellen Erfahrungen eines Menschen. Wird das bereichsbezogene Wissen vom Individuum abgekoppelt, erfolgt eine Objektivierung und Verdinglichung dieses Wissens, was zu einer Reduktion der Expertise führt. Die Selbsteinschätzung und soziale Kompetenz des Experten geht verloren. Die Wissensakquisitionsmethoden und -techniken müssen daher die Reflektionsfähigkeit des Experten mit erheben und bei der Modellierung der Expertise berücksichtigen. Das ist allerdings ein besonders kritischer Punkt bei der Entwicklung von Expertensystemen.

Die in der Vergangenheit entwickelte Vielzahl von Methoden, Techniken und Vorgehensmodellen zur Wissensakquisition wurden in dieser Arbeit geordnet und systematisch beschrieben.

Im 5. Kapitel wurden die wichtigsten Wissensakquisitionsmethoden vorgestellt. Die Auswahl orientierte sich an der Anwendungshäufigkeit einzelner Methoden. Aufgezeigt wurde, daß überwiegend direkte Wissensakquisitionsmethoden zum Einsatz kommen. Damit läßt sich das compilierte Wissen der Experten meist jedoch nicht erfassen. Die elaborierten indirekten Wissensakquisitionsmethoden eröffnen zwar die Möglichkeit, auch dieses Wissen zu erfassen, sie werden in der Praxis allerdings häufig nicht angewandt.

Insgesamt mußte konstatiert werden, daß keine Methode für sich allein und isoliert angewandt werden sollte. Nur die "richtige" Kombination verschiedener Methoden ermöglicht es, die verschiedenen Facetten des Expertenwissen in einer konkreten Domäne zu erheben.

Ein wichtiger Aspekt bei dem Einsatz von Wissensakquisitionsmethoden ist die Unterstützung durch rechnergestützte Werkzeuge (WA-Tools). Die vorge-

---

3 Vgl. Schmidt (1989), S. 77; Ackermann/Schneider (1985), S. 41f.

4 "Knowledge compilation is the process by which the skills transits from the declarative stage to the procedural stage." Anderson (1982), S. 369.

stellten Systeme wurden nach den methodischen Grundlagen geordnet und stellen nur eine Auswahl aus der Vielzahl von veröffentlichten WA-Tools dar.

Alle Wissensakquisitionsmethoden und auch die WA-Tools erfordern die Einbettung in eine Methodologie bzw. ein Vorgehensmodell. Es ist daher notwendig, Vorgehensmodelle für die Wissensakquisition zu entwickeln. Der Ablauf der Wissensakquisition aus prozessualer Sicht wurde daher im 6. Kapitel diskutiert.

Es wurde aufgezeigt, daß die Entwicklung von XPS in der Vergangenheit weitestgehend vom Prototyping geprägt wurde. Relativ schnell stellte sich aber heraus, daß diese Transfersicht zu kurz greift. Insgesamt gesehen muß der Prototyping-Ansatz für die Entwicklung von XPS sehr kritisch betrachtet werden.

Die Darstellung wurde daher auf die Ansätze der modellbasierten Wissensakquisition ausgedehnt. Diese Ansätze sind entstanden, um die erkannten Defizite des Prototyping-Ansatzes zu vermeiden. Diskutiert wurden der Generic Tasks-, der Method-to-Task-, der Role-Limiting-Method-Ansatz und die KADS-Methodologie.

Die KADS-Methodologie bietet ein ganzheitliches Vorgehensmodell. Mit Hilfe von Interpretationsmodellen kann der Wissensakquisitionsprozeß modellgetrieben durchgeführt werden. Dieser Ansatz stellt einen wesentlichen Beitrag zur Überwindung der Wissensakquisitionsproblematik dar.

Die Betrachtung wurde durch einen Modellierungsansatz erweitert, der einen Weg zur durchgängigen und methodisch geschlossenen objektorientierten Modellierung von betrieblichen Informationssystemen aufzeigt. Der behandelte Ansatz wurde unter der Bezeichnung Semantisches Objektmodell (SOM) veröffentlicht. Obwohl der SOM-Ansatz nicht zur Unterstützung des Knowledge Engineering-Prozesses entwickelt wurde, läßt er sich für diese Aufgabenstellung sehr gut einsetzen. So konnte aufgezeigt werden, daß er alle Vorteile der modellbasierten Wissensakquisitionsansätze enthält und zusätzlich ist die deutliche Ausrichtung auf betriebliche Anwendungsbereiche erkennbar ist.
Es ist also nur noch die Frage zu klären, ob es sich hierbei um die geforderten Methodologien für den Wissensakquisitionsprozeß handelt. Karbach hat einige Anforderungen an wissenschaftlich fundierte Methodologien formuliert.[5] Für eine Knowledge Engineering-Methodologie müssen noch spezielle Anforderungen[6] erfüllt und Prinzipen beim Design[7] beachtet werden.

5 Vgl. Karbach (1989b), S. 252.

6 Vgl. Freiling/Alexander et al. (1985), S. 152.

7 Vgl. Gruber/Cohen (1987), S. 145f.

Zusammenfassend lassen sich drei generelle Prinzipien für eine Knowledge Engineering Methodologie ableiten:[8]

1. Die Methodologie sollte die Wissensakquisitionsphase explizit unterstützen.
2. Die Repräsentation des Wissens sollte in den Termini des Experten vorgenommen werden und nicht in implementationsnahen Formalismen.
3. Die Methodologie soll in meßbare und nachvollziehbare Schritte eingeteilt sein, die durch Projektdokumente abgeschlossen werden.

Alle diese Punkte treffen für die KADS-Methodologie und das Semantische Objektmodell (SOM) zu. Die vorliegende Arbeit hat also nachgewiesen, daß mit den genannten Ansätzen Methodologien für die Entwicklung von WBS existieren.

Um die Darstellung abzurunden, wurden noch weitere Vorgehensmodelle vorgestellt, die sich dadurch auszeichnen, daß sie sich nicht einer der vorher dargestellten Entwicklungsstrategien eindeutig zuordnen lassen. Sie sind also nicht methodisch konsequent, sondern verfolgen vielmehr pragmatische Zielsetzungen. Dargestellt wurden das *Expert System Engineering (ESE)* König/Behrendt, das Vorgehensmodell von Kurbel und das *Partizipatives Knowledge Engineering Environment-Modell (P-KEEM)* von Gabriel.

## 7.2 Ausblick auf zukünftige Entwicklungen

Mit der vorstellten KADS-Methodologie und dem SOM-Ansatz sind Methodologien vorhanden, die Akquisition betriebswirtschaftlichen Wissens auf eine methodische Grundlage stellen und damit die erfolgreiche Entwicklung von wissensbasierten Entscheidungsunterstützungssystemen gewährleisten. Allerdings fehlen konkrete Untersuchungen, die den Nutzen dieser beiden Ansätze für den betrieblichen Anwendungsbereich aufzeigen.

Die KADS-Methodologie hat zwar bereits für die Entwicklung von WBS gezeigt, daß es diesen Prozeß nutzbringend unterstützen kann. Es fehlen jedoch genügend Beispiele für die Entwicklung von betrieblichen Entscheidungsunterstützungssystemen.

Das KADS-II-Projekt wird eine umfassende Überarbeitung der KADS-Methodologie vornehmen. Insbesondere werden mehr Modelltypen angeboten, um alle Aspekte einer Systementwicklung abdecken zu können:[9]

- Das *Organisationsmodell* beinhaltet Informationen über die organisatorische Einbettung des zukünftigen WBS.
- Im *Aufgabenmodell* werden die Aufgaben des zukünftigen WBS beschrieben.
- Im *Agentenmodell* werden die Agenten definiert, die mindestens eine der Aufgaben aus dem Aufgabenmodell bearbeiten können.

---

8 Vgl. Karbach (1989b), S. 254.

9 Vgl. Bauer/Löckenhoff (1992), S. 3.

- Im *Kommunikationsmodell* werden diejenigen Aktivitäten beschrieben, die zwischen den Agenten stattfinden.
- Das *Expertisemodell* beschreibt für jeden Agenten, über welches Wissen der Agent verfügt, und wie er dieses Wissen einsetzt, um seine Aufgaben zu lösen.
- Im *Designmodell* werden die für die Implementierung wichtigen Entscheidungen festgelegt.

Der Ansatz des Semantischen Objektmodells (SOM) hat seine Eignung für die Entwicklung von betrieblichen Informationssystemen bereits mehrfach bewiesen. Für diesen Ansatz fehlt aber noch eine Untersuchung der Tauglichkeit für die Erstellung Wissensbasierter Systeme.

Die vorliegende hat zum ersten Mal den weiten Bogen von der entscheidungsorientierten BWL, über die Kognitionswissenschaft bis hin zum konkreten Knowledge Engineering-Prozeß geschlagen. Die geforderte Interdisziplinarität der KI sollte in Zukunft stärker genutzt, um Erkenntnisse der unterschiedlichen Wissenschaftsbereiche durch vergleichende Darstellungen zu neuem Nutzen zu führen.

Für die Wirtschaftsinformatik wird sich weiterhin die Aufgabe stellen, die Forschungsergebnisse im Bereich der Entwicklung einer Methodologie der Wissensakquisition durch die Verfolgung aussagekräftiger Praxisprojekte für betriebswirtschaftlich relevante Fragestellungen zu unterstützen.

## Abbildungsverzeichnis

## Tabellenverzeichnis

## Abkürzungsverzeichnis

| | |
|---|---|
| 4GL | Fourth Generation Language |
| ACM | Association for Computing Machinery |
| ACT | Adaptive Control of Thought |
| AI | Artificial Intelligence |
| AO | Aufgabenobjekt |
| AS | Aufgabensachziel |
| ATMS | Assumption Based Truth Maintenance System |
| AX | Aufgabenexternes Formalziel |
| BLIP | Berlin Learning by Induction Program |
| BWL | Betriebswirtschaftslehre |
| CAD | Computer Aided Design |
| CAKE | Computer Aided Knowledge Engineering |
| CAS | Computer Aided Selling |
| CASE | Computer Aided Software Engineering |
| CBR | Case-Based-Reasoning |
| CSCW | Computer Supported Cooperative Work |
| CSF | Critical Success Factors |
| DFÜ | Datenfernübertragung |
| DSS | Decision Support System |
| DV | Datenverarbeitung |
| E-Typ | Entity-Typ |
| EES | Explainable Expert System |
| EIS | Executiv Information System |
| ER-Typ | Entity-Relation-Typ |
| ERM | Entity-Relationship-Modell |
| $ER_N$ | Nachereignis |
| $ER_V$ | Vorereigniss |
| ES | Epistemische Struktur |
| ESE | Expert System Engineering |
| ESPRIT | European Strategic Program for Research and Development in Information Technologies |
| ESS | Executive Support System |
| ETS | Expertise Transfer System |
| EUS | Entscheidungsunterstützungssysteme |
| EVS | Evaluative Struktur |
| EWSI | Erwartungswert der Stichprobeninformation |
| EWVI | Erwartungswert der vollkommenen Information |
| FOCUS | Feedback Of Clustering Using Similarities |
| FORWISS | Bayerisches Forschungszentrum für Wissensbasierte Systeme |

| | |
|---|---|
| FRL | Frame Representation Language |
| FRM | Frame-Repräsentations-Modell |
| GDSS | Group Decision Support Systems |
| GMD | Gesellschaft für Mathematik und Datenverarbeitung |
| GPS | General Problem Solver |
| GUI | Graphical User Interface |
| GuV | Gewinn und Verlust |
| HS | Heuristische Struktur |
| i.e.S. | im engeren Sinne |
| IDSS | Intelligent Decision Support Systems |
| IM | Interaktionsmodell |
| IPS | Information Processing System |
| ISF | Inkomplett Spezifizierte Funktion |
| IV | Informationsverarbeitung |
| JTMS | Justification Based Truth Maintenance System |
| KA | Knowledge Acquisition |
| KADS | Knowledge Acquisition and Design Structuring oder Knowledge Acquisition and Documentation Structuring |
| KCML | KADS Conceptual Modelling Language |
| KE | Knowledge Engineering oder Knowledge Engineer |
| KEE | Knowledge Engineering Environment |
| KEF | kritische Erfolgsfaktoren |
| KEW | Knowledge Engineering Workbench |
| KI | Künstliche Intelligenz |
| KOS | konzeptuelles Objektschema |
| KZG | Kurzzeitgedächtnis |
| LAN | Local Area Network |
| LISP | List Processor oder List Processing |
| LOOPS | LISP Object Oriented Programming System |
| LZG | Langzeitgedächtnis |
| MAGNIFICO | Multi-Agent Architecture for Intelligence Financial Consulting |
| MCK | Mensch-Computer-Kommunikation |
| MDS | Multidimensionale Skalierung |
| MIS | Management Information System |
| MSS | Management Support Systems |
| MUS | Managementunterstützungssysteme |
| OPS5 | Official Production System, Version 5 |
| OR | Operations Research |
| P-KEEM | Partizipatives Knowledge Engineering Environment-Modell |
| PCP | Personal Construct Psychology |
| PCT | Personal Construct Theory |

| | |
|---|---|
| PEGASUS | Program Elicits Grid And Sorts Using Similarities |
| PIM | Persönliches Informations-Management |
| PPS | Produktionsplanung und -steuerung |
| PSSH | Phsyical Symbol Systems Hypothesis |
| R-Typ | Relation-Typ |
| RFS | Rigorous Functional Specification |
| RMS | Reason Maintenance Systeme |
| S-Objekt | Steuerndes Objekt |
| SDSS | Spezifisches DSS |
| SERM | Strukturiertes Entity-Relationship-Modell |
| SEU | Subjectively Expected Utility |
| SG | Sensorisches Gedächtnis |
| SI | Structure-of-Intellect |
| SL-Objekt | Steuerndes und leistungerbringendes Objekt |
| SLT | Strukturlege-Technik |
| SOAR | State, Operator, And Result |
| SOM | Semantisches Objekt Modell |
| SOR | Stimulus-Organismus-Reaktion |
| STM | Short Term Memory |
| TLC | Teachable Language Comprehender |
| TMS | Truth Maintenance System |
| TOTE | Test-Operate-Test-Exit |
| TWAICE | True Wisdom Artificial Intelligence & Computerized Expertise |
| UKZG | Ultrakurzzeitgedächtnis |
| V-Modell | Vorgehensmodell |
| VDI | Verein Deutscher Ingenieure |
| VOS | Vorgangsobjektschema |
| VOT | Vorgangsobjekttyp |
| Vp(n) | Versuchsperson(en) |
| WA | Wissensakquisition |
| WAN | Wide Area Network |
| WBS | Wissensbasiertes System |
| XPS | Expertensystem |

# Literaturverzeichnis

**Ackermann**, Karl-Friedrich **(1972)**: Anspruchsniveautheoretische Grundlagen der betrieblichen Personalpolitik, in: Braun, Walter/Kossbiel, Hugo/Reber, Gerhard (Hrsg.): Grundfragen der betrieblichen Personalpolitik, Wiesbaden, 1972, S. 125 - 175.

**Ackermann**, Phillip L. / **Schneider**, Walter **(1985)**: Individual Differences in Automatic and Controlled Information Processing, in: Dillon, Ronna F. (Ed.): Individual Differences in Cognition, Vol. 2, New York u.a.: Academic Press, 1985, S. 35 - 66.

**Ackoff**, Russell L. **(1967)**: Management Misinformation Systems, in: Management Science - Application, Vol. 14, No. 4, 1967, S. 147 - 156.

**Adam**, Dietrich **(1993)**: Planung und Entscheidung. Modelle - Ziele - Methoden, 3. Aufl., Wiesbaden: Gabler, 1993.

**Al-Ani**, Ayad **(1992)**: Die Bedeutung von Executive Information Systems für die betrieblichen Prozesse, in: Die Unternehmung, Heft 2, 1992, S. 101 - 110.

**Alberti**, Marca de / **Cheesman**, John **(1989)**: The KADS knowledge-based system methodology, in: Commission of the European Communities (Ed.): ESPRIT-89, Proceedings of the 6th Annual ESPRIT Conference, Dordrecht u.a.: Kluwer, 1989, S. 500 - 512.

**Allemang**, Dean / **Rothenfluh**, Thomas E. **(1992)**: Acquiring Knowledge of Knowledge Acquisition: A Self-Study of Generic Tasks, in: Wetter, Thomas/Althoff, Klaus-Dieter/Boose, John et al. (Eds.): Current Developments in Knowledge Acquisition, Proc. 6th European Knowledge Acquisition Workshop (EKAW-92), Berlin u.a.: Springer, 1992, S. 353 - 372.

**Altenkrüger**, Doris / **Büttner**, Winfried **(1992)**: Wissensbasierte Systeme, Braunschweig u.a.: Vieweg, 1992.

**Amberg**, Michael **(1993)**: Konzeption eines Software-Architekturmodells für die objektorientierte Entwicklung betrieblicher Anwendungssysteme, Dissertation, Otto-Friedrich-Universität Bamberg, 1993.

**Anderson**, John R. **(1982)**: Acquisition of Cognitive Skill, in: Psychological Review, Vol. 89, No. 4, 1982, S. 369 - 406.

**Anderson**, John R. **(1983)**: The Architecture of Cognition, Cambridge (MA) u.a.: Harvard University Press, 1983.

**Anderson**, John R. **(1988)**: Kognitive Psychologie. Eine Einführung, Heidelberg: Spektrum-der-Wissenschaft-Verlagsgesellschaft, 1988.

**Anjewierden**, Anjo / **Wielemaker**, Jan **(1990)**: Shelley - Computer Aided Knowledge Engineering, in: Wielinga, Bob/Boose, John/Gaines, Brian/Schreiber, Guus/Someren van, Maarten (Eds.): Current Trends in Knowledge Acquisition, Amsterdam u.a.: IOS Press, 1990, S. 41 - 52.

**Aschersleben**, Gisa / **Gstalter**, Herbert / **Kaiser**, Franz / **Strube**, Viola / **Zang-Scheucher**, Birgit **(1989)**: Prototyping als Verfahren zur Software-Entwicklung, in: Zeitschrift für Arbeitswissenschaft, 43. Jg., Heft 1, 1989, S. 42 - 47.

**Ashcraft**, Mark H. **(1989)**: Human Memory and Cognition, Glenview (IL) u.a.: Scott, Foresman & Co., 1989.

**Atkinson**, John W. **(1974)**: Motivational Determinants of Risk-Taking Behavior, in: Atkinson, John W./Feather, Norman T. (Eds.): A Theory of Achievement Motivation, Huntington (NY): Krieger, 1974, S. 11 - 29.

**Atkinson**, John W. / **Raynor**, Joel O. **(1978)**: Personality, Motivation and Achievement, Washington (DC) u.a.: Hemisphere, 1978.

**Aue**, Dirk / **Baresch**, Meike / **Keller**, Gerhard **(1991)**: Unternehmensmodellierung mit dem KADS-Ansatz, in: Wirtschaftsinformatik (WI), 33. Jg., Heft 1, 1991, S. 62 - 71.

**Augustin**, Siegfried **(1990)**: Information als Wettbewerbsfaktor, Köln: Verl. TÜV Rheinland, 1990.

**Back-Hock**, Andrea **(1990)**: Critical Success Factors (CSF), in: Mertens, Peter et al. (Hrsg.): Lexikon der Wirtschaftsinformatik, 2. Aufl., Berlin u.a.: Springer, 1990, S. 109.

**Back-Hock**, Andrea / **Rieger**, Bodo **(1990)**: Executive Information Systems (EIS), in: Mertens, Peter et al. (Hrsg.): Lexikon der Wirtschaftsinformatik, 2. Aufl., Berlin u.a.: Springer, 1990, S. 172 - 173.

**Backhaus**, Klaus / **Erichson**, Bernd / **Plinke**, Wulff / **Weiber**, Rolf **(1990)**: Multivariate Analysemethoden. Eine anwendungsorientierte Einführung, 6. Aufl., Berlin u.a.: Springer, 1990.

**Baddeley**, Alan D. **(1990)**: Human Memory. Theory and Practice, Boston u.a.: Allyn and Bacon, 1990.

**Balder**, John / **Akkermans**, Hans **(1990)**: StrucTool: Supporting Formal Specifications of Knowledge-Level Models, in: Wielinga, Bob/Boose, John/Gaines, Brian/Schreiber, Guus/Someren van, Maarten (Eds.): Current Trends in Knowledge Acquisition, Amsterdam u.a.: IOS Press, 1990, S. 60 - 77.

**Ballard**, Dana H. / **Brown**, Christopher M. **(1982)**: Computer Vision, Englewood Cliffs (NJ): Prentice-Hall, 1982.

**Ballstaedt**, Steffen-Peter **(1982)**: Dokumentenanalyse, in: Huber, Günter L./Mandl, Heinz (Hrsg.): Verbale Daten. Eine Einführung in die Grundlagen und Methoden der Erhebung und Auswertung, Weinheim u.a.: Beltz, 1982, S. 165 - 176.

**Ballstaedt**, Steffen-Peter / **Mandl**, Heinz / **Schnotz**, Wolfgang / **Tergan**, Sigmar-Olaf **(1981)**: Texte verstehen, Texte gestalten, München u.a.: Urban & Schwarzenberg, 1981.

**Balzert**, Helmut **(1982)**: Entwicklung von Software-Systemen, Mannheim u.a.: BI-Wissenschaftsverlag, 1982.

**Bamberg**, Günter / **Coenenberg**, Adolf G. **(1992)**: Betriebliche Entscheidungslehre, 7. Aufl., München: Vahlen, 1992.

**Bardens**, Rupert / **Karagiannis**, Dimitris **(1988)**: Wissensbasierte Systeme: Ein Ansatz für die Personalplanung, in: Angewandte Informatik, 30. Jg., Nr. 2, 1988, S. 71 - 80.

**Barrett**, Michael L. / **Beerel**, Annabel C. **(1988)**: Expert Systems in Business. A Practical Approach, Chichester, 1988.

**Barth**, Gerhard **(1989)**: Entwicklungstendenzen von Expertensystemen, in: Handbuch der modernen Datenverarbeitung (HMD), Nr. 147, 1989, S. 18 - 26.

**Barth**, Gerhard / **Welsch**, Christoph **(1988)**: Objektorientierte Programmierung, in: Informationstechnik (it), Heft 6, 1988, S. 404 - 421.

**Bartlett**, Frederic C. **(1932)**: Remembering: A study in experimental an social psychology, London: Cambridge at the University Press, 1932.

**Bartsch-Spörl**, Brigitte **(1991)**: "Was ich am heutigen KADS im Hinblick auf eine mit KADS II angestrebte Standardisierung für verbesserungswürdig halte", in: Positionspapier für das KADS-Benutzertreffen, München-Perlach, 14. - 15. Februar 1991, S. 1 - 5.

**Bauer**, Christian / **Löckenhoff**, Christiane **(1992)**: Das ESPRIT-Projekt KADS-II, in: Proc. 6. Workshop der Fachgruppe 1.5.1 Knowledge Engineering, 16. - 17. Juni 1992, TU Dresden.

**Bea**, Franz X. **(1992)**: Entscheidungen des Unternehmens, in: Bea, Franz X./Dichtl, Erwin/Schweitzer, Marcell (Hrsg.): Allgemeine Betriebswirtschaftslehre, Bd. 1: Grundfragen, 6. Aufl., Stuttgart u.a.: Fischer (UTB), 1992, S. 309 - 424.

**Bechtel**, William / **Abrahamsen**, Adele **(1991)**: Connectionism and the Mind. An Introduction to Parallel Processing in Networks, Cambridge (MA): Basil Blackwell, 1991.

**Bechtolsheim**, Matthias von **(1991)**: Der gordische KI-Knoten: Die technische Integration von Expertensystemen, in: Information Management, Heft 1, 1991, S. 24 - 31.

**Bechtolsheim**, Matthias von **(1993)**: Agentensysteme. Verteiltes Problemlösen mit Expertensystemen, Braunschweig u.a.: Vieweg, 1993.

**Bechtolsheim**, Matthias von / **Derndinger**, Friedemann **(1990)**: Wissensbasierte Systeme zur Arbeitplatzunterstützung in Kreditinstituten: Probleme und Lösungsansätze in einem Integrationsmodell, Arbeitspapiere der GMD Nr. 426, Sankt Augustin: Gesellschaft für Mathematik und Datenverarbeitung, 1990.

**Bechtolsheim**, Matthias von / **Schweichhart**, Karsten / **Winand**, Udo **(1991)**: Expertensystemwerkzeuge. Produkte, Aufbau, Auswahl, Braunschweig u.a.: Vieweg, 1991.

**Becker**, Barbara **(1986)**: Wissen und Problemlösung im Spiegel neuer Entwicklungen der Computertechnologie, Dissertation, Universität Dortmund, 1986.

**Becker**, Barbara **(1987)**: Wissen und Können. Anmerkungen zur Wissensrepräsentation beim Aufgabenlösen, in: Morik, Katharina (Ed.): GWAI-87, 11th German Workshop on Artificial Intelligence, Proc., Berlin u.a.: Springer, 1987, S. 278 - 286.

**Becker**, Barbara **(1990)**: Die Veränderung von (Experten-)Wissen durch den Prozeß der Wissensakquisition, in: Künstliche Intelligenz (KI), Heft 2, 1990, S. 31 - 34.

**Becker**, Barbara **(1991)**: Epistemologische Prämissen in der KI, in: Christaller, Thomas (Hrsg.): Readings in Artificial Intelligence: Selected Reports from GMD of 89/90, Arbeitspapiere der GMD Nr. 591, Sankt Augustin: GMD, 1991, S. 1 - 20.

**Becker**, Barbara **(1992)**: Künstliche Intelligenz - Konzepte, Systeme, Verheißungen, Frankfurt am Main u.a.: Campus, 1992.

**Becker**, Barbara / **Steven**, Elke / **Strohbach**, Sabine **(1991)**: Epistemologische und wissenssoziologische Aspekte maschineller Wissensverarbeitung, Arbeitspapiere der GMD Nr. 501, Sankt Augustin: Gesellschaft für Mathematik und Datenverarbeitung, 1991.

**Behrendt**, Rainer **(1987)**: "Wartung und Pflege" von Expertensystemen, in: Handbuch der modernen Datenberarbeitung (HMD), Nr. 135, 1987, S. 104 - 112.

**Bendig**, Ralf **(1988)**: Aspekte der konzeptionellen Modellierung eines wissensbasierten Planungssystems zur strategischen Unternehmensplanung, Dissertation, Universität - Gesamthochschule - Duisburg, 1988.

**Best**, John B. **(1986)**: Cognitive Psychology, St. Paul u.a.: West Publishing, 1986.

**Bibel**, Wolfgang **(1982)**: Automated Theorem Proving, Braunschweig u.a.: Vieweg, 1982.

**Biethahn**, Jörg / **Hoppe**, Uwe **(1990)**: Vergleich von Tools zur Erstellung wissensbasierter Systeme auf der Basis der Entwicklung einer konkreten Applikation, in: Ehrenberg, Dieter/Krallmann, Hermann/Rieger, Bodo (Hrsg.): Wissensbasierte Systeme in der Betriebswirtschaft, Berlin: Schmidt, 1990, S. 113 - 132.

**Binbasioglu**, Meral / **Jarke**, Matthias **(1986)**: Domain Specific DSS Tools for Knowledge-Based Model Building, in: Decision Support Systems, Vol. 2, 1986, S. 213 - 223.

**Bleicher**, Knut **(1991)**: Organisation, in: Bea, Franz X./Dichtl, Erwin/Schweitzer, Marcell (Hrsg.): Allgemeine Betriebswirtschaftslehre, Bd. 2: Führung, 5. Aufl., Stuttgart u.a.: Fischer (UTB), 1991, S. 101 - 184.

**Blumberg**, Frank **(1991)**: Wissensbasierte Systeme in Produktionsplanung und -steuerung, Heidelberg: Physika, 1991.

**Blümling**, Uwe **(1990)**: Wissenserhebung im praktischen Einsatz: Relevante Aspekte und Methoden, in: Behrendt, Reinhard (Hrsg.): Angewandte Wissensverarbeitung. Die Expertensystemtechnologie erobert die Informationsverarbeitung, München u.a.: Oldenbourg, 1990, S. 77 - 111.

**Bodendorf**, Freimut / **Wittmann**, Stefan **(1988)**: Benutzermodelle in Expertensystemen, in: Information Management, Heft 1, 1988, S. 30 - 38.

**Boehm**, Barry W. **(1976)**: Software Engineering, in: IEEE Transactions on Computers C-25, 1976, S. 1226 - 1241.

**Boehm**, Barry W. **(1986)**: Wirtschaftliche Software-Produktion, Wiesbaden: Forkel, 1986.

**Boehm**, Barry W. **(1990)**: A Spiral Model of Software Development and Enhancement, in: Thayer, Richard H./Dorgman, Merlin (Eds.): System and Software Requirements Engineering, Los Alamits, 1990, S. 513 - 527.

**Bonato**, Marcellus **(1987)**: Knowledge elicitation with structure information techniques, in: Diederich, Joachim/Uthmann, Thomas (Hrsg.): Knowledge Acquisition for Expert Systems, Arbeitspapiere der GMD, Nr. 281, Sankt Ausgustin: Gesellschaft für Mathematik und Datenverarbeitung, 1987, S. 49 -66.

**Bonczek**, Robert H. / **Holsapple**, Clyde W. / **Whinston**, Andrew B. **(1980)**: The evolving roles of models in decision support systems, in: Decision Sciences, Vol. 11, 1980, S. 337 - 356.

**Bonczek**, Robert H. / **Holsapple**, Clyde W. / **Whinston**, Andrew B. **(1982)**: The Evolution from MIS to DSS: Extension of Data Management to Model Management, in: Ginzberg, Michael J./Reitman, Walter/Stohr, Edward A. (Eds.): Decision Support Systems, Amsterdam u.a.: North-Holland, 1982, S. 61 - 78.

**Boose**, John H. **(1985a)**: A knowledge acquisition program for expert systems based on personal construct psychology, in: International Journal of Man-Machine Studies, Vol. 23, 1985, S. 495 - 525.

**Boose**, John H. **(1985b)**: Personal construct theory and the transfer of human expertise, in: O'Shea, Tim (Ed.): Advances in Artificial Intelligence, Amsterdam u.a.: North-Holland, 1985, S. 51 - 60.

**Boose**, John H. **(1988)**: A Research Framework for Knowledge Acquisition Techniques and Tools, in: Boose, John/Gaines, Brian/Linster, Marc (Eds.): Proc. European Knowledge Acquisition Workshop (EKAW-88), GMD-Studien Nr. 143, Sankt Augustin: GMD, 1988, Beitrag 10, S. 1 - 13.

**Boose**, John H. / **Bradshaw**, Jeffrey M. **(1987)**: Expertise transfer and complex problems: using AQUINAS as a knowledge-acquisition workbench for knowledge-based systems, in: International Journal of Man-Machine Studies, Vol. 26, 1987, S. 3 - 28.

**Boose**, John H. / **Gaines**, Brian R. **(1989)**: Knowledge Acquisition for Knowledge-Based Systems: Notes of the State-of-the-Art, in: Machine Learning, Vol. 4, 1989, S. 377 - 394.

**Boose**, John H. / **Shema**, David B. / **Bradshaw**, Jeffrey M. **(1989)**: Recent progress in AQUINAS: a knowledge acquisition workbench, in: Knowledge Acquisition, Vol. 1, No. 2, 1989, S. 185 - 214.

**Borgards**, Arne / **Gabriel**, Roland / **Gräff**, Heike **(1989)**: Aufbau eines prototypischen wissensbasierten Systems zur strategischen Planung, Diskussionsbeiträge des Fachbereichs Wirtschaftswissenschaft der Universität - Gesamthochschule - Duisburg, Nr. 119, Duisburg, 1989.

**Bourne**, Lyle E. / **Dominowski**, Roger L. / **Loftus**, Elizabeth F. / **Healy**, Alice **(1986)**: Cognitive Processes, 2nd Ed., Englewood Cliffs (NJ): Prentice Hall, 1986.

**Brachman**, Ronald J. / **Amarel**, Saul / **Engelman**, Carl / **Egelmore**, Robert S. / **Feigenbaum**, Edward A. / **Wilkins**, David E. **(1983)**: What are Expert Systems?, in: Hayes-Roth, Frederick/Waterman, Donald A./Lenat, Douglas B. (Eds.): Building Expert Systems, Reading (MA) u.a.: Addison-Wesley, 1983, S. 31 - 57.

**Brachman**, Ronald J. / **Schmolze**, James G. **(1985)**: An Overview of the KL-ONE Knowledge Representation System, in: Cognitive Science, No. 9, 1985, S. 171 - 216.

**Brady**, Michael / **Hollerbach**, John M. / **Johnson**, Timothy L. / **Lozano-Perez**, Tomas / **Mason**, Matthew T. (Eds.) **(1982)**: Robot Motion: Planing and Control, Cambridge (MA) u.a.: MIT Press, 1982.

**Brander**, Silvia / **Kompa**, Ain / **Peltzer**, Ulf **(1985)**: Denken und Problemlösen. Einführung in die kognitive Psychologie, Opladen u.a.: Westdeutscher Verlag, 1985.

**Breuker**, Joost A. / **Wielinga**, Bob J. **(1984)**: Techniques for Knowledge Elecitation and Analysis, Report 1.5 Esprit Project 12, University of Amsterdam, Amsterdam, 1984.

**Breuker**, Joost A. / **Wielinga**, Bob J. **(1989)**: Models of Expertise in Knowledge Acquisition, in: Guida, Giovanni/Tasso, Carlo (Eds.): Topics in Expert System Design, Amsterdam u.a.: North-Holland, 1989, S. 265 - 295.

**Breuker**, Joost A. / **Wielinga**, Bob J. / **Someren**, Maarten van / **Hoog**, Robert de / **Schreiber**, Guus / **Greef**, Paul de et al. **(1987)**: Model-Driven Knowledge Acquisition: Interpretation Models, Esprit Project 1098, Memo 87, University of Amsterdam, Amsterdam, 1987.

**Brewka**, Gerhard **(1987)**: Techniken der Wissensrepräsentation, in: State of the Art 3 - Strategien und Erfahrungen: Expertensysteme, München u.a.: Oldenbourg, 1987, S. 17 - 22.

**Brewka**, Gerhard **(1989)**: Nichtmonotone Logiken - Ein kurzer Überblick, in: Künstliche Intelligenz (KI), Heft 2, 1989, S. 5 - 12.

**Brownston**, Lee / **Farrell**, Robert / **Kant**, Elaine / **Martin**, Nancy **(1985)**: Programming Expert Systems in OPS5. An Introduction to Rule-Based Programming, Reading (MA) u.a.: Addison-Wesley, 1985.

**Brunner**, Johannes **(1994)**: Interaktive Fuzzy Optimierung. Entwicklung eines Entscheidungsunterstützungssystems, Heidelberg: Physika, 1994.

**Buchanan**, Bruce G. / **Barstow**, David / **Bechtal**, Robert / **Bennett**, James / **Clancey**, William / **Kulikowski**, Casimir et al. **(1983)**: Constructing an Expert System, in: Hayes-Roth, Frederick/Waterman, Donald A./Lenat, Douglas B. (Eds.): Building Expert Systems, Reading (MA) u.a.: Addison-Wesley, 1983, S. 127 - 167.

**Buhl**, Hans U. / **Maßler**, Thomas / **Rittirsch**, Thomas **(1992)**: Eine WARUM-NICHT-Komponente zur Erweiterung der Erklärungsfähigkeit Wissens-basierter Systeme, in: Wirtschaftsinformatik (WI), 34. Jg., Heft 1, 1992, S. 84 - 93.

**Buhl**, Hans U. / **Weinhardt**, Christof **(1990)**: Financial Engineering System FES. Ein wissensbasierter Ansatz zur Finanzierungsberatung, in: Heilmann, Wolf-Rüdiger (Hrsg.): Geld, Banken und Versicherungen, Beiträge zum 5. Symposium Geld, Banken und Versicherungen, Karlsruhe: VVW, 1990, S. 1629 - 1647.

**Bullinger**, Hans-Jörg **(1990)**: Integrationspotentiale von Expertensystemen in der Produktion, in: Bullinger, Hans-Jörg (Hrsg.): Expertensysteme in Produktion und Engineering, IAO-Forum 25. April 1990 in Stuttgart, Berlin u.a.: Springer, 1990, S. 12 - 66.

**Bullinger**, Hans-Jörg / **Koll**, Peter **(1992)**: Chefinformationssysteme (CIS), in: Krallmann, Hermann/Papke, Jörg/Rieger, Bodo (Hrsg.): Rechnergestützte Werkzeuge für das Management, Berlin: Schmidt, 1992, S. 49 - 72.

**Bullinger**, Hans-Jörg / **Kornwachs**, Klaus **(1990)**: Expertensysteme: Anwendungen und Auswirkungen im Produktionsbetrieb, München: Beck, 1990.

**Bullinger**, Hans-Jörg / **Wasserloos**, Georg **(1989)**: Die Entwicklung praxisgerechter Expertensysteme: knowledge engineering, Landsberg am Lech: moderne industrie (mi), 1989.

**Burkan**, Wayne C. **(1991)**: Executive Information Systems. From Proposal Trought Implementation, New York: van Nostrand Reinhold, 1991.

**Busch**, Rainer **(1991)**: Operations-Research-Modelle und Expertensysteme als Wissensmodule intelligenter Decision-Support-Systeme, in: Busch, Rainer (Hrsg.): Operations Research und Wissensbasierte Systeme. Modelle, Konzepte, Perspektiven für betriebliche Anwendungen, Berlin u.a.: Springer, 1991, S. 1 - 26.

**Buschmann**, Heinrich **(1989)**: Entwurf eines kreativen Expertensystems, in: Angewandte Informatik, 31. Jg., Nr. 2, 1989, S. 63 - 75.

**Busse** von Colbe, Walther / **Laßmann**, Gert **(1991)**: Betriebswirtschaftstheorie, 5. Aufl., Bd. 1, Berlin u.a.: Springer, 1991.

**Buttenbruch**, Petra / **Frick**, Detlev **(1989)**: Kognitionspsychologische Aspekte der Wissensakquisition, Diskussionsbeiträge des Fachbereichs Wirtschaftswissenschaft der Universität - Gesamthochschule - Duisburg, Nr. 120, Duisburg, 1989.

**Bylander**, Tom / **Chandrasekaran**, Bruce / **Josephson**, John R. **(1987)**: The Generic Task Toolset, in: Salvendy, Gavriel (Ed.): Cognitive Engineering in the Design of Human-Computer Interaction and Expert Systems, Amsterdam u.a.: Elsevier, 1987, S. 507 - 514.

**Cannell**, Charles F. / **Kahn**, Robert L. **(1968)**: Interviewing, in: Lindzey, Gardner/Aronson, Elliot (Eds.): Handbook of Social Psychology, Volume 2, Reading (MA) u.a.: Addison-Wesley, 1968, S. 526 - 595.

**Carbonell**, Jaime G. **(1984)**: Learning by Analogy: Formulating and Generalizing Plans from Past Experience, in: Michalski, Ryszard S./Carbonell, Jaime G./Mitchell, Tom M. (Eds.): Machine Learning. An Artificial Intelligence Approach. Vol. I, Berlin u.a.: Springer, 1984, S. 137 - 161.

**Carbonell**, Jaime G. **(1986)**: Derivational Analogy, in: Michalski, Ryszard S./Carbonell, Jaime G./Mitchell, Tom M. (Eds.): Machine Learning. An Artificial Intelligence Approach. Vol. II, Los Altos (CA): Morgan Kaufmann, 1986, S. 371 - 392..

**Carbonell**, Jaime G. / **Michalski**, Ryszard S. / **Mitchell**, Tom M. **(1984)**: An Overview of Machine Learning, in: Michalski, Ryszard S./Carbonell, Jaime G./Mitchell, Tom M. (Eds.): Machine Learning. An Artificial Intelligence Approach, Vol. I, Berlin u.a.: Springer, 1984, S. 3 - 23.

**Chamoni**, Peter / **Zabel**, Marcus **(1994)**: Evaluation verschiedener EIS-Generatoren anhand einer betriebswirtschaftlichen Fallstudie, Abschlußberichte zu den Praktika und Seminaren im Studienfach Wirtschaftsinformatik, Nr. 10/94, Ruhr-Universität Bochum, 1994.

**Chandrasekaran**, Bruce **(1983)**: Towards a Taxonomy of Problem Solving Types, in: AI Magazine, Vol. 4, No. 1, 1983, S. 9 - 17.

**Chandrasekaran**, Bruce **(1984)**: Expert Systems: Matching Techniques to Tasks, in: Reitman, Walter (Ed.): Artificial Intelligence Applications for Business, Norwood (NJ): Ablex, 1984, S. 41 - 64.

**Chandrasekaran**, Bruce **(1986)**: Generic Task in Knowledge-Based Reasoning: High-Level Building Blocks for Expert System Design, in: IEEE Expert, Vol. 1, No. 3, 1986, S. 23 - 30.

**Chandrasekaran**, Bruce **(1988)**: Generic tasks as building blocks for knowledge-based systems: the diagnosis and routine design examples, in: The Knowledge Engineering Review, Vol. 3, No. 3, 1988, S. 183 - 210.

**Chandrasekaran**, Bruce **(1989)**: Building Blocks for Knowledge-based Systems Based on Generic-Tasks: The Classifikation and Routine Design Example, in: Liebowitz, J./De Salvo, D. (Eds.): Structing Expert Systems: Domain, Design and Development, New Jersey, 1989, S. 215 - 238.

**Chandrasekaran**, Bruce / **Tanner**, Michael C. / **Josephson**, John R. **(1988)**: Explanation: The Role of Control Strategies and Deep Models, in: Hendler, James A. (Ed.): Expert Systems. The User Interface, Norwood (NJ): Ablex, 1988, S. 219 - 248.

**Chandrasekaran**, Bruce / **Tanner**, Michael C. / **Josephson**, John R. **(1989)**: Explaining Control Strategies in Problem Solving, in: IEEE Expert, Spring 1989, S. 9 - 24.

**Charniak**, Eugene / **McDermott**, Drew **(1985)**: Introduction to Artificial Intelligence, Reading (MA) u.a.: Addison-Wesley, 1985.

**Chen**, Peter P.-S. **(1976)**: The Entity-Relationship Model - Toward a Unified View of Data, in: ACM Transaktion on Database Systems, Vol. 1, No. 1, 1976, S. 9 - 36.

**Chorafas**, Dimitris N. **(1990)**: Knowledge engineering: knowledge acquisition, knowledge representation, the role of the knowledge engineer, and domains fertile for AI implementation, New York (NY) u.a.: Van Nostrand Reinhold, 1990.

**Christaller**, Thomas / **Güsgen**, Hans-Werner / **Hertzberg**, Joachim / **Linster**, Marc / **Voß**, Angi / **Voß**, Hans **(1988)**: Was ist Expertise und wie bekommt man sie auf den Rechner?, in: Forschungsgruppe Expertensysteme (Hrsg.): Aus der Arbeit der Forschungsgruppe Expertensysteme, Arbeitsberichte der GMD Nr. 337, Sankt Augustin: GMD, 1988, Beitrag 3.

**Clancey**, William J. **(1985)**: Heuristic Classification, in: Artificial Intelligence (AI), Vol. 27, 1985, S. 289 - 350.

**Claus**, Volker **(1989)**: Entwicklung von Informatik-Methoden, in: Handbuch der modernen Datenverarbeitung (HMD), Nr. 150, 1989, S. 26 - 44.

**Collins**, Allan M. / **Quillian**, M. Ross **(1969)**: Retrieval Time from Semantic Memory, in: Journal of Verbal Learning an Verbal Behavior, Vol. 8, 1969, S. 240 - 247.

**Cordingley**, Elizabeth S. **(1989)**: Knowledge elicitation techniques for knowledge-based systems, in: Diaper, Dan (Ed.): Knowledge Elicitation: Principles, Techniques and Applications, Chichester: Ellis Horwood, 1989, S. 89 - 175.

**Coy**, Wolfgang / **Bonsiepen**, Lena **(1989)**: Erfahrung und Berechnung. Kritik der Expertensystemtechnik, Berlin u.a.: Springer, 1989.

**Crott**, Helmut W. **(1987)**: Macht, in: Frey, Dieter/Greif, Siegfried (Hrsg.): Sozialpsychologie, 2. Aufl., München u.a.: Psychologie-Verlags-Union, 1987, S. 231 - 238.

**Cullen**, Joe / **Bryman**, Alan **(1988)**: The Knowledge Acquisition Bottleneck: Time for Reassessment?, in: Expert Systems, Vol. 5, No. 3, 1988, S. 216 - 224.

**Cullingford**, Richard E. **(1986)**: Natural language processing: a knowledge-engineering approach, Totowa (NJ): Rowman & Littlefield, 1986.

**Curth**, Michael / **Bölscher**, Andreas / **Raschke**, Bernhard **(1991)**: Entwicklung von Expertensystemen, München u.a.: Hanser, 1991.

**Cyert**, Richard M. / **March**, James G. **(1963)**: A Beharioral Theory of the Firm, Englewood Cliffs (NJ): Prentice-Hall, 1963.

**Daniel**, Manfred **(1990)**: Ansätze zur menschengerechten Gestaltung von Expertensystemanwendungen, in: Künstliche Intelligenz (KI), Heft 4, 1990, S. 18 - 25.

**Dansereau**, Donald F. / **Collins**, Karen W. / **McDonald**, Barbara A. / **Holley**, Charles D. / **Garland**, John / **Diekhoff**, George **(1979)**: Development and Evaluation of a Learning Strategy Training Program, in: Journal of Educational Psychology, Vol. 71, No. 1, 1979, S. 64 - 73.

**Davis**, Randall **(1982)**: Expert Systems: Where Are We? And Where Do We Go From Here?, in: AI Magazine, Vol. 3, 1982, S. 3 - 22.

**Davis**, Randall / **Lenat**, Douglas B. **(1982)**: Knowledge-Based Systems in Artificial Intelligence, New York u.a.: McGraw-Hill, 1982.

**Davis**, Randall / **Shrobe**, Howard / **Szolovitz**, Peter **(1993)**: What is Knowledge Representation?, in: AI Magazine, Vol. 14, No. 1, 1993, S. 17 - 33.

**Decker**, Rainer **(1989)**: Grundlegende Literatur zu Themen der Wissensrepräsentation, in: Informationstechnik (it), Heft 2, 1989, S. 167 - 170.

**Deckert**, Ulrike **(1990)**: RAMSES - ein Expertensystem für Anlageberatung, in: Heilmann, Wolf-Rüdiger (Hrsg.): Geld, Banken und Versicherungen, Beiträge zum 5. Symposium Geld, Banken und Versicherungen, Karlsruhe: VVW, 1990, S. 1667 - 1676.

**Diederich**, Joachim **(1987a)**: Techniken des Wissenserwerbs, in: Christaller, Thomas (Hrsg.): Künstliche Intelligenz, 5. Frühjahrsschule (KIFS-87), Informatik-Fachberichte 202, Berlin u.a.: Springer, 1987, S. 295 - 335.

**Diederich**, Joachim **(1987b)**: Wissensakquisition, Arbeitspapiere der GMD Nr. 245, Sankt Augustin: Gesellschaft für Mathematik und Datenverarbeitung, 1987.

**Diederich**, Joachim **(1988)**: Aspekte des Konnektionismus, Arbeitspapiere der GMD Nr. 319, Sankt Augustin: Gesellschaft für Mathematik und Datenverarbeitung, 1988.

**Diederich**, Joachim / **Linster**, Marc **(1989)**: Knowledge-Based Knowledge Elicitation, in: Guida, Giovanni/Tasso, Carlo (Eds.): Topics in Expert System Design, Amsterdam u.a.: North-Holland, 1989, S. 323 - 350.

**Diederich**, Joachim / **May**, Mark / **Ruhmann**, Ingo **(1987)**: KRITON: Wissensakquisition für Expertensysteme, in: Balzert, Helmut/Heyer, Gerd/Lutze, Rainer (Hrsg.): Expertensysteme '87. Konzepte und Werkzeuge, Berichte des German Chapter of the ACM, Bd. 28, Stuttgart: Teubner, 1987, S. 210 - 221.

**Dijkstra**, Edsger W. **(1972)**: Notes on Structured Programming, in: Dahl, Ole-Johan/Dijkstra, Edsger W./Hoare, C. A. R. (Eds.): Structured Programming, London u.a.: Academic Press, 1972, S. 1 - 82.

**Dinkelbach**, Werner **(1973)**: Entscheidungsmodelle, in: Erwin Grochla (Hrsg.): Handwörterbuch der Organisation, Stuttgart: Poeschel, 1973, Sp. 485 - 496.

**Dinkelbach**, Werner **(1982)**: Entscheidungsmodelle, Berlin u.a.: de Gruyter, 1982.

**Dinkelbach**, Werner **(1984)**: Operations Research-Verfahren, in: Kern, W. (Hrsg.): Handwörterbuch der Produktionswirtschaft, Stuttgart, 1984, Sp. 1379 - 1391.

**Dittrich**, Klaus R. / **Kotz**, Angelika M. **(1989)**: Objektorientierte Datenbanksysteme, in: Handbuch der modernen Datenverarbeitung (HMD), Nr. 145, 1989, S. 94 - 105.

**Dorffner**, Georg **(1991)**: Konnektionismus. Von neuronalen Netzwerken zu einer "natürlichen" KI, Stuttgart: Teubner, 1991.

**Doyle**, Jon **(1979)**: A Truth Maintenance System, in: Artificial Intelligence (AI), No. 12, 1979, S. 231 - 272.

**Dörner**, Dietrich **(1974)**: Die kognitive Organisation beim Problemlösen, Bern u.a.: Huber, 1974.

**Dörner**, Dietrich **(1981)**: Über die Schwierigkeiten menschlichen Umgangs mit Komplexität, in: Psychologische Rundschau, Nr. 32, 1981, S. 163 - 179.

**Dörner**, Dietrich **(1983a)**: Denkspychologie und der Umgang mit Unbestimmtheit und Komplexität, in: Dörner, Dietrich/Kreuzig, Heinz W./Reither, Franz/Stäudel, Thea (Hrsg.) : Lohausen. Vom Umgang mit Unbestimmtheit und Komplexität, Bern u.a.: Huber, 1983, S. 100 - 104.

**Dörner**, Dietrich **(1983b)**: Anmerkungen zur verwendeten Methode, in: Dörner, Dietrich/Kreuzig, Heinz W./Reither, Franz/Stäudel, Thea (Hrsg.) : Lohausen. Vom Umgang mit Unbestimmtheit und Komplexität, Bern u.a.: Huber, 1983, S. 134 - 141.

**Dörner**, Dietrich **(1987)**: Problemlösen als Informationsverarbeitung, 3. Aufl., Stuttgart u.a.: Kohlhammer, 1987.

**Dressler**, Oskar / **Freitag**, Hartmut **(1989)**: Truth Maintenance Systeme, in: Künstliche Intelligenz (KI), Heft 2, 1989, S. 13 - 19.

**Dreyfus**, Hubert L. / **Dreyfus**, Stuart E. **(1987)**: Künstliche Intelligenz. Von den Grenzen der Denkmaschine und dem Wert der Intuition, Reinbek bei Hamburg: Rowohlt, 1987.

**Duda**, Richard O. / **Shortliffe**, Edward H. **(1983)**: Expert System Research, in: Science, Vol. 220, 1983, S. 261 - 276.

**Düsing**, Roland / **Scheffler**, Uwe / **Stötzel**, Jürgen **(1990)**: Anwendungssystementwicklung in Unternehmen - Ein ganzheitlicher Ansatz, Diskussionsbeiträge des Fachbereichs Wirtschaftswissenschaft der Universität - Gesamthochschule - Duisburg, Nr. 143, Duisburg, 1990.

**Düspohl**, Rainer **(1990a)**: Wissensakquisition für Wissensbasierte Systeme unter Verwendung von Konstruktgitterverfahren, Diplomarbeit, Fachbereich Informatik, Universität Hamburg, 1990.

**Düspohl**, Rainer **(1990b)**: KI-Lexikon: Konstruktgitterverfahren, in: Künstliche Intelligenz (KI), Heft 2, 1990, S. 12.

**Eckerlein**, Alexander R. **(1989)**: Ein Expertensystem zur Angebotserstellung und Risikokalkulation in einem mittelständischen Elektronikunternehmen, in: Krems, Josef (Hrsg.): Expertensysteme im Einsatz, München u.a.: Oldenbourg, 1989, S. 129 - 141.

**Elam**, Joyce J. / **Konsynski**, Benn **(1987)**: Using artificial intelligence techniques to enhance the capabilities of model management systems, in: Decision Sciences, Vol. 18, 1987, S. 487 - 502.

**Emde**, Werner / **Keller**, Ingo / **Kietz**, Jörg-Uwe / **Morik**, Katharina / **Thieme**, Sabine / **Wrobel**, Stefan **(1989)**: Wissenserwerb und maschinelles Lernen. Abschlußbericht des KIT-LERNER Projektes, KIT-Report 71, Technische Universität Berlin, Fachbereich Informatik, Projektgruppe KIT (Künstliche Intelligenz und Textverstehen), Berlin, 1989.

**Engelkamp**, Johannes **(1991)**: Das menschliches Gedächtnis, 2. Aufl., Göttingen u.a.: Verlag für Psychologie, 1991.

**Ericsson**, K. Anders / **Simon**, Herbert A. **(1984)**: Protocol Analysis. Verbal Reports as Data, Cambridge (MA) u.a.: MIT Press, 1984.

**Erler**, Thomas / **Reinersmann**, Martina **(1992)**: Einführung in die Expertensystem-Shell Nexpert-Object, Lehrmaterialien im Studienfach Wirtschaftsinformatik, Nr. 6/92, Lehrstuhl für Wirtschaftsinformatik, Ruhr-Universität Bochum, Bochum, 1992.

**Eshelman**, Larry **(1988)**: MOLE: A Knowledge-Acquisition Tool for Cover-and-Differentiate Systems, in: Marcus, Sandra (Ed.): Automating knowledge acquisition for expert systems, Boston u.a.: Kluwer, 1988, S. 37 - 80..

**Eshelman**, Larry / **Ehret**, Damien / **McDermott**, John / **Tan**, Ming **(1987)**: MOLE: a tenacious knowledge-acquisition tool, in: International Journal of Man-Machine Studies, Vol. 26, 1987, S. 41 - 54.

**Esser**, Werner-Michael / **Kirsch**, Werner **(1975)**: Konflikte im Betrieb, in: Gaugler, Eduard (Hrsg.): Handwörterbuch des Personalwesens, Stuttgart: Poeschel, 1975, Sp. 1118 - 1125.

**Fathi-Torbaghan**, Madjid / **Drechsler**, Horst / **Theling**, Maria **(1991)**: Methoden zur Wissensakquisition, Forschungsbericht Nr. 392, Fachbereich Informatik der Universität Dortmund, Dortmund, 1991.

**Fathi-Torbaghan**, Madjid / **Herold**, Claus / **Szurmann**, Frank / **Wolfs**, Christian **(1992)**: Modellbasierte Wissensakquisition mit KADS, Forschungsberichte des Fachbereichs Informatik der Universität Dortmund Nr. 442, Dortmund, 1992.

**Fähnrich**, Klaus-Peter / **Ziegler**, Jürgen **(1987)**: Software-Ergonomie: Stand und Entwicklungen, in: Fähnrich, Klaus-Peter (Hrsg.): Software-Ergonomie, München u.a.: Oldenbourg, 1987, S. 9 - 28.

**Fehsenfeld**, Bernd **(1990)**: Expertensystem zur Konfiguration einer kunststoffverarbeitenden Maschine, in: Bullinger, Hans-Jörg (Hrsg.): Expertensysteme in Produktion und Engineering, IAO-Forum 25. April 1990 in Stuttgart, Berlin u.a.: Springer, 1990, S. 189 - 212.

**Feigenbaum**, Edward **(1980)**: Knowledge Engineering - The Applied Side of Artificial Intelligence, Stanford Heuristic Programming Project Report, Report No. HPP-80-21, Stanford University, 1980.

**Feigenbaum**, Edward A. / **McCorduck**, Pamela **(1983)**: The fith generation, Reading (MA) u.a.: Addison-Wesley, 1983.

**Feigenbaum**, Edward A. / **McCorduck**, Pamela / **Nii**, H. Penny **(1988)**: The Rise of the Expert Company, New York: Time Books, 1988.

**Felgentreu**, Kay-Ulrich / **Mankel**, Matthias / **Schnoor**, André **(1989)**: Entwicklungsumgebungen, in: Handbuch der modernen Datenverarbeitung (HMD), Nr. 147, 1989, S. 44 - 53.

**Ferstl**, Otto K. / **Sinz**, Elmar J. **(1990)**: Objektmodellierung betrieblicher Informationssysteme im Semantischen Objektmodell (SOM), in: Wirtschaftsinformatik (WI), 32. Jg., Heft 6, 1990, S. 566 - 581.

**Ferstl**, Otto K. / **Sinz**, Elmar J. **(1991)**: Ein Vorgehensmodell zur Objektmodellierung betrieblicher Informationssysteme im Semantischen Objektmodell (SOM), in: Wirtschaftsinformatik (WI), 33. Jg., Heft 6, 1991, S. 477 - 491.

**Ferstl**, Otto K. / **Sinz**, Elmar J. **(1993a)**: Der Modellierungsansatz des Semantischen Objektmodells (SOM), Bamberger Beiträge zur Wirtschaftsinformatik Nr. 18, September 1993, Otto-Friedrich-Universität Bamberg, 1993.

**Ferstl**, Otto K. / **Sinz**, Elmar J. **(1993b)**: Grundlagen der Wirtschaftsinformatik, Bd. 1, München u.a.: Oldenbourg, 1993.

**Ferstl**, Otto K. / **Sinz**, Elmar J. **(1993c)**: Geschäftsprozeßmodellierung, in: Wirtschaftsinformatik (WI), 35. Jg., Heft 6, 1993, S. 589 - 592.

**Festinger**, Leon **(1964)**: Conflict, Decision, and Dissonance, Stanford (CA): Stanford University Press, 1964.

**Festinger**, Leon **(1978)**: Theorie der kognitiven Dissonanz, Bern u.a.: Huber, 1978.

**Fischer**, Gerhard **(1982)**: Kognitionswissenschaft - ein Bindeglied zwischen Informatik und Psychologie, in: Schauer, Helmut/Tauber, Michael J. (Hrsg.): Informatik und Psychologie, Wien: Oldenbourg, 1982, S. 169 - 193.

**Fischer**, Gerhard **(1986)**: Menschengerechte Computersysteme - mehr als ein Schlagwort?, in: Fischer, Gerhard/Gunzenhäuser, Rul (Hrsg.): Methoden und Werkzeuge zur Gestaltung benutzergerechtet Computersysteme, Berlin: de Gruyter, 1986, S. 17 - 44.

**Fischer**, Dietmar **(1990)**: Wissensbasiertes Werkstoffinformationssystem in Konstruktion und Entwicklung, in: Bullinger, Hans-Jörg (Hrsg.): Expertensysteme in Produktion und Engineering, IAO-Forum 25. April 1990 in Stuttgart, Berlin u.a.: Springer, 1990, S. 213 - 236.

**Fischer**, Dirk **(1991)**: Nichtmonotone und probabilistische Inferenz, in: Biethahn, Jörg/Hoppe, Uwe (Hrsg.): Entwicklung von Expertensystemen, Wiesbaden: Gabler, 1991, S. 95 - 136.

**Fischer**, Gerhard / **Herczeg**, M. **(1986)**: Wissensbasierte Systeme und Mensch-Computer-Kommunikation, in: Bullinger, Hans-Jörg (Hrsg.): Software Ergonomie, Sindelfingen: expert, 1986, S. 103 - 119.

**Fischer**, Gerhard / **Kling**, Ulrich **(1980)**: Die Erforschung kognitiver Phänomene - zum Stellenwert der Arbeiten von Herbert A. Simon für die Informatik, in: Angewandte Informatik, 22. Jg., Nr. 6, 1980, S. 215 - 223.

**Floyd**, Christiane **(1984)**: A Systematic Look at Prototyping, in: Budde, Reinhard/Kuhlenkamp, Karin/Mathiassen, Lars/Züllighoven, Heinz (Eds.): Approaches to Prototyping, Berlin u.a.: Springer, 1984, S. 1 - 18.

**Ford**, F. Nelson **(1985)**: Decision Support Systems and Expert Systems: A Comparison, in: Information & Management, Vol. 8, 1985, S. 21 - 26.

**Forsythe**, Diana E. / **Buchanan**, Bruce G. **(1989)**: Knowledge Acquisition for Expert Systems: Some Pitfalls and Suggestions, in: IEEE Transactions on Systems, Man, and Cybernetics, Vol. 19, No. 3, 1989, S. 435 - 442.

**Frank**, Ulrich **(1989a)**: Meta-Wissen, Analogieschließen und maschinelles Lernen: Anwendungsvoraussetzungen und Grenzen, in: Angewandte Informatik, 31. Jg., Nr. 3, 1989, S. 103 - 112.

**Frank**, Ulrich **(1989b)**: Expertensysteme: Konzepte, Probleme und Potentiale - ein kritischer Überblick, in: Kruse, Hans-Günther/Frank, Ulrich (Hrsg.): Praxis der Expertensysteme, München u.a.: Hanser, 1989, S. 1 - 36.

**Freiling**, Mike / **Alexander**, Jim / **Messick**, Steve / **Rehfuss**, Steve / **Shulman**, Sherri **(1985)**: Starting a Knowledge Engineering Project: A Step-by-Step Approach, in: AI Magazine, Vol. 6, 1985, S. 150 - 164.

**Freitag**, Burkhard / **Schütz**, Heribert / **Specht**, Günther / **Bayer**, Rudolf **(1992)**: LOLA - ein deduktives Datenbanksystem, in: Bayer, Rudolf/Härder, Theo/Lockemann, Peter C. (Hrsg.): Objektbanken für Experten, Berlin u.a.: Springer, 1992, S. 1 - 28.

**Freksa**, Christian **(1988a)**: Cognitive Science - Eine Standortbestimmung, in: Heyer, Gerhard/Krems, Josef/Görz, Günther (Hrsg.): Wissensarten und ihre Darstellung, Berlin u.a.: Springer, 1988, S. 1 - 12.

**Freksa**, Christian **(1988b)**: Intrinsische vs. extrinsische Repräsentation zum Aufgabenlösen oder die Verwandlung von Wasser in Wein, in: Heyer, Gerhard/Krems, Josef/Görz, Günther (Hrsg.): Wissensarten und ihre Darstellung, Berlin u.a.: Springer, 1988, S. 155 - 165.

**Freksa**, Christian **(1991)**: Kognitionsforschung, in: Schneider, Hans-Jochen (Hrsg.): Lexikon der Informatik und Datenverarbeitung, 3. Aufl., München u.a.: Oldenbourg, 1991, S. 435.

**Frese**, Erich **(1988)**: Grundlagen der Organisation, 4. Aufl., Wiesbaden: Gabler, 1988.

**Frey**, Dieter / **Benning**, Elke **(1987)**: Dissonanz, in: Frey, Dieter/Greif, Siegfried (Hrsg.): Sozialpsychologie, 2. Aufl., München u.a.: Psychologie-Verlags-Union, 1987, S. 147 - 153.

**Frick**, Detlev **(1992)**: Objektorientierte Programmierung, in: VDWImagazin, Nr. 2, 1992, S. 16 - 20.

**Frick**, Detlev / **Gabriel**, Roland / **Meier**, Gernot / **Reinersmann-Rescheleit**, Martina / **Timm**, Haiko / **Bendig**, Ralf **(1989)**: Expertensysteme Teil II. Ein neuer Ansatz der Informationsverarbeitung: Die Wissensverabeitung, Diskussionsbeiträge des Fachbereichs Wirtschaftswissenschaft der Universität - Gesamthochschule - Duisburg, Nr. 126, Duisburg, 1989.

**Frick**, Detlev / **Gabriel**, Roland / **Reinersmann**, Martina / **Timm**, Haiko **(1991)**: Abschlußbericht zum KI-Seminar "Expertensysteme im Bankensektor", Abschlußberichte zu den Praktika und Seminaren im Studienfach Wirtschaftsinformatik, Nr. 4/91, Ruhr-Universität Bochum, 1991.

**Friedrichs**, Jürgen **(1984)**: Methoden empirischer Sozialforschung, 12. Aufl., Opladen: Westdeutscher Verlag, 1984.

**Fritsch**, Andreas / **Weimann**, Peter **(1992)**: Kooperation von Experten- und Datenbanksystemen: Vorteile und Ansätze, in: Künstliche Intelligenz (KI), Heft 3, 1992, S. 42 - 48.

**Furbach**, Ulrich **(1988)**: Wissensrepräsentation und Programmiersprachen, in: Heyer, Gerhard/Krems, Josef/Görz, Günther (Hrsg.): Wissensarten und ihre Darstellung, Berlin u.a.: Springer, 1988, S. 262 - 271.

**Furbach**, Ulrich / **Freksa**, Christian / **Dirlich**, Gerhard **(1988)**: Wissensrepräsentation in künstlichen symbolverarbeitenden Systemen, in: Mandl, Heinz/Spada, Hans (Hrsg.): Wissenspsychologie, München u.a.: Psychologie-Verlags-Union, 1988, S. 505 - 528.

**Gabriel**, Roland **(1982)**: Optimierungsmodelle bei logischen Verknüpfungen. Modellaufbau und Modellösung von Mixed-Integer-Problemen bei qualitativen Anforderungen, München: Minerva-Publikation, 1982.

**Gabriel**, Roland **(1984)**: Konstruktionsprinzipien für Modell- und Methodenbanksysteme als universelle interaktive Planungssyteme und Anwendungen für ausgewählte Beispiele, Habilitationsschrift, Fachbereich Wirtschaftswissenschaft der Universität - Gesamthochschule - Duisburg, 1984.

**Gabriel**, Roland **(1989)**: Der Einsatz von Expertensystemen in der betrieblichen Praxis zur Unterstützung der strategischen Planung, in: IBM (Hrsg.): Drittes Symposium 'Wissensbasierte Systeme', 19. - 20. September 1989 in Würzburg, Dokumentation, Stuttgart: IBM, 1989, Referat 21.

**Gabriel**, Roland **(1990)**: Software Engineering, in: Kurbel, Karl/Strunz, Horst (Hrsg.): Handbuch Wirtschaftsinformatik, Stuttgart: Poeschel, 1990, S. 257 - 273.

**Gabriel**, Roland **(1992)**: Wissensbasierte Systeme in der betrieblichen Praxis, Hamburg u.a.: McGraw-Hill, 1992.

**Gabriel**, Roland / **Begau**, Klaus / **Knittel**, Friedrich / **Taday**, Holger **(1994)**: Büroinformations- und -kommunikationssysteme. Aufgaben, Systeme, Anwendungen, Heidelberg: Physika, 1994.

**Gabriel**, Roland / **Chamoni**, Peter **(1993)**: Management-Support-Systeme, Kurseinheit 2: Informationssysteme und Retrievalsysteme Planungs- und Entscheidungsunterstützungssysteme, Lehrmaterialien der Fernuniversität - Gesamthochschule - Hagen, Fachbereich Writschaftswissenschaft, Hagen, 1993.

**Gabriel**, Roland / **Chamoni**, Peter / **Gluchowski**, Peter **(1995)**: Einsatz von IuK-Systemen zur Unterstützung des Managements - Management Support Systeme I -, Arbeitsberichte des Lehrstuhls für Wirtschaftsinformatik der Ruhr-Universität Bochum, Nr. 95-14, Bochum, 1995.

**Gabriel**, Roland / **Frick**, Detlev **(1991)**: Expertensysteme zur Lösung betriebswirtschaftlicher Problemstellungen, in: Zeitschrift für betriebswirtschaftliche Forschung (zfbf), Nr. 6, 1991, S. 544 - 565.

**Gabriel**, Roland / **Gräff**, Heike / **Borgard**, Arne **(1990)**: Entwicklung des wissensbasierten Systems STRAPLAN zur Strategischen Planung in der Versicherungsbranche, in: Zeitschrift für Planung (ZfP), Nr. 3, 1990, S. 245 - 263.

**Gabriel**, Roland / **Reinersmann**, Martina **(1993)**: Die Einsatzmöglichkeiten und Leistungspotentiale wissensbasierter Transportplanungssysteme, Arbeitsberichte des Lehrstuhls für Wirtschaftsinformatik der Ruhr-Universität Bochum, Nr. 93-13, Bochum, 1993.

**Gabriel**, Roland / **Richter**, Markus **(1991)**: Überlegungen zum Aufbau eines intelligenten, sprachverarbeitenden Frühwarnsystems zur Vorhersage von Umweltdiskontinuitäten, Arbeitsberichte des Lehrstuhls für Wirtschaftsinformatik der Ruhr-Universität Bochum, Nr. 91-03, Bochum, 1991.

**Gabriel**, Roland / **Röhrs**, Heinz-Peter **(1994)**: Datenbanksysteme. Konzeptionelle Datenmodellierung und Datenbank, Berlin u.a.: Springer, 1994.

**Gabriel**, Roland / **Terlinden**, Uta **(1990)**: Aufbau eines Expertensystems zur Auswahl geeigneter Kapitalbeteiligungsgesellschaften mit Nexpert Object, Arbeitsberichte des Lehrstuhls für Wirtschaftsinformatik der Ruhr-Universität Bochum, Nr. 90-02, Bochum, 1990.

**Gabriel**, Roland / **Timm**, Haiko **(1992)**: Grundlegende konzeptionelle Überlegungen beim Aufbau leistungsfähiger Expertensysteme in der betrieblichen Praxis, in: Zeitschrift für Planung (ZfP), Nr. 4, 1992, S. 353 - 378.

**Gaines**, Brian R. **(1988b)**: Rapid Prototyping for Expert Systems, in: Oliff, Michael D. (Ed.): Intelligent Manufacturing, Proceedings 1. Conference on Expert Systems and the Leading Edge in Production Planning and Control, Menlo Park (CA): Benjamin/Cummings, 1988, S. 45 - 73.

**Gappa**, Ute **(1988)**: CLASSIKA: A Knowledge Acquisition System Facilitating the Formalization of Advanced Aspects in Heuristic Classication, in: Boose, John/Gaines, Brian/Linster, Marc (Eds.): Proc. European Knowledge Acquisition Workshop (EKAW-88), GMD-Studien Nr. 143, Sankt Augustin: GMD, 1988, Beitrag 19, S. 1 - 16.

**Gappa**, Ute **(1991)**: Graphische Wissensrepräsentationen, in: Christaller, Thomas (Hrsg.): GWAI-91. 15. Fachtagung für Künstliche Intelligenz, Proc., Informatik-Fachberichte 285, Berlin u.a.: Springer, 1991, S. 221 - 230.

**Gappa**, Ute / **Poeck**, Karsten **(1992)**: Common Ground and Differences of the KADS and Strong-Problem-Solving-Shell Approach, in: Wetter, Thomas/Althoff, Klaus-Dieter/Boose, John et al. (Eds.): Current Developments in Knowledge Acquisition, Proc. 6th European Knowledge Acquisition Workshop (EKAW-92), Berlin u.a.: Springer, 1992, S. 75 - 94.

**Gäfgen**, Gérard **(1974)**: Theorie der wirtschaftlichen Entscheidung, 3. Aufl., Tübingen: Mohr, 1974.

**Gebert**, Diether / **Rosenstiel**, Lutz von **(1989)**: Organisationspsychologie, 2. Aufl., Stuttgart u.a.: Kohlhammer, 1989.

**Gevarter**, William B. **(1987)**: Intelligente Maschinen. Einführung in die Künstliche Intelligenz und Robotik, Weinheim: VCH, 1987.

**Gewald**, Klaus / **Haake**, Gisela / **Pfadler**, Werner **(1985)**: Software Engineering. Grundlagen und Technik rationeller Programmentwicklung, 4. Aufl., München u.a.: Oldenbourg, 1985.

**Ginzberg**, Michael J. / **Stohr**, Edward A. **(1982)**: Decision Support Systems: Issues and Perspectives, in: Ginzberg, Michael J./Reitman, Walter/Stohr, Edward A. (Eds.): Decision Support Systems, Amsterdam u.a.: North-Holland, 1982, S. 9 - 31.

**Glass**, Arnold L. / **Holyoak**, Keith J. **(1986)**: Cognition, 2nd Ed., New York: Random House, 1986.

**Gordon**, William J. J. **(1961)**: Synectics: The development of creativ capacity, New York: Harper & Row, 1961.

**Gore**, William J. **(1964)**: Administrative Decision-Making: A Heuristic Model, New York u.a.: Wiley & Sons, 1964.

**Gorry**, G. A. / **Scott** Morton, Michael S. **(1971)**: A Framework for Management Information Systems, in: Sloan Management Review, Vol. 13, No. 1, 1971, S. 55 - 70.

**Göbler**, Thomas **(1992)**: Modellbasierte Wissensakquisition zur rechnerunterstützten Wissensbereitstellung für den Anwendungsbereich Entwicklung und Konstruktion, München u.a.: Hanser, 1992.

**Görtz**, Günter **(1990)**: Kognitionswissenschaft, in: Mertens, Peter et al. (Hrsg.): Lexikon der Wirtschaftsinformatik, 2. Aufl., Berlin u.a.: Springer, 1990, S. 246 - 248.

**Graham**, Ian / **Jones**, Peter L. **(1988)**: Expert Systems. Knowledge, Uncertainty and Decision, London u.a.: Chapman and Hall, 1988.

**Greef**, Paul de / **Breuker**, Joost A. **(1985)**: A case study in structured knowledge acquisition, in: Proc. of the Ninth International Joint Conference on Artificial Intelligence (IJCAI-85), Volume 1, Los Altos: Morgan Kaufmann, 1985, S. 390 - 392.

**Greenwell**, Mike **(1988)**: Knowledge Engineering for Expert Systems, Chichester: Ellis Hoorwood, 1988.

**Greschner**, Jürgen / **Zahn**, Erich **(1992)**: Strategischer Erfolgsfaktor Information, in: Krallmann, Hermann/Papke, Jörg/Rieger, Bodo (Hrsg.): Rechnergestützte Werkzeuge für das Management, Berlin: Schmidt, 1992, S. 9 - 28.

**Grover**, Varun / **Goslar**, Martin **(1993)**: Technical Correspondence - Information Technologies for the 1990s: The Executievs' View, in: Communications of the ACM, Vol. 36, No. 3, 1993, S. 17 - 19 und S. 102 - 103.

**Gruber**, Thomas R. / **Cohen**, Paul, R. **(1987)**: Design for Acquisition: Principles of Knowledge-System Design to Facilitate Knowledge Acquisition, in: International Journal of Man-Machine Studies, Vol. 26, 1987, S. 143 - 159.

**Guilford**, J. P. **(1975)**: Creativity: A Quarter Century of Progress, in: Taylor, Irving A./Getzels, Jacob W. (Eds.): Perspectives in Creativity, Chicago: Aldine, 1975, S. 37 - 59.

**Gunzenhäuser**, Rul **(1982)**: Über Informatik und einige ihrer Beziehungen zur Psychologie, in: Schauer, Helmut/Tauber, Michael J. (Hrsg.): Informatik und Psychologie, Wien: Oldenbourg, 1982, S. 9 - 23.

**Gunzenhäuser**, Rul / **Knopik**, Th. **(1986)**: Wissensbasierte Mensch-Computer-Schnittstellen in der Software-Ergonomie, in: Bullinger, Hans-Jörg (Hrsg.): Software-Ergonomie, Sindelfingen: expert, 1986, S. 83 - 102.

**Gutenberg**, Erich **(1966)**: Über einige Fragen der neueren Betriebswirtschaftslehre, in: Zeitschrift für Betriebswirtschaft (ZfB), 1. Ergänzungsheft, 1966, S. 1 - 17.

**Güsgen**, Hans-Werner **(1985)**: CONSTRAINTS: Eine Wissensrepräsentationsform - Überblick, Arbeitspapiere der GMD Nr. 173, Sankt Augustin: Gesellschaft für Mathematik und Datenverarbeitung, 1985.

**Güsgen**, Hans-Werner **(1988)**: CONS-train-ts, in: Forschungsgruppe Expertensysteme (Hrsg.): Aus der Arbeit der Forschungsgruppe Expertensysteme, Arbeitsberichte der GMD Nr. 337, Sankt Augustin: GMD, 1988, Beitrag 10.

**Güsgen**, Hans-Werner / **Hertzberg**, Joachim **(1991)**: Dynamic Constraints, in: Christaller, Thomas (Hrsg.): Readings in Artificial Intelligence: Selected Reports from GMD of 89/90, Arbeitspapiere der GMD Nr. 591, Sankt Augustin: GMD, 1991, S. 127 - 145.

**Habel**, Christopher / **Kanngießer**, Siegfried / **Strube**, Gerhard **(1990)**: Editorial, in: Kognitionswissenschaft, Heft 1, 1990, S. 1 - 3.

**Hansen**, Hans-Robert **(1992)**: Wirtschaftsinformatik I, 6. Aufl., Stuttgart u.a.: Fischer UTB, 1992.

**Hanus**, Michael **(1986)**: Problemlösen mit PROLOG, Stuttgart: Teubner, 1986.

**Harmelen**, Frank van / **Balder**, John **(1992)**: (ML)2: A formal language for KADS models of expertise, in: Knowledge Acquisition, Vol. 4, No. 1, 1992, S. 127 - 161.

**Harmon**, Paul / **King**, David **(1986)**: Expertensysteme in der Praxis. Perspektiven, Werkzeuge, Erfahrungen, München u.a.: Oldenbourg, 1986.

**Harmon**, Paul / **Maus**, Rex / **Morrissey**, William **(1989)**: Expertensysteme: Werkzeuge und Anwendungen, München u.a.: Oldenbourg, 1989.

**Hart**, Anna **(1989)**: Knowledge Acquisition for Expert Systems, 2nd Ed., London: Kogan Page, 1989.

**Hassepaß**, Andreas **(1991)**: Grundtechniken der Wissenrepräsentation und Inferenz I - Wissensrepräsentation und Inferenz auf der Basis der Logik und in regelbasierten Systemen, in: Biethahn, Jörg/Hoppe, Uwe (Hrsg.): Entwicklung von Expertensystemen, Wiesbaden: Gabler, 1991, S. 33 - 63.

**Haugeland**, John **(1985)**: Artificial Intelligence: The Very Idea, Cambridge (MA) u.a.: MIT Press, 1985.

**Hauschildt**, Jürgen **(1993)**: Innovationsmanagement, München: Vahlen, 1993.

**Hax**, Herbert **(1974)**: Entscheidungsmodelle in der Unternehmung, Reinbek bei Hamburg: Rowohlt, 1974.

**Hayes-Roth**, Frederick / **Waterman**, Donald A. / **Lenat**, Douglas B. **(1983)**: An Overview of Expert Systems, in: Hayes-Roth, Frederick/Waterman, Donald A./Lenat, Douglas B. (Eds.): Building Expert Systems, Reading (MA) u.a.: Addison-Wesley, 1983, S. 3 - 29.

**Härder**, Theo / **Mattos**, Nelson / **Puppe**, Frank **(1987)**: Zur Kopplung von Datenbank- und Expertensystemen, in: State of the Art 3 - Strategien und Erfahrungen: Expertensysteme, München u.a.: Oldenbourg, 1987, S. 23 - 34.

**Hecht-Nielsen**, Robert **(1989)**: Neurocomputing, Reading (MA) u.a.: Addison-Wesley, 1989.

**Heidack**, Clemens **(1983)**: Betriebspsychologie, Betriebsoziologie: Anwendungsorientierte Grundlagen für Studium und Praxis, Wiesbaden: Gabler, 1983.

**Heijst**, Gertjan van / **Terpstra**, Peter / **Wielinga**, Bob / **Shadbolt**, Nigel **(1992)**: Using Generalised Directive Models in Knowledge Acquisition, in: Wetter, Thomas/Althoff, Klaus-Dieter/Boose, John et al. (Eds.): Current Developments in Knowledge Acquisition, Proc. 6th European Knowledge Acquisition Workshop (EKAW-92), Berlin u.a.: Springer, 1992, S. 112 - 132.

**Heilmann**, Heidi **(1987)**: Computerunterstützung für das Management - Entwicklung und Überblick, in: Handbuch der modernen Datenverarbeitung (HMD), Nr. 138, 1987, S. 3 - 18.

**Heilmann**, Heidi **(1989)**: Integration: Ein zentraler Begriff der Wirtschaftsinformatik im Wandel der Zeit, in: Handbuch der modernen Datenverarbeitung (HMD), Nr. 150, 1989, S. 46 - 58.

**Heinen**, Edmund **(1971)**: Der entscheidungsorientierte Ansatz der Betriebswirtschaftslehre, in: Zeitschrift für Betriebswirtschaft (ZfB), 41. Jg., Heft 7, 1971, S. 429 - 444.

**Heinen**, Edmund **(1976a)**: Grundlagen betriebswirtschaftlicher Entscheidungen, 3. Aufl., Wiesbaden: Gabler, 1976.

**Heinen**, Edmund **(1976b)**: Grundfragen der entscheidungsorientierten Betriebswirtschaftlehre, München: Goldmann, 1976.

**Heinen**, Edmund **(1978)**: Führung als Gegenstand der Betriebswirtschaftslehre, in: Heinen, Edmund (Hrsg.): Betriebswirtschaftliche Führungslehre. Ein entscheidungsorientierter Ansatz, Wiesbaden: Gabler, 1978, S. 15 - 44.

**Heinen**, Edmund **(1985)**: Einführung in die Betriebswirtschaftslehre, 9. Aufl., Wiesbaden: Gabler, 1985.

**Heinrich**, Lutz J. **(1992)**: Informationsmangement. Planung, Überwachung und Steuerung der Informations-Infrastruktur, 4. Aufl., München u.a.: Oldenbourg, 1992.

**Heinrich**, Lutz J. / **Roithmayr**, Friedrich **(1989)**: Wirtschaftsinformatik-Lexikon, 3. Aufl., München u.a.: Oldenbourg, 1989.

**Heise**, Elke **(1991)**: Strukturalistische Rekonstruktion der ACT*-Theorie von Anderson, Frankfurt am Main u.a.: Lang, 1991.

**Hennings**, Ralf-Dirk **(1991)**: Informations- und Wissensverarbeitung. Theoretische Grundlage Wissensbasierter Systeme, Berlin u.a.: de Gruyter, 1991.

**Hess**, Th. / **Brecht**, L. **(1994)**: "State of the Art" des Prozeßentwurfs, Bericht-Nr. IM HSG/CC PRO/14, Version 1.0, Datum 12.10.94, Institut für Wirtschaftsinformatik, Hochschule St. Gallen für Wirtschafts-, Rechts- und Sozialwissenschaften, St. Gallen, 1994.

**Hesse**, Wolfgang / **Keutgen**, Hans / **Luft**, Alfred L. / **Rombach**, H. Dieter **(1984)**: Ein Begriffssystem für die Softwaretechnik - Vorschlag zur Terminologie, in: Informatik-Spektrum, Heft 7, 1984, S. 200 - 213.

**Hesse**, Wolfgang / **Merbeth**, Günther / **Frölich**, Rainer **(1992)**: Software-Entwicklung, München u.a.: Oldenbourg, 1992.

**Hestermann**, Christian / **Karl**, Stefan **(1989)**: Methoden und Werkzeuge für die Wissensakquisition. Eine Übersicht über den State-of-the-Art, Interner Bericht/Universität Karlsruhe, Fakultät für Informatik, Nr. 89/7, Karlsruhe, 1989.

**Heyer**, Gerhard **(1988b)**: Geist, Verstehen und Verantwortung. Philosophische Grundlagen der Künstlichen Intelligenz. Teil I, in: Künstliche Intelligenz (KI), Heft 1, 1988, S. 36 - 39.

**Hickman**, Frank R. **(1990)**: Building intelligent knowledge-based systems, in: McTear, Michael F./Anderson, Terry J. (Eds.): Understanding Knowledge Engineering, Chichester: Ellis Horwood, 1990, S. 22 - 43.

**Hickman**, Frank R. / **Killin**, Jonathan L. / **Land**, Lise / **Mulhall**, Tim / **Porter**, David / **Taylor**, Robert M. **(1989)**: Analysis for Knowledge-Based Systems: A Practical Guide to the KADS Methodology, New York u.a.: Ellis Horwood, 1989.

**Higa**, Kunihiko / **Morrison**, Mike / **Morrison**, Joline / **Liu** Sheng, Olivia R. **(1993)**: Objektorientierte Verknüpfung von Wissensbasen und Datenbanken - Schlußfolgerungsmuster, in: iX - Multiuser Multitasking Magazin, Heft 1, 1993, S. 132 - 141.

**Hildebrand**, Knut **(1992)**: Informationsmanagement - Status quo und Perspektiven. Ergebnisse einer empirischen Untersuchung, in: Wirtschaftsinformatik (WI), 34. Jg., Heft 5, 1992, S. 465 - 471.

**Hinterhuber**, Hans H. / **Popp**, Wolfgang **(1987)**: PC-gestützte Bewertung strategischer Alternativen, in: Handbuch der modernen Datenverarbeitung (HMD), Nr. 138, 1987, S. 85 - 103.

**Hoch**, Detlev J. / **Schirra**, Wolfgang **(1993)**: Entwicklung der Informationstechnologie - Management des Wandels in einer Zeit des Paradigmenwechsels, in: Scheer, August-Wilhelm (Hrsg.): Handbuch Informationsmanagement, Wiesbaden: Gabler, 1993, S. 3 - 47.

**Hoffman**, Robert R. **(1987)**: The Problem of Extracting the Knowledge of Experts from the Perspective of Experimental Psychology, in: AI Magazine, Vol. 8, No. 2, 1987, S. 53 - 67.

**Hoffmann**, Joachim **(1983)**: Das aktive Gedächtnis, Berlin u.a.: Springer, 1983.

**Hofmann**, Johannes **(1985)**: Analyse des Anwendungsbereiches von Problemlösungsmethoden, Frankfurt am Main u.a.: Lang, 1985.

**Holley**, Charles D. / **Dansereau**, Donald F. **(1984)**: Networking: The Technique and the Empirical Evidence, in: Holley, Charles D./Dansereau, Donald F. (Eds.): Spatial Learning Strategies, Orlando u.a.: Academic Press, 1984, S. 81 - 108.

**Holzapfel**, Michael **(1992)**: Wirtschaftlichkeit wissensbasierter Systeme, Wiesbaden: Deutscher Universitäts-Verlag (DUV), 1992.

**Hoppe**, Uwe **(1991)**: Methodische Aspekte der Entwicklung Wissensbasierter Systeme, in: Biethahn, Jörg/Hoppe, Uwe (Hrsg.): Entwicklung von Expertensystemen. Eine Einführung, Wiesbaden: Gabler, 1991, S. 171 - 218.

**Hoppe**, Uwe **(1992)**: Methoden des Knowledge Engineering. Ein Expertensystem für das Wertpapiergeschäft in Banken, Wiesbaden: Deutscher Universitäts-Verlag (DUV), 1992.

**Horn**, Werner **(1984)**: Methoden der Artificial Intelligence, in: Retti, Johannes u.a.: Artificial Intelligence - Eine Einführung, Stuttgart: Teubner, 1984, S. 27 - 45.

**Horrix**, Christoph / **Mohr**, Olaf **(1990)**: Fehlerdiagnose bei Werkzeugmaschinen mit Hilfe von wissensbasierten Systemen, in: Bullinger, Hans-Jörg (Hrsg.): Expertensysteme in Produktion und Engineering, IAO-Forum 25. April 1990 in Stuttgart, Berlin u.a.: Springer, 1990, S. 145 - 165.

**Howard**, Darlene V. **(1983)**: Cognitive Psychology: Memory, Language, and Thought, New York: Macmillan Publishing, 1983.

**Hron**, Aemilian **(1982)**: Interview, in: Huber, Günter L./Mandl, Heinz (Hrsg.): Verbale Daten. Eine Einführung in die Grundlagen und Methoden der Erhebung und Auswertung, Weinheim u.a.: Beltz, 1982, S. 119 - 140.

**Hruschka**, Harald **(1988)**: Neuere Ansätze der Repräsentation von Methoden- und Modellwissen in betriebswirtschaftlichen Entscheidungsunterstützungssystemen, in: Angewandte Informatik, 30. Jg., Nr. 4, 1988, S. 158 - 168.

**Huber**, George P. **(1983)**: Cognitive Style as a Basis for MIS and DSS Design: Much Ado about Nothing?, in: Management Science, Vol. 29, No. 5, 1983, S. 567 - 579.

**Hummeltenberg**, Wilhelm **(1992)**: Planungssprachen zur Entwicklung von Management-Support-Systemen, in: Krallmann, Hermann/Papke, Jörg/Rieger, Bodo (Hrsg.): Rechnergestützte Werkzeuge für das Management, Berlin: Schmidt, 1992, S. 73 - 107.

**Hundt**, Sönke / **Liebau**, Eberhard **(1972)**: Zum Verhältnis von Theorie und Praxis - Gegen ein beschränktes Selbstverständis der Betriebswirtschaftslehre als "Unternehmerwissenschaft", in: Dlugos, Günter/Eberlein, Gerald/Steinmann, Horst (Hrsg.): Wissenschaftstheorie und Betriebswirtschaftslehre, Düsseldorf: Bertelsmann, 1972, S. 221 - 241.

**Hussy**, Walter **(1986)**: Denkpsychologie, Bd. 2, Stuttgart u.a.: Kohlhammer, 1986.

**Hussy**, Walter **(1993)**: Denken und Problemlösen, Stuttgart u.a.: Kohlhammer, 1993.

**Huy**, Hans-Dieter **(1991)**: Expertensystem zur Unterstützung der Rechnereinsatzplanung bei Daimler-Benz AG, in: Intelligente Software Technologien (ist), Heft 3, 1991, S. 14 - 17.

**Hürlimann**, Werner **(1992)**: Expertensysteme, in: io Management, 61. Jg., Nr. 7/8, 1992, S. 36 - 39.

**Irle**, Martin **(1971)**: Macht und Entscheidungen in Organisationen, Frankfurt am Main: Akademische Verlagsgesellschaft, 1971.

**Jackson**, Peter **(1987)**: Expertensysteme. Eine Einführung, Bonn u.a.: Addison-Wesley, 1987.

**Jarke**, Matthias **(1990)**: Wissensbasierte Systeme - Architektur und Einbettung in betriebliche DV-Landschaften, in: Kurbel, Karl/Strunz, Horst (Hrsg.): Handbuch Wirtschaftsinformatik, Stuttgart: Poeschel, 1990, S. 459 - 479.

**Jarke**, Matthias / **Vassiliou**, Yannis **(1984)**: Coupling Expert Systems with Database Management Systems, in: Reitman, Walter (Ed.): Artificial Intelligence Applications for Business, Norwood (NJ): Ablex, 1984, S. 65 - 85.

**Johnson-Laird**, P.N. / **Herrmann**, D.J. / **Chaffin**, R. **(1984)**: Only Connections: A Critique of Semantic Networks, in: Psychological Bulletin, Vol. 96, No. 2, 1984, S. 292 - 315.

**Kahle**, Egbert **(1973)**: Betriebswirtschaftliches Problemlösungsverhalten, Wiesbaden: Gabler, 1973.

**Kahle**, Egbert **(1981)**: Betriebliche Entscheidungen, München u.a.: Oldenbourg, 1981.

**Kalefeld**, Klaus **(1991)**: GENO-STAR. Ein Expertensystem für die Kundenberatung, in: Busch, Rainer (Hrsg.): Operations Research und Wissensbasierte Systeme, Modelle, Konzepte, Perspektiven für betriebliche Anwendungen, Berlin u.a.: Springer, 1991, S. 198 - 203.

**Karbach**, Werner **(1988a)**: Methoden und Techniken des Knowledge Engineering, Arbeitspapiere der GMD Nr. 338, Sankt Augustin: Gesellschaft für Mathematik und Datenverarbeitung, 1988.

**Karbach**, Werner **(1988b)**: Wissensakquisition. Wissenserhebungstechniken, Wissensanalyse und Wissensrepräsentation - Ein Überblick -, WEREX-Bericht Nr. 23, September 1988, Sankt Augustin, 1988.

**Karbach**, Werner **(1989a)**: KI-Lexikon: Modellbasierte Wissensakquisition, in: Künstliche Intelligenz (KI), Heft 4, 1989, S. 13.

**Karbach**, Werner **(1989b)**: Entwurfsmethodiken für wissensbasierte Systeme - Ein Überblick -, in: Christaller, Thomas (Hrsg.): Koordiniertes System von Werkzeugen für die Konstruktion und den Betrieb von Expertensystemen, GMD-Studien Nr. 173, Sankt Augustin: GMD, 1989, S. 241 - 284.

**Karbach**, Werner / **Christaller**, Thomas **(1989)**: Model-based Knowledge Acquisition, in: Christaller, Thomas (Hrsg.): Koordiniertes System von Werkzeugen für die Konstruktion und den Betrieb von Expertensystemen, GMD-Studien Nr. 173, Sankt Augustin: GMD, 1989, S. 285 - 289.

**Karbach**, Werner / **Linster**, Marc **(1990)**: Wissensakquisition für Expertensysteme. Techniken, Modelle und Softwarewerkzeuge, München u.a.: Hanser, 1990.

**Karbach**, Werner / **Linster**, Marc / **Voß**, Angi **(1989)**: OFFICE-PLAN: Tackling the Synthesis Frontier, in: Christaller, Thomas (Hrsg.): Koordiniertes System von Werkzeugen für die Konstruktion und den Betrieb von Expertensystemen, GMD-Studien Nr. 173, Sankt Augustin: GMD, 1989, S. 291 - 298.

**Karbach**, Werner / **Linster**, Marc / **Voß**, Angi **(1990a)**: Models of Problem-Solving: One label - One idea?, in: Wielinga, Bob/Boose, John/Gaines, Brian/Schreiber, Guus/Someren van, Maarten (Eds.): Current Trends in Knowledge Acquisition, Amsterdam u.a.: IOS Press, 1990, S. 173 - 189.

**Karbach**, Werner / **Linster**, Marc / **Voß**, Angi **(1990b)**: Models, methods, roles and tasks: many labels - one idea?, in: Knowledge Acquisition, Vol. 2, No. 4, 1990, S. 279 - 299.

**Karbach**, Werner / **Linster**, Marc / **Voß**, Angi **(1991)**: A Confrontation of Models of Problem Solving, in: Christaller, Thomas (Hrsg.): Readings in Artificial Intelligence: Selected Reports from GMD of 89/90, Arbeitspapiere der GMD Nr. 591, Sankt Augustin: GMD, 1991, S. 57 - 89.

**Karbach**, Werner / **Tong**, Xuejun / **Voß**, Angi **(1988)**: Filling the knowledge acquisition gap: via KADS's models of expertise to ZDEST-2's expert systems, in: Boose, John/Gaines, Brian/Linster, Marc (Eds.): Proc. European Knowledge Acquisition Workshop (EKAW-88), GMD-Studien Nr. 143, Sankt Augustin: GMD, 1988, S. 31.1 - 31.17.

**Karbach**, Werner / **Voß**, Angelika / **Schuckey**, Ralf / **Drouven**, Uwe **(1991)**: MODEL-K: Prototyping at the Knowledge Level, Arbeitspapiere der GMD Nr. 566, Sankt Augustin: Gesellschaft für Mathematik und Datenverarbeitung, 1991.

**Karras**, Detlef / **Kredel**, Lutz / **Pape**, Uwe **(1987)**: Entwicklungsumgebungen für Expertensysteme. Vergleichende Darstellung ausgewählter Systeme, Berlin u.a.: de Gruyter, 1987.

**Karst**, Michael **(1992)**: Methodische Entwicklung von Expertensystemen, Wiesbaden: Deutscher Universitäts-Verlag (DUV), 1992.

**Keen**, Peter G. / **Scott** Morton, Michael S. **(1978)**: Decision Support Systems: An Organizational Perspective, Reading (MA) u.a.: Addison-Wesley, 1978.

**Kelly**, George A. **(1986)**: Die Psychologie der persönlichen Konstrukte, Paderborn: Junfermann, 1986.

**Kemke**, Christel **(1988)**: Der neuere Konnektionismus. Ein Überblick, in: Informatik-Spektrum, Heft 3, 1988, S. 143 - 162.

**Kemper**, Hans-Georg / **Marwyk**, Klaus van **(1994)**: Medienintegrierte Informationssysteme für Führungskräfte, in : Dorn, Bernhard (Hrsg.): Das informierte Management, Berlin u.a.: Springer, 1994, S. 143 - 150, 1994.

**Kemper**, Alfons / **Moerkotte**, Guido **(1993)**: Basiskonzepte objektorientierter Datenbanksysteme, in: Informatik Spektrum, Heft 2, 1993, S. 69 - 80.

**Kidd**, Alison L. **(1987)**: Knowledge Acquisition - An Introductory Framework, in: Kidd, Alison L. (Ed.): Knowledge Acquisition for Expert Systems. A Practical Handbook, New York u.a.: Plenum Press, 1987, S. 1 - 16..

**Kidd**, Alison L. / **Welbank**, Margaret **(1984)**: Knowledge acquisition, in: Fox, John (Ed.): Expert Systems. State of the art report, Maidenhead: England, 1984, S. 71 - 80.

**Kieback**, Antoinette / **Lichter**, Horst / **Schneider-Hufschmidt**, Matthias et al **(1991)**: Prototyping in industriellen Software-Projekten. Erfahrungen und Analysen, GMD-Studien Nr. 184, Sankt Augustin: Gesellschaft für Mathematik und Datenverarbeitung, 1991.

**Kingston**, John **(1992)**: Pragmatic KADS: a methodological approach to a small knowledge-based systems project, in: Expert Systems, Vol. 9, No. 4, 1992, S. 171 - 180.

**Kintsch**, Walter **(1974)**: The Representing of Meaning in Memory, Hillsdale (NJ): Lawrence Erlbaum, 1974.

**Kirchhoff**, Susanne **(1990)**: Expertensysteme in der Gründungsberatung, in: Ehrenberg, Dieter/Krallmann, Hermann/Rieger, Bodo (Hrsg.): Wissensbasierte Systeme in der Betriebswirtschaft, Berlin: Schmidt, 1990, S. 433 - 451.

**Kirn**, Stefan / **Weinhardt**, Christof (Hrsg.) **(1994)**: Künstliche Intelligenz in der Finanzberatung. Grundlagen - Konzepte - Anwendungen, Wiesbaden: Gabler, 1994.

**Kirsch**, Werner **(1970)**: Entscheidungsprozesse, Bd. 1: Verhaltenswissenschaftliche Ansätze der Entscheidungstheorie, Wiesbaden: Gabler, 1970.

**Kirsch**, Werner **(1971a)**: Entscheidungsprozesse, Bd. 2: Informationsverarbeitungstheorie des Entscheidungsverhaltens, Wiesbaden: Gabler, 1971.

**Kirsch**, Werner **(1971b)**: Entscheidungsprozesse, Bd. 3: Entscheidungen in Organisationen, Wiesbaden: Gabler, 1971.

**Kirsch**, Werner **(1972)**: Die entscheidungs- und systemorientierte Betriebswirtschaftslehre, in: Dlugos, Günther/Eberlein, Gerald/Steinmann, Horst (Hrsg.): Wissenschaftstheorie und Betriebswirtschaftslehre, Düsseldorf: Bertelsmann, 1972, S. 153 - 184.

**Kirsch**, Werner / **Esser**, Werner-Michael **(1975)**: Konflikthandhabung im Betrieb, in: Gaugler, Eduard (Hrsg.): Handwörterbuch des Personalwesens, Stuttgart: Poeschel, 1975, Sp. 1125 - 1134.

**Kitto**, Catherine M. **(1987)**: Knowledge Acquisition Tools for different problem-solving Paradigms: Research at Boeing Computer Services, in: Salvendy, Gavriel (Ed.): Cognitive Engineering in the Design of Human-Computer Interaction and Expert Systems, Amsterdam u.a.: Elsevier, 1987, S. 515 - 522.

**Klee**, Hans-Werner **(1989)**: Zur Akzeptanz von Expertensystemen, Bergisch Gladbach: Eul, 1989.

**Kleer**, Johan de **(1986)**: An Assumption-Based TMS, in: Artificial Intelligence (AI), No. 28, 1986, S. 127 - 162.

**Klein**, Michel / **Methlie**, Leif B. **(1990)**: Expert Systems. A Decision Support Approach, Wokingham u.a.: Addison-Wesley, 1990.

**Kleine** Büning, Hans / **Schmitgen**, Stefan **(1986)**: PROLOG. Grundlagen und Anwendungen, Stuttgart: Teubner, 1986.

**Kleinhans**, Andreas / **Rüttler**, Martin / **Zahn**, Erich **(1992)**: Management-Unterstützungssysteme - Eine vielfältige Begriffswelt, in: Hichert, Rolf/Moritz, Michael (Hrsg.): Management-Informationssysteme, Berlin u.a.: Springer, 1992, S. 1 - 14.

**Klingman**, Darwin / **Phillips**, Nancy V. **(1988)**: An Intelligent Decision Support System for integrated distribution planning, in: Oliff, Michael D. (Ed.): Intelligent Manufacturing, Proceedings 1. Conference on Expert Systems and the Leading Edge in Production Planning and Control, Menlo Park (CA): Benjamin/Cummings, 1988, S. 293 - 315.

**Klinker**, Georg **(1988)**: KNACK: Sample-Driven Knowledge Acquisition for Reporting Systems, in: Marcus, Sandra (Ed.): Automating knowledge acquisition for expert systems, Boston u.a.: Kluwer, 1988, S. 125 - 174.

**Klinker**, Georg / **Boyd**, Casey / **Dong**, David / **Maiman**, Jon / **McDermott**, John / **Schnelbach**, Robert **(1989)**: Building expert systems with KNACK, in: Knowledge Acquisition, Vol. 1, No. 3, 1989, S. 299 - 320.

**Klix**, Friedhart **(1977)**: Strukturelle und funktionelle Komponenten des Gedächtnisses, in: Klix, Friedhart/Sydow, Hubert (Hrsg.): Zur Psychologie des Gedächtnisses, Berlin: VEB Deutscher Verlag der Wissenschaften, 1977, S. 59 - 80.

**Kluwe**, Reiner H. **(1990)**: Gedächtnis und Wissen, in: Spada, Hans (Hrsg.): Lehrbuch Allgemeine Psychologie, Bern u.a.: Huber, 1990, S. 115 - 187.

**Koch**, Armin **(1992)**: Implementierung in NEXPERT OBJECT, in: Herden, Wolfgang/Hein, Hans-Werner/Voß, Hans (Hrsg.): Realisierung von Expertensystemen, München u.a.: Oldenbourg, 1992, S. 143 - 166.

**Kodratoff**, Yves **(1988)**: Introduction to machine learning, London: Pitman, 1988.

**Kolb**, Stefan **(1991)**: Erklärungsfähigkeit und Wissensakquisition, in: Biethahn, Jörg/Hoppe, Uwe (Hrsg.): Entwicklung von Expertensystemen, Wiesbaden: Gabler, 1991, S. 137 - 169.

**Kornwachs**, Klaus **(1992)**: Expertensysteme. Entscheidungsunterstützung und -ersetzung, in: Computer und Recht, Heft 1, 1992, S. 44 - 48.

**Kosiol**, Erich **(1962)**: Unternehmung, in: Seischab, Hans/Schwantag, Karl: Handwörterbuch der Betriebswirtschaft, 3. Aufl., Bd. 4, Stuttgart: Poeschel, 1962, Sp. 5540 - 5545.

**Kosiol**, Erich **(1968)**: Einführung in die Betriebswirtschaftslehre. Die Unternehmung als wirtschaftliches Aktionszentrum, Wiesbaden: Gabler, 1968.

**König**, Wolfgang **(1988)**: Erstellungs- und Einsatzerfahrungen mit einem Expertensystem in der Luftfrachtplanung und -disposition, in: Scheer, August-Wilhelm (Hrsg.): Betriebliche Expertensysteme I, Schriften zur Unternehmensführung (SzU), Bd. 36, Wiesbaden: Gabler, 1988, S. 129 - 157.

**König**, Wolfgang / **Behrendt**, Rainer **(1989)**: Die Produktion von Expertensystemen, in: Angewandte Informatik, 31. Jg., Nr. 3, 1989, S. 95 - 102.

**König**, Wolfgang / **Behrendt**, Rainer / **Wolf**, Stephan **(1987)**: Cargex für betriebswirtschaftliche Probleme, in: State of the Art 3 - Strategien und Erfahrungen: Expertensysteme, München u.a.: Oldenbourg, 1987, S. 67 - 72.

**Kraemer**, Wolfgang / **Scheer**, August-Wilhelm **(1989)**: Wissensbasiertes Controlling, in: Information Management, Heft 2, 1989, S. 6 - 17.

**Kraemer**, Wolfgang / **Scheer**, August-Wilhelm **(1991)**: Wissensbasierte Problemlösung für betriebswirtschaftliche Anwendungsgebiete am Beispiel des Controlling, in: Die Betriebswirtschaft (DBW), 51. Jg., Heft 2, 1991, S. 211 - 229.

**Kraemer**, Wolfgang / **Spang**, Stefan **(1989)**: Expertensysteme zum intelligenten Soll-Ist-Kostenvergleich, in: Handbuch der modernen Datenverarbeitung (HMD), Nr. 147, 1989, S. 77 - 147.

**Krallmann**, Hermann **(1986a)**: EES - das Expertensystem für den Einkauf, in: Betriebswirtschaftliche Forschung und Praxis (BFuP), Heft 6, 1986, S. 565 - 583.

**Krallmann**, Hermann **(1986b)**: Anwendungen in CIM, in: State of the Art 1 - Expertensysteme, München u.a.: Oldenbourg, 1986, S. 73 - 78.

**Krallmann**, Hermann **(1990)**: Entscheidungsunterstützende Systeme, in: Mertens, Peter et al. (Hrsg.): Lexikon der Wirtschaftsinformatik, 2. Aufl., Berlin u.a.: Springer, 1990, S. 164 - 166.

**Krallmann**, Hermann / **Papaioannou**, Sokrates **(1991)**: Entwicklungen und Tendenzen des Einsatzes der Expertensystemtechnologie im Büro, in: Office Management, Heft 10, 1991, S. 6 - 12.

**Krallmann**, Hermann / **Rieger**, Bodo **(1987)**: Vom Decision Support-System (DSS) zum Executive Support-System (ESS), in: Handbuch der modernen Datenverarbeitung (HMD), Nr. 138, 1987, S. 28 - 38.

**Krallmann**, Hermann / **Suhr**, Roland **(1987)**: Einsatz wissensbasierter Systeme im DV-Projektcontrolling, in: State of the Art 3 - Strategien und Erfahrungen: Expertensysteme, München u.a.: Oldenbourg, 1987, S. 53 - 60.

**Krcmar**, Helmut **(1990a)**: Entscheidungsunterstützungssysteme: Hilfsmittel und Werkzeuge, in: Kurbel, Karl/Strunz, Horst (Hrsg.): Handbuch Wirtschaftsinformatik, Stuttgart: Poeschel, 1990, S. 403 - 418.

**Krcmar**, Helmut **(1990b)**: Die Bewertung von Einsatzkriterien für Expertensysteme. Ein Vergleich erfolgreicher und nicht erfolgreicher Expertensystemeprojekte, in: Ehrenberg, Dieter/Krallmann, Hermann/Rieger, Bodo (Hrsg.): Wissensbasierte Systeme in der Betriebswirtschaft, Berlin: Schmidt, 1990, S. 337 - 351.

**Krickhahn**, Reinhard / **Nobis**, Reinhard / **Mählmann**, A. / **Schachter-Radig**, M. **(1988)**: Applying the KADS Methodology to Develop a Knowledge Based System - NetHandler -, in: Proc. of the 8th European Conference on Artificial Intelligence (ECAI-88), London: Pitman, 1988, S. 11 - 17.

**Krippendorff**, Klaus **(1980)**: Content analysis. An Introduction to Its Methodology, Beverley Hills, London: Sage, 1980.

**Kromrey**, Helmut **(1983)**: Empirische Sozialforschung. Modelle und Methoden der Datenerhebung und Datenauswertung, 2. Aufl., Opladen: Leske und Budrich, 1983.

**Krüger**, Wilfried **(1972)**: Grundlagen, Probleme und Instrumente der Konflikthandhabung in der Unternehmung, Berlin: Duncker & Humblot, 1972.

**Krüger**, Wilfried **(1976)**: Macht in der Unternehmung. Elemente und Strukturen, Stuttgart: Poeschel, 1976.

**Krüger**, Wilfried **(1981)**: Theorie unternehmungsbezogener Konflikte, in: Zeitschrift für Betriebswirtschaft (ZfB), Heft 9, 1981, S. 910 - 952.

**Krüger**, Wilfried **(1991)**: Organisatorische Gestaltungskonzepte und Wirkungstrends in der Bürokommunikation, in: Müller-Böling, Detlef u.a. (Hrsg.): Innovations- und Technologiemanagement, Stuttgart: Poeschel, 1991, S. 285 - 300.

**Krüger**, Wilfried **(1992)**: Macht, in: Gaugler, Eduard/Weber, Wolfgang (Hrsg.): Handwörterbuch des Personalwesens, 2. Aufl., Stuttgart: Poeschel, 1992, Sp. 1313 - 1324.

**Kupsch**, Peter U. **(1973)**: Das Risiko im Entscheidungsprozeß, Wiesbaden: Gabler, 1973.

**Kupsch**, Peter **(1979)**: Unternehmungsziele, Stuttgart u.a.: Fischer (UTB), 1979.

**Kurbel**, Karl **(1990)**: Entwicklung von Expertensystemen, in: Kurbel, Karl/Strunz, Horst (Hrsg.): Handbuch Wirtschaftsinformatik, Stuttgart: Poeschel, 1990, S. 481 - 502.

**Kurbel**, Karl **(1992)**: Entwicklung und Einsatz von Expertensystemen. Eine anwendungsorientierte Einführung in wissensbasierte Systeme, 2. Aufl., Berlin u.a.: Springer, 1992.

**Kurbel**, Karl / **Pietsch**, Wolfram **(1988)**: Projektmanagement bei einer Expertensystem-Entwicklung, in: Information Management, Heft 1, 1988, S. 6 - 13.

**Kurbel**, Karl / **Pietsch**, Wolfram **(1989)**: Expertensystem-Projekte: Entwicklungsmethodik, Organisation und Management, in: Informatik-Spektrum, Heft 12, 1989, S. 133 - 146.

**Kurz**, Eberhard / **Thines**, Michael / **Huthmann**, Andreas **(1989)**: Der Einsatz von Expertensystemen in der Produktion, in: Krems, Josef (Hrsg.): Expertensysteme im Einsatz, München u.a.: Oldenbourg, 1989, S. 45 - 63.

**Lachman**, Roy / **Lachman**, Janet L. / **Butterfield**, Earl C. **(1979)**: Cognitive Psychology and Information Processing: An Introduction, Hillsdale (NJ): Lawrence Erlbaum, 1979.

**Ladwig**, Britta / **Mellis**, Werner **(1987)**: Negative Erklärungen in einem EMYCIN-artigen Expertensystem-Shell, in: Balzert, Helmut/Heyer, Gerd/Lutze, Rainer (Hrsg.): Expertensysteme '87. Konzepte und Werkzeuge, Berichte des German Chapter of the ACM, Bd. 28, Stuttgart: Teubner, 1987, S. 150 - 167.

**Laird**, John E. / **Newell**, Allen / **Rosenbloom**, Paul S. **(1987)**: SOAR: An Architecture for General Intelligence, in: Artificial Intelligence (AI), Vol. 33, No. 1, 1987, S. 1 - 64.

**Laske**, Otto E. **(1989)**: Ungelöste Probleme bei der Wissensakquisition für wissensbasierte Systeme, in: Künstliche Intelligenz (KI), Heft 4, 1989, S. 4 - 12.

**Lausen**, Georg / **Seib**, Jürgen / **Marx**, Beate **(1989)**: Von Datenbanken zu wissensbasierten Systemen, in: Kruse, Hans-Günther/Frank, Ulrich (Hrsg.): Praxis der Expertensysteme, München u.a.: Hanser, 1989, S. 53 - 83.

**Laux**, Helmut **(1982a)**: Entscheidungstheorie. Bd. 1: Grundlagen, Berlin u.a.: Springer, 1982.

**Laux**, Helmut **(1982b)**: Entscheidungstheorie. Bd. 2: Erweiterung und Vertiefung, Berlin u.a.: Springer, 1982.

**Lenat**, Douglas B. **(1982)**: The Nature of Heuristics, in: Artificial Intelligence (AI), Vol. 19, 1982, S. 189 - 249.

**Lenat**, Douglas B. / **Guha**, Ramanathan V. / **Pittman**, Karen / **Pratt**, Dexter / **Shepherd**, Mary **(1990)**: CYC: Toward Programs with Common Sense, in: Communications of the ACM, Vol. 33, No. 8, 1990, S. 30 - 49.

**Lenat**, Douglas B. / **Prakash**, M. / **Shepherd**, Mary **(1986)**: CYC: Using Common Sense Knowledge to Overcome Brittleness and Knowledge Acquisition Bottlenecks, in: The AI Magazin, Winter 1986, S. 65 - 85.

**Lenz**, Andreas **(1991)**: Knowledge Engineering für betriebliche Expertensysteme : Erhebung, Analyse und Modellierung von Wissen, Wiesbaden: Deutscher Universitäts-Verlag (DUV), 1991.

**Leonard-Barton**, Dorothy / **Sviokla**, John J. **(1988)**: Putting Expert Systems to Work, in: Harvard Business Review, March-April, 1988, S. 91 - 98.

**Linster**, Marc **(1988)**: KRITON. A Knowledge Elicitation Tool for Expert Systems, in: Boose, John/Gaines, Brian/Linster, Marc (Eds.): Proc. European Knowledge Acquisition Workshop (EKAW-88), GMD-Studien Nr. 143, Sankt Augustin: GMD, 1988, Beitrag 4, S. 1 - 9.

**Linster**, Marc **(1989a)**: Towards a second generation knowledge acquisition tool, in: Knowledge Acquisition, Vol. 1, No. 2, 1989, S. 163 - 183.

**Linster**, Marc **(1989b)**: Wissensakquisition: Stand der Dinge und Perspektiven, in: Kruse, Hans-Günther/Frank, Ulrich (Hrsg.): Praxis der Expertensysteme, München u.a.: Hanser, 1989, S. 99 - 119.

**Linster**, Marc **(1992a)**: Knowledge Acquisition Based on Explicit Methods of Problem Solving, Dissertation, Universität Kaiserslautern, 1992.

**Linster**, Marc **(1992b)**: Linking modeling to make sense and modeling to implement systems in an operational modeling environment, in: Wetter, Thomas/Althoff, Klaus-Dieter/Boose, John et al. (Eds.): Current Developments in Knowledge Acquisition, Proc. 6th European Knowledge Acquisition Workshop (EKAW-92), Berlin u.a.: Springer, 1992, S. 55 - 74.

**Linster**, Marc / **Musen**, Mark A. **(1991)**: Use of KADS to Create a Conceptual Model of the ONCOCIN Task, Arbeitspapiere der GMD Nr. 555, Sankt Augustin: Gesellschaft für Mathematik und Datenverarbeitung, 1991.

**Loewenheim**, Angelika G. **(1987a)**: KI und Expertensysteme. Realismus statt Euphorie, in: Büroorganisation, Informationstechnik, Telekommunikation (bit), 23. Jg., Heft 6, 1987, S. 66 - 67.

**Loewenheim**, Angelika G. **(1987b)**: Expertensysteme. Von der Idee zur Realisierung, in: Büroorganisation, Informationstechnik, Telekommunikation (bit), 23. Jg., Heft 7/8, 1987, S. 39 - 45.

**Luconi**, Fred L. / **Malone**, Thomas W. / **Scott** Morton, Michael S. **(1986)**: Expert Systems: The Next Challenge for Managers, in: Information Management, Heft 3, 1986, S. 6 - 16.

**Luft**, Alfred L. **(1988)**: Informatik als Technik-Wissenschaft, Mannheim u.a.: BI-Wissenschaftsverlag, 1988.

**Lusti**, Markus **(1987)**: Methoden wissensbasierter Systeme bei der Entwicklung von Lernprogrammen - Ein Beispiel aus dem betrieblichen Rechnungswesen, in: Angewandte Informatik, 29. Jg., Nr. 1, 1987, S. 12 -19.

**Lusti**, Markus **(1990)**: Wissensbasierte Systeme. Algorithmen, Datenstrukturen und Werkzeuge, Mannheim u.a.: BI-Wissenschaftsverlag, 1990.

**Lüer**, Gerd / **Spada**, Hans **(1990)**: Denken und Problemlösen, in: Spada, Hans (Hrsg.): Lehrbuch Allgemeine Psychologie, Bern u.a.: Huber, 1990, S. 189 - 280.

**Mag**, Wolfgang **(1977)**: Entscheidung und Information, München: Vahlen, 1977.

**Mag**, Wolfgang **(1990)**: Grundzüge der Entscheidungstheorie, München: Vahlen, 1990.

**March**, James G. / **Simon**, Herbert A. **(1958)**: Organizations, New York u.a.: Wiley & Sons, 1958.

**Marcus**, Sandra **(1987)**: Knowledge Acquisition Based on Knowledge Role Understanding, in: Salvendy, Gavriel (Ed.): Cognitive Engineering in the Design of Human-Computer Interaction and Expert Systems, Amsterdam u.a.: Elsevier, 1987, S. 499 - 506.

**Marcus**, Sandra **(1988)**: A Knowledge-Acquisition Tool for Propose-and-Revise Systems, in: Marcus, Sandra (Ed.): Automating knowledge acquisition for expert systems, Boston u.a.: Kluwer, 1988, S. 81 - 124..

**Marcus**, Sandra / **McDermott**, John **(1989)**: SALT: A Knowledge Acquisition Language for Propose-and-Revise Systems, in: Artificial Intelligence (AI), Vol. 39, No. 1, 1989, S. 1 - 37.

**Maßler**, Thomas **(1993)**: Lösungsansätze zur Verringerung von Wissensverlusten bei wissensbasierten Systemen, Dissertation, Fachbereich Wirtschaftswissenschaften der Justus-Liebig-Universität Gießen, 1993.

**Mayer**, Richard E. **(1983)**: Thinking, Problem Solving, Cognition, New York: Freeman & Co., 1983.

**Mayhew**, P. J. / **Dearnley**, P.A. **(1987)**: An Alternative Prototyping Classification, in: The Computer Journal, Vol. 30, No. 6, 1987, S. 481 - 484.

**McCarthy**, John **(1956)**: The Inversion of Functions defined by Turing Machines, in: Shannon, Claude E./McCarthy, John (Eds.): Automata Studies, Annals of Mathematical Studies No. 34, Princeton (NJ): Princeton University Press, 1956, S. 177 - 181.

**McDermott**, John **(1982)**: R1: A Rule-Based Configurer of Computer Systems, in: Artificial Intelligence (AI), Vol. 19, 1982, S. 39 - 88.

**McDermott**, John **(1984)**: Building Expert Systems, in: Reitman, Walter (Ed.): Artificial Intelligence Applications for Business, Norwood (NJ): Ablex, 1984, S. 11 - 22.

**McDermott**, John **(1988)**: Preliminery Steps Towards a Taxonomy of Problem-Solving Methods, in: Marcus, Sandra (Ed.): Automating knowledge acquisition for expert systems, Boston u.a.: Kluwer, 1988, S. 225ff..

**McGee**, Brendan **(1990)**: The representation and use of knowledge, in: McTear, Michael F./Anderson, Terry J. (Eds.): Understanding Knowledge Engineering, Chichester: Ellis Horwood, 1990, S. 69 - 93.

**McGeorge**, Peter / **Rugg**, Gordon **(1992)**: The uses of 'contrived' knowledge elicitation techniques, in: Expert Systems, Vol. 9, No. 3, 1992, S. 149 - 154.

**Mellis**, Werner **(1989)**: Hintergrundwissen in numerischen Lernverfahren, in: Brauer, Wilfried/Freksa, Christian (Hrsg.): Wissensbasierte Systeme, Proceedings, 3. Internationaler GI-Kongreß, Berlin u.a.: Springer, 1989, S. 310 - 319.

**Mertens**, Peter **(1988a)**: Ansätze zu Expertensystemen in der Unternehmensberatung, in: Wolff, Manfred R. (Hrsg.): Entscheidungsunterstützende Systeme im Unternehmen, München u.a.: Oldenbourg, 1988, S. 249 - 288.

**Mertens**, Peter **(1988b)**: Expertensysteme in den betrieblichen Funktionsbereichen - Chancen, Erfolge, Mißerfolge, in: Scheer, August-Wilhelm (Hrsg.): Betriebliche Expertensysteme I, Schriften zur Unternehmensführung (SzU), Bd. 36, Wiesbaden: Gabler, 1988, S. 29 - 66.

**Mertens**, Peter **(1989)**: Expertensysteme in der Finanzwirtschaft - Ein Überblick, in: Betriebswirtschaftliche Forschung und Praxis (BFuP), Heft 3, 1989, S. 282 - 305.

**Mertens**, Peter **(1990)**: Expertensysteme in der Produktion, München u.a.: Oldenbourg, 1990.

**Mertens**, Peter **(1992)**: Zugangssysteme ("Intelligente Front-Ends"), in: Wirtschaftsinformatik (WI), 34. Jg., Heft 3, 1992, S. 269 - 282.

**Mertens**, Peter **(1993)**: Integrierte Informationsverarbeitung 1 - Administrations- und Dispositionssysteme in der Industrie, 9. Aufl., Wiesbaden: Gabler, 1993.

**Mertens**, Peter / **Borkowski**, Volker / **Geis**, Wolfgang **(1993)**: Betriebliche Expertensystem-Anwendungen, 3. Aufl., Berlin u.a.: Springer, 1993.

**Mertens**, Peter / **Griese**, Joachim **(1993)**: Integrierte Informationsverarbeitung 2 - Planungs- und Kontrollsysteme in der Industrie, 7. Aufl., Wiesbaden: Gabler, 1993.

**Mertens**, Peter / **Ponader**, M. **(1990)**: Finanzierungsberatung als Teil eines Systems zur Angebotsunterstützung im Vertrieb mittlerer und kleinerer Rechner, in: Heilmann, Wolf-Rüdiger (Hrsg.): Geld, Banken und Versicherungen, Beiträge zum 5. Symposium Geld, Banken und Versicherungen, Karlsruhe: VVW, 1990, S. 1721 - 1750.

**Mescheder**, Bernhard **(1985)**: Funktionen und Arbeitsweise der Expertensystem-Shell TWAICE, in: Savory, Stuart E. (Hrsg.): Künstliche Intelligenz und Expertensysteme. Ein Forschungsbericht der Nixdorf Computer AG, 2. Aufl., München u.a.: Oldenbourg, 1985, S. 57 - 90.

**Meyer**, Bertrand **(1990)**: Objektorientierte Softwareentwicklung, München u.a.: Hanser, 1990.

**Meyer-Piening**, Arnulf **(1987)**: Informationstechnologie: Was macht Unternehmen erfolgreich, in: Information Management, Heft 2, 1987, S. 17 - 26.

**Meyer**, Ulrich / **Mülheims**, Achim / **Müller-Wünsch**, Michael / **Schopf**, Claudia / **Woltering**, Ansgar **(1993)**: Multi-Agent Architecture for Intelligent Financial Consulting (MAGNIFICO): Eine kooperierende, wissensbasierte Anwendung zur Unterstützung der Allfinanzberatung, in: Kurbel, Karl (Hrsg.): Wirtschaftsinformatik '93. Innovative Anwendungen, Technologie, Integration, Heidelberg: Physika, 1993, S. 271 - 286.

**Michalski**, Ryszard S. / **Carbonell**, Jaime G. / **Mitchell**, Tom M. (Eds.) **(1984)**: Machine Learning. An Artificial Intelligence Approach. Vol. I, Berlin u.a.: Springer, 1984.

**Michalski**, Ryszard S. / **Kodratoff**, Yves **(1990)**: Research in Machine Learning: Recent Progress, Classification of Methods, and Future Directions, in: Kodratoff, Yves/Michalski, Ryszard (Eds.): Machine Learning. An Artificial Intelligence Approach. Vol. III, San Mateo (CA): Morgan Kaufmann, 1990, S. 3 - 30.

**Miller**, George A. **(1956)**: The Magical Number Seven, Plus or Minus Two: Some Limits on our Capacity for Processing Information, in: Psychological Review, Vol. 63, No. 2, 1956, S. 81 - 97.

**Miller**, Georg A. / **Galanter**, Eugene / **Pribram**, Karl H. **(1973)**: Pläne und Strukturen des Verhaltens, Stuttgart: Klett, 1973.

**Milzner**, Klaus **(1989)**: Konzepte der Wissensakquisition. Direkte Methoden, Research Report No. 287, Abteilung Informatik 1, Universität Dortmund, Dortmund, 1989.

**Minnemann**, Joachim **(1991)**: Erfahrungen bei der Entwicklung und beim Einsatz von Expertensystemen in der WestLB, in: Busch, Rainer (Hrsg.): Operations Research und Wissensbasierte Systeme, Modelle, Konzepte, Perspektiven für betriebliche Anwendungen, Berlin u.a.: Springer, 1991, S. 204 - 220.

**Minsky**, Marvin **(1975)**: A Framework for Representation Knowledge, in: Winston, Patrick H. (Ed.): The Psychology of Computer Vision, New York u.a.: McGraw-Hill, 1975, S. 211 - 277.

**Mitschke**, Matthias / **Timm**, Haiko **(1992)**: Ansätze der Benutzermodellierung zur Erhöhung der Akzeptanz von Expertensystemen, Arbeitsberichte des Lehrstuhls für Wirtschaftsinformatik der Ruhr-Universität Bochum, Nr. 92-05, Bochum, 1992.

**Morik**, Katharina **(1987)**: Acquiring domain models, in: International Journal of Man-Machine Studies, Vol. 26, 1987, S. 93 - 104.

**Morik**, Katharina **(1992)**: Applications of Machine Learning, in: Wetter, Thomas/Althoff, Klaus-Dieter/Boose, John et al. (Eds.): Current Developments in Knowledge Acquisition, Proc. 6th European Knowledge Acquisition Workshop (EKAW-92), Berlin u.a.: Springer, 1992, S. 9 - 13.

**Möbus**, Claus **(1988)**: Zur Modellierung kognitiver Prozesse mit daten- bzw. zielorientierten Regelsystemen, in: Mandl, Heinz/Spada, Hans (Hrsg.): Wissenspsychologie, München u.a.: Psychologie-Verlags-Union, 1988, S. 423 - 465.

**Möller**, Jens-Uwe **(1988)**: Knowledge Acquisition from Texts, in: Boose, John/Gaines, Brian/Linster, Marc (Eds.): Proc. European Knowledge Acquisition Workshop (EKAW-88), GMD-Studien Nr. 143, Sankt Augustin: GMD, 1988, Beitrag 25, S. 1 - 16.

**Mucksch**, Harry / **Fenske**, Wolfgang **(1991)**: Entwicklungsschemata und Prototyping, in: Biethahn, Jörg/Hoppe, Uwe (Hrsg.): Entwicklung von Expertensystemen. Eine Einführung, Wiesbaden: Gabler, 1991, S. 219 - 250.

**Musen**, Mark A. **(1989a)**: Automated Generation of Model-Based Knowledge-Acquisition Tools, London: Pitman, 1989.

**Musen**, Mark A. **(1989b)**: Conceptual models of interactive knowledge acquisition tools, in: Knowledge Acquisition, Vol. 1, No. 1, 1989, S. 73 - 88.

**Musen**, Mark A. / **Fagan**, Lawrence M. / **Combs**, David M. /Shortliffe, Edward **(1987)**: Use of a domain-model to drive an interaktive knowledge-editing tool, in: International Journal of Man-Machine Studies, Vol. 26, 1987, S. 105 - 121.

**Musen**, Mark A. / **Fagan**, Lawrence M. / **Shortliffe**, Edward H. **(1988)**: Graphical Specification of Procedural Knowledge for an Expert System, in: Hendler, James A. (Ed.): Expert Systems. The User Interface, Norwood (NJ): Ablex, 1988, S. 15 - 35.

**Müller-Böling**, Detlef / **Kirchhoff**, Susanne **(1991)**: Zum Einsatz von Expertensystemen in der Gründungsberatung, in: Die Betriebswirtschaft (DBW), 51. Jg., Heft 2, 1991, S. 231 - 244.

**Müller-Merbach**, Heiner **(1970)**: Operations Research. Methoden und Modelle der Optimalplanung, Berlin u.a.: Vahlen, 1970.

**Müller-Wünsch**, Michael **(1989)**: Computer-assistiertes Strategie Audit - ein wissensbasiertes System zur Strategieberatung, in: Information Management, Heft 2, 1989, S. 26 - 30.

**Müller-Wünsch**, Michael **(1992)**: Expertensysteme als integrativer Bestandteil von Führungsinformationssystemen, in: Krallmann, Hermann/Papke, Jörg/Rieger, Bodo (Hrsg.): Rechnergestützte Werkzeuge für das Management, Berlin: Schmidt, 1992, S. 109 - 122.

**Nastansky**, Ludwig **(1992)**: Hypermedia - Grundlagen und Anwendungsperspektiven für das Management, in: Krallmann, Hermann/Papke, Jörg/Rieger, Bodo (Hrsg.): Rechnergestützte Werkzeuge für das Management, Berlin: Schmidt, 1992, S. 123 - 142.

**Neibecker**, Bruno **(1989)**: Einsatz von Expertensystemen im Marketing, in: Scheer, August-Wilhelm (Hrsg.): Betriebliche Expertensysteme II, Schriften zur Unternehmensführung (SzU), Bd. 40, Wiesbaden: Gabler, 1989, S. 55 - 82.

**Neisser**, Ulric **(1976)**: Cognition and Reality, New York: Freeman & Co., 1976.

**Neubert**, Susanne / **Studer**, Rudi **(1992)**: The KEEP Model, a Knowledge Engineering Process Model, in: Wetter, Thomas/Althoff, Klaus-Dieter/Boose, John et al. (Eds.): Current Developments in Knowledge Acquisition, Proc. 6th European Knowledge Acquisition Workshop (EKAW-92), Berlin u.a.: Springer, 1992, S. 230 - 249.

**Newell**, Allen **(1973)**: Production systems: Models of control structure, in: Chase, William G. (Ed.): Visual information processing, New York u.a.: Academic Press, 1973, S. 463 - 526.

**Newell**, Allen **(1982)**: The Knowledge Level, in: Artificial Intelligence (AI), Vol. 18, 1982, S. 87 - 127.

**Newell**, Allen **(1990)**: Unified Theories of Cognition, Cambridge (MA) u.a.: Harvard University Press, 1990.

**Newell**, Allen / **Rosenbloom**, Paul S. / **Laird**, John E. **(1989)**: Symbolic Architectures for Cognition, in: Posner, Michael I. (Ed.): Foundations of Cognitive Science, Cambridge (MA): MIT Press, 1989, S. 93 - 131.

**Newell**, Allen / **Simon**, Herbert A. **(1972)**: Human Problem Solving, Englewood Cliffs (NJ): Prentice-Hall, 1972.

**Newell**, Allen / **Simon**, Herbert A. **(1976)**: Computer Science as Empirical Inquiry: Symbols and Search, in: Communications of the ACM, Vol. 19, No. 3, 1976, S. 113 - 126.

**Newell**, Allen / **Simon**, Herbert A. **(1988a)**: GPS, a Program that simulates Human Thought, in: Collins, Allan/Smith, Edward E. (Eds.): Readings in Cognitive Science. A Perspektive from Psychology and Artificial Intelligence, San Mateo (CA): Morgan Kaufmann, 1988, S. 453 - 460.

**Noelke**, Uwe **(1985)**: Das Wesen des Knowledge Engineering, in: Savory, Stuart E. (Hrsg.): Künstliche Intelligenz und Expertensysteme. Ein Forschungsbericht der Nixdorf Computer AG, 2. Aufl., München u.a.: Oldenbourg, 1985, S. 109 - 123.

**o.V. (1988)**: BABYLON - Kurzbeschreibung -, Gesellschaft für Mathematik und Datenverarbeitung, Sankt Augustin: GMD, 1988.

**o.V. (1994)**: KI-Software und -Dienstleistung: Marktgröße, Marktstruktur, Markttrends, in: Künstliche Intelligenz (KI), Sonderheft zur 18. Deutschen Jahrestagung für Künstliche Intelligenz, Juli 1994, S. 90 - 91.

**Paller**, Alan / **Laska**, Richard **(1990)**: The EIS Book, Homewood (IL): Irwin, 1990.

**Partridge**, Derek **(1988)**: KI und Software Engineering der Zukunft, Hamburg u.a.: McGraw-Hill, 1988.

**Pearl**, Judea **(1984)**: Heuristics. Intelligent Search Strategies for Computer Problem Solving, Reading (MA) u.a.: Addison-Wesley, 1984.

**Peschl**, Markus F. **(1990b)**: Some critical reflections on symbolic knowledge representation, in: Czap, Hans/Nedobity, Wolfgang (Eds.): TKE'90: Terminology and Knowledge Engineering, Vol. 1, Frankfurt/Main: Indeks, 1990, S. 131 - 139.

**Pfeifer**, Rolf / **Lüthi**, Hans-Jakob **(1987)**: Decision Support Systems And Expert Systems: A Complementary Relationship?, in: Sol, Henk G./Takkenberg, Cees A.Th./Vries Robbé, Pieter F. de (Eds.): Expert Systems and Artificial Intelligence in Decision Support Systems, Dordrecht u.a.: D. Reidel, 1987, S. 41 - 51.

**Pfohl**, Hans-Christian **(1977)**: Problemorientierte Entscheidungsfindung in Organisationen, Berlin u.a.: de Gruyter, 1977.

**Pfohl**, Hans-Christian / **Braun**, Günther E. **(1981)**: Entscheidungstheorie. Normative und deskriptive Grundlagen des Entscheidens, Landsberg am Lech: moderne industrie (mi), 1981.

**Picot**, Arnold **(1990)**: Der Produktionsfaktor Information in der Unternehmensführung, in: Information Management, Heft 1, 1990, S. 6 - 14.

**Piechota**, Sven **(1992)**: Bedeutung eines Management-Informationssytems für die Entscheidungsfindung in internationalen Unternehmungen, in: Hichert, Rolf/Moritz, Michael (Hrsg.): Management-Informationssysteme, Berlin u.a.: Springer, 1992, S. 59 - 72.

**Piel**, Hubert **(1990)**: Expertensysteme im Bankenbereich: Ein Baustein des Electronic Banking, in: Behrendt, Reinhard (Hrsg.): Angewandte Wissensverarbeitung. Die Expertensystemtechnologie erobert die Informationsverarbeitung, München u.a.: Oldenbourg, 1990, S. 249 - 267.

**Pinegger**, Thomas / **Dornhoff**, Patrick **(1990)**: Sprachen und Werkzeuge für wissensbasierte Systeme, in: Kurbel, Karl/Strunz, Horst (Hrsg.): Handbuch Wirtschaftsinformatik, Stuttgart: Poeschel, 1990, S. 503 - 521.

**Piontek**, Jochem **(1991)**: Die Entwicklung eines Informations- und Kommunikationssystems für das Beschaffungsmarketing in Industriebetrieben, Frankfurt am Main u.a.: Lang, 1991.

**Poddig**, Thorsten **(1991)**: Künstliche Intelligenz und Entscheidungstheorie, Wiesbaden: Deutscher Universitäts-Verlag (DUV), 1991.

**Pomberger**, Gustav **(1990)**: Methodik der Softwareentwicklung, in: Kurbel, Karl/Strunz, Horst (Hrsg.): Handbuch Wirtschaftsinformatik, Stuttgart: Poeschel, 1990, S. 215 - 236.

**Pomberger**, Gustav / **Remmele**, Werner **(1987a)**: Prototyping-orientierte Software-Entwicklung, in: Information Management, Heft 2, 1987, S. 28 - 35.

**Pomberger**, Gustav / **Remmele**, Werner **(1987b)**: Werkzeuge und Hilfsmittel für Rapid Prototyping, in: Information Management, Heft 4, 1987, S. 20 - 25.

**Popp**, Karl Michael **(1994)**: Spezifikation der fachlichen Klassen-Beziehungs-Struktur objektorientierter Anwendungssysteme auf der Grundlage von Modellen der betrieblichen Diskurswelt, Dissertation, Fakultät Sozial- und Wirtschaftswissenschaften, Universität Bamberg, 1994.

**Porter**, Michael E. / **Millar**, Victor E. **(1986)**: Wettbewerbsvorteile durch Information, in: Harvard Manager, 8. Jg., Heft 1, 1986, S. 26 - 35.

**Preiß**, Nicolai / **Stucky**, Wolffried **(1988)**: Probleme des Datenmanagements für entscheidungsunterstützende Systeme, in: Wolff, Manfred R. (Hrsg.): Entscheidungsunterstützende Systeme im Unternehmen, München u.a.: Oldenbourg, 1988, S. 193 - 227.

**Prerau**, David S. **(1985)**: Selection of an Appropiate Domain for an Expert System, in: AI Magazine, Vol. 6, 1985, S. 26 - 30.

**Pribbenow**, Simone **(1993)**: Räumliche Inferenzen und Bilder, in: Künstliche Intelligenz (KI), Heft 4, 1993, S. 7 - 13.

**Price**, Chris / **Shah**, Baggy / **Wilson**, Dave / **Orgill**, Chris **(1990)**: Putting the pieces together, in: Price, Chris (Eds.): Knowledge Engineering Toolkits, New York u.a.: Ellis Horwood, 1990, S. 91 - 122.

**Probst**, Andre R. / **Valicek**, Anna / **Becker**, M. **(1986)**: Management-Support-Systeme, in: io Management, 55. Jg., Nr. 4, 1986, S. 161 - 163.

**Puppe**, Frank **(1986)**: Expertensysteme, in: Informatik-Spektrum, Heft 1, 1986, S. 1 - 13.

**Puppe**, Frank **(1989)**: Wissensrepräsentation und Inferenzstrategien, in: Handbuch der modernen Datenverarbeitung (HMD), Nr. 147, 1989, S. 27 - 34.

**Puppe**, Frank **(1990)**: Problemlösungsmethoden in Expertensystemen, Berlin u.a.: Springer, 1990.

**Puppe**, Frank **(1991)**: Einführung in Expertensysteme, 2. Aufl., Berlin u.a.: Springer, 1991.

**Pylyshyn**, Zenon W. **(1984)**: Computation and Cognition, Cambridge (MA) u.a.: Bradford, 1984.

**Pylyshyn**, Zenon W. **(1989)**: Computing in Cognitive Science, in: Posner, Michael I. (Ed.): Foundations of Cognitive Science, Cambridge (MA): MIT Press, 1989, S. 51 - 91.

**Quillian**, M. Ross **(1968)**: Semantic memory, in: Minsky, Marvin (Ed.): Semantic Information Processing, Cambridge (MA) u.a.: MIT Press, 1968, S. 227 - 270.

**Quillian**, M. Ross **(1969)**: The Teachable Language Comprehender: A Simulation Program and Theory of language, in: Communications of the ACM, Vol. 12, No. 8, 1969, S. 459 - 476.

**Quillian**, M. Ross **(1988)**: Semantic Memory, in: Collins, Allan/Smith, Edward E. (Eds.): Readings in Cognitive Science. A Perspektive from Psychology and Artificial Intelligence, San Mateo (CA): Morgan Kaufmann, 1988, S. 80 - 99.

**Quinlan**, J. Ross **(1984)**: Learning Efficient Classification Procedures and their Application to Chess End Games, in: Michalski, Ryszard S./Carbonell, Jaime G./Mitchell, Tom M. (Eds.): Machine Learning. An Artificial Intelligence Approach, Vol. I, Berlin u.a.: Springer, 1984, S. 463 - 482.

**Raffée**, Hans **(1974)**: Grundprobleme der Betriebswirtschaftslehre, Göttingen: Vandenhoeck & Ruprecht (UTB), 1974.

**Raulefs**, Peter **(1982)**: Expertensysteme, in: Bibel, Wolfgang/Siekmann, Jörg H. (Hrsg.): Künstliche Intelligenz, Frühjahrsschule, KIFS-82, Berlin u.a.: Springer, 1982, S. 61 - 98.

**Reber**, Gerhard **(1973)**: Personales Verhalten im Betrieb, Stuttgart: Poeschel, 1973.

**Reber**, Gerhard **(1976)**: Zur Möglichkeit dysfunktionaler Folgen des "Informationsverarbeitungsansatzes", in: Wirtschaftwissenschaftliches Studium (WiSt), Heft 3, 1976, S. 112 - 118.

**Rehkämper**, Klaus **(1987)**: Mentale Bilder und Wegbedeutungen, in: Morik, Katharina (Ed.): GWAI-87, 11th German Workshop on Artificial Intelligence, Proc., Berlin u.a.: Springer, 1987, S. 296 - 305.

**Reimer**, Ulrich **(1989)**: FRM: Ein Frame-Repräsentationsmodell und seine formale Semantik, Berlin u.a.: Springer, 1989.

**Reimer**, Ulrich **(1991)**: Einführung in die Wissensrepräsentation, Stuttgart: Teubner, 1991.

**Reinersmann-Rescheleit**, Martina / **Gabriel**, Roland / **Meier**, Gernot / **Timm**, Haiko / **Bendig**, Ralf / **Frick**, Detlev **(1990)**: Expertensysteme. Betriebswirtschaftliche Problemstellungen und Einsatzmöglichkeiten der Expertensysteme zu ihrer Lösung, Diskussionsbeiträge des Fachbereichs Wirtschaftswissenschaft der Universität - Gesamthochschule - Duisburg, Nr. 132, Duisburg, 1990.

**Reinfrank**, Michael **(1989)**: Formeln und Modelle: Wissensrepräsentation mit Logik, in: Informationstechnik (it), Heft 2, 1989, S. 102 - 112.

**Reitman-Olson**, Judith / **Rueter**, Henry H. **(1987)**: Extracting expertise from experts: Methods for knowledge acquisition, in: Expert Systems, Vol. 4, No. 3, 1987, S. 152 - 168.

**Retti**, Johannes **(1984)**: Knowledge Engineering und Expertensysteme, in: Retti, Johannes u.a.: Artificial Intelligence - Eine Einführung, Stuttgart: Teubner, 1984, S. 73 - 98.

**Reusch**, Peter J. A. **(1988)**: Modellverwaltung und Expertensystemkomponenten für betriebliche Informationssysteme, Mannheim u.a.: BI-Wissenschaftsverlag, 1988.

**Rich**, Elaine **(1983)**: Artificial Intelligence, New York u.a.: McGraw-Hill, 1983.

**Richter**, Michael M. **(1989)**: Prinzipien der Künstlichen Intelligenz, Stuttgart: Teubner, 1989.

**Rieger**, Bodo **(1990a)**: Wissensbasierte Erweiterungen von Planungssprachen, in: Ehrenberg, Dieter/Krallmann, Hermann/Rieger, Bodo (Hrsg.): Wissensbasierte Systeme in der Betriebswirtschaft, Berlin: Schmidt, 1990, S. 251 - 266.

**Rieger**, Bodo **(1990b)**: Vergleich ausgewählter EIS-Generatoren, in: Wirtschaftsinformatik (WI), 32. Jg., Heft 6, 1990, S. 503 - 518.

**Ritter**, Helge / **Martinetz**, Thomas / **Schulten**, Klaus **(1990)**: Neuronale Netze. Eine Einführung in die Neuroinformatik selbstorganisierender Netzwerke, Bonn u.a.: Addison-Wesley, 1990.

**Robey**, Daniel **(1983)**: Cognitive Style and DSS Design: A Comment on Huber's Paper, in: Management Science, Vol. 29, No. 5, 1983, S. 580 - 582.

**Rockart**, John F. / **DeLong**, David W. **(1988)**: Executive Support Systems - The Emergence of Top Management Computer Use, Homewood (IL): Dow Jones-Irwin, 1988.

**Rosenstiel**, Lutz von / **Molt**, Walter / **Rüttinger**, Bruno **(1983)**: Organisations-Psychologie, 5. Aufl., Stuttgart u.a.: Kohlhammer, 1983.

**Rumelhart**, David E. / **McClelland**, James L. **(1986)**: Parallel Distributed Processing, Vol. 1: Foundations, Cambridge (MA) u.a.: Bradford, 1986.

**Sader**, Manfred **(1980)**: Psychologie der Persönlichkeit, München: Juventa, 1980.

**Sage**, Andrew P. **(1991)**: Decision Support Systems Engineering, New York u.a.: Wiley & Sons, 1991.

**Saliger**, Edgar **(1981)**: Betriebswirtschaftliche Entscheidungstheorie, München u.a.: Oldenbourg, 1981.

**Savory**, Stuart E. **(1988)**: Grundlagen von Expertensystemen, München u.a.: Oldenbourg, 1988.

**Schaefer**, Ralf E. **(1985)**: Denken: Informationsverarbeitung, mathematische Modelle und Computersimulation, Berlin u.a.: Springer, 1985.

**Schank**, Roger C. / **Abelson**, Robert P. **(1977)**: Scripts, Plans, Goals and Understanding: An Inquiry into Human Knowledge Structures, Hillsdale (NJ): Lawrence Erlbaum, 1977.

**Schanz**, Günther **(1992)**: Wissenschaftsprogramme der Betriebswirtschaftslehre, in: Bea, Franz X./Dichtl, Erwin/Schweitzer, Marcell (Hrsg.): Allgemeine Betriebswirtschaftslehre, Bd. 1: Grundfragen, 6. Aufl., Stuttgart u.a.: Fischer (UTB), 1992, S. 57 - 139.

**Schaschinger**, Harald / **Sikora**, Hermann / **Bäuchler**, Irene **(1991)**: Objektorientierte Analyse- und Designmethoden. Überblick und kritische Betrachtung, in: Softwaretechnik-Trends, Band 11, Heft 4, 1991, S. 32 - 43.

**Scheele**, Brigitte / **Groeben**, Norbert **(1984)**: Die Heidelberger Struktur-Lege-Technik (SLT), Weinheim u.a.: Beltz, 1984.

**Scheer**, August-Wilhelm **(1988)**: Einführung in den Themenbereich Expertensysteme, in: Scheer, August-Wilhelm (Hrsg.): Betriebliche Expertensysteme I, Schriften zur Unternehmensführung (SzU), Bd. 36, Wiesbaden: Gabler, 1988, S. 5 - 27.

**Scheer**, August-Wilhelm **(1990)**: EDV-orientierte Betriebswirtschaftslehre, 4. Aufl., Berlin u.a.: Springer, 1990.

**Scheer**, August-Wilhelm **(1994)**: Wirtschaftsinformatik, 5. Aufl., Berlin u.a.: Springer, 1994.

**Schefe**, Peter **(1986)**: Künstliche Intelligenz - Überblick und Grundlagen, Mannheim u.a.: BI-Wissenschaftsverlag, 1986.

**Schermer**, Franz J. **(1991)**: Lernen und Gedächtnis, Stuttgart u.a.: Kohlhammer, 1991.

**Schieferle**, Dieter **(1986)**: Der praktische Einsatz in der Industrie, in: State of the Art 1 - Expertensysteme, München u.a.: Oldenbourg, 1986, S. 53 - 59.

**Schierenbeck**, Henner **(1993)**: Grundzüge der Betriebswirtschaftslehre, München u.a.: Oldenbourg, 1993.

**Schliep**, Wilfried **(1989)**: Erfahrungen bei der Einführung von Expertensystemtechnik, in: Brauer, Wilfried/Freksa, Christian (Hrsg.): Wissensbasierte Systeme, Proceedings, 3. Internationaler GI-Kongreß, Berlin u.a.: Springer, 1989, S. 53 - 63.

**Schliep**, Wilfried / **Womann**, Wolfgang **(1989)**: Vorgehensweise und Erfahrungen bei der Entwicklung von wissenbasierten Systemen, in: Krems, Josef (Hrsg.): Expertensysteme im Einsatz, München u.a.: Oldenbourg, 1989, S. 11 - 21.

**Schmauch**, Cosima **(1987)**: Wissensrepräsentation. Grundkurs, in: Christaller, Thomas (Hrsg.): Künstliche Intelligenz, 5. Frühjahrsschule (KIFS-87), Informatik-Fachberichte 202, Berlin u.a.: Springer, 1987, S. 103 - 156.

**Schmidt**, Frank **(1989)**: Expertensystem-Erstellung unter der Berücksichtigung von Erkenntnissen der Kognitiven Psychologie und verschiedener Knowledge Engineering Methoden zur Extraktion, Dissertation, Gesamthochschule Kassel, 1989.

**Schmidt**, Günter **(1993)**: Expertensysteme, in: Scheer, August-Wilhelm (Hrsg.): Handbuch Informationsmanagement, Wiesbaden: Gabler, 1993, S. 847 - 867.

**Schmitt**, Frank H. **(1987)**: Knowledge Engineering mit einer Expertensystem-Shell, in: Christaller, Thomas (Hrsg.): Künstliche Intelligenz, 5. Frühjahrsschule (KIFS-87), Informatik-Fachberichte 202, Berlin u.a.: Springer, 1987, S. 261 - 294.

**Schneider**, Dieter **(1980)**: Investition und Finanzierung, 5. Aufl., Wiesbaden: Gabler, 1980.

**Scholz**, Christian **(1991)**: Personalmanagement. Informationsorientierte und verhaltenstheoretische Grundlagen, 2. Aufl., München: Vahlen, 1991.

**Schreiber**, Guus / **Breuker**, Joost A. / **Bredeweg**, Bert / **Wielinga**, Bob J. **(1988)**: Modelling in KBS Development, in: Boose, John/Gaines, Brian/Linster, Marc (Eds.): Proc. European Knowledge Acquisition Workshop (EKAW-88), GMD-Studien Nr. 143, Sankt Augustin: GMD, 1988, Beitrag 7, S. 1 - 15.

**Schubert**, Ingrid / **Krebsbach-Gnath**, Camilla / **Pothoff**, Peter / **Rothemund**, Martin **(1987)**: Chancen und Risiken des Einsatzes von Expertensystemen, München u.a.: Oldenbourg, 1987.

**Schulz**, Arno **(1989)**: Software-Lifecycle- und Vorgehensmodelle, in: Angewandte Informatik, 31. Jg., Nr. 4, 1989, S. 137 - 142.

**Schumann**, Matthias **(1991)**: Neuronale Netze zur Entscheidungsunterstützung in der Betriebswirtschaft, in: Biethahn, Jörg/Bloech, Jürgen/Bogaschewsky, Ronald/Hoppe, Uwe (Hrsg.): Wissensbasierte Systeme in der Wirtschaft 1991. Anwendungen und Tools, Wiesbaden: Gabler, 1991, S. 21 - 50.

**Schumann**, Matthias / **Hohe**, Uwe **(1988)**: Nutzeffekte strategischer Informationsverarbeitung, in: Angewandte Informatik, 30. Jg., Nr. 12, 1988, S. 515 - 523.

**Schürmann**, Bernd / **Schütt**, Dieter **(1989)**: Neuronale Netze - hochparallele, adaptive Modelle für die Informationsverarbeitung, in: Handbuch der modernen Datenverarbeitung (HMD), Nr. 150, 1989, S. 146 - 161.

**Schweitzer**, Marcell **(1991)**: Planung und Kontrolle, in: Bea, Franz X./Dichtl, Erwin/Schweitzer, Marcell (Hrsg.): Allgemeine Betriebswirtschaftslehre, Bd. 2: Führung, 5. Aufl., Stuttgart u.a.: Fischer (UTB), 1991, S. 17 - 100.

**Searle**, John R. **(1986)**: Geist, Hirn und Wissenschaft, Frankfurt am Main: Suhrkamp, 1986.

**Seibt**, Dietrich **(1987)**: Phasenkonzept, in: Mertens, Peter et al. (Hrsg.): Lexikon der Wirtschaftsinformatik, Berlin u.a.: Springer, 1987, S. 253 - 255.

**Sell**, Robert **(1991)**: Angewandtes Problemlösungsverhalten. Denken und Handeln in komplexen Zusammenhängen, 4. Aufl., Berlin u.a.: Springer, 1991.

**Shaw**, Mildred L. G. **(1980)**: On Becoming a Personal Scientist. Interactive computer elicitation of personal models of the world, London u.a.: Academic Press, 1980.

**Shaw**, Mildred L. G. / **Gaines**, Brian R. **(1987)**: An Interactive Knowledge-Elicitation Technique Using Personal Construct Technology, in: Kidd, Alison L. (Ed.): Knowledge Acquisition for Expert Systems. A Practical Handbook, New York u.a.: Plenum Press, 1987, S. 109 - 136.

**Shaw**, Mildred L G. / **Gaines**, Brain R. **(1988)**: KITTEN: Knowledge initiation and transfer tools for experts and novices, in: Boose, John H./Gaines, Brian R. (Eds.): Knowledge Acquisition Tools for Expert Systems. Knowledge-Based Systems Volume 2, London u.a.: Academic Press, 1988, S. 309 - 338.

**Shepard**, Roger N. / **Metzler**, Jacqueline **(1971)**: Mental Rotation of Three-Dimensional Objects, in: Science, Vol. 171, 1971, S. 701 - 703.

**Siebdrat**, Hermann **(1994)**: Multimediale und wissensbasierte Systeme in der Finanzwirtschaft, Wiesbaden: Deutscher Universitäts-Verlag (DUV), 1994.

**Sieben**, Günter / **Schildbach**, Thomas **(1990)**: Betriebswirtschaftliche Entscheidungstheorie, 3. Aufl., Düsseldorf: Werner, 1990.

**Siekmann**, Jörg H. **(1989)**: Künstliche Intelligenz: Von den Anfängen in die Zukunft, in: Handbuch der modernen Datenverarbeitung (HMD), Nr. 150, 1989, S. 110 - 135.

**Silberbusch**, Peter **(1990)**: Methoden der Wissensrepräsentation, in: Behrendt, Reinhard (Hrsg.): Angewandte Wissensverarbeitung. Die Expertensystemtechnologie erobert die Informationsverarbeitung, München u.a.: Oldenbourg, 1990, S. 159 - 177.

**Simon**, Herbert A. **(1957a)**: Rationality and Administrative Decision Making, in: Simon, Herbert A. (Ed.): Models of Man, New York: Wiley, 1957, S. 196 - 206.

**Simon**, Herbert A. **(1957b)**: A Behavioral Model of Rational Choice, in: Simon, Herbert A. (Ed.): Models of Man, New York: Wiley, 1957, S. 241 - 260.

**Simon**, Herbert A. **(1966)**: The Logic of Heuristic Decision Making, in : Rescher, Nicholas (Ed.): The Logic of Decision and Action, Pittsburgh: University of Pittsburgh Press, 1966, S. 1 - 20, 1966.

**Simon**, Herbert A. **(1969)**: The Sciences of the Artificial, Cambridge (MA) u.a.: MIT Press, 1969.

**Simon**, Herbert A. **(1981)**: Entscheidungsverhalten in Organisationen, 3. Aufl., Landsberg am Lech: moderne industrie (mi), 1981.

**Simon**, Herbert A. **(1984)**: Why Should Machines Learn?, in: Michalski, Ryszard S./Carbonell, Jaime G./Mitchell, Tom M. (Eds.): Machine Learning. An Artificial Intelligence Approach, Vol. I, Berlin u.a.: Springer, 1984, S. 25 - 37.

**Sinz**, Elmar J. **(1987)**: Datenmodellierung betrieblicher Probleme und ihre Unterstützung durch ein wissenbasiertes Entwicklungssystem, Habilitationsschrift, Regenburg, 1987.

**Sinz**, Elmar J. **(1990)**: Das Entity-Relationship-Modell (ERM) und seine Erweiterungen, in: Handbuch der modernen Datenverarbeitung (HMD), Nr. 152, 1990, S. 17 - 29.

**Sinz**, Elmar J. **(1994)**: Geschäftsprozeßmodellierung als Grundlage für den Einsatz von Workflow-Management-Systemen, in: Hasenkamp, Ulrich (Hrsg.): Einführung von CSCW-Systemen in Organisationen, Tagungsband der D-CSCW'94, Braunschweig u.a.: Vieweg, 1994, S. 219 - 224.

**Sinz**, Elmar J. / **Amberg**, Michael **(1992)**: Objektorientierte Datenbanksysteme aus der Sicht der Wirtschaftsinformatik, in: Wirtschaftsinformatik (WI), Heft 4, 1992, S. 438 - 441.

**Smith**, Stephan F. **(1988)**: A Constraint-Based Framework for Reactive Management of Factory Schedules, in: Oliff, Micheal D. (Ed.): Intelligent Manufacturing, Proceedings 1. Confernece on Expert Systems and teh Leading Edge in Production Planning and Control, Menlo Park (CA): Benjamin/Cummings, 1988, S. 113 - 130.

**Spitta**, Thorsten **(1989)**: Software Engineering und Prototyping. Eine Konstruktionslehre für administrative Softwaresysteme, Berlin u.a.: Springer, 1989.

**Sprague**, Ralph H. / **Carlson**, Eric D. **(1982)**: Building Effective Decision Support Systems, Englewood Cliffs (NJ): Prentice-Hall, 1982.

**Stabell**, Charles B. **(1987)**: Decision Support Systems: Alternative Perspectives and Schools, in: Decision Support Systems, No. 3, 1987, S. 243 - 251.

**Stahlknecht**, Peter **(1990)**: Management-Informationssysteme (MIS), in: Mertens, Peter et al. (Hrsg.): Lexikon der Wirtschaftsinformatik, 2. Aufl., Berlin u.a.: Springer, 1990, S. 265 - 267.

**Staudt**, Erich **(1979)**: Planung als "Stückwerktechnologie", Göttingen: Vandenhoeck & Ruprecht, 1979.

**Stefik**, Mark / **Aikins**, Janice / **Balzer**, Robert / **Benoit**, John / **Birnbaum**, Lawrence / **Hayes-Roth**, Frederick et al. **(1983)**: Basic Concepts for Building Expert Systems, in: Hayes-Roth, Frederick/Waterman, Donald A./Lenat, Douglas B. (Eds.): Building Expert Systems, Reading (MA) u.a.: Addison-Wesley, 1983, S. 59 - 86.

**Stegmüller**, Wolfgang **(1973a)**: Probleme und Resultate der Wissenschaftstheorie und Analytischen Philosophie, Bd. 4: Personelle und Statistische Wahrscheinlichkeit, Halbbd. 1: Personelle Wahrscheinlichkeit und Rationale Entscheidung, Berlin u.a.: Springer, 1973.

**Stegmüller**, Wolfgang **(1973b)**: Probleme und Resultate der Wissenschaftstheorie und Analytischen Philosophie, Bd. 4: Personelle und Statistische Wahrscheinlichkeit, Halbbd. 2: Statistisches Schließen, Statistische Begründung, Statistische Analyse, Berlin u.a.: Springer, 1973.

**Stout**, Jeffrey / **Caplain**, Gilbert / **Marcus**, Sandra / **McDermott**, John **(1990)**: Toward automating recognition of differing problem-solving demands, in: Boose, John H./Gaines, Brian R. (Eds.): The Foundation of Knowledge Acquisition. Knowledge-Based Systems. Vol. 4, London u.a.: Academic Press, 1990, S. 325 - 337.

**Stoyan**, Herbert **(1989)**: Wissensrepräsentation oder Programmierung, in: Informationstechnik (it), Heft 2, 1989, S. 120 - 133.

**Strube**, Gerhard **(1987)**: Repräsentationsformen beim menschlichen Problemlösen, in: Morik, Katharina (Ed.): GWAI-87, 11th German Workshop on Artificial Intelligence, Proc., Berlin u.a.: Springer, 1987, S. 287 - 295.

**Strube**, Gerhard **(1992)**: Die Rolle psychologischer Konzepte in der Künstlichen Intelligenz, in: Künstliche Intelligenz (KI), Heft 4, 1992, S. 22 - 25.

**Strube**, Gerhard / **Janetzko**, Dietmar **(1990)**: Episodisches Wissen und fallbasiertes Schließen: Aufgaben für die Wissensdiagnostik und die Wissenspsychologie, in: Schweizerische Zeitschrift für Psychologie, 49. Jg., Nr. 4, 1990, S. 211 - 221.

**Stumpf**, Siegfried **(1992)**: Diskussionsprozess und Gruppeneffektivität beim Lösen komplexer ökonomischer Probleme, Heidelberg: Physika, 1992.

**Swartout**, William R. / **Moore**, Johanna D. **(1993)**: Explanation in Second Generation Expert Systems, in: David, Jean-Marc/Krivine, Jean-Paul/Simmons, Reid (Eds.): Second Generation Expert Systems, Berlin u.a.: Springer, 1993, S. 543 - 585.

**Szyperski**, Norbert / **Winand**, Udo **(1974)**: Entscheidungstheorie, Stuttgart: Poeschel, 1974.

**Tank**, Wolfgang **(1988)**: Entwurfsziele bei der Entwicklung von Expertensystemen, in: Künstliche Intelligenz (KI), Heft 3, 1988, S. 69 - 76.

**Tank**, Wolfgang **(1990)**: Über das Selbstverständnis der Disziplin des Knowledge Engineering, in: Künstliche Intelligenz (KI), Heft 2, 1990, S. 26 - 30.

**Tank**, Wolfgang **(1991)**: Wissensakquisition aus der Perspektive Benutzer-orientierter Systemmodellierung, in: Materialien KADS-Benutzer-Treffen, 14. - 15. Februar 1991, Siemens AG, München-Perlach, 1991, S. 1 - 7.

**Tank**, Wolfgang **(1993)**: Wissensbasiertes Konfigurieren: Ein Überblick, in: Künstliche Intelligenz (KI), Heft 1, 1993, S. 7 - 10.

**Tanner**, Michael C. / **Keuneke**, Anne M. / **Chandrasekaran**, Bruce **(1993)**: Explanation Using Task Structure and Domain Functional Models, in: David, Jean-Marc/Krivine, Jean-Paul/Simmons, Reid (Eds.): Second Generation Expert Systems, Berlin u.a.: Springer, 1993, S. 586 - 613.

**Tergan**, Sigmar-Olaf **(1986)**: Modelle der Wissensrepräsentation als Grundlage qualitativer Wissensdiagnostik, Opladen u.a.: Westdeutscher Verlag, 1986.

**Teufel**, Bernd **(1992)**: Lean Management und Informationsverarbeitung, in: Wirtschaftsinformatik (WI), 34. Jg., Heft 5, 1992, S. 545 - 547.

**Timm**, Haiko **(1994)**: Gestaltungsprinzipien zur Erhöhung des Einsatznutzens von Expertensystemen in der betrieblichen Praxis, Frankfurt am Main u.a.: Lang, 1994.

**Treur**, Jan **(1991)**: On the use of reflection principles in modelling complex reasoning, in: International Journal of Intelligent Systems, Vol. 6, 1991, S. 277 - 294.

**Trost**, Harald **(1984)**: Wissensrepräsentation in der AI am Beispiel Semantischer Netze, in: Retti, Johannes u.a.: Artificial Intelligence - Eine Einführung, Stuttgart: Teubner, 1984, S. 47 - 72.

**Trum**, Peter **(1986)**: Automatische Generierung von Arbeitsplänen, in: State of the Art 1 - Expertensysteme, München u.a.: Oldenbourg, 1986, S. 69 - 72.

**Tulving**, Endel **(1972)**: Episodic and Semantic Memory, in: Tulving, Endel/Donaldson, Wayne (Eds.): Organization of Memory, New York u.a.: Academic Press, 1972, S. 381 - 403.

**Tulving**, Endel **(1985)**: How many memory systems are there?, in: American Psychologist, Vol. 40, No. 4, 1985, S. 385 - 398.

**Turban**, Efraim **(1990)**: Decision Support and Expert Systems - Management Support Systems, 2nd Ed., New York: Macmillan, 1990.

**Tuthill**, G. Steven **(1990)**: Knowledge Engineering: Concepts and Practices for Knowledge-Based Systems, Blue Ridge Summit (PA): TAB Professional and Reference Books, 1990.

**Ulrich**, Hans **(1968)**: Die Unternehmung als produktives, soziales System. Grundlagen einer allgemeinen Unternehmungslehre, Bern u.a.: Haupt, 1968.

Verein Deutscher Ingenieure (**VDI**) (Hrsg.) **(1989)**: Expertensysteme in Entwicklung und Konstruktion - Bestandsaufnahme und Entwicklungsrichtungen, Tagungsbericht der VDI-Gesellschaft Entwicklung Konstruktion Vertrieb, VDI-Berichte 775, Düsseldorf: VDI, 1989.

Verein Deutscher Ingenieure **(VDI) (1992)**: Bürokommunikation. Expertensysteme in betriebswirtschaftlichen Anwendungen, VDI-Richtlinien - VDI 5006 Entwurf, Berlin, 1992.

**Voß**, Angi / **Karbach**, Werner / **Drouven**, Uwe / **Bartsch-Spoerl**, Brigitte / **Bredeweg**, Bert **(1991)**: Reflection and competent problem solving, in: Christaller, Thomas (Hrsg.): GWAI-91. 15. Fachtagung für Künstliche Intelligenz, Proc., Informatik-Fachberichte 285, Berlin u.a.: Springer, 1991, S. 206 - 215.

**Waterman**, Donald A. **(1986)**: A Guide to Expert Systems, Reading (MA) u.a.: Addison-Wesley, 1986.

**Watson**, John B. **(1968)**: Behaviorismus, Köln u.a.: Kiepenheuer & Witsch, 1968.

**Weidle**, Renate / **Wagner**, Angelika C. **(1982)**: Die Methode des Lauten Denkens, in: Huber, Günter L./Mandl, Heinz (Hrsg.): Verbale Daten. Eine Einführung in die Grundlagen und Methoden der Erhebung und Auswertung, Weinheim u.a.: Beltz, 1982, S. 81 - 103.

**Weissenfluh**, Andreas von **(1990)**: Expertensysteme. Ihr Einsatz zur Unterstützung betrieblicher Entscheidungen, Bern u.a.: Haupt, 1990.

**Weller**, Frank **(1991)**: Expertensysteme in der Betriebswirtschaft - Plädoyer für eine realistischer Einschätzung der Leistungspotentiale von Expertensystemen, in: Information Management, Heft 1, 1991, S. 18 - 22.

**Wender**, Karl Friedrich **(1988)**: Semantische Netze als Bestandteil gedächtnispsychologischer Theorien, in: Mandl, Heinz/Spada, Hans (Hrsg.): Wissenspsychologie, München u.a.: Psychologie-Verlags-Union, 1988, S. 55 - 73.

**Wender**, Karl Friedrich **(1990)**: Ausgewählte Methoden, in: Spada, Hans (Hrsg.): Lehrbuch Allgemeine Psychologie, Bern u.a.: Huber, 1990, S. 561 - 595.

**Wendt**, Karl-Ludwig Frhr. von **(1988)**: Expertensysteme und ihre Anwendung aus betriebswirtschaftlicher Sicht, Dissertation, Westfälische - Wilhelms - Universität zu Münster, 1988.

**Wermser**, Diedrich / **Schachter-Radig**, Mina-Jaqueline **(1986)**: DIAL-D berät bei der Auswahl von DFÜ-Diensten, in: State of the Art 1 - Expertensysteme, München u.a.: Oldenbourg, 1986, S. 60 - 64.

**Werner**, Lutz **(1992)**: Entscheidungsunterstützungssysteme. Ein problem- und benutzerorientiertes Management-Instrument, Heidelberg: Physica, 1992.

**Wessells**, Michael G. **(1990)**: Kognitive Psychologie, 2. Aufl., München u.a.: UTB Reinhardt, 1990.

**Whorf**, Benjamin L. **(1963)**: Sprache - Denken - Wirklichkeit. Beiträge zur Metalinguistik und Sprachphilosophie, Reinbek bei Hamburg: Rowohlt, 1963.

**Wielinga**, Bob J. / **Bredeweg**, Bert / **Breuker**, Joost A. **(1988)**: Knowledge Acquisition for Expert Systems, in: Nossum, Rolf T. (Ed.): Advanced Topics in Artificial Intelligence, Berlin u.a.: Springer, 1988, S. 96 - 124.

**Wielinga**, Bob J. / **Breuker**, Joost A. **(1985)**: Interpretion of verbal data for knowledge acquisition, in: O'Shea, Tim (Ed.): Advances in Artificial Intelligence, Amsterdam u.a.: North-Holland, 1985, S. 3 - 12.

**Wielinga**, Bob J. / **Breuker**, Joost A. **(1986)**: Training of Knowledge Engineers using a structured Methodology, in: Bernold, Thomas (Ed.): Expert Systems and Knowledge Engineering, Amsterdam u.a.: North-Holland, 1986, S. 133 - 139.

**Wielinga**, Bob J. / **Breuker**, Joost A. **(1987)**: Models of Expertise, in: Boulay, Ben du/Hogg, David/Steels, Luc (Eds.): Advances in Artificial Intelligence II, 7th European Conference on Artificial Intelligence, (ECAI-86), Amsterdam u.a.: North-Holland, 1987, S. 497 - 500.

**Wielinga**, Bob J. / **Schreiber**, Guus **(1990)**: KADS: Model Based KBS Development, in: Marburger, Heinz (Hrsg.): GWAI-90, 14th German Workshop on Artificial Intelligence, Proc., Berlin u.a.: Springer, 1990, S. 322 - 333.

**Wielinga**, Bob J. / **Schreiber**, A. Th. / **Breuker**, Joost A. **(1992)**: KADS: a modelling approach to knowledge engineering, in: Knowledge Acquisition, Vol. 4, No. 1, 1992, S. 5 - 53.

**Wild**, Jürgen **(1982)**: Grundlagen der Unternehmungsplanung, 4. Aufl., Opladen: Westdeutscher Verlag, 1982.

**Wilson**, Michael **(1989)**: Task models for knowledge elicitation, in: Diaper, Dan (Ed.): Knowledge Elicitation: Principles, Techniques and Applications, Chichester: Ellis Horwood, 1989, S. 197 - 219.

**Winston**, Patrick H. **(1992)**: Artificial Intelligence, 3rd Ed., Reading (MA): Addison-Wesley, 1992.

**Winston**, Patrick H. / **Horn**, Berthold K. **(1987)**: LISP, Bonn u.a.: Addison-Wesley, 1987.

**Witte**, Thomas **(1979)**: Heuristisches Planen. Vorgehensweisen zur Strukturierung betrieblicher Planungsprobleme, Wiesbaden: Gabler, 1979.

**Witte**, Eberhard **(1988a)**: Phasen-Theorem und Organisation komplexer Entscheidungsverläufe, in: Witte, Eberhard/Hauschildt, Jürgen/Grün, Oskar (Hrsg.): Innovative Entscheidungsprozesse. Die Ergebnisse des Projektes "Columbus", Tübingen: Mohr, 1988, S. 202 - 226.

**Witte**, Eberhard **(1988b)**: Kraft und Gegenkraft im Entscheidungsprozeß, in: Witte, Eberhard/Hauschildt, Jürgen/Grün, Oskar (Hrsg.): Innovative Entscheidungsprozesse. Die Ergebnisse des Projektes "Columbus", Tübingen: Mohr, 1988, S. 162 - 169.

**Wolf**, Stephan **(1990)**: CARGEX - ein Fallbeispiel eines objektorientierten Expertensystems zur Frachtdisposition, in: Wirtschaftsinformatik (WI), 32. Jg., Heft 3, 1990, S. 263 - 272.

**Wöhe**, Günter **(1976)**: Einführung in die Allgemeine Betriebswirtschaftslehre, 12. Aufl., München: Vahlen, 1976.

**Zahn**, Erich **(1990)**: Informationstechnologie als Wettbewerbsfaktor, in: Wirtschaftsinformatik (WI), 32. Jg., Heft 6, 1990, S. 493 - 502.

**Zahn**, Erich **(1991)**: Informationstechnologie und Informationsmanagement, in: Bea, Franz X./Dichtl, Erwin/Schweitzer, Marcell (Hrsg.): Allgemeine Betriebswirtschaftslehre, Bd. 2: Führung, 5. Aufl., Stuttgart u.a.: Fischer (UTB), 1991, S. 222 - 289.

**Zelewski**, Stephan **(1986a)**: Das Leistungspotential der Künstlichen Intelligenz - eine informationstechnisch-betriebswirtschaftliche Analyse, Bd. 1, Witterschlick/Bonn: Wehle, 1986.

**Zelewski**, Stephan **(1986b)**: Das Leistungspotential der Künstlichen Intelligenz - eine informationstechnisch-betriebswirtschaftliche Analyse, Bd. 2, Witterschlick/Bonn: Wehle, 1986.

**Zelewski**, Stephan **(1989a)**: Einsatz von Expertensystemen in den Unternehmen. Anwendungsmöglichkeiten, Bewertungsaspekte und Probleme künstlicher Intelligenz, Ehningen bei Böblingen: expert verlag, 1989.

**Zelewski**, Stephan **(1989b)**: Einsatzmöglichkeiten der Künstlichen Intelligenz zur Gestaltung des "Büros der Zukunft", in: Betriebswirtschaftliche Forschung und Praxis (BFuP), Heft 2, 1989, S. 177 - 188.

**Zelewski**, Stephan **(1989c)**: Expertensysteme zur Diagnose von technischen Anlagesystemen, in: Handbuch der modernen Datenverarbeitung (HMD), Nr. 147, 1989, S. 63 - 76.

**Zelewski**, Stephan **(1989d)**: Expertensysteme zur Unterstützung der Büroarbeit, in: Information Management, Heft 2, 1989, S. 18 - 25.

**Zelewski**, Stephan **(1991a)**: Schwierigkeiten im Umgang mit Künstlicher Intelligenz, in: Information Management, Heft 1, 1991, S. 6 - 16.

**Zelewski**, Stephan **(1991b)**: Kritische Faktoren beim Einsatz von Expertensystemen, in: Zeitschrift für Betriebswirtschaft (ZfB), 61. Jg., Heft 2, 1991, S. 237 - 258.

**Zimmermann**, Hans-Jürgen **(1976)**: Unternehmensforschung (Operations Research), in: Erwin Grochla (Hrsg.): Handwörterbuch der Betriebswirtschaft, 4. Aufl., Stuttgart: Poeschel, 1976, Sp. 4041 - 4053.

**Zimmermann**, Hans-Jürgen **(1987)**: Methoden und Modelle des Operations Research, Braunschweig u.a.: Vieweg, 1987.

**Zimmermann**, Hans-Jürgen **(1988)**: Modellierung von Unsicherheit in Expertensystemen, in: Wolff, Manfred R. (Hrsg.): Entscheidungsunterstützende Systeme im Unternehmen, München u.a.: Oldenbourg, 1988, S. 175 - 191.

**Zimmermann**, Hans-Jürgen **(1993)**: Planung, Entscheidung und Linguistische Approximation, in: Hauschildt, Jürgen/Grün, Oskar (Hrsg.): Ergebnisse empirischer betriebswirtschaftlicher Forschung: zu einer Realtheorie der Unternehmung, Stuttgart: Poeschel, 1993, S. 797 - 812.

**Zwicker**, E. **(1990)**: Entscheidungsunterstüzungssysteme - ein neues Konzept der computergestützten Planung?, in: Hahn, Dietger/Taylor, Bernard (Hrsg.): Strategische Unternehmensplanung - Strategische Unternehmensführung, 5. Aufl., Heidelberg: Physika, 1990, S. 667 - 686.

Jörg H. W. Wahl

# Möglichkeiten und Grenzen des Einsatzes von Multimedia im Marketing

Frankfurt/M., Berlin, Bern, New York, Paris, Wien, 1997. 122 S., 12 Abb., 5 Tab.
Europäische Hochschulschriften: Reihe 5, Volks- und Betriebswirtschaft.
Bd. 2076
ISBN 3-631-31282-2 · br. DM 49.–*

Die Globalisierung von Unternehmensstrategien führt verstärkt zu einem Verdrängungswettbewerb, in dem Marktnähe, Reaktions- und Anpassungsvermögen über den Markterfolg entscheiden. Können neue multimediale Informations- und Kommunikationstechnologien dazu beitragen, im strategischen Marketing Wettbewerbsvorteile zu erlangen? Mit dem Ziel, Auswirkungen der Multimedia-Systeme auf das Marketing-Mix zu analysieren, werden die Anforderungen an eine in die Unternehmens- und Wettbewerbsstrategie integrierte Marketingkonzeption aufgezeigt. Das Potential wird durch die Vorstellung einer Reihe bereits auf dem Markt existierender Multimedia-Systeme – wobei vor allem das World Wide Web eine dominierende Rolle spielt – identifiziert. Technologische, organisatorische und rechtliche Rahmenbedingungen sowie Akzeptanzprobleme sind rechtzeitig zu beachten, um strategische Erfolgsfaktoren für den Einsatz von Multimedia-Anwendungen in der Marketing-Praxis abzuleiten. Multimedia als ein offenes Konzept, kann somit vielen Unternehmen Lösungsansätze für unternehmensspezifische Probleme bieten.

*Aus dem Inhalt:* Multimedia-Konzept · Multimedia-Markt · Marketingstrategie · Wettbewerbsstrategie · Marketing-Mix · Online-Marketing · CD-ROM · Kiosksystem · Internet (World Wide Web) · Rahmenbedingungen · Akzeptanzprüfung · Kosten-Nutzen-Analyse · Strategische Erfolgsfaktoren

Frankfurt/M · Berlin · Bern · New York · Paris · Wien
Auslieferung: Verlag Peter Lang AG
Jupiterstr. 15, CH-3000 Bern 15
Telefax (004131) 9402131
*inklusive Mehrwertsteuer
Preisänderungen vorbehalten